# RESIDENZE E SERVIZI PER STUDENTI UNIVERSITARI
*RESIDENCES AND SERVICES FOR UNIVERSITY STUDENTS*

a cura di / *edited by*
Romano Del Nord
Adolfo F. L. Baratta
Claudio Piferi

Pubblicato da

Centro Interuniversitario di Ricerca TESIS

Sistemi e Tecnologie per le Strutture
Sanitarie, Sociali e della Formazione

Università degli Studi di Firenze

Il volume raccoglie i contributi della call "Residenze e servizi per studenti universitari" pubblicata il 29 marzo 2016. Gli abstract e i full paper sono stati sottoposti a doppio referaggio anonimo da parte di esperti.

La giornata di studi è stata organizzata dal Centro Interuniversitario TESIS "Sistemi e Tecnologie per le Strutture Sanitarie, Sociali e della Formazione" con il supporto del dipartimento DIDA dell'Università degli Studi di Firenze e con il contributo del cluster *Servizi per la Collettività* della Società di Tecnologia.

La pubblicazione è stata curata presso il Centro Interuniversitario di Ricerca TESIS "Sistemi e Tecnologie per le Strutture Sanitarie, Sociali e della Formazione"

Progetto grafico e impaginazione
Valentina Luperto

Coordinamento editoriale
Claudio Piferi

© Copyright 2016
Pubblicato da Centro Interuniversitario di Ricerca TESIS "Sistemi e Tecnologie per le Strutture Sanitarie, Sociali e della Formazione", Università degli Studi di Firenze
Via San Niccolò, 93 – 50125 Firenze
www.tesis.unifi.it

ISBN 978-88-941518-2-4

Fotocopie per uso personale del lettore possono essere effettuate nei limiti del 15% di ciascun volume/ fascicolo di periodico dietro pagamento alla SIAE del compenso previsto dall'art. 68, comma 4, della legge 22 aprile 1941 n. 633 ovvero dall'accordo stipulato tra SIAE, AIE, SNS e CNA, ConfArtigianato, CASA, CLAAI, ConfCommercio, ConfEsercenti il 18 dicembre 2000. Le riproduzioni per uso differente da quello personale sopracitato potranno avvenire solo a seguito di specifica autorizzazione rilasciata dagli aventi diritto/dall'editore. Photocopies for reader's personal use are limited to 15% of every book/issue of periodical and with payment to SIAE of the compensation foreseen in art. 68, codicil 4, of Law 22 April 1941 no. 633 and by the agreement of December 18, 2000 between SIAE, AIE, SNS and CNA, ConfArtigianato, CASA, CLAAI, ConfCommercio, ConfEsercenti. Reproductions for purposes different from the previously mentioned one may be made only after specific authorization by those holding copyright/the Publisher.

# INDICE

Baratta, A.; Piferi, C.
Residenze e servizi per studenti universitari ... 7

## Strumenti e strategie di programmazione

Del Nord, R.
Processi e metodi innovativi per la promozione della qualità architettonica delle residenze universitarie ... 13

Baratta, A.; Bologna, R.; Piferi, C.; Sichi, A.
Residenze per studenti universitari. L'evoluzione degli standard quali-quantitativi nella normativa italiana ... 17

Bologna, R.; Sichi, A.
Le residenze per studenti universitari nei programmi attuativi della legge 338/2000.
Efficacia dell'applicazione dei parametri tecnici dimensionali ... 29

Calcagnini, L.
I programmi di finanziamento per le residenze universitarie degli Stati Uniti d'America ... 43

Laudisa, F.
I costi di gestione delle residenze universitarie: un'analisi comparativa ... 55

Piferi, C.
I costi standard di costruzione delle residenze per studenti universitari: l'esperienza italiana della legge n. 338/2000 ... 69

Vitola, F.; Dalla Longa, R.; Pisano, C.
Un approccio modulare e integrato per l'esecuzione di operazioni complesse di sviluppo edilizio e gestione immobiliare: il caso delle residenze universitarie del Politecnico di Milano ... 79

## Benessere e qualità ambientale

Bozovic Stamenovic, R.
Students' Residences – The Health Perspective ... 95

Ceccherini Nelli, L.; Capo, M. L.
Un progetto di riqualificazione per il campus universitario internazionale nell'isola di Poveglia a Venezia ... 97

Cellai, G.; Carletti, C.; Pierangioli, L.; Sciurpi, F.; Secchi, S.
IAQ e aspetti fisico-tecnici nelle residenze universitarie: criticità e soluzioni progettuali efficienti e sostenibili ... 105

*Darvo, G.*
Campus hall student housing (SDU): low-energy standard 2020 — 117

*Romano, R.*
Involucri adattivi per la riduzione dei consumi energetici degli edifici universitari — 125

**Rigenerazione urbana e sociale**

*Bologna, R.*
Il rapporto tra funzioni abitative e funzioni di servizio — 139

*Ancora, F.; Barone, M.*
La residenza universitaria nella città moderna — 141

*Argenti, M.; Cutroni, F.; Percoco, M.; Santarelli, G.*
Un campus universitario "diffuso" — 151

*Baratta, A.; Finucci, F.; Montuori, L.*
La condivisione come nuova forma dell'abitare. Le residenze per studenti universitari — 163

*Carlini, S.*
Le potenzialità degli spazi esterni e del verde nel modello "integrato" delle residenze universitarie — 173

*Cascone, S.; Sciuto, G.*
Le residenze universitarie e il rapporto con la città — 181

*Diana, L.; Scrivano, T.*
Le residenze universitarie come strumento per la rigenerazione degli edifici pubblici — 193

*Ferrante, T.; Villani, T.*
Programmare residenze e servizi per studenti fuori sede: come intercettare correttamente la nuova domanda — 205

*Mangiafico, G.*
Un modello di qualità urbana: una residenza universitaria per il quartiere "La Graziella" a Siracusa — 219

*Saviotto, S.*
"Dar forma" alla città "formando" i giovani: costruire polarità dinamiche tra individualità e collettività — 227

**Progetto della residenza universitaria**

*Sicignano, E.*
M.I.T. Cambridge, USA. La Baker House di Alvar Aalto (1946-1955) e la Simmons Hall di Steven Hall (1999-2002): riflessioni su due generazioni di Maestri e due modi di concepire la residenza universitaria — 237

*Ardito, V.*
Gion A. Caminada. Collegio femminile "unterhaus", Kloster Disentis (2001-2004) — 241

*Argenti, M.; Percoco, M.; Rosmini, E.*
Le hall delle residenze universitarie ... aperte ... condivise e interattive    249

*Baratta, A.; Felli, P.*
La residenza universitaria Villa Val di Rose. Un'esperienza di ricerca progettuale    261

*Bellini, O. E.*
3d modular housing: Un sistema intelligente per costruire residenze per studenti    273

*Bellini, O. E.; Mocchi, M.*
Studenti: quegli animali! La problematica degli "utenti" nella progettazione delle residenze per studenti    285

*Bellini, O. E.; Bellintani, S.; Ciaramella, A.; Del Gatto, M. L.*
Conoscere e vivere le residenze per studenti. Una nuova progettazione oltre la legge    297

*Bennicelli Pasqualis, M.*
Progettando residenze per studenti. I risultati di una ricerca applicata    309

*Cimmino, M. C.; Primicerio, F.; Sicignano, E.*
Alloggi temporanei: ospiti per un anno accademico    319

*Dall'Olio, L.*
Le residenze universitarie. Contributi alla ricerca sull'abitare    327

*Finucci, F.; Lovra, E.*
University residences in Hungary: the actual scenario and the case of study of Ludovika campus    339

*Giancipoli, G.*
Oswald Mathias Ungers: tre casi studio per ripensare la connessione tra gli spazi    349

*Gamze Aksöz, N.; Pollaci, G. M.*
Social housing: nuova residenza per studenti per l'ex ospizio di beneficenza Giachery    361

*Panzini, N.*
La corte e le stanze. L'ampliamento dell'accademia cattolica a Stoccarda di Arno Lederer    369

Comitato scientifico e Comitato organizzatore    378

Profilo dei curatori    379

Residenze e servizi per studenti universitari

# RESIDENZE E SERVIZI PER STUDENTI UNIVERSITARI

**Adolfo F. L. Baratta**
Università degli Studi Roma Tre, Dipartimento di Architettura
**Claudio Piferi**
Università degli Studi di Firenze, Dipartimento di Architettura, Centro Interuniversitario TESIS

La Giornata di Studi "Residenze e servizi per studenti universitari", tenutasi a Firenze il 21 ottobre 2016 su iniziativa del Centro interuniversitario TESIS "Sistemi e Tecnologie per le Strutture Sanitarie, Sociali e della Formazione" del Dipartimento di Architettura dell'Università degli Studi di Firenze, nasce dalla volontà di avviare un confronto teorico, tecnico e divulgativo teso all'ampliamento delle conoscenze su due temi centrali nelle politiche universitarie: l'accoglienza degli studenti, che negli ultimi quindici anni ha conosciuto un rinnovato interesse per l'emanazione di norme specifiche, e l'offerta di servizi, fattore che concorre fortemente a determinare la qualità delle sedi universitarie.

Con l'applicazione della Legge 338/2000 "Disposizioni in materia di alloggi e residenze per gli studenti universitari", è stato messo a disposizione degli studenti universitari un numero crescente di posti alloggio, mentre un numero altrettanto importante di residenze universitarie esistenti è stato adeguato e messo a norma rispetto al più recente quadro normativo.

Un sistema universitario evoluto per favorire la mobilità di studenti e docenti deve essere in grado di garantire delle sedi in cui lo spazio e il tempo dello studio e della ricerca si completino con la dimensione della socialità, dell'integrazione culturale e del progresso tecnologico, valorizzando al contempo il contesto in cui la stessa struttura universitaria si inserisce. Per meglio comprendere le molteplici implicazioni che accompagnano programmazione, progettazione, costruzione e gestione di una residenza universitaria, i trentacinque selezionati contributi raccolti nel presente volume sono stati suddivisi in quattro sezioni, ognuna delle quali è introdotta da un contributo a firma di un esperto in materia.

Le quattro sezioni sono:
- "Strumenti e strategie di programmazione", con introduzione del prof. Romano Del Nord, Università degli Studi di Firenze;
- "Benessere e qualità ambientale", con introduzione della prof.ssa Ruzica Bozovic Stamenovic, Università di Belgrado;
- "Rigenerazione urbana", con introduzione del prof. Roberto Bologna, Università degli Studi di Firenze;
- "Progetto della residenza universitaria", con introduzione del prof. Enrico Sicignano, Università degli Studi di Salerno.

## Strumenti e strategie di programmazione

Gli strumenti e le strategie di programmazione rappresentano temi cardine per una corretta progettazione, realizzazione e gestione delle residenze per studenti universitari. Tuttavia, per lungo tempo la programmazione è stata affrontata solo marginalmente e mai in modo integrato con il "Sistema Università".

Il tradizionale modello integrato università-città, diffuso in Italia al contrario della soluzione a Campus isolati adottata nei Paesi anglosassoni, ha alleviato le difficoltà dovute alla scarsa offerta di posti alloggio in residenze universitarie perché queste sono state sostituite da alloggi privati diffusi nell'area urbana di influenza dell'università. La carenza di una programmazione in tal senso va imputata soprattutto alla mancanza di una normativa nazionale specifica che definisse con chiarezza anche i criteri progettuali delle residenze per studenti universitari, stabilendone standard quali-quantitativi di riferimento e che ne favorisse la costruzione attraverso forme di cofinanziamento a livello statale.

Nel tentativo di colmare il divario con altri Paesi della Comunità Europea come Francia e Germania, il 14 novembre del 2000 il Parlamento Italiano ha approvato la Legge n. 338 finalizzata al cofinanziamento di interventi di messa a norma di residenze universitarie già esistenti e alla realizzazione ex-novo di ulteriori posti alloggio. Non è affatto casuale, infatti, che dall'emanazione della suddetta Legge non solo siano aumentati in maniera esponenziale i posti alloggio messi a disposizione per gli studenti fuori sede (oltre 10.000 già in funzione e altrettanti in corso di realizzazione), ma all'interno degli organismi preposti alla realizzazione e gestione delle residenze universitarie, contemporaneamente a sistemi più tradizionali, si è incominciato a sperimentare e mettere in pratica forme di programmazione e gestione innovative.

I contributi riportati all'interno di questa sezione evidenziano come l'evoluzione e l'applicazione degli standard quali-quantitativi previsti dalla Legge n. 338/2000 e dai suoi decreti attuativi siano stati fondamentali per la definizione dei recenti strumenti di programmazione e gestione, così come il confronto con realtà internazionali e il monitoraggio costante degli oltre 250 interventi partiti dai primi anni del 2000 siano strumenti fondamentali per arrivare a correggere alcune delle criticità connesse anche alla cantierizzazione.

### Benessere e qualità ambientale

La tutela della salute dell'uomo e la salvaguardia dell'ambiente devono ovviamente essere alla base di ogni intervento realizzativo, indipendentemente dalla sua destinazione d'uso. In Italia per lungo tempo la residenza universitaria è stata sommariamente associata a interventi a basso costo e scarsa qualità architettonica e ambientale. Partendo dal presupposto, errato, che gli studenti universitari sono in grado di adattarsi ad ogni contesto e che non hanno alcun tipo di interesse verso la qualità complessiva della loro temporanea abitazione, gli interventi di residenze universitarie sono stati fondati su altre priorità, soprattutto di tipo economico. Il basso costo di costruzione, in alcuni casi obbligatorio per le pubbliche amministrazioni che soffrono della scarsità di risorse, ha di fatto ridotto gli spazi a disposizione degli studenti e la qualità complessiva dell'intervento, incrementando considerevolmente i costi di manutenzione e di gestione durante il loro ciclo di vita. Se si tiene in considerazione che anche le esigenze degli studenti negli ultimi anni sono profondamente cambiate, si intuisce come anche la progettazione non possa derogare da una attenzione verso i temi della sostenibilità e della qualità ambientale complessiva.

Le tecnologie e i materiali attualmente disponibili permettono di realizzare interventi edilizi assimilabili, per alcuni aspetti, a quelli dell'housing sociale, ovvero a costi contenuti ma con adeguati livelli di comfort.

Nella sessione vengono riportati alcuni esempi virtuosi, italiani e stranieri, che evidenziano proprio come il tema, particolarmente attuale, debba essere affrontato anche con l'introduzione di figure professionali specifiche e di soluzioni progettuali in grado di garantire, anche agli studenti universitari, livelli di benessere elevati.

### Rigenerazione urbana e sociale

In un Paese dove la realizzazione di Campus universitari è limitata a pochissime esperienze (tra i più interessanti si segnalano il Campus di Arcavacata a Rende dell'Università della Calabria e quello di Fisciano dell'Università degli Studi di Salerno), la scelta più frequente è quella di insediamenti universitari nel cuore delle città storiche, anche attraverso la riqualificazione di edifici di pregio. La collocazione isolata o periferica dal nucleo cittadino e, soprattutto, dalle sedi di insegnamento, seppure di residenze autosufficienti, tende a generare "flussi migratori" degli studenti verso la città, indebolendo la funzione sociale della residenza studentesca che viene "declassata" a dormitorio perdendo alcune delle funzioni caratterizzanti come quella dello studio, dello svago e della condivisione.

Nelle secolari evoluzioni urbane, gli antichi Collegi Universitari sono stati assorbiti dalle città arrivando, in alcuni casi, a configurarne, architettonicamente e culturalmente, il centro storico: si pensi, in tal senso, al ruolo del Collegio San Carlo a Modena o dell'Almo Collegio Borromeo a Pavia. Prendendo spunto da questi esempi, in Italia sembrano sempre più apprezzate le forme di residenza universitaria che dialogano con il contesto urbano, che non si mettono in contrapposizione ma, anzi, si integrano con esso mettendo spazi e attrezzature collettivi a servizio dei cittadini.

La stessa Legge 338/2000, premiando la realizzazione di residenze che prevedono la riqualificazione di edifici storici, ha di fatto accentuato questa predilezione. Negli ultimi 15 anni, infatti, molti sono stati gli interventi di rigenerazione urbana messi in atto proprio grazie alla Legge 338/2000 e alla conseguente realizzazione di residenze per studenti universitari: il recupero del Convento dei Crociferi a Venezia, del complesso San Vincenzo de' Paoli a Catania o della Casa Albergo di Via Corridoni a Milano sono solo alcuni degli interventi che hanno permesso la riqualificazione di brani di città degradati o addirittura abbandonati, ricucendo il tessuto urbano storico e contribuendo anche ad una rigenerazione sociale.

La residenza non è quindi solo a servizio degli studenti, ma si apre e si mette a disposizione dei cittadini fornendo anche quei servizi che la città magari non sempre è in grado di garantire: biblioteche, sale convegni, ma anche ristoranti, palestre e sale di registrazione, vengono condivisi con i cittadini di diverse età, creando uno scambio culturale e generazionale fondamentale per la sopravvivenza, la crescita e lo sviluppo degli stessi centri storici.

L'abitare collettivo, il rapporto tra spazio pubblico e spazio privato, la condivisione degli spazi verdi, sono solo alcune delle tematiche affrontate nei contributi pubblicati che raccontano le molteplici implicazioni e complessità, architettoniche e sociali, che questa tipologia di interventi è in grado di generare.

## Progetto della residenza universitaria

Le residenze universitarie sono un oggetto architettonico complesso, che richiede una progettazione attenta e integrale. La residenza è molto di più di un letto, un tavolo (su cui studiare e mangiare) e un servizio igienico condiviso: negli anni gli studenti hanno cambiato le loro abitudini, così come i metodi e gli strumenti di studio, generando un quadro esigenziale in forte trasformazione. Spazi ritenuti fondamentali solo qualche anno fa, quale ad esempio la sala internet prevista come obbligatoria nel bando della prima applicazione (2002) della Legge 338/2000, sono oggi totalmente inutili, sostituiti da spazi flessibili, in grado di accogliere differenti funzioni.

Gli stessi utenti sono cambiati: le residenze ospitano studenti, borsisti, assegnisti, dottori di ricerca, ricercatori e professori. Nei mesi estivi alcuni studentati vengono addirittura affittati ai vacanzieri. Questa molteplicità di utenti, che si caratterizza per provenienza, cultura, religione, abitudini e necessità a volte profondamente differenti tra loro, si ritrova a condividere gli stessi spazi.

La tipologia edilizia più diffusa, quella alberghiera, non è più in grado quindi di soddisfare esigenze così diversificate e specifiche, ma deve essere completamente ripensata e affiancata da nuove e più contemporanee tipologie, come quelle dei nuclei integrati e dei minialloggi che integrano le attività socializzanti con differenti livelli di privacy. Alle sale studio e alle aule riunioni si affiancano necessariamente le aree per lo svago e per il tempo libero che non possono più essere "ricavate" dagli studenti ma devono essere opportunamente dimensionate e collocate. Le aree funzionali di gestione e amministrazione ricoprono un'importanza sempre maggiore e non possono più essere ignorate rispetto alle effettive necessità. Le stesse hall di ingresso e gli spazi di connessione integrano oramai le tradizionali funzioni di distribuzione con quelle di socializzazione e studio. Alcune delle più recenti ed interessanti sperimentazioni progettuali di residenze per studenti universitari sono raccontate in questa ultima sezione del volume a chiusura di un percorso che affrontando vari campi di indagine, ha ribadito che il progetto continua ad avere un ruolo centrale nel raggiungimento della qualità complessiva dell'abitare.

# STRUMENTI E STRATEGIE DI PROGRAMMAZIONE

# PROCESSI E METODI INNOVATIVI PER LA PROMOZIONE DELLA QUALITÀ ARCHITETTONICA DELLE RESIDENZE UNIVERSITARIE

**Romano Del Nord**
Università degli Studi di Firenze, Dipartimento di Architettura, Centro Interuniversitario TESIS

Nel settore delle costruzioni, l'adozione di specifici strumenti normativi può creare interessanti opportunità per sperimentare innovazioni di carattere procedurale e metodologico, oltre che tipologico e tecnologico, e per proporre modelli di gestione alternativi e migliorativi rispetto a quelli correntemente impiegati. Nella consapevolezza che, nel contesto internazionale, le residenze universitarie costituiscano l'elemento di offerta principale in termini di supporto formativo dalla cui caratterizzazione quali-quantitativa dipende il livello di attrattività degli studenti, le Legge 338/2000 "Disposizioni in materia di alloggi e residenze per gli studenti universitari" e i seguenti Piani Nazionali di cofinanziamento degli interventi per la realizzazione di residenze destinate a studenti universitari costituiscono il primo esempio nazionale di programma organico specificatamente mirato al superamento del rilevante gap esistente in Italia tra fabbisogno espresso dalla popolazione studentesca e dotazioni di posti alloggio presenti nelle diverse sedi universitarie. Tale gap diventa maggiormente critico se si compara la situazione italiana con quella degli altri paesi europei ed internazionali evidenziando la scarsa attenzione posta - fino a pochi anni fa - nei confronti di un problema che penalizza fortemente la condizione di vita e di studio degli universitari, che disincentiva la mobilità studentesca e riduce sensibilmente l'attrattiva delle nostre università da parte degli studenti stranieri.

Per quanto riguarda gli aspetti di carattere tipologico-progettuale, la scelta di assumere in un programma cofinanziato standard normativi con valori prescrittivi minimi senza soglie massime (contrariamente a quanto avviene solitamente nei programmi di edilizia pubblica) ha contribuito ad enfatizzare l'interesse dello Stato alla realizzazione di strutture di livello qualitativamente competitive rispetto a quelle degli altri paesi.

I requisiti espressi negli "allegati" al dispositivo di legge nazionale hanno, infatti, inteso definire le condizioni al di sotto delle quali i progetti non dovessero scendere, configurando così un target prestazionale ricco di valenze e di potenzialità sotto il profilo delle superfici destinate non solo agli spazi di natura prettamente residenziale, ma anche e principalmente a quelli di socializzazione, di studio, di relax e di interazione con gli specifici contesti di intervento.

Apparentemente tale decisione avrebbe potuto generare dei progetti fortemente sovradimensionati nelle superfici e nelle dotazioni. Ma ciò non si è mai verificato per due precisi ordini di ragioni: la prima dovuta alla vincolata compartecipazione finanziaria dei soggetti beneficiari che hanno comunque teso a contenere la spesa del proprio apporto e la seconda, molto più importante, che ha evidenziato l'effetto di responsabilizzazione dei beneficiari sui costi di gestione delle strutture (a loro carico) e sul conseguente oneroso impatto delle superfici superflue. In buona sostanza, nei pochissimi casi in cui gli standard minimi sono stati legittimamente superati ciò è stato dovuto alla obbiettiva difficoltà di riconversione e/o recupero di immobili vincolati e poco resilienti rispetto alle trasformazioni necessarie per la loro rifunzionalizzazione. Tutto ciò risulta perfettamente in linea con i trends che si riscontrano in paesi più maturi come quelli anglosassoni.

Negli Stati Uniti, ad esempio, dove la realizzazione

di nuove residenze universitarie è ancora un fenomeno in netta crescita, le analisi statistiche evidenziano che la quantità complessiva di spazio per studente (variabile tra 22 e 53 mq) tende a diminuire mentre aumenta l'incidenza del costo per metro quadrato delle strutture. La causa sembra vada ricercata nella differente dotazione e composizione delle *facility* presenti nelle strutture residenziali che, oltre a comprendere sistemi infrastrutturali multimediali, impianti di climatizzazione gestibili dall'utente, sistemi elettronici di sicurezza e sorveglianza (card access), offrono funzioni integrative (ad esempio quelle per l'utilizzo integrato di risorse per l'apprendimento).

Le variazioni di richieste quali-quantitative di spazio rispetto al passato mettono in luce l'importanza dei modelli tipologici suggeriti per le residenze universitarie rispetto alle modalità di interazione degli studenti, nonché sul loro grado di soddisfazione e senso di isolamento o di appartenenza a un gruppo.

Alcune ricerche hanno infatti dimostrato che il livello di soddisfazione degli studenti è inversamente proporzionale alle dimensioni della struttura. Studenti che vivono in residenze con un elevato numero di residenti sono, generalmente, meno soddisfatti, rispetto a quelli che vivono in complessi o edifici con un numero ridotto di utenti. Ciò vale sia nel caso di edifici o complessi che si sviluppano verticalmente su molti piani, sia in costruzioni a sviluppo lineare a corridoio.

Nel caso di edifici con un numero limitato di piani o con raggruppamenti di alloggi di tipo a nucleo integrato gli studenti percepiscono meno le sensazioni di alienazione, insicurezza e ostilità, solitudine, migliorando così la capacità di controllo sul proprio ambiente e la sensazione di autonomia[1].

L'importanza della definizione degli standard quali-quantitativi è ulteriormente avvalorata dal fatto che essi possono essere definiti "… anche in deroga alle norme vigenti in materia di edilizia residenziale"[2]. Tale precisazione è stata fondamentale, inoltre, al fine di "codificare" la tipologia edilizia della residenza universitaria fino a tale data impropriamente assimilata a strutture ricettive alberghiere o a residenze economiche e popolari, rendendo così difficoltoso il processo di approvazione dei progetti da parte delle Pubbliche Amministrazioni[3].

Il superamento di tale problematica ha, successivamente, fatto sì che la codifica delle "Residenze Universitarie" come definita dalla Legge 338/2000 potesse essere recepita ed utilizzata nella successiva emanazione di leggi e norme sia sul diritto allo studio universitario che, ad esempio sulla sicurezza antincendio.

Lo strumento normativo innovativo si è posto però anche un ulteriore obbiettivo, ovvero quello di valorizzare un'ampia dimensione del patrimonio pubblico disponibile per riconversioni di immobili e per riqualificazioni di contesti urbani a volte degradati e fonte di criticità sociale.

I primi effetti di questa scelta sono stati quello di calmierare i prezzi di mercato delle locazioni e, contemporaneamente, di incentivare la ricognizione di edifici inutilizzati.

L'aver introdotto il principio di considerare quale "apporto del soggetto richiedente il cofinanziamento" il valore dell'immobile proposto come oggetto di ristrutturazione o recupero storico monumentale, oltre a generare un positivo effetto indotto di tipo ambientale sul contesto di intervento, ha frequentemente reso possibile la dislocazione della destinazione ricettiva in contesti urbanizzati e strettamente correlati con le *facilities* universitarie.

Nella maggior parte dei casi, inoltre, gli immobili recuperati e riadattati risultano connotati da rilevanza di valore storico monumentale ed hanno consentito di creare spazi di vita sociale e culturale (oltre che residenziale) stimolanti per gli studenti ed apprezzati dalla collettività.

La Legge 338 ha recepito quelli che da sempre sono i principi dell'apprendimento "*student centered*", internazionalmente condiviso, prevedendo che alla residenza universitaria afferissero servizi e strutture di supporto agli studenti, finalizzati a migliorarne le qualità di vita, facilitando il perseguimento degli obbiettivi formativi, culturali e sociali, in piena coerenza con la missione universitaria.

Per il suo ruolo strategico nella formazione e maturazione personale degli studenti, la residenza, infatti, deve offrire a questi ultimi l'opportunità di integrarsi con il contesto sociale e lavorativo: esigenza, questa, fondamentale se si considera che le richieste del mondo lavorativo, sempre più competitivo, sono rivolte a personale culturalmente preparato e con capacità di comprendere, ricercare e gestire la complessità di un sistema di informazioni in continua variazione.

La residenza universitaria, quindi, non è più concepita come una struttura autosufficiente finalizzata unicamente alla funzione del riposo bensì come una sorta di "incubatore" finalizzato a valorizzare e a concretizzare le capacità dello studente. Infine è utile evidenziare che anche i processi e i metodi innovativi introdotti dalla legge 338/2000, così come sistematicamente documentati dal lavoro di monitoraggio degli interventi svolto dal Centro Interuniversitario TESIS, non sono in grado, da soli, di eliminare del tutto quelle criticità di processo che affliggono l'intero settore delle costruzioni di opere pubbliche nel nostro Paese per effetto della farraginosità delle procedure, della complessità dei percorsi amministrativi, della marcata differenziazione geografica di vincoli normativi, delle ricorrenti conflittualità con le imprese esecutrici delle opere o, non ultime, delle inerzie spesso generate dalla scarsa efficienza di alcune strutture tecniche della committenza.

Note

[1] Quanto alle opinioni espresse in interviste a personale dirigente delle strutture riguardo alle caratteristiche che dovrebbero possedere le residenze ideali per studenti, secondo gli intervistati la dimensione ottimale dei residenti è compresa tra 100 e 250.

[2] Art. 4, Comma 1, Legge n. 338/2000.

[3] Basti ricordare che, già nella Legge 457/1978 (piano decennale per la casa) agli enti attuatori degli interventi (IACP) era consentito di utilizzare le risorse pubbliche indifferentemente per residenze abitative di tipo sociale e residenze studentesche senza differenziazione di requisiti.

# RESIDENZE PER STUDENTI UNIVERSITARI. L'EVOLUZIONE DEGLI STANDARD QUALI-QUANTITATIVI NELLA NORMATIVA ITALIANA

**Adolfo F. L. Baratta**
Università degli Studi Roma Tre, Dipartimento di Architettura
**Roberto Bologna**
Università degli Studi di Firenze, Dipartimento di Architettura, Centro Interuniversitario TESIS
**Claudio Piferi**
Università degli Studi di Firenze, Dipartimento di Architettura, Centro Interuniversitario TESIS
**Andrea Sichi**
Università degli Studi di Firenze, Dipartimento di Architettura, Centro Interuniversitario TESIS

**Parole chiave**
Aree funzionali ed unità ambientali, standard dimensionali, servizi collettivi, integrazione, condivisione

*Abstract*
*The law 338/2000, established to meet the demand for accommodation for university students, has been characterized, through the three implementation decrees issued to date, by a reduction process of the standards of the functional areas, both residential ones and those of service.*
*The difficulties in the management by the beneficiaries of the state co-financing has been transposed by the norm through targeted changes to make residences more economically sustainable through a progressive reduction of the spaces, especially in relation to cultural and educational services and to those recreational.*
*Therefore, there is a possible mismatch between objectives of managerial economics and quality objectives of the service. In other words, on one hand, the instance of economic sustainability of the interventions has been declined, with regard to the design aspects of the residences, through a substantial reduction of the qualitative and quantitative standards; on the other hand, although more and more labile, the character of integration and sharing, key points of the law, persists.*
*If this is the normative iter outcome, with regard to dimensional standards, it is not clear yet if it has been transposed and effectively implemented by the institutions that have received co-financing.*
*Very briefly, the research underway at the Department of Architecture in Florence, through the analysis of deviation from the standard values of the actually designed and built surfaces - relating to the residences currently in use financed under the Law 338/2000 - showed that functional areas have remained almost unchanged during the decade of implementation of the law, aligning itself with the dimensional values of the first implementation decree.*
*The research has highlighted, moreover, that the end-user requirements, students, compared to the initial framework of the law, appear to have been bypassed in some way.*
*The data of the survey of the cited research, so far acquired, on some fundamental aspects such as integration, sharing and socializing, are outlining a certain level of discrepancy between the objectives of the standard and the results obtained.*

## La genesi degli standard nei decreti attuativi della legge 338/2000

La normativa sulle residenze e alloggi per studenti universitari è il risultato, almeno nella impostazione generale e negli indici proposti con il primo bando, di una ricerca [De Nord 1999] commissionata dal Comitato Nazionale di Valutazione del Sistema Universitario del Ministero dell'Università e della Ricerca Scientifica e Tecnologica, il cui obiettivo prioritario è stato la definizione degli "standard minimi qualitativi degli interventi per alloggi e residenze universitarie [...] nonché le linee guida relative ai parametri tecnici ed economici per la realizzazione" con riferimento a quanto prescritto dalla Legge 338/2000. Il raggiungimento di tale obiettivo è stato ottenuto con lo sviluppo di un processo di indagine che parte dall'analisi di un elevato numero di casi di studio nazionali ed esteri e, attraverso una successiva elaborazione dei dati e la simulazione di soluzioni (a livello metaprogettuale), ha portato alla individuazione delle esigenze dell'utenza delle residenze per studenti e dei conseguenti requisiti, all'individuazione delle funzioni da allocare nelle strutture, alla definizione dei modelli di organizzazione funzionale e tipologica, alla quantificazione degli indici dimensionali e alla specificazione di livelli qualitativi attesi. L'analisi dei casi di studio ha permesso di evidenziare le caratteristiche funzionali, tipologiche, dimensionali e qualitative delle residenze per studenti universitari prendendo in considerazione sia gli interventi di nuova costruzione sia gli interventi di recupero dell'esistente.

I casi studio sono stati selezionati in base a criteri di rappresentatività in ambito geografico e tipologia di intervento, per cui risultano residenze realizzate in Germania, Francia, Inghilterra, Austria e Italia (ovverosia realizzazioni in ambito europeo che risultano maggiormente assimilabili al sistema italiano) e appartenenti alla tipologia di nuova costruzione e di recupero, per un totale di 36 esempi.

Questa prima fase di indagine ha permesso di evidenziare le tipologie residenziali nelle categorie "albergo", "minialloggio" e "nucleo integrato" e dei relativi modelli di organizzazione funzionale e spaziale, oltre ai servizi complementari alla residenza, identificati nelle categorie di aree funzionali per "studio", "ricreazione", "supporto" e "gestione". Inoltre, è stato possibile individuare le differenti tipologie di rapporto con la città e le strutture universitarie di riferimento che hanno poi portato alla classificazione dei modelli "integrato città-università" nella loro variante di residenza integrata o isolata rispetto all'università e "separato", ovverosia il "campus" di matrice anglosassone.

Sui casi studio è stato operato un calcolo dimensionale articolato per le diverse tipologie di spazi e funzioni ed espresso in termini di superficie, evidenziando la fascia di valori nella quale è compreso il maggior numero dei casi di studio. I dati rilevati sono stati suddivisi in sezioni riguardanti la superficie degli alloggi per utente (Tabella 1), la superficie delle camere da letto per utente (Tabella 2), la superficie dei servizi interni all'alloggio (bagni, zona cottura ecc.) per utente (Tabella 3) ed infine

|  | Albergo | Minialloggio | Nucleo integrato |
|---|---|---|---|
| Nuova costruzione | 15-17 m²/p.a. | 19-21 m²/p.a. | 21-23 m²/p.a. |
| Recupero esistente |  | 25-30 m²/p.a. | 17-25 m²/p.a. |
| Nuova costruzione + Recupero esistente |  | 17-21 m²/p.a. | 21-23 m²/p.a. |

Tabella 1. Superficie a posto alloggio per tipologia edilizia e tipo di intervento (fascia di valori nella quale è compreso il maggior numero dei casi di studio).

| Camera 1 posto letto | Camera 2 posti letto | Camere 1 posto letto + 2 posti letto |
|---|---|---|
| 11-13 m²/p.a. | 17-21 m²/p.a. | 11-13 m²/p.a. |

Tabella 2. Superficie a posto alloggio della camera senza servizi interni (fascia di valori nella quale è compreso il maggior numero dei casi di studio per tutte le tipologie edilizie e tutti i tipi di intervento).

i rapporti tra residenza, servizi esterni e connettivo in termini di superficie per utente (Tabella 4a) e di rapporto percentuale (Tabella 4b). A fronte dei risultati ottenuti e derivando dai casi di studio il valore ricorrente del rapporto tra la superficie destinata alla funzione abitativa e quella destinata alle funzioni di servizio e l'incidenza della superficie del connettivo, sono state formulate delle ipotesi di determinazione del parametro dimensionale generale considerando l'incidenza percentuale della residenza pari al 70% e quella dei servizi pari al 30%, con un valore del connettivo calcolato sul totale delle funzioni abitative e di servizio pari al 35%. Nel calcolare l'incidenza dell'area per i servizi si è tenuto conto degli incrementi di servizi di supporto alla didattica e alla ricerca previsti dalla legge e degli incrementi di servizi dovuti a potenziali utilizzatori esterni. Considerando un valore medio di 25 m² a posto alloggio complessivi si ottengono i valori di 17,50 m² a posto alloggio per la funzione residenziale e di 7,50 m² a posto alloggio per la funzione dei servizi; a cui si aggiunge un valore del 35% sulla somma delle funzioni residenziale e di servizio, che porta a un parametro generale di 33,75 m² a posto alloggio. Con i valori ottenuti sono state effettuate le simulazioni progettuali sia sulle singole unità ambientali sia sul modello di organizzazione funzionale e spaziale complessivo, per verificare l'attendibilità dei parametri.

Questi valori derivanti dalle simulazioni progettuali sono poi confluiti nell'allegato A del D.M. 118 del 2001 "Standard minimi quantitativi" del disposto normativo del decreto attuativo che pertanto ha confermato gli standard di riferimento generali, perlomeno in sede di applicazione del primo bando. La ricerca ha anche definito gli indici qualitativi che poi sono confluiti nell'allegato B "Linee guida relative ai parametri tecnici ed economici" dello stesso decreto attuativo. Nel passaggio dalla elaborazione teorica alla definizione degli standard si rileva la progressiva messa a punto dell'articolato normativo che, in prima battuta si configura come l'esito del processo di ricerca e, successivamente, viene modificato e integrato sulla scorta delle verifiche e osservazioni effettuate dagli interlocutori istituzionali preposti alla verifica dei contenuti del disposto normativo.

|  | Albergo | Minialloggio | Nucleo integrato |
|---|---|---|---|
| Nuova costruzione | 1-3 m²/p.a | 7-9 m²/p.a. | 7-9 m²/p.a. |
| Recupero esistente |  | 3-5 m²/p.a. | 3-5 m²/p.a. |
| Nuova costruzione + Recupero esistente |  | 5-9 m²/p.a. | 7-9 m²/p.a. |

Tabella 3. Superficie a posto alloggio dei servizi interni per tipologia edilizia e per tipo di intervento (fascia di valori nella quale è compreso il maggior numero dei casi di studio).

|  | Residenza | Servizi | R+S | Connettivo | Totale |
|---|---|---|---|---|---|
| Nuova costruzione | 20,32 m²/p.a. | 2,67 m²/p.a. | 23,21 m²/p.a. | 4,81 m²/p.a. | 28,01 m²/p.a. |
| Recupero esistente | 19,13 m²/p.a. | 2,53 m²/p.a. | 21,66 m²/p.a. | 6,83 m²/p.a. | 28,49 m²/p.a. |
| Media Totale | 20 m²/p.a. | 2,64 m²/p.a. | 22,79 m²/p.a. | 5,35 m²/p.a. | 28,14 m²/p.a. |

Tabella 4a. Superficie media a posto alloggio per aree funzionali e per tipo di intervento.

|  | Residenza | Servizi | R+S | Connettivo | Totale |
|---|---|---|---|---|---|
| Nuova costruzione | 73% | 10% | 83% | 17% | 100% |
| Recupero esistente | 67% | 9% | 76% | 24% | 100% |
| Media Totale | 72% | 10% | 82% | 18% | 100% |

Tabella 4b. Ripartizione percentuale delle superfici per aree funzionali e per tipo di intervento.

## Gli standard dimensionali nella normativa

Attraverso i decreti attuativi della legge 338/2000 sono stati definiti gli standard minimi dimensionali che assumono carattere prescrittivo ai fini dell'ammissione al cofinanziamento dei progetti per la realizzazione delle residenze per studenti universitari[1]. Gli standard dimensionali si riferiscono alle Aree Funzionali[2] per ciascuna delle quali si stabiliscono specifici valori dimensionali di riferimento.
Esse si distinguono in Aree Funzionali residenziali e Aree Funzionali di servizio, secondo la seguente classificazione:
- AF1 Residenza: comprende le funzioni residenziali per gli studenti;
- AF2 Servizi culturali e didattici: comprende le funzioni di studio, ricerca, documentazione, lettura, riunione, etc., che lo studente compie in forma individuale o di gruppo al di fuori del proprio ambito residenziale privato o semiprivato;
- AF3 Servizi ricreativi: comprende le funzioni di tempo libero finalizzate allo svago, alla formazione culturale non istituzionale, alla cultura fisica, alla conoscenza interpersonale e socializzazione, etc., che lo studente compie in forma individuale o di gruppo al di fuori del proprio ambito residenziale privato o semiprivato;
- AF4 Servizi di supporto: comprende le funzioni che supportano la funzione residenziale dello studente;
- AF5 Servizi gestionali e amministrativi: comprende le funzioni esercitate dal personale di gestione in ordine al corretto funzionamento della struttura residenziale;

Nei bandi successivi al primo le funzioni relative ad AF4 e AF5 sono state accorpate in un'unica area funzionale. Inoltre, sono previsti standard per le aree di accesso e distribuzione che comprendono le funzioni di accesso, accoglienza, incontro e scambio tra gli studenti e le funzioni di collegamento spaziale tra aree funzionali e all'interno di queste.

### *Evoluzione degli standard*

Il D.M. 118 del 9 maggio 2001[3] è il primo strumento di attuazione della legge 338/2000.
Rispetto alla classificazione degli interventi prevista dal decreto[4], per le tipologie A1, A2, A3 il rispetto

| Bando | Interventi sull'esistente | | | | Nuova costruzione | Acquisti |
|-------|------|------|------|------|------|------|
| I | A1 | A2 | A3 | A4 | B | C |
| II | A | | B | | C | D |
| III | A | | | | B | C |
| IV | A1 | | A2 | | B | C |

Tabella 5. Classificazione delle differenti tipologie di intervento nell'evoluzione della norma.

---

[1] Decreti di attuazione: D.M. 118/2001; D.M. 43/2007; D.M. 27/2011.

[2] Raggruppamento di funzioni, con finalizzazione specifica, che si esplicano in una o più Unità Ambientali destinate allo svolgimento di attività connesse alle funzioni date.

[3] A seguito dell'adozione del modello informatizzato avvenuta con l'approvazione del D.M. n. 65 del 22 aprile 2002 e dello slittamento temporale per la presentazione della domanda di ammissione al cofinanziamento, il primo bando è stato emanato tramite il D.M. n. 131 del 26 luglio 2002.

[4] Tipologie di intervento:
A - interventi su immobili già esistenti, adibiti o da adibire ad alloggi e residenze per gli studenti universitari:
    A1: abbattimento delle barriere architettoniche;
    A2: adeguamento alle vigenti disposizioni in materia di igiene e sicurezza, ivi compresa la rimozione dell'amianto e di altri materiali nocivi;
    A3: manutenzione straordinaria;
    A4: recupero, ristrutturazione edilizia ed urbanistica, restauro, risanamento;
B - interventi di nuova costruzione o ampliamento di alloggi o residenze per studenti universitari, compresa l'acquisizione delle aree necessarie";
C - acquisto di edifici da adibire ad alloggi e residenze per studenti universitari.

degli standard non è condizione vincolante; i progetti afferenti a tutte le altre tipologie di intervento sono invece sottoposti alla verifica di congruità rispetto agli standard.

Nei bandi successivi, le tipologie di intervento sono state via via accorpate (Tabella 5); in particolare, nel quarto si introduce una nuova tipologia, l'A2, afferente alla categoria di interventi sull'esistente ma esclusivamente finalizzata all'efficientamento energetico di residenze universitarie.

In relazione alle Aree funzionali, il disposto normativo si articola delineando gli standard per le funzioni residenziali, per le funzioni di servizio e per gli spazi di accesso e distribuzione. Gli standard del primo bando sono differenziati in funzione delle due tipologie di studenti individuate dalla norma:
- Tipologia 1: studenti capaci e meritevoli privi di mezzi sulla base dei criteri di valutazione della condizione economica e del merito stabiliti dal decreto del Presidente del Consiglio dei Ministri, emanato ai sensi dell'articolo 4 della legge 2 dicembre 1991, n. 390;
- Tipologia 2: studenti non beneficiari di assegni e borse di studio e studenti nell'ambito dei progetti di mobilità e scambio.

Nel secondo bando, invece, gli standard sono diversificati in relazione alla tipologia edilizia, secondo le tre categorie previste:
- Alberghi;
- Minialloggi;
- Nuclei integrati.

Con il terzo bando, lo standard per le differenti categorie di studenti e per le differenti tipologie edilizie viene unificato, in virtù di un processo evolutivo del disposto normativo tendente alla semplificazione dei parametri progettuali oggetto di verifica di conformità; tale unificazione viene mantenuta anche nel quarto bando.

È utile ricordare che in merito al rispetto degli standard quantitativi, in occasione della prima applicazione della norma[5] era prevista una tolleranza del ±15% per tutti gli interventi a cui si poteva sommare, limitatamente agli interventi di tipologia A4 e solo per le funzioni di servizio, una deroga del ±10% rispetto agli standard.

Nei bandi successivi tale deroga è stata uniformata in una misura pari al ±15%.

**Standard relativi alle Funzioni residenziali (AF1)**

Nel primo bando, per gli studenti di tipologia 1 lo standard è di 16 m$^2$ a posto alloggio (m$^2$/p.a.); per gli studenti di tipologia 2 lo standard minimo è incrementato a 18 m$^2$/p.a.

È obbligatorio il rispetto di requisiti dimensionali minimi relativamente alle singole unità ambientali:
- camera singola (posto letto, posto studio) almeno 12 m$^2$, camera doppia almeno 18 m$^2$;
- servizio igienico (lavabo, doccia, wc, bidet) almeno 3 m$^2$.

Almeno il 5% del numero totale di posti alloggio deve essere riservato a studenti con disabilità fisiche o sensoriali e, per questi alloggi, i valori di AF1 devono essere incrementati almeno del 10%.

Non sono ammesse stanze con più di due posti letto e deve essere previsto almeno un servizio igienico ogni 3 posti alloggio. Per i posti alloggio sprovvisti di zona per la preparazione e la consumazione dei pasti (angolo cottura) deve essere prevista una cucina-pranzo collettiva almeno ogni 20 posti alloggio, provvista dei relativi locali di servizio. Nel secondo bando, per la tipologia alberghiera, sono riportati i seguenti standard di superficie a posto alloggio:
- 12,5 m$^2$/p.a. per la camera singola;
- 9,5 m$^2$/p.a. per la doppia.

---

[5] Art. 6, comma 1, lettera f, D.M. 116 del 9 maggio 2001 "Procedure e modalità per la presentazione dei progetti e per l'erogazione dei finanziamenti relativi agli interventi per alloggi e residenze per studenti universitari di cui alla legge 14 novembre 2000 n. 338".

Le superfici minime per le singole unità ambientali sono:
- 11 m² per la camera singola, 16 m² per la doppia;
- 3 m² per il servizio igienico (almeno un servizio igienico ogni tre posti alloggio).

Per la tipologia a minialloggi, si individuano tre sottocategorie, in relazione al numero di posti alloggio:
- minialloggi con una camera singola: superficie netta almeno di 24 m²;
- minialloggi con una camera doppia: superficie netta almeno di 36 m²;
- minialloggi con due camere singole: superficie netta almeno di 42 m².

Nei nuclei integrati, intesi come alloggi con estensione compresa tra 3 e 8 posti alloggio, le funzioni residenziali devono rispettare i seguenti standard minimi:
- 11 m² per la camera singola;
- 16 m² per la doppia;
- 3 m² per il servizio igienico.

Rimangono inalterate e valide per tutte le tipologie edilizie le disposizioni relative agli alloggi riservati ad utenti con disabilità e alle zone di preparazione e consumazione pasti collettive.

Nel terzo bando, rispetto al precedente, la differenza più significativa riguarda l'eliminazione del perentorio riferimento alle tre tipologie residenziali, che vengono segnalate solo in quanto le più diffuse, demandando la scelta del modello organizzativo secondo cui strutturare gli alloggi e le residenze al progettista ovvero al soggetto proponente.

Rimangano inalterati i valori di superficie minima da attribuire alle funzioni residenziali (12,5 m²/p.a. per le camere singole e 9,5 m²/p.a. per le doppie), così come i criteri relativi al dimensionamento degli alloggi per studenti con disabilità.

L'impostazione del quarto bando in merito alle funzioni residenziali non subisce modifiche rispetto al precedente.

Figura 1. Bar caffetteria della Residenza San Bartolameo a Trento.

## Standard relativi alle Funzioni di servizio (AFS)

Nella prima applicazione, la superficie da destinare alle funzioni di servizio deve essere almeno di 8 m² a posto alloggio, valore che è disarticolato per le singole aree funzionali di servizio nel seguente modo:
- AF2 (servizi culturali e didattici): almeno il 20% del totale, ovvero 1,6 m²/p.a.;
- AF3 (servizi ricreativi): almeno il 15% del totale, ovvero 1,2 m²/p.a.;
- AF4 (servizi di supporto): almeno il 15% del totale, ovvero 1,2 m²/p.a.;
- AF5 (servizi gestionali): almeno il 10% del totale, ovvero 0,8 m²/p.a.

Il restante 40% (3,2 m²/p.a.) può essere destinato in relazione al programma funzionale di ciascun intervento. Al fine di consentire l'accesso ai servizi offerti dalla residenza anche alla popolazione studentesca non residente, vengono stabiliti, per AF2 e AF3, due coefficienti amplificativi:
- 1,3, da applicare alle superfici di AF2 e AF3, limitatamente agli interventi proposti dalle categorie di soggetti a, b, c, d, e[6];
- 1,25, per gli interventi proposti dalle altre categorie di soggetti.

Figura 2. Camera doppia del Camplus Bononia a Bologna.

---

[6]Art. 2 comma 1 D.M. 116 del 9 maggio 2001:" Soggetti che possono presentare richieste di cofinanziamento". Categorie di soggetti ammessi alla presentazione della domanda di cofinanziamento: a) regioni; b) province autonome di Trento e di Bolzano; c) organismi regionali di gestione per il diritto allo studio universitario, di cui all'articolo 25 della legge 2 dicembre 1991, n. 390; d) le università statali, ovvero le fondazioni di cui all'articolo 59, comma 3, della legge n. 388/2000; e) università non statali legalmente riconosciute, ovvero le fondazioni e le associazioni senza scopo di lucro promotrici delle università e ad esse stabilmente collegate; f) collegi universitari legalmente riconosciuti di cui all'articolo 33 della legge 31 ottobre 1966, n. 942; g) consorzi universitari costituiti ai sensi degli articoli 60 e 61 del testo unico delle leggi sull'istruzione superiore, approvato con Regio Decreto 31 agosto 1933, n. 1592; h) cooperative di studenti senza fini di lucro, costituite ai sensi articolo 2511 e ss. del Codice Civile, il cui statuto preveda tra gli scopi la costruzione e/o la gestione di residenze ed alloggi o servizi da destinare agli studenti universitari; i) organizzazioni non lucrative di utilità sociale operanti nel settore del diritto allo studio provviste di riconoscimento giuridico, il cui statuto preveda tra gli scopi la costruzione e/o la gestione di residenze ed alloggi o servizi da destinare agli studenti universitari; l) fondazioni e le Istituzioni senza scopo di lucro operanti nel settore del diritto allo studio, provviste di riconoscimento giuridico, il cui statuto preveda tra gli scopi la costruzione e/o la gestione di residenze ed alloggi o servizi da destinare agli studenti universitari.

La normativa pone poi come condizione obbligatoria la presenza delle seguenti unità ambientali:
- AF2: sala/e studio, aula/e riunioni, biblioteca;
- AF3: sala/e video, sala/e musica, spazio/i internet, sala/e giochi, palestra con spogliatoio (opzionale: caffetteria);
- AF4: lavanderia/stireria; parcheggio biciclette (opzionali: mensa/self-service, minimarket);
- AF5: ufficio dirigente, ufficio portiere, archivio, guardaroba, deposito biancheria, magazzino.

Nel secondo bando viene introdotta una novità in merito all'articolazione delle aree funzionali dei servizi: AF4 e AF5 vengono accorpate nell'unica area funzionale AF4.

Per le funzioni di servizio collettivo lo standard dagli 8 m²/p.a. del primo bando viene ridotto a 6 m²/p.a., con una diminuzione del 25%. Per i minialloggi e i nuclei integrati viene previsto 1 m²/p.a. in aggiunta ai 6 m2/p.a., in modo da garantire alcune funzioni di servizio collettive minime, essendo consentita, per queste tipologie, la realizzazione di alloggi dotati al proprio interno di spazi adibiti alle funzioni di servizio.

A differenza del precedente bando, non sono previsti standard minimi per ciascuna area funzionale; soltanto per la superficie complessiva dei servizi culturali e didattici e dei servizi ricreativi viene posto l'obbligo del rispetto di un minimo di 2,5 m²/p.a. (AF2+AF3≥2,5 m²/p.a.). La restante quota da adibire alle funzioni di servizio (3,5 m²) può essere gestita in funzione delle esigenze progettuali relative a ciascun intervento.

Nel terzo bando gli standard rimangono quelli applicati nel secondo bando per la tipologia ad albergo: 6 m²/p.a. per la superficie complessiva delle funzioni di servizio e 2,5 m²/p.a. per AF2+AF3.

Rispetto ai precedenti bandi, laddove presenti, le cucine collettive devono essere computate all'interno della superficie di AF4. Solo per AF2 vengono indicate le unità ambientali la cui presenza all'interno della residenza deve essere garantita: esse sono le aule studio e sale riunioni.

Per le altre funzioni di servizio vengono elencate alcune unità ambientali a scopo indicativo e non prescrittivo, differentemente dai precedenti bandi. Con l'ultimo disposto normativo, lo standard per le aree funzionali di servizio torna ad abbassarsi: dai 6 m²/p.a. del terzo bando si passa a 5 m²/p.a., con una riduzione complessiva, rispetto al primo bando, pari al 37,5%.

Si ha un ritorno alla soluzione di diversificazione degli standard in funzione della tipologia edilizia: rispetto ai 5 m²/p.a. totali, nel caso di adozione della tipologia a nuclei integrati, la superficie dei servizi collettivi all'esterno dell'area residenziale può essere ridotta a 3 m²/p.a. Si riduce infine la superficie minima da destinare ai servizi culturali e didattici e ai servizi ricreativi: per AF2+AF3, da 2,5 m²/p.a. del precedente bando, si passa a 2 m²/p.a.

Standard relativi alle funzioni di accesso e distribuzione. Per tutti i bandi viene posto un limite massimo di superficie da adibire alle funzioni di accesso e distribuzione. Nel primo bando la superficie da adibire a connettivo non può superare il 35% della somma delle superfici destinate ad AF1 e AFS. Nel secondo bando, in virtù della diversificazione degli standard in relazione alla tipologia edilizia, lo standard assume due valori: ≤30% di AF1+AFS per il connettivo esterno all'area residenziale e ≤20% per il connettivo interno. Nei bandi successivi il limite torna ad essere un unico valore, pari al 35% della somma superfici delle aree funzionali residenziali e delle aree funzionali dei servizi.

**Considerazioni conclusive**

Per una immediata valutazione delle modifiche precedentemente descritte, apportate agli standard quali-quantitativi a seguito dell'emanazione dei 4 bandi di applicazione della Legge 338/2000, nella tabella 6, per ciascun bando, vengono individuati i valori minimi di superficie a posto alloggio che definiscono gli standard delle aree funzionali residenziali (AF1), delle aree funzionali di servizio (AFS) e delle zone di connettivo.

Viene inoltre individuata la sommatoria degli standard delle funzioni residenziali, di servizio e di accesso e distribuzione, AF totale, dato con cui è possibile riassumere il percorso evolutivo della legge: la progressiva riduzione degli standard, ovvero la contrazione delle superfici minime da destinare alle aree funzionali, si è esplicitata, nel passaggio dal primo al quarto bando, in un decremento pari a circa il 36%, corrispondente a 12,14 $m^2$/p.a.

Il primo straordinario risultato ottenuto dalla definizione degli standard dimensionali prescritti dai decreti attuativi della Legge 338/2000 è l'apertura alla "codificazione" di una tipologia edilizia, quella della residenza universitaria, che fino alla pubblicazione della predetta legge era impropriamente assimilata a strutture ricettive alberghiere o a residenze economiche e popolari, rendendo così difficoltoso il processo di approvazione dei progetti da parte delle Pubbliche Amministrazioni.

A titolo esemplificativo, come scritto da Del Nord [2014], basti ricordare che già nel Piano decennale per l'edilizia residenziale 1978-1987 [Legge 457/1978] agli Istituti Autonomi Case Popolari era consentito di utilizzare le risorse pubbliche indifferentemente per realizzare residenze sociali e residenze studentesche senza differenziazione di requisiti.

L'importanza di tale cambiamento è emersa quando, negli anni più recenti, il superamento di questo equivoco ha consentito di impiegare la nuova tipologia residenziale nelle ultime norme sul diritto allo studio universitario, arrivando anche a identificare una specifica distinzione tra collegio universitario e residenza universitaria [D.lgs. 68/2012, art. 13, comma 4].

Tuttavia, l'aspetto più innovativo, in particolare rispetto a quanto normalmente avviene nei programmi di edilizia pubblica o anche in altri Paesi, è il controllo della qualità attuato con degli standard normativi definiti con valori prescrittivi minimi ma senza soglie massime [Carlini 2014].

I requisiti espressi nei quattro bandi hanno, infatti, inteso definire le condizioni minime al di sotto delle quali non è opportuno realizzare una residenza universitaria, configurando così un patrimonio

Figura 3. Cucina comune nel Collegio Einaudi di Torino.

residenziale aggiornato alle attuali esigenze degli studenti e con ampie superfici destinate non solo agli spazi di natura prettamente residenziale ma, soprattutto, agli spazi di studio e socializzazione.

Anche in Italia, coerentemente con quanto avviene ad esempio nei Paesi anglosassoni, le residenze universitarie sono quindi diventate non un "dormitorio" ma un luogo strategico di formazione e crescita, un incubatore di conoscenze e condivisione che integra e completa l'offerta formativa universitaria. A questo si aggiungono le straordinarie potenzialità di integrazione sociale in quanto, in un Paese come il nostro, l'inserimento di una residenza universitaria in un centro cittadino riesce ad attivare delle dinamiche sociali ed economiche in grado di rigenerare un intero comparto urbano. Ecco perché il trend normativo, che ha sostanzialmente inteso ridurre la superficie destinata alle

|   | Tip. Edilizia | AF1 m2/p.a A | AFS m2/p.a. B | Connettivo interno m2/p.a. C = 20%(A+B) | A+B+C | Connettivo esterno m2/p.a. D | AF totale m2/p.a. E (A+B+C+D) | AF totale media m2/p.a. F |
|---|---|---|---|---|---|---|---|---|
| I | Tutte | 16 | 8 | - | 24 | 35% (A+B+C) | 8,40 | 33,75 |
|   |   | 18 |   | - | 26 |   | 9,10 | 35,10 |
| II | Albergo | 12,5 | 6 | - | 18,5 | 30% (A+B+C) | 5,55 | 24,05 | 29,64 |
|   |   | 9,5 |   | - | 15,5 |   | 4,65 | 20,15 |
|   | Mini alloggio | 24 | 7 (6+1) | - | 31 |   | 9,30 | 40,30 |
|   |   | 18 | 7 (6+1) | - | 25 |   | 7,50 | 32,50 |
|   |   | 21 | 7 (6+1) | - | 28 |   | 8,40 | 36,40 |
|   | Nucleo integrato | 12 (11+1) | 7 (6+1) | 3,6 | 21,6 |   | 8,40 | 29,38 |
|   |   | 9 (8+1) | 7 (6+1) | 3 | 18 |   | 5,70 | 24,70 |
| III | Tutte | 12,5 | 6 | - | 18,5 | 35% (A+B+C) | 6,48 | 24,98 | 22,96 |
|   |   | 9,5 |   | - | 15,5 |   | 5,43 | 20,93 |
| IV | Albergo Mini alloggio | 12,5 | 5 | - | 17,5 | 35% (A+B+C) | 6,13 | 23,63 | 21,61 |
|   |   | 9,5 |   | - | 14,5 |   | 5,08 | 19,58 |
|   | Nucleo integrato | 12,5 | 5 (3+2) | - | 17,5 |   | 6,13 | 23,63 |
|   |   | 9,5 | 5 (3+2) | - | 14,5 |   | 5,08 | 19,58 |

Tabella 6. Confronto degli standard fra i quattro bandi.

attività collettive, appare allarmante anche se poco incisivo in termini di perdita di metri quadrati effettivi. Infatti, il monitoraggio effettuato dall'unità di ricerca dell'Università di Firenze [Del Nord 2016] dimostra che a differenza di tale tendenza normativa, che ha portato ad una contrazione complessiva della superficie minima richiesta di oltre il 30% (-12% tra il primo e il secondo bando; -25% tra il secondo e il terzo bando; -5% tra terzo e quarto bando), le residenze universitarie realizzate con il cofinanziamento della Legge 338/2000 tra il 2002 e il 2015 non hanno subito delle sostanziali riduzioni delle loro superfici. Costituiscono un'eccezione i promotori privati: questi hanno leggermente ridotto le superfici destinate ad attività collettive probabilmente perché tali spazi non sono accessibili agli studenti esterni, certamente perché essendo tali spazi meno remunerativi rispetto alle camere[7] poco concorrono a determinare il necessario equilibrio economico con un flusso di ricavi capace di coprire i costi di esecuzione e gestione.

D'altro canto, la mancanza di limiti dimensionali massimi forniti dalla normativa avrebbe potuto generare delle residenze con superfici e dotazioni sovradimensionate. In realtà tale situazione non si è quasi mai verificata perché la vincolante partecipazione finanziaria del soggetto beneficiario, che deve sostenere almeno il 50% delle spese di acquisto e edificazione e il 100% delle spese di gestione, ha teso a contenere la spesa complessiva degli interventi.

Nelle rare occasioni in cui ciò non è avvenuto, ovvero nei casi in cui la superficie complessiva dello studentato è risultata particolarmente elevata, le cause sono riconducibili alle difficoltà di riconvertire immobili esistenti e poco inclini alla riconversione a causa delle caratteristiche morfologiche e costruttive (ospedale militare, convento, cinema, etc.) oppure per programmi calibrati per soddisfare una specifica esigenza (grande biblioteca d'ateneo, auditorium per eventi di ampio interesse, etc.).

A ciò si aggiunge che, nella consapevolezza che le residenze universitarie costituiscono l'elemento di offerta principale in termini di supporto formativo dalla cui caratterizzazione quali-quantitativa dipende il livello di attrattività degli studenti, le norme attuative della Legge 338/2000 hanno progressivamente esteso lo spettro dei potenziali utilizzatori delle strutture includendo anche borsisti, assegnisti, dottorandi, giovani ricercatori e altre figure del mondo universitario: tale decisione però male si combina con la scelta di ridurre le superfici comuni laddove proprio l'integrazione tra figure differenti dovrebbe costituire un'ulteriore occasione di crescita.

Lo stesso discorso vale per l'eliminazione del coefficiente di amplificazione presente nel primo bando e utile ad accogliere anche gli studenti non residenti negli spazi collettivi della struttura residenziale.

In conclusione, l'indirizzo della norma deve continuare a invitare alla realizzazione di strutture concepite per la stimolazione delle capacità dello studente, migliorandone la qualità della vita e facilitandone la formazione culturale e sociale, sollecitazione che, rispetto all'offerta di sistemazioni di altro tipo (abitazioni private e simili), può essere amplificata con la disponibilità di spazi e dotazioni sufficientemente ampi e qualitativamente elevati.

**Riferimenti bibliografici**
Carlini, S. [2014]. "Applicazione della legge 338/2000", pp. 69-95, in Del Nord, R. *Il processo attuativo del piano nazionale di interventi per la realizzazione di residenze universitarie*, edifir, Firenze.
D.lgs. 29 marzo 2012, n. 68, "Revisione della normativa di principio in materia di diritto allo studio e valorizzazione dei collegi universitari legalmente riconosciuti".
Del Nord R. (responsabile scientifico) [1999]. *Studio per la definizione degli standard minimi qualitativi degli interventi per gli alloggi e le residenze universitarie*, Rapporto di Ricerca, Dipartimento di Tecnologie

---

[7] Si segnala che le strutture residenziali universitarie realizzate da soggetti privati con il cofinanziamento di cui alla Legge 338/2000 vige l'obbligo di destinare solo il 20% dei posti alloggio a studenti capaci e meritevoli anche se privi di mezzi idonei al conseguimento della borsa di studio e dei prestiti d'onore.

dell'Architettura e Design "P. Spadolini", Università degli Studi di Firenze.
Del Nord, R. [2014]. "L'innovazione di processo come strumento per promuovere la qualità delle opere", pp. 17-27, in Del Nord, R. (a cura di) *Il processo attuativo del piano nazionale di interventi per la realizzazione di residenze universitarie*, edifir, Firenze.
Del Nord R. (responsabile scientifico) [2016]. *Stato di attuazione degli interventi della Legge 338/2000*, Rapporto di Ricerca, Dipartimento di Architettura, Università degli Studi di Firenze.
Legge 5 agosto 1978, n. 457. *Norme per l'edilizia residenziale.*
Legge 14 novembre 2000, n. 338. *Disposizioni in materia di alloggi e residenze per studenti universitari.*
DD.MM. n. 116/2001, n. 42/2007 e n. 26/2011. *Procedure e modalità per la presentazione dei progetti e per l'erogazione dei finanziamenti relativi agli interventi per alloggi e residenze per studenti universitari di cui alla Legge 14 novembre 2000 n. 338.*
DD.MM. n. 118/2001, n. 43/2007 e n. 27/2011. *Standard minimi dimensionali e qualitativi e linee guida relative ai parametri tecnici ed economici concernenti la realizzazione di alloggi e residenze per studenti universitari di cui alla legge 14 novembre 2000 n. 338.*
Rapporto di Ricerca, Dipartimento di Tecnologie dell'Architettura e Design "P. Spadolini", Università degli Studi di Firenze (2003). *Supporto tecnico all'istruttoria delle richieste di cofinanziamento degli interventi per la realizzazione di alloggi e di residenze universitarie ai sensi delle leggi n. 338/2000 e 388/2000.*
Rapporto di Ricerca, Dipartimento di Tecnologie dell'Architettura e Design "P. Spadolini", Università degli Studi di Firenze (2008). *Alloggi e residenze per studenti universitari. Procedura relativa ai D.M. n. 42/2007 e n. 43/2007.*
Rapporto di Ricerca, Dipartimento di Tecnologie dell'Architettura e Design "P. Spadolini", Università degli Studi di Firenze (2012). *Convenzione tra il Ministero dell'Istruzione, dell'Università e della Ricerca ed il Dipartimento di Tecnologie dell'Architettura e Design "Pierluigi Spadolini" dell'Università degli Studi di Firenze.*

# LE RESIDENZE PER STUDENTI UNIVERSITARI NEI PROGRAMMI ATTUATIVI DELLA LEGGE 338/2000. EFFICACIA DELL'APPLICAZIONE DEI PARAMETRI TECNICI DIMENSIONALI

**Roberto Bologna**
Università degli Studi di Firenze, Dipartimento di Architettura, Centro Interuniversitario TESIS
**Andrea Sichi**
Università degli Studi di Firenze, Dipartimento di Architettura, Centro Interuniversitario TESIS

**Parole chiave**
Residenze universitarie, standard dimensionali, valutazione post-occupativa

*Abstract*

*The underway research aims to assess the effects of the application of Law 338/2000, related to the effectiveness and efficiency of services offered in the housing for university students. The residences considered for the analysis are limited to those which currently are completed and in operation.*

*The dual objective of the law – to stem the shortage of accommodation places, providing qualitatively adequate residential levels, and to ensure integration among students – has been expressed through precise criteria: in particular, the spatial standards have set objective limits for measuring quality of facilities and services provided in a student residence.*

*The survey was developed through an analysis consisting of two macro-phases: a first phase related to the spatial standards and a second phase related to the users' satisfaction level.*

*The purpose of the first phase was the preparation of a database of the interventions, focused to the identification of purely dimensional aspects. For the examined residences (about 100 among first and second call), the dimensional standard - minimum areas per student as defined in regulation - for the residential functions and those of services were identified; with respect to these standards the values of percentage change (deviation) of the actually built areas were calculated.*

*Subsequently, for the same residences, were analyzed the costs of construction, in order to quantify the economic commitment of the requesting parties, in relation to the deviations previously calculated.*

*The research is partially concluded and the results so far obtained are: the values of the deviation between the theoretical area calculated with the regulatory parameters and the actual area of each intervention, with regard to the functional areas; secondly, the assessment of the effectiveness and efficiency of residential services, based on the responses by students and residences managers.*

## Obiettivi della ricerca

La ricerca in corso si pone l'obiettivo di valutare l'efficacia dei servizi residenziali offerti agli studenti universitari alloggiati nelle residenze cofinanziate ai sensi della Legge 338/2000, attraverso un confronto fra disposto normativo ed applicazione effettiva degli standard minimi dimensionali quali-quantitativi. In attesa dell'uscita del nuovo bando e in virtù delle modifiche che gli standard hanno subìto dalla loro prima definizione, risultato di un processo teorico di individuazione di livelli di qualità abitativa espressa attraverso la quantificazione di superficie a posto alloggio, si vuole capire se il percorso evolutivo della normativa, pur riducendo progressivamente la superficie minima a posto alloggio, abbia saputo garantire livelli di qualità adeguati e conformi alle esigenze della popolazione studentesca. L'analisi, tuttora in corso, è stata impostata sul rilevamento dei dati relativi agli interventi cofinanziati ai sensi della 338/2000 e che, alla data odierna, risultano conclusi ed in esercizio, in modo da ottenere due diversi livelli di lettura dell'esperienza attuativa: uno di carattere quantitativo derivante da una "fotografia" dei risultati raggiunti dagli interventi realizzati in termini di superficie a posto alloggio; un altro di carattere qualitativo derivante da una valutazione post-occupativa operata sull'opinione degli studenti residenti e dei soggetti gestori.

## Metodologia e criteri di rilevazione ed elaborazione dei dati

La ricerca è stata strutturata in due fasi: la prima ha permesso di capire in quale modo la legge sia stata recepita dai soggetti beneficiari del cofinanziamento statale e di individuare, in relazione agli standard, lo scostamento fra gli stessi e le superfici effettivamente realizzate; la seconda, di tipo post-occupativo, in fase di completamento, consentirà di verificare se l'effettiva applicazione, in termini di superfici realizzate destinate alle funzioni residenziali e di servizio, sia riuscita a garantire livelli qualitativamente elevati, secondo le finalità della norma.

| | | Numero casi studio | | |
|---|---|---|---|---|
| | | I bando | II bando | Totale |
| | | 65 | 31 | 96 |
| Tipologia edilizia | Ad albergo | 34 | 22 | 56 |
| | A minialloggio | 12 | 6 | 18 |
| | A nuclei integrati | 5 | 3 | 8 |
| | Mista | 14 | - | 14 |
| Soggetti beneficiari | A1) regioni | 10 | - | 10 |
| | A2) organismi regionali per il diritto allo studio | 19 | 10 | 29 |
| | A3) università statali | 27 | 11 | 38 |
| | B1) università non statali | 2 | 3 | 5 |
| | B2) collegi universitari legalmente riconosciuti | 4 | 4 | 8 |
| | B3) altri soggetti | 3 | 3 | 6 |
| Posti alloggio | Tra 40/50 e 100 | 32 | 13 | 45 |
| | Tra 101 e 150 | 8 | 7 | 15 |
| | Tra 151 e 200 | 18 | 8 | 26 |
| | Oltre 200 | 7 | 3 | 10 |
| Tipologia di intervento | Recupero, ristrutturazione, risanamento, restauro | 24 | 18 | 42 |
| | Nuova costruzione o ampliamento | 21 | 8 | 29 |
| | Acquisto | 20 | 5 | 25 |
| Area geografica | Nord | 30 | 18 | 48 |
| | Centro | 23 | 6 | 29 |
| | Sud | 12 | 7 | 19 |

Tabella 1. Categorie di indicatori e distribuzione numerica dei casi studio.

## Selezione dei casi di studio

Poiché l'analisi si riferisce agli interventi funzionanti sono stati presi in considerazione solo i progetti ammessi al cofinanziamento e realizzati in base ai primi due bandi di attuazione della Legge 338/2000[1]. I casi di studio analizzati sono stati quelli per cui era prevista la rendicontazione dei dati progettuali, circoscritti, pertanto, agli interventi di "Recupero, ristrutturazione, risanamento, restauro", "Nuova costruzione o ampliamento" e "Acquisto" i cui dati sono stati ricavati dalla sezione E "dati tecnici di progetto" dei modelli ARSU (primo bando) e CARSU Bis (secondo bando), aggiornati con le schede istruttorie compilate dai soggetti dopo l'ammissione degli interventi al cofinanziamento.

Inoltre, sono stati consultati i documenti integrativi inviati dai soggetti in corso d'opera, dai quali sono state rilevate eventuali variazioni rispetto ai modelli compilati precedentemente, prendendo pertanto in considerazione i dati effettivi della realizzazione. Sono stati rilevati i dati di 65 interventi per il primo bando e 31 per il secondo, per un totale di 96 interventi[2].

I casi di studio sono stati poi raggruppati per categorie: tipologia edilizia, tipologia di soggetto beneficiario del cofinanziamento, numero dei posti alloggio, tipologia di intervento, zona geografica, all'interno delle quali sono stati individuati ulteriori raggruppamenti significativi ai fini dell'indagine.

## Calcolo dello standard

Per effettuare il confronto con la superficie effettiva degli interventi realizzati è stato necessario, nella prima fase della ricerca, calcolare attentamente lo standard teorico della normativa articolandolo nell'area funzionale residenziale (AF1) e nelle aree funzionali di servizio (AFS). Ai fini della determinazione dello scostamento, il valore dello standard preso a riferimento non tiene conto delle deroghe previste dalla legge, poiché dovrebbe rappresentare la condizione ottimale[3].

|   | Tip. Edilizia | A<br>AF1 | B<br>AFS | C<br>20%(A+B)<br>Connettivo interno[6] | A+B+C<br>AF1+AFS | | D<br>Connettivo esterno | | E<br>(A+B+C+D)<br>AF totale | | F<br>AF totale media |
|---|---|---|---|---|---|---|---|---|---|---|---|
| I | Tutte | 16[1] | 8 | - | 24 | 25 | 35%(A+B+C) | 8,40 | 32,40 | 33,75 | 33,75 |
|   |   | 18[1] |   |   | 26 |   |   | 9,10 | 35,10 |   |   |
| II | Albergo | 12.50[2] | 6 | - | 18,50 | 17 | 30%(A+B+C) | 5,55 | 24,05 | 22,10 | 29,64 |
|   |   | 9,50[2] |   |   | 15,50 |   |   | 4,65 | 20,15 |   |   |
|   | Mini Alloggi | 24[3] | 7[5]<br>(6+1) | - | 31 | 28 |   | 9,30 | 40,30 | 36,40 |   |
|   |   | 18[3] |   |   | 25 |   |   | 7,50 | 32,50 |   |   |
|   |   | 21[3] |   |   | 28 |   |   | 8,40 | 36,40 |   |   |
|   | Nuclei integrati | 12[4] | 7[5]<br>(6+1) | 3,60 | 22,60 | 20,80 |   | 6,78 | 29,38 | 27,40 |   |
|   |   | 9[4] |   | 3 | 19 |   |   | 5,70 | 24,70 |   |   |

Tabella 2. Standard (metri quadrati a posto alloggio) nel primo e secondo bando per AF1 e AFS.

(1) 16 mq/p.a. per la categoria "studenti capaci e meritevoli privi di mezzi"; 18 mq/p.a. per la categoria "studenti non destinatari di assegni e borse di studio o in mobilità". (2) 12,5 mq/p.a. per la camera singola; 9,5 mq/p.a. per la camera doppia. (3) 24 mq/p.a. per alloggio singolo; 18 mq/p.a. per alloggi con una camera doppia; 21 mq/p.a. per alloggi con due camere singole; (4) 12 mq/p.a. per la camera singola; 9 mq/p.a. per la camera doppia (comprensivo della quota a posto alloggio della superficie del bagno, 1 mq/p.a.). (5) 6 mq/p.a. per i servizi interni + 1 mq/p.a. per i servizi esterni. (6) Calcolato per AFS solo sulla quota parte di servizi interni (6 mq/p.a.).

---

[1] Gli interventi attualmente in funzione del terzo bando sono soltanto cinque.
[2] Su un totale di 115 interventi ammessi al cofinanziamento per il primo bando e 89 per il secondo.
[3] Per tutti i bandi la norma prevede una deroga (±10% I bando; ±15% II bando) nel caso di edifici preesistenti, solo per le aree funzionali di servizio e per gli interventi di tipo A4 (I bando) e B (II bando); per il I bando era inoltre prevista una tolleranza pari a ±15% per tutti gli interventi, in occasione della prima applicazione della norma.

Lo standard rispetto al quale calcolare il valore teorico di superficie di ciascun intervento varia tra i due bandi. L'intenzione del legislatore con il secondo programma attuativo è stata di contenere l'impiego di spazio per la realizzazione degli interventi fissando un limite dello standard più restrittivo e, allo stesso tempo, differenziandolo per tipologia edilizia.

Da notare che nel II bando la formulazione degli standard di superficie proposta dall'articolato normativo ha posto qualche dubbio interpretativo in sede di applicazione.

I valori adottati per il calcolo della superficie teorica sono stati quelli correttamente interpretati e utilizzati dalla commissione istruttoria ministeriale per il giudizio di ammissibilità al cofinanziamento degli interventi. Inoltre, non essendo di immediata comparabilità rispetto al I bando, gli standard da utilizzare per il confronto con quelli effettivi realizzati sono stati ricavati attraverso articolati calcoli; tenendo conto dei differenti criteri adottati nel passaggio tra il I e il II bando, gli standard considerati sono quelli riportati nella tabella 2.

### Elaborazione dei dati

I dati, costituiti dai valori delle superfici nette, articolate per aree funzionali, sono stati elaborati per la valutazione della variazione percentuale rispetto agli standard[4]. Per ciascun intervento sono state pertanto confrontate le superfici effettive realizzate delle funzioni residenziali (AF1), delle funzioni di servizio (AFS) e totali (AF1+AFS+Connettivo), con le rispettive superfici teoriche derivate dall'applicazione dello standard (superficie a posto alloggio).

Nel primo bando, i dati relativi ad AF1 sono stati articolati nelle due tipologie di utenti previsti: gli studenti capaci e meritevoli privi di mezzi (tipologia1) e gli studenti non beneficiari di assegni e borse di studio e/o studenti nell'ambito dei progetti di mobilità e scambio (tipologia 2).

Nel secondo bando, lo standard di AF1 e il relativo dato di variazione sono diversificati in funzione della tipologia edilizia.

Per le funzioni di servizio (AFS), il dato è stato articolato nelle tipologie di Servizi culturali e didattici (AF2), Servizi ricreativi (AF3), Servizi di supporto (AF4) e Servizi gestionali e amministrativi (AF5), (nel secondo bando, Servizi di supporto e Servizi gestionali e amministrativi sono stati accorpati nell'unica tipologia AF4). La misura della variazione è stata inoltre rapportata alle categorie nelle quali sono stati classificati gli interventi selezionati. In pratica, i dati sono stati elaborati secondo una matrice che mette in relazione la variazione tra valore teorico e valore reale e la variazione tra valore teorico e valore reale per categorie di indicatori, la superficie a posto alloggio (mq/p.a.) con le singole aree funzionali e le aggregazioni tra esse (Tabella 3).

|  |  | AF1 | AF2 | AF3 | AF4 | AF5 | AFS[1] | AF1+AFS | AF totale[2] |
|---|---|---|---|---|---|---|---|---|---|
| Variazione tra valore teorico e valore reale | | √ | √ | √ | √ | √ | √ | √ | √ |
| Variazione tra valore teorico e valore reale per categorie | Tipologia edilizia | √ | | | | | √ | √ | |
| | Soggetti beneficiari | √ | | | | | √ | √ | |
| | Numero posti alloggio | √ | | | | | √ | √ | |
| | Tipologia di intervento | √ | | | | | √ | √ | |
| | Area geografica | √ | | | | | √ | √ | |
| Metri quadrati a posto alloggio | | √ | | | | | √ | √ | √ |
| Incidenza delle singole unità ambientali | | | √ | √ | √ | √ | | | |

[1] AFS=AF2+AF3+AF4+AF5; (2) AF totale=AF1+AFS+accesso e distribuzione.
Tabella 3. Matrice di elaborazione dei dati.

---

[4] Tra il primo e il secondo bando sono subentrate alcune modifiche agli standard normativi, sia nella loro quantificazione sia nella loro aggregazione, per cui è stato necessario distinguere la rappresentazione dei dati e la loro modalità di elaborazione.

## Valutazione post-occupativa

La seconda parte della ricerca è stata impostata attraverso questionari destinati ai titolari della gestione e agli studenti delle residenze, le stesse selezionate nella precedente fase di definizione degli scostamenti delle superfici realizzate rispetto agli standard normativi.

Per quanto riguarda il questionario rivolto agli studenti, la rilevazione è stata predisposta in base allo schema metodologico e al modello della soddisfazione ponderata o del confronto tra attese e percezioni indicati da A. Francalanci (Catalano, 2013).

Per la formulazione delle domande si è fatto riferimento a esperienze condotte da alcuni enti per il diritto allo studio[5](Puggioni, Tedesco, 2005).

Riguardo al questionario rivolto ai gestori l'impostazione fa riferimento alla disciplina del facility management (Catalano, 2013; Ciappei, Pellegrini, 2009). I questionari hanno lo scopo di valutare in che modo, sulla base dei dati ricavati in prima fase, la legge, attraverso i bandi di attuazione, sia stata in grado di conciliare le esigenze degli studenti e quelle dei gestori. Sono stati dunque impostati in modo da valutare come il soggetto titolare della gestione riesca a garantire un rapporto equilibrato fra qualità del servizio residenziale offerto e impegno economico in fase gestionale delle strutture. I due questionari hanno una base comune che sostanzialmente segue la struttura del disposto normativo, riproponendone la formulazione in riferimento agli standard dimensionali. In particolare, il questionario destinato agli studenti si articola nelle seguenti sezioni: A. Profilo studente; B. Individuazione della RSU; C. Localizzazione della RSU; D. Funzioni residenziali; E. Funzioni di servizio; F. Sicurezza. Il questionario per i gestori mantiene la stessa impostazione e si differenzia dal precedente nella sezione A nella quale vengono individuati temi specifici legati alla gestione delle residenze. Per la predisposizione dei questionari, al fine di massimizzarne l'efficacia, è stata richiesta la collaborazione del CNSU (Consiglio Nazionale degli Studenti Universitari) e di alcuni soggetti gestori (ADISU Puglia, DSU Toscana, Università Commerciale Luigi Bocconi), in rappresentanza delle categorie più significative. In totale sono stati contattati 35 soggetti titolari della gestione (pubblici e privati) di cui 17 hanno inoltrato il questionario agli studenti alloggiati presso le residenze da loro gestite. Il numero di studenti a cui è stato recapitato il questionario è oltre 6.000, per un numero complessivo di residenze pari a 39.

## Risultati

Variazione tra valore teorico e valore reale: AF1, AFS, AF1+AFS (I e II bando).

La variazione della superficie totale (funzioni residenziale e di servizio) reale di ciascun intervento rispetto allo standard risulta per la maggior parte dei casi un valore positivo sia nel primo bando sia nel secondo, prendendo come riferimento il valore dello standard applicato senza le deroghe.

Anche gli interventi al di sotto dello standard risultano in realtà conformi in quanto beneficiano delle deroghe previste dalla legge. Il valore medio dello scostamento calcolato su tutti gli interventi è pari a +17,55% nel I bando e +58,78% nel II bando.

|   | AF1 | | | AFS | | | AF1+AFS | | |
|---|---|---|---|---|---|---|---|---|---|
|   | Teorico (media) | Reale (media) | | Teorico (media) | Reale (media) | | Teorico (media) | Reale (media) | |
|   | mq/p.a. | (%) | mq/p.a. | mq/p.a. | (%) | mq/p.a. | mq/p.a. | (%) | mq/p.a. |
| I | 17 | +10,50 | 18,78 | 8 | +33,73 | 10,70 | 25 | +17,55 | 29,38 |
| II | 16,09 | +40,37 | 22,59 | 6,67 | +102,84 | 13,52 | 22,8 | +58,78 | 36,20 |

Tabella 4. Confronto tra le medie dei valori teorici e le medie dei valori reali in termini di superficie a posto alloggio.

---

[5] cfr. questionari ERSU Cagliari e DSU Toscana.

Disarticolando il dato per l'Area residenziale (AF1) e l'Area servizi (AF2-AF3-AF4-AF5 per il I bando; AF2-AF3-AF4 per il II bando), nel I bando il valore medio della variazione è +10,50% per la funzione residenziale e +33,73% per le funzioni di servizio, mentre nel II bando il valore medio della variazione è +40,37% per le funzioni residenziali e +102,84% per le funzioni di servizio (Tabella 4). Scomponendo i dati relativi alle singole funzioni dei servizi, per il I bando si registra un incremento in AF2 pari a +69,48, in AF3 +108,51%, in AF4 + 64,55% e in AF5 + 148,42%. Nel II bando, per il quale lo standard è rappresentato da una quota fissa anche se differenziata per tipologia edilizia, è presente solo il dato per lo standard relativo alla somma delle aree AF2 e AF3 (2,5 mq/p.a.) che evidenzia un incremento generale ancora più consistente di +137,81%.

Volendo approfondire un aspetto di dettaglio, data l'impossibilità di un confronto diretto fra i due bandi originata dalla diversificazione degli standard per tipologia edilizia del secondo bando, gli unici valori di variazione direttamente paragonabili sono quelli relativi alla tipologia alberghiera (Tabella 5). Per il I bando, lo scostamento rispetto allo standard di AF totale (standard indiretto in quanto non definito dalla norma, risultato della somma di AF1+AFS+connettivo) è pari a +4,35%; per il II bando, +50,08%. Considerando lo standard del I bando anche per il II, lo scostamento dallo standard è pari a -0,25%. Per il I bando, lo scostamento rispetto allo standard di AF1 è pari a +1,61%; per il II bando, +31,13%. Considerando lo standard del I bando anche per il II, lo scostamento dallo standard è pari a -12,21%. Infine, per il I bando, lo scostamento rispetto allo standard di AF servizi è pari a +13,55%; per il II, +53,49%.

Considerando lo standard del I bando anche per il II, lo scostamento dallo standard è pari a +15,12%.

### *Variazione per tipologia edilizia*

In termini generali la variazione tende a crescere in rapporto alla complessità della tipologia edilizia (data dalla complessità funzionale e dalla conseguente articolazione spaziale) e quindi maggiormente correlata alla funzione residenziale, in modo più evidente nel I che nel II bando.

Se si analizza, infatti, l'area residenziale, nel I bando la variazione tende a crescere in particolare nel caso dei minialloggi, mentre nel II bando l'incremento maggiore si ha per le tipologie ad albergo e a nuclei integrati. (Grafico 1).

Il dato può essere messo in relazione alla diversa modalità di formulazione del disposto normativo: nel secondo programma attuativo lo standard è stato differenziato per tipologie edilizie, attribuendo valori maggiori soprattutto alla tipologia a minialloggi, ed in effetti gli incrementi più consistenti si sono avuti per le tipologie ad albergo e a nuclei integrati che hanno standard simili tra loro ma molto inferiori a quello dei minialloggi.

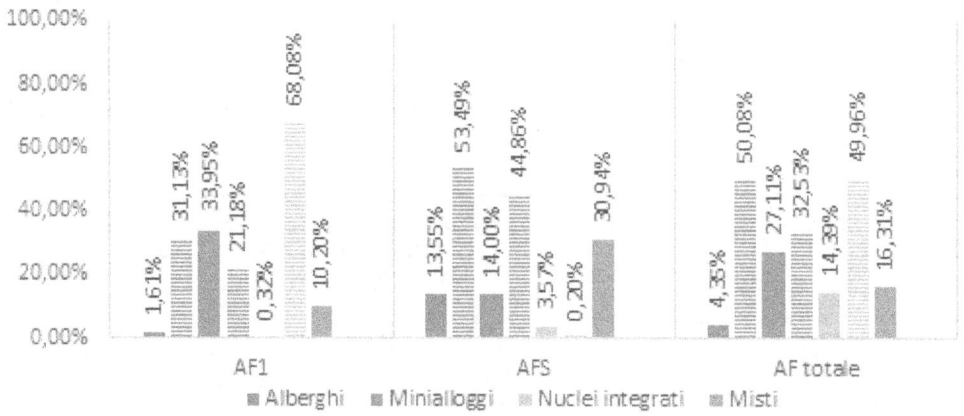

Grafico 1. Variazioni percentuali rispetto allo standard per tipologia edilizia. (Campiture piene: dati del I bando; campiture a righe: dati del II bando).

Per quanto riguarda i servizi, il dato più rilevante è l'incremento per le tipologie a minialloggi e a nuclei integrati del II bando.

Anche questo dato potrebbe in una certa misura essere conseguenza della formulazione del disposto normativo per cui la superficie dei servizi esterni all'area residenziale è stata considerata in aggiunta a quella interna.

Per il II bando non sono presenti i dati relativi alla tipologia mista in quanto lo standard variava in funzione della tipologia edilizia e nel modello per la presentazione della domanda di cofinanziamento non era richiesto di specificare il numero di posti alloggio per ciascuna tipologia.

Pertanto, per il II bando, non è stato possibile ricavare i dati relativi agli interventi di tipologia mista.

| | Tip Edilizia | AF1 | | | AFS | | | AF1+AFS | | |
|---|---|---|---|---|---|---|---|---|---|---|
| | | Teorico | Reale | | Teorico | Reale | | Teorico | Reale | |
| | | mq/p.a | (%) medio | mq/p.a | mq/p.a | (%) medio | mq/p.a | mq/p.a | (%) medio | mq/p.a |
| I | Albergo | 16 | +1,61% | 16,26 | 8 | +13,55% | 9,08 | 24 | +4,35% | 25,34 |
| | | 18 | | 18,40 | | | | 26 | | 27,48 |
| | Minialloggi | 16 | +33,95% | 21,02 | | +14,00% | 9,12 | 24 | +27,11% | 30,14 |
| | | 18 | | 24,30 | | | | 26 | | 33,42 |
| | Nuclei integrati | 16 | +0,32% | 15,65 | | +3,57% | 8,29 | 24 | +14,39% | 23,94 |
| | | 18 | | 18,09 | | | | 26 | | 26,38 |
| | Mista | 16 | +10,20% | 18,20 | | +30,94% | 10,48 | 24 | +16,31% | 28,68 |
| | | 18 | | 19,85 | | | | 26 | | 30,33 |
| II | Albergo | 12,5 | +31,13% | 15,45 | 6 | +53,49% | 9,21 | 18,5 | +50,08% | 32,85 |
| | | 9,5 | | | | | | 15,5 | | |
| | Minialloggi | 24 | | | | | | 31 | | |
| | | 18 | +21,18% | 25,32 | 7 | +44,86% | 10,14 | 25 | +32,53% | 45,42 |
| | | 21 | | | | | | 28 | | |
| | Nuclei integrati | 15,6[1] | +68,08% | 17,02 | 7 | +0,20% | 7,01 | 22,6 | +49,96% | 28,90 |
| | | 12[1] | | | | | | | | |

[1] Comprensivo della quota parte di connettivo interno all'area residenziale.

Tabella 6. Confronto fra ma/p.a. della superficie teorica e della superficie reale per tipologia edilizia.

### Variazione per ente beneficiario

In entrambi i bandi i soggetti privati hanno incrementato lo standard in misura maggiore rispetto ai soggetti pubblici, mostrando probabilmente una propensione a maggiori investimenti in termini di dotazioni spaziali a favore degli studenti: in particolare la dotazione di servizi che, ancora una volta, è la parte che aumenta maggiormente (Tabella 7).

Nel dettaglio, si può osservare che nel I bando l'incremento è praticamente nullo da parte delle regioni, meno evidente per gli enti per il diritto allo studio ed ancora meno per le università statali. Nel II bando gli incrementi più consistenti sono riconducibili alle università non statali e a seguire ai collegi (Grafico 2).

| | AF1 | | AFS | | AF totale | |
|---|---|---|---|---|---|---|
| | Pubblici | Privati | Pubblici | Privati | Pubblici | Privati |
| I | +9,11% | +16,29% | +10,90% | +16,91% | +16,53% | +19,82% |
| II | +40,70% | +39,66% | +45,33% | +49,43% | +51,29% | +89,36% |

Tabella 7. Variazioni percentuali rispetto allo standard per soggetto beneficiario: confronto fra soggetti pubblici e soggetti privati.

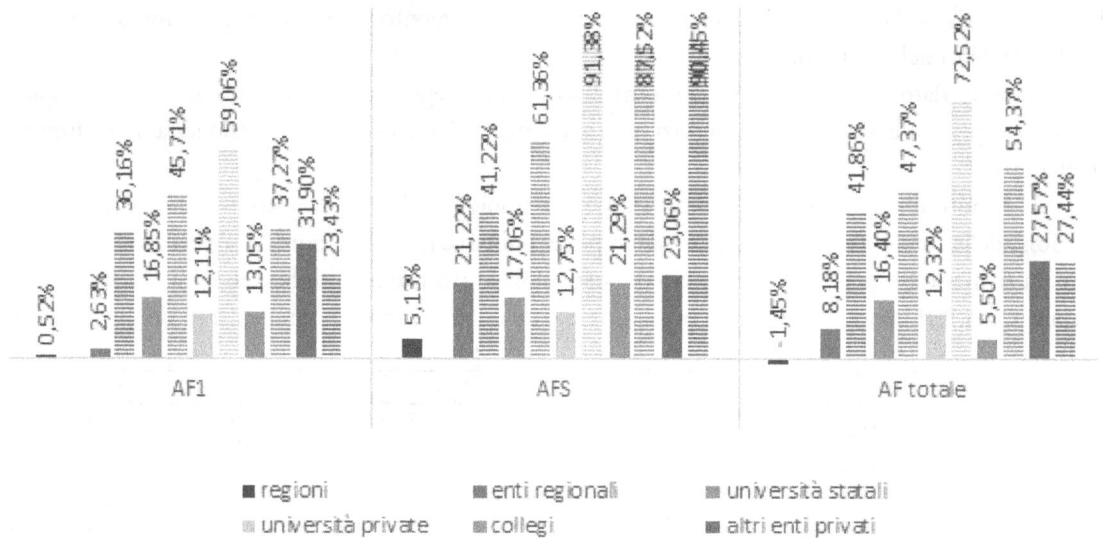

Grafico 2. Variazioni percentuali rispetto allo standard per soggetto beneficiario. Confronto fra le categorie più rappresentative di soggetti pubblici e privati (Campiture piene: dati del I bando; campiture a righe: dati del II bando). Per il II bando, le regioni, in relazione agli interventi analizzati, non hanno presentato domande di cofinanziamento; pertanto il dato per questa categoria non è presente.

### Variazione per numero di posti alloggio

L'andamento degli scostamenti per la superficie totale nel I bando si ripete per l'area residenziale e dei servizi: l'incremento si mantiene su valori simili per le due fasce superiori ed è invece più variabile per quelle inferiori. Nel II bando, all'aumentare del numero dei posti letto lo scostamento tra superficie reale e superficie teorica tende a ridursi (Grafico 3).

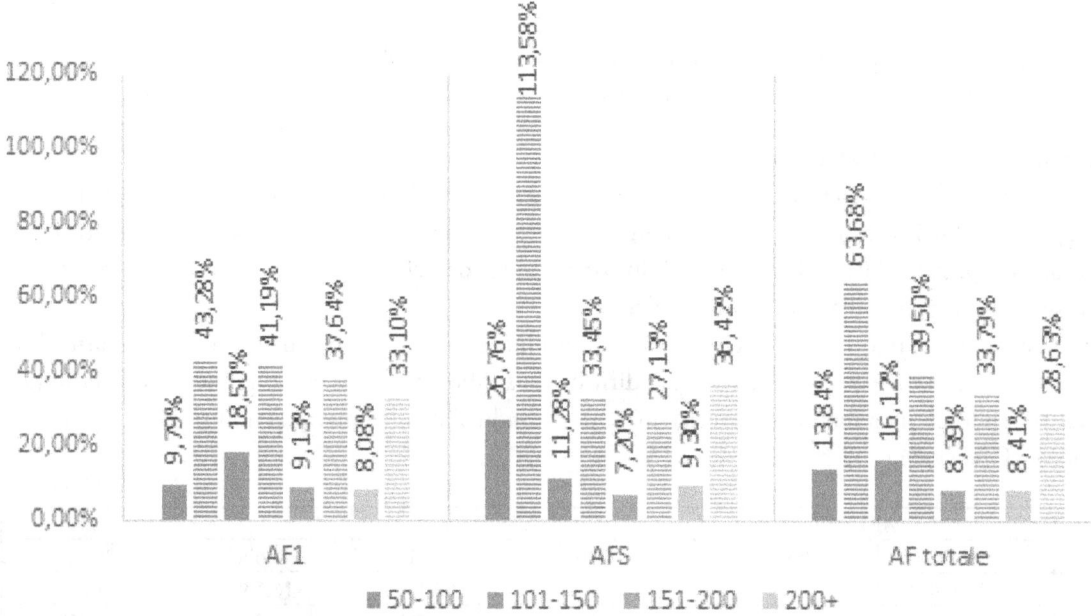

Grafico 3. Variazioni percentuali rispetto allo standard per numero di posti alloggio.
(Campiture piene: dati del I bando; campiture a righe: dati del II bando).

## Variazione per tipologia di intervento

In entrambi i bandi si osserva che per gli interventi di nuova costruzione o ampliamento la tendenza è di superare abbondantemente lo standard, mentre per gli interventi di ristrutturazione l'incremento è probabilmente condizionato dai vincoli spaziali della struttura preesistente; nel caso di acquisto si raggiungono i limiti della norma, in particolare nel I bando (Grafico 4).

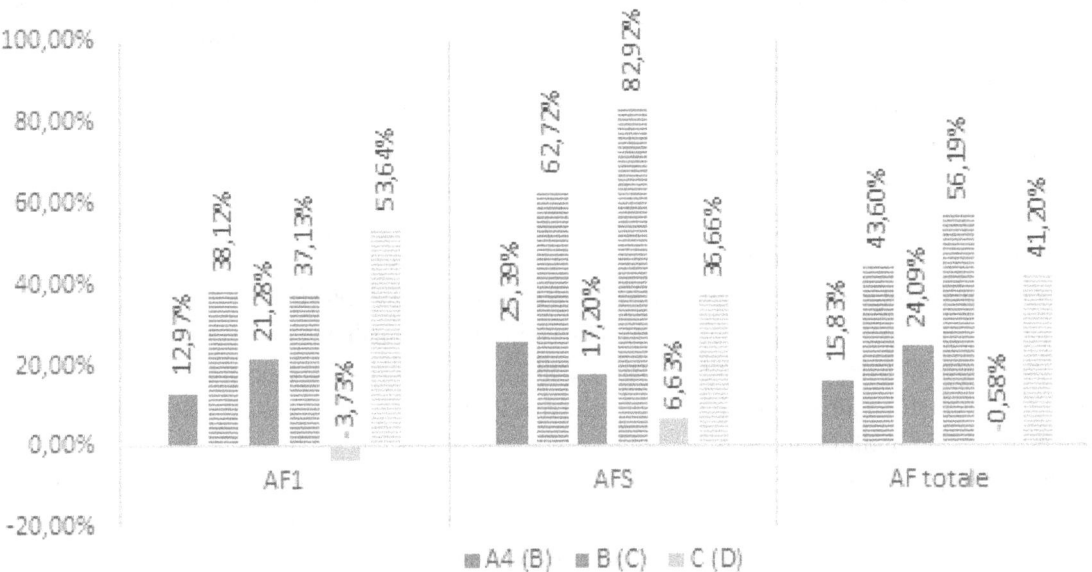

Grafico 4. Variazioni percentuali rispetto allo standard per tipologia di intervento.
(Campiture piene: dati del I bando; campiture a righe: dati del II bando).

## Variazione per zona geografica

In termini assoluti si evidenzia un incremento maggiore rispetto allo standard per gli interventi realizzati nell'area Sud (Grafico 5). Tuttavia, il dato ottenuto non sembra fornire indicazioni significative in merito alla distribuzione geografica degli interventi.

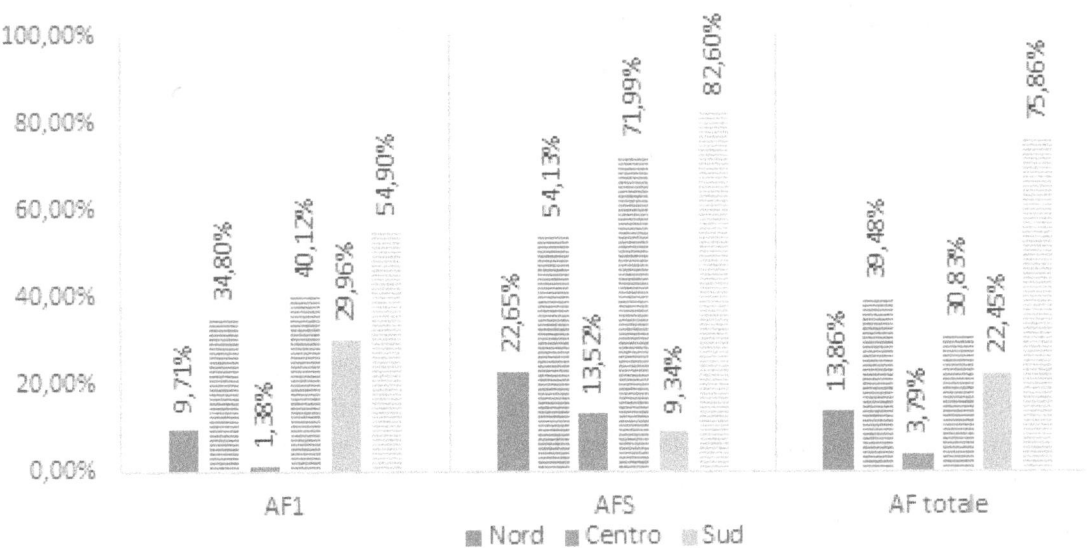

Grafico 5. Variazioni percentuali rispetto allo standard per area geografica.
(Campiture piene: dati del I bando; campiture a righe: dati del II bando).

*Variazione tra valore teorico e valore reale delle aree funzionali di servizio.*
Constatato che gli aumenti maggiori si riscontrano per le aree funzionali di servizio e che, per entrambi i bandi, gli aumenti maggiori si verificano per i servizi ricreativi e per i servizi gestionali, si analizzano ora nel dettaglio i dati riferiti alla superficie destinata alle singole aree funzionali di servizio.
Gli spazi relativi ai servizi didattici (AF2) sono abbastanza simili nei due bandi; esiste una differenza marcata per le sale biblioteca per le quali le superfici sono sensibilmente inferiori nel secondo bando rispetto al primo. In entrambi si attribuisce circa 1 mq a posto alloggio alle sale studio.
Rispetto ad AF3 si registra un lieve decremento della superficie di AF3 nel passaggio fra il primo e il secondo bando. I servizi di supporto (AF4 nel primo bando) sono notevolmente inferiori nel secondo bando. In particolare si riduce la superficie destinata a lavanderia/stireria e, per quanto riguarda le aree opzionali, si dimezza la superficie delle mense. Per i servizi gestionali si registra una sostanziale uniformità fra i due bandi: AF5 primo bando (senza zone opzionali): 1,50 mq/p.a.; AF4 secondo bando (senza zone opzionali e senza le funzioni destinate ad AF4 nel primo bando): 1,48 mq/p.a.

*Incidenza delle singole unità ambientali sulle aree funzionali di servizio*
Riguardo ad AF2, per il I bando, 11 interventi (dei 65 interventi analizzati) sono dotati di auditorium; la superficie media degli auditorium è pari a 203,55 mq. Gli spazi opzionali più ricorrenti sono superfici destinate ad attività complementari alle funzioni di AF2, come nel caso delle biblioteche e, ove presente, dell'auditorium. Solo con le superfici destinate alle sale studio e alle biblioteche (circa 2 mq/p.a.) si supera abbondantemente lo standard dei servizi culturali e didattici (1,6 mq/p.a.).
Per il II bando, in media, viene destinata una superficie di circa 1 mq/p.a. alle sale studio che costituiscono la parte più rilevante (quasi la metà) della superficie totale destinata ai servizi culturali e didattici. Gli interventi per i quali sono presenti spazi opzionali per AF2 sono solo 3; gli spazi in questione sono complementari alle sale biblioteca.

| AF2 | I Bando | | II Bando | |
|---|---|---|---|---|
| | Valori medi | % sul totale di AF2[2] | Valori medi | % sul totale di AF2[2] |
| Superficie AF2 (mq) | 388,28 | | 254,23 | |
| Variazione rispetto allo standard | +69,48% | | - | |
| % sul totale dei servizi | 32,32% | | 27,24% | |
| Superficie media a posto alloggio (mq/p.a.) | 2,89 | 100% | 2,28 | 100% |
| Sale studio (mq/p.a.) | 1,08 | 37,36% | 1,05 | 46,07% |
| Sale riunioni (mq/p.a.) | 0,78 | 26,96% | 0,62 | 27,01% |
| Biblioteca (mq/p.a.) | 1,03 | 35,68% | 0,61 | 26,92% |
| Auditorium[1] (mq/p.a.) | 0,27 | - | - | - |
| Altro[1] (mq/p.a.) | 0,26 | - | 0,03 | - |

[1] Unità ambientali opzionali. [2] Escluse zone opzionali.
Tabella 8. Dati relativi ad AF2.

In merito alle superfici di AF3 risulta che, per il I bando, gli spazi adibiti a palestra costituiscono quasi la metà della superficie totale destinata agli spazi ricreativi; in media, si attribuisce una superficie pari a 1,22 mq/p.a. equivalente al valore dimensionale minimo stabilito come standard per tutte le funzioni AF3 (1,2 mq/p.a.). Pertanto risulta che il valore di 1,2 mq/p.a., previsto dalla norma, è abbondantemente aumentato. Risultano penalizzate le sale musica che costituiscono solo il 10% delle superfici di AF3. Riguardo alle zone opzionali, la caffetteria, è presente in 30 dei 65 interventi analizzati (circa nel 50% dei casi); in media si attribuiscono a questo spazio circa 110 mq, corrispondenti a 0,42 mq/p.a. Gli spazi opzionali più ricorrenti (in generale di supporto alle funzioni di servizio esistenti), sono i servizi igienici comuni, gli spazi di supporto alle palestre (es. spogliatoi, wc, ecc.), le emeroteche.

Anche per il II bando gran parte della superficie destinata alle attività ricreative è attribuita alle palestre (quasi il 50%), presenti in 8 interventi (dei 31 analizzati). Gli spazi opzionali più ricorrenti sono spazi adibiti a socializzazione, sosta, relax.

Gli incrementi rispetto allo standard dei servizi di supporto, nel I bando, sono principalmente dovuti alle superfici destinate ai parcheggi per biciclette in luogo chiuso e protetto che costituiscono quasi la metà della superficie totale destinata ad AF4.

| AF2 | I Bando | | II Bando | |
|---|---|---|---|---|
| | Valori medi | % sul totale di AF3[2] | Valori medi | % sul totale di AF3[2] |
| Superficie AF3 (mq) | 367,82 | | 280,62 | |
| Variazione rispetto allo standard | +108,51% | | - | |
| % sul totale dei servizi | 30,61% | | 33,44% | |
| Superficie media a posto alloggio (mq/p.a.) | 2,75 | 100% | 2,68 | 100% |
| Sale video (mq/p.a.) | 0,38 | 13,95% | 0,37 | 13,83% |
| Sale musica (mq/p.a.) | 0,28 | 10,00% | 0,28 | 10,45% |
| Spazio internet (mq/p.a.) | 0,34 | 12,37% | 0,39 | 14,45% |
| Sale giochi (mq/p.a.) | 0,53 | 19,35% | 0,49 | 18,27% |
| Palestra/fitness (mq/p.a.) | 1,22 | 44,33% | 1,15 | 42,99% |
| Bar caffetteria[1] (mq/p.a.) | 0,42 | - | 0,12 | - |
| Altro[1] (mq/p.a.) | 0,39 | - | 0,41 | - |

Tabella 9. Dati relativi ad AF3. [1] Unità ambientali opzionali. [2] Escluse zone opzionali.

| AF2 | I Bando | | II Bando | |
|---|---|---|---|---|
| | Valori medi | % sul totale di AF3[2] | Valori medi | % sul totale di AF3[2] |
| Superficie AF4 (mq) | 245,97 | | 292,08 | |
| Variazione rispetto allo standard | +64,55% | | - | |
| % sul totale dei servizi | 20,47% | | 36,98% | |
| Superficie media a posto alloggio per AF4 (mq/p.a.) | 1,93 | 100% | 2,62 | 100% |
| Lavanderie/stirerie (mq/p.a.) | 0,50 | 25,93% | 0,32 | 12,16% |
| Spazi bici (mq/p.a.) | 0,55 | 28,75% | 0,82 | 31,27% |
| Spazi bici al chiuso (mq/p.a.) | 0,87 | 45,32% | | |
| Mensa/Self-service/Minimarket1 (mq/p.a.) | 1,41 | - | 0,70 | - |
| Altro1 (mq/p.a.) | 0,14 | - | | |
| Superficie AF5 (mq) | 199,38 | | | |
| Variazione rispetto allo standard | +148,42% | | | |
| % sul totale dei servizi | 16,59% | | | |
| Superficie media a posto alloggio per AF5 (mq/p.a.) | 1,50 | 100% | | |
| Ufficio Responsabile Amministrativo (mq/p.a.) | 0,30 | 19,74% | 0,26 | 10,02% |
| Ufficio portiere (mq/p.a.) | 0,20 | 13,10% | 0,19 | 7,19% |
| Archivio (mq/p.a.) | 0,14 | 9,58% | 0,13 | 4,98% |
| Guardaroba (mq/p.a.) | 0,21 | 13,84% | 0,20 | 7,57% |
| Deposito biancheria (mq/p.a.) | 0,28 | 18,70% | 0,24 | 9,12% |
| Deposito (mq/p.a.) | 0,19 | - | - | - |
| Magazzino (mq/p.a.) | 0,38 | 25,03% | 0,46 | 17,70% |
| Spogliatoio personale (mq/p.a.) | 0,05 | - | - | - |
| Altro[1] (mq/p.a.) | 0,34 | - | 0,32 | - |

[1] Unità ambientali opzionali. [2] Escluse zone opzionali.
Tabella 10. Dati relativi a AF4 e AF5 (I bando), AF4 II bando.

Il numero di interventi con mensa/self-service/minimarket è pari a 16 (su 65 interventi analizzati), per una superficie media di 615,75 mq.

Gli altri spazi opzionali sono di vario tipo: i più ricorrenti sono zone per preparazione pasti/cucine con relativi locali accessori. I contributi maggiori all'aumento rispetto allo standard per quanto riguarda AF5 sono da attribuire agli spazi adibiti a magazzino, ufficio per il responsabile e deposito biancheria. Rispetto allo standard di 0,8 mq/p.a. vengono in media destinati 1,50 mq/p.a. alle aree funzionali dei servizi di gestione (praticamente il doppio). Gli spazi opzionali più ricorrenti sono complementari alle funzioni di gestione, principalmente spazi per portineria e uffici del personale. Nel II bando, il numero di interventi con mensa/self-service è pari a 9 (circa 1 intervento su 3, rispetto ai 31 analizzati) con una superficie media pari a 274,54 mq. Gli altri spazi opzionali più ricorrenti sono destinati a servizi igienici, spogliatoi personale, uffici gestionali. In un solo caso è presente l'alloggio per il custode.

**Opinione degli studenti**

Per quanto attiene alla fase di indagine post-occupativa, i dati attualmente a disposizione, limitatamente al campione della popolazione studentesca, forniscono un quadro che, anche se parziale, permette di delineare alcuni elementi ricorrenti.

Rispetto alle funzioni residenziali, il dimensionamento degli alloggi risulta sufficiente e comunque non di fondamentale importanza per le esigenze degli studenti e pertanto per la qualità percepita delle strutture; le unità ambientali che necessitano di maggiori spazi, per entrambi i bandi, sono gli spazi destinati alla preparazione e consumazione pasti, in particolar modo per la tipologia alberghiera. Per queste tipologie di alloggi, la legge prevede la dotazione di spazi collettivi opportunamente dimensionati (nel primo bando veniva fissato uno standard di una cucina collettiva ogni 20 posti alloggio) nel caso in cui i singoli alloggi ne siano sprovvisti o la residenza non sia dotata di mensa. Questi spazi non sembrano essere sufficientemente dimensionati. Riguardo alle dotazioni delle residenze in termini di spazi dedicati alle funzioni di servizio, risultano carenti le superfici destinate agli spazi di socializzazione e, in generale, ad uso collettivo. Più di un terzo del campione è convinto della necessità di attribuire maggiore importanza agli spazi comuni.

Nella tabella 11 sono evidenziati i dati relativi alle risposte degli studenti in merito alla soddisfazione rispetto al dimensionamento degli spazi residenziali e di quelli dei servizi. Gli spazi destinati ad AF3 (funzioni ricreative) sono quelli con maggiori criticità.

|  | AF1 | | | AF2 | AF3 | AF4+AF5/AF4 |
|---|---|---|---|---|---|---|
|  | Alberghi | Minialloggi | Nuclei integrati | Tutte | | |
| Per niente | 13,87% | 6,87% | 6,96% | 16,29% | 35,97% | 12,77% |
| Poco | 19,97% | 19,43% | 18,38% | 21,32% | 25,51% | 22,26% |
| Abbastanza | 44,61% | 49,28% | 48,46% | 45,28% | 29,85% | 47,26% |
| Molto | 21,34% | 24,41% | 26,20% | 17,11% | 8,67% | 17,71% |

Tabella 11. Livello di soddisfazione in merito alla superficie destinata alle funzioni residenziali e di servizio.

**Conclusioni**

Nel proporre i parametri dimensionali i decreti attuativi della Legge 338/2000 definiscono il livello minimo della superficie a posto alloggio che gli interventi devono rispettare per la funzione residenziale e le varie funzioni di servizio.

In questo modo la legge fissa un livello minimo di qualità, intesa come dotazione di spazi, che viene considerata essenziale per soddisfare le esigenze dei fruitori della residenza.

Ci si attende dunque che gli interventi realizzati dimostrino un superamento del livello minimo prescritto, che è quanto effettivamente successo dal momento che si nota un incremento della superficie reale costruita rispetto a quella teorica derivata dall'applicazione dello standard e la variazione è legata prevalentemente all'incremento delle superfici adibite alle funzioni dei servizi.

Nel I bando l'incremento non si discosta molto dallo standard e non pochi sono gli interventi che si collocano molto in prossimità di esso, sia per la funzione residenziale sia per quella dei servizi; quando invece si osservano gli scostamenti più rilevanti, questi sono limitati a pochi casi, riguardano soprattutto le funzioni di servizio e valori molto elevati di residenze che appartengono tutte alla prima fascia per numero di posti alloggio (tra 50 e 100). Nel II bando, invece, gli incrementi sono molto più rilevanti per la funzione residenziale e soprattutto per i servizi che, mediamente, fanno balzare fino al doppio lo standard reale di superficie a posto alloggio; anche in questo casi gli aumenti maggiori coincidono con le residenze collocate nella prima fascia per numero di posti alloggio (tra 40 e 100).

Sulle differenze tra il I e il II bando, una prima valutazione attiene alla diversa formulazione dello standard nel disposto legislativo che, nel II bando, non identifica chiaramente, per le tipologie edilizie a minialloggi e a nuclei integrati, se lo standard di superficie dei servizi possa essere ottenuto computando la quota parte già contenuta nell'area residenziale o meno; l'interpretazione prevalente dei soggetti richiedenti il cofinanziamento (forse anche per non rischiare l'esclusione per non conformità alla norma) sembra essere stata quella di considerare la superficie dei servizi in aggiunta alla quota parte già contenuta nell'area residenziale, dando luogo a superfici effettive realizzate molto superiori a quelle teoriche definite dalla norma, già tendenzialmente più restrittiva nel II bando rispetto al I. Una possibile ulteriore spiegazione attinente alle aree funzionali di servizio potrebbe essere quella legata all'opportunità per i soggetti richiedenti di "sfruttare" l'occasione offerta dal cofinanziamento per realizzare dei servizi utilizzabili non solo dagli studenti della nuova residenza.

La determinazione della legge di non porre un limite superiore allo standard di superficie si avvale dell'ipotesi che la ridondanza di spazio possa essere calmierata dall'onere di compartecipazione finanziaria al 50% da parte del soggetto richiedente. D'altra parte, il rispetto del solo limite inferiore rende possibili maggiori livelli di qualità offerta all'utenza in termini di dotazione di spazi abitativi e di servizio in base alle scelte specifiche che ogni soggetto richiedente mette in atto per rispondere alle attese dei fruitori o eventualmente per agire sulla maggiore redditività del servizio offerto.

Un confronto più diretto delle variazioni tra i due bandi è possibile limitando l'analisi alla tipologia ad albergo (che peraltro rappresenta la larga maggioranza dei casi: 34 su 65 nel I bando e 22 su 31 nel II bando), dal momento che nell'articolato normativo gli standard si esprimono in modo analogo. La simulazione di calcolo dello scostamento della superficie reale rispetto a quella teorica degli interventi nel II bando, prendendo come riferimento lo standard del I bando, evidenzia che le superfici realizzate risultano variare con lo stesso valore ottenuto nel I bando. Questo significa che, nonostante l'abbassamento dello standard di superficie proposta nel II bando, le residenze (almeno per quanto riguarda la tipologia alberghiera) sono state realizzate con gli stessi parametri dimensionali degli interventi del I bando, ovverosia che gli standard del primo bando sono stati sostanzialmente applicati anche per il secondo bando; in particolare, le aree funzionali residenziali sono state penalizzate rispetto a quelle dei servizi. Infatti, per il secondo bando, considerando lo stesso standard del primo, rispetto a uno scostamento medio nullo della AF totale, si registrano valori in diminuzione della AF1 e un aumento delle AF servizi.

A fronte di quanto esposto relativamente alle variazioni percentuali medie rispetto agli standard, si può constatare che i dati parziali ricavati ad oggi dall'indagine post-occupativa conducono ad esiti inaspettati; effettivamente, più di un terzo del campione studentesco intervistato lamenta, motivando adeguatamente la risposta, la carenza di spazi per la socializzazione, l'integrazione e la condivisione, funzioni cioè che, valutate solo tramite i dati di superficie e i relativi scostamenti, risulterebbero invece premiate in fase progettuale. In particolare, quasi il 30% degli studenti alloggiati nelle residenze cofinanziate con il primo bando ritiene che gli spazi ad uso collettivo non siano sufficienti; tale percentuale arriva addirittura quasi al 40%, nel caso delle residenze del secondo bando. Sembra, dunque, che le residenze risultino carenti dal punto di vista di dotazioni in termini di superficie attribuita a singole unità ambientali, aspetto che potrebbe essere messo in relazione con possibili strategie di economie gestionali operate dai soggetti titolari.

Se si considera l'elevato livello di importanza attribuito dagli studenti agli spazi adibiti ad accogliere le funzioni a carattere collettivo, i dati risultano utili per un'attenta riflessione sull'evoluzione degli standard dimensionali delineata nei programmi attuativi della Legge 338/2000.

Gli esiti finora ottenuti con lo sviluppo parziale della ricerca dimostrano che la metodologia e gli strumenti adottati risultano validi ed estendibili anche alle successive fasi del lavoro che potrà indagare anche gli interventi realizzati attraverso i programmi attuativi successivi. Allo stesso tempo occorre precisare che l'analisi operata nella prima fase della ricerca (variazione tra superficie teorica e superficie effettiva degli interventi) è di tipo prevalentemente quantitativo e che una valutazione più circostanziata di tipo qualitativo può essere operata solo con un esame diretto dei singoli casi di studio.

**Riferimenti bibliografici**

Catalano G. (a cura di) (2013). *Gestire le residenze universitarie: aspetti metodologici ed esperienze applicative*, Il Mulino, Bologna.

Ciappei, C., Pellegrini, M. (2009). *Facility management for global care. Economia e gestione dell'accudimento*, Firenze University Press, Firenze.

Del Nord, R. (a cura di) (2014). *Il processo attuativo del piano nazionale di interventi per la realizzazione di residenze universitarie*, edifir, Firenze.

Puggioni, G., Tedesco, N. (2005). *La soddisfazione per i servizi dell'ERSU da parte degli studenti dell'ateneo di Cagliari*, Dipartimento di Ricerche Economiche e Sociali - Università di Cagliari.

Legge 14 novembre 2000, n. 338. *Disposizioni in materia di alloggi e residenze per studenti universitari.*

DD.MM. n. 116/2001, 42/2007, 26/2011. *Procedure e modalità per la presentazione dei progetti e per l'erogazione dei finanziamenti relativi agli interventi per alloggi e residenze per studenti universitari di cui alla Legge 14 novembre 2000 n. 338.*

DD.MM. n. 118/2001, n. 43/2007, 27/2011. *Standard minimi dimensionali e qualitativi e linee guida relative ai parametri tecnici ed economici concernenti la realizzazione di alloggi e residenze per studenti universitari di cui alla Legge 14 novembre 2000 n. 338.*

Rapporto di Ricerca, Dipartimento di Tecnologie dell'Architettura e Design "P. Spadolini", Università degli Studi di Firenze (2003). *Supporto tecnico all'istruttoria delle richieste di cofinanziamento degli interventi per la realizzazione di alloggi e di residenze universitarie ai sensi delle Leggi n. 338/2000 e 388/2000.*

Rapporto di Ricerca, Dipartimento di Tecnologie dell'Architettura e Design "P. Spadolini", Università degli Studi di Firenze (2008). *Alloggi e residenze per studenti universitari. Procedura relativa ai D.M. n. 42/2007 e n. 43/2007.*

Rapporto di Ricerca, Dipartimento di Tecnologie dell'Architettura e Design "P. Spadolini", Università degli Studi di Firenze (2012). *Convenzione tra il Ministero dell'Istruzione, dell'Università e della Ricerca ed il Dipartimento di Tecnologie dell'Architettura e Design "Pierluigi Spadolini" dell'Università degli Studi di Firenze.*

Rapporto di Ricerca Sichi A., Dipartimento di Architettura (DIDA), Università degli Studi di Firenze (2015). *Elaborazione di strumenti e procedure per il controllo della qualità, dei costi e dei tempi di realizzazione di strutture complesse con specifico approfondimento sulle strutture universitarie.*

# I PROGRAMMI DI FINANZIAMENTO PER LE RESIDENZE UNIVERSITARIE DEGLI STATI UNITI D'AMERICA

**Laura Calcagnini**
Università degli Studi Roma Tre, Dipartimento di Architettura

---

**Parole chiave**
Residenze per studenti universitari, Programmi economici, Partenariato pubblico-privato, Università statali e no profit, Stati Uniti d'America

*Abstract*
The United States of America support the right to education with a total public expenditure of 6,9% of GDP, a share higher than most other countries, including Italy (1.5%).
The financing of U.S. universities has several sources: the students tuition fees, the state and federal funding, donations and private funds, endowment from invested capital, gains on sales, services, ancillary assets (including charges for room and board services for students and teachers).
When examining the cost of attendance at institutions of higher education, room and board represents approximately 50% (30% in private and 66% in public) of the expenses that students and their parents face. University administrations consider that provide housing and facilities on college campuses have a positive influence on the overall student enrollment, but at the same time, they struggle to manage applications from students in terms of quantity and quality.
Most States currently face deep budget deficits, which has led to an overall reduction of state allocations for student housing construction and renovation, the reprioritization of state budgets has left many public university housing administrators to their own devices for securing capital improvement funds. Many institution have therefore tried to solve their housing problems, by the end of the nineties, by privatizing some of their residence halls.
Each State, meeting the federal goals and standard, must take responsibility of raising funds and education in its territory: during the last decade the University of Kansas, one of the six universities in the State, was benefiting from three state-funded residence hall projects totaling $18.6 million; the State of Florida has used state assets to fund university housing capital improvements: so did the state of Texas; the University of Wisconsin have complained the cuts to residence halls budgets determined by the State; the University of Oregon has been desperately looked for money to renovate its residence halls during the past decade until today: a huge dormitory construction is scheduled to begin later this summer, it would be cost $45 million which will be funded by revenue bonds sold by the university itself.
This paper will present a critical overview of United States funding programs for residence halls maintenance and construction in higher education institutions.

**Premessa**
In termini di diritto allo studio, gli Stati Uniti risultano tra le nazioni che lo sostengono maggiormente con una spesa pubblica complessiva per l'istruzione superiore pari al 6,9% del Pil, una quota molto alta rispetto alla maggior parte degli altri Paesi (1,5%) [Istat 2014]. In termini di requisiti, il target prestazionale delle residenze universitarie negli Stati Uniti si muove da tempo verso standard tecnologici e spaziali che includono sistemi personalizzati per il comfort ambientale, spazi e risorse integrative per l'apprendimento, rispetto al quale il nostro Paese, grazie anche ai meccanismi di co-finanziamento e alla normativa che li supporta non è così distante. [Del Nord 2014]. Inoltre, il meccanismo delle residenze universitarie statunitensi viene considerato tra i migliori funzionanti nel mondo [Marrucci 2004] soprattutto per la capacità di aver esportato e reso efficiente un modello di studio e di vita universitaria che include gli alloggi per gli studenti e che in realtà nacque in Europa[1] e che trova nel nostro continente un modello simile solo nella Gran Bretagna [Baratta 2014].

Lo stato del parco edilizio dei college e delle Università statunitensi è costituito da un portfolio di strutture per le residenze universitarie piuttosto datate costruite negli anni 1960 e 1970 per la generazione del dopoguerra. Le generazioni successive si riversano ad oggi nelle università della nazione senza avere alcun interesse a vivere in dormitori che abbiano lo stile di un tempo; gli studenti universitari americani già da qualche anno non concepiscono si possa condividere un bagno con un intero piano, si aspettano televisori a schermo piatto, accessi a Internet ad alta velocità ovunque, per ragioni accademiche e sociali, insieme con angoli accoglienti in cui studiare, o in caso di istituti in climi caldi addirittura una piscina per il tempo libero e un patio per il barbecue.

Questi servizi potrebbero sembrare eccessivi ma la competizione tra le università, tesa ad attrare i migliori talenti, fa in modo che esse cerchino di dare ai potenziali studenti tutto ciò che desiderano. Coloro che si occupano di programmazione, progettazione e costruzione di residenze universitarie considerano che i diversi meccanismi che influenzano il settore siano [Fabris 2011]:

i meccanismi di finanziamento, in particolare il finanziamento alternativo inteso come partenariato pubblico-privato: molte università hanno preso in esame molto attentamente le partnership con i privati per il finanziamento dei progetti;

le tipologie funzionali a uso misto e non esclusivamente residenziale e il rapporto con il contesto urbano: per contribuire a promuovere i quartieri più vivaci e aumentare possibilità delle comunità circostanti, alcuni recenti progetti di residenze comprendono negozi di vendita al dettaglio e ristoranti con spazi aperti a utenti non universitari;

la definizione di nuovi spazi comuni flessibili e innovativi: sono alte priorità la definizione di spazi per l'apprendimento informale e spazi per gli studenti di collaborare per progetti.

La sostenibilità come strumento di apprendimento e stile di vita: le Università stanno usando tecnologie e sistemi verdi all'avanguardia per influenzare il comportamento degli studenti, promuovere la sostenibilità fisica, e migliorarne il curriculum. È evidente che, alla luce di un patrimonio esistente di edifici universitari statunitensi, non vetusto ma considerato tale, alla luce degli standard di comfort attesi oggi dagli studenti e nell'ottica dell'importanza del costo finale dell'alloggio vincolato alle logiche di mercato e dunque alla disponibilità degli studenti, i meccanismi di finanziamento assumono particolare importanza perché condizionano sia i termini precedenti sia, in linea più generale, la qualità del costruito. Da questi aspetti scaturisce la volontà di indagare il meccanismo di finanziamento delle residenze universitarie degli Stati Uniti.

---

[1] Il Collegio di Spagna, sembra essere il primo edificio documentato, voluto dal Cardinale Arbozon, che affidò la progettazione a Matteo Gattapone, costruito con l'intento di fornire un riparo agli studenti spagnoli che giungevano nella città bolognese [Chiarantoni, 2004].

È necessario sottolineare che il sistema universitario statunitense è piuttosto ampio se intenso come l'insieme di tutti gli istituti (Università, College, etc.) che definiscono un quadro di formazione a livello universitario. Esistono oltre 7400 istituti accreditati di formazione superiore, di cui possiamo considerarne circa 3000 come college e università che offrono titoli quadriennali o superiori; l'articolazione tra pubblici[2] e privati è così strutturata: circa 700, una minoranza del 23%, sono pubblici ma accolgono circa il 65% degli studenti[3]; dei restanti 2300 privati tuttavia oltre 1600 sono istituzioni no-profit e circa un terzo for-profit [IES 2014]. Nel complesso di questi oltre 2000 istituti, circa il 10% sono classificati come *Doctoral Universities - Highest Research Activity*[4] ossia università nate con la missione della ricerca e della didattica.

**Fonti generali del finanziamento delle Università degli Stati Uniti d'America**
Il finanziamento delle residenze universitarie negli Stati Uniti d'America varia in funzione dello Stato e delle Istituzioni. Questo comporta una casistica piuttosto ampia che non solo, si differenzia tra i cinquanta Stati che costituiscono gli Stati Uniti d'America, ma anche, all'interno dei singoli Stati, tra le singole pubbliche Istituzioni. Alla luce di questa complessità il presente contributo prospetta un quadro generale dei meccanismi esistenti per il finanziamento delle Università, con particolare riferimento a quelle statali, e indaga, attraverso alcuni casi studio, le recenti applicazioni nell'ambito delle realizzazioni di alloggi universitari. In linea generale le università americane sono, sul piano normativo e amministrativo, in grande misura autonome (incluse quelle statali), mentre non lo sono in ugual misura, sul piano economico dove "l'intervento pubblico è assolutamente dominante sul piano finanziario, sia con il finanziamento diretto delle università statali che con il sostegno al diritto allo studio e alla ricerca scientifica di tutte le università pubbliche e private" [Marrucci 2004].
Non esiste un meccanismo preferenziale o unico per il finanziamento delle Università, piuttosto

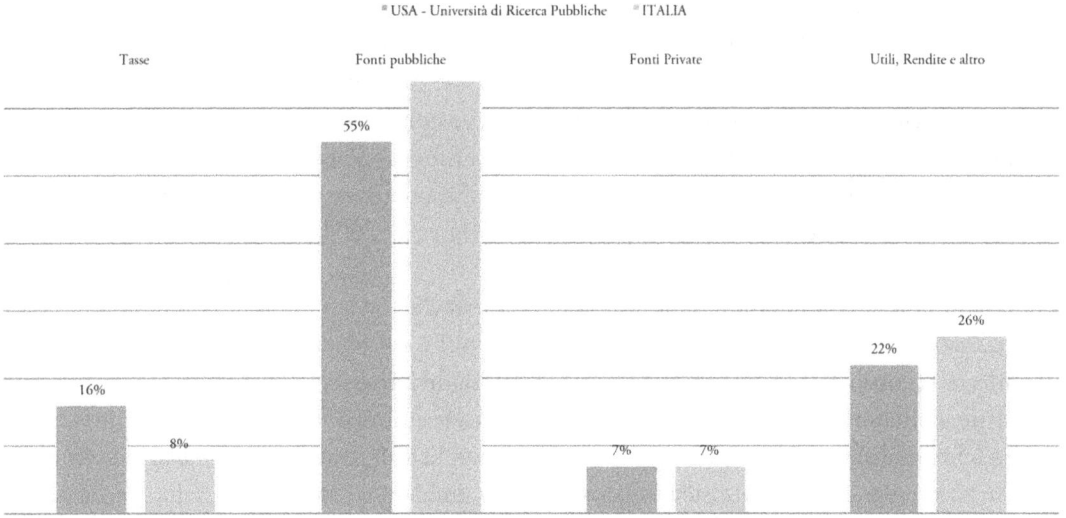

Figura 1. Confronto tra fonti di finanziamento delle Università di Ricerca Pubbliche negli Stati Uniti e in Italia.

---

[2] Proprietà dello Stato locale (non del governo federale), è inoltre interessante rilevare che, tra quelli privati la grande maggioranza ha comunque natura no-profit; solo il 10% circa è for-profit [Marrucci, 2004].
[3] Nell'autunno 2013 oltre 10,5 milioni di studenti hanno fatto domanda per corsi di laurea di 4 anni. [NCES 2013].
[4] La classificazione è in realtà sotto articolata in due classi di High Research University: R1 (115 Istituti), R2 (107 Istituti); delle Doctoral university di tipo R1 circa due terzi sono pubbliche, il resto private ma tutte no-profit; quelle pubbliche arrivano fino a 50.000 studenti, mentre quelle private fino a un massimo della metà [Marrucci 2004].

esistono diverse fonti attraverso le quali queste istituzioni si finanziano.

In primis, sia le università private che quelle pubbliche, utilizzano come finanziamento le tasse di iscrizione degli studenti (evidentemente molto alte nel caso delle istituzioni private), a seguire un importante contributo viene dalle donazioni da parte di benefattori che sono spesso ex alunni (questa pratica è piuttosto diffusa perché incentivata fiscalmente) e dalle rendite finanziare che l'Università stessa ottiene grazie ai propri capitali accumulati e investiti (questo meccanismo viene chiamato *endowment*), le istituzioni pubbliche ricevono anche finanziamenti dal proprio Stato (ma non dal Governo Federale); infine i docenti ottengono quote considerevoli di finanziamento della ricerca per buona parte dalle agenzie governative federali. Gli utili dovuti ad attività ausiliare, servizi (incluse le tariffe dei servizi di vitto e alloggio per studenti e docenti) corrispondono in genere alle spese che l'università sostiene per offrire quegli stessi servizi.

È bene specificare il fine prevalente di queste diverse forme di finanziamento: il contributo statale è quasi interamente costituito da un finanziamento per le spese generali che ciascuno Stato attribuisce alle proprie università pubbliche, ovviamente a carico della fiscalità generale dello Stato; solo una minima quota del finanziamento di provenienza statale (2%) è invece diretto a finanziare specifici progetti di ricerca o a compensare attività di servizio svolte dall'università. Viceversa, il Governo Federale non contribuisce direttamente alle spese generali delle università, ma finanzia gran parte della ricerca che si svolge in esse, tramite le sue agenzie federali, come la *National Science Foundation* (NSF), i *National Institutes of Health* (NIH), etc.[5] Le donazioni sono prevalentemente destinate a scopi diversi dalla ricerca quali il miglioramento delle strutture didattiche e la costruzione di edifici; più di ogni altra fonte di finanziamento i contributi delle agenzie federali e le donazioni innescano un meccanismo che incentiva la qualità della produzione accademica, sia per accedere ai finanziamenti della ricerca, sia per formare futuri ex alunni brillanti e riconoscenti nei confronti della facoltà di origine. In un rapido confronto tra la distribuzione percentuale delle fonti di finanziamento tra il parco delle *Research University* pubbliche americane[6] e le Università italiane è possibile notare che la differenza rispetto al contributo del finanziamento da fonti pubbliche non è molto rilevante [Coniglione 2011]. I due meccanismi economici presentano comunque alcune differenze che è opportuno sottolineare: le università italiane, a differenza di quelle americane, possono utilizzare una quota consistente dei fondi di ricerca acquisiti da fonte pubblica (Comunità Europea, Stato, Regioni) per le proprie spese generali; il contributo del Governo Federale nelle università americane sostiene tramite borse di studio e prestiti agevolati le tasse di iscrizione degli studenti. [Marrucci 2004].

**Meccanismi di finanziamento delle Residenze Universitarie**

La realizzazione di residenze universitarie negli Stati Uniti è un obiettivo che deve rispondere sia a standard prestazionali determinati dal Governo Federale sia ad attese sociali apparentemente più elevate delle nostre: i direttori delle strutture universitarie americane ambiscono a provvedere a strutture per le residenze che soddisfino i requisiti distributivi e funzionali dell'*Americans with Disabilities Act* (ADA) e di sicurezza, e siano efficienti e sicure sotto il profilo ambientale riuscendo ad andare incontro ai bisogni (nuovi) degli studenti di oggi. Esaminando i costi delle istituzioni, le residenze rappresentano approssimativamente il 50% della spesa degli studenti o dei genitori (rispettivamente il 30% nelle istituzioni private e il 66% in quelle pubbliche) [Ryan 2003]: l'impatto economico di vivere in un campus è un fatto sostanziale per gli studenti e le loro famiglie.

---

[5] Le agenzie operano selezionando i migliori progetti di ricerca presentati dai singoli professori e gruppi di ricerca delle università e finanziandoli. I fondi acquisiti per un progetto di ricerca, vengono trattenuti per una quota delle volte anche superiore al 30% delle università per le proprie spese generali (i "costi indiretti" della ricerca).

[6] Circa un centinaio su tutto il territorio statunitense e una sessantina quelle a cui si riferiscono i dati.

Le comunità dei College e delle Università stanno crescendo molto, mentre allo stesso tempo le istituzioni universitarie stanno vivendo, da qualche anno, poco successo nella feroce battaglia per il finanziamento pubblico. Coloro che amministrano le Università ritengono che fornire alloggi nei campus universitari aumenti le iscrizioni e gli accessi, ma allo stesso tempo si trovano in difficoltà nel gestire le domande degli studenti in termini quantitativi e qualitativi, di conseguenza devono cercare strade alternative per la realizzazione delle residenze all'interno dei campus.

Il meccanismo di finanziamento pubblico più comune per le Università statali è l'emissione di obbligazioni ossia di titoli di credito emessi da enti pubblici (le Università in questo caso) che ricevono un prestito da chi li acquisisce (organismi o autorità dello Stato) con diritto di rimborso del capitale e degli interessi eventualmente maturati nel tempo. Questo meccanismo di finanziamento è tuttavia irto di complicazioni, perchè spesso non è disponibile la capacità di debito (ossia la garanzia di restituzione del capitale) necessaria per la costruzione delle residenze. La necessità di avere maggiori introiti per la realizzazione delle residenze spesso comporta che gli istituti aumentino gli affitti delle residenze entrando in conflitto con l'etica degli istituti statali e no-profit nell'obiettivo di contenere i costi di vita degli studenti. In assenza di meccanismi di finanziamento a debito (*debt-financing*), le università pubbliche hanno da sempre cercato finanziamenti dallo Stato.

Tuttavia, la maggior parte degli Stati attualmente è già in difficoltà ad affrontare deficit di bilancio profondi, con la conseguente riduzione complessiva degli stanziamenti statali per la costruzione e ristrutturazione di alloggi per studenti. Dalla fine degli anni Novanta molte università, laddove i fondi istituzionali (sia in termini di finanziamenti pubblici sia interni) non erano sufficienti, hanno iniziato ad attingere a donazioni private o a partnership private che potessero finanziare, costruire e gestire i bisogni dell'interno campus; questa pratica ha comportato che, con il crescere della domanda, sia cresciuto il ricorso alla privatizzazione delle residenze universitarie; la letteratura in materia è, tuttavia, molto poca [Bekurs 2007]. Dal 2000 al 2005 le università pubbliche hanno letteralmente invocato assegnazioni statali per importi corrispondenti al 34% dei loro guadagni (confrontato all'1,5% delle università private), ma meno del 2% delle università pubbliche con nuovi progetti per residenze universitarie ha indicato gli stanziamenti statali come fonte primaria di finanziamento del progetto. La ridefinizione delle priorità dei bilanci statali ha lasciato molti amministratori di alloggi universitari a fare i conti con i propri strumenti per la ricerca fondi.

Nonostante la tendenza generale di tagli statali e finanziamenti governativi ridotti per la costruzione di residenze, molte università statali ancora dipendono dal denaro pubblico per il miglioramento del proprio capitale. Le sovvenzioni del Governo per le residenze universitarie hanno, tuttavia, diversi limiti; tra gli aspetti più importanti, le sovvenzioni utilizzano soldi dei contribuenti e inoltre, è tutt'altro che scontato che decidere di allocare fondi per la costruzione di alloggi universitari, piuttosto che per altre forme di sovvenzioni per gli studenti, non abbia effetti economici negativi rivelandosi un'allocazione inefficiente delle risorse. [Gilroy, Davis, Anzia e Segal 2007]

Da pochi anni, molte università, pubbliche e private ma soprattutto pubbliche, in virtù della riduzione di bilanci statali e, di contro, dell'elevata domanda di formazione universitaria si stanno facendo supportare da società di servizi private specializzate nello sviluppo e nel finanziamento delle costruzioni e delle residenze universitarie (*developer-driven construction*)[7]; questo perché, anche prima della recessione, queste società, che si sono specializzate in residenze per studenti, sono in grado di seguire il processo e realizzare le residenze in modo più rapido ed economico rispetto a quanto

---

[7] Questo meccanismo attrae meno i college e le università private perché hanno tradizionalmente finanziato i loro alloggi privati con meccanismi delle donazioni e delle tasse universitarie e anche perché il fabbisogno di alloggi è in genere inferiore rispetto a quello delle università pubbliche. Inoltre, spesso i risparmi di una operazione del genere non sono necessariamente trasferiti in termini di risparmio sui costi delle abitazioni.

riuscirebbero a fare le Università stesse [Kaysen 2012] e perché i meccanismi di finanziamento privato offrono una strada possibile per la costruzione di dormitori di alto livello senza toccare o dover tassare i fogli di bilancio delle Università. Alcune Università che hanno aderito a questo meccanismo sono l'Università della California, Irvine (UCI); lo stato dell'Arizona; lo stato di Portland, l'Università del Kentucky (UK) e la Montclair State in New Jersey (MSU), in tempi più recenti invece sono la Portland State University in Oregon, l'università di La Verne in California, la Northeastern University in Massachusetts, la UMass a Boston.

Altre università invece hanno avuto la possibilità di beneficiare di fondi statali quali, nel 2007, l'Università del Kansas, una delle sei università nello Stato, per tre progetti di residenze finanziate dallo Stato per un totale di 18,6 milioni di dollari. Alcuni Stati, quali la Florida e il Texas hanno usato bene le risorse statali mantenendo fondi per finanziare il miglioramento del capitale delle residenze universitarie; altri invece, quali la Georgia, hanno eliminato completamente la disponibilità di fondi per le residenze universitarie, o l'Iowa che descrive il suo sistema di residenze universitarie come "operazioni auto supportate [...] che non ricevono fondi appropriati dallo Stato per alcuna azione o miglioramento dei capitali".

Caso peculiare, che merita di essere citato per aver rifiutato un meccanismo di finanziamento con partnership privata, è la Boise State University in Idaho che rifiutò un accordo con un privato, coordinato dalla American Campus Communities per costruire 900 posti alloggio e decise di finanziare meno posti alloggio (350) ma attraverso i titoli obbligazionari statali. Senza pretesa di esaustività sono stati approfonditi alcuni casi studio di realizzazione di residenze universitarie attraverso i meccanismi ad oggi prevalenti di finanziamento delle strutture pubbliche: da fondi statali o da partenariati pubblici-privati.

**Finanziamento in partenariato pubblico-privato**

Tra le esperienze che sono state oggetto di approfondimento, nell'ambito dei modelli di partenariato pubblico-privato, lo Stato del Massachusetts, e in particolare le università della città di Boston presentano due casi di finanziamento (uno da parte di una università privata no-profit, l'altra pubblica) di alloggi universitari molto recenti e che insistono sullo stesso territorio.

Il sistema universitario pubblico dello Stato americano del Massachusetts è costituito dalla Università del Massachusetts (UMass), le cui strutture sono articolate in cinque campus di cui uno nella città di Boston (UMass Boston) e che costituisce l'unica *Research University* pubblica di Boston. In linea generale le Università e i College pubblici in Massachusetts sono finanziati da fondi statali e titoli di stato (obbligazioni) emessi specificatamente per queste istituzioni. Esistono due istituzioni che si occupano dei meccanismi di finanziamento: la *Massachusetts State Colleges Building Authority*

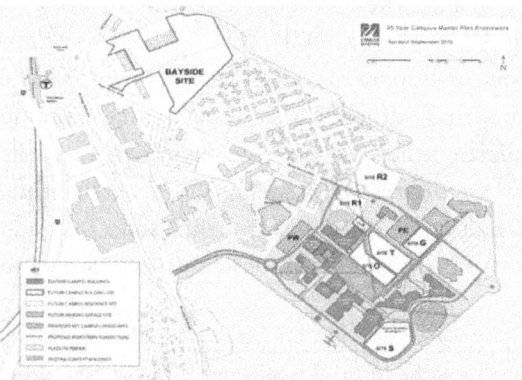 

Figura 2. Masterplan e progetto.

(MSCBA) per i College e la *University of Massachusetts Building Authority* (UMBA) per le Università. Il sistema universitario privato è costituito da sette *Research University*, tra queste la Northeastern University è tra le prime con il maggior numero di iscritti ed è quella che ha recentemente realizzato una nuova costruzione per alloggi universitari. Le istituzioni della città di Boston si sono prefisse di raggiungere il duplice obiettivo di creare 18.500 nuovi posti alloggio[8] per il 2030 e liberare molti appartamenti di singoli privati attualmente affittati a studenti. Questo obiettivo include il desiderio di realizzare residenze di qualità, tenendo presente l'importanza sia di mantenere un prezzo finale per gli alloggi che possa essere sostenuto dagli studenti sia una logistica confortevole e il più possibile prossima o interna al campus considerando che costruire vicino ai campus comporta costruire su terreni che hanno costi elevati, mentre costruire dentro i campus consente di accedere a terreni più economici ma con maggiori condizionamenti dovuti alla partecipazione dell'istituzione scolastica sul prodotto finale qualora la realizzazione non sia a solo carico dell'istituzione pubblica ma con partnership privata. La UMass Boston, a seguito delle proposte di sviluppo di un masterplan a lungo termine che sia la UMBA sia Commonwealth's Division of Capital Asset Management (DCAM) proponevano con insistenza per l'ammodernamento e l'ampliamento del campus dell'unica università pubblica di Boston, nel 2009 ha presentato un *masterplan* con una previsione temporale di circa 25 anni. Nella pianificazione è stata prevista la realizzazione di una struttura per alloggi per attrarre un maggior numero di studenti oltre al numero esistente e stimato dei pendolari.

Il progetto delle residenze è previsto per settembre 2018, con la realizzazione di 1.000 posti alloggio. In passato, l'università si era scontrata con i limiti di indebitamento che si era imposta per la realizzazione delle strutture nel campus e per questo ha riconsiderato l'opzione di un accordo complesso in partenariato con un privato per definire una associazione no-profit che finanziasse e realizzasse le residenze. Nel 2014 la UMBA ha pubblicato un bando per la ricerca di un partner per la costruzione del complesso residenziale con la condizione che, una volta realizzato, la gestione dell'immobile sarà condotta dell'associazione no-profit e opererà sotto la supervisione dell'Università. Il complesso dovrebbe costare circa 120 milioni di dollari[9]. L'università ha dichiarato alle autorità che, con questo accordo, non saranno usati fondi statali o le tasse degli studenti per coprire eventuali aumenti dei costi. [Logan 2016]

La Northeastern University ha realizzato, nel 2014, l'East Village, il primo dormitorio a Boston

Figura 3. L'East Village.

---

[8] Affinché questo numero non sembri fuori scala è necessario rapportarlo al numero di iscritti alle università dello Stato: le sole *Research University* contano oltre 135.000 iscritti (dati da *US National Center for Education Statistics*, 2009).

[9] Sembrerebbe sia stato proposto un affitto pari a 5.225 dollari a semestre per una camera in un alloggio da tre stanze.

finanziato da privati. L'East Village consta di 723 posti alloggio costruiti per un importo di 96,5 milioni di dollari. Il modello di partenariato si discosta da quello pubblico-privato perché la Northeaster non è una istituzione pubblica, sebbene sia tra le istituzioni private di tipo no profit.

Il meccanismo di finanziamento adottato ha previsto che alla Northeastern University sia affidata la gestione del dormitorio con un contratto di locazione per 15 anni con diritto di prelazione all'acquisto, questo consente all'università di sentire come "proprio" l'edificio e di considerare il privato solo come fonte del finanziamento priva di ingerenze gestionali. Con la medesima ottica la Northeastern vorrebbe costruire un secondo edificio con l'*American Campus Communities del Texas*, come soggetto privato, per 800 ulteriori posti alloggio, anch'esso sarebbe soggetto a un accordo di gestione degli alloggi simile all'East Village con gestione diretta dall'Università mentre gli affitti (rigorosamente competitivi rispetto a quelli degli altri campus) andrebbero direttamente al partner privato.

La Montclair State, è una delle quattro *Research University* pubbliche del New Jersey, ha finanziato i suoi progetti con fondi di finanziamento esclusivamente pubblici (obbligazioni comunali) fino ai primi anni del 2000, tuttavia questo ha comportato che, dopo circa una decade di ambiziosi progetti di costruzione, l'università fosse piena di debiti. Nel 2009, attraverso una legge statale, il *New Jersey Economic Stimulus Act*, è stata deliberata la possibilità per le università pubbliche di poter accedere a meccanismi di partnership con i privati. Nell'autunno 2012, attraverso il ricorso a società private, ha inaugurato un complesso di edifici, chiamato The Heights, con 2.000 posti alloggio e oltre 2000 metri quadri di spazi per la ristorazione. Gli edifici si configurano come il più grande complesso di residenze universitarie dello Stato del *New Jersey*. Il meccanismo di finanziamento per lo sviluppo delle The Heights è partito dal coinvolgimento di un partner privato, e di una organizzazione no profit per gestire la complessa operazione di finanziamento per un progetto da 211 milioni di dollari attraverso il meccanismo dei titoli di credito (obbligazioni); le obbligazioni, esenti da tasse, sono state emesse dalla *New Jersey Economic Development Authority*[10]. In questo caso l'accordo di partenariato ha previsto che la gestione dell'immobile, e quindi delle residenze universitarie, sia affidata al partner privato per i primi 40 anni, ma sia possibile in qualunque momento che tale gestione possa tornare all'università non appena le obbligazioni vengano pagate. [Kaysen 2012]

Altri brevi esempi di partenariato pubblico-privato sono:
- la Portland State University è la Research University pubblica più frequentata tra le tre presenti nello Stato dell'Oregon, l'università ha costruito un complesso di residenze universitarie a uso

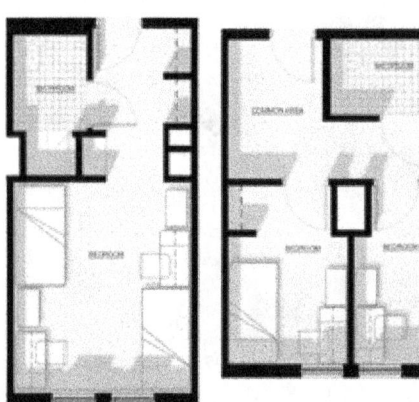

Figura 4. The Heights.

---

[10] L'Autorità per lo sviluppo economico del New Jersey (EDA) è una associazione indipendente, semi governativa, nata con la missione di ampliare ed espandere la base economica dello Stato del New Jersey. L'EDA crea partenariati pubblico-privati per agevolare l'accesso al capitale della business community del New Jersey.

misto su 16 livelli. L'edificio chiamato University Pointe, è costato circa 90 milioni di dollari e la sua gestione resterà in concessione al privato per i primi 85 anni dalla costruzione;
- l'Università di La Verne è una tra le numerose Research&Doctoral University no profit della California, a circa 30 minuti a est dal centro di Los Angeles, per la maggior parte della sua storia è stata orientata a studenti che fossero in prevalenza pendolari, senza esigenze di dormitori in loco, tuttavia negli ultimi anni La Verne ha attratto studenti di altri Stati e studenti internazionali. Questo afflusso ha portato a una carenza di alloggi al punto tale da creare situazioni in cui l'università si è trovata nella condizione di dovere utilizzare camere d'albergo per dare alloggio ad alcuni studenti. Per ottemperare alla crisi degli alloggi, la scuola ha collaborato con un soggetto privato per realizzare un progetto a uso misto commerciale e residenziale per studenti, un edificio di 9.600 metri quadri che recentemente ha aperto.

**Finanziamento pubblico**
Nell'ambito delle esperienze di finanziamento pubblico la Florida è uno Stato che ha ben chiaro e radicato il proprio ruolo nella tutela dell'educazione superiore attraverso un sistema di gestione dei fondi per le istituzioni universitarie che presenta già all'interno della carta costituzionale dello Stato la responsabilità dello stesso nella gestione del sistema universitario e lo include nello sviluppo di un programma biennale di richieste finanziarie il *Legislative Budget Request* (LBR) da sottomettere al Legislatore e al Governatore.
Nel programma 2016-2017 LBR i fondi per le istituzioni universitarie debbono essere utilizzati in coerenza con gli obiettivi del Piano Strategico del Sistema Universitario Statale (SUS), tra cui il mantenimento dei programmi esistenti attraverso la manutenzione di edifici esistenti e la pianificazione di nuovi. Il SUS (*State System University*) della Florida, attraverso il *Boards of Governors*, è la struttura che amministra e gestisce correttamente i fondi per le strutture universitarie, nell'*allocation summary* del SUS sono stati previsti circa 2 milioni e mezzo di dollari di finanziamento per nuove strutture e per la loro gestione durante il 2015-2016.
Il Governo e la Legislatura della Florida determinano la quantità di nuovi finanziamenti statali e la quantità di fondi istituzionali per ciascuna Università, la dotazione finanziaria alle singole istituzioni viene assegnata sulla base di una graduatoria, come accade per l'assegnazione di fondi anche in altri Stati degli Stati Uniti, alle istruzioni con punteggio superiore alla soglia stabilita e comunque non assegnata alle ultime tre istituzioni in graduatoria. La graduatoria delle istituzioni si basa sulle prestazioni annuali e su alcuni concetti chiave quale la valutazione della loro eccellenza o del miglioramento di specifici settori, i *benchmark* di riferimento per l'eccellenza fanno capo agli obiettivi e ai trend rilevati nel piano strategico della *Board of Governors* 2025.
La Florida State University (FSU), una tra le cinque *Research University* pubbliche dello Stato della Florida, ha avviato nel 2015 la seconda fase del progetto di realizzazione di 872 posti alloggio in due edifici isolati che sostituiscono le vecchie residenze universitarie (demolite) di Dorman e Deviney Sale. I posti alloggio saranno organizzati in minialloggi da quattro persone in due camere con un bagno in comune, sono previsti inoltre diversi spazi all'aperto e un innovativo servizio di ristorazione "urbana": un luogo dove servire alimenti unici; la costruzione dovrebbe essere completata nel luglio 2017.
Il costo della costruzione è stimato in 64 milioni e mezzo di dollari, per circa 20mila metri quadri. I fondi proverranno da diverse fonti, l'importo maggiore (circa 40 milioni di dollari) sarà finanziato a tasso fisso da obbligazioni esentasse emesse dalla *Division of Bond Finance*, organismo deputato alla emissione di titoli di credito per conto delle autorità statali; le obbligazioni saranno strutturate con scadenza finale non superiore a 20 anni dopo il completamento del progetto.
Altri brevi esempi di disponibilità al finanziamento pubblico:

- la University of Central Florida (UCF) a Orlando, dispone di 160 edifici con un numero di iscritti pari a circa 60.000 studenti che la rende una delle più grandi università degli Stati Uniti. Nel 2011, per accogliere al meglio la popolazione studentesca, aveva programmato la realizzazione di circa 700 posti alloggio, ma il progetto fu abbandonato per mancanza di fondi statali che potessero finanziarlo; negli anni successivi il programma è stato rilanciato e nell'autunno 2013 l'Università ha pianificato 665 posti alloggio poi realizzati in tre nuovi dormitori nel 2014;
- lo Stato dell'Ohio per le 14 Università presenti sul suo territorio dispone, dal 2010, di un fondo i cui criteri di assegnazione sono basati sul numero di corsi completati dagli studenti e sul numero di laureati. In entrambi i casi il finanziamento è pesato in funzione del costo dei programmi e del bisogno di aiuti economici per gli studenti;
- nello Stato del Missouri esiste un organismo di supervisione delle Università pubbliche, il *Board of Curators* della University of Missouri System. Tale organismo nel 2014 ha approvato 30 milioni di dollari in titoli obbligazionari sul reddito per la realizzazione di residenze universitarie; analogamente nello Stato del Connecticut è la *Division of Construction Services* a finanziare, sempre attraverso titoli di credito, le nuove costruzioni per i College e le Università pubbliche.

**Conclusioni**

Questa prima raccolta di esempi e di ricerca sui meccanismi di finanziamento delle residenze universitarie ha permesso di tracciare alcune preliminari osservazioni a un tema che, per la sua vastità e complessità, meriterebbe ulteriori approfondimenti; alcune prime considerazioni sono tuttavia possibili. Nel meccanismo di finanziamento da fondi pubblici c'è il rischio, per lo Stato, di imbattersi in diverse criticità, in primis, il reperimento delle fonti di denaro e, a seguire, l'efficienza della spesa in relazione alla migliore modalità di erogazione delle forme di supporto allo studio (non necessariamente la costruzione di alloggi universitari); inoltre i meccanismi di finanziamento

Figura 5. FSU Nuove residenze universitarie.

passano in prevalenza attraverso l'emissione di obbligazioni e non come fonti di finanziamento diretto all'istituzione configurandosi, di fatto, come "prestiti" alle Università. L'eccessiva dipendenza dal finanziamento pubblico, in particolare in momenti di crisi economica, rischia di creare notevoli difficoltà per le università che potrebbero risentire del peso dei tagli di bilancio dello Stato rispetto alla loro programmazione.

Nel meccanismo di finanziamento tramite partenariato pubblico-privato c'è una oggettiva complessità nella definizione dei termini del contratto stesso: come viene pagata la terra, chi ne garantisce l'occupazione, come gli alloggi funzionano giorno dopo giorno. L'interesse privato è ovviamente teso al profitto, quello dell'istituzione universitaria a far sì che lo studente possa affrontare la spesa dell'alloggio; entrambi gli interessi devono trovare un accordo perché abbia senso un contratto a lungo termine e non solo. È opportuno sottolineare che tra le motivazioni addotte dalle università nel ricorso a partner privati, non c'è solo l'impossibilità al proprio indebitamento, ma anche realizzare nuove residenze in modo più economico e veloce e la maggiore competenza del privato rispetto alle strutture tecniche dell'Università.

Il partenariato, nelle esperienze presentate, assume il formato della creazione di una società separata composta da pubblico e privato che emette obbligazioni per finanziare la costruzione. Il meccanismo delle obbligazioni nel partenariato dovrebbe prevedere che il privato sia il maggiore obbligazionista, assumendosi così il più alto rischio economico e l'università il minore, mantenendo la quota partecipativa in considerazione del fatto che le agenzie di *rating* valutano maggiormente i titoli obbligazionari quando l'Università è presente nel programma di finanziamento.

Un elemento di difficoltà del partenariato è l'accordo tra le parti su aspetti chiave del progetto delle residenze sia in termini temporali (dopo che le obbligazioni vengono ritirare, o poco dopo, la proprietà del bene torna all'università) sia di controllo e gestione delle residenze, pertanto:
- i meccanismi di finanziamento dovrebbero essere valutati nella prospettiva del lungo termine sulla qualità della struttura: tempi di concessione ai privati superiori a lungo termine (>50 anni) mettono a rischio la qualità costruttiva del progetto e quella della manutenzione durante il periodo di non proprietà dell'immobile: durante il corso di oltre mezzo secolo le finiture e numerosi altri aspetti dell'architettura e degli impianti si potrebbero deteriorare;
- nella definizione degli accordi rischia di accadere che gli interessi del partner privato e dell'istituzione universitaria siano allineati per un solo momento sull'idea che il privato abbia il proprio ritorno e l'università le nuove residenze, tuttavia è necessaria una valutazione a lungo termine del reale soddisfacimento degli interessi reciproci;
- il tipo di accordo nel partenariato pubblico-privato cambia il potere di azione dell'università sulle residenze: l'esempio della *Northeastern* indica come possa essere risolutiva una forma di gestione o supervisione della gestione da parte dell'università sin dalla costruzione dell'immobile lasciando al privato solo il ritorno economico degli affitti;
- l'impatto a lungo termine di meccanismi di finanziamento privato sulla pubblica istituzione non è ancora completamente prevedibile: le compagnie private investono i loro soldi su quello che considerano un buon affare, una opzione che attrae molto le università in mancanza di capitale e che non vogliano indebitarsi, tuttavia il privato potrebbe ritenere necessario ottenere maggiori rendimenti che comportino tagli dei costi o aumenti delle rate che influenzerebbero la qualità della vita degli studenti;
- in termini progettuali il privato deve bilanciare il suo bisogno di massimizzazione delle entrate aumentando i metri quadri delle funzioni residenziali mentre le esigenze dell'università sono orientate a realizzare alcuni servizi meno redditizi ma tesi a migliorare la qualità di vita degli studenti: più spazi comuni e spazi educativi rispetto a quanto un privato voglia costruirne, cercando di non

incorrere nel rischio che il privato ottemperi alla costruzione di spazi comuni cercando di ridurre il numero di bagni privati;
- in qualsiasi meccanismo di finanziamento un aspetto di inderogabile negoziazione è il limite di costo delle residenze che deve essere in linea con quanto lo studente può permettersi di pagare. L'università o il privato possono decidere di aumentare i prezzi delle camere nel corso degli anni, ma dovrà essere sempre tenuta in considerazione l'accessibilità economica per gli studenti.

**Riferimenti bibliografici**
Baratta, A. [2014]. "Domanda e offerta di residenze e alloggi per studenti universitari", pp. 31-51, in Del Nord, R. *Il processo attuativo del piano nazionale di interventi per la realizzazione di residenze universitarie*, edifir, Firenze.
Bekurs, G [2007]. "Outsourcing Student Housing in American Community Colleges: Problems and Prospects" *Community College Journal of Research and Practice*, Taylor Francis Online, vol. 31, n. 8, pp. 621-636, www.tandfonline.com/doi/abs/10.1080/10668920701428402 [Ultimo accesso: 08.05.2016]
Chiarantoni, C. [2004]. "Lineamenti evolutivo-tipologici della residenza universitaria", in *Atti del Convegno ArTec*, Luciano Editore, Napoli.
Coniglione, F. [2011]. "Chi paga le Università", *www.roars.it/online/chi-paga-le-universita* [Ultimo accesso: 25.05.2016]
Del Nord, R. (a cura di) [2014]. *Il processo attuativo del piano nazionale di interventi per la realizzazione di residenze universitarie*, edifir, Firenze.
Fabbris, P. [2011]. "Major Trends in University Residence Halls", *www.bdcnetwork.com/major-trends-university-residence-halls* [Ultimo accesso: 05.06.2016].
Gilroy, L.C.; Davis, L.J.; Anzia S.F. e Segal G.F. [2007]. *Privatizing University Housing, Reason Foundation*, Washington (USA).
IES, Institute of Education Science [2014]. 2013-14 *Integrated Postsecondary Education Data System* (IPEDS) *Methodology Report*, http://nces.ed.gov/pubs2014/2014067.pdf [Ultimo accesso: 12.06.2016].
ISTAT, Annunario Statistico Italiano [2014]. *Istruzione e Fomazione*, pp. 211-244, *www.istat.it/it/files/2014/11/Asi-2014.pdf* [Ultimo accesso: 25.05.2016].
Kaysen [2012]. "Public College, Private Dorm" *New York Times*, 25 gennaio 2012, p. B1.
Logan, T. [2016]. "New era for dorms: Northeastern, UMass Boston turn to private developers for snazzy housing"
*www.bostonglobe.com/business/2016/03/27/studenthousing/IZ6wCJtfNuHfE1te8ZHpsJ/story.html*
[Ultimo accesso: 06.06.2016].
Marrucci, L. [2004]. *L'Università negli Stati Uniti d'America in una prospettiva comparata con l'Italia*, www.people.na.infn.it/~marrucci/riforma/universitaUSA_2ed.pdf [Ultimo accesso: 10.06.2016].
Ryan, M.A. [2003]. "Contemporary Issues in Student Housing Finance", *New Directions for Student Services*, Wiley Periodicals, n. 13, pp. 59-71.

# I COSTI DI GESTIONE DELLE RESIDENZE UNIVERSITARIE: UN'ANALISI COMPARATIVA

**Federica Laudisa**
Osservatorio regionale per l'Università e per il Diritto allo studio universitario – Regione Piemonte

**Parole chiave**
Benchmarking, costi, servizi, sostenibilità finanziaria

*Abstract*

*The aim of this research was to estimate how much it costs EDISU Piemonte to provide student housing service. It is a fact that economic crisis has put pressure on public budgets to the extent that fewer public resources are available; as consequent it has become increasingly important to pursue efficiency - even for the Regional bodies for Student Support. OECD DAC defines efficiency a measure of how economically resources/inputs (funds, expertise, etc.) are converted to results [2002]. In other words, an intervention can be considered economical if the costs of resources used approximate the minimum needed to achieve planned objectives. But how to assess operational efficiency? A widely applied method for efficiency analysis is the benchmarking of unit costs that compares cost per output across several interventions.*

*This study, commissioned by the local government, examined the operating expenses of student housing supplied by EDISU Piemonte in 2014, in comparison to those of other similar institutions: DSU Toscana, ARDISS FVG and Collegio Einaudi. After having analyzed the total cost expressed in absolute terms and its percentage composition by the major cost categories (i.e. rental costs, staff costs, utilities, cleaning, caretaking, maintenance, taxes), it was calculated the unit costs per bed separately for residence halls. The result reveals that there is, within each Agency, a wide variation of the annual unit cost per bed from the average value. Does this discrepancy depend on the types of hall of residences and/or on their level of services? We attempted to give an answer to this question.*

*Finally, this study focused on the revenue cost analysis with the aim of evaluating the financial sustainability of student housing service: in simple terms, the total revenues were divided by the total cost expressed as a percentage. Some differences were found between the above-mentioned bodies, in particular, due to the different rental amount applied to the grant-holders.*

*In conclusion, this research tries to provide a tool which makes it possible for the Student Support Centre in Piedmont to identify efficiency potential improvements in its housing service.*

## Introduzione

Questa ricerca, commissionata dagli assessori competenti per l'Università e per il Diritto allo studio universitario della Regione Piemonte, si è posta l'obiettivo di stimare quanto costa la gestione delle residenze universitarie dell'Ente regionale per il diritto allo studio universitario del Piemonte (EDISU) al fine ultimo di individuare eventuali margini di efficientamento.

È indubbio che in un contesto di crisi economica, di bilanci pubblici dissestati, è diventato sempre più pressante per molti organismi pubblici, tra cui gli enti per il diritto allo studio, il raggiungimento di un buon livello di efficienza economica. In base alla definizione fornita da OECD DAC [2002] l'efficienza è "*a measure of how economically resources/inputs (funds, expertise, time, etc.) are converted to results*"; detto in altri termini un intervento si può considerare "economico" se le risorse utilizzate approssimano le risorse minime necessarie per conseguire gli obiettivi prefissati.

Ma in che modo si può stabilire, nella pratica, se un intervento è efficiente? Un metodo ampiamente utilizzato è il *benchmarking*, che è quel sistema in base al quale sono messe a confronto le prestazioni di organizzazioni differenti, anche allo scopo di individuare uno standard di riferimento – detto *benchmark* – cui tendere nella gestione del servizio.

Più precisamente le prestazioni sono confrontate attraverso l'uso di indicatori, tra cui, il più frequentemente impiegato è il costo unitario che si ottiene rapportando i costi all'output prodotto [Palenberg 2011]. Questo è quello che è stato fatto in questo studio: i costi unitari per posto letto dell'EDISU Piemonte sono stati comparati con quelli di altri tre enti coinvolti nel progetto di ricerca: l'Azienda DSU Toscana, l'ARDISS FVG[1] e il Collegio Universitario di Torino "Renato Einaudi". La stima dei soli costi dell'EDISU Piemonte, difatti, senza termini di paragone, sarebbe stata di per sé poco significativa.

## La metodologia

In linea di principio, il *benchmarking* dei costi unitari è una tecnica semplice da applicare per valutare l'efficienza nella produzione di un servizio, se si hanno a disposizione i dati finanziari e se i dati sono omogenei. La disponibilità di dati confrontabili è il pre-requisito indispensabile per potere ricorrere in modo appropriato a questo metodo, nonché probabilmente l'aspetto più problematico.

Gli enti hanno, infatti, sistemi contabili diversi – nello specifico, dei quattro enti analizzati, due hanno una contabilità finanziaria (EDISU Piemonte e ARDISS FVG), DSU Toscana ha una contabilità di tipo economico-patrimoniale[2] e il Collegio Einaudi ha una doppia contabilità, sia finanziaria che economico-patrimoniale[3] – inoltre le informazioni spesso non sono ricavabili dalla semplice lettura del bilancio. Per questo motivo sono state predisposte delle apposite schede di rilevazione dati: una per rilevare i costi di gestione, una relativa ai costi del personale amministrativo, infine una per rilevare le entrate. La prima e l'ultima scheda sono state messe a punto prendendo a modello quelle utilizzate dall'azienda DSU Toscana e dall'ER.GO. Emilia Romagna[4] [DSU Toscana 2014] nella

---

[1] Gli acronimi stanno, rispettivamente, per Azienda Regionale per il Diritto allo Studio Universitario della Toscana e per Azienda regionale per il diritto agli studi superiori del Friuli Venezia Giulia.

[2] Si consideri inoltre che presso l'azienda DSU Toscana l'attività di gestione delle residenze è considerata a tutti gli effetti commerciale e pertanto ad essa si applica il regime IVA con contabilità sezionali, per cui l'IVA non viene registrata né tra i costi né tra i ricavi. I referenti dell'ente toscano, per consentire un raffronto omogeneo con le altre realtà, hanno quindi provveduto a ricalcolare i costi comprendendo l'IVA, ex post, ove applicabile.

[3] In base a quanto sancito dal d. lgs. 23 giugno 2011 n. 118, gli enti in contabilità finanziaria dovranno adottare un sistema contabile integrato comprensivo dei fatti di gestione di carattere finanziario ed economico-patrimoniale. Pertanto entro il 2016, se non verranno consentite delle proroghe, la contabilità finanziaria dovrà essere affiancata da quella economico-patrimoniale.

[4] Azienda Regionale per il Diritto agli Studi Superiori dell'Emilia Romagna.

ricerca comparativa a carattere interno sul servizio abitativo dei due enti, ma con delle rielaborazioni[5]. Innanzitutto i costi sono stati rilevati distintamente per singola residenza, ognuna considerata come centro di costo; in secondo luogo, le voci di costo sono state distinte nelle seguenti sei macro-voci:
- *utenze e riscaldamento*, comprendente gas, riscaldamento, acqua, energia elettrica, spese telefoniche e ADSL;
- *acquisto di beni di consumo e merci per le residenze*, in cui sono state raggruppate tutte quelle voci di costo relative a beni o merci acquistati per il funzionamento delle residenze, ad esempio la carta e la cancelleria, il materiale per strumenti informatici, la biancheria o altre attrezzature;
- *conduzione immobili*, è la macrovoce più ampia in cui sono stati inclusi tutti i costi diretti finalizzati alla gestione della residenza, comprendenti sia il costo del personale impegnato a vario titolo nelle strutture residenziali (ad es. il direttore delle residenze, il portierato, la vigilanza) – a prescindere che si tratti di personale esterno o alle dipendenze dell'ente –, sia altre spese relative agli immobili, quali la pulizia, il lavaggio e noleggio della biancheria, le spese condominiali, il canone di locazione, il canone di *project financing* e concessione;
- *manutenzione ordinaria*, ove sono stati considerati i costi per le prestazioni finalizzate al mantenimento in efficienza e in buono stato dei beni impiegati per l'erogazione del servizio residenziale, ovvero la manutenzione degli impianti, delle aree verdi e degli immobili;
- *acquisto servizi*, che comprende tutti i costi connessi all'acquisto di servizi erogati da soggetti esterni oppure legati al godimento di beni, materiali o immateriali, di terzi; rientrano nel primo caso, ad esempio, le assicurazioni e le consulenze legali e fiscali, nel secondo, invece, i canoni di *leasing*, di noleggio delle attrezzature ed eventuali licenze per i servizi informatici;
- *oneri fiscali e tributari*, ossia riguardanti le prestazioni obbligatorie di denaro dovute allo Stato o ad altri enti pubblici territoriali (quali la TASI, la TARI, l'IMU, le imposte di bollo).

In caso di costi indiretti[6], ovvero relativi a due o più strutture residenziali, come quelli concernenti i servizi informatici, sono stati "ribaltati" sulle residenze interessate usando come coefficiente di ripartizione il numero di posti letto, questo significa che il costo è stato distribuito nelle diverse residenze in proporzione al numero di posti letto. Infine, è stata inserita nella scheda di rilevazione la voce "ammortamenti" nella quale gli organismi di gestione dovevano specificare eventuali quote di ammortamento di beni materiali (mobili o immobili) o immateriali acquistati[7].

Per quel che concerne i *costi del personale amministrativo*, l'obiettivo è stato quello di rilevare la spesa per il personale impiegato in attività sempre inerenti il servizio abitativo ma con funzioni definibili di *back-office*, in un'accezione ampia, a prescindere dal tipo di contratto lavorativo posseduto (a tempo indeterminato, collaborazione a progetto, prestazione occasionale o altro); il costo complessivo corrisponde alla somma delle retribuzioni lorde annue comprensive di straordinari, bonus e missioni, in breve il costo-azienda[8]. Infine, è stata predisposta la *scheda di rilevazione delle entrate*; si tratta anche in questo caso di una rielaborazione dello schema usato nella già citata ricerca dell'azienda DSU

---

[5] Le voci di costo sono state riviste in stretta collaborazione con il referente toscano dello studio, coordinatore del Servizio Responsabilità Sociale e Trasparenza dell'Azienda DSU Toscana, alla luce dell'esperienza già svolta.

[6] Si definiscono indiretti quei costi che sono comuni a più oggetti; i costi indiretti possono essere allocati ai vari oggetti di costo assumendo come base di imputazione una o più grandezze (chiamate *cost drivers*) e utilizzando un coefficiente di ripartizione.

[7] Questa voce è stata compilata solo dai due enti con una contabilità economico-patrimoniale (DSU Toscana e Collegio Einaudi).

[8] Per rilevare i costi del personale amministrativo è stata utilizzata una scheda molto analoga a quella elaborata alcuni anni fa nella ricerca sui costi di gestione del servizio ristorativo [Manassero, 2005]. Nel caso in cui i dipendenti fossero impegnati anche in mansioni non riguardanti il servizio abitativo, al fine di determinare il costo si è moltiplicato lo stipendio annuo lordo per la quota percentuale di tempo occupata per il servizio abitativo.

Toscana, di cui si è mantenuta la suddivisione dei ricavi in tre macro-voci:
- ricavi per servizi istituzionali, ottenuti con le rette/tariffe applicate agli utenti, soprattutto borsisti;
- rettifiche ai costi, vale a dire i rimborsi a qualsiasi titolo avvenuti;
- ricavi diversi da attività caratteristica, quali, ad esempio, i ricavi derivanti dall'affitto dei locali interni alle residenze (sale conferenze, aule, palestre), i ricavi dai distributori di bevande, dalla collocazione di antenne di telecomunicazioni, dalla vendita di gadget, o spazi pubblicitari, o altro ancora.

Sono state prese in esame anche le entrate perché si ritiene che un ente gestore pubblico debba mirare non solo ad essere efficiente – ponendosi l'obiettivo di usare al meglio le risorse per produrre i servizi, perseguendo l'ottimizzazione del rapporto input/output, ma dovrebbe anche avere contezza della misura in cui riesce a coprire i costi attraverso i ricavi.

**Il piano di analisi**

I costi, rilevati con le modalità specificate sopra, si riferiscono al 2014, essendo l'anno più recente del quale erano disponibili con il bilancio d'esercizio chiuso.

L'analisi è stata basata sul calcolo e sul confronto dei seguenti costi unitari:
1. costo unitario del posto letto per struttura residenziale;
2. costo unitario del posto letto per macro-categoria di spesa;
3. costo unitario pieno del servizio abitativo.

Il *costo unitario del posto letto per struttura residenziale* è ottenuto dal rapporto fra il costo totale della residenza e il numero di posti letto presenti nella struttura:

$$1.\ \text{COSTO UNITARIO}_{(i)}\ \text{del posto letto} = \frac{\text{COSTO TOTALE}_{(i)}}{\text{N° POSTI LETTO}(i)}$$

dove $\text{COSTO TOTALE}_{(i)}$ = costi di gestione$_{(i)}$ + costo diretto del personale$_{(i)}$
dove i = residenza 1, residenza 2, residenza 3, ecc.

Il costo totale risulta dalla somma di tutti i costi sostenuti dall'ente nella conduzione del servizio – già elencati nel paragrafo precedente (come ad esempio le utenze, la manutenzione, la pulizia) –, incluso il costo del personale direttamente impegnato nelle strutture (direttore, portierato, studenti part-time). Comparando il costo unitario del posto letto di ogni residenza con quello medio aziendale è possibile individuare i valori "anomali", quelli che si discostano sensibilmente dalla media. Il passo seguente consiste nel porsi la domanda: perché alcune residenze sono molto più economiche o molto più costose in confronto allo standard dell'ente? È per questa ragione che è stato calcolato il costo unitario distintamente per le diverse macrovoci di spesa per ogni residenza e per il complesso delle strutture residenziali di ciascun ente:

$$2.\ \text{COSTO UNITARIO MACROVOCE SPESA}_{(ii)} = \frac{\text{COSTO MACROVOCE SPESA}_{(ii)}\ \text{RESIDENZA}_{(i)}}{\text{N° POSTI LETTO}(i)}$$

dove i = residenza 1, residenza 2, residenza 3, ecc.
dove ii = utenze e riscaldamento, acquisto beni di consumo e merci, manutenzione, oneri, ecc.

Il *costo medio unitario delle macrovoci di spesa* si ottiene rapportando il costo affrontato dall'ente per ogni macrovoce di spesa, al numero di posti letto delle residenze in cui è stato sostenuto tale costo. A seguito di quest'analisi, l'azienda, in primo luogo, può individuare un costo standard per ciascuna voce di spesa e, in secondo luogo, porre in essere dei correttivi (ove fattibile) per quelle strutture con delle voci di costo "devianti" dal valore medio.

Infine, il costo unitario pieno del servizio abitativo è dato dal rapporto tra il costo complessivo del servizio abitativo e il totale del numero di posti letto gestiti.

3. COSTO UNITARIO PIENO servizio abitativo = $\dfrac{\text{COSTO TOTALE servizio abitativo}}{\text{N° POSTI LETTO}}$

dove COSTO TOTALE servizio abitativo = $\sum_i$ costi di gestione + $\sum_i$ costo diretto personale + costo indiretto personale
dove i = residenza 1, residenza 2, residenza 3, ecc.

Il costo pieno implica integrare i costi diretti con quelli indiretti, in questo caso circoscritti alle sole spese per il personale amministrativo che si occupa del servizio abitativo senza essere impegnato in attività interne a qualche specifica residenza.

Si è invece stabilito di non includere gli oneri straordinari poiché si riferiscono ad oneri dipendenti da cause e controversie di natura – appunto – straordinaria (si pensi ad esempio all'adeguamento degli immobili ad una nuova normativa sulla sicurezza), non pertinenti alla normale gestione dell'azienda[9] e che quindi possono variare da ente a ente anche in misura rilevante.

L'ultimo indicatore calcolato è il grado di copertura dei costi:

4. GRADO DI COPERTURA DEL COSTO = $\dfrac{\text{ENTRATE TOTALI}}{\text{COSTO TOTALE DEL SERVIZIO}}$

dove ENTRATE TOTALI = ricavi per servizi istituzionali + ricavi diversi da attività caratteristica + rettifiche ai costi/rimborsi.

Il grado di copertura del costo indica in che misura l'azienda riesce a coprire il costo pieno attraverso i diversi tipi di entrata.

**I casi-studio**

L'EDISU Piemonte, il DSU Toscana e l'ARDISS FVG sono enti regionali per il diritto allo studio aventi la funzione di erogare gli interventi a favore degli studenti universitari, tra cui i principali sono la borsa di studio, il servizio abitativo e la ristorazione. Il servizio abitativo, in base a quanto previsto dalla normativa nazionale[10], è destinato prioritariamente agli aventi diritto alla borsa di studio ciò significa che i posti letto sono assegnati per bando di concorso a studenti fuori sede in possesso di determinati requisiti economici e di merito[11]. In via residuale i posti sono concessi ad altri utenti (studenti non idonei alla borsa, partecipanti a programmi di mobilità internazionale) o sono riservati ad uso foresteria, tendenzialmente a tariffe più elevate, con modalità differenti da ente a ente. Il Collegio Einaudi, invece, è un'importante realtà storica di Torino facente parte della rosa dei 14 enti non statali legalmente riconosciuti che si configurano esclusivamente come collegi universitari. Si tratta di istituzioni di natura privata alle quali si riconosce l'esercizio di funzioni di interesse pubblico – di ampliamento dell'accesso agli studi superiori e di assistenza agli studenti nel corso degli studi universitari –, e che per tale motivo sono sottoposti alla vigilanza del Ministero

---

[9] Peraltro sarebbe probabilmente più appropriato spalmare alcuni di questi costi sulla vita utile dell'immobile anziché imputarli semplicemente all'anno in cui si sono manifestati.

[10] La normativa nazionale di riferimento è il d.p.c.m. 9 aprile 2001 ma ogni ente pubblica ogni anno un bando dove specifica modalità e criteri di accesso. In linea generale, lo studente deve avere un valore ISEE e ISPE (Indicatore della situazione economica e patrimoniale equivalente) al di sotto di una certa soglia e deve avere acquisito un certo numero di crediti in relazione all'anno di iscrizione.

[11] Il d.p.c.m. 9 aprile 2001 all'art. 4, co. 5, definisce fuori sede lo studente residente in un luogo distante dalla sede del corso frequentato e che per tale motivo prende alloggio a titolo oneroso nei pressi di tale sede. Tale definizione è stata tradotta dagli organismi regionali per il DSU in diversi modi: alcuni considerano la distanza chilometrica, altri il tempo di percorrenza.

per l'Istruzione, Università e Ricerca (MIUR). L'ammissione al Collegio Einaudi avviene sempre per bando di concorso ma la selezione tiene conto soltanto del criterio di merito[12] mentre le tariffe sono differenziate in relazione all'ISEE. Il numero di residenze e di posti letto gestito dai quattro enti è indicato nella tabella 1. Si precisa che il Collegio Einaudi dispone di cinque strutture ma l'analisi ha interessato una sola residenza denominata Valentino.

|  | EDISU Piemonte | DSU Toscana | ARDISS FVG | Collegio Einaudi |
|---|---|---|---|---|
| N° residenze | 24 | 36 | 9 | 5 |
| Di cui: locate/in concessione a pagamento/project financing | 12 | 7 | 1 | - |
| N° posti letto in gestione | 2.476 | 4.605 | 1.133 | 789 |
| Di cui: uso foresteria | 336 | 70 | 22 | 18 |

Tabella 1. Il numero di residenze e posti letto per ente gestore, a.a. 2014/15.

### I costi di gestione

Quanto costa gestire un posto letto? Il costo unitario medio per posto letto, nel 2014, si è aggirato intorno ai 3.000 euro o poco meno nelle tre aziende assunte come casi-studio, mentre è risultato più elevato quello di EDISU Piemonte, di poco inferiore a 5.000 euro (Tabella 2).

|  | EDISU Piemonte | DSU Toscana | ARDISS FVG | Residenza Valentino |
|---|---|---|---|---|
| Costo di gestione (euro) | 12.347.599 | 14.074.460 | 3.150.231 | 443.061 |
| *Costo unitario per posto letto (euro)* | 4.987 | 3.056 | 2.780 | 2.877 |

Tabella 2. Il costo unitario per posto letto, per ente gestore, 2014 (valori in euro).

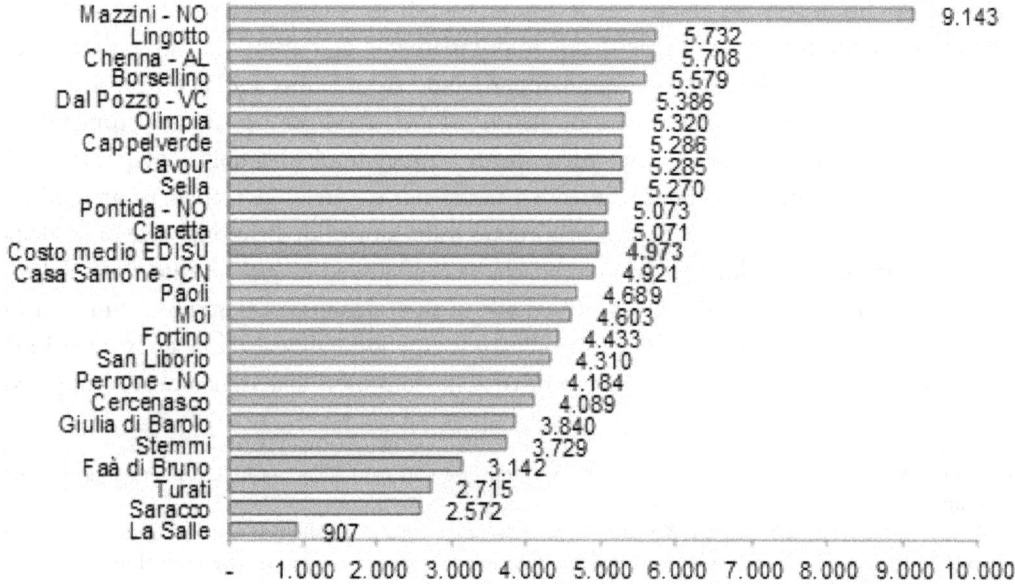

Figura 1. Il costo unitario del posto letto EDISU Piemonte, per residenza, 2014 (valori in euro).

---

[12] Lo studente deve aver conseguito un determinato numero di crediti in relazione all'anno di iscrizione con un voto medio non inferiore a 24/30.

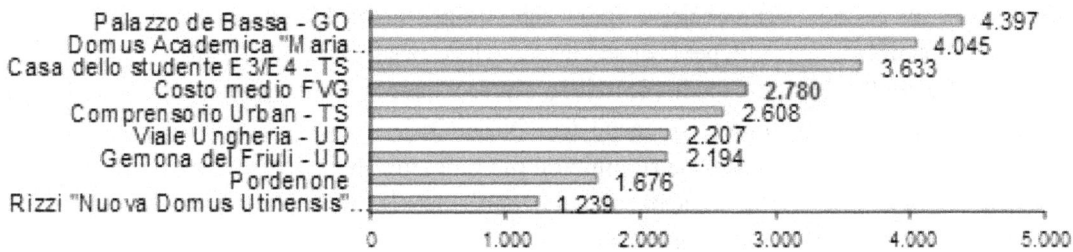

Figura 2. Il costo unitario del posto letto ARDISS FVG, per residenza, 2014 (valori in euro).

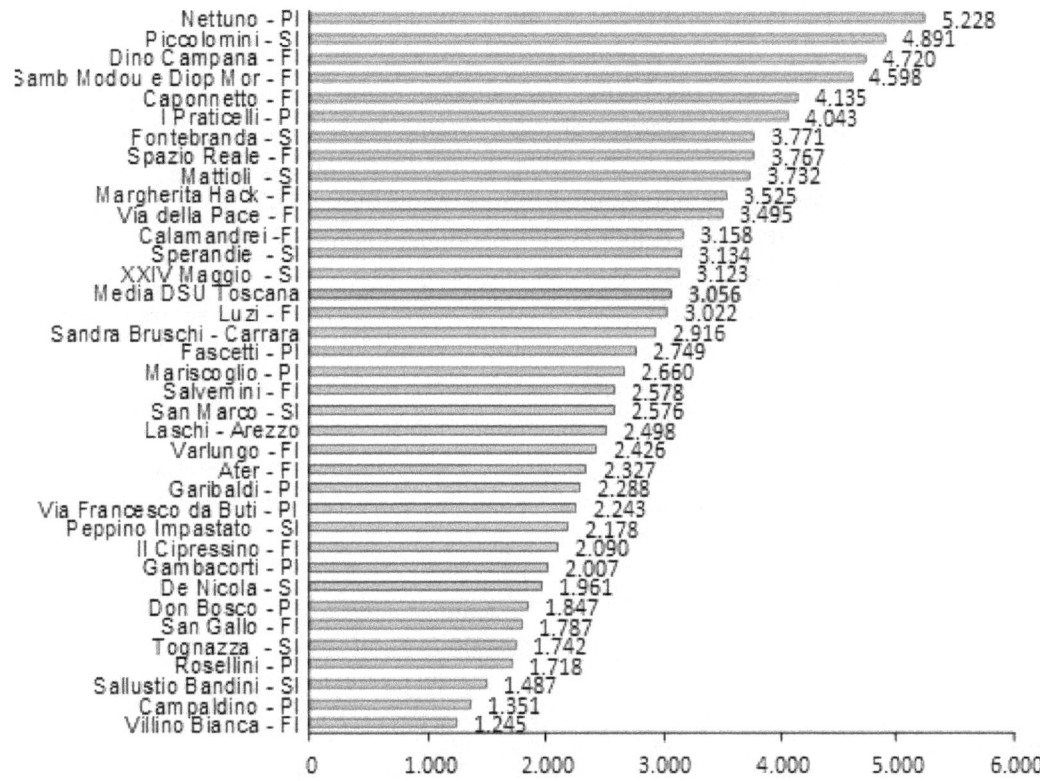

Figura 3. Il costo unitario del posto letto DSU Toscana, per residenza, 2014 (valori in euro).

I valori medi aziendali celano però un'ampia variabilità dei costi unitari delle strutture residenziali all'interno di ogni organismo di gestione, come emerge in modo evidente dalle figure 1-3.

A cosa sono attribuibili questi consistenti scostamenti dalla media? Si è tentato di capirne le ragioni calcolando il costo unitario di ciascuna macro-voce di spesa per residenza e per l'ente gestore nel complesso; ciò ha consentito di determinare il costo «standard» aziendale per ogni voce di spesa e di individuare presso quali strutture residenziali le voci di costo fossero disallineate dallo standard[13]. Analogamente, ci si è chiesto a cosa sono da imputare i differenti costi medi unitari dei quattro enti gestori e una prima risposta si ottiene attraverso il confronto dei costi «standard» aziendali per macro-voce di spesa da cui si evidenzia che alcuni sono abbastanza allineati mentre EDISU ha un costo significativamente più elevato rispetto al portierato, la pulizia e il canone di locazione/concessione (Tabella 3). Circa quest'ultima voce va precisato che su 24 residenze EDISU la metà è locato o concesso a pagamento, di cui quattro con un contratto di locazione e servizi e tre in concessione a

---

[13] L'analisi dettagliata è disponibile nel rapporto di ricerca completo in corso di pubblicazione.

pagamento per un periodo trentennale; si tratta delle residenze cosiddette olimpiche, costruite in occasione delle olimpiadi invernali, per le quali l'impresa di costruzione percepisce un canone annuo a posto letto che include la gestione totale (Borsellino e Villa Claretta) o pressoché totale (Olimpia) del servizio. In breve, il costo è comprensivo anche dei servizi gestiti.

L'azienda DSU Toscana è quella con il costo unitario più prossimo ad EDISU per questa voce poiché ha due strutture in una situazione simile di cui una in particolare (I Praticelli) realizzata con la finanza di progetto, per la quale paga un canone annuo *all-inclusive*. Per quel che concerne il portierato, si consideri che il servizio è presente 7 giorni su 7 per 24h al giorno in quasi tutte le residenze EDISU e lo stesso avviene nelle residenze ARDISS FVG[14]; differentemente, presso la residenza Valentino il servizio è assicurato per 19 ore giornaliere, per tutti i giorni della settimana, da una coppia di portieri dipendenti del Collegio Einaudi che dimorano nel collegio stesso. Infine, nelle ventidue residenze DSU Toscana dove è previsto il portierato, nove hanno un orario giornaliero al disotto delle 24h. In altre parole, almeno in parte le differenze di costo possono essere giustificate dalle diverse modalità in cui il servizio è offerto, banalmente un orario più ampio e/o un numero maggiore di portieri nella stessa fascia oraria. Rispetto alla pulizia, se gli spazi comuni sono puliti quotidianamente pressoché in tutte le residenze, la frequenza della pulizia della camera cambia da ente a ente: è effettuata ad ogni cambio assegnatario da EDISU, due volte l'anno da DSU Toscana (oltre che ad ogni nuovo arrivo), una volta ad inizio anno dal Collegio Einaudi, mensilmente nelle residenze con sede a Trieste e Gorizia, è assente invece in quelle con sede a Udine. L'EDISU, rispetto agli altri enti, ha un numero molto più consistente di camere destinate a uso foresteria nelle quali la pulizia è prevista ogni 15 giorni (Tabella ). Tuttavia, questi elementi di contesto non sono probabilmente sufficienti a spiegare perché i costi unitari divergano anche molto tra loro e sarebbero necessari ulteriori approfondimenti (ad esempio prendendo in esame anche i metri quadri delle strutture e/o il costo orario).

| Macro-voce di spesa | EDISU Piemonte (*euro*) | DSU Toscana (euro) | ARDISS FVG (*euro*) | Residenza Valentino (*euro*) |
|---|---|---|---|---|
| Utenze e riscaldamento | 793 | 819 | 701 | 748 |
| Acquisto beni di consumo e merci | 55 | 19 | 44 | 31 |
| Portierato | 1.652 | 966 | 1.199 | 502 |
| Direzione e altro personale | 337 | 142 | 210 | 152 |
| Pulizia | 855 | 274 | 345 | 705 |
| Canone di locazione/Concessione | 3.763 | 3.057 | 683 | - |
| Altro (Condominio, nolo biancheria...) | 75 | 52 | 35 | 55 |
| Manutenzione ordinaria | 231 | 603 | 482 | 281 |
| Acquisto servizi | 41 | 16 | 51 | 188 |
| Oneri fiscali e tributari | 165 | 90 | 70 | 215 |

Nota: il costo medio unitario delle macro-voci di spesa è calcolato rapportando il relativo costo al numero di posti letto delle residenze per le quali la spesa è stata sostenuta.
Tabella 3. Il costo medio unitario per posto letto, per macro-voce di spesa e ente gestore, 2014.

Sommando al costo di gestione il costo indiretto del personale si ottiene il costo totale che rapportato al numero di posti letto determina il costo unitario pieno del servizio abitativo, indicato nella tabella 4. Si noti che il costo indiretto del personale dell'EDISU è inferiore a quello degli altri due enti, probabilmente perché si tratta di un ente strumentale unico per il Piemonte sin dalle sue origini,

---

[14] Presso gli studentati E3, E4, Palazzo de Bassa, Viale Ungheria la portineria è presente 24h ore al giorno, 7 giorni su 7, mentre presso Gemona del Friuli l'orario giornaliero è di 12,30h per 5 giorni su 7. Nelle altre quattro è assente.

differentemente, DSU Toscana e ARDISS FVG nascono dalla fusione, rispettivamente, di tre e due enti localizzati in sedi universitarie diverse.

|  | EDISU Piemonte (*euro*) | DSU Toscana (euro) | ARDISS FVG (*euro*) | Residenza Valentino (*euro*) |
|---|---|---|---|---|
| Costo di gestione | 12.347.599 | 14.074.460 | 3.150.231 | 443.061 |
| Costo indiretto del personale | 282.005 | 793.869 | 601.627 | 164.594 |
| Ammortamenti | - | 1.452.077 | - | 335.418 |
| Costo unitario PIENO per posto letto (*euro*) | 5.101 | 3.229 | 3.311 | 3.946 |
| Costo unitario pieno incluso ammortamenti (*euro*) | - | 3.544 | - | 6.124 |

Nota: il valore dell'ammortamento della Toscana è al netto della quota sterilizzata per i contributi provenienti da finanziamenti regionali o statali finalizzati ad investimenti specifici.
Tabella 4. Il costo unitario pieno per posto letto, per ente gestore, 2014. Il costo di gestione dell'azienda DSU Toscana è al netto dell'IVA.

**Modelli di servizio e costi**

I costi unitari di gestione delle residenze dipendono dai servizi offerti? Per indagare sulla sussistenza di un'eventuale relazione tra i servizi presenti nelle residenze, da un lato, e i costi di gestione, dall'altro, è stato chiesto agli enti gestori di compilare una scheda descrittiva dei servizi attivi presso ciascuna residenza. Adottando una classificazione già esistente in letteratura [Gramigna et al. 2009; Catalano 2013], è stato predisposto un elenco di servizi suddiviso in tre categorie: funzionali, per lo studio, per le attività ricreative e sportive (Tabella 5); quindi, per ciascun servizio è stata rilevata, in taluni casi, la modalità di erogazione (ad esempio per la pulizia degli spazi comuni, se giornaliera, settimanale, quindicinale, mensile), in altri casi semplicemente l'assenza o presenza (questo è stato fatto per tutti i servizi legati alle attività ricreative). A ciascun elemento è stato poi assegnato un punteggio, dando un valore più alto a fronte di una maggiore frequenza del servizio.

| Servizi di tipo funzionale | Servizi per lo studio | Servizi per le attività ricreative e sportive |
|---|---|---|
| Portineria | Biblioteca | Sala polivalente |
| Sorveglianza | Sala studio | Sala TV |
| Pulizia camera/appartamento | Connessione internet nelle camere | Sala giochi |
| Pulizia degli spazi comuni | Connessione internet spazi comuni | Sala musica |
| Fornitura biancheria | Sala PC | Palestra |
| Cambio biancheria | Servizio fotocopie e stampe | Campo sportivo |
| Lavanderia |  | Aree verdi |
| Servizi igienici |  | Altri servizi |
| Cucina |  |  |
| Mensa |  |  |
| Bar |  |  |
| Distributori automatici |  |  |
| Aria condizionata |  |  |
| Deposito/magazzino |  |  |
| Parcheggio auto |  |  |
| Parcheggio bici |  |  |

Tabella 5. Le tipologie di servizi nelle strutture residenziali.

Nello specifico, per quei servizi per cui è stata rilevata solamente la presenza/assenza è stato attribuito valore 1 se esistente, 0 se assente; per altri servizi si è partiti da un punteggio max di 5 fino a decrescere al valore nullo.

Infine, sono stati pesati per 3 i punteggi relativi a *connessione internet nelle camere/spazi comuni, lavanderia, sala studio, sevizio fotocopie e stampe*, e per 2 i punteggi relativi a *aree verdi, aria condizionata negli spazi comuni, cambio biancheria, parcheggio bici, deposito/magazzino, sala giochi, biancheria bagno, e palestra* sulla base dell'importanza attribuita dagli studenti ospitati nelle residenze[15]. Alla fine ciascuna residenza ha ottenuto un punteggio in relazione ai servizi offerti sulla base del quale è stata collocata in una delle seguenti categorie o modello di servizio: *fully equipped*, standard e base[16].

Effettivamente dalla figura 4 emerge come ad un livello superiore di servizi corrisponda, presso ciascun ente, un costo unitario medio di gestione più alto, in particolare la differenza è evidente tra le residenze *fully equipped*, da un lato, e quelle standard e base, dall'altro.

Tuttavia, l'analisi trasversale mette anche in luce che per tutte e tre le categorie, i costi unitari medi dell'EDISU sono maggiori, il che è ascrivibile, almeno in parte, al fatto che la metà delle strutture residenziali piemontesi sono acquisite con contratti di locazione, o locazione e servizi, o in concessione, con canoni in taluni casi molto onerosi.

Mettendo in relazione il costo unitario per posto letto di ciascuna residenza con il livello di servizi offerto, misurato attraverso il punteggio costruito come specificato sopra, emerge che l'EDISU gestisce un gruppo di residenze che ha al contempo un livello di servizi inferiore alla media e un costo

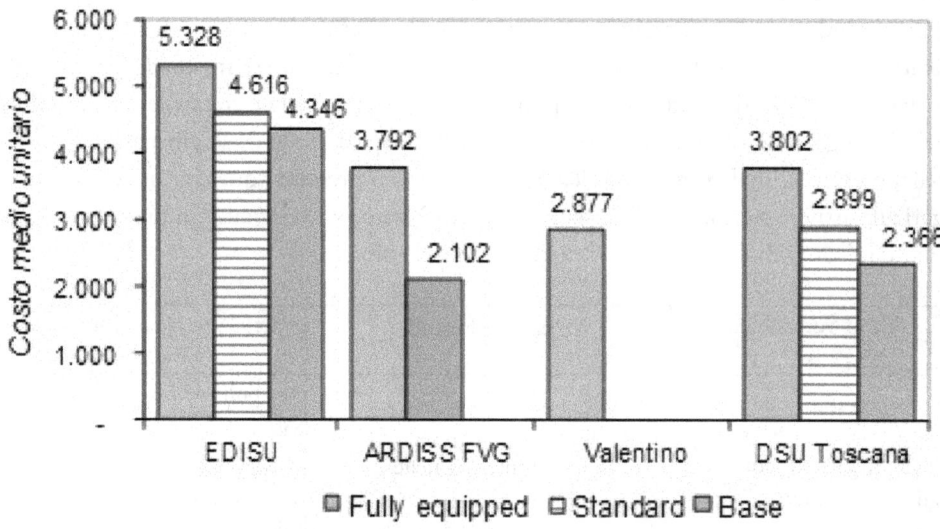

Nota: non sono state incluse in quest'analisi le residenze di Pordenone e Gemona del Friuli dell'ARDISS FVG, per le quali alcuni costi sono affrontati da soggetti terzi, e la residenza La Salle dell'EDISU i cui costi sono quasi tutti compresi in un'altra residenza.

Figura 4. Il costo unitario medio per posto letto in base al modello residenziale di servizi, per ente gestore, 2014.

---

[15] La ricerca ha previsto anche la conduzione di focus group con gli studenti ospiti delle residenze EDISU e del Collegio Einaudi, nel corso dei quali è stato somministrato un breve questionario. È stato chiesto agli studenti di valutare l'importanza dell'elenco di servizi indicato in tabella 5, su di una scala che andava da "per nulla" a "importantissimo". Oltre il 90% dei rispondenti ha giudicato molto importante il primo gruppo di servizi, e tra l'80 e il 90% dei rispondenti il secondo gruppo di servizi, pesati quindi per 2.

[16] Sono state considerate *fully equipped* quelle con punteggio pari o superiore a 70; standard quelle con punteggio compreso tra 56 e 69, e base quelle con punteggio inferiore a 56. La scelta è stata effettuata a partire dal valore massimo e minimo della distribuzione complessiva dei punteggi, suddividendo l'intervallo in tre parti di pari ampiezza.

unitario superiore alla media: sono le strutture che si collocano nel quadrante in alto a sinistra della figura 5, nella quale l'origine degli assi interni è stata centrata sui valori medi, sia del costo unitario che del punteggio-servizi, calcolati su tutte le residenze raffigurate (non sono state incluse quelle dell'azienda DSU Toscana per una maggiore leggibilità del grafico).

Su queste strutture dovrebbe essere fatta un'attenta valutazione per individuare eventuali margini di efficientamento che consentano di ri-allineare i loro costi unitari al valore medio. All'estremo opposto, nel quadrante in basso a destra, si posizionano i casi ottimali perché sono residenze con un alto livello di servizi e costi unitari minori della media.

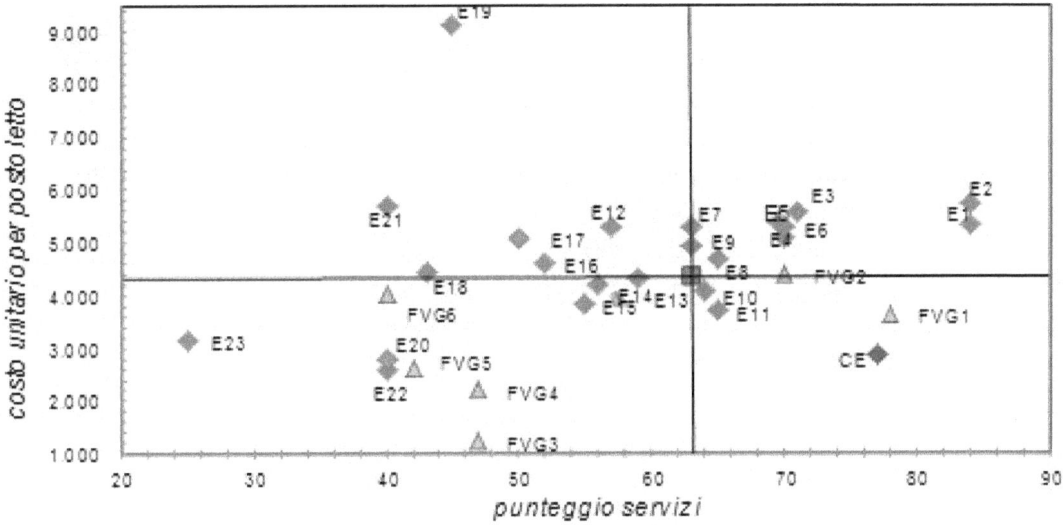

Nota: sono indicate con la sigla E le strutture EDISU, con la sigla FVG quelle dell'ARDISS e con CE la residenza Valentino – Collegio Einaudi.
Figura 5. La relazione tra il costo unitario medio per posto letto e il livello di servizi offerto, per residenza e ente gestore, 2014.

**La copertura dei costi**

In che misura gli enti riescono a coprire il costo del servizio abitativo con le entrate[17]? EDISU Piemonte e ARDISS FVG hanno una copertura similare: il 55-56% del costo è coperto dai ricavi, di cui, rispettivamente, il 43 e 45% dalle rette degli utenti (borsisti e non) e il 12 e 10% dai rimborsi, una voce di fatto corrispondente al recupero dell'IVA. Il Collegio Einaudi attraverso le rette copre il 51% del costo totale della residenza Valentino[18]; non ha entrate diverse da attività caratteristica né per uso foresteria[19] ma ha evidentemente anche altre entrate (MIUR, donazioni, contributo della fondazione CRT, ecc.) che non sono state qui considerate per rendere equiparabili i dati. DSU Toscana riesce a ottenere una copertura decisamente più elevata, pari al 74% del costo, di cui il 59% tramite le entrate derivanti dagli studenti borsisti; infine, come gli altri enti, copre con i ricavi diversi da attività caratteristica una percentuale assolutamente residuale del costo (Figura 6). Quali fattori spiegano il differente grado di copertura del costo, e in particolar modo la diversa percentuale ottenuta

---

[17] Per il Collegio Einaudi e l'azienda DSU Toscana, le entrate sono state rapportate al costo totale del servizio comprensivo degli ammortamenti.
[18] Sono incluse nelle entrate anche le tariffe pagate da altri ospiti non vincitori del bando di ammissione (ad esempio studenti Erasmus, visiting professors) ma sono in numero molto minoritario.
[19] La foresteria è prevista per i familiari degli studenti che possono usufruirne gratuitamente una settimana l'anno.

con le rette dei borsisti, che sono come già detto gli ospiti principali delle residenze? La risposta va individuata nella modalità con cui è richiesto il pagamento della retta oltre che nell'ammontare. Tutte e tre le aziende regionali per il DSU detraggono direttamente dall'importo di borsa il corrispettivo per l'utilizzo del posto letto ma ciascuna con delle specificità. EDISU Piemonte ha stabilito il valore del servizio abitativo in 2.500 euro che trattiene per metà dalla prima rata di borsa e per l'altra metà dalla seconda rata di borsa; qualora lo studente sia idoneo ma non beneficiario di borsa accede al servizio a titolo gratuito. ARDISS FVG applica una tariffa differenziata in base alla tipologia di camera (pari a 145 euro al mese per la singola e 125 euro al mese per la doppia)[20], e detrae dalla prima rata di borsa le mensilità di settembre-dicembre, e dalla seconda rata quelle relative ai mesi di gennaio-luglio, quindi se uno studente alloggia in camera singola per undici mesi la trattenuta sarà in totale di 1.595 euro[21]. DSU Toscana detrae 1.980 euro dall'importo di borsa di tutti i fuori sede, siano essi vincitori o non vincitori di posto letto[22], in due tranche di uguale entità (50% dalla prima rata e 50% dalla seconda); a compensazione, lo studente fuori sede non beneficiario di alloggio può ricevere, su richiesta e dietro presentazione di un contratto regolare, un contributo affitto fino a che non è convocato per l'assegnazione del posto[23].

Infine, il Collegio Einaudi prevede una retta annuale il cui ammontare dipende dalla situazione economica familiare distinta in sette fasce ISEE, con un pagamento rateizzato in tre quote. Nel 2014/15 lo studente di prima fascia pagava 1.975 euro, quello di ultima 5.380 euro, e lo studente in una fascia intermedia, ad esempio la quarta, 3.263 euro[24].

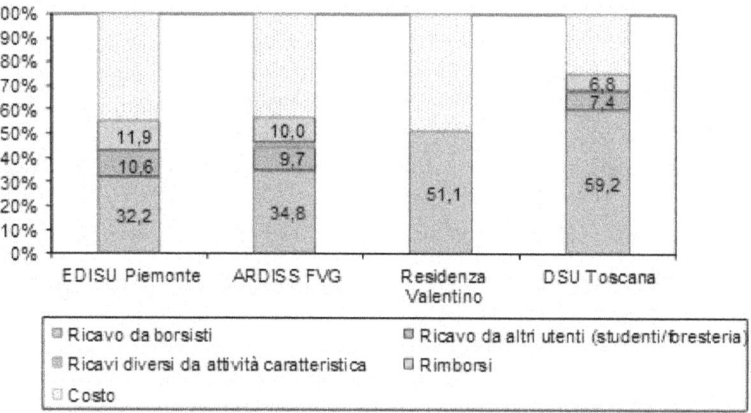

Nota: il calcolo del grado di copertura del costo è stato effettuato, per i due enti con la contabilità economico-patrimoniale (DSU Toscana e Residenza Valentino), rapportando le entrate al costo totale del servizio abitativo, comprensivo degli ammortamenti.

Figura 6. La percentuale di copertura del costo del servizio abitativo attraverso le diverse tipologie di entrata, per ente gestore, 2014

---

[20] Le tariffe sono leggermente diverse per il Comprensorio Urban.

[21] Se lo studente prende possesso dell'alloggio nella seconda metà del mese paga solo metà dell'importo della retta mensile. Gli studenti idonei non beneficiari di borsa si prevede che paghino la retta mensile ma questa situazione non si è verificata nel 2014.

[22] Lo studente idoneo non borsista beneficia del posto letto gratuitamente ma in Toscana è almeno dal 2000 che questa casistica non si presenta.

[23] L'importo del contributo affitto, che ammonta a massimo 1.980 euro, è calcolato in base al valore giornaliero del Servizio Alloggio ed è "concesso con apposito atto approvato, con cadenza trimestrale posticipata, entro 30 giorni dal termine del trimestre di riferimento". Cfr. Bando di concorso 2015/16.

[24] Rientravano nel 2014/15 nella prima fascia gli studenti con ISEE fino a 15.600 euro, in ultima quelli con ISEE superiore a 55.000 euro e in quarta fascia quelli con ISEE compreso tra 25.000 e 33.000 euro.

Da queste diverse politiche tariffarie discende un diverso ricavo per posto letto (Tab. 5), che si ottiene rapportando le entrate totali al numero di posti letto.

L'azienda DSU Toscana è quella con il ricavo più alto per posto letto tra i tre enti regionali, pari a 2.392 euro, perché detrae il valore del servizio abitativo dall'importo di borsa di tutti i borsisti fuori sede (e non solo ai vincitori di posto letto). L'EDISU detrae un importo più elevato rispetto a quello dell'azienda toscana ma soltanto a chi usufruisce del posto letto e a chi beneficia di borsa; tuttavia, nel 2014/15 non tutti gli idonei la percepirono per questo il ricavo per posto letto, pari a 2.197 euro, è inferiore a quello che ci si sarebbe aspettato (cioè 2.500 euro): in breve, l'Ente non ha "incassato" alcuna retta dai vincitori di posto letto senza borsa di studio.

L'azienda del Friuli Venezia Giulia ha un ricavo per posto-alloggio all'incirca allineato all'importo previsto per i borsisti beneficiari di posto letto, ovvero 1.560 euro. È evidente che il Collegio Einaudi, avendo delle rette più alte, ha anche un ricavo per posto letto più elevato sebbene vada messo in luce che la tariffa non include semplicemente il beneficio del posto letto ma l'accesso ad una serie di attività culturali-educative, come corsi di lingua straniera e incontri formativi di vario tipo. Ovviamente il grado di copertura dipende sia dal numeratore che dal denominatore del rapporto "entrate totali/ costo pieno del servizio".

Da questa analisi sembra di poter concludere che l'azienda DSU Toscana ha degli alti ricavi e dei bassi costi di gestione; ARDISS FVG ha un ricavo per posto letto minore rispetto agli altri enti, per le ragioni illustrate sopra; EDISU Piemonte ha un costo unitario per posto letto superiore a quello delle altre aziende per le caratteristiche evidenziate nel paragrafo sui costi di gestione. Il Collegio Einaudi, infine, ha una situazione piuttosto equilibrata tra i costi di gestione e le entrate derivanti dalle rette degli studenti ospitati.

|  | Entrate totali (euro) | N° posti letto | Ricavo per posto letto (euro) |
|---|---|---|---|
| EDISU Piemonte | 5.438.556* | 2.476 | 2.197 |
| DSU Toscana | 11.013.150* | 4.605 | 2.392 |
| ARDISS FVG | 1.767.550* | 1.133 | 1.560 |
| Residenza Valentino | 482.127 | 154 | 3.131 |

*Entrate al netto del rimborso IVA.
Nota: al fine di rendere comparabili i dati, il ricavo per posto letto è stato calcolato al netto del rimborso IVA.
Tabella 6. Il ricavo per posto letto, per ente, 2014.

## Conclusioni

Il *benchmarking* dei costi di gestione delle residenze universitarie di enti diversi sconta la difficoltà di reperire e comparare i dati, sia perché le aziende hanno sistemi contabili differenti sia per l'assenza di una griglia comune di imputazione dei costi a monte, la quale viceversa deve essere ricostruita ex-post, sia per la mancanza di schemi teorici di riferimento condivisi che lascia un margine di arbitrarietà interpretativa, ad esempio sul costo del personale indiretto (quali dipendenti devono essere imputati al servizio abitativo, con quali funzioni? Quale personale deve invece piuttosto ritenersi un costo diretto?). Ciò premesso, pur con i limiti evidenziati, questa ricerca dimostra che dal *benchmarking* si possano trarre degli indubbi risvolti positivi per la valutazione e il miglioramento dell'efficienza, grazie all'individuazione di valori standard e *outliers*. Il confronto dei costi di strutture residenziali gestite dalla stessa azienda nonché di quelle afferenti a enti diversi è la pratica verso cui si auspica gli enti regionali per il diritto allo studio comincino a tendere per i benefici economici che ne deriverebbero.

**Riferimenti bibliografici**

Bellini, O. E., Bellintani, S., Ciaramella, A., Del Gatto, M. L. [2015]. *Learning and living. Abitare lo Student Housing*, Franco Angeli, Milano.

Catalano, G. (a cura di) [2013]. *Gestire le residenze universitarie*, Il Mulino, Bologna.

Chiarantoni, C. [2008]. *La residenza temporanea per studenti*, Alinea Editrice, Firenze.

Dipartimento della Ragioneria Generale dello Stato [2008]. *Manuale dei principi e delle regole contabili*, Ministero dell'Economia e delle Finanze, Roma.

DSU Toscana [2014]. *Primi confronti servizi residenziali DSU Toscana – Er.Go. Emilia Romagna*, documento interno, Firenze.

OECD DAC [2002]. *Glossary of Key Terms in Evaluation and Results-Based Management*, OECD Development Assistance Committee, Paris.

Gramegna, A. et al. (a cura di) [2009]. *Service management: residenzialità e innovazione gestionale nei collegi universitari lombardi*, Guerini e Associati, Milano.

Manassero, M. [2005]. *I costi di gestione del servizio di ristorazione: esperienze a confronto*, Tesi di laurea, IV Facoltà di Ingegneria Gestionale, Politecnico di Torino.

MIP – Politecnico di Milano [2004]. *Il benchmarking delle attività amministrative negli organismi per il diritto allo studio universitario: il progetto "Good practices"*, Rapporto finale, Milano.

Palenberg, M. [2011]. *Tools and Methods for Evaluating the Efficiency of Development Interventions*, BMZ Evaluation Working Papers, Bonn.

Ravagni, L., Robbiano, F. [2009]. *L'informazione contabile a supporto della gestione. Il caso dell'Opera Universitaria di Trento*, Edizioni Opera Universitaria, Trento.

# I COSTI STANDARD DI COSTRUZIONE DELLE RESIDENZE PER STUDENTI UNIVERSITARI: L'ESPERIENZA ITALIANA DELLA LEGGE N. 338/2000

**Claudio Piferi**
Università degli Studi di Firenze, Dipartimento di Architettura, Centro Interuniversitario, TESIS

**Parole chiave**
Appalti pubblici, costi standard di costruzione, indice dei costi, costi a metro quadro e a posto alloggio, Legge n. 338/2000

*Abstract*
*The failure to respect the planned costs for the construction of a public building, more or less complex, appears, inside of the building process, as an ineluctable constant.*
*Today we are led to consider the economic increases as "inevitable compromises" just to have the building completed and put into service.*
*Although it is now known that the responsibilities of economic increases should be divided among all players in the building process (contracting clients, designers and contractors are often responsible in equal measure), it remains unclear how it is possible to limit (it seems really impossible to eliminate) these increments.*
*The investigation of claims for the construction of residences for university students and the constant monitoring of the implementation phases of the projects co-financed through the Italian Law no. 338/2000, allowed the identification and extrapolation of particularly significant cost indicators.*
*The variety of projects (renovations, new construction and purchases), the heterogeneous geographical location (north, center and south Italy) and the different typologies of buildings (hotel, integrated cores, mini apartments and various combinations), have allowed to translate the information in an interesting "starting point" for the standardization of construction costs not only for university residences, but also for public constructions similar for types and purposes (social housing, residences for elderly, etc.).*
*This activity, has, also, allowed the identification of some of the causes responsible for the mentioned cost increases.*

**Premessa**
La stima quanto più possibile esatta dei costi di costruzione di un edificio, soprattutto se pubblico, appare, all'interno dell'intero processo edilizio, tra le operazioni più complesse.
Sebbene la pubblicazione periodica di indici di costi di costruzione per differenti tipologie di intervento (ad esempio residenziale, industriale e stradale) sia oramai frequente e sempre più specifica [ISTAT, 2015], nel momento in cui ci si trova ad affrontare la realizzazione di un edificio, anche di media complessità, il costo finale dell'intervento può arrivare a discostarsi notevolmente da quello previsto in sede di progettazione[1] e da quello appaltato.
L'istruttoria delle richieste di cofinanziamento per la realizzazione di residenze per studenti universitari ai sensi della Legge n. 338/2000 ed il monitoraggio costante delle fasi di attuazione degli interventi ammessi al cofinanziamento, ha permesso l'individuazione e l'estrapolazione di indicatori di costo particolarmente significativi [Del Nord, 2015].
La varietà degli interventi (ristrutturazioni, nuove costruzioni ed acquisti), la localizzazione geografica eterogenea (nord, centro e sud) e le differenti tipologie edilizie realizzate (ad albergo, a nuclei integrati, a minialloggi e mista), ha permesso di tradurre le informazioni dedotte dall'attività istruttoria e di monitoraggio in dati di riferimento utili, se correttamente interpretati, a tutti i soggetti coinvolti nel processo edilizio, anche per la realizzazione di interventi similari (ad esempio strutture alberghiere o strutture ad uso collettivo come biblioteche e spazi multifunzionali).
Per rendere i dati estrapolati interpretabili con maggiore precisione e provare a definire dei costi standard di costruzione gli indicatori sono stati suddivisi secondo criteri oggettivi e condivisibili. Nello specifico, così come previsto dalla Legge n. 338/2000 e dai successivi decreti attuativi, i dati sono stati classificati per tipologia di intervento (recuperi edilizi e nuove realizzazioni)[2] e per tipologia edilizia (alberghiera, nuclei integrati, minialloggi e mista)[3].
Sono inoltre stati suddivisi per macro aree geografiche di riferimento (nord, centro, sud e isole) in modo da comporre un quadro di riferimento valido sia a livello nazionale, che, in maniera specifica, per le diverse aree di intervento [Edifin, 2016].
Degli oltre 250 interventi monitorati sono stati confrontati un totale di 128 realizzazioni, simili per omogeneità di dati ed informazioni, di cui 101 riferiti a recuperi edilizi e 27 a nuove costruzioni; di questi interventi 76 sono localizzati nel nord Italia, 33 nel centro e 19 nel sud e nelle isole.
Per quanto riguarda l'individuazione dei parametri di costo, sono stati confrontati il costo a base di gara[4], il costo di appalto definito a seguito dell'affidamento dei lavori, e il costo finale dell'intervento. Per i costi di programmazione, di appalto e finale si è fatto sempre riferimento al solo costo dei lavori, con l'esclusione dei costi eventualmente sostenuti per l'acquisto dell'area e/o dell'immobile, degli arredi e delle attrezzature didattiche (comunque possibili oggetto di richiesta di cofinanziamento ai sensi della Legge n. 338/2000); questo perché il costo dei lavori, rispetto a quello complessivo dell'intervento, come detto, ha permesso il confronto di dati tra loro omogenei e l'individuazione di parametri significativi anche per tipologie di intervento differenti dalle residenze per studenti universitari [Del Nord, 2011].

---

[1] L'Istituto Nazionale di Statistica, ad esempio, calcola e pubblica mensilmente, sia a livello nazionale che a livello di capoluoghi di provincia, l'indice del costo di costruzione di fabbricati residenziali (dal 1967), capannoni industriali, ecc., prendendo in considerazione la mano d'opera, i materiali e i trasporti e i noli necessari alla loro realizzazione.

[2] Tutti e tre i decreti attuativi della Legge n. 338/2000 (D.M. 116/2001, D.M. 42/2007 e D.M. 26/2011) prevedono al comma 1, art. 3, le tipologie di intervento cofinanziabili. Oltre agli interventi di recupero e nuova edificazione sono previsti interventi finalizzati all'acquisto di residenze per studenti universitari, non oggetto di tale analisi.

[3] Le tipologie edilizie sono individuate all'interno del punto 2, allegato B ai DD.MM. 118/2001 e 43/2007 e del punto 3, allegato A al D.M. 27/2011.

[4] Nello specifico è stato preso in considerazione il quadro economico allegato al bando di gara.

## Interventi di recupero edilizio

A carattere nazionale (tabella 1) emerge che per gli interventi di recupero edilizio il costo finale di costruzione è inferiore a quello programmato (-7% circa) e maggiore rispetto a quello appaltato (+8% circa); tali variazioni indicano come, in fase di esecuzione dei lavori, la metà circa del risparmio ottenuto in sede di appalto (-14% circa) sia stato riassorbito e che, in fase di programmazione, sia stata eseguita una corretta valutazione economica, prendendo nelle giuste considerazioni tutte le fasi del processo realizzativo, compresi eventuali imprevisti.

Ciò che è opportuno evidenziare è che il costo aggiudicato in fase di appalto risulta inferiore di circa il 14% rispetto a quello previsto nei bandi di gara: tale percentuale di ribasso, su progetti di recupero del patrimonio edilizio è da considerarsi particolarmente elevata, in quanto è necessario considerare che tale tipologia di interventi, al fine dell'adeguamento o della realizzazione di residenze per studenti universitari, è stata applicata anche su edifici storici di particolare pregio, per i quali le imprese costruttrici, solitamente, non sono in grado di offrire ribassi considerevoli.

La sottile differenza tra costo programmato e costo reale dimostra che in fase di esecuzione la stazione appaltante ha dovuto reinvestire circa metà dell'importo derivante dall'affidamento dei lavori.

|  | Costo programmato | Costo appaltato | Variazione (progr./appaltato) | Costo reale | Variazione (progr./reale) |
|---|---|---|---|---|---|
| Costo a mq | 850 €/mq | 730 €/mq | -14% | 790 €/mq | -7% |
| Costo a p.a. | 28.800 €/p.a. | 24.600 €/p.a. | -14% | 26.600 €/p.a. | -7% |

Tabella 1. Indicatori di costo programmato, appaltato e reale. Dato nazionale.

Se si confrontano i costi a metro quadro e a posto alloggio, in relazione alla localizzazione geografica, vengono evidenziate ulteriori differenze.

Per quanto riguarda i costi a metro quadro, nel nord Italia (tabella 2) si registra un costo programmato più elevato rispetto a quello nazionale (+4% circa); i costi di appalto e di esecuzione risultano, invece, molto simili. Rispetto al costo programmato quello finale è inferiore a quello (-8% circa) mentre è superiore a quello appaltato (+12%). Da segnalare la percentuale media di ribasso aggiudicata in sede di gara di appalto molto elevata e pari a circa il 18%.

In relazione ai costi a posto alloggio, invece, tutti e tre i valori risultano molto più alti (tra il 15% e il 20% circa) rispetto alla media nazionale, indice di un rapporto superficie/posti alloggio più alto.

La lettura dei costi a metro quadro relativi al centro Italia (tabella 3) rivela immediatamente come i costi di programmazione, di appalto e di realizzazione siano nettamente inferiori rispetto alla media nazionale. I costi finali, inoltre, risultano molto simili a quelli programmati (-3% circa) ma superiori a quelli appaltati (+7% circa).

La differenziazione tra centro e nord Italia è ancora più netta: i costi programmati al centro, infatti, hanno subito ribassi inferiori in sede di affidamento dei lavori (quasi la metà), così come i costi finali risultano più bassi di oltre il 20%.

|  | Costo programmato | Costo appaltato | Variazione (progr./appaltato) | Costo reale | Variazione (progr./reale) |
|---|---|---|---|---|---|
| Costo a mq | 880 €/mq | 720 €/mq | -18% | 810 €/mq | -8% |
| Costo a p.a. | 34.750 €/p.a. | 28.315 €/p.a. | -18% | 31.960 €/p.a. | -8% |

Tabella 2. Indicatori di costo programmato, appaltato e reale. Nord Italia.

Per i costi a posto alloggio la forbice è maggiore; al centro Italia, infatti, gli interventi hanno previsto costi di programmazione, aggiudicazione e finali inferiori rispetto a quelli nazionali (-30% circa) e a quelli del nord Italia (-45% circa).

Tale netta differenziazione è dovuta essenzialmente alla tipologia edilizia degli edifici su cui sono stati programmati e realizzati gli interventi di recupero: costi a posto alloggio così ridotti, infatti, indicano un uso intensivo della struttura, con aree comuni e spazi a queste riservate dimensionalmente al limite delle prescrizioni normative[5].

|  | Costo programmato | Costo appaltato | Variazione (progr./appaltato) | Costo reale | Variazione (progr./reale) |
|---|---|---|---|---|---|
| Costo a mq | 650 €/mq | 580 €/mq | -10% | 630 €/mq | -3% |
| Costo a p.a. | 18.750 €/p.a. | 16.730 €/p.a. | -10% | 18.040 €/p.a. | -3% |

Tabella 3. Indicatori di costo programmato, appaltato e reale. Centro Italia.

Nel *sud Italia e nelle isole* (tabella 4), invece, i costi a metro quadro programmati sono superiori a quelli del nord Italia (+20% circa), e si confermano maggiori sia in sede di aggiudicazione dell'appalto (con ribassi medi del 13%) sia in sede di realizzazione.

I costi a posto alloggio risultano superiori a quelli nazionali (dal 11% al 13%), simili o leggermente inferiori a quelli del nord Italia ma nettamente superiori a quelli del centro (oltre il 60% in più per i costi finali).

|  | Costo programmato | Costo appaltato | Variazione (progr./appaltato) | Costo reale | Variazione (progr./reale) |
|---|---|---|---|---|---|
| Costo a mq | 1.020 €/mq | 890 €/mq | -13% | 925 €/mq | -9% |
| Costo a p.a. | 32.700 €/p.a. | 28.650 €/p.a. | -13% | 29.750 €/p.a. | -9% |

Tabella 4. Indicatori di costo programmato, appaltato e reale. Sud Italia e isole.

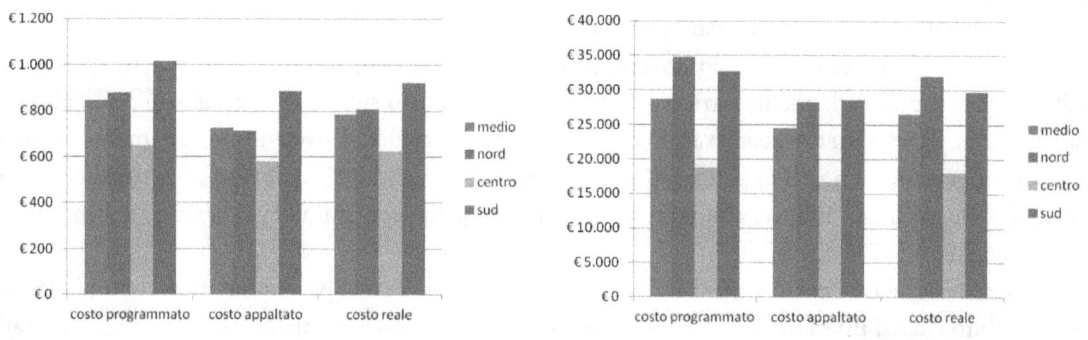

Figura 1. Confronti tra costi a mq (sinistra) e a posto alloggio (destra). Recupero edilizio.

### Interventi di nuova costruzione

Per gli interventi di nuova costruzione, a livello nazionale (tabella 5) emerge una sostanziale coincidenza

---

[5] Ai sensi del comma 1, lettera f) del D.M. 116/2001 e del comma 1, lettera e) del D.M. 42/2007 il rispetto degli standard è richiesto per gli interventi di recupero, ristrutturazione edilizia ed urbanistica, restauro, risanamento (escluse le manutenzioni straordinarie, gli adeguamenti normativi e l'abbattimento delle barriere architettoniche), nuova costruzione e ampliamento ed acquisto.

tra costo finale (leggermente superiore di un 4%) e costo programmato; anche in questo caso tale similitudine indica che le operazioni di programmazione sono state eseguite correttamente.

Il costo in fase di aggiudicazione dell'appalto risulta inferiore a quello previsto (-15%).

Tale percentuale non è elevatissima rispetto alle percentuali di ribassi applicate negli ultimi anni in molte procedure di appalto dei lavori, ma bisogna considerare che molti degli interventi analizzati sono stati appaltati tra il 2006 e il 2008, in un periodo in cui i ribassi medi offerti in sede di aggiudicazione si aggiravano intorno al 10-15% [Piferi, 2014].

Anche in questo caso la sostanziale coincidenza tra costo programmato e costo reale dimostra che in fase di esecuzione la stazione appaltante ha dovuto reinvestire quasi per intero l'importo derivante dall'affidamento dei lavori.

|  | Costo programmato | Costo appaltato | Variazione (progr./appaltato) | Costo reale | Variazione (progr./reale) |
|---|---|---|---|---|---|
| Costo a mq | 1.030 €/mq | 870 €/mq | -15% | 1.070 €/mq | +4% |
| Costo a p.a. | 63.270 €/p.a. | 54.215 €/p.a. | -15% | 65.890 €/p.a. | +4% |

Tabella 5. Indicatori di costo programmato, appaltato e reale. Dato nazionale.

Il confronto tra localizzazione geografica e tra costo a metro quadro e costo a posto alloggio evidenzia, anche per le nuove costruzioni, differenze significative.

I costi a metro quadro previsti in fase di programmazione nel *nord Italia* (tabella 6) risultano praticamente identici (-1% circa) alla media nazionale. I costi appaltati risultano inferiori (-7% circa), mentre quelli finali sono leggermente più alti (+2%). I costi finali, inoltre, sono superiori rispetto a quelli iniziali (+7%) e a quelli appaltati (+35% circa).

Da ciò si desume che i ribassi ottenuti in sede di aggiudicazione, sono stati totalmente assorbiti dagli incrementi definiti dalle varianti in corso d'opera, e che le stazioni appaltanti hanno dovuto far ricorso a risorse non preventivate.

A tale proposito occorre ricordare che per gli interventi ammessi al cofinanziamento statale ai sensi della Legge n. 338/2000, la normativa prevede la rideterminazione percentuale del cofinanziamento statale a seguito dell'aggiudicazione dei lavori (con importi inferiori rispetto a quelli previsti in sede di richiesta di cofinanziamento) e la non ammissibilità del finanziamento di spese sostenute a seguito di perizie di variante in corso d'opera[6].

Rispetto al dato nazionale, i costi a posto alloggio programmati sono nettamente inferiori (-24%), così come quelli appaltati (-29%) e quelli finali (-22%).

|  | Costo programmato | Costo appaltato | Variazione (progr./appaltato) | Costo reale | Variazione (progr./reale) |
|---|---|---|---|---|---|
| Costo a mq | 1.020 €/mq | 810 €/mq | -20% | 1.090 €/mq | +7% |
| Costo a p.a | 47.950 €/p.a | 38.120 €/p.a. | -20% | 51.200 €/p.a. | +7% |

Tabella 6. Indicatori di costo programmato, appaltato e reale. Nord Italia.

---

[6] Il risparmio a seguito dell'appalto dei lavori viene riassorbito dallo Stato in relazione alla percentuale di cofinanziamento assegnato. Per quanto concerne le varianti in corso d'opera, il D.M. 26/2011, art 3, comma 3, contrariamente ai precedenti, prevede la possibilità di richiedere il cofinanziamento comprensivo di una quota massima del 10% quale copertura di eventuali imprevisti.

Per quanto riguarda il *centro Italia* (tabella 7) si registrano costi a metro quadro definiti in fase di programmazione (5% circa), costi appaltati (15%) e finali (10%), più elevati rispetto a quelli nazionali. Rispetto al nord Italia i costi di programmazione, di appalto e finali sono più alti; mentre i costi di appalto si discostano notevolmente (+24%), la forbice rispetto a quelli programmati e finali è più ridotta (rispettivamente +6% e +7%). Nel centro Italia si registra inoltre una differenza tra costi programmati ed appaltati pari a circa il 7%; il costo finale è incrementato rispetto a quello appaltato (+17%) e a quello programmato (+9% circa). Per quanto concerne i costi a posto alloggio i costi programmati, appaltati e finali sono più alti di quelli a carattere nazionale, con incrementi che variano dal 25% ad oltre il 35%. La differenza tra costo a metro quadro e costo a posto alloggio è presumibilmente legata alla tipologia edilizia scelta.

|  | Costo programmato | Costo appaltato | Variazione (progr./appaltato) | Costo reale | Variazione (progr./reale) |
|---|---|---|---|---|---|
| Costo a mq | 1.080 €/mq | 1.000 €/mq | -7% | 1.170 €/mq | +9% |
| Costo a p.a. | 79.260 €/p.a. | 74.000 €/p.a. | -7% | 86.000 €/p.a. | +9% |

Tabella 7. Indicatori di costo programmato, appaltato e reale. Centro Italia.

Il *sud Italia e le isole* (tabella 8) presentano invece costi di programmazione sia a metro quadro che a posto alloggio leggermente inferiori rispetto alla media nazionale. Per i costi a metro quadro si arriva al 7% in decremento, mentre per i costi a posto alloggio a circa l'1%. Analogo ragionamento riguarda il costo finale dei lavori a metro quadro e a posto alloggio (-8% circa). I costi appaltati presentano forbici simili: -7% sia per i costi a metro quadro che per quelli a posto alloggio. Rispetto al nord Italia i costi programmati e appaltati sono simili, mentre quelli finali risultano leggermente inferiori (-11%). Rispetto al centro Italia i costi programmati sono inferiori (-7%), così come quelli appaltati e finali che però hanno scostamenti ancora maggiori (dal 17% al 19% in decremento). Da notare che in sede di affidamento i lavori risultano appaltati con ribassi considerevoli (-19% circa) e che il costo finale è stato di poco inferiore a quello programmato (-3%), confermando, anche in questo caso, l'avvenuto riassorbimento del risparmio ottenuto in sede di affidamento dei lavori.

|  | Costo programmato | Costo appaltato | Variazione (progr./appaltato) | Costo reale | Variazione (progr./reale) |
|---|---|---|---|---|---|
| Costo a mq | 1.000 €/mq | 805 €/mq | -19% | 965 €/mq | -3% |
| Costo a p.a. | 62.630 €/p.a. | 50.530 €/p.a. | -19% | 60.590 €/p.a. | -3% |

Tabella 8. Indicatori di costo programmato, appaltato e reale. Sud Italia.

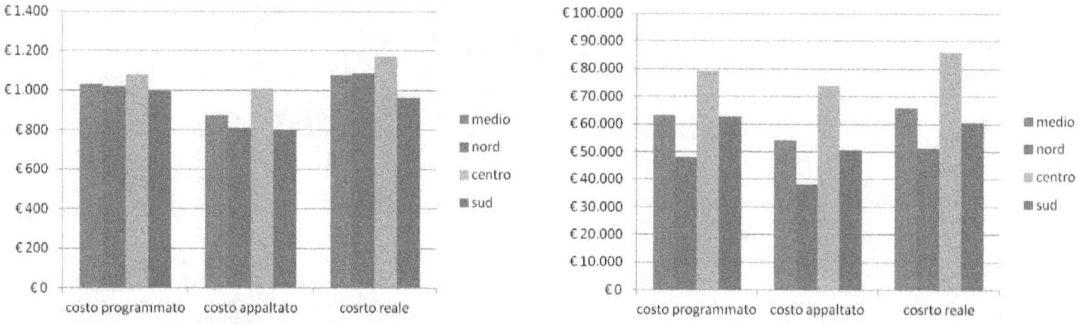

Figura 2. Confronti tra costi a mq (sinistra) e a posto alloggio (destra). Nuova costruzione.

## Tipologie edilizie

Per quanto riguarda la specifica tipologia edilizia, sono stati analizzati 67 interventi di cui 35 tipologie alberghiere, 14 mini alloggi, 8 nuclei integrati e 10 miste.

Sono stati esclusi dall'analisi gli interventi di recupero edilizio per i quali non era possibile una individuare una precisa tipologia edilizia[7] e gli interventi per i quali non è stato possibile estrapolare il costo dei lavori dal costo complessivo dell'intervento.

Anche per le tipologie edilizie sono stati confrontati costi programmati, appaltati e finali.

Per la tipologia *alberghiera* (tabella 9) i costi finali risultano simili ai costi programmati (-4%) a dimostrazione del fatto che si tratta di una tipologia "conosciuta" sia dai promotori degli interventi, che dalle stesse imprese appaltatrici, le quali si sono aggiudicate le gare con ribassi relativamente contenuti (-12%), anche in questo caso, però, riassorbiti quasi completamente in fase di esecuzione.

|  | Costo programmato | Costo appaltato | Variazione (progr./appaltato) | Costo reale | Variazione (progr./reale) |
|---|---|---|---|---|---|
| Costo a mq | 1.180 €/mq | 1.050 €/mq | -12% | 1.130 €/mq | -4% |
| Costo a p.a. | 51.300 €/p.a. | 44.120 €/p.a. | -12% | 49.350 €/p.a. | -4% |

Tabella 9. Indicatori di costo programmato, appaltato e reale. Tipologia alberghiera.

I dati raccolti indicano che la tipologia a *mini alloggi* (tabella 10), sebbene appaia più "conveniente" rispetto alla tipologia ad albergo in relazione al costo finale a metro quadro (-13% circa), risulta invece più costosa in rapporto ai posti alloggio (+25%). Per questa tipologia i lavori sono stati affidati con ribassi medi dell'17%; tali ribassi sono stati completamente riassorbiti a seguito di perizie di variante in corso d'opera, ottenendo un costo finale pressoché identico a quello programmato (+2%) ma nettamente superiore a quello appaltato (quasi il 25%).

|  | Costo programmato | Costo appaltato | Variazione (progr./appaltato) | Costo reale | Variazione (progr./reale) |
|---|---|---|---|---|---|
| Costo a mq | 960 €/mq | 790 €/mq | -17% | 980 €/mq | +2% |
| Costo a p.a. | 60.480 €/p.a. | 44.120 €/p.a. | -17% | 61.710 €/p.a. | +2% |

Tabella 10. Indicatori di costo programmato, appaltato e reale. Tipologia a mini alloggi.

Per quanto riguarda la tipologia a *nuclei integrati* (tabella 11), rispetto alla tipologia ad albergo, il costo finale a metro quadro risulta inferiore di circa un 15% mentre il costo a posto alloggio risulta maggiore di oltre un 10%, e rispetto alla tipologia a mini alloggio i costi a metro quadro sono molto simili, mentre i costi a posto alloggio risultano sensibilmente inferiori (-10% circa).

Mediamente i lavori sono stati affidati con ribassi intorno al 20% e il costo finale ha presentato incrementi dell'8%, recuperando, durante l'esecuzione, l'intero importo guadagnato in sede di appalto

|  | Costo programmato | Costo appaltato | Variazione (progr./appaltato) | Costo reale | Variazione (progr./reale) |
|---|---|---|---|---|---|
| Costo a mq | 900 €/mq | 720 €/mq | -20% | 970 €/mq | +8% |
| Costo a p.a. | 51.230 €/p.a. | 41.000 €/p.a. | -20% | 55.220 €/p.a. | +8% |

Tabella 11. Indicatori di costo programmato, appaltato e reale. Tipologia a nuclei integrati.

---

[7] Le tipologie edilizie sono individuate all'interno del punto 2, allegato B ai DD.MM. 118/2001 e 43/2007, e del punto 3, allegato A al D.M. 27/2011.

e incrementando i costi programmati (+8% circa), che evidenziano come la realizzazione di edifici di questa tipologia edilizia sia stata apparentemente più complessa da controllare rispetto a quella più tradizionale ad albergo.

Per la tipologia *mista* (tabella 12) i costi a metro quadro programmati, appaltati e finali (tranne per i costi appaltati della tipologia alberghiera) sono più alti rispetto alle altre tipologie edilizie (circa +4% rispetto a quella alberghiera, +30% rispetto a quella a mini alloggio e +40% rispetto a quella a nuclei integrati), mentre i costi a posto alloggio finali sono simili a quello della tipologia a nuclei integrati, inferiori (-10% circa) rispetto alle tipologie a mini alloggio e superiori alla tipologia alberghiera (+15% circa).

Mediamente i lavori sono stati affidati con percentuali di ribasso simili alle altre tipologie (-20% circa) mentre per il costo finale si registrano incrementi intorno al 20% rispetto ai costi di appalto, recuperando, nella fase di costruzione, tutto il guadagno accantonato, e decrementi (-6%) rispetto a quelli programmati.

|  | Costo programmato | Costo appaltato | Variazione (progr./appaltato) | Costo reale | Variazione (progr./reale) |
|---|---|---|---|---|---|
| Costo a mq | 1.245 €/mq | 990 €/mq | -20% | 1.170 €/mq | -6% |
| Costo a p.a. | 58.830 €/p.a. | 46.750 €/p.a. | -20% | 55.160 €/p.a. | -6% |

Tabella 12. Indicatori di costo programmato, appaltato e reale. Tipologia mista.

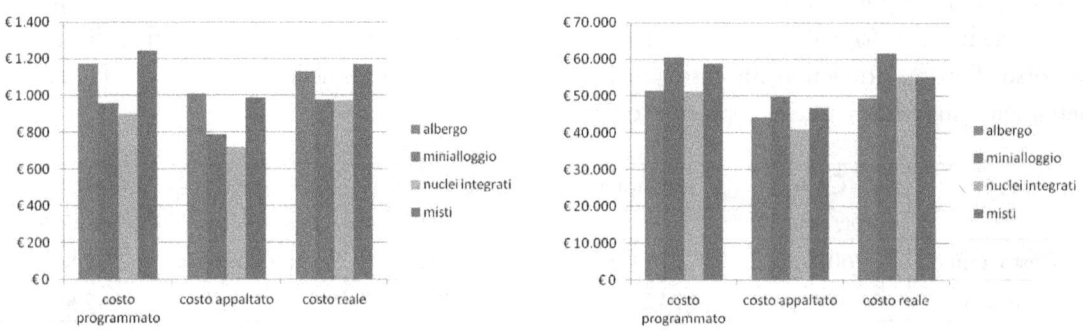

Figura 3. Confronti tra costi a mq (a sinistra) e a posto alloggio (a destra) per diverse tipologie edilizie.

## Conclusioni

Il monitoraggio dei costi di realizzazione delle residenze per studenti universitari ha fornito un considerevole quantitativo di numeri e dati che si possono prestare a molteplici interpretazioni.

Prima breve considerazione riguarda le forbici riscontrabili tra costi programmati e appaltati e tra costi appaltati e reali, a seguito dei ribassi, spesso molto elevati, ottenuti dalle stazioni appaltanti. Questi dati confermano come la predisposizione del bando di gara ed il successivo affidamento dei lavori, rappresentino fasi cruciali all'interno del processo edilizio, dalle quali non si può assolutamente prescindere, se si vuole evitare di trovarsi, in fase di esecuzione, di fronte a problematiche difficilmente districabili se non a seguito di incrementi economici (e temporali) oramai inammissibili.

La problematica inerente al mancato rispetto dei costi di costruzione di un'opera pubblica, infatti, appare sempre più, all'interno del processo edilizio, come una costante ineludibile.

Si è oramai portati a considerare gli incrementi economici durante la fase esecutiva dei lavori come degli "inevitabili compromessi" a cui gli operatori coinvolti devono sottostare pur di vedere l'opera completata e messa in esercizio. Indipendentemente dagli "imprevisti" considerati in fase di programmazione degli interventi, il rispetto del costo d'appalto è ritenuto praticamente impossibile (e di questa impossibilità gli operatori appaiono consapevoli fin dalla fase di programmazione) nonostante sia oramai evidente come l'attenzione ai parametri economici definiti, in aggiunta alla qualità edilizia, alla sapienza strutturale e alle conoscenze tecnologiche, contribuiscano in maniera decisiva al raggiungimento della qualità finale dell'opera o addirittura all'effettiva fattibilità dell'intervento.

Le motivazioni di tali inaffidabilità procedurali sono però molteplici e articolate. Se le cause di tali scostamenti economici possono essere imputate quasi sempre alle perizie di variante che vengono introdotte durante l'esecuzione dei lavori (a volte anche prima dell'inizio degli stessi), non sempre è chiaro su chi far ricadere le responsabilità di tali variazioni. Tutti gli operatori del processo edilizio sembrano infatti parimenti "colpevoli": stazioni appaltanti, progettisti ed imprese appaltatrici sono responsabili spesso in egual misura.

Per una corretta individuazione delle criticità che hanno portato, durante l'esecuzione dei lavori, a scostamenti economici in alcuni casi molto elevati, tra quanto programmato, appaltato ed effettivamente speso andrebbero analizzate approfonditamente, infatti, anche tutte le fasi a monte del processo, ovvero quelle riguardanti la programmazione, la progettazione e la predisposizione della gara d'appalto, includendo in questa ultima fase tutte le problematiche connesse alla tipologia di gara, ai ribassi ottenuti in sede di aggiudicazione, ai rapporti tra stazione appaltante e impresa, ecc.

Inoltre, senza volersi addentrare troppo nello specifico, i dati raccolti ed analizzati ci dicono che il costo finale a metro quadro delle residenze per studenti universitari si avvicina molto agli indici di costruzione di riferimento per le differenti tipologie di intervento.

Se si confrontano i dati aggiornati con quelli del 2013, ovvero soltanto 3 anni fa [Piferi 2014] quando i costi, soprattutto per le nuove costruzioni, si distanziavano molto dagli stessi indici di riferimento, oggi gli stessi appaiono sensibilmente più bassi.

Mentre i circa 850 €/mq per gli interventi di recupero non si discostano molto dai costi già rilevati e appaiono ancora congrui, anche in relazione all'eterogeneità degli interventi monitorati, per la specifica tipologia di intervento, i circa 1.100 €/mq di media per nuove costruzioni si discostano molto dai 1.700 €/mq di media rilevati nel 2013 ma si avvicinano molto ai parametri di riferimento rilevati per interventi edilizi simili (ad esempio i social housing o le residenze per anziani).

Figura 4. Residenza universitaria Crociferi, Venezia.

L'assestamento dei costi verso parametri più consoni va sicuramente imputato al fatto che negli ultimi 3 anni è stato portato a compimento un numero considerevole di interventi che hanno avuto inizio in un periodo di forte crisi finanziaria e che sono stati caratterizzati da costi appaltati con ribassi quasi sempre compresi tra il 20% e il 30% (ma anche maggiori), ma anche da costi di programmazione più bassi. Mentre i costi al metro quadrato per le nuove costruzioni sono sensibilmente scesi (-30% circa), quelli a posto alloggio invece sono aumentati in percentuale (+15% circa).

Questa differenziazione è molto probabilmente dovuta ad un incremento, tra i progetti analizzati, degli interventi che presentano un maggior numero di aree funzionali di servizio e che prevedono tipologie edilizie caratterizzate da un rapporto superficie/posto alloggio più alto.

**Riferimenti bibliografici**

Del Nord R. (responsabile scientifico) [2011]. *Evoluzione delle procedure tecniche e finanziarie per la realizzazione di residenze universitari*. Rapporto di Ricerca, Dipartimento di Tecnologie dell'Architettura e Design "P. Spadolini", Università degli Studi di Firenze.

Del Nord R. (responsabile scientifico) [2015]. *Attività di supporto tecnico all'istruttoria delle richieste di cofinanziamento degli interventi per la realizzazione di alloggi e residenze universitarie ai sensi delle Leggi 338/00 e 388/00 (terzo bando) e monitoraggio degli interventi cofinanziati ai sensi del primo e secondo bando*, Rapporto di Ricerca, Dipartimento di Architettura DIDA, Università degli Studi di Firenze.

Piferi, C. [2014]. "Costi e tempi di realizzazione ai sensi della legge 338/2000", pp. 161-182, in Del Nord, R. *Il processo attuativo del piano nazionale di interventi per la realizzazione di residenze universitarie*, edifir, Firenze.

Utica, G. [2011]. La stima sintetica del costo di costruzione, Hoepli, Milano.

DD.MM. n. 116/2001, 42/2007, 26/2011. *Procedure e modalità per la presentazione dei progetti e per l'erogazione dei finanziamenti relativi agli interventi per alloggi e residenze per studenti universitari di cui alla Legge 14 novembre 2000 n. 338*.

DD.MM. n. 118/2001, n. 43/2007, 27/2011. *Standard minimi dimensionali e qualitativi e linee guida relative ai parametri tecnici ed economici concernenti la realizzazione di alloggi e residenze per studenti universitari di cui alla Legge 14 novembre 2000 n. 338*.

http://edifin.miur.it

http://dati.istat.it

# UN APPROCCIO MODULARE E INTEGRATO PER L'ESECUZIONE DI OPERAZIONI COMPLESSE DI SVILUPPO EDILIZIO E GESTIONE IMMOBILIARE: IL CASO DELLE RESIDENZE UNIVERSITARIE DEL POLITECNICO DI MILANO

**Francesco Vitola**
Politecnico di Milano, Area Tecnico Edilizia - SDA- Bocconi, PREM Lab
**Remo Dalla Longa**
SDA- Bocconi, PREM Lab
**Ciro Pisano**
SDA- Bocconi, PREM Lab

**Parole chiave**
Partenariato pubblico privato, gestione immobiliare

*Abstract*
*Projects of development and public real estate management, such as university residences, can be attributed among the so called "complex operations", and represent the present and the near future of the national works and public services. Analyzing the data relating to both current spending and capital expenditure in the public works and services, we see how the "capex" has been reduced in half during the last economic crisis, while the current spending, contrary to all expectations, is constantly rising.*

*A deep analysis about the sustainability of public works is required, both if they are made entirely with public funding or even if they are supported through innovative public-private partnership models. Starting from these considerations, the strategic planning is called to outline models for the execution of complex operations that should place the emphasis on the complete life cycle of the building and not only on the design and construction phases. As a matter of fact, design & construction assume in this scenario an ancillary role compared to the primary goal of sustainability. Consequently, the necessary actions to implement the strategy must be able to tie together the typical targets of project management, such as the respect of the time for the execution, estimated costs and the desired quality in terms of architecture, completed builds and services provided, and above all the compliance with the objectives of sustainability.*

*Therefore, the preferable choice will be a contractual formula through which the private operator takes responsibility not only of the construction risk, but also about the availability risk and, in some cases about the market risk. Taking advantage of the considerable possibilities offered to public entities such universities by the new EU Directives on public contract and concessions, the new public management should adopt procedural solutions that allow, not only to identify the best contractor but to create a partnership that is able to support the client through the entire life of the complex operations. In addition, contracts with the successful contactor should be modulated as a function of several variables, endogenous and exogenous (offer/demand of accommodation places), which could affect the sustainability of the initial investment. The challenge for the new public committee should be found in the assumption of the concept of partnership: while a service can be purchased, the partnership relation should be built.*

**Premessa**
La realizzazione di residenze universitarie ha rappresentato, e rappresenta ancora tutt'oggi, un ambito operativo "nuovo" per le università. Le residenze infatti, a differenza dei laboratori, degli uffici e delle aule per la didattica, non sono mai state storicamente considerate come parte integrante delle infrastrutture universitarie. Lo stesso processo dell'ospitalità rispetto al quale le residenze sono strumentali, non era, e ancora oggi non è, contemplato tra i processi "core" dell'università, da sempre focalizzati sulla didattica e la ricerca. Questa rappresenta una visione arretrata e riduttiva rispetto a una globalizzazione in cui la ricerca, la produzione di conoscenza, lo sviluppo di innovazioni e tecnologie richiedono sempre più attrattività, anche internazionale.

Come documentato da nuovi approcci ed analisi che hanno origine nella prima parte di questo secolo (Florida, 2002, 2005a, 2005b, ma anche in senso più lato Amin-Thrift, 2001 e prima ancora Porter, 2001), l'attrattività globale di imprenditori, erogatori e fruitori del sapere, e quindi l'accrescimento del vantaggio competitivo per la didattica, passa attraverso un'organicità e un'integrazione sistemica e creativa tra i luoghi di erogazione del sapere, i luoghi di ricezione e di soggiorno. Il processo di globalizzazione dei mercati, la caduta di molti dei confini – alcuni non solo metaforici – che avevano in precedenza caratterizzato le università e incentrato sulla uniformazione più che sulla differenziazione, e la diffusione di un sistema globale di comparazione non più solo basato sui temi della didattica e della ricerca, ha in parte spinto i governi e gli atenei a seguire, a riconsiderare le proprie posizioni in tema di ospitalità, individuando quest'ultima come attività funzionale per innalzare il livello di attrattività delle singole istituzioni universitarie in una prospettiva di internazionalizzazione.

In tale logica strategica deve essere letta la Legge 338 che ha portato a realizzare circa un miliardo di euro [Catalano, 2013] di investimenti per la realizzazione di residenze universitarie. Una legge la cui efficacia si è dovuta spesso misurare rispetto alle deficienze del sistema dei contratti pubblici e, a volte, dall'inadeguatezza degli operatori della filiera del mondo delle costruzioni chiamato a dare concretezza alle iniziative cofinanziate.

**Verso un nuovo paradigma per l'opera pubblica**
L'approccio alle opere pubbliche è andato, negli ultimi vent'anni, notevolmente modificandosi, evolvendo verso una nuova cultura riconducibile al public real estate management. Tale innovazione considera il patrimonio immobiliare come un elemento economico strategico inserito in un proprio ciclo di vita e al cui interno devono essere organizzati gli apporti (di risorse, di conoscenza, del "saper fare") guidati da logiche integrate tipiche del project management. La centralità un tempo ricoperta dalle fasi iniziali del processo edilizio, ha progressivamente ceduto il passo ad una visione più amplia, estesa all'intero ciclo di vita dell'opera. In precedenza la cultura esclusiva era di una progettazione strumentale alla sola costruzione, ovvero alla fase del processo edilizio che si riteneva assorbisse le maggiori risorse economiche.

Il binomio ritenuto fondamentale per la realizzazione di un'opera di qualità vedeva l'attuarsi di un dialogo virtuoso tra l'architetto, sintetizzatore delle esigenze del committente e promotore della sperimentazione tecnologica, e il costruttore, ovvero il detentore della "cultura del fare" [Periccioli, 2010]. Complice anche la cattiva progettazione, la scarsa qualità delle opere realizzate e, al contempo, la maggiore selettività di un utente finale sempre più esigente, oltre che una maggiore consapevolezza diffusa circa la restante – e più lunga e onerosa [Tronconi, 2010] – parte del ciclo di vita dell'opera, da circa un decennio la gestione immobiliare è stata riconsiderata dagli operatori di mercato.

Oggi è possibile definire un nuovo paradigma cui le opere pubbliche dovranno sempre più rifarsi: la sostenibilità nel tempo. Il termine "sostenibilità" è la sintesi di diverse culture: quella economico-finanziaria, quella tecnica, quella ambientale e ancora quella sociale, procedurale e amministrativa.

Tale nuova visione comporta una rivalutazione di alcune fasi del processo edilizio in precedenza sottovalutate quale le analisi di fattibilità e la progettazione della gestione dell'opera[1]. In questo nuovo paradigma il dialogo sarà non più tra due, bensì tra quattro soggetti: il committente, il progettista, il costruttore e il gestore immobiliare. L'accresciuta complessità di mezzi, risorse e culture che nell'opera pubblica trovano sintesi, fanno ritenere che i processi di produzione che portano alla realizzazione della stessa siano annoverabili tra i progetti complessi. In virtù di ciò, la necessità che tali progetti siano governati da un project manager atipico [Paganin et al, 2015], unico per tutte le fasi dalla pianificazione alla gestione immobiliare, individuato dalla normativa sui lavori pubblici, già dalla Legge quadro del '94, nel responsabile unico del procedimento. L'opera pubblica, intesa come manufatto per la cui realizzazione e gestione è necessario l'impiego di risorse pubbliche, è stata storicamente trattata dalle stazioni appaltanti con un approccio settoriale: fino al 2006, la progettazione e la costruzione sono state oggetto di norme ad hoc, diverse da quelle per i servizi e le forniture.

La prassi diffusa prevedeva, e prevede tutt'ora: l'affidamento della progettazione in parte all'interno e in parte all'esterno della stazione appaltante[2]; l'affidamento dei lavori a operatori economici qualificati su criteri che non comprendevano valutazioni reputazionali ex post dei committenti pubblici; l'affidamento degli arredi e allestimenti ad operatori economici diversi dal costruttore e dal gestore immobiliare, spesso chiamati a formulare offerta in assenza di progetti dettagliati; la direzione lavori e i collaudi tipicamente affidati all'interno della pubblica amministrazione anche in barba ai necessari requisiti di terzietà; la gestione immobiliare frammentata attraverso appalti di servizi, contratti di fornitura (in special modo per energia e utenze) e lavori di manutenzione (la maggior parte dei quali realizzati secondo la formula dei lavori in economia).

Con l'avvento della Direttiva 2004/18/CE del 31 marzo 2004, e conseguentemente con il Codice De Lise, si è concretizzata, almeno a livello normativo, una spinta verso un approccio integrato di lavori, forniture e servizi. Salvo però alcuni casi[3] tale integrazione non si è poi trasposta sul piano contrattuale nè si è diffusa come prassi ricorrente, dimostrando l'assenza di una visione unitaria. L'assenza dell'integrazione fa sì che prevalgano gli obiettivi dei singoli process owner interessati ad una specifica fase del progetto rispetto quelli più complessi e di più amplia durata di cui è responsabile il project manager dell'opera pubblica.

L'atipicità di quest'ultimo [Vitola et al, 2015] risiede proprio nel fatto che, a differenza del classico project manager, è chiamato a presidiare obiettivi di più lungo periodo, che non si limitano ai tempi e costi di realizzazione o alla qualità attesa, bensì abbracciano la sfera della sostenibilità.

A tale asincronia tra gli obiettivi si aggiunge inoltre il fatto che la norma[4], laddove tratta l'appalto di lavori, predilige un modello che con il tempo si è potuto riscontrare poco performante[5] e basato sul

---

[1] Da declinarsi in termini di requisiti di manutenibilità, durabilità, comportamento energetico, fruibilità e utilizzo e di caratteristiche dei servizi che dovranno essere erogati all'interno dell'opera.

[2] Il report [OICE, 2015], stima che circa il 75% dei servizi di ingegneria sia affidato in house da parte delle pubbliche amministrazioni e circa 1/3 degli stessi riguardi la progettazione.

[3] Il riferimento è al modello "codificato" dalla normativa sui contratti pubblici della concessione di costruzione e gestione.

[4] Il riferimento è sia alla L. 109/94 che al D.Lgs. 163/2006.

[5] L'Autorità per la vigilanza sui contratti pubblici nelle proprie relazioni al parlamento del 2011 (da pagina 42 e 2013 (pag. 103), afferma che circa nel 73% degli appalti di lavori si verifica almeno una variante che compromette i tempi di realizzazione e determina un incremento dei costi. Tale percentuale si riduce (circa al 40%) laddove sono tra loro combinati l'appalto di progettazione e costruzione e la procedura ristretta aggiudicata secondo il criterio dell'offerta economicamente più vantaggiosa. Di contro, il ricorso alla variante in corso d'opera si approssimerebbe al valore del 73% dei casi laddove si preveda l'affidamento, mediante procedura aperta da aggiudicarsi con il criterio del massimo ribasso, di un appalto di sola costruzione. Quest'ultima combinazione di oggetto dell'appalto, procedura di affidamento e criterio di aggiudicazione, è comunque quella maggiormente codificata dal D.Lgs. 163/2006 e maggiormente impiegata a livello nazionale (sempre secondo i dati AVCP la cui fonte è sopra citata).

connubio di appalto di sola costruzione, affidato mediante procedura aperta e aggiudicato secondo il criterio del massimo ribasso.

Oltre l'assenza di un approccio integrato, la normativa e la prassi nazionale in tema di opere pubbliche è afflitta anche da altre problematiche. La prima riguarda il presupposto su cui si basa tutta la normativa dal '94 ad oggi, ossia la sussistenza di un progetto esecutivo perfetto.

Tale elevato grado di rigidità, inserito in un modello, quello dell'appalto di sola costruzione, altrettanto rigido, e il ricorso "massivo" al criterio del massimo ribasso, ha comportato un frequente ricorso alla variante in corso d'opera (circa nel 73% degli appalti) oltre che ad un elevato contenzioso nell'esecuzione del contratto. La seconda criticità riguarda il sistema dei controlli qualità, siano essi relativi alla progettazione che alla costruzione, nella maggior parte dei casi formali e non sostanziali. La terza criticità, intimamente correlata alla prima, riguarda i tempi di realizzazione delle opere pubbliche. A titolo esemplificativo, per opere di piccola dimensione, i tempi di realizzazione hanno un incremento medio del 50%[6].

Tali criticità nella fase di realizzazione, determina la circostanza per cui le opere, una volta ultimate, si rivelino addirittura "inadeguate" a causa del mutamento delle necessità del territorio intervenute nel frattempo [Lauria, 2012]. Non è da sottovalutare che, mediamente, opere pubbliche di valore economico compreso tra i 5 e i 10 milioni di euro, richiedono circa 8 anni per essere realizzate e che circa il 50% del tempo è ricondotto ai processi antecedenti l'affidamento [DSCE, 2014]. Ovviamente tale lasso di tempo è solo in minima parte dedicato alla progettazione mentre per il restante è impiegato per attività strumentali all'avvio delle operazioni e che, per loro natura, risultano essere molto dispersive. Infine, ma non per ultimo in termini di importanza, è l'impatto che la normativa e la burocrazia hanno sui tempi dei processi di realizzazione di opere pubbliche. Secondo un recente studio[7] tale aspetto è considerato anche una delle problematiche alle quali sono più sensibili gli investitori internazionali. A tale riguardo non va sottovalutata l'incertezza che dall'entrata in vigore della Legge Merloni gravita sull'ambito dei contatti pubblici[8] e che il nuovo codice dei contratti sembrerebbe addirittura accentuare. Ulteriore aspetto che concorre a determinare la scarsa efficacia ed efficienza del processo di realizzazione dell'opera pubblica è dato dalla qualificazione degli operatori di mercato. Le committenze pubbliche sono poco attrattive per talenti e soggetti di alto profilo tecnico, mentre divengono spesso la meta di ripiego di professionisti mancati. Non è da sottovalutare che gli uffici tecnici delle stazioni appaltanti sono chiamati a ricoprire un ruolo nevralgico nella realizzazione delle opere pubbliche, presidiando processi rispetto ai quali da sempre la normativa nazionale conferisce loro una sostanziale esclusiva [Vitola et al, 2016]. A livello di offerta il sistema di qualificazione attuato attraverso le SOA, e che ha soppiantato il vecchio Albo Nazionale dei Costruttori istituito nel '62, ha mostrato dal '94 ad oggi tutti i suoi limiti. Più che il sistema di qualificazione in sé, certamente non orientato al miglioramento continuo ed estraneo a concetti quali aspetti reputazionali e performance, pesa la mancata internazionalizzazione che, su spinta comunitaria, si sarebbe dovuta attuare a livello di Stati membri dell'Unione[9].

L'internazionalizzazione mancata ha portato gli operatori nazionali a non beneficiare del confronto virtuoso con altre realtà europee. Il risultato è stato un consolidarsi di prassi operative che vedono

---

[6] Fonte Autorità per la vigilanza sui contratti pubblici, relazione al parlamento anno 2011, Appendice A.

[7] [WEF, 2016] (Box 3, http://reports.weforum.org - ultimo accesso 30.06.2016), secondo il quale nelle economie avanzate, l'inefficienza della burocrazia dello Stato è percepita dagli investitori quale maggiore deterrente per gli investimenti.

[8] Il Codice De Lise, in vigore durante il periodo dell'entrata in vigore del D.M. 42 del 22 maggio 2007 e del D.M. 26 dell'11 febbraio 2011, è stato modificato 597 volte, solo 114 articoli di 273 non hanno mai subito modifiche e, fino al 17 aprile 2016 solo il 42% degli articoli conservava il testo originario (fonte www.appaltiecontratti.it, 29 giugno 2016).

[9] [CE, 2011] afferma che "Secondo studi recenti, soltanto l'1,6% degli appalti pubblici viene aggiudicato a operatori di altri Stati membri".

un'offerta incapace di operare in contratti con obbligazioni di risultato [AVCP, 2011], sovente incline al contenzioso e, nella maggior parte dei casi, incapace di gestire formule contrattuali evolute basate sulla partnership. Tali caratteristiche della domanda e dell'offerta sono ben sintetizzate nel contenzioso contrattuale che, di fatto, rappresenta uno dei sintomi più marcati di una patologia di sistema e dove la pubblica amministrazione risulta soccombente nella quasi totalità dei casi[10].

**La sostenibilità delle residenze universitarie**
Prima di avviare un'operazione complessa avente ad oggetto la realizzazione di una o più residenze universitarie è necessario condurre ex ante un'analisi di fattibilità che consenta di definire la migliore combinazione possibile tra localizzazione dell'intervento, dimensione, forma di finanziamento, modello di gestione (property e facility management), oggetto del contratto, procedura di affidamento, criterio di aggiudicazione, tecniche per l'esecuzione del contratto.

La sistematizzazione delle diverse variabili consente di definire il modello di realizzazione dell'operazione: questo si attuerà attraverso le fasi di pianificazione, programmazione, progettazione, affidamento, costruzione e gestione, tipiche del processo edilizio, e potrà essere valorizzato in termini di costi definendo il costo del ciclo di vita, inteso come somma di tutti i costi diretti e indiretti dell'opera per la durata di vita. Il costo globale è l'unico parametro economico serio per valutare il costo reale di un'opera [Maggi, 1994].

Ovviamente, in relazione alle peculiarità di ciascuna operazione e in funzione dei diversi attori coinvolti, non è possibile definire un modello unico di riferimento: l'ente committente dovrà definire, e poi adottare, un modello dallo stesso praticabile in tutte le sue fasi, ponendo particolare attenzione all'obiettivo ultimo, la sostenibilità della residenza nel tempo, e presidiando i processi principali, e non delegabili, per l'attuazione dell'operazione, quali quelli di pianificazione, di programmazione, di affidamento, di monitoraggio e controllo, e circondandosi delle migliori competenze e professionalità operanti sul mercato per dare seguito alle restanti attività di progettazione, costruzione, allestimento e gestione immobiliare.

La sostenibilità delle residenze universitarie è determinata dalla concorrenza di diversi fattori. Alcuni sono da ricondurre alla sfera progettuale e riguardano, ad esempio, la massimizzazione degli spazi a reddito, quali quelli per la funzione residenziale, rispetto gli spazi di supporto, di servizio e collettivi che, seppur non a reddito, incidono sulla qualità dell'abitare, oltre che l'impiego di soluzioni ad elevata prestazione energetica, le soluzioni compositive e funzionali, la scelta dei materiali e delle dotazioni di arredo, etc.. Altre riguardano la qualità del costruito e i tempi di realizzazione delle iniziative, soprattutto laddove le stesse necessitino, per la loro realizzazione, dell'immobilizzazione di capitali. Altre ancora riguardano la sostenibilità dei costi di gestione in relazione al livello, all'adeguatezza e alla qualità dei servizi erogati.

Non per ultimi gli aspetti legati all'attrattività della residenza per il mercato che, assieme alle tariffe e ai servizi offerti, concorre a determinare il tasso di riempimento. In termini di ospitalità, se confrontato con alcuni dei Paesi maggiormente rilevanti per qualità del sistema universitario e numero di studenti iscritti e fuori sede, il nostro Paese detiene un primato alquanto infelice offrendo posti alloggio a meno del 3% dei propri studenti, contro il 10% circa della Gran Bretagna, il 15% della Francia e circa l'11% della Germania[11]. Sul lato dell'offerta, seppur vero che l'Italia è uno tra gli ultimi Paesi comunitari per percentuale di studenti che alloggia in residenze per studenti[12], è anche vero che a fronte delle

---
[10] L'AVCP parla di una soccombenza compresa tra il 95% (anno 2012) e il 99,98% (anno 2010).
[11] Fonte MIUR 2012, rielaborazione Baratta A., anno 2015.
[12] L'Eurostudent Report Project del 2011 indica tale percentuale per l'Italia pari al 2%.

politiche di sviluppo del sistema universitario nazionale avviate verso fine secolo scorso, siamo oggi tra i Paesi europei con il più alto numero di studenti universitari che vivono in famiglia, a fronte di una scelta per la sede universitaria che, nell'80% dei casi, si concretizza all'interno della regione di residenza [Bellini et al, 2015].

Tale squilibrio, a cui alcuni autori e rappresentanti delle istituzioni riconducono anche l'insoddisfacente posizionamento degli Atenei italiani nei rankings internazionali [Iezzi et al, 2010], ha portato nel tempo i singoli operatori privati, spesso in forma non organizzata, a sostituirsi al vuoto creato nell'offerta da parte di operatori istituzionali e privati "strutturati", offrendo sul libero mercato soluzioni abitative nella maggior parte dei casi non idonee alle esigenze degli studenti universitari e con tariffe spesso elevate e sottratte all'erario. La carenza di posti alloggio e strutture edilizie dedicate all'ospitalità di studenti universitari ha portato le università maggiormente attente a tale fenomeno a dare seguito a soluzioni tampone, sottoscrivendo convenzioni con soggetti pubblici e privati. In tale contesto è nata la Legge 338 la quale ha innescato una competizione virtuosa, basata sulla progettualità, tra gli Atenei nazionali e i territori maggiormente attenti alla problematica dell'ospitalità. Uno dei presupposti della Legge 338 era che le nuove residenze universitarie fossero realizzate secondo standard quali-quantitativi comuni, il cui rispetto era vincolante non solo per l'ottenimento del cofinanziamento, ma anche per il mantenimento dello stesso nel tempo.

Tale aspetto ha fatto sì che l'incremento dell'offerta di posti alloggio avvenisse secondo standard qualitativi comuni e riconosciuti. Seppur i primi decreti attuativi del 2001 e del 2007, a differenza dei decreti del 2011, obbligassero i richiedenti il cofinanziamento alla presentazione di un piano di fattibilità economica delle iniziative, è pur vero che tale tema risultava secondario rispetto a altri aspetti quali il progetto e l'immediata cantierabilità dello stesso. Ma è proprio la sostenibilità della gestione delle residenze nel tempo la sfida per il futuro [Catalano, 2013], soprattutto oggi dove il mercato immobiliare è stato interessato da diversi shock.

Non sono infatti da sottovalutare gli effetti sull'offerta indotti dall'insieme degli interventi attuati grazie alla Legge 338: questi vanno oggi a sommarsi ad altre iniziative di operatori, sia pubblici che privati, realizzate in più vaste operazioni di housing sociale e alberghiero, quest'ultimo anche legato ai grandi eventi che hanno interessato il nostro Paese nel recente passato, oltre che a un invenduto residenziale che, a livello nazionale, si attesta attorno a 15,8 unità immobiliari ogni 1000 unità abitative presenti sul territorio nazionale [Scenari immobiliari, 2014]. A questi fattori si sommano inoltre gli scenari fiscali, con una tassazione sulla proprietà immobiliare tra le più basse d'Europa [MEF, 2015] e canoni di locazione agevolati per studenti in contrazione per importo [Osservatorio mercato immobiliare, 2016] del 3,5% per l'anno 2015 rispetto il 2014. Tali fattori tratteggiano un'offerta di posti alloggio in aumento per numero e in contrazione per importo, a fronte di una domanda non più robusta come un tempo. Dall'A.A. 2006-2007 all'A.A. 2014-2015 si è infatti assistito ad un decremento significativo, pari al 14% [MIUR, 2015], del numero di immatricolati nelle università italiane. A questo si aggiunge inoltre che, in termini di mobilità internazionale [ANVUR, 2016], dall'A.A. 2001-2002 all'A.A. 20013-2014, seppur la stessa sia più che raddoppiata, la bilancia tra studenti in entrata e in uscita si chiude in disavanzo di quasi il 50% degli studenti in entrata[13]. Gli interventi cofinanziati con la Legge 338, non sono rimasti avulsi da alcune patologie tipiche dell'appalto.

Da un'analisi condotta sugli interventi condotti tra il 2003 e il 2013, si evince un quadro alquanto critico in cui il rispetto del cronoprogramma e dei costi è ritenuto praticamente impossibile [Piferi, 2014]: si sono registrati incrementi medi dei tempi di realizzazione di quasi il 40%, mentre è una costante su quasi la totalità degli interventi una differenza positiva, mediamente pari all'8%, tra costi

---

[13] Il rapporto è di circa 1 (in entrata) a 5 (in uscita) laddove si tratta di dottori di ricerca.

reali sostenuti per la realizzazione delle residenze e costi appaltati. Nel caso dei progetti realizzati con finanziamento statale, quali quelli della Legge 338, la variante economica in corso di esecuzione ha un doppio svantaggio per la stazione appaltante. Considerando che il cofinanziamento viene richiesto e assegnato in funzione di dati programmatici, ma che lo stesso viene rideterminato a valle dell'espletamento della procedura di affidamento e, quindi, viene riducendosi a fronte dei ribassi di gara (questi ultimi particolarmente significativi in caso di aggiudicazione con il criterio del massimo ribasso), la variante in corso di esecuzione, i cui costi fino al secondo bando della Legge 338 erano a carico delle stazioni appaltanti, generano un danno[14] per queste ultime pari mediamente al 16% circa del costo appaltato. La percentuale di ricorso alle varianti in corso d'opera, prossima al 100%, riscontrata negli interventi cofinanziati con Legge 338, è ben superiore rispetto alla pure alta media nazionale: tale differenza è in parte riconducibile all'esigua tempistica (circa tre mesi) prevista dai decreti attuativi della Legge 338 per predisporre i progetti, almeno di livello definitivo, ai fini della presentazione delle domande di cofinanziamento.

Tale tempistica è ovviamente incompatibile con il processo di produzione di due livelli di progettazione secondo i dettati della normativa sui contratti pubblici, oltre essere abbondantemente inferiore ai tempi medi del processo di progettazione di opere pubbliche come rilevato a livello nazionale[15]. Come ovvio tale problematica, a monte, è riscontrabile, a valle, nelle patologie che si sono verificate nel corso dell'esecuzione dei contratti: nel 58% dei casi le varianti in corso d'opera sono state ricondotte a necessità di adeguamento progettuale.

Se da un lato la Legge 338 ha riportato l'attenzione degli operatori su uno degli aspetti critici del nostro sistema universitario, è al contempo possibile che proprio le agevolazioni ottenute con il cofinanziamento statale in fase di avvio delle iniziative, la scarsa dimestichezza delle committenze pubbliche in materia di gestione immobiliare e l'assenza di un mercato in grado di soddisfare adeguatamente la domanda di gestione alberghiero-residenziale, soprattutto in una logica complessiva di facility management [Catalano, 2013], abbia fatto calare l'attenzione degli operatori coinvolti sul tema della sostenibilità delle operazioni. Tra i diversi aspetti da considerare sicuramente vi è la localizzazione dell'intervento e la vicinanza rispetto la sede universitaria [Del Gatto, 2015], le condizioni economiche e, quindi, le tariffe perpetrate rispetto ai servizi offerti. La tariffa è condizionata dai costi di gestione e questi ultimi sono determinati, per circa il 50%, dai costi legati all'energia e alla manutenzione.

Soprattutto quest'ultima voce cela le maggiori problematiche, in chiave prospettica, per la buona riuscita di un'operazione di realizzazione e gestione di una residenza universitaria considerato che, a fronte di una spesa non trascurabile, il patrimonio pubblico, soprattutto per quanto riguarda gli edifici, è in condizioni di non adeguata manutenzione [Tronconi, 2014]. Tale effetto è riconducibile a diverse cause: l'assenza di una cultura della manutenzione, di sistemi informativi, di conoscenza della situazione del degrado fisico e della manutenzione degli edifici [Dalla Longa, 1997].

Gli effetti di tale carenza sistemica, cui concorre anche la scarsa qualità degli operatori di mercato, genera uno scostamento negativo tra il livello della manutenzione effettiva e la manutenzione costante che, col tempo, porta ad un'inversione della curva dei costi rispetto quella dei ricavi, determinando l'insuccesso dell'operazione a cinque/dieci anni dopo l'avvenuta conclusione della costruzione della residenza, ovvero in corrispondenza del manifestarsi dell'esigenza di dare seguito ai primi interventi sostitutivi di componenti edilizi ormai in stato obsolescenza prestazionale. All'obsolescenza preventiva delle residenze universitarie concorre anche l'uso che l'utenza fa delle stesse.

---

[14] Dove il danno è dato (i) dalla sommatoria della differenza tra importo oggetto di cofinanziamento e importo rideterminato a valle della procedura di gara, e (ii) dall'importo delle varianti.

[15] [MSE, 2011] Il rapporto stima, per l'edilizia, tempi medi pari a 2,7 anni per l'attraversamento dell'interno processo di progettazione (preliminare, definitiva ed esecutiva).

Non è infatti da sottovalutare il fatto che le residenze universitarie sono manufatti edilizi alquanto particolari che coniugano le esigenze e le prestazioni tipiche di tre differenti tipologie edilizie: l'alberghiero, il residenziale e l'universitario.

Il mix funzionale, la qualità delle soluzioni progettuali e dei materiali, concorrono a determinare la durabilità della residenza e delle sue componenti nel tempo. Un'altra importante caratteristica delle residenze è quella di essere rivolta ad una utenza le cui esigenze non sono costanti, ma si trasformano nel tempo, anche perché sono gli stessi utenti che si rinnovano [Bellentani et al, 2015]. Infine non sono da sottovalutare le caratteristiche dell'utenza e l'uso che la stessa fa dei beni. In tal senso alcuni dei modelli di gestione più evoluti basati su contratti di facility management tipo global service, prevedono la possibilità in capo all'appaltatore di procedere direttamente con l'erogazione di sanzioni agli ospiti resisi responsabili di danni al patrimonio. Altri modelli ancora possono prevedere un coinvolgimento attivo degli ospiti nell'erogazione di alcuni servizi residenziali, anche a valore aggiunto quali corsi, servizi di supporto agli ospiti, etc..

**Il modello proposto**

Il modello che si propone per la realizzazione di operazioni complesse aventi ad oggetto la realizzazione di più di una residenza universitaria, parte dal presupposto che occorre disporre di soluzioni procedurali e contrattuali tali da consentire di adattare nel tempo l'operazione, per numero di interventi da realizzarsi e prestazioni da eseguirsi, in funzione del mutare delle variabili esogene ed endogene sottese al modello stesso, senza comunque apportare modifiche tali da compromettere le condizioni di gara e, quindi, la concorrenza e la parità di condizioni per il mercato.

Le variabili esogene sono rappresentate dalla domanda e dall'offerta di posti alloggio che, per loro natura, sono mutevoli nel tempo, così come il numero di studenti iscritti all'università e ancora l'offerta, a livello urbano, complessiva di posti alloggio. Le variabili endogene invece coincidono con la capacità che l'appaltatore dimostrerà nell'esecuzione del contratto nel rispettare i tempi di realizzazione e i costi programmati. L'operazione dovrà inoltre adattarsi alla disponibilità delle risorse necessarie per realizzare gli interventi, dovrà prevedere una compartecipazione dell'appaltatore al finanziamento degli stessi e, ancora, dovrà consentire di ridurre l'esposizione finanziaria dell'università, massimizzando il finanziamento pubblico concesso e, al contempo, riducendo al massimo la probabilità di ricorso a varianti e contenzioso in corso d'opera, cui l'università dovrebbe far fronte con risorse proprie. Anche sulla scorta delle criticità esposte e inerenti la contrattualistica pubblica, il modello proposto si fonda su un contratto di appalto misto avente ad oggetto la progettazione esecutiva, la costruzione, l'allestimento e la gestione immobiliare per un periodo di almeno cinque anni, rinnovabile per ulteriori cinque.

Nel caso studio esaminato, e a seguito dell'impiego della tecnica del public sector comparator [Vitola, 2014], l'appalto misto è stato preferito alla concessione di costruzione e gestione in quanto i risultati delle analisi di fattibilità condotte non hanno evidenziato la sussistenza delle condizioni economiche necessarie per poter trasferire sull'operatore privato il rischio operativo.

L'appalto misto invece consente di trattenere il rischio di mercato all'interno dell'ente per la durata del contratto e, contestualmente, di trasferire sull'appaltatore il rischio di progettazione e costruzione e il rischio di disponibilità (rif. Decisione Eurostat, 2004). Tale modello non preclude che, al termine della durata del contratto, e quindi dopo aver potuto riscontrare i dati economici effettivi legati alla gestione delle singole residenze (livello dei ricavi e dei costi, rapportati ai livelli di servizio e alla qualità erogata e percepita), di trasferire il rischio di disponibilità e di mercato ad un diverso operatore economico mediante una concessione di servizi.

Il modello è fortemente incentrato sull'integrazione di buona parte dei sotto processi edilizi: in tal modo gli obiettivi dell'appaltatore[16] saranno prossimi a quelli del committente [Paganin et al, 2015]. Pertanto l'appaltatore in primis avrà tutto l'interesse a migliorare le prestazioni previste dal progetto definitivo posto a base di gara, in modo da massimizzare i profitti durante la gestione immobiliare, così come avrà tutto l'interesse a impiegare prodotti, materiali e tecniche costruttive che possano garantirgli una qualità del costruito, in termini di durabilità e manutenibilità, idonee alla successiva gestione immobiliare che egli stesso dovrà condurre.

La procedura per l'affidamento del contratto sarà quella ristretta preferita a quella aperta per diversi vantaggi: a parità di massima trasparenza e partecipazione del mercato, consente di limitare il numero di concorrenti che potranno accedere alla seconda fase ad inviti, aumentando pertanto la probabilità che i soggetti qualificati avranno di vedersi aggiudicare la procedura. Questo aspetto è di primaria rilevanza per gli operatori economici, soprattutto laddove agli stessi sia richiesta la formulazione di un'offerta tecnica impegnativa dal punto di vista tecnico ed economico. La riduzione del numero di partecipanti infatti consentirà di aumentare la propensione al rischio, e quindi all'investimento, degli operatori economici qualificati e ammessi alla seconda fase ad inviti.

La procedura ristretta ha inoltre un ulteriore vantaggio rispetto alla procedura aperta, ovvero quello di consentire lo svolgimento di una riunione individuale, dedicata a ciascun concorrente, con la quale la stazione appaltante può illustrare verbalmente e in presenza gli aspetti più critici dei documenti di gara e della procedura adottata. In tal modo si migliorerà l'efficacia della comunicazione e si aumenterà la probabilità di disporre di offerte di qualità elevata. Come noto infatti la comunicazione scritta ha un'efficacia inferiore rispetto quella verbale e quest'ultima è inferiore a sua volta rispetto alla comunicazione in presenza.

Ovviamente la riunione con i singoli concorrenti dovrà essere condotta in modo del tutto trasparente, prevedendo se del caso anche la video registrazione della stessa, e premunendosi di trasmettere a tutti i concorrenti le stesse informazioni: queste ultime, una volta verbalizzate, integreranno i documenti di gara ed il contratto. La riunione consente inoltre di acquisire le osservazioni e i commenti critici dei concorrenti che, in alcuni casi, potranno anche indurre il responsabile unico del procedimento a correggere e perfezionare, ovviamente senza stravolgerli, eventuali contenuti dei documenti di gara rilevatisi errati. Ovviamente tali modifiche, laddove non sostanziali, potranno essere apportate nel corso della procedura, senza la necessità – scelta obbligata nel caso di procedura aperta – di dover annullare la gara. Ulteriore vantaggio dato dalla procedura ristretta è che la prima, attuandosi in due momenti distinti, consente alla stazione appaltante di poter disporre di più tempo, pari a quello necessario per la qualificazione, per perfezionare i documenti di gara (capitolato, disciplinare, etc.) che saranno trasmessi ai soli operatori economici qualificati, mentre la fase di qualificazione potrà essere espletata esclusivamente sulla scorta dei contenuti del bando, della relativa nota esplicativa e, se del caso, della linea guida all'operazione [Vitola et al, 2014].

Come ovvio, il modello prevede come criterio di aggiudicazione il ricorso all'offerta economicamente più vantaggiosa[17], con un rapporto sbilanciato a favore della qualità (70-80% del punteggio complessivo). Al fine di spronare i concorrenti a formulare un'ottima offerta, si prevedrà una soglia minima sulla qualità dell'offerta tecnica, sotto la quale non si procederà all'apertura dell'offerta economica. Al fine di rendere la fase di gara utile ai fini dell'esecuzione del contratto, gli elementi oggetto dell'offerta tecnica riguarderanno alcuni degli strumenti di project management che i documenti di gara prevedono come essenziali per l'esecuzione dei contratti, quali ad esempio la work breakdown structure, il piano di gestione per la qualità di commessa, il cronogramma di costruzione, oltre che i curriculum vitae dei

---

[16] In tale scenario non solo più costruttore ma anche progettista esecutivo, allestitore e gestore della residenza.
[17] Ovvero al miglior rapporto qualità prezzo secondo la definizione data dalla nuova Direttiva 2016/24/UE.

professionisti offerti dall'appaltatore per ricoprire le funzioni previste dai documenti di gara[18].
I criteri per la valutazione di tali elementi dell'offerta tecnica saranno quanto più possibile oggettivi e attribuiti o per mezzo di formule o mediante griglie o soglie di punteggio.
Relativamente all'offerta economica, anche con l'intento di massimizzare il finanziamento statale per la realizzazione degli interventi, la stessa non riguarderà i prezzi necessari per la progettazione e la costruzione, che potranno non essere oggetto di offerta (o sconto), bensì riguarderà esclusivamente la fase di gestione immobiliare.
Il modello infine prevede l'impiego di tecniche di project e facility management da dispiegarsi durante l'esecuzione del contratto e la possibilità per la stazione appaltante di ricorre all'affidamento, a favore dell'appaltatore, di ulteriori interventi analoghi previsti nel master plan iniziale, allegato al bando di gara e per un importo di lavori e servizi indicato nello stesso bando come "opzione".
Il ricorso all'impiego di tecniche di project management per dare seguito alle obbligazioni contrattuali è da intendersi come una previsione dei documenti di gara strumentale per accrescere la probabilità che gli interventi si realizzino nel rispetto dei costi e dei tempi programmati e secondo la qualità attesa. L'impiego di tali strumenti sarà inoltre correlato alle modalità di controllo qualità, accettazione delle prestazioni/lavorazioni/servizi svolti e alle modalità di erogazione dei corrispettivi. Coerentemente con i presupposti posti alla base del modello, e con l'intento di spingere l'appaltatore alla realizzazione di un prodotto di qualità, il corrispettivo sarà proporzionato alle prestazioni effettivamente svolte e alla qualità delle stesse, prevedendo anche premi di accelerazione, di risultato e di riempimento, che incentivino l'appaltatore in tale direzione. Relativamente alla gestione immobiliare il modello prevede un contratto di facility management tipo global service, con una fee per la realizzazione di interventi di risparmio energetico sul patrimonio esistente.
Il modello prevede che parte del corrispettivo per l'erogazione dei relativi servizi sia anche proporzionato al tasso di riempimento della singola residenza: così facendo, e in una logica propria di partenariato pubblico privato, l'appaltatore sarà solidale con il committente pubblico circa il rischio di mercato legato alla gestione della residenza, seppur tale rischio sia nella quasi totalità in capo al committente pubblico. Il modello prevede che la gestione immobiliare si attui attraverso diversi servizi, tipici delle residenze universitarie (dai servizi di governo ai servizi all'edificio e alla persona) [Di Benedetto, 2014]. La previsione di affidare ulteriori interventi analoghi allo stesso appaltatore è invece da intendersi come soluzione atta a costruire una partnership pubblico-privato per un periodo limitato di tempo. Tale previsione, assieme all'integrazione delle diverse prestazioni di progettazione, costruzione, allestimento e gestione, configura il modello come di tipo modulare, dove per "modulo" si intendono sia le ulteriori residenze che le prestazioni legate alla realizzazione delle stesse.
Richiamando lo schema di produzione composita [Brandolese et al, 1985], è possibile affermare che l'impiego di un modello modulare consenta di spostare il posizionamento del progetto da una commessa singola e unitaria, ad una commessa ripetitiva e per lotti. Tale configurazione del modello, sommata all'impiego delle tecniche e dei metodi sopra esposti, concorre a far si che si crei un modello di impresa "esteso", in cui la prospettiva di "fare impresa" dell'appaltatore è, per un determinato lasso di tempo, legata a quella del committente pubblico che di fatto rappresenterà, sempre per il periodo considerato, uno dei mercati di riferimento dell'appaltatore. Tale modello, oltre far proprio il modello di macroimpresa in cui tutti i soggetti coinvolti, siano essi imprese costruttrici, professionisti, subappaltatori e committenti, concorrono unitariamente all'azione imprenditoriale comune [Dioguardi, 2009], è rappresentativo di una delle molteplici formule di attuazione del più amplio modello del partenariato pubblico-privato. Dal punto di vista giuridico, il modello proposto

---

[18] Quali ad esempio il responsabile di commessa, il responsabile della progettazione, il direttore di cantiere e il responsabile del controllo qualità in esecuzione.

trova fondamento prioritariamente nella normativa comunitaria e, in secondo luogo, nella normativa nazionale sui contratti pubblici.

Il principio del primato e della prevalenza del diritto comunitario, e del conseguente obbligo di disapplicazione della legislazione di diritto interno da esso difforme, è un principio accolto in modo unanime dalla giurisprudenza, in primis della Corte di Giustizia ed ormai consolidatosi in tutti gli ordini e gradi delle giurisdizioni nazionali. Tale principio sancisce che le disposizioni della direttiva che risultino dal punto di vista sostanziale incondizionate e sufficientemente precise, si applicano all'interno degli Stati membri ai soggetti ai quali esse si rivolgono; ciò a prescindere dal fatto che gli Stati abbiano recepito tempestivamente la direttiva nel diritto nazionale o che l'abbiano recepita in tempo utile ma in modo inadeguato e/o difforme[19]. Infatti, l'ormai universalmente riconosciuto principio della prevalenza della normativa comunitaria su quella nazionale ha portato la Corte di Giustizia ad affermare che "Il giudice nazionale è tenuto a dare a una disposizione di diritto interno, avvalendosi per intero del margine di discrezionalità consentitogli dal suo ordinamento nazionale, un'interpretazione ed un'applicazione conformi alle prescrizioni del diritto comunitario e, qualora siffatta interpretazione conforme non sia possibile, a disapplicare ogni disposizione di diritto interno contraria a tali prescrizioni"[20].

Secondo la terminologia adottata dalla Corte di Giustizia, le disposizioni della direttiva incondizionate e sufficientemente precise sono idonee a conferire direttamente ai soggetti ai quali espressamente si riferiscono "diritti che i giudici nazionali sono tenuti a tutelare". Con particolare riferimento alle direttive in materia di appalti, tale espressione deve tradursi nel senso che le amministrazioni aggiudicatrici ivi indicate sono destinatarie di poteri per l'esercizio di attività discrezionale, direttamente conferiti loro dal diritto comunitario senza che lo Stato membro possa porvi alcun limite.

Pertanto, al fine di garantire il rispetto e la piena efficacia del diritto comunitario degli appalti pubblici su tutto il territorio dell'Unione Europea, qualsiasi normativa di diritto nazionale che si ponga in contrasto o in difformità, con riferimento sia alla lettera della norma comunitaria sia alla sola ratio della stessa, deve essere disapplicata dall'operatore del diritto. La Corte di Giustizia ha anche chiarito che l'obbligo di disapplicazione della norma nazionale in contrasto con quella comunitaria non incombe solamente sui giudici nazionali ma anche su tutte le Amministrazioni dello Stato membro che ha adottato una normativa in contrasto. A tal proposito la Corte di Giustizia ha affermato in modo estremamente chiaro che "Il principio del primato del diritto comunitario esige che sia disapplicata qualsiasi disposizione della legislazione nazionale in contrasto con una norma comunitaria, indipendentemente dal fatto che sia anteriore o posteriore a quest'ultima.

Tale obbligo di disapplicazione incombe non solo al giudice nazionale, ma anche a tutti gli organi dello Stato, comprese le autorità amministrative, il che implica, ove necessario, l'obbligo di adottare tutti i provvedimenti necessari per agevolare la piena efficacia del diritto comunitario."[21]. Il principio sopra riportato è stato fatto proprio anche dalla giurisprudenza nazionale, la quale ha più volte affermato che l'obbligo di disapplicazione della norma nazionale in contrasto con quella comunitaria incombe non solo sui giudici nazionali ma anche su tutte le Amministrazioni[22].

Nel casto studio la normativa nazionale in contrasto è stata disapplicata per affidare degli ulteriori

---

[19] Corte di Giustizia CE 4 marzo 1999 in causa C-258/97; CGCE 16 settembre 1999 in causa C-27/98; Consiglio di Stato, sez. IV, 6 maggio 1992 n. 481.

[20] Corte di Giustizia, sez. III, 28 dicembre 2010, in C-406/08, nonché Corte Giustizia, sez. IV, 18 dicembre 2007, in C-357/06.

[21] Corte di Giustizia dell'Unione Europea, 9.9.2003, in C-198/01; Corte di Giustizia dell'Unione Europea, 22.6.1989, in C-103/88.

[22] Ad esempio Corte Costituzionale, 18.4.1991, n. 168; Consiglio di Stato, sez. IV, 18.1.1996 n. 54.

interventi analoghi e per il ricorso alla c.d. "forcella". La direttiva 2004/18/CE all'art. 31, c. 4, lett. b), prevedeva che le stazioni appaltanti potessero utilizzare la procedura negoziata senza bando: "per nuovi lavori o servizi consistenti nella ripetizione di lavori o servizi analoghi già affidati all'operatore economico aggiudicatario dell'appalto iniziale dalle medesime amministrazioni aggiudicatrici, a condizione che tali lavori o servizi siano conformi a un progetto di base e che tale progetto sia stato oggetto di un primo appalto aggiudicato secondo le procedure aperte o ristrette.
La possibilità di valersi di questa procedura è indicata sin dall'avvio del confronto competitivo nella prima operazione e l'importo totale previsto per la prosecuzione dei lavori o della prestazione dei servizi è preso in considerazione dalle amministrazioni aggiudicatrici per l'applicazione dell'art. 7. Il ricorso a questa procedura è limitato al triennio successivo alla conclusione dell'appalto iniziale." La direttiva 2014/24/UE, che ha abrogato la suddetta direttiva 2004/18/CE, all'art. 32, c. 5, ha riproposto in modo sostanzialmente identico la previsione sopra riportata. L'unica aggiunta consiste nella seguente precisazione: "Il progetto di base indica l'entità di eventuali lavori o servizi complementari e le condizioni alle quali essi verranno aggiudicati."
La previsione sopra riportata del citato art. 32 chiarisce un aspetto su cui la versione della precedente direttiva lasciava dei dubbi, ossia che il "progetto" deve indicare puntualmente i lavori che saranno eventualmente affidati ed il loro valore. Altro aspetto rilevante è costituito dalla previsione che il "progetto" deve indicare "le condizioni alle quali essi verranno aggiudicati." Il termine "condizioni" lascia dei margini interpretativi, potendo essere inteso sia come obbligo di indicare al ricorrere di quali "circostanze", quindi di quali situazioni esterne al rapporto contrattuale (ad esempio l'amministrazione ha ricevuto il finanziamento atteso), sia come obbligo di indicare a quali condizioni "contrattuali", quindi quali siano le principali clausole contrattuali che reggeranno il nuovo affidamento.
Da una lettura dell'intera direttiva sembrerebbe che essa con il termine "condizioni" voglia intendere delle "circostanze". Tale interpretazione sarebbe peraltro anche più coerente con il fatto che l'affidamento dei lavori analoghi è comunque conseguente ad una procedura negoziata, quindi ad una procedura che presuppone una negoziazione fra amministrazione aggiudicatrice ed operatore economico, avente ad oggetto quantomeno il prezzo ed alcuni contenuti delle prestazioni necessarie per eseguire i lavori.
In ogni caso, tenendo ben presente che la procedura negoziata senza bando è una deroga espressamente prevista al principio generale di tutela della concorrenza che ispira l'intera direttiva, sembra preferibile l'interpretazione più restrittiva, quindi un'interpretazione che porti a ritenere necessaria l'indicazione delle "condizioni" intese in entrambe le accezioni anzidette.
Pertanto, sembra opportuno ritenere che sia necessario indicare sia al ricorrere di quali circostanze l'amministrazione avrà la facoltà di porre in essere la procedura negoziata, sia quali saranno le principali clausole contrattuali che reggeranno il futuro ed eventuale contratto.
Nel caso studio di che trattasi, le circostanze in questione sono state rappresentate dalle variabili esogene ed endogene al modello mentre gli ulteriori interventi analoghi sono stati sintetizzati nel master plan allegato al bando di gara.

**Il caso studio: risultati e conclusioni**
Il modello ha trovato applicazione in un caso studio sviluppato presso il Politecnico di Milano e ha riguardato sette interventi, di nuova costruzione e sul costruito, per la realizzazione di 6 residenze universitarie, per una superficie complessiva di circa 55.000 m2 e circa 1400 posti alloggio.
Il controvalore dell'operazione ha previsto circa 60 milioni di Euro di spese di investimento, di cui circa l'80% cofinanziato dallo Stato attraverso la Legge 338, e spese per la gestione immobiliare per circa 30 milioni di Euro per cinque anni.

Il modello ha anticipato diversi strumenti e metodi fatti propri dalle nuove Direttive comunitarie e dal nuovo codice dei contratti: a titolo esemplificativo le modifiche preventive ai contratti, i lotti funzionali autonomi, la riunione con i concorrenti, la riduzione dell'importanza del prezzo nell'applicazione del criterio del miglior rapporto qualità/prezzo.

Ad oggi sono stati realizzati tre dei sette interventi previsti nel master plan allegato al bando iniziale, mentre altri tre interventi sono in corso di esecuzione. Cinque interventi sono stati affidanti ricorrendo alla procedura negoziata senza bando mentre i primi due, costituenti il modulo 1 dell'operazione, sono stati affidati con procedura ristretta attraverso la gara principale. Tutti e tre gli interventi realizzati hanno visto la fase di costruzione concludersi in anticipo rispetto il termine contrattuale previsto, nel pieno rispetto del costo programmato e con modifiche progettuali di tipo migliorativo che hanno consentito, tra l'altro, di incrementare il numero di posti alloggio iniziali, così come di migliorare la dotazione del sistema tecnologico delle residenza rispetto quanto previsto nei progetti posti a base di gara: tali modifiche sono state proposte dall'appaltatore per massimizzare i propri risultati economici durante la gestione immobiliare che, di fatto, è divenuta l'elemento centrale, il "fine" dell'operazione [Vitola, 2014]. Relativamente alla gestione immobiliare, sono ad oggi stati maturati dati significativi sull'unica residenza già esistente al momento dell'avvio dell'operazione.

La stessa presentava, prima dell'impiego del modello, un margine operativo lordo (MOL) negativo di circa 450 mila Euro, a fronte di una qualità percepita inferiore a 4/sesti e un tasso di riempimento attorno all'87%. Il trend dei primi tre anni dopo l'introduzione del nuovo modello di gestione immobiliare, ha consentito di incrementare i risultati della soddisfazione dei clienti del 5% a fronte di una razionalizzazione dei costi di gestione, scesi del 30%, e di un tasso di riempimento anch'esso migliorato del 7%. Tale risultato di gestione è sintetizzato, per l'anno 2015, da un MOL positivo per circa 340 mila Euro. Date le performance sino ad oggi conseguite, è attualmente al vaglio la possibilità di estendere, per mezzo di una modifica ai contratti in essere, l'alea del rischio di mercato in capo all'appaltatore, trasferendo allo stesso la gestione della quota parte di posti alloggio ad oggi non riempita dall'ateneo milanese, e a fronte di una riduzione del corrispettivo dovuto dal Politecnico allo stesso Appaltatore che, perpetrando tariffe identiche a quelle perpetrate dal Politecnico, potrà tariffare direttamente sull'utente.

Per la sua applicazione il modello ha visto il coinvolgimento di tre direttori lavori, cinque ispettori in fase di progettazione e tre in fase di esecuzione, tre responsabili unici del procedimento di cui uno coincidente con il responsabile del progetto: quest'ultimo ha ricoperto la funzione di project manager per tutti gli interventi costituenti l'operazione.

Tutte le risorse in questione sono interne alla stazione appaltante. Le potenzialità del modello sono sintetizzate nei risultati conseguiti, mentre le criticità sono insite nella distanza che separa il caso studio dai dati maturati a livello nazionale sia in tema di realizzazione e gestione di residenze universitarie che di appalti pubblici di lavori nel loro complesso, ovvero la replicabilità del modello in altre realtà pubbliche. Questa è principalmente condizionata dalla qualità delle risorse chiamate ad attuare il modello e al contesto all'interno del quale il modello trova vita e sviluppo.

**Riferimenti bibliografici**
Amin, A, [2001]. Cities, Reimagining the Urban, Cambridge, Polity Press.
AVCP, relazioni annuali al parlamento anni 2011, 2012 e 2013.
Bellini O. E., Bellintani S., Ciaramella S., Del Gatto M. L., [2015]. Learning and living. FrancoAngeli, Milano.
Brandolese A., Brugger G., Garetti M., Misul M., [1985]. "Analisi dei sistemi di produzione manifatturiera", in Finanza, Marketing e Produzione, anno III, 1985
Catalano G. (a cura di) [2013]. Gestire le residenze universitarie, il Mulino, Bologna.
Commissione Europea (CE), [2011]. Libro verde sulla modernizzazione della politica dell'UE in materia di

appalti pubblici, per una maggiore efficienza del mercato europeo degli appalti.
Dalla Longa R., [1997]. Management delle opere pubbliche, Etaslibri, Milano.
Di Benedetto M., [2014], "Gestione e manutenzione di residenze per studenti universitari", pp. 195-231, in Del Nord R. (a cura di), [2014]. "Il processo attuativo del piano nazionale di interventi per la realizzazione di residenze universitarie", Edifir Edizioni, Firenze.
Dioguardi G., [2009]. Organizzazione, cultura, territorio. Prolusioni, lezioni, relazioni. FrancoAngeli, Milano.
Dipartimento per lo Sviluppo e la Coesione Economica (DSCE). [2014]. I tempi di attuazione e di spesa delle opere pubbliche. Rapporto 2014.
Eurostudent Report Project, 2011.
Florida, R, [2002]. The Rise of the Creative Class, New York, Basic Books.
Florida, R, [2005a]. Cities and the Creative Class, London, Routledge.
Florida, R, [2005b]. The Flight of the Creative Class, New york, Harper Collins.
Hauschildt K., Gwosć C., Netz N., Mishra S., [2015]. Social and Economic Conditions of Student Life in Europe, Synopsis of Indicators | EUROSTUDENT V 2012–2015, W. Bertelsmann Verlag GmbH & Co. KG, Bielefeld.
Iezzi M., Mastrobuoni T., [2015]. Gioventù sprecata: Perché in Italia si fatica a diventare grandi, Edizioni Laterza, 2010, Bari.
Lauria M., [2012]. Progetti processi prodotti, Gangemi Editore, Roma.
Maggi P. N., [1994]. Il processo edilizio. Volume secondo. CittàStudi edizioni, Rozzano.
Ministero dell'Economia e delle Finanze (MEF), [2015]. Gli immobili in Italia. Ricchezza, reddito e fiscalità.
Ministero dell'istruzione, Università e Ricerca (MIUR), [2015]. Gli immatricolati nell'anno accademico 2014/2015. Approfondimento: Il percorso universitario dei diplomati 2010.
Ministero dello Sviluppo Economico (MEF), [2011]. I tempi di attuazione delle opere pubbliche.
OICE, [2015]. Il mercato dei servizi di ingegneria in Italia e le principali problematiche delle gare.
Osservatorio del mercato immobiliare, [2016]. Rapporto immobiliare 2016. Il settore residenziale.
Paganin G., Vitola F., [2015], "Il ciclo di vita delle opere pubbliche. I benefici dell'integrazione tra costruzione ed esercizio", in Manutenzione - Tecnica & Management, anno XXII, Dicembre 2015, pp. 9-11.
Periccioli M. (a cura di) [2010]. L'officina del pensiero tecnologico, Alinea Editrice, Firenze.
Piferi C., [2014], "Costi e tempi di realizzazione ai sensi della legge 338/2000", pp. 161-181, in Del Nord R. (a cura di), [2014]. "Il processo attuativo del piano nazionale di interventi per la realizzazione di residenze universitarie", Edifir Edizioni, Firenze.
Porter, M.E., [2001]. Strategie e competizione: come creare, sostenere e difendere il vantaggio competitivo di imprese e nazioni, Milano, Il Sole 24 ore libri.
Agenzia Nazionale di Valutazione del sistema Universitario e della Ricerca (ANVUR), [2016]. Rapporto biennale sullo stato del sistema universitario e della ricerca 2016.
Scenari immobiliari, rielaborazione Il Sole24ore, anno 2014
Tronconi O., [2014]. Facility management. FrancoAngeli, Milano.
Tronconi O. [ 2010], "Cosa è e come si applica il facility management", in Del Gatto M.L., [2010], Outsourcing e pubblica amministrazione, Maggioli Editore, Santarcangelo di Romagna, RN.
Vitola F., [2014], "BEC applicazione sul campo: il caso del Politecnico di Milano", pp. 493523. In Dalla Longa R., De Laurentis G. (a cura di), La gestione del patrimonio immobiliare pubblico, Bancari Editrice.
Vitola F., Pisano C., [2014], "La gestione del progetto: dalla pianificazione all'esecuzione del contratto", pp. 57-109, in Paganin G. (a cura di), [2014], "Dalla terra al cielo", Gangemi editore, Roma.
Vitola F., Pisano C., [2016], "Nuovo codice appalti", in The Next Building, Giugno 2016, pp. 10-15.
World Economic Forum (WEF), [2016]. The Global Competitiveness Report 2015–2016.

# BENESSERE E QUALITÀ AMBIENTALE

# STUDENTS' RESIDENCES. THE HEALTH PERSPECTIVE

**Ruzica Bozovic Stamenovic, Associate Professor**
University of Belgrade & National University of Singapore

Health perspective is one of many approaches to discussing the state and paradigmatic changes of students' residences design. The idea of the appropriate students' housing evolved over time and so did the definition and understanding of health. The contemporary students' residences are far from the minimalistic and functional housing units piled together to form dormitories. The long standing World Health Organization (WHO) definition of health is under scrutiny too as achieving complete physical, social and psychological wellness seems too utopian to be a realistic goal. Therefore, neither of our two pillars for this discourse seems solid and clearly defined. This apparent elusiveness of our standpoint has been further deepened with even more important change – the world has changed and so did the juveniles in their attempts to prepare for entering it. And yet, the Gaudeamus igitur image of residences and public spaces suitable for the reckless students' life still endures in media and in University prospectuses making it a selling point. Our question is if this appealing image is a healthful environment suitable for students' life or does it actually have the opposite effects? If we look decades back the true consequences of the student protest movement are felt well after 1968 and well beyond their "Be realistic demand the impossible" platform. At the aftermath of the demonstrations the power of the intellectual uprising was worldwide recognized as potentially dangerous for the establishment who then focused on students' welfare as the method for controlling the heat. Students' residences in University campuses were upgraded with supporting spaces for studying and leisure. Public learning facilities and spaces for social and physical activities were encouraged to make up for minimalistic accommodation. Greenery and playful design often completed this idealistic picture. This still enduring paradigm is actually reflecting the traditional British description of education as the process of developing the mind the character and the body through planned and organized instruction and discipline. In this definition the trinity of "the mind, the character and the body" almost coincides with the "physical, social and psychological' aspects of health from the WHO definition thus suggesting the healthfulness of such ideal spaces. But at a closer look it is not entirely so. This image is also echoing the stand that education, including the respective spaces, has to be planned and organized, therefore strictly controlled; which hardly makes it ideal in terms of health. In the case of the university facilities scattered in the city this control is less evident. Even more, the neighboring public spaces acquire the optimistic lifestyle flair as the Parisian Le Quartier Latin witnessed centuries ago. However, in the university campus model all links to the neighboring urban milieu are often ignored. Resulting from it is social and physical alienation of students' spaces from the context, and the deceptive sense of perfection and self-sufficiency. The idealistic image of such students' spaces is not a problem per se but its distortion from reality is. This is strikingly evident if we apply the more recent definition of health that stresses resilience instead of state of wellness as in the WHO one. This new stand defines health as one's ability to adapt and self-manage in the face of social, physical and emotional challenges in a supportive environment. If we relook at the surrealistic students' spaces from this stand they score poorly and seem unsupportive in terms of resilience and one's ability to adapt to real life circumstances. The design indicates idealism but actually the connotation behind it is escapism. Although escape is a known mechanism for suppressing negative stress the space should not act as a cocoon to protect the students. On the contrary, exposure to challenges, learning from experiences and gradual adaptation to circumstances is the key ability in managing stress. It is particularly important now when major health threats come from the immune system deficiencies caused by the prolonged exposure to negative stress. The students at the threshold of their adulthood have the intrinsic need to rebel, to establish their own ways, learn and dream with goals set beyond reality. At the same time they have to face and share the uncertainties of our era with economic and political turmoil, but also more specific problems like student loans, mortgages or unemployment. Their challenge is immense: to be young with all that it implies and to get ready for the antagonistic world lying ahead. The idealistic stereotype of students' spaces showcased in University brochures seems passive and inappropriate from this perspective. For example the students' social spaces meant for bonding through fraternities, sororities, sports or other ways of grouping score poorly in terms of social capital as they reveal lack of opportunities for vertical social links with other generations and social strata. This in turn reduces the chances to create connections, share experiences, build startups or influence in some other ways the real world even before graduation. Students' residences in particular have to reflect the reality of the quotidian life. Their role is to boost the students' resilience levels and act as testing bed for responses to real-life issues. For example nuclear families and pandemic rise of elderly population indicates that the young will be entrusted with care for silver generation. It's a huge task considering corporate working environments, crash of social systems and lack of funds or manpower for external care. Entrepreneurial spirit is also required in the face of corporate economies and their unsympathetic conditions. Therefore, in order to escape obsolescence the students' residences have to evolve from being passive to becoming real and proactive in engaging the students with genuine issues. Supporting wellness through raising resilience might in the near future rely on critical spatial constructs rather than on creating ideal images of healthfulness. Students' residences should reflect the existence and balance between the opposites: real and surreal, defined and loose, controlled and spontaneous so that the users and not architects get to shape the final outcome as it constantly changes and adapts to real life circumstances. The question is though if the students and architects are ready for this change? Experiences with students are illustrative: In Design Studio program on students' housing (University of Belgrade, 2014) we noticed an interesting episode: residences for married students were positioned on the fringe of the site on the pretext that their lifestyle and children might interrupt learning and social life of the others. They had no problem, however, with students having dogs in their dorms and were honestly surprised when asked to rethink the concepts and include married students with kids in regular dorms so that the two groups could interact while helping each other. Another program, a Dementia Care Center (National University of Singapore, 2012) pushed the challenge even further by requesting co-housing of the elderly residents with young families and students. Faced with this apparently unsurmountable demand architecture students grew intrigued and their understanding of what cohabitation, empathy, tolerance, choice, privacy and support might mean expanded beyond expectations. In this program, the aim to maintain a sense of normalcy for dementia patients by creating non-institutional healing environment in the end generated a thrilling environment for the young families and residing students too. In conclusion, the realistic social and spatial setting for students' residencies and engagement with the community through shared activities, practices and skills thus present itself as may be less appealing but certainly healthier environment for students' life.

# UN PROGETTO DI RIQUALIFICAZIONE PER IL CAMPUS UNIVERSITARIO INTERNAZIONALE NELL'ISOLA DI POVEGLIA A VENEZIA

**Lucia Ceccherini Nelli**
Università degli Studi di Firenze, Dipartimento di Architettura, Centro ABITA
**Maria Lucia Capo**
Università degli Studi di Firenze, Dipartimento di Architettura, Centro ABITA

**Parole chiave**
Edifici ad energia quasi nero, involucro intelligente, ventilazione naturale, integrazione con energie rinnovabili

*Abstract*
*The transformation of the uninhabited island of Poveglia in Venice into a low energy education and research campus is the objective of the present work. The project integrates many energy strategies to develop an international campus in one of the most suggestive locations in the Venetian Lagoon, and creates the conjunction between Natural and Cultural systems, with the intention to reduce energy consumption and exploit the natural resources of the Island. Natural system: the Venetian Lagoon is a unique and incomparable natural system, strengthened by piling, canals and complex hydraulic engineering planning. The project of the International campus uses materials for the architectural solutions, able to face environmental conditions, using sun, wind, and water to reach the highest self-sufficiency level. Cultural system: the charm of Venice is recreated by the requalification of the island natural context and the existing buildings. The planning includes:*
- *Classrooms and laboratories;*
- *Library and reading room to support the everyday study, research and social relationships activities of the campus students;*
- *Canteen and cafeteria are designed to have a wider range of users, such as tourists and citizens who will spend their free time on the island, either in its green areas or facilities;*
- *Student accommodation of the international campus offers residences with private apartments and multiple-bed rooms with shared toilets, in order to meet different needs and include various commercial opportunities;*
- *Exhibition areas are designated for students' and professors' learning and laboratory activities and exhibitions. They are open to the public and serve as a connection to the wide cultural activities of Venice;*
- *Multi-purpose areas include studying areas and spaces designed for the community and the student associations admitted into the campus;*
- *Sport facilities include gyms, playing fields, water sports in the Venetian Lagoon (canoeing, sailing, water skiing etc.);*
- *Auditorium Hall is an area designed for highly attended events (meetings, art performances, film showings etc.).*

*The paper deals mainly with smart energy technologies, high quality smart building envelope, renewable energies integration and dynamic simulations used for the design of the students' accommodation of the – international campus.*

## Il progetto del Campus

L'isola di Poveglia è situata a sud della Laguna Veneta, lungo il Canal Orfano, che collega la bocca di porto di Malamocco con Venezia. La sua superficie è di 7,25 ettari, un'isola abbastanza grande nel contesto lagunare. Conta undici fabbricati ma è completamente abbandonata ormai da decenni. Il progetto prevede di trasformare un luogo disabitato, in un polo di studio e ricerca all'avanguardia, un campus internazionale d'eccellenza. L'isola di Poveglia, a poca distanza dal campanile di San Marco a Venezia, dovrebbe diventare, una volta rigenerata e trasformata, un punto di riferimento universitario per migliaia di studenti, diventando un nuovo centro culturale in una delle città simbolo italiane. Il progetto si propone infatti di realizzare una cittadella valorizzando l'isolamento rispetto alla città, rendendosi quanto più possibile autosufficiente, creando nuove funzioni e offrendo una sosta piacevole sull'isola, con diverse attrazioni sia di natura paesaggistica sia culturale (mostre, eventi sportivi, concerti, ecc.). Il Campus progettato è costituito dalle seguenti funzioni:

- aule e laboratori; costituiscono per estensione il cuore dell'intervento con spazi attrezzati per diverse soluzioni didattiche di studenti e docenti per un minimo di 2000 posti, per una capienza media di 100 posti per aula;
- uffici di ateneo; per la gestione amministrativa e didattica del campus, con circa 150 postazioni di lavoro;
- biblioteca e sala lettura; pensate per sostenere l'attività di studio, ricerca e relazione degli studenti del campus. Tali spazi sono frammentati in più aree, con adeguata vista sulla laguna al fine di creare ambienti piacevoli e panoramici, connotati da un contesto naturale, circa 500 postazioni studio;
- mensa ed area ristoro; aperta a studenti e docenti, ed anche altri fruitori (turisti o cittadini), che usino gli spazi verdi e le attrezzature dell'isola quale meta per il proprio svago e tempo libero. (minimo 500 coperti);
- residenze per studenti; il progetto del campus garantisce l'alloggio agli studenti per 117 posti alloggio. Tali spazi sono stati progettati di varie dimensioni e tipologie, con l'appartamento autonomo, le camere multiple con servizi condivisi;
- spazi espositivi; per ospitare i risultati delle attività didattiche e di laboratorio degli studenti e di ricerca dei docenti; aperti al pubblico e collegati alle diverse attività culturali di Venezia;
- spazi polivalenti; aule studio, spazi a disposizione della comunità o delle associazioni studentesche ammesse dal campus;
- dotazioni sportive: i servizi del campus garantiscono momenti ricreativi e di libera attività dei propri studenti (e non solo). Palestre, campi da gioco e servizi sportivi, sono presenti nel Campus, considerando l'opportunità offerta dalla laguna per la pratica di sport acquatici (canoa, vela, sci nautico ecc.);
- auditorium; spazio adibito a conferenze, performance artistiche, proiezioni cinematografiche ed altri eventi.

Figura 1. L'isola di Poveglia nella laguna Veneziana e le attività previste nel progetto del Campus.

Nell'isola sono presenti grandi spazi aperti, destinati a creare un serbatoio di aree verdi, e importanti strutture dedicate allo sport, il cui elemento più significativo è il palazzetto dello sport.

L'edificio delle residenze e servizi interni si sviluppa su un unico blocco su sei piani, complessivamente sono previsti circa 117 posti alloggio suddivisi in posti alloggio per studenti, posti alloggio per la foresteria, professori e ricercatori e posti alloggio per personale di servizio. Gli alloggi prevedono diverse tipologie: camere individuali autonome, e diverse tipologie di camere doppie, con nucleo servizi comune e piccoli appartamenti.

**Le residenze universitarie**

Il campus prevede la realizzazione di un complesso residenziale che si sviluppa su sei piani fuori terra, tutti differenti tra di loro. L'idea progettuale nasce dall'esigenza climatica di poter utilizzare diverse parti dell'edificio affinché siano irradiate dalla radiazione solare e ventilate su diverse superfici in modo naturale; il concept del progetto è un iceberg che galleggia nel mare che poi va a fermarsi su una superficie. L'edificio esistente è collegato al nuovo e rimane frammentato, diviso in due, il resto dell'edificio lo ingloba completamente. La nuova parte è caratterizzata da una doppia pelle in formelle sandwich di alluminio, mentre l'edificio esistente riprende la tipologia degli edifici vicini, lasciando inalterata la geometria. Il portico viene mantenuto creando un asse principale che conduce alla sala lettura, fulcro centrale dell'edificio, e alle scale di accesso ai piani superiori delle residenze.

La pianta del complesso residenziale per studenti è progettata sopra ai flussi principali, della mensa e della sala studio. Sotto il grande porticato ci sono zone ricreative comuni e parcheggio per le biciclette. La scala vetrata facilita gli scambi tra studenti, senza imporre l'uso dell'ascensore. L'ala dell'edificio sul lato del parco, con la sua pelle di alluminio, ospita 117 posti alloggio su 6 piani [Dall'Olio e Mandolesi 2015]. Al quinto piano una terrazza comune con vista panoramica sull'isola, può essere utilizzata da tutti i fruitori delle residenze. Tutte le camere sono adatte per le persone disabili.

Al piano terra ci sono locali con funzioni di servizio come il guardaroba per il personale, cucine, o deposito. Questi ambienti sono direttamente collegati alla reception ospitata da un edificio apposito. Al primo piano, la maggior parte dello spazio è occupato da appartamenti e camere per studenti più la sala studio, che si sviluppa a partire da piano terra. La trasparenza realizzata dal vasto porticato a piano terra consente di avere una comunicazione visiva con il paesaggio circostante e l'acqua che circonda l'edificio. La sua doppia apertura conduce al parco e crea una continuità spaziale e paesaggistica. La progettazione del paesaggio considera gli spazi esterni come un unico giardino e crea collegamenti con il parco adiacente oltre il canale che divide l'isola in due parti. Le facciate sono state oggetto di attenta

Figura 2. Progetto del nuovo Campus con ristrutturazione degli edifici esistenti e inserimento dei nuovi volumi.

analisi per integrare gli edifici nel contesto paesaggistico e per garantire nel contempo il raggiungimento del massimo comfort interno. Le facciate prevedono due diverse tipologie costruttive, una tipologia "a doppia pelle" costituita da una prima pelle interna vetrata e da una pelle esterna realizzata da pannelli ombreggianti ed una tipologia in pannelli sandwich modulari bianchi in lamiera stampata di colore bianco. Per la tipologia a "doppia pelle" la struttura portante è in acciaio, su cui è stato fissato il profilo tecnologico in alluminio atto ad accogliere le vetrate e nel contempo ad integrare i pannelli ombreggianti esterni, in metallo e di colore bianco; l'insieme risulta perfettamente armonico. La "pelle" esterna è realizzata con pannelli di lamiera stirata in alluminio, alternata a pareti traslucide e vetrate. Le parti di facciate con le lamiere stirate lasciano filtrare la luce all'interno, le parti che devono rimanere opache sono realizzate con pannelli in lamiera bugnata e forata in Alluminio, spessore 2 mm.

**Un progetto innovativo**

Nel progetto l'innovazione è intesa come sperimentazione dei più attuali modelli insediativi e abitativi e come ricerca di una concezione architettonica nuova strettamente coerente con gli obbiettivi e la natura del progetto. L'evoluzione dei modelli della residenzialità studentesca, oltre a richiedere una forte qualità ambientale e la presenza di ampie aree pedonali e ciclabili attrezzate per lo sport e la vita all'aria aperta, tipica dei campus ma che nel nostro Paese non ha avuto grandi applicazioni, presuppone la compresenza di nuovi elementi:

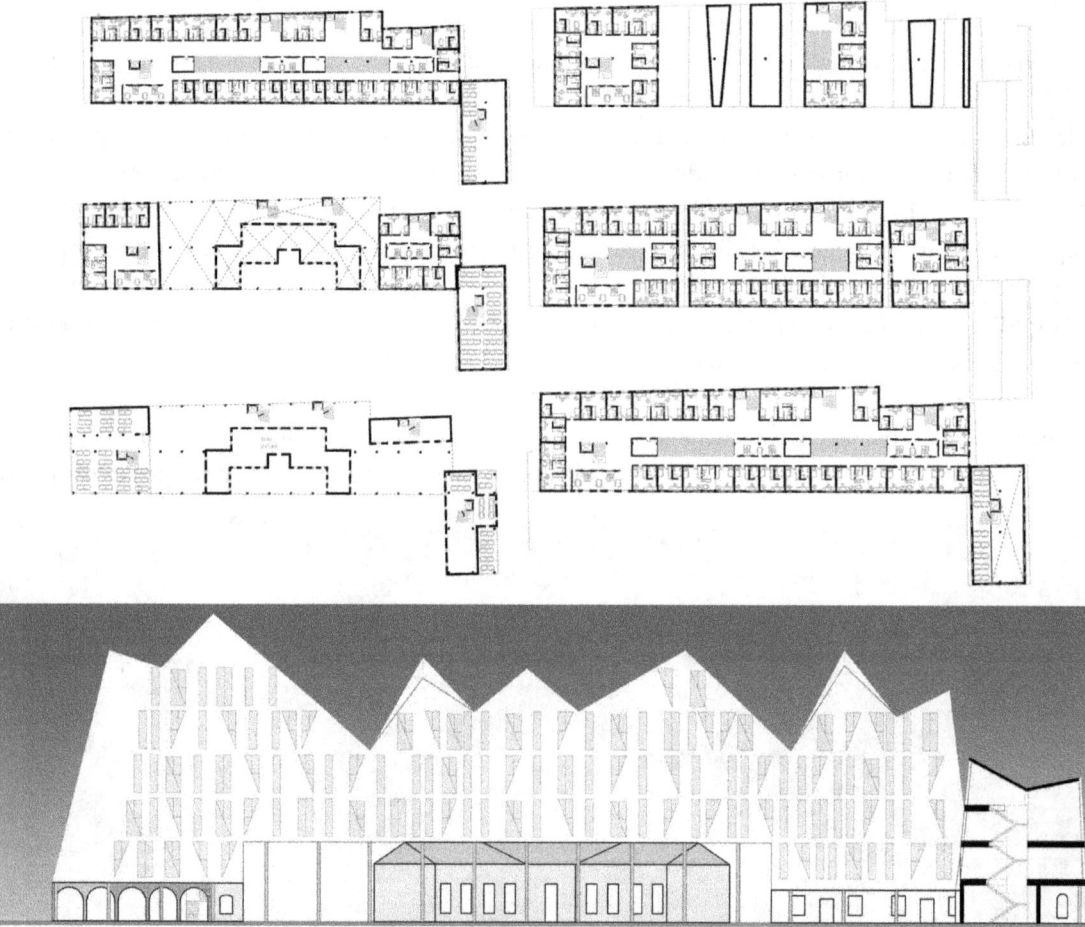

Figura 3. Piante e prospetto fronte sud: si noti l'integrazione con gli edifici esistenti che verranno conservati e ristrutturati.

- tipologie ricettive diverse, con forme di accoglienza e livello di assistenza ai residenti che identificano modelli ed esperienze abitative differenti (dalla residenza individuale completamente autonoma, agli alloggi con servizi aggregati con forme di coabitazione e di integrazione interpersonale più ampie, fino alle camere che gravitano su servizi comuni centralizzati);
- l'interazione di utenze residenziali diversificate che convivono e si rapportano tra di loro (studenti/ricercatori/visiting professor, foresteria per scambi con strutture didattiche e di ricerca nazionali ed internazionali, alloggi legati allo sport) danno vita ad un importante scambio ed arricchimento culturale;
- la dotazione di servizi comuni di supporto e di una pluralità di funzioni sportive, di strutture per la vita associata, per eventi e spettacoli a livello nazionale ed internazionale, che si integrano con il mondo universitario apportando vitalità ed esperienze diverse: la città entra nella comunità universitaria;
- il superamento della concezione a blocchi edilizi residenziali chiusi ed isolati e la concezione di un tessuto continuo fatto di parti edilizie e di funzioni diverse integrate.

### Il tessuto ambientale e delle relazioni

La limitazione delle percorrenze veicolari determina un'area di grande qualità ambientale in cui si inserisce il complesso delle residenze e dalla quale é escluso il traffico veicolare. Un tessuto connettivo fatto di percorsi pedonali e ciclabili, di soluzioni ambientali e di un sistema di spazi per la vita associata, attraversa l'area ed entra all'interno degli edifici. Interno ed esterno si incontrano e danno luogo a situazioni intermedie, a luoghi di incontro e forme di coesione tra individuale e collettivo. La mobilità ciclabile predomina all'interno dell'isola, tanto ché proprio dalle piste ciclabili sarà possibile produrre energia pulita. Le piste ciclabili saranno realizzate con un moderno sistema che utilizza pannelli fotovoltaici, già sperimentato in Olanda, in grado di produrre una considerevole quantità di energia elettrica. Di notte le piste saranno illuminate da led inseriti nei pannelli che costituiscono le piste ciclabili. Il sistema è autosufficiente. Durante il giorno le celle fotovoltaiche assorbono la radiazione solare, dopo il tramonto i microscopici led installati sulle piste si illuminano. Queste particolari corsie stradali fotovoltaiche sono utilizzate per fornire energia ai segnali stradali e alimentare veicoli elettrici a impatto zero destinati allo spostamento merci su tutta l'isola.

### L'Atrium

L'aggregazione dei vari elementi funzionali si sviluppa attorno ad un unico sistema circolare con corte interna per permettere alle imbarcazioni l'accesso diretto all'edificio, realizzando uno spazio di incontro e di lavoro di elevata qualità ambientale. Come avveniva nell'atrio della domus romana, la corte interna, fortemente caratterizzata anche con elementi architettonici ed opere d'arte, si propone

Figura 4. Piste ciclabili fotovoltaiche illuminate a led (Woordvoerder SolaRoad: www.solaroad.nl).

e si individua come principale punto di approdo dell'isola e come il centro aggregativo e simbolico del Campus. La forma circolare si erge sulla parte dell'isola a Sud-Est dove si trovano i resti dell'Ottagono, parte delle fortificazioni realizzate al tempo della guerra di Chioggia.

## Il Green building

Alla corte interna è affidato anche un importante ruolo di natura micro-ambientale, per il contenimento energetico e la riduzione delle dispersioni nell'ambiente. Cambiando la diffusa consuetudine progettuale moderna di pensare al progetto architettonico in autonomia rispetto ai temi climatici ed ai problemi energetici da risolvere con supporti impiantistici introdotti a posteriori, l'intero organismo architettonico è modellato per ottenere un bilancio energetico ottimale. Il tipo edilizio circolare reinterpreta e ripropone elementi della nostra tradizione, come la casa a corte, il porticato o il chiostro e il verde presente all'interno degli edifici, introduce effetti significativi per la regolazione termica degli ambienti e per creare riserve termiche e forme di ventilazione naturale. Le soluzioni scelte sono efficaci per il contenimento delle dispersioni, per l'ottimizzazione degli impianti e per l'utilizzo di energie rinnovabili.

Gli obbiettivi progettuali si articolano su alcuni elementi essenziali:
- la permeabilità: gli edifici non sono barriere fisiche o oggetti architettonici chiusi ma elementi di un tessuto che li attraversa fisicamente e visivamente;
- la leggerezza: l'imponenza e la massa architettonica dei corpi di fabbrica lasciano il passo ad un'architettura aperta e non monumentale: il peso fisico e percettivo della costruzione si dissolve.

Il volume è aperto al gioco delle penetrazioni visive; le differenti funzioni presenti ed i diversi effetti spaziali che si susseguono sono aperti e percepibili allo sguardo di chi si sposta all'interno come all'esterno degli edifici. Un involucro leggero a più strati realizzato con i materiali e prodotti di tecnologie innovative forma una doppia pelle sulla struttura in cemento armato, proponendo un gradevole ombreggiamento e creando una efficace protezione climatica per lo spazio abitato interno. I volumi architettonici realizzati con geometrie elementari utilizzano materiali volutamente semplici, di tipo industriale. La dinamicità della facciata del nuovo edificio per l'auditorium, si ispira ai movimenti della nebbia e dell'acqua della laguna veneziana, pensata con pannelli in polimero rinforzato con fibra di vetro, simili a fasce orizzontali increspate (che simulano le onde del mare) e sensibili alle variazioni della luce. Sempre da un punto di vista di soluzioni tecnologiche all'insegna della sostenibilità, il nuovo Auditorium ha puntato su una pelle altamente isolata dal punto di vista termico, impianti evoluti per il riscaldamento e raffrescamento, sistemi per la gestione intelligente dell'illuminazione

Figura 5. Copertura dell'auditorium con lucernari integrati moduli micro eolico per le residenze.

(automazione) e sistemi di recupero e riuso dell'acqua piovana. I diversi lucernari, integrati con pannelli vetro - vetro fotovoltaico - e le aperture sul fronte mare creano diverse viste sulla laguna, un giardino verticale interno consente di ricreare una ambientazione naturale e garantisce nella stagione estiva un buon rinfrescamento evaporativo con il ruscellamento dell'acqua in una vasca sottostante la parete verde. Nel progetto sono previsti nuovi pontili, distribuiti su tutta l'isola, che costituiscono diversi punti di attracco per le imbarcazioni, in modo che l'isola risulti facilmente accessibile anche da imbarcazioni di piccola dimensione sia a vela che a motore. Per tutte le aree permeabili e gli edifici il progetto prevede un sistema di recupero delle acque piovane, in modo da poter recuperare e riciclare l'acqua piovana per uso sanitario e per irrigazione delle aree verdi e del parco attrezzato. Si stima che nel Campus universitario, in particolare per le residenze, circa il 50% del fabbisogno giornaliero d'acqua (che corrisponde a una richiesta procapite giornaliera variabile tra 150 e 200 litri) possa essere fornito dal recupero delle acque piovane. A causa della mancanza di autoveicoli nell'isola è possibile avere un riutilizzo dell'acqua piovana maggiore rispetto ai centri urbani abitati e pertanto la qualità dell'acqua è maggiore per l'assenza di sostanze inquinanti che possono alterarne le caratteristiche fisiche, chimiche e microbiologiche.

**Integrazione impianti ad energia rinnovabile**
La copertura dell'Auditorium rivolta verso sud-est è integrata con pannelli solari fotovoltaici vetro-vetro e forniscono gran parte del fabbisogno energetico del Campus. La copertura dell'auditorium consente di avere un buon irraggiamento solare così l'integrazione del fotovoltaico nella copertura semitrasparente realizzata con celle vetro-vetro raggiunge una potenza di picco di circa 70 kW. Le piste ciclabili fotovoltaiche sono costituite con celle solari inserite in lastre speciali di cemento e ricoperte con un vetro che permette il passaggio della luce solare. Sulla superficie esterna è inserito un rivestimento non adesivo che crea una leggera inclinazione affinché la pioggia lavi via lo sporco e la superficie rimanga pulita. In questo modo viene garantita la massima esposizione alla luce solare e la pulizia della superficie, la resa annua prevista delle piste ciclabili è di circa 70 kWh per metro quadro l'anno, un dato abbastanza buono considerato il fatto che l'inclinazione delle celle non è quella ottimale. Un'altra soluzione adottata è la micro generazione da impianti micro eolici posizionati sulla copertura delle residenze universitarie. L'isola riesce a raggiungere una ventosità media minima annuale paria a 5 m al secondo, ovvero 18km/h, pertanto le micro turbine si adattano alla copertura, viste le ridotte dimensioni, e riescono a lavorare con regimi di vento inferiori a quelli richiesti per gli impianti mini eolici. Le turbine eoliche previste nel progetto sono ad asse verticale, con una

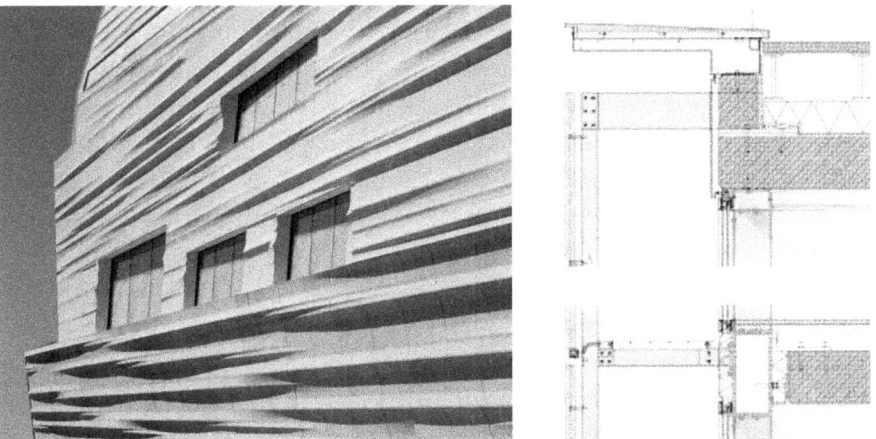

Figura 6. Particolare facciata auditorium in fibra di vetro e particolare tecnologico facciata.

potenza di 2 kWp ciascuna, e sono in grado di orientarsi automaticamente in modo da sfruttare al massimo la forza del vento [Battisti 2011]. Le turbine eoliche previste nel progetto delle residenze hanno un'altezza variabile dai 90 cm fino ai 120 cm. Questo tipo di turbine eoliche è silenzioso e in grado di produrre elettricità anche quando il vento non soffia forte.

**Il sistema di facciata**
Per dare modo di regolare l'effetto ombreggiante nell'arco dell'anno, i pannelli ombreggianti di alluminio sono in gran parte apribili con un sistema di motori elettrici che consentono di adeguare l'apertura e conseguentemente l'intensità dell'illuminazione interna. Il tutto viene gestito da un sistema elettronico centralizzato. Anche nelle vetrate sono inseriti degli elementi apribili mediante attuatori elettrici comandati da centraline elettroniche che consentono di ottenere una ventilazione naturale dell'ambiente. L'impiego di vetri isolanti ad alte prestazioni e di profili in alluminio a taglio termico con specchiature delle stesse dimensioni dei pannelli in alluminio ha consentito un notevole risparmio energetico, che era uno degli obiettivi del progetto [Futagawa 2006].

**Conclusioni**
Il carattere distintivo del progetto è dato dalla necessità di rendere il Campus autosufficiente dal punto di vista energetico, così tutta la progettazione è stata rivolta verso la riduzione dei consumi energetici ed integrazione ambientale, favorendo lo studio di una progettazione del paesaggio integrata nel design degli edifici. L'autosufficienza è garantita soprattutto dalla riduzione della dispersione energetica e l'utilizzazione diffusa delle fonti rinnovabili, con interventi finalizzati a introdurre soluzioni innovative nella produzione e nel risparmio energetico con particolare attenzione agli edifici e agli impianti del Campus. Pertanto il progetto propone:
- efficienza energetica in ambito elettrico: le moderne tecnologie al servizio dell'efficienza energetica;
- laboratori sperimentali: reti di distribuzione dell'energia elettrica innovative;
- monitoraggio dei consumi elettrici: soluzioni per la riduzione dei consumi di energia elettrica e ottimizzazione dei profili di prelievo.

Altro tema strategico del progetto è quello di migliorare la qualità ambientale (aria, acqua, suolo) e riqualificare gli spazi aperti, attraverso la valorizzazione delle condizioni di fruibilità delle aree verdi e dei luoghi di socializzazione. Prioritari gli interventi di percorrenza ciclabile e pedonale sull'isola e la gestione e il riciclaggio dei rifiuti. È stata inoltre prevista per il monitoraggio degli impianti una piattaforma di energy management che sovrintende l'intero Campus e permette di prevedere i consumi globali, la generazione di energia da fonti rinnovabili e di effettuare la pianificazione dell'esercizio, controllando in tempo reale le unità di generazione tradizionali presenti in campo ed ottimizzando i cicli di carica e scarica dei sistemi di accumulo per valorizzare al meglio la produzione da fonte rinnovabile. All'impatto positivo sull'ambiente dovuto alla riduzione complessiva delle emissioni di $CO_2$, stimabile in 120 tonnellate/anno, si uniscono vantaggi anche dal punto di vista economico. Prima di tutto per quanto riguarda la gestione, in quanto, grazie all'energia elettrica e termica autoprodotte, è possibile ridurre considerevolmente i prelievi di elettricità dalla rete esterna e il consumo di gas nelle caldaie per il riscaldamento degli ambienti.

**Riferimenti bibliografici**
Battisti, L. [2011]. *Gli Impianti Motori Eolici*, ed. Green Place Energies.
Dall'Olio, L.; Mandolesi, D. [2015]. *Manuale di progettazione. Residenze collettive. Residenze universitarie e residenze per anziani*, Mancosu, Roma.
Futagawa, Y. [2006] GA *Contemporary Architecture: University* No. 5, ADA Editors, Tokyo (J).

# IAQ E ASPETTI FISICO-TECNICI NELLE RESIDENZE UNIVERSITARIE: CRITICITA' E SOLUZIONI PROGETTUALI EFFICIENTI E SOSTENIBILI

**Gianfranco Cellai**
Università degli Studi di Firenze, Dipartimento di Ingegneria Industriale
**Cristina Carletti**
Università degli Studi di Firenze, Dipartimento di Ingegneria Industriale
**Leone Pierangioli**
Università degli Studi di Firenze, Dipartimento di Ingegneria Industriale
**Fabio Sciurpi**
Università degli Studi di Firenze, Dipartimento di Ingegneria Industriale
**Simone Secchi**
Università degli Studi di Firenze, Dipartimento di Ingegneria Industriale

**Parole chiave**
Nearly Zero Energy Building, costi di manutenzione, controllo del rumore e della luce, residenze universitarie, Indoor air quality.

*Abstract*
*The latest standards for energy efficiency of buildings, in force from October 2015, together with the provisions concerning noise and lighting requirements (DM 24.12.2015), lead the designer of residential building in general and of university residence buildings in particular, to address a number of closely interrelated issues, that, if not properly resolved, can create serious problems in terms of building management which are unacceptable from a regulatory point of view even before than from a technical point of view.*

*In this context, the priority is to take on a correct approach aimed, primarily, at identifying solutions which are consistent; on the one hand, with the reductions of winter and summer thermal loads and, on the other, with the predetermined conditions of thermal comfort and air quality in general.*

*The reduction of thermal loads concerns the choice of design solutions for opaque and transparent building envelope that both comply with the nZEB (nearly Zero Energy Building) standard and adapt to the expected climate change.*

*The reduction of thermal loads leads to the possibility of designing HVAC systems which make use low enthalpy renewable energy sources. This approach can reduce management costs to a negligible value if compared to other costs.*

*Other important critical aspects which are typical of university residences are the control of airborne and structure borne noise transmission, with regard to the present sources and the particular type of users.*

*In summary, the performance requirement regulations regarding university residences are compared with the building physics regulations applicable to both new buildings construction and existing buildings renovation, in order to produce an inventory of sample compliant technical solutions which have planning and management implications.*

**Introduzione alla problematica e quadro normativo**
La progettazione e la riqualificazione di edifici in generale, compresi quelli destinati a residenze universitarie, devono confrontarsi con importanti e stringenti disposizioni legislative emanate a partire dal 2011 e conclusesi alla fine del 2015. Tali disposizioni [DM n.27/2011; D.lgs n.28/2011; DD.MM 26.06.2015; DM 24.12.2015] sono sostanzialmente indirizzate al contenimento dei consumi energetici mediante il controllo dei carichi termici, l'efficienza degli impianti, l'obbligo nell'uso di fonti rinnovabili ed infine, nell'ambito di appalti pubblici, nell'adozione di criteri ambientali minimi per l'affidamento di servizi di progettazione e lavori per la nuova costruzione, ristrutturazione e manutenzione di edifici. Il quadro normativo e legislativo disegnato, unitamente alle disposizioni in materia di requisiti acustici [DPCM 5.12.97; UNI 11367/2010] ed illuminotecnici [DM 05.07.1975; DM 24 .12.2015], portano il progettista ad affrontare una serie di problematiche strettamente interconnesse che, se non debitamente risolte, creano criticità insormontabili sul piano progettuale e della gestione dell'edificio e quindi inaccettabili anche sul piano normativo prima ancora che tecnico. La rilevanza di tali norme è tale da condizionare sensibilmente molti aspetti del tema progettuale in esame e pertanto meritano di essere esaminate evidenziando, per quanto possibile nella sintesi della memoria, le buone pratiche progettuali.

Sintetizzando, sotto il profilo energetico si è consolidata un'azione a tridente:
- prioritariamente si assume un corretto approccio finalizzato ad individuare soluzioni progettuali coerenti con la riduzione dei carichi termici invernali e soprattutto estivi;
- con carichi ridotti si hanno impianti piccoli a bassa entalpia, efficienti e a basso consumo energetico;
- tali impianti sono alimentati per valori superiori al 50% del fabbisogno energetico complessivo (compresa l'acqua calda sanitaria) con fonti energetiche rinnovabili (essenzialmente pompe di calore, solare termico e fotovoltaico), il tutto improntato a criteri di sostenibilità e attenzione alla conservazione delle risorse ambientali senza trascurare condizioni di benessere e di qualità dell'aria (IAQ) in senso lato.

La riduzione dei carichi termici attiene alla scelta di soluzioni progettuali d'involucro (opaco e trasparente) conformi allo standard nZEB (near Zero Energy Building) ma adatte ai cambiamenti climatici attesi, a partire dal 01.01.2019 per gli edifici pubblici.

Per avere un'idea di cosa rappresenti l'adozione di tali criteri, possiamo considerare che in regime invernale i consumi energetici sono ridotti di oltre 10 volte ( da oltre 160 a 16 kWh/m$^2$anno) e si possono considerare trascurabili a fronte dei consumi estivi in assenza di un controllo dell'irraggiamento solare, mentre le fonti rinnovabili dovranno coprire non meno del 50% della somma complessiva dei fabbisogni energetici per la climatizzazione invernale, estiva e acqua calda sanitaria, con tendenza all'autosufficienza energetica ormai a portata di mano.

È inoltre fatto obbligo dell'uso del solare fotovoltaico a partire da una potenza minima di picco P (kWp) determinata dividendo la proiezione in pianta al suolo del fabbricato per un fattore K=50 (ad es. 1000 m$^2$/50 = 20 kWp corrispondenti all'incirca a 120 m$^2$ di pannelli). Nel caso d'installazione di pannelli (termici o fotovoltaici) sulla copertura del fabbricato questi dovranno avere stesso orientamento e pendenza della falda.

Le soluzioni progettuali dovranno inoltre *adattarsi* ai cambiamenti climatici attesi il che richiede ancora maggiore attenzione al regime estivo.

Gli aspetti energetici sono tuttavia subordinati a quelli inerenti al benessere termico, acustico, illuminotecnico e di qualità dell'aria, richiesti espressamente sia dal Decreto n°27/2011 specifico per le residenze universitarie e ancor più recentemente dal Decreto 24.12.2015.

In particolare, e per quanto d'interesse nell'argomento trattato, il DM 27/2011, nell'allegato A al punto 6. *Criteri generali relativi ai requisiti degli interventi di edilizia residenziale per studenti*, indica

| Esigenza | Prescrizione |
|---|---|
| 2.2.2 Approvvigionamento energetico | Si deve prevedere un sistema (termico ed elettrico) in grado di coprire almeno 50% del fabbisogno mediante uno o più dei seguenti interventi:<br>- realizzazione di centrali di cogenerazione;<br>- nstallazione di parchi fotovoltaici o eolici;<br>- collettori solari termici per ACS;<br>- impianti geotermici a bassa entalpia. |
| 2.2.3 Riduzione dell'impatto sul microclima | - Superfici permeabili: uso di materiali filtranti (p. es. tetti verdi, superfici verdi, ecc.).<br>- Superfici impermeabili: uso di materiali ad alto indice di riflessione SRI (Solar Reflectance Index):<br>- per i tetti con pendenza > 15% : SRI ≥ 29<br>- per tetti con pendenza < 15% : SRI ≥75<br>- per altre superfici (p. es. marciapiedi, parcheggi, piazze ecc.) SRI ≥29. |
| 2.3.2 Prestazione energetica | - L'indice di prestazione energetica globale EPgl deve corrispondere almeno alla classe A2 ( consumi compresi tra il 60% e l'80% dell'edificio di riferimento avente valori prestazionali in vigore dal 1.1.2019.<br>- La capacità termica areica interna periodica, calcolata secondo la UNI EN ISO 13786:2008 deve avere un valore di almeno 40 kJ/m2K.<br>- Nelle ristrutturazioni importanti (≥ 2° Livello DM 26.06.15-1) con classe energetica tra E e G: conseguire miglioramento di almeno due classi;<br>- Con classe tra B e D: conseguire miglioramento di almeno una classe. |
| 2.3.4 Risparmio idrico | - Recupero acque piovane in base alla UNI/TS 11445 per innaffiamento aree verdi e scarichi sanitari (impianti duali);<br>- Apparecchi sanitari con cassette a doppio scarico (3 e 6 litri). |
| 2.3.5.Illuminazione naturale | - fattore medio di luce diurna FLDm > 2%.<br>- superfici illuminanti della zona giorno (soggiorni, sale da pranzo, cucine abitabili e simili) orientate a Sud-Est, Sud e Sud-Ovest.<br>- Le vetrate con esposizione Sud, Sud-Est è Sud-Ovest devono disporre di protezioni esterne progettate in modo da non bloccare l'accesso della radiazione solare diretta in inverno. |
| 2.3.5.2 Aerazione naturale e ventilazione meccanica controllata (VMC) | - superfici apribili in relazione alla superficie calpestabile del locale ( almeno 1/8 della superficie del pavimento), con numero di ricambi previsto dalle norme UNI10339 e UNI13779.<br>- con impianto VMC questo deve essere di Classe II facendo riferimento alla norma UNI 15251:2008. |
| 2.3.5.3 Dispositivi di protezione solare | - sistemi di schermatura e/o ombreggiamento fissi o mobili verso l'esterno e con esposizione da Sud-Sud-Est. (SSE) a Sud-Sud-Ovest (SSO).<br>- i dispositivi di protezione solare devono avere prestazione di schermatura (gtot) di classe 2 o superiore come definito dalla norma UNI EN14501:2006: 0,15 ≤ gtot < 0,351<br>Il requisito si verifica dalle ore 10 alle 16 del 21 dicembre e del 21 giugno. |
| 2.3.5.6. Comfort acustico | Requisiti acustici passivi ≥ di classe II norme UNI 11367 e UNI 11444.<br>Tempi di riverbero a norma UNI 11532:2014 (T ≤ 0,7 s per aule scolastiche, ambienti espositivi, sale da conferenza, mense, T ≤1,5 s per piscine e palestre). |
| 2.3.5.7 Comfort termoigrometrico | PMV e PPD – Classe B Norma UNI EN ISO 7730:2006 |
| 2.3.6 Piano di manutenzione / gestione dell'opera e delle sue parti | Deve prevedere la verifica dei livelli prestazionali qualitativi e quantitativi, comprensivo di monitoraggio e controllo della qualità dell'aria interna degli edifici. |
| 2.4.2.11 Impianti di illuminazione | Lampade con efficienza luminosa η≥ 80 (lm/W) ovvero a LED.<br>Indice di resa cromatica Ra ≥ 90 ridotto a 80 per ambienti esterni pertinenziali.<br>Livello di dotazione 3 – Domotica con rilevazione di presenza. |
| 2.4.2.12 Impianti di climatizzazione | Prestazioni energetiche a norma di legge.<br>Prevedere spazi per impianti tecnologici in locali adeguati per consentire la corretta manutenzione e per le condotte aerauliche prevedere ispezioni per manutenzione igienica. |

Tabella 1. Sintesi delle disposizioni contenute nell'Allegato 1 al DM 24.12.2015 "Criteri ambientali minimi per l'affidamento di servizi di progettazione e lavori per la nuova costruzione ristrutturazione e manutenzione di edifici della pubblica amministrazione".

genericamente le linee guida da seguire nella progettazione e riqualificazione degli edifici, che deveno essere improntate a "....una esauriente caratterizzazione del sito (in funzione del clima, disponibilità di fonti energetiche rinnovabili, disponibilità di luce naturale, ecc.) e dei fattori ambientali che possono essere influenzati dall'intervento, in modo da orientare l'intervento stesso al loro rispetto (aria, bilancio idrico e ciclo dell'acqua, suolo e sottosuolo, ecosistemi e paesaggio, aspetti storico tipologici)." Tali generiche indicazioni trovano oggi esplicita ed analitica conferma nelle norme energetiche richiamate, tra le quali emerge quanto riportato nel DM 24.12.2015 nell'Allegato 1 e che riportiamo per sommi capi nella Tabella 1. Dall'esame della Tabella 1, unitamente alle norme richiamate, si evince la complessità degli aspetti fisico-tecnici da affrontare da parte del progettista, ed in particolare quelli relativi al controllo dei consumi energetici e del benessere termoigrometrico, acustico ed illuminotecnico le cui implicazioni pratiche trovano tuttavia conferma e coerenza nella progettazione specifica delle residenze universitarie.

| Tipologia | Descrizione | Criticità maggiori |
|---|---|---|
| 1) ad albergo | L'organizzazione spaziale è impostata su corridoi sui quali si affacciano le camere singole (preferenziale) o doppie. Questo tipo è realizzabile preferibilmente con bagno di pertinenza. Negli schemi le soluzioni prefigurano una o due distinte unità immobiliari a seconda delle modalità di accesso. | Molto critico il contenimento della rumorosità verso il corridoio, con prestazioni assai elevate d'isolamento delle partizioni verticali e orizzontali e delle porte interne, nonché dei servizi nel caso di bagno in comune. L'accesso in comune ai servizi dovrebbe comunque essere evitato anche nel caso di servizi separati. Impianti con costi di gestione e manutenzione potenzialmente elevati che richiedono necessariamente livelli di dotazione domotica. |
| 2) a minialloggi | Appartamenti di piccole dimensioni raggruppati intorno a zone di distribuzione. Ogni appartamento, con uno o due utenti, è autonomo in quanto dotato di zona cottura, servizio igienico ed eventuale zona giorno. Gli spazi comuni dell'intero complesso sono molto ridotti e riferiti a servizi essenziali. Negli schemi le soluzioni prefigurano una o due distinte unità immobiliari a seconda delle modalità di accesso. | Minore criticità rispetto al Tipo 1. L'attenzione maggiore deve essere posta ai problemi di rumorosità provenienti dalle zone comuni. È consigliata una zona cottura separata dall'alloggio e l'installazione di una ventilazione meccanica. L'aggregazione con servizi in comune presenta maggiori criticità dal puto di vista acustico e della ventilazione. |
| 3) a nuclei integrati | È costituita da un numero variabile di camere, preferibilmente singole, in grado di ospitare da tre a otto studenti, che fanno riferimento per alcune funzioni (preparazione pasti, pranzo e soggiorno, ecc.) ad ambiti spaziali riservati, dando luogo a nuclei separati d'utenza. Nello schema la soluzione prefigura una unità immobiliare. | Situazione molto problematica da gestire sul fronte della rumorosità e della qualità dell'aria interna per l'elevato affollamento. Impianti di ventilazione e o condizionamento che richiedono una elevata prestazione per una IAQ accettabile. Particolare attenzione è richiesta per la progettazione degli spazi comuni. |
| 4) misti | Soluzione con compresenza di diversi tipi distributivi. | Situazioni che possono sinergicamente aggravare le criticità dei singoli tipi esaminati. |

Tabella 2. Tipologie di alloggi e residenze DM n. 27/2011 e relative criticità.

## La progettazione di alloggi e residenze universitarie: le principali criticità

La progettazione di tali edifici deve tener conto di alcune particolarità che, se dal punto di vista sociale e culturale costituiscono un indubbio vantaggio, dall'altro presentano specifiche criticità che giustificano il quadro prestazionale di Tabella 1 e meritano un approfondimento, anche perché tra loro interconnesse. Partiamo dall'esaminare le tipologie di alloggi [Del Nord, 2014], richiamate nel DM n. 27/2011 e le relative problematiche evidenziate in Tabella 2 [Bologna,2014]. Le strutture, inoltre, devono assicurare agli studenti aree funzionali AF dedicate a servizi culturali, didattici e ricreativi che a loro volta richiedono una qualità particolarmente elevata ben oltre quella richiesta dalla residenza (Tabella 3). In sintesi la soluzione tipologica a nuclei aggregati, seguita da quella ad albergo, presentano le maggiori criticità.

| Tipologia | Descrizione | Criticità maggiori |
|---|---|---|
| AF2, Servizi culturali e didattici | Funzioni di studio, ricerca, documentazione, lettura, riunione, ecc., che lo studente compie in forma individuale o di gruppo anche al di fuori del proprio ambito residenziale privato o semiprivato; | Prestazioni acustiche, illuminotecniche e IAQ elevate riconducibili a quelle delle biblioteche e delle aule scolastiche. |
| AF3, Servizi ricreativi | Comprende funzioni di tempo libero finalizzate allo svago, alla formazione culturale non istituzionale, alla cultura fisica, alla conoscenza interpersonale e socializzazione, ecc., che lo studente compie in forma individuale o di gruppo. | L'attenzione maggiore deve essere posta ai problemi di rumorosità provenienti da tali zone caratterizzate da affollamento e attività tipicamente rumorose. |
| AF4, Servizi di supporto, gestionali e amministrativi | Comprende le funzioni di accesso e distribuzione, di accoglienza, di incontro e di scambio tra gli studenti e le funzioni di collegamento spaziale tra aree funzionali e all'interno di queste; parcheggio auto/moto vani tecnici e servizi tecnologici in genere. | Adeguata previsione della collocazione dei locali tecnici e dei parcheggi sia per le condizioni di rumorosità ma anche di pericolosità. |

Tabella 3. Aree funzionali DM 07/02/2011 n. 27 e relative criticità.

### I requisiti prestazionali

Di seguito si esaminano alcuni dei principali requisiti prestazionali elencati in Tabella 1 che possono essere assunti a riferimento nella progettazione delle strutture in esame al fine di soddisfare le esigenze richieste.

*Prestazioni termiche d'involucro*

Le norme vigenti per le nuove costruzioni ed interventi assimilati hanno eliminato indicazioni prescrittive per le trasmittanze dei componenti opachi e trasparenti sostituite dal coefficiente globale di scambio termico H'T (W/m2K) di Tabella 4 tratta dall'Appendice A del DM 26/06/2015-1 sui requisiti minimi. Il valore è funzione del rapporto di forma S/V ($m^{-1}$) tra superficie disperdente S ($m^2$) che delimita il volume riscaldato V ($m^3$) e della zona climatica. I componenti finestrati, subiscono una limitazione dimensionale imposta dal rapporto tra superficie solare equivalente estiva su unità di superficie utile A sol,est/AsupUtile ≤ 0,03.

In pratica se si vuole ottemperare al rapporto aerante di almeno 1/8 di superficie apribile della superficie del locale occorre installare serramenti dotati di ottime prestazioni termiche con vetri schermati o dotati di un fattore solare g contenuto nel campo di valori di classe II della Tabella 1.

A titolo esemplificativo, per una stanza di 16 $m^2$, la superficie finestrata minima è pari a 2 $m^2$ ed il telaio della finestra è all'incirca un 30% di tale apertura (0,6 m²); in assenza di schermature esterne si ha Asol = 0,35 ·1,4 = 0,49 , corrispondente ad un rapporto di 0,031 al limite del valore ammesso.

| RAPPORTO DI FORMA (S/V) | Zona climatica | | | | |
|---|---|---|---|---|---|
| | A e B | C | D | E | F |
| S/V ≥ 0,7 | 0,58 | 0,55 | 0,53 | 0,50 | 0,48 |
| 0,7 > S/V ≥ 0,4 | 0,63 | 0,60 | 0,58 | 0,55 | 0,53 |
| 0,4 > S/V | 0,80 | 0,80 | 0,80 | 0,75 | 0,70 |

Tabella 4. (Appendice A) Valore massimo ammissibile del coefficiente globale di scambio termico H'T (W/m²K)*
* H'T = Htr, / $\sum$k Ak (W/m²K).
Dove: Htr (W/K) è il coefficiente globale di scambio termico per trasmissione dell'involucro (UNI/TS 11300-1)
Ak (m2) è la superficie del k-esimo componente (opaco o trasparente) costituente l'involucro.

Per la trasmittanza U (W/m²K)dei componenti opachi e trasparenti si può fare riferimento ai valori target dell'edificio nZEB della Tabella 5. Infine, per soddisfare l'esigenza di avere una capacità termica areica interna periodica ≥ 40 kJ/m²K occorre fare uso di strutture dotate di buona inerzia termica.
In sintesi, la simulazione dinamica su base oraria del progetto architettonico appare ineludibile al fine di affrontare in modo adeguato la complessità normativa ed esigenziale.

| Zona climatica | Urif (W/m²K) | |
|---|---|---|
| | Strutture opache Dal 1° gennaio 2019 | Chiusure trasparenti Dal 1° gennaio 2019 |
| A-B | 0,43 | 3,00 |
| C | 0,34 | 2,20 |
| D | 0,29 | 1,80 |
| E | 0,26 | 1,40 |
| F | 0,24 | 1,10 |

Tabella5. (Appendice A) DM 26/06/2015-1 Trasmittanza termica U di riferimento delle strutture opache verticali, verso l'esterno, gli ambienti non riscaldati o contro terrra.

### *Le protezioni solari*
Gli elementi frangisole sono definiti dalla norma UNI 8369 come elementi aventi la funzione del controllo dell'energia radiante del sole, l'illuminazione e la visibilità tra interno ed esterno, sono applicabili al singolo serramento oppure all'intero edificio o porzione di esso.
L'efficacia della protezione dal sole dipende dalla giacitura (perpendicolare o parallelo alla facciata) e dalla posizione (esterna, interna, integrata) dello schermo rispetto al serramento, dall'orientamento, dalle caratteristiche dei materiali utilizzati (conducibilità termica, riflettanza), nonché dalla finitura (tipologia di prodotto e colore) [Cellai et al, 2013]. Le schermature esterne presentano la maggiore efficacia sotto il profilo termico, intercettando la radiazione solare prima dell'attraversamento del vetro, ed acustico, riducendo per effetto della riflessione/assorbimento la pressione sonora incidente sulla facciata (tipicamente dovuta al traffico) [Baldini et al, 2011]. I vetri a controllo solare possono essere utilizzati quando l'edificio presenta vincoli che non consentano la modifica dei serramenti o del prospetto di facciata; presentando le stessa riduzione dei guadagni solari sia in estate che in inverno il loro utilizzo deve essere attentamente valutato in funzione della esposizione e destinazione d'uso dell'immobile. Un altro elemento importante è la scelta tra schermature fisse e mobili, sulle quali insiste l'azione da parte dell'utente. Le prime non permettono di variare il tipo di risposta alle

sollecitazioni energetiche e luminose e pertanto i loro effetti devono essere attentamente valutati nel progetto; peraltro queste schermature possono accogliere anche sistemi fotovoltaici per la produzione attiva di energia rinnovabile. Al contrario, le schermature mobili consentono, in modo manuale o automatizzato, di adeguarsi al percorso del sole durante il giorno e nel corso dell'anno, con un controllo puntuale degli elementi di ombreggiamento garantendo al contempo il massimo rendimento dell'illuminazione naturale; in particolare, le schermature automatizzate possono essere controllate da algoritmi legati sia ai valori rilevati di temperatura che d'illuminamento esterno. I principali benefici funzionali e prestazionali di un sistema di schermatura correlati alla posizione della stessa rispetto al serramento, sono i seguenti[Cellai et al, 2011, Carletti et al, 2012, Carletti et al, 2014]:
- ridurre gli apporti solari termici estivi non penalizzando gli apporti invernali;
- miglior comfort termico estivo mediante il controllo dello scambio termico radiativo;
- miglior comfort visivo mediante il controllo dell'abbagliamento;
- miglior comfort acustico agendo sulle prestazioni acustiche dell'involucro;
- miglior resistenza termica della combinazione serramento + schermo.

Al fine di sintetizzare le prestazioni dei più comuni sistemi di schermatura nella Tabella 6 sono riportate in forma sintetica alcune valutazioni prestazionali [REHVA, 2010].
Considerata la grande variabilità delle casistiche, si possono evidenziare alcuni aspetti generali al fine di consentire la scelta di soluzioni schermanti sulla base dei requisiti prestazionali di ciascun sistema e della fattibilità tecnica come riportato nella Tabella 7 [Magrini, 2014]. I simboli riportati nell'esempio

| Tipologia di schermatura | | Parametri di controllo | | | | | | | | |
|---|---|---|---|---|---|---|---|---|---|---|
| | | 1 | 2 | 3 | 4 | 5 | 6 | 7 | 8 | 9 |
| **Posizione esterna rispetto al serramento** | | | | | | | | | | |
| Sistemi frangisole fissi | Frangisole orizzontale | ++ | ++ | - | + | + | ++ | - | ++ | S |
| | Aggetto orizzontale | + | ++ | - | + | + | ++ | - | ++ | S |
| | Brise-soleil a carabottino | ++ | + | - | + | + | + | - | + | S-E-O |
| | Frangisole a pala orizzontale | ++ | o | - | ++ | o | o | - | ++ | S |
| | Frangisole a pala verticale | + | o | - | + | o | o | o | ++ | E-O |
| Sistemi frangisole orientabili | Veneziana | ++ | ++ | o | ++ | + | o | o | + | S-E-O |
| | Persiana a battente | ++ | ++ | + | ++ | + | o | + | ++ | S-E-O |
| | Persiana avvolgibile | ++ | ++ | ++ | + | + | - | + | ++ | S-E-O |
| Sistemi a rullo | Tenda a rullo | + | ++ | - | + | o | - | - | o | S-E-O |
| | Tenda a rullo con aggetto | + | ++ | - | + | o | o | - | o | S-E-O |
| | Tenda a cappottina | + | ++ | - | o | o | ++ | - | o | S-E-O |
| | Tenda con bracci a spinta | + | ++ | - | + | o | + | - | o | S |
| **Posizione nell'intercapedine del vetrocamera e vetri a controllo solare** | | | | | | | | | | |
| Tenda alla veneziana | | o | ++ | - | o | + | o | - | - | S-E-O |
| Tenda a rullo in tessuto | | o | ++ | - | o | o | - | - | - | S-E-O |
| Vetri a controllo solare | | ++ | - | - | ++ | o | ++ | - | - | S-E-O |
| **Posizione interna rispetto al serramento** | | | | | | | | | | |
| Tenda a pannelli | | - | ++ | - | - | o | - | - | - | - |
| Tenda alla veneziana | | - | ++ | - | - | + | o | - | - | - |

Legenda: ++ eccellente ; + buono; o moderato; - non rilevante
E est; O ovest; S sud
1: apporti termici estivi; 2: apporti termici invernali; 3: riduzione delle dispersioni invernali; 4: comfort termico estivo; 5: comfort visivo; 6: percezione ambiente esterno; 7:comfort acustico; 8: resistenza al vento; 9: orientamento ottimale.
Tabella 6. Valutazione di differenti tipologie di schermatura in base a parametri ambientali e di comfort.

di valutazione sintetica della schermatura esprimono giudizi qualitativi in termini di buono (☺) o non soddisfacente (☹) relativamente ai seguenti requisiti ed indicatori prestazionali:
- fattibilità tecnica (FT): facilità di posa in opera del sistema, necessità di ponteggi e manodopera specializzata, necessità di ulteriori adempimenti da parte del progettista/proprietario in merito alle autorizzazioni richieste dagli enti preposti;
- gestione (M): possibilità dell'utente di agire sull'effetto schermante del sistema, per esempio variando l'inclinazione delle lamelle, facilità di manutenzione;
- $F_{inv}$, $F_{est}$: rappresentano i fattori di riduzione, rispettivamente invernale ed estivo, degli apporti termici solari espressi in percentuale.
- comfort visivo (VC): tiene conto della uniformità e quantità di illuminamento;
- $D_{2m,nT,w}$: isolamento acustico di facciata; in particolare si considera "buono" l'effetto quando il contributo del sistema è almeno superiore ad 1dB.

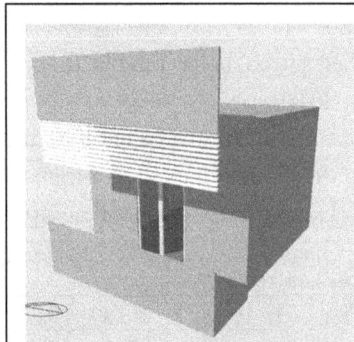

La prestazione energetica migliore si ha per l'orientamento sud con inclinazione delle lamelle di 0°. La schermatura consente adeguati valori di illuminamento in tutti i periodi dell'anno e secondo i vari orientamenti, garantendo una buona uniformità. La schermatura, nella configurazione con le lamelle inclinate a 0° integrate con materiale fonoassorbente, migliora sensibilmente l'isolamento acustico di facciata, che aumenta ai piani più alti dell'edificio.

| Valutazione sintetica della schermatura | | | | | |
|---|---|---|---|---|---|
| FT | M | Finv | Fest | VC | $D_{2m,nT,w}$ |
| ☹ | ☺ | ☹ | ☺ | ☺ | ☺ |

Tabella 7. Esempio di valutazione compartiva di un sistema di schermatura integrato con balcone e frangisole verticale parziale (inclinazione lamelle: 0°, 30°, 60°) [Magrini, 2014]

### Illuminazione e ventilazione naturale

Si è accennato al dimensionamento delle aperture trasparenti mediante il fattore aerante di 1/8 della pavimentazione del locale, tuttavia le relazioni intercorrenti tra il dimensionamento delle finestre e l'illuminazione naturale possono essere maggiormente critiche al momento di soddisfare il fattore di luce diurna medio FLDm definito dal DM 05/07/1975:

$$FLD_m = \frac{A_g \cdot t \cdot \varepsilon \cdot \psi}{A_{tot}(1-r_m)} > 2 \, (\%)$$

dove:
$A_g$ è l'area della superficie vetrata della finestra (m$_2$)
t è il fattore di trasmissione luminosa del vetro (-);
$\varepsilon$ è il fattore finestra, porzione di volta celeste vista dal baricentro della finestra:
$A_{tot}$ è l'area totale delle superfici che delimitano l'ambiente compreso la finestra;
$r_m = \Sigma i \, ri \cdot Ai/Atot$ è il fattore medio ponderato di riflessione luminosa delle superfici interne.
$\psi$ è il fattore di riduzione funzione della posizione della finestra rispetto a filo muro esterno.
Si dimostra che in assenza di ostruzioni esterne ($\varepsilon$ = 0,5), con un valore FLDm = 2%, con doppio vetro chiaro t = 0,81, per un comune ambiente di superficie 16 m$^2$ e volume di circa 48 m$^3$, con $r_m \le$ 0,6 ÷0,7, si soddisfa alla suddetta relazione con una finestra di superficie di circa 2 m$^2$ dimensionata col rapporto aerante (1/8).
Viceversa, qualora dovessimo adottare vetri a controllo solare per avere un valore g < 0,35, il valore di t si dimezzerebbe e quindi occorre mettere una finestra all'incirca di 4 m$^2$, doppia rispetto a quella

determinata con il rapporto aerante. Il valore suddetto potrebbe poi incrementarsi notevolmente in presenza di ostruzioni ovvero al diminuire di ε.

Diventa quindi molto importante, considerato il peso dei serramenti in termini energetici, acustici ed illuminotecnici, la scelta del tipo di vetri (compreso il loro indice di resa cromatica Ra ≥ 90), l'esposizione in relazione ad ombreggiamenti portati da edifici confinanti, la forma delle facciate dotate o meno di schermature ed aggetti fissi. Per la ventilazione al punto 2.3.5.2 (v. Tabella 1) si richiama anche la norma UNI EN 15251[2008], come indicazione progettuale; dovendo assicurare una ventilazione meccanica di categoria II, si raccomanda un minimo di 7 l/s/persona (≤ 25 m3/h/persona), a cui si dovrebbe aggiungere mediamente una quota di ventilazione di circa 2,5 m3/h/m2 di superficie calpestabile per la rimozione degli inquinanti dell'appartamento (emissioni da mobili, detersivi per pulizia, ecc.). In particolare la ventilazione riguarda le seguenti esigenze:
- rimozione dell'aria viziata da bagni e cucine, mediante ventilatori di estrazione localizzati;
- ventilazione generale dell'ambiente, richiamando aria fresca dall'esterno attraverso i locali di vita (soggiorno e camere) e asportando l'aria dagli ambienti umidi suddetti posti in depressione.

*Comfort acustico*

Le soluzioni tipologiche prospettate dal DM 27/2011 presentano molte criticità sotto questo punto di vista. Il primo aspetto da considerare è la delimitazione (confine) reale o ideale delle unità residenziali e l'individuazione delle funzioni di studio e soprattutto di riposo al loro interno: ciò consente di individuare il confine tra le attività meritevoli di protezione (compreso le AF2) rispetto ad attività confinanti classificate in base alla loro rumorosità (compreso le aree AF2 e AF3 in genere). In linea di massima, indipendentemente dalla tipologia, il confine di ciascuna unità è riferibile all'insieme di locali abitativi aventi medesimo accesso, ovvero porzione di unità immobiliare completamente delimitata destinata al soggiorno e alla permanenza di persone per lo svolgimento di attività e funzioni caratterizzanti la destinazione d'uso. In Tabella 8 è proposta una modalità di valutazione della criticità del progetto dal punto di vista acustico, mentre in Tabella 9 è proposta l'assegnazione di un punteggio di criticità in base alla classificazione di contatto: più alto è il punteggio e maggiore è la criticità (A migliore e D peggiore). Per quanto attiene alle soluzioni costruttivo-tecnologiche occorre fare riferimento a requisiti acustici passivi che consentano di ottenere almeno la classe II come definita dalla norma UNI 11367 (v. Tabella 10), ovvero prestazioni attese Buone da parte degli occupanti. Qualora si utilizzasse la soluzione tipologica ad albergo, ed in una certa misura anche quella a nuclei integrati, più correttamente si deve fare riferimento alla classe II prevista per strutture ricettive.

In tal caso la valutazione dei requisiti d) ed e) del rumore di impianti si estende anche agli impianti

| Sensibilità dei locali | Tipologia di locali | Rumore prodotto | Criticità di collocazione del locale |
|---|---|---|---|
| A assente | Vani scala, ascensore, locali tecnici condominiali, centrali tecnologiche, autorimessa, locali AF3 e AF4 in genere | Molto elevato | Consentita vicino ai locali B e protetta rispetto ai locali C, non ammessa rispetto ai locali D |
| B bassa | Cucina, bagno, disimpegno, locali AF3 e AF4 in genere | Elevato | Ammessa con cautela vicino ai locali C, non ammessa vicino ai locali D |
| C alta | Soggiorno, studio, aree AF2 in generale | Basso | Protetta rispetto ai locali A, ammessa con cautela vicino ai locali B |
| D molto alta | Camera da letto, biblioteca | | Consentita con cautela vicino ai locali C |

Tabella 8. Analisi qualitativa delle sorgenti di rumore interne e relativa criticità di posizione dei locali appartenenti a unità funzionali distinte

della stessa unità immobiliare (per esempio impianti sanitari di camere contigue), ma non ad impianti a servizio della stessa camera o dello stesso appartamento. Inoltre, per tali unità, la classificazione è estesa ai seguenti requisiti:

f) indice di isolamento acustico normalizzato di partizioni verticali e orizzontali fra ambienti della stessa unità immobiliare DnT,w ≥ 53 dB per la classe II;

g) indice del livello di pressione sonora di calpestio normalizzato fra ambienti sovrapposti o affiancati della stessa unità immobiliare L'nw ≤ 58 dB per la classe II.

I requisiti di cui ai punti f) e g) non si applicano per i bagni o ambienti accessori a servizio della stessa camera e per le partizioni interne di appartamenti composti da più camere. In merito ai livelli sonori raccomandati all'interno degli ambienti, la UNI EN 15251 indica per la zona giorno un range da 25 a 40 dBA (con un valore di progetto di 32 dBA), e per la zona notte un range da 20 a 35 dBA (con un valore di progetto di 26 dBA), molto impegnativi. Come si evince dai valori di Tabella 10, o dai valori dei livelli sonori interni, le prestazioni acustiche possono risultare molto gravose da rispettare, specie in presenza di vani di comunicazione interna, e pertanto la scelta tipologica può gravare notevolmente sui risultati attesi sia in termini economici sia manutentivo gestionali. Ad esempio, al fine di ottenere un isolamento accettabile verso un corridoio in presenza di porta, richiede che questa abbia un potere fonoisolante confrontabile con quello della muratura che la contiene.

*Comfort termoigrometrico*

Altrettanto impegnativo è il requisito termoigrometrico riferito alla categoria B della norma UNI EN ISO 7730[2006] (v. Tabella 10). Per tale categoria il voto medio previsto PMV nella scala di

| Classe di contatto | D | C | B | A |
|---|---|---|---|---|
| Natura del contatto | D con A o B | C con A | C con B | D con C |
| Punteggio P di contatto | 4 | 3 | 2 | 1 |
| Punteggio complessivo | P ≤ 3 | 4 < P ≤ 7 | 8 < P ≤ 11 | P > 11 |
| **Classe di criticità** | **A** | **B** | **C** | **D** |

Tabella 9. Punteggio della criticità acustica in base ai contatti tra i locali e relativa classe di criticità.

| Classe | Indici di valutazione | | | | |
|---|---|---|---|---|---|
| | a) isolamento acustico di facciata $D_{2m,nT,w}$ dB | b) potere fonoisolante apparente di partizioni fra unità immobiliari $R'_w$ dB | c) livello di rumore da calpestio fra unità immobiliari $L'_{nw}$ dB | d) Livello sonoro da impianti a funz. continuo $L_{ic}$ dB(A) | e) Livello sonoro da impianti a funz. discontinuo $L_{id}$ dB(A) |
| I | ≥ 43 | ≥ 56 | ≤ 53 | ≤ 25 | ≤ 30 |
| **II** | **≥ 40** | **≥ 56** | **≤ 58** | **≤ 28** | **≤ 33** |
| III | ≥ 37 | ≥ 50 | ≤ 63 | ≤ 32 | ≤ 37 |
| IV | ≥ 32 | ≥ 45 | ≤ 68 | ≤ 37 | ≤ 42 |

Tabella 10. Valori dei parametri descrittori delle caratteristiche prestazionali degli elementi edilizi da utilizzare ai fini della classificazione acustica di unità immobiliari.

b) il requisito si applica inoltre:
- alle partizioni veerso ambienti, individuali o collettivi, destinati ad autorimessa, box, garage;
- alle partizioni cieche che separano ambienti abitativi di una unità immobiliare da parti comuni;

d) impianti per la climatizzazione, ventilazione meccanica, aspirazione centralizzata, ecc.

e) impianti idrico- sanitari, di scarico, gli ascensori, i montacarichi, le chiusure automatiche

sensazione termica è compreso tra moderatamente caldo e fresco ed ammette fino al 10% di persone insoddisfatte. I parametri sui quali intervenire per soddisfare le esigenze di comfort (con abbigliamento standard estivo di 0,5 clo ed invernale di 1 clo e attività moderata), sono la temperatura operativa e la velocità relativa dell'aria compresa 0,19 e 0,16 m/s rispettivamente in estate ed in inverno, aventi entrambe limitazioni nel rischio di correnti d'aria (Draf Risk DR), nella asimmetria della temperatura piana radiante, connessa anche con la temperatura superficiale della pavimentazione in caso di pannelli radianti. Non è facile stabilire una relazione diretta tra progettazione architettonica e sensazione termica attesa, tuttavia, per quanto attiene alla temperatura operativa, nel caso di ambienti comuni questa può essere assunta pari alla media tra la temperatura dell'aria e la temperatura media radiante ottenuta come media pesata delle temperature superficiale dell'ambiente: è facile immaginare che in condizioni estive o invernali, le suddette temperature devono trovarsi quanto più prossime alla temperatura operativa desiderata ovvero circa 23°-26° in estate e 20°-22°C in inverno, con una umidità relativa tra il 40 e 60%. Il progetto, pertanto, deve prevedere per le pareti esterne un isolamento termico adeguato (v. Tabelle 4 e 5) ed una capacità termica espressa da valori di sfasamento dell'onda termica dell'ordine di 9÷10 ore, con un'attenuazione dell'ampiezza di oscillazione di circa 10 volte. A questo si aggiunga l'uso raccomandato di tetti e pareti verdi, oppure di superfici dotate di elevata riflessione solare (v. Tabella 1 riduzione dell'impatto sul microclima). Per le pareti finestrate irraggiate dal sole diventa invece ineludibile una efficace schermatura. Con queste condizioni si assicura che le temperature superficiali si mantengano nei limiti desiderati.

| Categoria | Stato termico del corpo nel suo complesso | | Disagio locale | | | |
|---|---|---|---|---|---|---|
| | PPD % | PMV | DR % | PD % causato da | | |
| | | | | differenza verticale di temperatura dell'aria | pavimento caldo o freddo | asimmetria *radiante* |
| A | < 6 | -0,2 < PMV < +0,2 | <10 | <3 | <10 | <5 |
| **B** | **<10** | **-0,5 < PMV < +0,5** | **<20** | **<5** | **<10** | **<5** |
| C | <15 | -0,7 < PMV < +0,7 | <30 | <10 | <15 | <10 |

Tabella 10. Categorie di ambienti termici EN ISO 7730[2006].

### *Impianti di climatizzazione a fonti rinnovabili*
Per il controllo del microclima oggigiorno, di fatto, è obbligatorio utilizzare sistemi di climatizzazione a pompa di calore in grado di assicurare una ventilazione meccanica adeguata e condizioni termoigrometriche accettabili con consumi energetici molto contenuti. Tali impianti (idronici o ad espansione diretta o ibridi) sono destinati a diventare lo standard poiché consentono di usare energia rinnovabile (prelevata principalmente dall'entalpia dell'aria o del terreno), per il riscaldamento ma anche per il raffrescamento estivo. Consentono peraltro di assicurare la ventilazione meccanica nelle quantità desiderate, fondamentale per ottenere una IAQ accettabile negli edifici.

## Conclusioni
L'esame delle esigenze richieste per assicurare condizioni di comfort ed IAQ accettabili, ed il conseguente soddisfacimento dei requisiti prestazionali mettono in evidenza la necessità di adottare pratiche progettuali corrette sotto i profili energetici, acustici, illuminotecnici ed impiantistici. Le stesse scelte tipologiche delle residenze possono essere più o meno critiche se esaminate alla luce di questi aspetti.

Diventa pertanto essenziale che il progettista assuma fin dalla fase iniziale consapevolezza delle norme presentate, peraltro cogenti per le gare della pubblica amministrazione, onde evitare soluzioni che possano rivelarsi inaccettabili in termini di costi realizzativi e soprattutto gestionali e manutentivi.

**Riferimenti bibliografici**
Baldini S., Carletti C., Cellai G., Nannipieri E., Sciurpi F., Secchi S.[2011] Il controllo dell'irraggiamento solare: effetti dei sistemi schermanti sotto il profilo acustico e illuminotecnico, in atti del 48° Convegno Internazionale AICARR, Baveno, 22-23 Settembre.
Bologna, R.[2014] Il progetto della residenza per studenti universitari. Capitolo 6. In Il processo attuativo del piano nazionale di interventi per la realizzazione di residenze universitarie, Edifir, Firenze. Pagg 109-159.
Carletti C., Cellai G., Nannipieri E., Pierangioli L., Sciurpi F., Secchi S.[2012] La riqualificazione energetica di edifici esistenti mediante interventi su serramenti e schermature, in atti del 67° Congresso Nazionale ATI, Trieste, 11-14 Settembre 2012.
Carletti C., Sciurpi F., Pierangioli L. [2014] The energy upgrading of existing buildings: window and shading device typologies for energy efficiency refurbishment, Sustainability 6, 5354–5377, http://dx.doi.org/10.3390/su6085354.
Cellai G., Secchi S, Nannipieri E., Baldini S.[2011] Ottimizzazione di schermature solari sotto i profili acustico e illuminotecnico. In Atti del 38° Convegno Nazionale AIA, Rimini, 08-10 giugno.
REHVA Guidebook n°12, Solar Shading [2010] How to integrate solar shading in sustainable buildings, Wouter Beck Ed.
Cellai G., Carletti C., Sciurpi F., Secchi S., Nannipieri E., Pierangioli L. [2013] Serramenti e schermature per la riqualificazione energetica ed ambientale - criteri per la valutazione e la scelta. EPC editore, Roma.
Cellai G., Carletti C., Sciurpi F., Secchi S.[2014] Transparent building envelope: windows and shading devices typologies for energy efficiency refurbishments, in: A. Magrini (Ed.), Building Refurbishment for Energy Performance, Springer International Publishing, Berlin, , pp. 61–118.
Del Nord, R. (a cura di) [2014] Il processo attuativo del piano nazionale di interventi per la realizzazione di residenze universitarie, Edifir, Firenze.
DM 05/07/1975 "Modificazioni alle istruzioni ministeriali 20 giugno 1896 relativamente all'altezza minima ed ai requisiti igienico-sanitari principali dei locali d'abitazione".
DPCM 5/12/97 "Requisiti acustici passivi degli edifici".
DM 07/02/2011 n. 27 "Standard minimi dimensionali e qualitativi e linee guida relative ai parametri tecnici ed economici concernenti la realizzazione di alloggi e residenze per studenti universitari, di cui alla Legge 14 novembre 2000, n. 338"
DM 26/6/15-1 "Applicazione delle metodologie di calcolo delle prestazioni energetiche e definizione delle prescrizioni e dei requisiti minimi degli edifici".
DM 26/6/15-2 "Schemi e modalità di riferimento per la compilazione della relazione tecnica di progetto".
DM 26/6/15-3 "Adeguamento del decreto 26 giugno 2009 – Linee guida nazionali per la certificazione energetica degli edifici".
DM 24 /12/15 "Adozione dei criteri ambientali minimi per l'affidamento di servizi di progettazione e lavori per la nuova costruzione, ristrutturazione e manutenzione di edifici".
UNI 8369 parte 1[1988]Edilizia- Chiusure Verticali - Classificazione e Terminologia.
UNI 11367 [2010] "Classificazione acustica delle unità immobiliari".
UNI EN ISO 7730[2006] Ergonomia degli ambienti termici-Determinazione analitica e interpretazione del benessere termico mediante il calcolo degli indici PMV e PPD e dei criteri di benessere termico locale.
UNI EN 15251[2008] "Criteri per la progettazione dell'ambiente interno e per la valutazione della prestazione energetica degli edifici, in relazione alla qualità dell'aria interna, all'ambiente termico, all'illuminazione e all'acustica"

# CAMPUS HALL STUDENT HOUSING (SDU): LOW-ENERGY STANDARD 2020

**Gianluca Darvo**
Università degli Studi di Firenze, Dipartimento di Architettura, Centro Interuniversitario TESIS

**Parole chiave**
Residenze studentesche, costruzioni a bassa energia, sostenibilità ambientale, spazi comuni

*Abstract*
*Campus Hall Student Housing University of Southern Denmark (SDU) has been designed by C.F. Møller, winner of an invitational competition. The residence has been completed in 2015 and constitutes a link between the 1966 old university campus and the new Cortex Park, a Research and Knowledge Park designed by C.F. Møller in 2009.*
*The building, that can host 250 students, is conceived as a vertical campus: in fact, is composed of three 15-storey towers placed in a circle around a shared common space. It has no front or back, but is designed to be observed from a 360-degree perspective.*
*Private rooms are located on the outer faces of the three towers and has a private balcony with a double function: first, thanks to each building rotation, balconies offer different views of the countryside and then, they help manage solar gain, contributing to significant energy savings. Common areas are graded from small and confidential groups to larger rooms for shared activities, to establish a balance between the public and the need for privacy: from living rooms for a small cluster of seven rooms to central kitchens located the center of each floor, shared by all students.*
*Despite its height, the student housing is deeply embedded in the surroundings and is environmentally friendly: building is a low-energy construction, made from quality materials that meets the strict Danish codes for low-energy Standard 2020 and it is included into sustainable landscaping. During design process and construction, it has been given a high priority to public transport, cycling, and protected forest landscape, with a park and small lake.*
*The building's energy concept is based on passive design strategies such as shape, orientation, daylighting, adaptation to seasons and climatic conditions, natural cross-ventilation, and water recovery.*

## Premessa

Sotto il profilo degli aspetti ambientali ed energetici degli edifici la Danimarca dimostra una sensibilità molto spiccata: gli standard di riferimento e una cultura specifica in materia di architettura sostenibile producono esperienze interessanti e approcci innovativi alla progettazione cosiddetta "a basso consumo energetico", con sperimentazione di soluzioni tecnologiche e impiantistiche.

La tensione verso il superamento degli standard di riferimento attesi mostra un impegno concreto verso un'architettura che potrà meglio rispondere alle esigenze energetiche future e garantire ai residenti costi di gestione minori, senza rinunciare alla qualità abitativa.

Esempio interessante di questo approccio è il progetto della nuova casa dello studente, Campus Hall, per la University of Southern Denmark di Odense in Danimarca, ideato dallo Studio di architettura C.F. Møller in sinergia con Niras Ingegneria, risultati vincitori del concorso di progettazione nel 2012. Il progetto, orientato a raggiungere una forte integrazione con il territorio e con i servizi presenti nell'area di intervento, è stato sviluppato con un approccio di tipo collaborativo, supportato da strumenti di Building Information Modeling, capace di valutare in tempo reale l'impatto energetico delle scelte architettoniche e tecnologiche.

## Caratteristiche tipologiche e formali

Il progetto si inserisce come elemento di collegamento tra il campus universitario lineare del 1966 e il nuovo Cortex Park, un parco di ricerca e conoscenza progettato da C.F. Møller nel 2009. L'impostazione tipologica del campus universitario è stata una fonte d'ispirazione per la concezione della nuova residenza per studenti: con il suo layout sviluppato attorno agli spazi comuni, il nuovo edificio crea una sorta di campus verticale reinterpretando, ad una diversa scala, il campus esistente che si articola intorno ad aree comuni.

La forma caratteristica della casa dello studente la rende facilmente identificabile nel campus: le 250 residenze studentesche (13.700 mq) sono situate in tre torri di 15 piani ciascuna, interconnesse e ruotate l'una rispetto all'altra: questa scelta tipologica produce un edificio senza un fronte e un retro, ma con uno sviluppo in continuità che lo rende riconoscibile da 360 gradi. La conformazione del terreno tutt'intorno, che degrada verso sud, accentua il ruolo del Campus Hall come chiaro punto di riferimento.

Dal punto di vista funzionale, la progettazione è stata ispirata ad un criterio di progressione: dalle camere private, situate sulle facce esterne, verso gli spazi pubblici e comuni, collocati nel baricentro di ognuna delle torri.

Ogni camera, in relazione alla rotazione reciproca delle tre torri, beneficia di un elevato livello di privacy e ha a disposizione un balcone privato, con vista diretta sulla campagna. I balconi, oltre a rappresentare un'estensione dello spazio della camera all'esterno, ricoprono anche la funzione di regolazione climatica: rappresentano infatti un elemento solare passivo, in quanto l'ombreggiatura prodotta contribuisce ad un notevole risparmio energetico.

Procedendo verso il baricentro della torre, le funzioni diventano più collettive: cucine e soggiorni comuni concepiti come luoghi di incontro e interazione sociale, presenti ad ogni piano e condivisi tra gruppi di sette camere. Il layout e l'orientamento dell'edificio sono stati progettati sulla base delle condizioni ambientali e per relazionarsi con punti di vista specifici: le cucine di ogni piano hanno facciate vetrate che offrono tre scorci verso la città, l'università e la natura.

Le funzioni pubbliche fruibili da tutti gli studenti residenti sono collocate a piano terra, dove si trovano un bar, aree di studio per gruppi e aree di svago.

Gli spazi comuni sono stati attentamente bilanciati per poter accogliere piccoli e grandi gruppi, consentendo agli studenti di scegliere il livello di privacy o socialità desiderato.

Residenze e servizi per studenti universitari

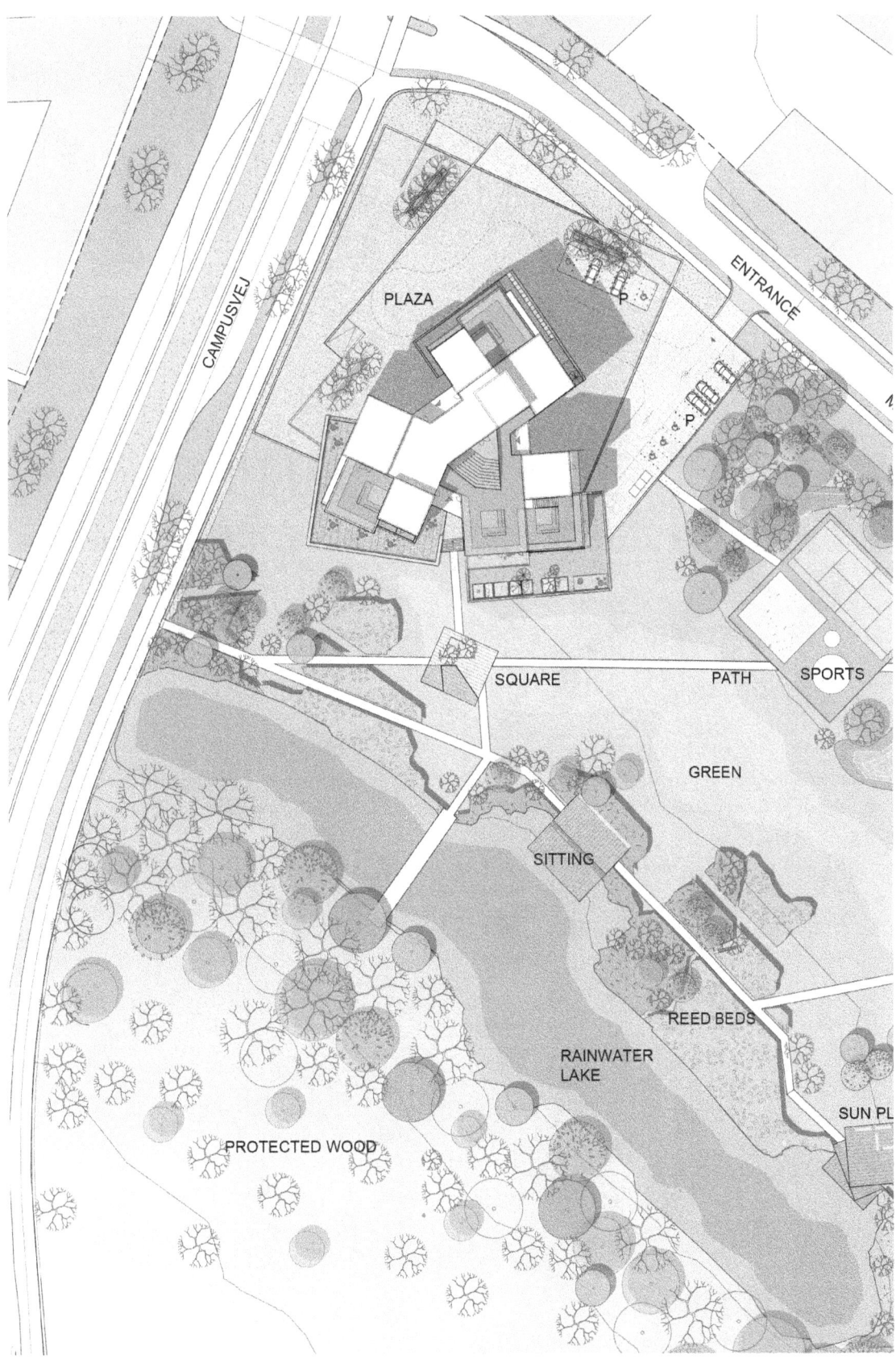

Figura 1. Planimetria generale [Courtesy of C.F. Møller Architect].

# Residenze e servizi per studenti universitari

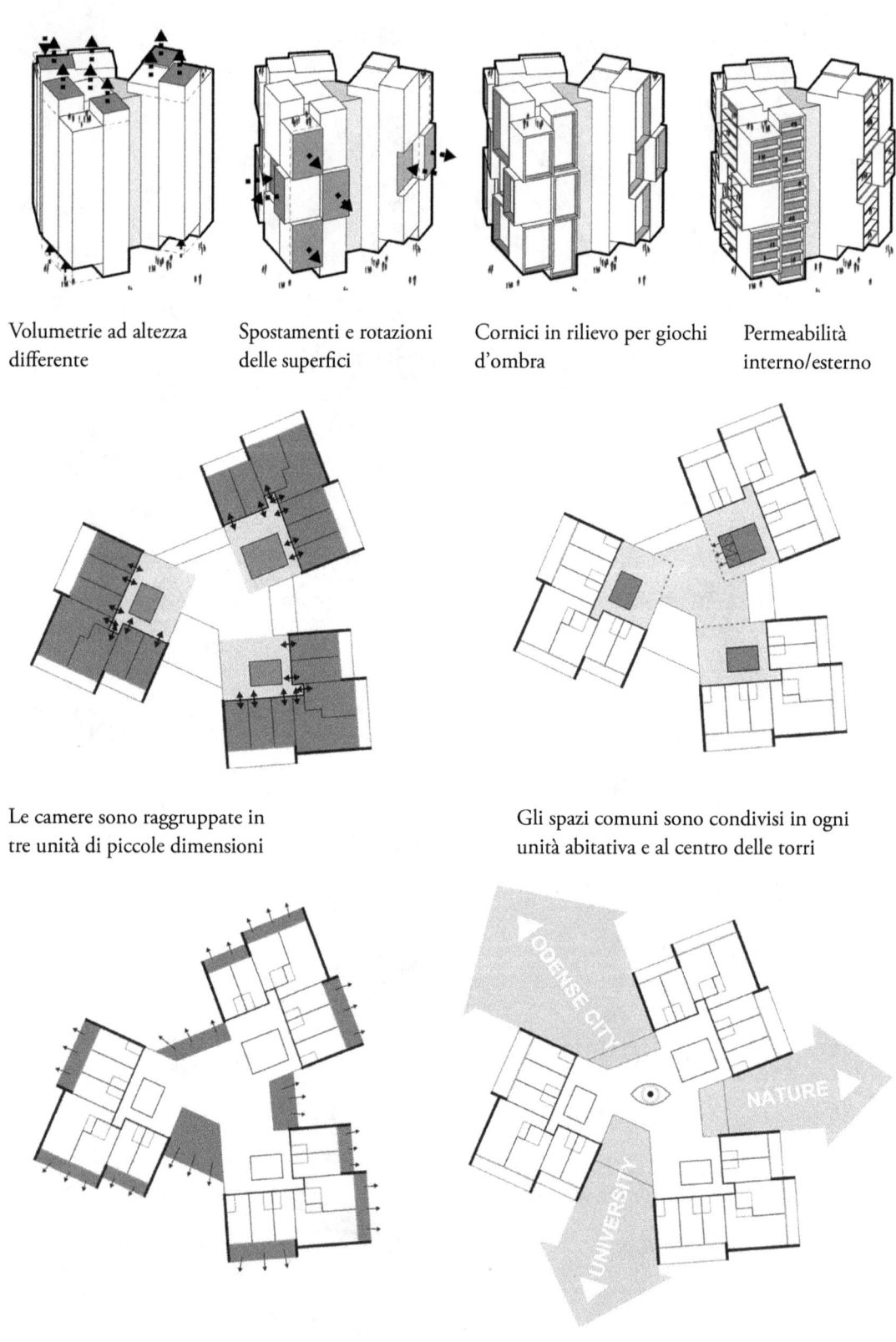

Figura 2. Concept di progetto e layout del piano tipo [Courtesy of C.F. Møller Architect].

Residenze e servizi per studenti universitari

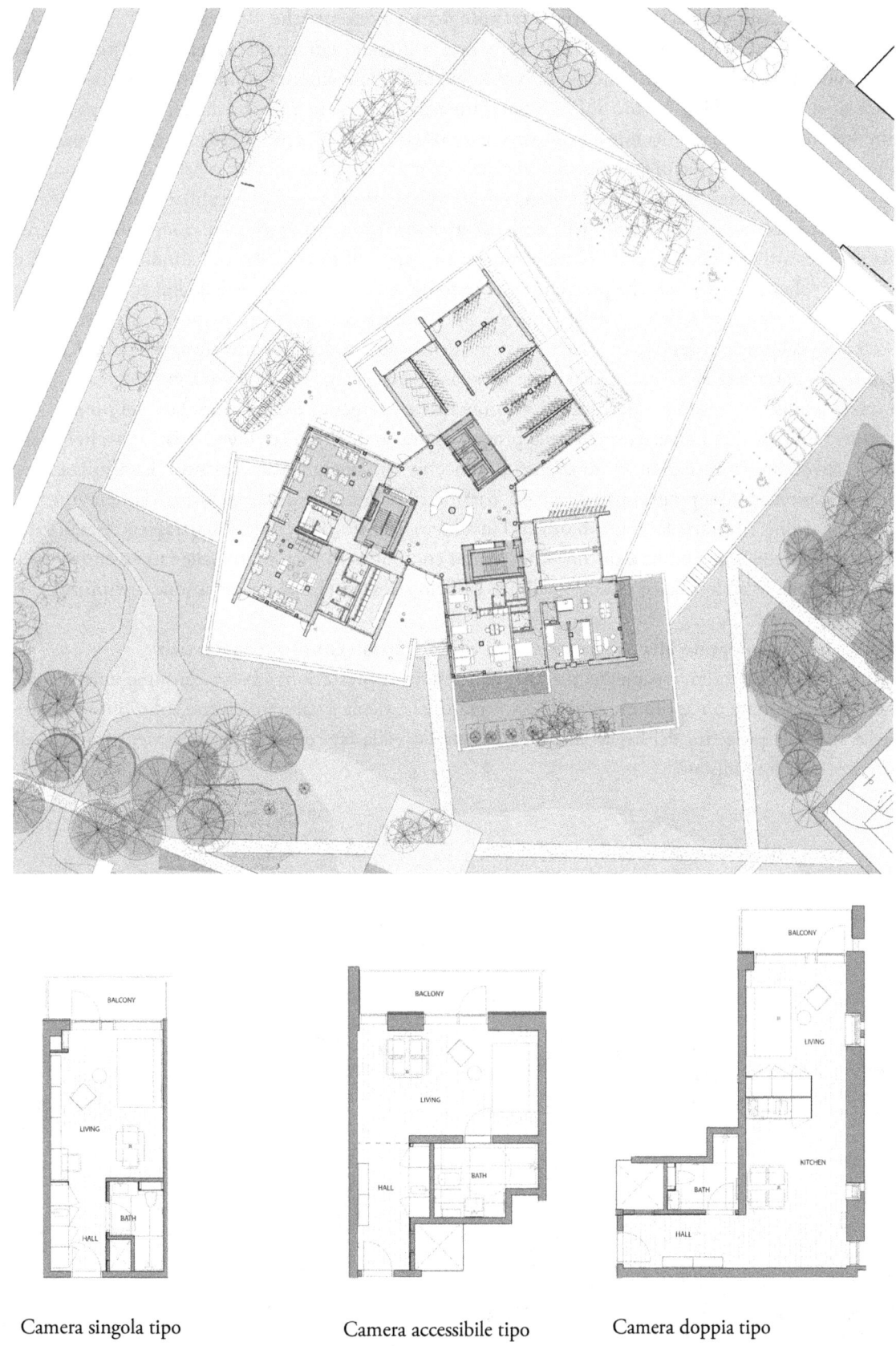

Camera singola tipo        Camera accessibile tipo        Camera doppia tipo

Figura 3. Piano terra dell'edificio e tipologie di alloggio [Courtesy of C.F. Møller Architect].

## Inserimento ambientale, caratteristiche tecnologiche ed energetiche

I principi di sostenibilità che ispirano il progetto non si limitano agli aspetti energetici e costruttivi, ma si estendono a considerare un concetto di eco-compatibilità più ampio. Nonostante la sua particolare altezza, il Campus Hall è stato infatti concepito per fondersi in maniera organica nel paesaggio circostante dominato da una foresta, un parco e un piccolo lago. Le aree esterne sono state progettate in conformità con i principi di uso sostenibile delle risorse: i criteri di equilibrio nel consumo di suolo, di acqua e di rispetto dell'habitat della fauna selvatica si riflettono in un attento bilanciamento tra aree antropizzate ad uso degli studenti del Campus e aree di natura incontaminata. Sono infatti presenti sia aree per attività sportive, giardini multifunzionali e spazi di sosta, che aree naturali con laghetti e canneti, collegati da sentieri che permettono al resto del Parco Scientifico e dell'Università di visitare il rigoglioso giardino della casa dello studente. In coerenza con questi principi è stato fortemente sostenuto dal progetto degli spazi esterni il sistema della viabilità ciclabile e del trasporto pubblico. Dal punto di vista strettamente energetico il Campus Hall è una costruzione a basso consumo che rispetta i severi requisiti danesi *Standard 2020*. La componente energetica è stata affrontata nel progetto in maniera integrata tra i diversi aspetti della progettazione (architettonico, ingegneristico, tecnologico, costruttivo, impiantistico) e in relazione al concetto di "energia complessiva". L'ottimizzazione e il perfezionamento progressivo di alcuni parametri progettuali quali la forma, l'orientamento, l'illuminazione naturale, la massa termica, l'involucro edilizio, la ventilazione trasversale naturale, il recupero delle acque reflue e di consumo, hanno consentito di migliorare nelle fasi esecutive della progettazione le performance prestazionali dell'edificio attese in fase di progettazione preliminare.

## Un approccio integrato alla progettazione di edifici a basso consumo energetico

Per garantire contemporaneamente qualità architettonica e prestazioni a basso consumo energetico è necessario adottare un approccio globale e integrato, che riesca a valutare diverse soluzioni al variare delle scale del progetto, del livello di dettaglio correlato alla fase di progettazione, dei parametri di riferimento da soddisfare.

Figura 4. Vista esterna dell'edificio dal parco [Courtesy of C.F. Møller Architect].

Nel Campus Hall gli architetti e gli ingegneri hanno lavorato dalle prime fasi di progettazione in maniera integrata, utilizzando una stessa piattaforma di Building Information Modeling, con dati e modelli 3D condivisi.

Ciò ha consentito, al variare delle scelte tipologiche, tecnologiche ed impiantistiche, di aggiornare i calcoli in tempo reale, valutando l'impatto di queste ultime sulle performance energetiche. L'evoluzione degli strumenti di gestione del processo spinge verso una sempre maggiore collaborazione tra professionisti di settori diversi la cui interazione consente di sviluppare più elevati gradi di controllo del progetto e una maggiore capacità di rispondere alle esigenze rilevate. Nel Campus Hall questo approccio di tipo collaborativo ha prodotto enormi benefici sul progetto, in quanto è stato possibile mantenere e migliorare le prestazioni energetiche nel corso dello sviluppo della progettazione: dopo infatti aver constatato che era possibile raggiungere i requisiti indicati da *Low Energy Class 2015 Standard* (max 30,1 kWh/mq/anno), il team di progettazione si è dato un nuovo e più ambizioso obiettivo energetico: gli *Standard 2020* (max 20,1 kWh/mq/anno). Per il raggiungimento di questo obiettivo, dal punto di vista delle tecnologie attive, il progetto si è concentrato su sistemi di controllo del microclima interno, sull'efficientamento del sistema di ventilazione meccanica attraverso l'integrazione con un sistema di ventilazione naturale, sullo sfruttamento del sistema di teleriscaldamento pubblico e su sistemi digitali di interazione e comunicazione con l'utente circa i consumi prodotti per la promozione di comportamenti virtuosi.

Dal punto di vista delle strategie ambientali passive, sono state valutate attraverso modelli 3D le ricadute delle scelte architettoniche di orientamento, volumetria, organizzazione distributiva, oltre alle specifiche prestazioni prodotte da diverse soluzioni tecnologiche di isolamento, tamponamento e di involucro trasparente. L'elemento più rilevante sotto il profilo tipologico è quello dei balconi esterni coperti, progettati come spazi esterni privati per i residenti ma con una importante funzione di protezione solare, di riduzione del surriscaldamento delle camere e, di conseguenza, della necessità di raffreddamento meccanico. Inoltre, la loro posizione e la configurazione degli infissi consente di attivare i meccanismi di ventilazione naturale.

Figura 5. Vista interna degli spazi comuni [Courtesy of C.F. Møller Architect].

Potendo beneficiare di strumenti informatici avanzati, le simulazioni e i calcoli effettuati hanno consentito di guidare le scelte tecnologiche e impiantistiche e, talvolta, di suggerire modifiche e compensazioni nel corso delle successive fasi della progettazione. Durante il progetto preliminare, era stato previsto uno strato isolante di 400 mm Classe 34 per il solaio a terra, 240 mm Classe 34 per le pareti esterne, 410 mm Classe 35 in copertura.

Era inoltre previsto un importante contributo all'abbattimento del surriscaldamento estivo grazie ad un sistema di ventilazione naturale che, attraverso l'apertura delle finestre dell'involucro in misura compresa tra 1,5% e 4,0% della superficie riscaldata, avrebbe consentito di raggiungere ricambi d'aria fino a 0.9 l/s/ mq. A conclusione delle elaborazioni e dei calcoli, è stato stimato che il margine di prestazioni ottenuto dalle simulazioni digitali e il comportamento dell'edificio durante la messa in opera e l'esercizio sarebbe stato nell'ordine del 2%; essendo questo delta molto contenuto, i progettisti hanno deciso in fase di progettazione esecutiva di inserire delle azioni correttive per aumentare questo margine. Ad esempio, è stato verificato che il posizionamento di 100 mq di pannelli solari sul tetto dell'edificio con resa di 149 W/mq avrebbe migliorato il margine dell'8-9%, consentendo di puntare agli Inoltre, è stato incrementato l'isolamento termico della piastra di fondazione (540 mm Classe 41) e del livello seminterrato (180 mm Classe 41).

Le scelte di tipo energetico hanno avuto ricadute anche sugli aspetti compositivi: per ottimizzare il guadagno solare di ogni camera, tenendo conto del diverso orientamento e del conseguente apporto solare, sono stati differenziati in spessore e posizione i pannelli opachi di facciata per uniformare le differenze di temperatura tra le camere esposte a Sud e le altre. Sarà importante da parte dei progettisti monitorare e valutare le effettive prestazioni dell'edificio realizzato e in condizione di esercizio rispetto alle scelte effettuate e agli obiettivi prefissati.

## Conclusioni

Per quanto sia diffusamente condiviso che gli aspetti energetici devono essere sempre più parte integrante della progettazione architettonica, la progettazione di edifici a basso consumo energetico è un concetto complesso, non univoco e relativo. Numerose sono infatti le variabili in gioco che influenzano e guidano le scelte e, di volta in volta, queste cambiano in relazione alla tipologia di edificio, ai modelli d'uso, alla posizione geografica, e al contesto culturale e al sistema normativo di riferimento. Due elementi risultano fondamentali per la costruzione di una cultura progettuale aggiornata e in grado di proporre soluzioni progettuali di elevata qualità: in primo luogo la visione integrata della progettazione, capace di mettere a sistema le diverse componenti e competenze coinvolte, anche con il supporto di strumenti di lavoro collaborativo; in secondo luogo la conoscenza (attraverso la misurazione) dei livelli prestazionali reali degli edifici realizzati, necessaria per la diffusione di buone pratiche di progettazione energetica trasferibili e replicabili.

**Riferimenti bibliografici**
C.F. Møller [2015] *Campus Hall - Student Housing for the University of Southern Denmark*, C.F. Møller, Copenhagen.
Peters, T., Weyer, J. [2015]. "Architectural Design for Low Energy Housing - Experiences From Two Recent Affordable Housing Projects in Denmark", 7. *Passivhus Norden | Sustainable Cities and Buildings*, Copenhagen, 20-21 August 2015.
www.cfmoller.com [Ultimo accesso: 11.06.2016]

# INVOLUCRI ADATTIVI PER LA RIDUZIONE DEI CONSUMI ENERGETICI DEGLI EDIFICI UNIVERSITARI

**Rosa Romano**
Università degli Studi di Firenze, Dipartimento di Architettura, Centro Interuniversitario TESIS

**Parole chiave**
Campus Universitari, nZEB, Sostenibilità ambientale, Efficienza Energetica, Involucri Adattivi

*Abstract*

*To respond at the European Directive 2002/91/CE on the energy performance of buildings, so to build a new generation of nearly zero energy buildings and at the same time to reduce the high emission and tiny air pollution particles, a challenging input is to develop innovative envelope for buildings, also when they are located in the University Campus.*

*Therefore, it is necessary to design and build a new generation of university campus where smart service and/or residential buildings could be located. In this innovative educational building will be possible to integrate multifunctional, adaptive and dynamic facades to answer the necessity to improve the indoor environmental quality and to facilitate the exploitation of RES at the building scale. Adaptive building envelopes could be considered, in fact, the next big milestone in façade technology because they are able to interact with the environment and the user by reacting to external influences and adapting their behaviour and functionality. In the University Campus these type of façade could significantly contribute to decrease the energy performance of residential and service buildings, increasing in the same time the indoor comfort inside them.*

*The paper is focused on the some results of the first phase of the research project Smart Skin Envelope regarding the design, testing and construction of technological systems to make innovative adaptive envelopes for educational buildings. In particular, in this paper we shows two of the twenty case studies that we have analysed in the preliminary phase of the research and that could be considered representative solutions for the typology of service and residential buildings in the University Campus: the innovative façade systems realized for the construction of Swiss Tech Convention Centre and for the Retail and Student Housing in the new Quartier Nord in the EPFL Campus in Lausanne.*

*Both buildings are a good example of responsible and sustainable design, where new adaptive envelopes have been integrated as dynamic environmental philtres that can regulate the airflows, the solar radiation and the heat flows. These smart facades have been developed, in fact, as innovative technological components that can decrease the energy consumptions for heating, cooling and air exchange systems, so to guarantee a high indoor air quality in the university spaces during all months of the year.*

**Introduzione**
I cambiamenti climatici registrati nell'ultimo decennio a scala globale, conseguenti la pressione ambientale di matrice antropica, hanno fortemente influenzato le politiche e le normative internazionali inerenti le prestazioni energetiche degli edifici esistenti e/o di nuova costruzione.

I consumi energetici del settore edilizio sono in rapida crescita e costituiscono circa un terzo dei consumi a scala globale incidendo del 60% sulla produzione di emissioni di $CO_2$. Per fronteggiare quest'emergenza planetaria la Comunità Europea ha avviato nell'ultimo decennio politiche e campagne di formazione e informazione dedicate a introdurre nel settore edilizio processi e prodotti innovativi finalizzati proprio alla riduzione dell'impatto ambientale del settore edilizio pubblico e/o privato a destinazione residenziale e/o terziaria. Nelle ultime due decadi le Direttive Europee hanno introdotto standard sempre più ambiziosi, sia per le nuove realizzazioni che per gli interventi di riqualificazione energetica, puntando al raggiungimento dell'obiettivo della riduzione del 20% delle emissioni di $CO_2$ e dell'incremento del 20% della produzione energetica da fonte rinnovabile entro il 2020. Questi riferimenti normativi a scala internazionale, oltre che l'impegno etico e sociale di tutti gli Stati membri, finalizzato alla riduzione delle pressione ambientali legate al fabbisogno energetico del settore delle costruzioni, hanno contribuito nell'ultimo ventennio all'incremento dell'innovazione tecnologica (intesa come innovazione di processo e di prodotto) permettendo la realizzazione di edifici e città sostenibili secondo il target nZEB e il paradigma delle Smart Cities.

In questo scenario di sperimentazione e cambiamento un ruolo fondamentale è quello assunto dall'involucro architettonico che diventa sempre più spesso campo di sperimentazione avanzata, attraverso il quale integrare e testare smart materials e tecnologie d'impianto innovative con l'obiettivo di realizzare edifici energeticamente efficienti, capaci di interagire dinamicamente in rete nell'ambito di complessi urbani sempre più automatizzati, nei quali i processi di produzione e scambio dell'energia sono finalizzati alla condivisione democratica delle risorse energetiche rinnovabili.

Le normative Europee ed il programma Horizoon 2020 puntano alla diffusione di queste tecnologie innovative attraverso la pratica corrente e mediante la realizzazione di edifici pubblici che siano esemplari per le loro caratteristiche per l'intera comunità. È in questo scenario di cambiamento che si inseriscono numerosi progetti di residenze e servizi universitari realizzati in Europa nell'ultimo decennio. Si tratta di edifici fortemente caratterizzati da involucri interattivi capaci di regolare i flussi energetici passanti e di produrre energia migliorando il comfort indoor degli spazi confinati.

**Campus sostenibili e Smart Skin Envelope. Come l'involucro dinamico può contribuire all'efficienza energetica di residenze e servizi universitari.**
La ricerca Smart Skin Envelopes, sviluppata nell'ambito del Progetto congiunto di alta formazione in regime di cofinanziamento con la Regione Toscana[1], analizza l'evoluzione registrata nell'ultimo decennio nel settore della progettazione e della produzione di componenti d'involucro intelligente, costituiti da layers dinamici e adattivi, in funzione dell'esigenza di individuare i parametri tecnologici, funzionali, qualitativi e prestazionali che guidano le scelte degli attori del processo d'innovazione e li spingono a sviluppare soluzioni e proposte finalizzate a trasformare l'involucro dell'edificio da elemento statico ad elemento dinamico, capace di interagire, attraverso l'interoperabilità dei suoi componenti, con gli imput dell'ambiente interno ed esterno, rispetto al quale l'involucro è collocato come sistema di confine e delimitazione. La ricerca in particolare è stata finalizzata allo sviluppo di

---

[1] La ricerca è stata coordinata dall'arch. Rosa Romano con la responsabilità del prof. Marco Sala, entrambi del Centro ABITA dell'Università degli Studi di Firenze. Avviata nel novembre 2012, la ricerca ha coinvolto come partner l'azienda Davini e la Provincia di Lucca ed è stata finalizzata allo sviluppo di sistemi d'involucro innovativi integrati in progetti di riqualificazione energetica di edifici scolastici.

sistemi di facciata adattivi da utilizzare nella progettazione di edifici non residenziali, in particolare per quelli destinati all'educazione o a servizi ad essa correlati, con l'obiettivo di dimostrare come la possibilità di integrare alla scala edilizia sistemi di automazione e controllo, permetta di ridurre i consumi energetici migliorandone il comfort indoor.

I modelli d'involucro adattivo e multimediale si sono infatti diffusi nell'ultimo ventennio a scala globale come soluzioni capaci di declinare in una complessità stratigrafica i sub sistemi di cui sono costituiti, trasformandosi da scenografie statiche a elementi dinamici, osmoticamente attivi. L'involucro a schermo avanzato, eco-efficiente e sostenibile interagisce e regola i flussi energetici e in taluni casi diventa esso stesso sistema impiantistico in grado di produrre energia, termica o elettrica, e di distribuirla a scala edilizia o, addirittura, urbana.

L'esigenza di adattare le soluzioni tecnologiche di facciata doppia pelle trasparente a climi caratterizzati da estati sempre più calde e da inverni sempre meno freddi e l'ambizioso obiettivo di iniziare a realizzare dal 2018 Nearly Zero Energy Buildings obbliga, inoltre, a riflettere sulla necessità di definire nuovi modelli tecnologici, anche e soprattutto per gli edifici non residenziali, quali quelli universitari, per i quali la possibilità di muovere e regolare gli strati costruttivi, in funzione delle condizioni climatiche esterne, contribuisce a mantenere requisiti di comfort indoor adeguati e ridurre il fabbisogno energetico globale. L'involucro ecoefficente o ambientalmente interattivo o bioclimatico avanzato, garantisce di attuare un controllo basato sull'armonia tra ambiente esterno e lo spazio confinato destinato a servizi e residenze universitarie e permette di gestire calore, luce, e suono, attraverso la possibilità di modificare la configurazione dei sistemi di chiusura perimetrali, la forma dell'edificio e l'organizzazione degli spazi interni, rispondendo alla necessità, di avere nell'ambito di queste tipologie edilizie spazi flessibili ed altamente riconoscibili per la loro destinazione funzionale.

Parallelamente all'evoluzione registrata nell'incremento delle prestazioni d'involucro anche il settore inerente la progettazione e la realizzazione di strutture destinate a residenze e servizi universitari è stato interessato da un cambiamento di strumenti strategici finalizzati alla promozione della sostenibilità ambientale e dell'eco-efficienza.

Costruire residenze e servizi universitari sostenibili significa infatti provare a superare i procedimenti costruttivi tradizionali, per introdurre prodotti, sistemi e tecniche innovative, che abbiano già acquisito in fase produttiva, eventuali certificazioni ambientali.

La struttura seriale e modulare di questo tipo di residenze si presta bene all'impiego di componenti prefabbricati quali i sistemi d'involucro. Il principio dell'industrializzazione che ha interessato questo settore si è spinto negli anni dalla realizzazione di singole unità tecnologiche a quella di unità abitative interamente prefabbricate (moduli abitativi tridimensionali) complete di tutte le finiture interne e, a volte, anche esterne. Nella realizzazione di residenze universitarie sostenibili non si può infine tralasciare l'aspetto relativo agli impianti ed ai meccanismi di gestione dell'enorme quantità di energia necessaria al loro corretto funzionamento. Per questa ragione in molti edifici che vogliono ambire allo standard nZEB pannelli fotovoltaici e solari termici sono sempre più spesso integrati nei componenti d'involucro e si diffondono tecnologie come la geotermica e/o la cogenerazione per ottimizzare i consumi di energia primaria[2]. In particolare la strategia operativa legata all'approccio pioneer[3] nella progettazione e realizzazione di Campus Universitari ha favorito la creazione di contesti educativi totalmente innovativi, che prevedono di portare alla condivisione e all'assunzione dei temi ecologici e della sostenibilità come scelta di vita, coinvolgendo così non solo i processi didattici e di ricerca, ma

---

[2] Di Bellini O. E., Bellintani S., Ciaramella A., Del Gatto M. L, (2015) Learning and living. Abitare lo Student Housing, Franco Angeli Editore, Milano

[3] Van Veemen B. K. (2000) Toward a vision of a sustainable university, in International Journal of Sustainability, Higher Education, Vol. 1, n. 1, pp.20-34

anche la progettazione, la costruzione e la realizzazione di tutte le strutture e infrastrutture di servizio e di supporto al mondo universitario. Il giovane studente viene così educato all'abitare ecologico attraverso la gestione quotidiana di uno spazio sostenibile anche attraverso la possibilità di interagire dinamicamente con il suo involucro.

La necessità di innovare il processo edilizio nell'ottica della sostenibilità ambientale e del risparmio energetico ha poi condotto numerose Università ad investire in progetti di nuova costruzione fortemente rappresentativi, adottando spesso soluzioni sperimentali che fossero manifestazione palese delle politiche ambientali promosse a livello gestionale. La possibilità di certificare i risultati ottenuti dal punto di vista energetico ambientale attraverso sistemi di valutazione riconosciuti a livello internazionale (Leed GBC; Bream; etc.) ha inoltre permesso di amplificare l'impatto di questi investimenti che sono diventati, in taluni casi, ulteriori elementi attrattori di capitale sia da parte di soggetti finanziatori privati che pubblici.

In questo contesto trova spazio la ricerca legata agli edifici intelligenti, che diventano quindi manifesto del processo di innovazione legato ai principi di sostenibilità ambientale anche nei campus universitari realizzati a scala globale. In questi contesti edilizi, soprattutto negli edifici destinati ai servizi universitari, è proprio la facciata l'elemento principale che è in grado di cambiare configurazione garantendo le performance richieste dalle condizioni climatiche esterne.

L'involucro diventa anche in questo caso un vero e proprio sistema organico collegato al sistema centrale di controllo dell'edificio e all'impianto di climatizzazione. Si tratta di una pelle, che protegge gli ambienti interni dagli agenti atmosferici ma che allo stesso tempo ne sfrutta in modo funzionale le peculiarità, permettendo di avere spazi confortevoli controllati in modo intelligente. In questo caso le condizioni ambientali esterne diventano una risorsa e non una forza contro la quale lottare, e l'involucro si trasforma in una "pelle reattiva" che migliora il benessere interno, garantendo una variabilità estetica dell'immagine architettonica dell'edificio capace di convertire l'irraggiamento solare in energia (termica ed elettrica) utilizzabile per il suo "metabolismo", e in generale di assolvere a una serie di prestazioni chiave che ne fanno l'elemento cardine di un globale processo di interazione eco-efficiente con i fattori ambientali naturali.

In questo paper presentiamo due dei casi studio analizzati nell'ambito della fase preliminare d'indagine della ricerca Smart Skin Envelope che possono essere considerati emblematici e rappresentativi per l'integrazione di sistemi di facciata innovativi nella realizzazione di residenze e servizi universitari: lo Swiss Tech Convection Center e il Retail e Student Housing, facenti parte del progetto del quartiere Nord del Campus EPFL di Losanna. In entrambi i casi si tratta di edifici destinati a ospitare residenze e servizi per studenti universitari, nei quali sono stati integrati sistemi di facciata adattivi, capaci di interagire con i flussi energetici passanti, riducendo considerevolmente l'impatto ambientale dei corpi di fabbrica. Le due soluzioni di chiusura verticale, trasparente e opaca, possono essere considerate un ottimo esempio d'integrazione dell'innovazione tecnologica nata dalla sperimentazione dei centri di ricerca presenti nel Campus e finalizzata alla dimostrazione di come sia possibile, attraverso la progettazione d'involucri adattivi, non solo raggiungere il target nZEB ma addirittura superarlo realizzando un intero complesso urbano a emissioni zero.

**Il quartiere NORD del Campus EPFL di Losanna**
L'Ecole Polytechnique Fédérale di Losanna (EPFL) è uno dei più grandi centri universitari europei, frequentato ogni giorno da circa 15000 utenti (tra studenti e insegnanti) si configura come una polarità urbana d'interesse strategico a livello internazionale.
In accordo con il piano energetico Svizzero per il 2050, il Campus di Losanna ha sviluppato nell'ultimo decennio un proprio protocollo energetico, "L'Energy Concept 2015-2045" che punta a ridurre

significativamente entro il 2035 la domanda energetica pro-capite (del 30% per quanto riguarda i consumi di energia finale e del 25% per quanto concerne i consumi di energia primaria), attraverso l'incremento della produzione di energia elettrica da fonte rinnovabile e la riduzione del 50% delle emissioni di $CO2$[4].

Per raggiungere quest'ambizioso traguardo, l'EPFL ha avviato, parallelamente alle azioni di monitoraggio e gestione dei consumi energetici, una campagna di ammodernamento degli impianti di approvvigionamento energetico e un piano di espansione edilizia che ha riguardato la realizzazione di un intero quartiere nell'area nord del Campus nel quale sono stati costruiti nuovi edifici secondo lo standard Minergie[5] (consumi minimi di almeno 40 kWh/mq anno) destinati ad ospitare: il centro conferenze, gli alloggi per gli studenti, i servizi, i negozi e lo Starling Hotel.

Il quartiere Nord è stato realizzato su un terreno di proprietà della Confederazione Svizzera (che ha ceduto l'area all'Università per un periodo di 99 anni) grazie ad un partenariato pubblico-privato,

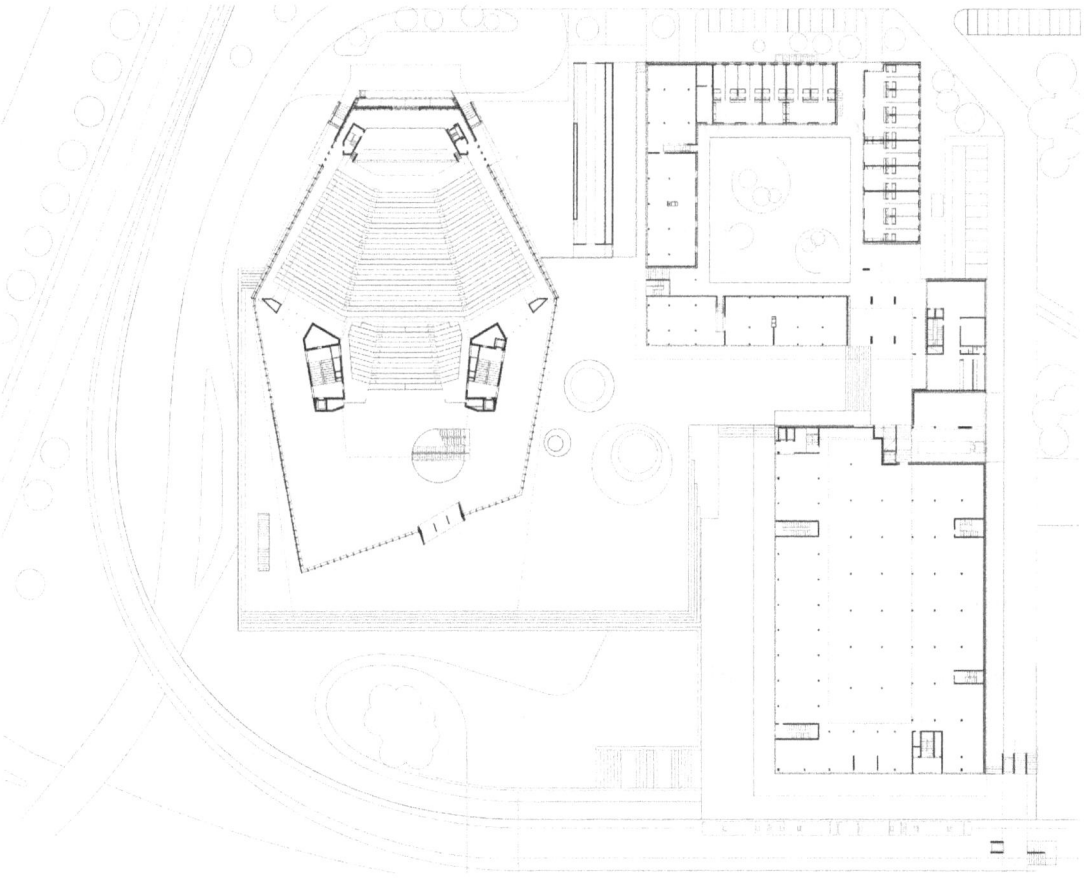

Figura 1. Piante del piano terra dei nuovi edifici del Quartiere Nord del Campus EPFL.

---

[4] Van Slooter K, Bugnion R, Gindrat R, et al. EPFL Sustainability Report, 2012-2013. Lausanne; 2014

[5] Lo standard Minergie è uno standard di costruzione facoltativo in vigore in Svizzera, che punta a ottimizzare il fabbisogno energetico degli edifici di nuova costruzione attraverso l'integrazione di tecnologie per la produzione di energia rinnovabile direttamente nell'involucro dell'edificio. Lo standard promuove inoltre la sostenibilità ambientale e il miglioramento del comfort indoor. In particolare lo standard punta a soddisfare i seguenti requisiti: riduzione delle trasmittanze dell'involucro; integrazione del sistema edificio/impianto con particolare attenzione al sistema meccanico di ricambio dell'aria; verifica del valore limite Minergie; verifica del comfort termico estivo. Requisiti supplementari, riguardano, a seconda della categoria di edificio, le seguenti categorie: illuminazione, impianti frigoriferi industriali e produzione di calore; limitazione dei costi aggiuntivi fino a un massimo del 10%, rispetto agli edifici convenzionali confrontabili.

gestito da HRS Real Estate, che ha curato il management del finanziamento di 225 milioni di franchi francesi concessi dal Credito Svizzero.

La realizzazione del nuovo quartiere s'inserisce nell'ambito delle fasi di sviluppo che hanno caratterizzato con cadenze temporali definite l'espansione dell'intero campus a partire dal 1972 (1972-1984, 1980-2002, e 2002-2015). Tale processo di crescita, circoscritto in periodi di tempo definiti, ha determinato indubbiamente le scelte tecnologiche e materiche legate alla costruzione dei vari edifici destinati a servizi e residenze all'interno dell'area, caratterizzando anche e soprattutto le loro prestazioni termoigrometriche ed energetiche (tabella 1) che di fatto rispecchiano l'incremento dell'efficienza delle prestazioni energetiche, sia dell'involucro che dell'edificio, caratterizzanti l'architettura europea dell'ultima metà del secolo.

| Fase di costruzione | U tetto (W/mqK) | U muro (W/mqK) | U solaio controterra (W/mqK) |
|---|---|---|---|
| 1° fase (1972-1984) | 0.33 | 0.33 | 0.56 |
| 2° fase (1972-1984) | 0.31 | 0.38 | 0.56 |
| Edifici Minergie | 0.16 | 0.16 | 0.16 |

Tabella 1. Confronto dei valori di strasmittanza termica dell'involucro degli edifici costruiti all'interno del Campus.

Nell'ambito dei piani di gestione energetica che hanno accompagnato la crescita dell'intero complesso universitario, è interessante rilevare l'incremento proporzionale dell'adozione di soluzioni d'impianto che portassero alla quasi totalità di approvvigionamento energetico da fonte rinnovabile. L'intero Campus è, infatti, riscaldato e raffrescato utilizzando energia rinnovabile fornita:
- per il riscaldamento al 56% dal sistema di district heating alimentato dal lago di Ginevra e al 18 % dal sistema idroelettrico svizzero;
- per il rafferscamento al 98% dal sistema di district heating alimentato dal lago di Ginevra e per il 5% da elettricità.

Inoltre il Campus può contare sulla presenza di una superficie fotovoltaica totale di 12284 mq che garantisce una produzione annua di energia elettrica pari a circa il 2.6% (2 MW) del fabbisogno dell'intero campus (il 100% dell'energia elettrica proviene comunque da centrali idroelettriche poste in luoghi vicini).

La sinergia delle decisioni politiche ed energetiche ha permesso così all'EPFL di concretizzare l'obiettivo del target 20/20/20 introdotto dalla normativa Europea e di sviluppare in parallelo nuove sperimentazioni alla scala dell'edificio che hanno portato alla realizzazione nell'ultimo decennio dei due edifici più innovativi, dal punto di vista energetico, dell'intero complesso universitario:
- lo Swiss Tech Convention Center, caratterizzato da soluzioni d'involucro adattivo e da interessanti sperimentazioni impiantistiche e funzionali,
- le nuove residenze universitarie Chromoscope, che si contraddistinguono per l'adozione di soluzioni per la captazione solare passiva e la ventilazione naturale finalizzate a garantire condizioni di comfort indoor ottimali.

## Le residenze universitarie Chromoscope

L'edificio, collocato nell'area posta a est dello Swiss Tech Convention Center, è stato progettato dagli stessi Ritcher Dahl Rocha Associati con la consulenza artistica di Catherine Bolle ed ospita le nuove residenze universitarie (per circa 500 studenti), il centro commerciale, l'albergo ed i servizi per la ristorazione del quartiere Nord del Campus.

Il corpo di fabbrica, costituito da una serie di volumi congiunti che presentano differenti altezze per garantire una buona captazione solare anche agli ambienti collocati a nord dell'area, è caratterizzato dalla texture regolare della facciata esterna realizzata in pannelli di vetro acidato che si alternano a moduli finestrati schermati da moduli oscuranti di alluminio anodizzato, dialogando cromaticamente con l'involucro del Centro Congressi.

Le facciate che si aprono verso le due corti interne si contraddistinguono invece per l'uso di circa 800 pannelli in fibrocemento disposti secondo il progetto dall'artista Catherine Bolle, e si affacciano sui ballatoi di collegamento orizzontale posti ai vari piani del corpo di fabbrica. I panelli, che sono stati decorati a mano dall'artista con uno strato di finitura in pigmenti trasparenti combinati con terra, ossido di ferro e tonalità ocra, sono stati disposti secondo scale cromatiche dalle diverse tonalità in funzione del loro orientamento.

Figura 2. Vista dei prospetti esterni del nuovo edificio destinato ad ospitare i servizi e le residenze universitarie del Quartiere Nord [Foto: ©Fernando Guerra].

Figura 3. Vista dei prospetti esterni del nuovo edificio destinato ad ospitare i servizi e le residenze universitarie del Quartiere Nord [Foto: ©Fernando Guerra].

Residenze e servizi per studenti universitari

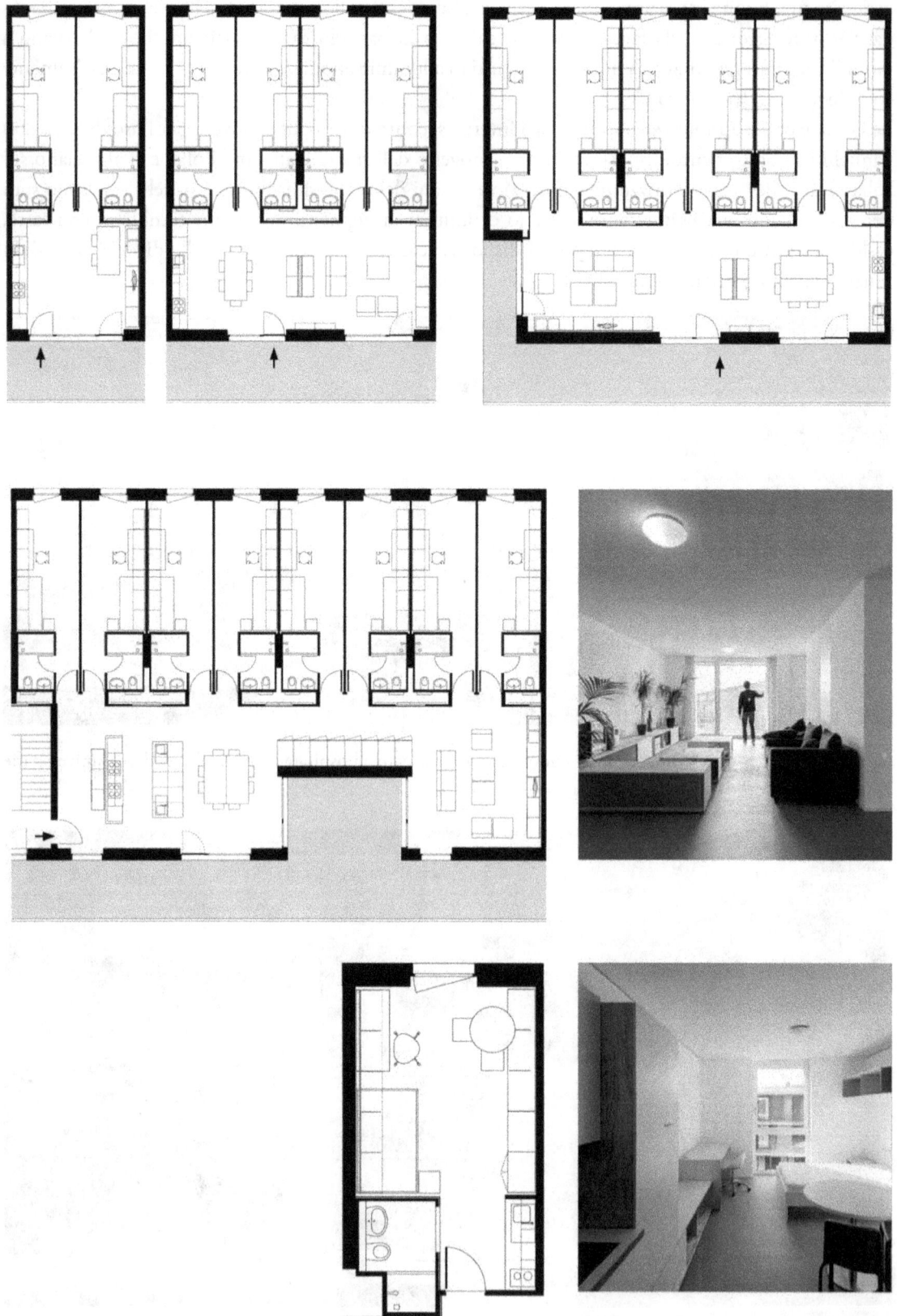

Figura 4. Schemi planimetrici delle configurazioni distributive degli alloggi per studenti.

Alcuni degli spazi comuni sono tamponati con lastre di vetro policromo che riprendono il gioco di colori delle pannellature opache, sottolineando la destinazione sociale di questi ambienti.

Gli alloggi per studenti, che possono ospitare fino a otto persone, presentano una distribuzione planimetrica a pianta regolare con le camere da letto dotate di bagno privato, disposte sul perimetro della pianta ed accessibili da una zona soggiorno-cucina comune che si apre verso i ballatoi.

Tutti i volumi che costituiscono la Student House sono stati progettati per rispondere allo standard Minergie e presentano consumi energetici inferiori a 40 kWh/mq. Per raggiungere quest'obiettivo l'involucro architettonico è stato dotato di sistemi attivi per il recupero di calore nei mesi invernali e atti a favorire la ventilazione naturale nei mesi estivi. Dietro i pannelli colorati della Bolle si sviluppa un sistema di facciata a secco caratterizzato da strati d'isolante in lana di roccia che possono raggiungere anche i 40 cm di spessore.

Le aperture trasparenti così come i tamponamenti in vetro colorato delle zone comuni sono stati progettati per garantire un ottimo livello d'illuminazione naturale in tutti gli ambienti, migliorandone il comfort visivo. Con l'obiettivo di ridurre le dispersioni termiche nei mesi invernali e limitare la trasmissione solare nei mesi estivi le aperture trasparenti delle camere da letto sono dotate di schermature costituite da pannelli scorrevoli coibentati che possono essere sovrapposti alle finestre in relazione alle necessità degli utenti e delle condizioni climatiche esterne. La copertura dei volumi del corpo di fabbrica è stata risolta con un tetto giardino estensivo e ospita un impianto solare termico che fornisce parte dell'acqua calda necessaria al fabbisogno di tutti gli edifici della nuova area urbana.

**Lo Swiss Tech Convention Center**

Lo Swiss Tech Convention Center, con il suo involucro metallico e trasparente che si staglia brillante verso il cielo svizzero, è stato progettato per diventare il polo urbano del Nuovo Quartiere Nord del Campus Universitario. L'edificio è il simbolo tangibile dell'innovazione che caratterizza da sempre le ricerche condotte dall'EPFL, finalizzate allo sviluppo e all'analisi delle soluzioni tecnologiche più innovative nell'ambito della sostenibilità ambientale e dell'efficienza energetica degli edifici.

Figura 5. Vista dello Swiss Tech Convection Centre [Foto: ©Fernando Guerra].

Progettato dallo Studio di architetti svizzeri Ritcher Dahl Rocha Associati nel 2008, il concept dell'edificio rispecchia la volontà di raggiungere e superare i target energetici nazionali e internazionali attraverso la caratterizzazione tecnologica del suo involucro architettonico e l'adozione d'impianti per la produzione di energia fortemente innovativi.

La grande struttura in vetro e metallo che costituisce la chiusura verticale e orizzontale del corpo di fabbrica, pesa circa 1000 tonnellate ma mantiene la sua leggerezza formale grazie all'uso di una struttura reticolare che si appoggia su pilastri in calcestruzzo collocati al centro e a nord dell'edificio. La copertura presenta un aggetto di 40 metri rispetto all'involucro trasparente sottostante, la sua forma è stata determinata dalla necessità di migliorare l'acustica della Sala Congressi e garantire una buona vista del palcoscenico da qualsiasi zona della sala. Isolata con 40 cm di isolante in lana di roccia e tamponata verso l'esterno con scandole in alluminio anodizzato, ha una trasmittanza termica di 0,16 W/mqK. Il fabbisogno elettrico del Centro Congressi è garantito al 100% dall'integrazione di pannelli fotovoltaici nell'involucro dell'edificio. Sulle coperture è stato installato un impianto fotovoltaico tradizionale con una potenza di 250 kW di picco. In facciata invece sono state integrate le innovative celle fotovoltaiche di terza generazione brevettate da Michael Gratzel, ricercatore al Politecnico di Losanna, e prodotte da Solaronix. Si tratta della prima applicazione di questo tipo di celle PV al mondo. I 300 metri quadrati di celle fotovoltaiche, distribuite in 65 colonne colorate, si comportano come degli organismi vegetali, capaci di produrre energia elettrica (2000 kWh l'anno) con un processo fisico simile alla fotosintesi clorofilliana, indipendentemente dall'angolo di incidenza della radiazione solare e della sua intensità.

Le celle colorate, integrate nella facciata ovest, permettono inoltre di ridurre i fenomeni di surriscaldamento indoor tipici delle facciate di questo tipo.

Solaronix ha inoltre sviluppato un innovativo sistema di connessione dei pannelli fotovoltaici, indipendente dalla potenza e dall'inclinazione del pannello.

La stringa è connessa a un inverter a bassa tensione che può essere gestito senza interrompere la produzione dell'impianto e continua a lavorare anche quando una parte dei pannelli è in ombra.

Figura 6. L'ombra delle celle fotovoltaiche di terza generazione nella hall d'ingresso dello Swiss Tech Centere [Foto: ©Fernando Guerra].

Ogni pannello, infatti, dispone di un micro-convertitore dedicato che si adatta continuamente alle condizioni mutevoli della luce, massimizzando la potenza dell'intero sistema.

Parte dell'energia termica necessaria all'edificio è prodotta da una centrale termica a pompe di calore che riscalda e raffredda l'acqua prelevata dal lago di Ginevra. L'edificio è inoltre alimentato da un gruppo di sonde geotermiche integrate in quattro dei pali di fondazione della Conference Hall.

Le sonde geotermiche, che presentano uno sviluppo lineare di 24 metri in profondità, sono monitorate in tempo reale dai ricercatori dell'EPFL (il gruppo è coordinato dal prof. L. Laloui) con l'obiettivo di valutare come questa soluzione speriemtnale, integrata nel sistema strutturale, non incida negativamente con le prestazioni statiche dell'armatura, che potrebbe essere soggetta a deformazione per dilatazione termica.

Tutta l'acqua calda sanitaria necessaria all'edificio è infine prodotta dai pannelli solari termici integrati nelle coperture delle residenze Universitarie Chromoscope.

L'intero Centro Congressi è stato progettato con soluzioni tecnologiche basate sulla flessibilità distributiva dello spazio. Una delle soluzioni maggiormente interessanti tra quelle adottate è il sistema Canadian che permette di trasformare in soli 15 minuti la sala plenaria in una grande sala con pavimentazione piana o spazi di spettacolo più piccoli di 330, 468 o 1670 posti. Il sistema Canadian, attualmente utilizzato solo in 11 sale conferenze del mondo, permette di rimuovere velocemente i sedili collocandoli sotto il pavimento, grazie ad un sistema di rotazione motorizzato integrato nella piattaforma e collegato ad ogni gruppo di sedili.

L'edificio è stato inoltre cablato con moderni impianti ICT e innovativi schermi multimediali che proiettano in tempo reale le immagini degli eventi cui sono connessi, permettendo agli utenti di interagire con le attività in corso attraverso l'uso dei cellulari. Nella hall centrale è stato installato uno schermo digitale ad alta risoluzione che si sviluppa per 17,20 metri intorno ad un perno di sostegno centrale (si tratta del più grande schermo circolare ad alta risoluzione presente al mondo).

Per ridurre l'impatto ambientale del Centro Congressi si è deciso di limitare il numero di parcheggi disponibili (solo 260 rispetto ad un'utenza massima di 3000 persone). Lo Swiss Tech Convention Center è tuttavia collegato in modo ottimale alla città di Losanna, attraverso un'efficiente rete di trasporti pubblici (metropolitana e bus), car sharing elettriche e 20 biciclette a noleggio fornite dal servizio bike sharing del comune di Losanna. L'area di progetto ospita inoltre un parcheggio per 500 biciclette. Il 60% di rifiuti prodotti in sito, infine, è smaltito nella centrale di biogas locale.

**Conclusioni**

Le residenze e i servizi per studenti universitari del Nuovo Quartiere Nord dell'EPFL di Losanna dimostrano come spesso la progettazione e la realizzazione dei Campus Universitari possa diventare occasione di sperimentazione per le stesse Università per le quali questi spazi sono concepiti.

La possibilità di integrare proprio negli edifici che saranno utilizzati da studenti e ricercatori soluzioni d'involucro e d'impianto fortemente innovative, come quelle sviluppare per lo Swiss Tech Convention Centre e per il Retail e Student Housing, permette inoltre di monitorare e valutare in tempo reale l'efficacia di queste soluzioni, trasformando gli edifici stessi in laboratori sperimentali che interagiscono dinamicamente con il sapere e la conoscenza dei propri utenti.

In questo panorama evolutivo e cognitivo caratterizzato da una chiara vocazione alla promozione delle strategie più innovative inerenti la sostenibilità ambientale ed il risparmio energetico è interessante rilevare come ancora una volta sia proprio la progettazione dell'involucro architettonico uno dei temi sperimentali maggiormente determinanti il livello d'innovazione dell'intervento. Involucro che in entrambi gli edifici si configura come adattivo, ovvero concepito come un sistema complesso multylayers capace di interagire in tempo reale con l'ambiente esterno in funzione delle necessità di comfort indoor. Questa capacità di controllare in modo estrinseco e intrinseco le proprie prestazioni si manifesta nell'integrazione del fotovoltaico di terza generazione della grande facciata trasparente del Centro Congressi e nei sistemi d'impianto destinati alla ventilazione meccanica e naturale presenti nei pannelli di tamponamento delle residenze universitarie.

L'EPFL mantiene, infine, il suo primato di eccellenza nella ricerca di soluzioni tecnologiche capaci di incidere radicalmente sul mercato del mondo delle costruzioni anche con queste due realizzazioni, dimostrando come sia possibile trasferire la conoscenza dal mondo universitario a quello produttivo/industriale, non solo attraverso la capacità di sviluppare innovazione ma anche e soprattutto attraverso il coraggio di testare quest'innovazione, successivamente alla fase di prototipazione, in interventi realizzativi a scala reale all'interno del suo stesso tessuto urbano.

**Riferimenti bibliografici**

Autori Vari, [2014], *Swisstech Convention Center & Sustainability*, EPFL Vice-Presidency for Planning and Logistics / EPFL Sustainable Campus /SwissTech Convention Center STCC

Aschehoug Ø., Andresen I., [2018], *State of the Art Review. Volume 1 State of the Art Report*, in: P. Heiselberg (Ed.) Annex 44, Integrating Environmentally Responsive Elements in Buildings, Aalborg University, Aalborg, Denmark

Baetens R., Jelle B.P., Gustavsen A., [2010], *Properties, requirements and possibilities of smart windows for dynamic daylight and solar energy control in buildings,* Solar Energy Materials and Solar Cells 94

Coccolo S., Kaempf J., Scartezzini J. L., [2015], The EPFL *campus in Lausanne: new energy strategies for 2050*, in 6th International Building Physics Conference, IBPC

Davis M., [February 1981], *A Wall for all Seasons*, RIBA Journal, 88 (2) 4.

Favoino F., Goia F., Perino M., Serra V., [2014], *Experimental assessment of the energy performance of an advanced responsive multifunctional façade module*, Energy and Buildings 68

Konstantoglou M., Kontadakis A., Tsangrassoulis A., [2013], *Dynamic Building Skins: Performance Criteria Integration*, in PLEA2013 - 29th Conference, Sustainable Architecture for a Renewable Future, Munich, Germany 10-12 September 2013

Nembrini A., [2014], EPFL SUSTAINABILITY REPORT 2012-2013, EPFL

Richter Dahl Rocha & Associés architects, EPFL *Quartier Nord. Swiss Tech Convention Center. Retail and Student Housing*, www.rdr.ch

Romano R. [2011], Smart Skin Envelope. *Integrazione architettonica di tecnologie dinamiche e innovative per il risparmio energetico*, Florence University Press, Florence, 2011

# RIGENERAZIONE URBANA E SOCIALE

# IL RAPPORTO TRA FUNZIONI ABITATIVE E FUNZIONI DI SERVIZIO

**Roberto Bologna**
Università degli Studi di Firenze, Dipartimento di Architettura, Centro interuniversitario TESIS

Il rapporto tra le funzioni abitative e le funzioni di servizio rappresenta un nodo principale nella progettazione e gestione delle residenze universitarie. La questione appare evidente dall'esame dell'evoluzione che gli standard hanno subito attraverso i programmi attuativi che si sono succeduti in applicazione della L. 338/2000, la prima, in Italia, ad occuparsi di questo genere di strutture abitative[1]. I termini del problema sono definiti dalla volontà di garantire adeguati livelli qualitativi dell'offerta residenziale e dalla necessità di contenerne i costi in una condizione di ristrettezze di risorse sempre più incalzante. Capire dove si trova il punto di equilibrio tra queste due forze è fondamentale non solo per le residenze universitarie ma in generale per tutti gli interventi a carattere sociale, pubblici e privati, il cui l'obiettivo è di ottenere il massimo risultato, in termini di soddisfacimento delle aspettative dei fruitori, con il minimo impiego di risorse, agendo sui meccanismi di efficacia ed efficienza del servizio offerto. L'impostazione originaria degli standard minimi punta al raggiungimento dei livelli minimi qualitativi necessari per le residenze nell'interesse prima di tutto dello studente[2], nella consapevolezza che il futuro dipende dallo sviluppo del capitale umano e sociale e si costruisce sulle "comunità di apprendimento" attraverso la formazione degli individui e la messa a disposizione delle infrastrutture e dei servizi dedicati[3]. Tuttavia, se dal punto di vista dello studente la maggiore quantità e la qualità dei servizi costituiscono elementi necessari per soddisfare le esigenze di crescita individuale, rapporti sociali, formazione nel corso degli studi universitari, nella visione dei soggetti responsabili della struttura il dimensionamento dei servizi è correlato alla necessità di contenere i costi di gestione e manutenzione pur garantendo livelli adeguati di qualità ed efficienza dei servizi offerti. Non è così negli Stati Uniti, dove la consistente disponibilità di risorse e le rette molto elevate, spingono verso una dotazione di servizi di livello superiore (simile a quello di alberghi di lusso), che tuttavia, secondo alcuni, distrae lo studente dai veri obiettivi della vita all'interno del college[4]. La L. 338/2000 nella sua impostazione originaria ha indicato uno standard quantitativo e qualitativo che allo stesso tempo potesse garantire il livello minimo di qualità percepita dallo studente e l'efficacia ed efficienza del servizio offerto dal gestore nei limiti di una convenienza economica. La possibilità di applicare standard dimensionali senza limiti massimo per ottenere superiori livelli di qualità è infatti controbilanciata dall'obbligo di compartecipazione finanziaria alla realizzazione degli interventi a carico dei soggetti richiedenti. I risultati dell'indagine sugli interventi realizzati e in esercizio in base ai decreti attuativi della L. 338/2000, confermano che, a fronte della riduzione dello standard minimi per le funzioni abitative e per i servizi di supporto previsti con il secondo bando, i valori delle superfici effettive a posto letto rimangono quelli dell'impostazione originaria. Il problema della qualità offerta non si risolve solo nei termini di un corretto rapporto dimensionale ma è strettamente connesso ad alcuni aspetti che devono entrare in gioco nei processi decisionali sin dalla fase di programmazione degli interventi e che possono costituire elementi di innovazione nel determinare le condizioni di equilibrio tra le funzioni abitative e di servizio nel progetto delle residenze. Le residenze studentesche rappresentano una modalità temporanea dell'abitare in quanto risponde all'esigenza di fruire di uno spazio abitativo per un periodo limitato, in cui gli utenti si avvicendano con ritmi più o meno frequenti. Il ricambio dell'utenza determina cambiamenti in ordine ai criteri con i quali si identificano i fruitori della residenza, ovverosia le condizioni che determinano il loro backgound culturale, sociale ed economico, ma anche in ordine alle differenti modalità di uso e frequentazione degli spazi. Connessa a questo aspetto è l'evoluzione esigenziale, che nei giovani studenti è un fattore predominante: si tratta infatti di una categoria che per sua natura è caratterizzata da una evoluzione dei modelli comportamentali, sempre più rapida e radicale. Si pensi, ad esempio, all'uso delle nuove tecnologie che hanno modificato il modo di acquisire conoscenze e informazioni e le relazioni sociali e di comunicazione e alle diverse culture e tradizioni – anche religiose - che producono modi differenti di appropriazione dello spazio. Questi aspetti influiscono sulla concezione dei modelli spaziali e funzionali in termini di flessibilità e adattabilità alle esigenze di cambiamento delle dotazioni di ogni singola area funzionale. Nuovi modelli di approccio alla formazione universitaria stanno mettendo in crisi i tradizionali schemi di apprendimento: la mobilità studentesca tra sedi anche internazionali, la molteplicità delle fonti di conoscenza e informazione e la conseguente moltiplicazione dei luoghi di apprendimento, modificano il rapporto dello studente con i tempi e il luoghi dello studio, sempre più diversificati, e le modalità stesse dello studio, sempre più legate al passaggio dagli aspetti teorici a quelli applicativi. In Italia, l'insediamento delle strutture per l'università si è sviluppato prevalentemente in centri storici fortemente strutturati e consolidati con problematiche legate alla frammentaria dislocazione delle strutture e quando è stato possibile concentrare gli insediamenti, molto spesso è avvenuto in situazioni periferiche e scollegate dal centro urbano. L'inserimento della residenza studentesca nell'ambito di influenza della struttura universitaria è soggetto a una attenta analisi dei servizi da erogare o già esistenti ed effettivamente disponibili in condizioni di comoda e facile fruibilità che possono supportare la nuova concentrazione di posti alloggio. L'obiettivo è di perseguire la reale integrazione con il contesto e la possibilità di ottimizzare l'utilizzo dei servizi e degli spazi già esistenti, affinché diventino luoghi reali di scambio culturale e sociale tra gli studenti stessi e tra questi e la popolazione residente. A ciò si aggiunga anche la opportunità creata dall'applicazione dei concetti della *smart city* che proietta la residenza sullo sfondo di un sistema che mette in relazione infrastrutture e servizi collettivi materiali della città con il capitale sociale al fine di migliorare la qualità della vita. La necessità di operare economie gestionali in ragione della ristrettezza delle risorse sempre più marcata negli ultimi anni, ha portato i soggetti titolari della gestione a ricorrere a sofisticate tecniche del *facility* management per ottimizzare l'efficienza e l'efficacia del servizio offerto allo studente. L'erogazione dei servizi prevede differenti modelli, da quello di base che contempla un numero limitato di servizi e strutture di supporto, a quello più complesso con elevati livelli di servizio sia per numero che per intensità. Ma l'erogazione del servizio può essere attuata con differenti modelli di gestione caratterizzati da un diverso rapporto tra gli operatori coinvolti e da diverse logiche di intervento legate alle modalità organizzative funzionali e spaziali[5]. La progettazione degli spazi non può prescindere da una preventiva scelta del modello di gestione della struttura e dei servizi per gli studenti.

Note

[1] R. Del Nord (a cura di) (2014), Il processo attuativo del piano nazionale di interventi per la realizzazione di residenze universitarie, Edifir.

[2] L'articolo 1 allegato A "Standard minimi qualitativi", decreti attuativi della Legge 338/2000 definisce che "La realizzazione di alloggi [...] per studenti universitari deve garantire le necessarie condizioni di permanenza nella città sede di università, tale da agevolare la frequenza degli studi e il conseguimento del titolo di studio, sia per quanto attiene alle funzioni residenziali e alle funzioni di supporto correlate, sia per quanto attiene alle funzioni di supporto alla didattica e alla ricerca e alle funzioni culturali e ricreative. Il servizio abitativo deve inoltre favorire l'integrazione sociale e culturale degli studenti nella vita cittadina".

[3] O. E. Bellini, S. Bellintani, A. Ciaramella, M. L. Del Gatto (2016), Learning and living. Abitare lo Student Housing, FrancoAngeli.

[4] Si veda il servizio di TIME "The evolution of the college dorm" in http://content.time.com/time/photogallery/0,29307,1838306,00.html (consultato il 15.07.2016).

[5] G. Catalano (2013), Gestire le residenze universitarie, Il Mulino Bologna.

# LA RESIDENZA UNIVERSITARIA NELLA CITTÀ MODERNA

**Fabrizia Ancora**
AB_architetti
**Maria Barone**
AB_architetti

---

**Parole chiave**
Riqualificazione, vuoti urbani, residenze universitarie

***Abstract***
*The current architectural and urban design must use a strategy involving the rationalization of the existing built and the integration of new scenarios with the history and the established reality of modern cities, by the recovery of disused urban areas that are always a problem more frequent and not easy to solve.*
*The contemporary urbanized area is identified as an "indefinite" system, devoid of recognizable landmarks, discontinuous and heterogeneous, where prevails essentially a dispersion character. The urban voids represent tangible evidence of that disintegration.*
*These areas should be included in the redesign and redevelopment projects that give them a new use, according to the intrinsic characteristics and relationships with the context in which these take place, in order to mend the urban fabric and ensure the qualitative improvement of life of communities.*
*Further element of urban and social regeneration is to think of a coexistence of public and private spaces, in particular to program the combination of residential functions with relevant functions the most varied spheres of life of the modern community such as employment, commercial, and even entertainment, transport and education. Our research project focuses on the decision to consider a well-defined local area, giving you the opportunity to capture the individuality and character features that allow you to give value and thickness to a possible design theoretical reflection and substantiate with real problems. Specifically, our paper will focus on the project of the university residence.*
*The survey of the urban fabric and of existing buildings of the city of Naples, home to several universities, highlights the absence of a real place for the reception of so-called students "out of office".*
*The latter, being in a totally different urban reality from that of their origin, are often forced to adapt to situations of discomfort, coping with high dense monthly expenses and spaces is often inadequate from the point of view that housing logistics.*
*On the basis of this reflection, comes the desire to analyze all the benefits from the creation of a pole including housing and related services, to be reserved for students.*

## Premessa

L'architettura può fornire un input determinante per le trasformazioni delle società. Un'illusione? Forse, ma non ragione sufficiente per dimenticare che migliorare le condizioni di vita, e in particolare dell'abitare individuale e collettivo, è l'obiettivo di quanti si occupano della ideazione, progettazione e produzione degli "oggetti" ad uso delle persone, e tra questi delle città e degli edifici.

Ambito di indagine è, quindi, la città contemporanea europea, profondamente diversa dalla città industriale e post-industriale che si è generata con un lento processo di espansione scandito da una razionale zonizzazione funzionale: la città è oggi porosa e discontinua, costituita da sistemi costruiti, semi-costruiti e aperti; una città che non può essere trasformata utilizzando metodi e strategie del precedente modello insediativo, che non è possibile ricucire in tutte le sue fratture con interventi di densificazione programmata, ma che deve essere affrontata accettando la sua peculiare "punteggiatura", fatta di spazi urbani con varie densità e modalità di uso del suolo, di spazi naturali e seminaturali. Lo strumento di intervento, quindi, non può che essere nuovo: la rigenerazione urbana, intesa come politica per lo sviluppo sostenibile delle città, emerge come il punto centrale intorno al quale ridefinire i nuovi strumenti di intervento per i futuri piani di riqualificazione, ristrutturazione o radicale sostituzione del tessuto edilizio esistente.

Una indagine sulla città e sull'abitare contemporaneo necessita, quindi, di una riflessione dal punto di vista delle scienze sociali sugli abitanti, presenti e futuri, e sulle loro aspettative spaziali. La struttura demografica della società, infatti, si fa sempre più complessa e inafferrabile: da un lato, i flussi migratori, la nuova concezione del nucleo familiare, l'attuale mercato del lavoro, fatto prevalentemente di contratti a tempo determinato che trasformano gli individui in "city users", sono tutti fattori che definiscono uno scenario demografico molto variegato; dall'altro lato, la crisi economica mondiale del 2008 colpisce tuttora prevalentemente i giovani, gli immigrati, le giovani coppie, gli anziani, le famiglie atipiche. Il concetto di comunità è a sua volta intimamente legato a quello di partecipazione ed è quasi impossibile parlare di uno senza fare riferimento all'altro[1].

La partecipazione è uno strumento per creare comunità attraverso lo sviluppo di reti di solidarietà e cooperazione e la creazione o il rafforzamento dell'identità comunitaria. Consenso, solidarietà e senso di appartenenza sono concetti strettamente legati a quello di comunità.

La rigenerazione urbana, inoltre, se interpretata alla luce del concetto della resilienza, si configura come lo strumento in grado di rispondere alla necessità di creare dei sistemi urbani che non si limitano ad adeguarsi ai cambiamenti climatici, che negli ultimi decenni rendono sempre più vulnerabili le città con conseguenze drammatiche e costi ingentissimi, ma che si modificano costruendo risposte sociali, economiche e ambientali diverse per i nuovi utenti. Contrassegnata per vari motivi da aree dismesse, la "città" contemporanea si presenta come un palinsesto disordinato e senza limite, punteggiato da immobili che spesso non sono più utili alle esigenze funzionali originarie. I "vuoti urbani" si insinuano tra i quartieri, senza logica formale, in un crescendo cui non si sa porre rimedio.

La città è oggi molteplice e la risposta non può, quindi, che rispecchiarne le diversità, non può essere subordinata ad una preconcetta ideologia spaziale o funzionale, ma è il risultato del riferirsi concettuale al continuo e naturale evolversi della città europea, alle sue caratteristiche ed alle sue tracce, integrando come varianti gli edifici che la costituiscono: punti, linee e blocchi. La densità risultante è conseguenza di tale approccio: se il riferimento è comunque la città per come la conosciamo, fitta rete di relazioni e funzioni, teatro per le comunità di cittadini ed abitanti, la densità non può che essere alta.

Ma se la densità percepita non corrisponde ad alcun indice urbanistico, ovvero la densità costruita

---

[1] Fera Giuseppe. "Comunità, urbanistica, partecipazione. Materiali per una pianificazione strategica comunitaria", Franco Angeli, Milano, 2008.

generalmente non corrisponde alla densità apparente e percepita, il punto centrale è comprendere i parametri che determinano tale fattore e la loro influenza sugli abitanti.

Abitare per una comunità insediata, implica stabilire dei rapporti significativi con lo spazio che diventa luogo in quanto associato ad un'immagine condivisa degli abitanti. Lo spazio concreto che costituisce il luogo della comunità è lo spazio collettivo, categoria che fa riferimento a un'appropriazione dello spazio non di tipo economica ma attraverso l'uso.

## Criticità e potenzialità dei vuoti urbani

Le ingenti trasformazioni funzionali e materiali che le città - e le loro evoluzioni - hanno vissuto negli ultimi decenni, con la fine dell'epoca dell'espansione e dell'economia industriale a favore di un maggiore orientamento verso "l'immateriale", hanno necessariamente posto al centro dell'attenzione del fare urbanistico ed architettonico il tema della riqualificazione (prima) e della rigenerazione (poi), con l'obiettivo fondamentale di portare qualità urbana all'esistente.

Nonostante la stessa definizione di "qualità" sia quanto mai aleatoria e necessiterebbe, per essere formalizzata, di parametri e criteri che forse ne irrigidirebbero il concetto, è alla qualità che puntano i progetti e le trasformazioni urbane realizzate per superare la criticità degli spazi urbani inutilizzati e degradati. Una qualità peraltro non solo fisica, ma orientata - almeno nelle intenzioni - anche a fattori di tipo economico, sociale e culturale: la rigenerazione, deve basarsi su approcci integrati che sappiano affrontare e valorizzare i molteplici aspetti della complessità urbana.

In una riflessione che punta quindi alla rigenerazione di questi vuoti urbani, questioni come le relazioni tra densità insediativa, morfologia urbana, qualità dello spazio pubblico e dotazioni di welfare, sono dunque divenuti elementi centrali di qualsiasi possibile progetto. Vi sono diversi spazi liberi ancora "stratificabili" nei quartieri delle città moderne e nei loro immediati intorni, risultanti ad esempio dal sovradimensionamento dello spazio aperto creato dagli standard urbanistici - che pur motivati da evidenti ragioni storiche, hanno più volte sollevato l'ipotesi di essere di fronte ad uno "spreco urbano". Questi spazi rappresentano un patrimonio di aree pubbliche a disposizione che può oggi essere messo a valore. Oggi queste riserve di spazi urbani ancora inespressi e trasformabili, situate in quelle che un tempo erano periferie ma oggi sono a ben vedere parti semicentrali delle nostre estese città, sono in effetti a più voci considerati come delle vere opportunità da cogliere, dei possibili "semi di urbanità" strutturante. In sintesi, e semplificando, i modelli progettuali degli anni passati e gli standard hanno forse "fallito", ma contemporaneamente ci hanno lasciato delle occasioni, i vuoti urbani, in quantità significative e su cui oggi possiamo lavorare per attribuirgli anche valore qualitativo e migliorare la qualità della città nel suo insieme.

Gli spazi aperti, non intesi come semplici "materiali urbani" ma piuttosto nella più ampia accezione della loro "produzione sociale dello spazio", per quanto inutilizzati ed abbandonati e a dispetto di quanto non si possa credere in apparenza, non sono affatto "vuoti".

Il concetto di "vuoto urbano" si lega ad una visione che vuole ricoprire interamente e con opportune funzioni ogni angolo interno alle "mura della città", colorando tutta la superficie di un piano regolatore: è vuoto quello che non risponde adeguatamente, o non più, alle funzioni immaginate e programmate. In tal senso si potrebbero chiamare "vuoti" non solo gli spazi aperti, utilizzati e non, ma anche gli edifici che hanno esaurito le loro utilità e non rientrano più nel metabolismo urbano, estendendo di molto il ragionamento. Senza tentare una definizione tassonomica, che necessiterebbe di ben altri studi, secondo il punto di vista dell'urbanista-architetto che ci è proprio, ci si riferisce quindi a quegli spazi sottoutilizzati creati dagli standard urbanistici e di piano (verde, sport, parcheggi, sedi stradali...); alle pertinenze residenziali, alle "corti" inefficaci; alle "grandi aiuole", ai residui, aree marginali indefinite, frammenti; alle più ampie aree di valore ambientale vincolate e non; come anche ai servizi non costruiti o costruiti ed abbandonati, o solo parzialmente riciclati.

Il rapporto con il luogo, inteso come lo specchio dell'identità comunitaria, è un elemento importantissimo nel progetto di comunità. Abitare implica un rapporto dialettico tra spazio costruito e gruppo insediato, i quali si trasformano, cambiano e si adattano: lo spazio diventa luogo perché associato a una immagine condivisa dagli abitanti e il gruppo diventa comunità perché organizzato nello spazio attraverso una rete di relazioni interpersonali.

Abitare vuol dire perciò stabilire dei rapporti significativi con un luogo attraverso l'identificazione e l'orientamento. Il luogo non è più definito dall'essere un posto isolato ma si configura come il nodo in una rete di relazioni e si differenzia dallo spazio geometrico in quanto portatore di una propria identità. Per questo motivo la progettazione degli spazi pubblici e collettivi acquisisce nei progetti residenziali un'importanza strategica per favorire lo sviluppo di rapporti sociali che contribuiscano alla costruzione della nuova comunità. Il rapporto dell'uomo con lo spazio ha una forte componente esistenziale. L'individuo cerca d'instaurare con l'ambiente circostante un equilibrio dinamico attraverso rapporti di significato con gli oggetti che lo circondano. Lo spazio fisico in cui si esprime la dimensione collettiva dell'abitare è lo spazio collettivo, lo "spazio tra le case". L'ambiente fisico non può avere un'influenza diretta sull'intensità dei contatti sociali ma è in grado invece di favorire oppure ostacolare gli incontri tra le persone. Attraverso decisioni progettuali si può influire sul campionario delle attività che si possono realizzare negli spazi collettivi e che sono il punto di partenza per tutta una serie di contatti ulteriori. Cercare di capire in che modo si possano creare condizioni favorevoli nello spazio collettivo dell'abitare per i diversi tipi di attività che si possono svolgere nello spazio pubblico, e che possiamo classificare in attività necessarie, volontarie e sociali, vuol dire porre al centro dell'attenzione l'esistenza quotidiana. Questo approccio articola insieme scelte maturate in varie dimensioni progettuali cercando un equilibrio tra: la pianificazione economica e finanziaria di vari aspetti dell'intervento, dallo sviluppo immobiliare alla gestione, il governo sociale degli immobili, la definizione di un profilo di riferimento della comunità futura per orientare i criteri di assegnazione degli alloggi, la progettazione dei servizi integrati alla residenza che contribuiscano, da una parte, ad essere un'occasione d'incontro tra il nuovo intervento e il quartiere e, dall'altra, allo sviluppo di un senso di appartenenza da parte dei nuovi abitanti, la progettazione architettonica, la sostenibilità ambientale e gli stili di vita sostenibili, l'accompagnamento e il coordinamento con le politiche comunali. Kevin Lynch negli anni Cinquanta sviluppa il concetto di "immagine ambientale". L'immagine ambientale, secondo Lynch, è il "quadro mentale generalizzato del mondo fisico esterno che ogni individuo porta con sé". [Lynch 1964] L'ambiente urbano, data la sua estensione e complessità, non può essere percepito in una sola volta ma solo attraverso l'esperienza. L'immagine ambientale è il prodotto sia della percezione immediata che delle esperienze passate che si stratificano nella memoria e viene usata dagli abitanti di una città o un quartiere per interpretare le informazioni che arrivano dall'ambiente.

Un ambiente ordinato, in cui ci si può orientare, può funzionare, secondo Lynch, come un ampio sistema di riferimento e può organizzare la conoscenza. L'ordine che cerca l'individuo quando inconsciamente compone la propria immagine ambientale è un ordine non chiuso ma aperto, che può essere modificato per accogliere nuovi schemi di attività, nuovi sviluppi. L'immagine ambientale, come l'adattamento, è un processo continuo di interazione tra l'osservatore e il suo ambiente: l'ambiente suggerisce possibili differenze e relazioni tra le sue parti e l'individuo osserva, sceglie, organizza e attribuisce loro dei significati. Le qualità visive dell'ambiente urbano, che sono determinanti nella configurazione di un'immagine ambientale chiara che permette all'individuo d'instaurare un rapporto armonioso con l'ambiente, sono due: la leggibilità e la figurabilità.

La leggibilità del paesaggio urbano è la facilità con cui le varie parti possono venire afferrate per conferire un'identità e una struttura all'ambiente.

Questa chiarezza non ha a che vedere con un ordine geometrico ma con il fatto che l'osservatore possa individuare dei riferimenti e organizzarli in un sistema coerente.

Nell'analisi fatta da Lynch degli aspetti fisici percepibili della città vengono individuati cinque elementi che compongono l'immagine ambientale urbana e che sono in stretto rapporto con l'orientamento:

- percorsi: sono le direzioni dell'orientamento, lungo le quali l'osservatore si muove abitualmente; i percorsi possono essere costituiti da strade, ferrovie, piste ciclabili, percorsi pedonali e sono definiti dalla continuità di certe qualità spaziali caratteristiche che possono essere la concentrazione d'uso o attività sociali, le caratteristiche di facciata, l'alberatura, ecc; la modulazione del percorso diventa importante per essere in grado di valutare la propria posizione rispetto allo sviluppo totale;
- margini: sono i confini tra due diverse realtà, gli elementi lineari che non vengono usati come percorsi dall'osservatore ma tengono assieme aree meno strutturate di città funzionando come riferimenti laterali;
- quartieri: sono domini la cui continuità è data da caratteristiche fisiche continue come simboli, tipo edilizio e caratteristiche della strada;
- nodi: sono i centri dell'orientamento, fuochi verso i quali e dai quali l'osservatore si muove, nodi di concentrazione che fanno da polo attrattore di un quartiere;
- riferimenti: elementi puntuali, singolari, che spiccano sullo sfondo per contribuire all'orientamento.

Dalle ricerche condotte da Lynch[2] risulta che, anche se l'immagine ambientale che ogni individuo si crea e porta con sé è unica, si verifica che tra i membri di uno stesso gruppo vi sia un notevole accordo.

Figura 1. Scorci di città[3].

Figura 2. I totem urbani[4].

---

[2] Si realizzarono delle indagini nelle aree centrali di tre città americane molto diverse: una città nuova (Los Angeles), una città dalla forma singolare (Boston) e una città apparentemente senza forma (Jersey City). Lo scopo era quello di mettere alla prova il concetto di figurabilità attraverso il confronto tra la realtà fisica e le immagini ambientali suscitate negli abitanti. Le analisi fondamentali erano due: da una parte un osservatore addestrato conduceva un minuzioso sopralluogo segnando i vari elementi su una pianta e dall'altra si conducevano lunghe interviste con un campione di cittadini per scoprire le loro immagini ambientali individuali.

[3] Schema tratto da [Lynch 1964] e immagini di quartieri in città: Notting Hill a Londra, Bergamo Alta, i quartiere spagnoli a Napoli e il quartiere Brera a Milano.

[4] Schema tratto da [Lynch 1964] e immagini di riferimenti in città: La Inmobiliaria e il Obelisco a Buenos Aires, la Madonnina a Milano, la Torre Agbar a Barcellona e il London Eye e il Big Ben a Londra.

Il quadro mentale comune, l'area di consenso che sorge tra una singola realtà fisica e una stessa cultura dell'abitare, costituisce l'immagine di gruppo.

Questa immagine condivisa è indispensabile perché l'individuo possa agire nel suo ambito, collaborare con gli altri, fare parte di una comunità ed entrare in possesso di un luogo condiviso. L'immagine ambientale degli abitanti di una stessa città dipende sì dall'ambiente costruito ma ha anche una componente culturale e viene influenzata dal modo di guardare e di tessere relazioni nello spazio e nel tempo: quando un individuo interagisce con gli altri nella vita urbana lo fa all'interno di un orizzonte di senso che è l'immagine pubblica della città. Lo sviluppo dell'immagine ambientale è un processo di interazione tra l'ambiente urbano e l'osservatore. È possibile quindi rafforzare l'immagine ambientale sia ristrutturando l'ambiente fisico che rieducando gli abitanti. Lynch propone una serie di qualità sulle quali può operare il designer per progettare o ristrutturare un ambiente urbano in modo da contribuire alla sua figurabilità. Esse sono: chiarezza di sfondo e figura, semplicità di forma, continuità, preminenza di una parte sulle altre, chiarezza di connessione, differenziazione direzionale, profondità di visione, consapevolezza del movimento, serie temporali e toponimia. Per rafforzare l'immagine mentale attraverso la rieducazione degli abitanti, invece, sarebbe necessario proporre dei processi di partecipazione che stimolino la loro creatività per arricchire l'ambiente e che insegnino loro a "vedere" la propria città e a osservarne le forme.

Interessante nell'ottica della ricerca condotta, è soprattutto la possibilità che queste nuove edificazioni sappiano essere al contempo interventi volti a rigenerare più ampi brani di città con nuovi impulsi, attraverso progettualità attente ai nuovi criteri di qualità e vivibilità, e che offrano, oltre agli alloggi, anche servizi locali specifici e spazi collettivi adeguati alle esigenze di una società mutata e mutevole, attraverso un elaborato progetto sociale, oltre che urbano-architettonico.

**Le residenze universitarie: il nostro approccio sperimentale**

L'intervento oggetto di studio prevede la realizzazione di un complesso residenziale per studenti universitari e si configura come il possibile riempimento di uno dei cosiddetti "vuoti urbani". L'area di interesse si trova nel cuore del centro antico della città di Napoli, in prossimità di importanti strutture quali l'Ospedale Pellegrini, la Facoltà di Architettura dell'Università degli studi di Napoli Federico II ed il complesso monumentale dello Spirito Santo. Stiamo parlando del Largo Pignasecca nel quartiere Carità, area fortemente urbanizzata, contornata da alti organismi edilizi, fatta eccezione per un unico

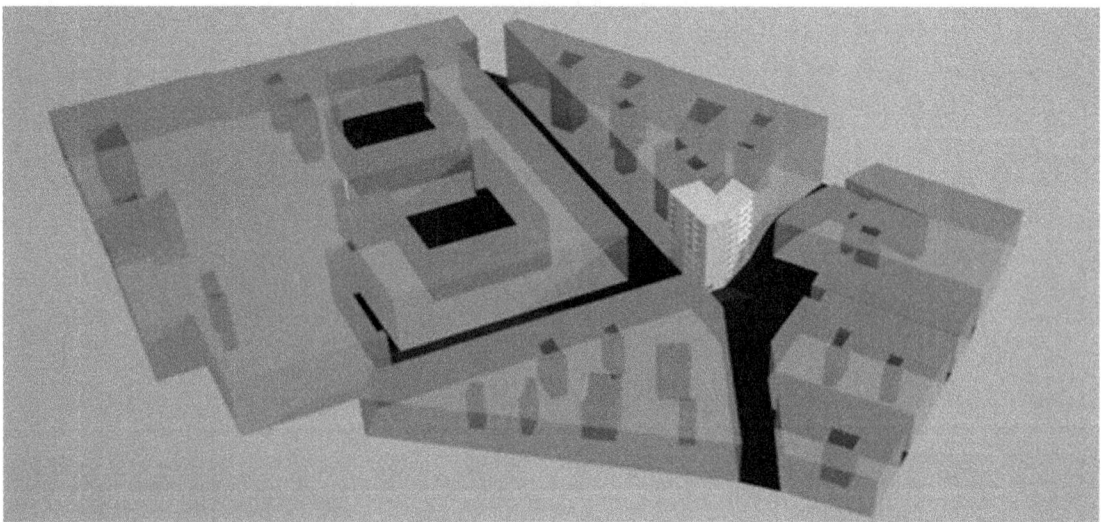

Figura 3. Studio volumetrico dell'inserimento urbano del progetto.

lotto dove sorge un immobile dotato di un livello fuori terra che ospita attività commerciali e insite su palazzi a funzione prevalentemente residenziale.

L'idea di riqualificare questo specifico punto della città nasce da un'attenta analisi del contesto urbano e sociale che caratterizza quest'area. Il percorso di studi svolto presso la Facoltà di Architettura, articolato in cinque anni, ci ha permesso di comprendere a fondo le dinamiche sociali interne al complesso universitario e, in un certo senso, anche di vivere il quartiere. Ciò che traspare immediatamente è la carenza di alloggi da destinare ai cosiddetti studenti "fuori sede". Tale mancanza costringe questi ultimi ad accontentarsi di misere stanze in appartamenti sovraffollati, per di più dislocati in luoghi considerati "malfamati" e a cui fanno fronte ingenti spese di fitto. Per quanto riguarda il quartiere in oggetto, Largo Pignasecca si configura quale luogo caotico e gremito di persone. Il mercato, e la presenza di uno dei nodi nevralgici di interscambio tra le diverse linee di trasporto della città (la Ferrovia Cumana di Montesanto), contribuiscono notevolmente ad incrementare il flusso di persone che popolano quest'area.

Il "vuoto urbano" o il costruito male utilizzato, contribuiscono a conferire all'area in questione un'immagine di degrado e abbandono. Riempirlo, riqualificarlo ed estendere il progetto ad uno di più ampio respiro che comprenda anche la riconfigurazione della "piazza", mediante la creazione di percorsi ordinati ed apposite aree da destinare al mercato, comporterebbe la significativa riqualificazione di un pezzo di città.

Ci siamo soffermate in particolare sull'ipotesi di realizzare un nuovo organismo edilizio basato sulla commistione di tre diverse funzioni (commerciale, sociale e residenziale).

L'edificio di nuova realizzazione ha come principale obiettivo quello di non configurarsi esclusivamente come un "dormitorio" e quindi come elemento passivo, bensì di essere parte attiva del contesto in cui viene collocato. A tal proposito si è immaginata una divisione di funzioni per livelli:
- al piano terra saranno collocate le attività commerciali ed in particolar modo un bar/caffetteria, un negozio di abbigliamento ed un giornalaio;
- il primo ed il secondo piano ospiteranno una biblioteca sviluppata su due livelli ed una mediateca;
- la mensa verrà collocata al terzo livello;
- dal quarto all'ottavo piano saranno inseriti gli alloggi per studenti suddivisi in simplex e duplex ed in particolare, quarto, sesto e ottavo piano saranno dotati anche di lavanderie a servizio dello studentato.

L'inserimento delle attività commerciali è una scelta mirata alla creazione di un introito (il fitto dei negozi) tale da poter ammortizzare le spese di gestione e manutenzione dell'immobile. Dall'abbattimento di questi costi scaturisce la possibilità di offrire alloggi nuovi e funzionali ad un prezzo estremamente competitivo.

La progettazione dei servizi e degli spazi collettivi contribuisce a individuare gli aspetti particolari su

Figura 4. Vista bidimensionale: prospetto e foto inserimenti del progetto.

cui deve focalizzarsi la progettazione in un determinato contesto per creare integrazione. Gli spazi collettivi del progetto residenziale non sono unicamente composti dallo "spazio tra le case" ma fanno parte di questa categoria anche i locali comuni che, aperti o meno ad un uso pubblico, ospitano diversi servizi rivolti alla comunità. L'importanza dell'integrazione tra la residenza e i servizi è una delle prime considerazioni che abbiamo reso fondamentali nell'impostare il nostro caso studio. Negli ultimi quaranta anni, facendo seguito alla critica dei quartieri monofunzionali, si è molto evoluto il progetto dei servizi che accompagna in modo complementare il progetto residenziale.

Gli esercizi commerciali rispondono alle leggi del mercato.

Questa affermazione sembra banale ma è la prima cosa da tener conto quando vengono inclusi degli spazi commerciali all'interno di nuovi interventi residenziali. La biblioteca e la mediateca saranno riservate esclusivamente agli studenti e resteranno aperte non soltanto durante le ore diurne ma anche in alcune ore serali. In questo modo si creerà non soltanto un'area studio, ma anche un luogo di incontro e scambio culturale.

La mensa invece, non sarà ad uso esclusivo dello studentato, ma verrà aperta anche agli esterni.

Il ragionamento alla base di questa scelta gestionale è sostanzialmente uguale a quello fatto per le attività commerciali: creare un introito "esterno" renderà più semplice l'offerta di un servizio low cost, ma allo stesso tempo di qualità, agli studenti.

Per quanto riguarda gli alloggi invece, il progetto prevede la realizzazione di 15 nuove residenze, per un totale di 30 posti alloggio, due per ogni mini appartamento. Come già specificato in precedenza, sono previste due diverse tipologie di alloggi: simplex e duplex.

I simplex hanno una superficie di 37 mq e sono dotati di: angolo cottura e zona pranzo, bagno, due posti letto, zona studio e terrazzino.

I duplex invece, si sviluppano su due livelli di 25 mq ciascuno, per una superficie complessiva di 50

Figura 5. Foto inserimento del progetto nel contesto del quartiere Carità di Napoli.

mq. In questo caso c'è una netta separazione tra la zona giorno, posta al piano inferiore, e la zona notte collocata al livello superiore.

La zona giorno è caratterizzata dalla presenza di un'ampia zona studio, un piccolo salottino, la zona pranzo munita di angolo cottura e da una scala a chiocciola che consente il collegamento con la zona notte dove troviamo due posti letto ed il bagno. La progettazione è stata eseguita sfruttando le linee guida dell'"existenzminimun", al fine di garantire l'inserimento del maggior numero di posti letto possibile, ed è mirata alla creazione di unità abitative completamente indipendenti dove i concetti di comfort e funzionalità si legano saldamente tra loro. Il progetto in esame non garantisce soltanto spazi funzionali e facilmente fruibili, ma si occupa anche della questione energetica al fine di evitare inutili sprechi e costi aggiuntivi che andrebbero a gravare sulle utenze. In primo luogo, va ricordato che il consumo energetico dell'edificio può essere tenuto sotto controllo mediante la realizzazione di un buon pacchetto di tamponatura che eviti la dispersione di calore in inverno e l'ingresso di quest'ultimo durante la stagione estiva.

A tal proposito, il pacchetto tamponatura, viene progettato calcolando la trasmittanza e verificando che i valori ottenuti da tale calcolo non superino i valori limite indicati dal D.lgs. 311/06 per la zona climatica considerata. Inoltre, trattandosi di un edificio a forte sviluppo longitudinale su cui non verrebbero proiettate le ombre dei fabbricati circostanti e, sempre nell'ottica di ottimizzare il consumo energetico, è prevista l'installazione di pannelli fotovoltaici in copertura impiegati per la produzione di energia elettrica. Nella progettazione di nuovi interventi residenziali il primo aspetto di cui tenere conto è quindi, la relazione del nuovo intervento con il contesto.

Il rapporto che lo spazio di nuova realizzazione riesce ad instaurare con l'ambiente preesistente e circostante è di vitale importanza. Questo rapporto però non deve essere inteso come una mimesi, anzi deve essere caratterizzato dallo studio delle caratteristiche del quartiere circostante, individuando pregi da riproporre e difetti da controbilanciare. Attraverso il progetto dello spazio pubblico i nuovi interventi possono contribuire a riqualificare quartieri degradati, a completare sistemi inconclusi di spazio pubblico e a valorizzare parti dimenticate della città. Il primo rapporto che un nuovo insediamento residenziale può avere con il contesto in cui si colloca è quello di esser elemento di una stessa esperienza da parte degli utenti. Se le persone nella loro vita quotidiana hanno la possibilità di fare un'esperienza che comprenda sia il quartiere esistente che quello di nuova realizzazione senza trovare delle barriere, ciò favorisce l'inclusione degli spazi pubblici del nuovo insediamento nella loro immagine ambientale.

**Conclusioni**

In conclusione se la complessità della città di oggi è da considerare un valore, un fattore positivo, un'offerta di molteplici opportunità, la vera sfida è come governare la complessità. La città non è mai stata pensata come un'entità definitiva e conclusa, ma ha sempre subito processi di adattamento e di modificazioni successive. Il progetto urbano deve avere un'apertura al cambiamento, alla trasformazione, all'innovazione poiché mentre la società evolve rapidamente, nuovi scenari si susseguono e richiedono risposte. Altro tema di grande rilevanza è il rilancio dello spazio pubblico. Non siamo più capaci di pensare lo spazio pubblico: gli schemi tradizionali di strada e piazza hanno perso il loro significato, espropriati in pratica dall'automobile.

La strada è diventata canale di traffico, la piazza spesso è solo uno svincolo, un'intersezione di strade; il giardino pubblico spesso si identifica con una piccola area marginale, di risulta, che i privati hanno ceduto gratuitamente come contributo alle opere di urbanizzazione.

A cosa possiamo fare riferimento per ripensare i luoghi pubblici della città nuova? Innanzi tutto non dobbiamo dimenticare che lo spazio aperto vive in stretta relazione con gli edifici che lo delimitano, quindi sempre più il gioco tridimensionale di relazione tra i volumi deve essere controllato anche in funzione delle spazialità esterne che si vengono a creare, importante sarebbe rilanciare un interesse concreto per la progettazione urbana, che possa innescare un nuovo processo di sperimentazione e di monitoraggio, una sorta di 'laboratorio permanente' capace di dare vita ad una nuova 'cultura dell'abitare'.

**Riferimenti bibliografici**
AA. VV. [2012]. *Housing Contest*, Edilstampa.
Abruzzese A. [2015]. *Addensamenti creativi, trasformazioni urbane e fuorisalone*, Maggiori Editore.
Alessandrini D. [2008]. *RicicliCittà. Riuso delle aree dismesse e cultura del costruire*, Palombi Editore.
Aragosa A., Petraroia M. [2006]. *Dalle aree dismesse verso nuovi paesaggi*, Aracne Editrice, Roma.
Augè M. [1993]. *Non luoghi*, Eleuthera, Milano.
Bondonio A., Callegari G., Franco C., Gibello L. [2005]. *Stop&go. Il riuso delle aree industriali dismesse in Italia. Tratta casi studio*, Alinea Editore.
Borlini B., Memo F. [2008]. *Il quartiere nella città contemporanea*, Bruno Mondadori.
Cavallari P., Currà E. [2014]. *Architetture industriali dismesse. Reti, conoscenze e recupero dei siti produttivi di viale Maraini*, Edicom Edizioni.
Colarussi P., Latini A.P. [2008]. *La progettazione urbana. Declinazione e strumenti*, Il sole 24 Ore Edizioni, Milano.
De Medici S., Siena C. [2015]. *Valorizzazione degli edifici dimenticati. Lo stabilimento enologico Rudibnì di Pachino*, Franco Angeli.
Fabbrizzi F. [2010]. *Ridefinizioni urbane*, Alinea Editrice.
Fera Giuseppe [2008]. *"Comunità, urbanistica, partecipazione. Materiali per una pianificazione strategica comunitaria"*, Franco Angeli, Milano.
Incerti G., De Poli M. [2011]. *Atlante dei paesaggi riciclati*, Skira.
Leone U. [2003]. *Aree dismesse e verde urbano: nuovi paesaggi in Italia*, Patron.
Lynch K. [1964]. *"L'immagine della città"*. Marsilio Editori, Venezia, 1964.
Lynch K. [1990]. *Progettare la città. La qualità della forma urbana*, Etas Libri, Milano.
Longo D. [2007]. *Decostruzione e riuso. Procedure e tecniche di valorizzazione dei residui urbani edilizi in Italia*, Alinea.
Maspoli R., Spaziante A. [2012]. *Fabbriche, Borghi, Memorie. Processi di dismissione e riuso post-industriale a Torino Nord*, Alinea, Firenze.
Marcelli F., Mortola E. [2011]. *Co-housing e progettazione partecipata nei centri storici. Il caso di un ex monastero a Magliana Sabina*, Gamgemi Editore.
Massa M. [1999]. *Spazio pubblico e riqualificazione delle periferie, Architettura e rinnovo urbano* (a cura di Cristina Benedetto), Alinea, Firenze.
Peghin G., Sanna A. [2012]. *Modern urban heritage. Experiences and reflections for the Twentieth-Century City*, trad. It. *Il patrimonio urbano moderno. Esperienze e riflessioni per le città del ventesimo secolo*, Alleamandi.
Piemontese F. [2008]. *Aree dismesse e progetto urbano. Architettura - Territorio – Trasformazione*, Gangemi.
Russo M. [2011]. *Il progetto urbano nella città contemporanea. L'esperienza di Salerno nel panorama europeo*, Clean edizioni.
Scandurra E. [2012]. *Vite periferiche*, Ediesse Editore.
Scateni S. [2006]. *Periferie. Viaggio ai margini della città*, Laterza, Collana Contromano.
Secchi B. [2001]. *La città contemporanea e il suo progetto, Atti ciclo conferenze: lezioni di storia urbanistica*, Modena.
Sposito C. [2012]. *Sul recupero delle aree urbane dismesse*, Maggioli Editore.
Ziehl M., OBwold S., Haseman O., Schnier D. [2012]. Second Hand Spaces. *Recycling sites undergoing urban trasformation*, Jovis Publisher

# UN CAMPUS UNIVERSITARIO "DIFFUSO"

**Maria Argenti**
Sapienza Università di Roma, Dipartimento di Ingegneria Civile Edile e Ambientale
**Fabio Cutroni**
Sapienza Università di Roma, Dipartimento di Ingegneria Civile Edile e Ambientale
**Maura Percoco**
Sapienza Università di Roma, Dipartimento di Ingegneria Civile Edile e Ambientale
**Giulia Santarelli**
Sapienza Università di Roma, Dipartimento di Ingegneria Civile Edile e Ambientale

**Parole chiave**
Campus diffuso, infill, densità, Roma, Pigneto

*Abstract*
*Whereas - as claimed by Giancarlo De Carlo - the integration of university residences and services with the city could be an opportunity for the students, but also a benefit for the entire settled community, and believing that today it would be necessary to reverse the trend of the continuous and uncontrolled building sprawl that characterizes the frayed margins of urban and metropolitan peripheral areas, this study is intended to verify the practical possibilities linked to the regeneration of consolidated urban districts through densification strategies, proposing a new "scattered" university campus model.*
*In opposition to the pervasive occupation of land, related - especially in Italy - to the predominantly speculative interests that were gradually grafted on an urban development governed by too abstract separation (zoning) of functions, we want to prove the effectiveness of a strategy of "saturation" of already established neighborhoods, whose redevelopment may be entrusted to a network of isolated design operations, aimed at mending the chipped mesh of the twentieth-century urban expansion, bridging those gaps - even small - remained harnessed inside the chaotic and disorderly growth of a modern city disputed between planning and illegal building, or as the never healed result of traumatic war events.*
*In particular, this research presents the Pigneto district in Rome as a case study and a field of design application. Pigneto is an urban district developed since the end of 19th century between Casilina and Prenestina streets, near some important industrial and productive centers such as the Pantanella factory, the Serono Pharmacological Institute, the Porta Maggiore trams depot and the SNIA Viscosa factory.*
*Spontaneous or even precarious residential and productive buildings have been gathering without rules between the planned residential sectors intended for railway and tramway workers - made of high intensive blocks or low extensive housing - generating the fragmented and incoherent urban texture that even today widely characterizes the neighborhood, further weakened by the wounds caused by the bombing of the summer of 1943. The idea of a "scattered" university campus, therefore, aims to rehabilitate a laddered urban district and, at the same time, to encourage social regeneration and integration, within a highly degraded neighborhood, through the injection of residences and services for students - already in place for its proximity to the Sapienza University - widespread in the district and open to the public.*

Il presente lavoro di ricerca si fonda sul presupposto teorico che – riprendendo le tesi sostenute e attuate da Giancarlo De Carlo ad Urbino negli anni Sessanta e Settanta del secolo scorso – la presenza di residenze e servizi universitari all'interno della città consolidata, la loro integrazione con la realtà sociale locale, oltre a rappresentare un'opportunità per gli studenti, possa innescare un processo positivo per l'intera comunità urbana. Un processo evolutivo virtuoso, teso a contrastare – se non addirittura ad invertire – la tendenza alla continua e incontrollata dispersione edilizia che caratterizza i margini sfrangiati delle aree periferiche urbane e metropolitane, verificando invece la possibilità di rigenerazione dei tessuti urbani esistenti attraverso strategie di *densificazione*, dalle quali abbia origine un nuovo modello di Campus universitario "diffuso".

**I luoghi delle Università**
In una città complessa come Roma le nuove Facoltà e i nuovi Atenei, così come gli ampliamenti e le espansioni di quelli più antichi – con l'eccezione della Seconda Università di Tor Vergata, isolata nell'estrema periferia sud-est e pensata sul modello dei campus anglosassoni – sono sorti occupando o ri-occupando spazi residuali ed edifici in disuso, al di fuori del recinto ormai troppo angusto della storica Città Universitaria della Sapienza, oggi intasata con nuovi corpi, dall'apparenza spesso provvisoria e casuale, incastrati tra gli edifici di Gio Ponti e Michelucci, di Pagano, Capponi e Minnucci. Contestualmente alla crescita e alla moltiplicazione di Atenei e Corsi di Laurea, negli ultimi decenni intere aree e quartieri di Roma hanno integrato, e in parte sostituito, i loro abitanti con una popolazione studentesca costituita in prevalenza da fuorisede e stranieri. La città è così cambiata, si è popolata di altre facce, a volte spaesate, straniere, con il loro carico inespresso di problemi, di solitudini, a volte allegre e spensierate. Una moltitudine di giovani che interagisce stabilmente con i nostri spazi e con le nostre storie. A questo incremento e affollamento di abitanti-studenti, non è tuttavia corrisposta un'adeguata previsione e realizzazione di alloggi. I nuclei residenziali predisposti dall'ADISU sono pochi, insufficienti a far fronte alla domanda attuale. L'osservazione e l'analisi di tale condizione di disagio costituisce la premessa necessaria a legittimare l'opportunità e la possibilità di proporre un abitare per studenti diverso, sovrapposto, intrecciato con le realtà dei quartieri romani. Un abitare che sappia inserirsi in modo "leggero", quasi impercettibile, in aree anche centrali della città, recuperando i cosiddetti "vuoti urbani", ricomponendo le maglie slabbrate delle espansioni novecentesche – i tanti spazi residuali ancora oggi irrisolti – colmando quelle lacune, grandi e piccole, rimaste imbrigliate nella caotica e disordinata crescita di una città moderna contesa tra pianificazione e abusivismo, ovvero risultato traumatico di eventi bellici mai sanati.

**Progetto per un Campus "diffuso" al Pigneto**
La ricerca prende le mosse dall'osservazione e dalla mappatura delle numerose aree interstiziali lasciate in stato di degrado e di abbandono, quasi dimenticate, all'interno del quartiere romano del Pigneto – non lontano dalla Città Universitaria – presentato quindi come caso di studio e ambito di applicazione progettuale. In particolare, tale agglomerato urbano si è sviluppato a partire dalla fine dell'800, tra le vie Casilina e Prenestina, attorno ad alcuni importanti poli industriali e produttivi tra i quali il pastificio Pantanella, l'Istituto Farmacologico Serono, il deposito tranviario di Porta Maggiore e lo stabilimento della Snia Viscosa. Nelle pieghe degli eterogenei comparti residenziali inizialmente pianificati – alcuni a carattere intensivo, altri a villini – destinati principalmente alle famiglie di ferrovieri e tranvieri, si è andata poi addensando un'edilizia spontanea, spesso precaria e senza regole, che ha generato il tessuto frammentato, incoerente e congestionato ancora oggi caratterizzante estesi settori del quartiere, ulteriormente sfibrato dalle lacerazioni procurate dai bombardamenti dell'estate del 1943.

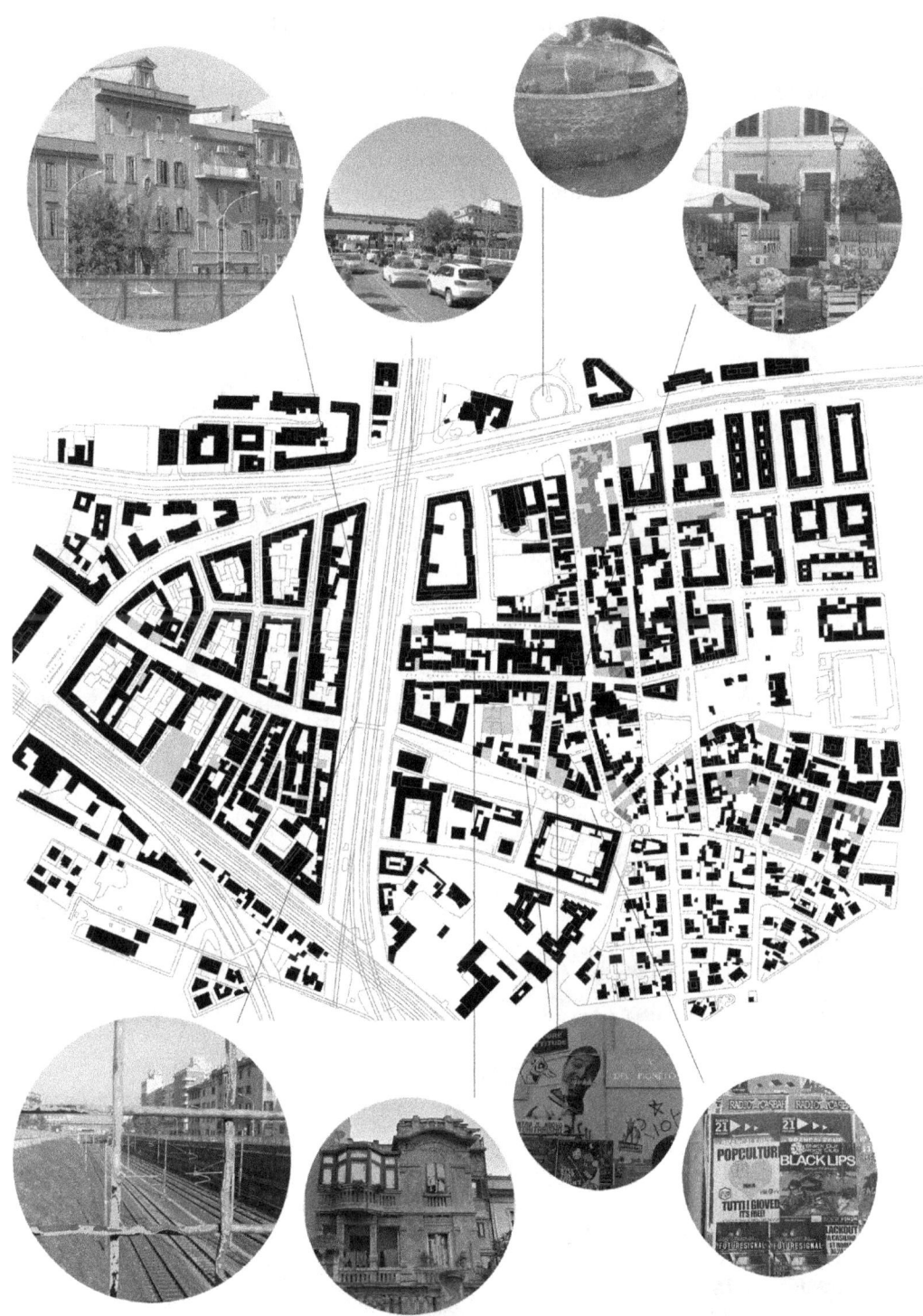

Figura 1. Il quartiere romano del Pigneto è caso di studio e luogo di applicazione progettuale della ricerca. Si tratta un brano di città emblematico della complessità, casuale e per certi versi sfrontata, di alcuni settori di Roma. Peculiarità del suo tessuto urbano è il susseguirsi ed intrecciarsi di realtà diverse: presenze archeologiche di epoca romana, modeste casette, imponenti blocchi popolari degli anni '20 e '30, sporadici villini liberty, intensivi degli anni '50 e '60, complessi industriali di fine '800 primi del '900 ormai dismessi o trasformati. Questo tessuto incoerente è attraversato da una molteplicità di vuoti urbani evidenziati graficamente nella planimetria.

Si tratta di un brano di città emblematico della complessità, casuale e sfrontata, di alcune parti di Roma. Si è costruito su un susseguirsi ed intrecciarsi di realtà diverse: presenze archeologiche di epoca romana, modeste casette e imponenti blocchi popolari degli anni '20 e '30, sporadici villini liberty, intensivi degli anni '50 e '60, importanti complessi industriali – realizzati tra la fine dell'800 e i primi del '900 – ormai dismessi o profondamente trasformati.

Un "pezzo" di Roma fatto di presenze discordi, di protagonisti e comparse che includono tra loro degli

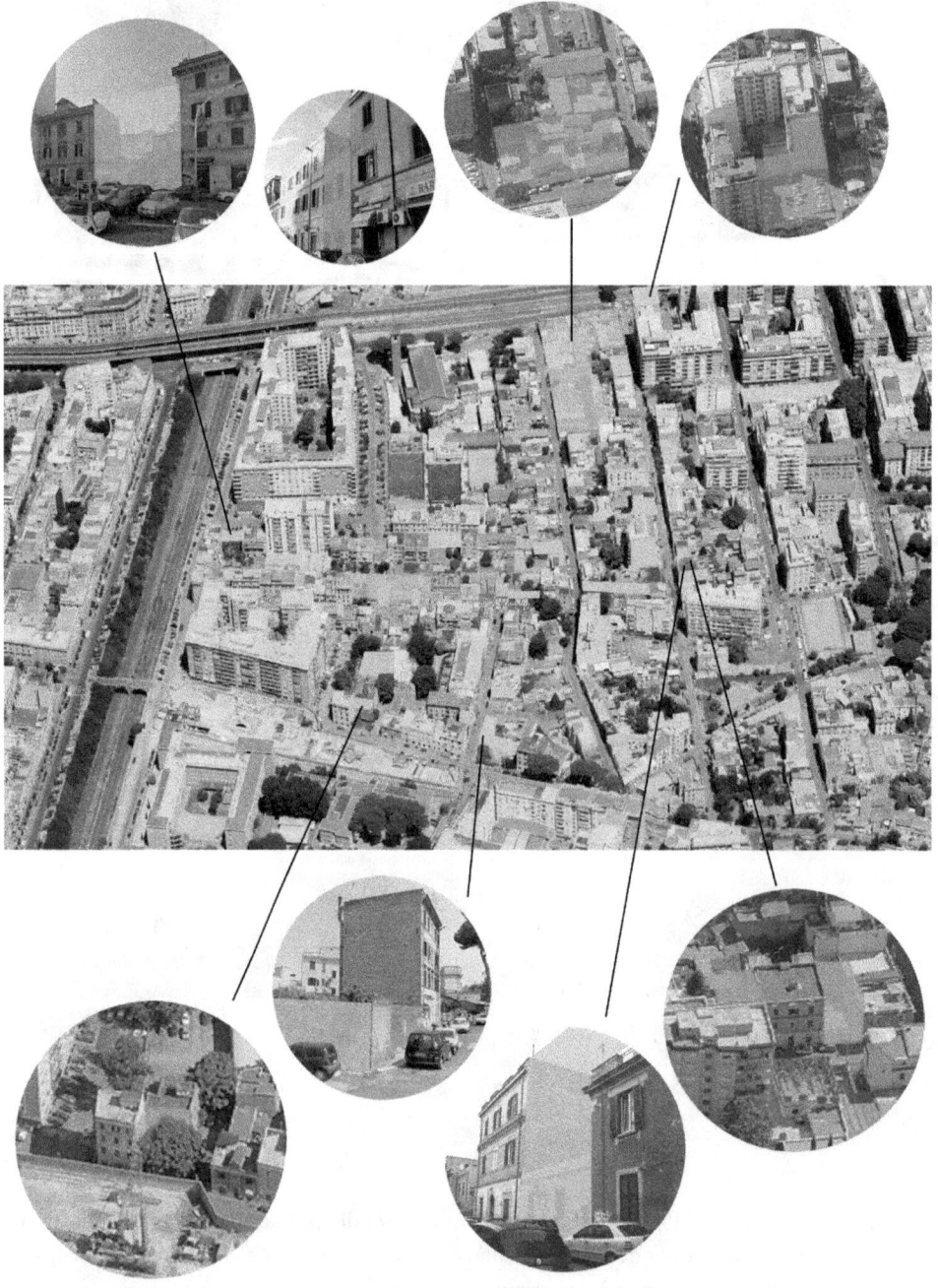

Figura 2. Casuali, irrisolti, spesso in stato di degrado e di abbandono, i vuoti interstiziali evidenziati in questa vista del Pigneto compongono un sistema di spazi da riqualificare che fa emergere la potenzialità della proposta di un "Campus diffuso": fornire abitazioni e servizi a supporto delle università e, al tempo stesso, rigenerare il quartiere.

spazi non edificati, a volte recintati, spesso occupati abusivamente, ancor più spesso abbandonati. Stratificazioni, intersezioni, riempimenti ed accatastamenti si annodano, si sovrappongono e si confondono con la storia di una Roma trascurata, poeticamente documentata dai numerosi film che, a partire dagli anni '50, ritraggono – in pieno neorealismo – il quartiere come set cinematografico. Tra i più noti: *Roma città aperta* (di Roberto Rossellini), *Bellissima* (di Luchino Visconti), *Il ferroviere* (di Pietro Germi), *L'audace colpo dei soliti ignoti* (di Nanni Loy), *Accattone* (di Pier Paolo Pasolini), *Una vita difficile* (di Dino Risi). Localizzato in uno snodo di margine tra la città storica e le espansioni di epoca moderna lungo il tracciato della via Casilina, il Pigneto raccoglie ed accoglie una molteplicità di fattori, di dati diversi e contrastanti: dalla profonda cesura del vallo ferroviario, che solca e divide inesorabilmente il quartiere, alle tante piccole costruzioni precarie e abitazioni abusive; dalla tangenziale che tutto sovrasta, affondando i suoi colossali piloni metallici nelle poche aree rimaste libere (prima di raccordarsi alla quota urbana), alle alte case popolari senza identità; dalla recente pedonalizzazione di via del Pigneto, alla sempre più consistente chiusura dei locali commerciali o artigianali, soffocati dalle logiche del mercato immobiliare e dall'impatto della grande distribuzione. Insomma, un piccolo frammento di urbanità in continua trasformazione.

Da qui l'ipotesi di un progetto aperto, basato su un sistema puntiforme e diffuso di luoghi e funzioni a servizio degli studenti universitari – del resto già fortemente presenti per la vicinanza alla Città Universitaria – capace di ridare unità di senso ad un quartiere dall'identità attualmente indefinita e confusa; un progetto unico ma non unitario, diviso in più parti, "disperso" tra le case e le vie di ieri, tra le fabbriche e i depositi, tra la tangenziale e la ferrovia, tra gli spazi ibridi che nel tempo si sono sovrapposti o accostati tra loro; un progetto sparso e frammentato, in grado di restituire un'immagine organica e coerente ad un distretto urbano oggi privo di un carattere evidente e di un valore condiviso. Nello specifico, per progetto di un'unità dispersa o "diffusa" si vuole intendere un insieme fatto di parti, dislocate in più luoghi, divise ma unite da un filo che le ritesse a sistema, a dispetto della lontananza reale dei suoi frammenti. Si tratta – insomma – di un modello di implementazione "debole" della città, della rigenerazione di un intero quartiere a partire da un'analisi dei suoi "vuoti" abbandonati.

Riprogettare queste aree non significa necessariamente "riempirle", ma operare dei completamenti capaci di emergere, di distinguersi, di rendersi riconoscibili in quanto componenti di un insieme più esteso e complesso. Si tratta, in termini più generali, di ragionare su una rete di possibili *innesti* del nuovo sul vecchio.

Si tratta di capire e verificare in che modo una serie di microinterventi messi a "sistema" possa modificare un contesto in maniera radicale. Significa progettare oggi nel e sul tessuto "strappato" di una parte di centro densa di periferie. Cambiare senso e prospettiva ai pieni e ai vuoti preesistenti. Lavorare in un tessuto urbano cresciuto nel tempo, stratificato, dalla forte vocazione all'apertura. Considerare così un quartiere che si anima, prende vita proprio in quelle porzioni e in quei volumi non considerati, in quelle pause degradate dell'edificato urbano.

Questo è il tema sotteso, la questione principale.

La caratteristica fondamentale della proposta e l'interesse che essa riveste come caso di studio stanno appunto nel fatto che non si tratta di un complesso di residenze e servizi da collocarsi comunemente in un lotto vuoto, predisposto per tale uso, ma di un intervento più ampio e articolato, unico eppure frammentato, finalizzato soprattutto a rigenerare un luogo senza stravolgerlo, ma – allo stesso tempo – senza mimetizzarsi con esso.

"Le case di ieri" sono infatti la realtà quotidiana con la quale i progettisti più attenti e più colti – in maniera sempre più frequente ed esclusiva rispetto ai maestri italiani del '900 che per primi hanno dimostrato una sensibilità verso le "preesistenze ambientali" – dovranno misurarsi nel futuro prossimo, cercando di elaborare il progetto con un'attenzione particolare al palinsesto esistente.

La ricerca, dunque, assume il valore di un paradigma, di una proposta innovativa per l'abitare studentesco, in grado anche di riqualificare, di rivalutare, di rivitalizzare una porzione di tessuto urbano, "diluendosi" nella trama bella e degradata, multietnica e aperta della città contemporanea. Le piccole e grandi lacune presenti nelle maglie dell'ordito edilizio, spesso percepite come spazi di risulta, sono quindi riconsiderate all'interno di un insieme fatto di parti – divise ma connesse – recuperando i tasselli sbrecciati o mancanti per ricomporre un *mosaico urbano* [Severino, 2005] più vasto e molteplice.

Il campus universitario dislocato nel quartiere – la casa dello studente e i servizi collettivi "sparsi" nei vuoti del Pigneto – diventa così il pretesto di un ragionamento più ampio, una proposta di carattere metodologico che intende coniugare intervento di riqualificazione urbana e progetto architettonico, la grande scala con la piccola o media dimensione dei nuovi edifici.

Da un lato ci si propone di verificare la validità di tale strategia di saturazione dei quartieri già consolidati, affidandone la possibilità di rigenerazione ad una rete di operazioni progettuali puntuali, di piccoli, anche minimi "intarsi" architettonici complementari tra loro; dall'altro si vuole prospettare un'alternativa concreta al dilagante consumo di suolo, legato – soprattutto in Italia – agli interessi di carattere prevalentemente speculativo che si sono via via innestati su uno sviluppo urbanistico disciplinato da una troppo astratta e schematica separazione (*zonizzazione*) delle funzioni, in favore di una sistema integrato e sincronizzato di piccoli interventi, capace di concentrare e gestire contemporaneamente più funzioni in una stessa area urbana, nel solco di una tradizione e di un insegnamento che i nostri centri storici ancora oggi ci tramandano.

## La ricerca e gli obiettivi del progetto

Lo studio è iniziato dall'osservazione della città nei suoi ambiti più reconditi, è stato portato avanti attraverso un'indagine sul campo, in un settore di Roma individuato e approfondito in continuità con una precedente ricerca di dottorato [Baglioni, 2012]. Passeggiando per le vie del Pigneto ci si perde e riperde. Si è sorpresi e incuriositi dal continuo andirivieni di persone, di età diverse, di diversi paesi. Il quartiere ci appare cresciuto in maniera disordinata, casuale, non pianificata, inglobando strati ed epoche differenti. Case vecchie e case nuove si accostano senza logica, si sovrappongono senza controllo, e tra queste si insinuano con noncuranza sconclusionati ampliamenti, precarie superfetazioni, proterve personalizzazioni.

L'obiettivo di questa ricerca progettuale è dunque quello di innescare e guidare un'inversione di tendenza, di ritrovare un senso e un'identità al quartiere modificando l'esistente attraverso un sistema di piccoli e medi interventi, piuttosto che – secondo una prassi che negli ultimi vent'anni ha alimentato l'affermazione delle grandi firme internazionali – attraverso l'imposizione di un edificio iconico, solo apparentemente risolutivo, spesso avulso dal contesto in cui viene calato e incapace di incidere realmente e intimamente nel suo tessuto edilizio e sociale.

La complessità e la storia urbana devono invece essere le matrici sulle quali impiantare ogni nuovo intervento, devono costituire la traccia materiale su cui sovrascrivere il testo attuale, così da fondare l'identità futura sulle sedimentazioni del proprio passato. Una volta individuati i vuoti disponibili, quindi, si può calibrare un programma preciso, nel quale, accanto alla funzione dominante delle residenze universitarie, prevedere anche gli indispensabili servizi collettivi di supporto e gli spazi comuni – disseminati in un sistema puntiforme – tramite i quali realizzare il progetto di un vero "vivere insieme". La proposta individua una serie di scenari possibili, a partire dai vuoti densi di una potenzialità ancora inespressa, con ipotesi progettuali che verifichino la fattibilità dei presupposti teorici iniziali, in una sfida che arriva a misurarsi con lotti anche molto stretti e profondi, serrati tra le alte pareti cieche degli edifici confinanti.

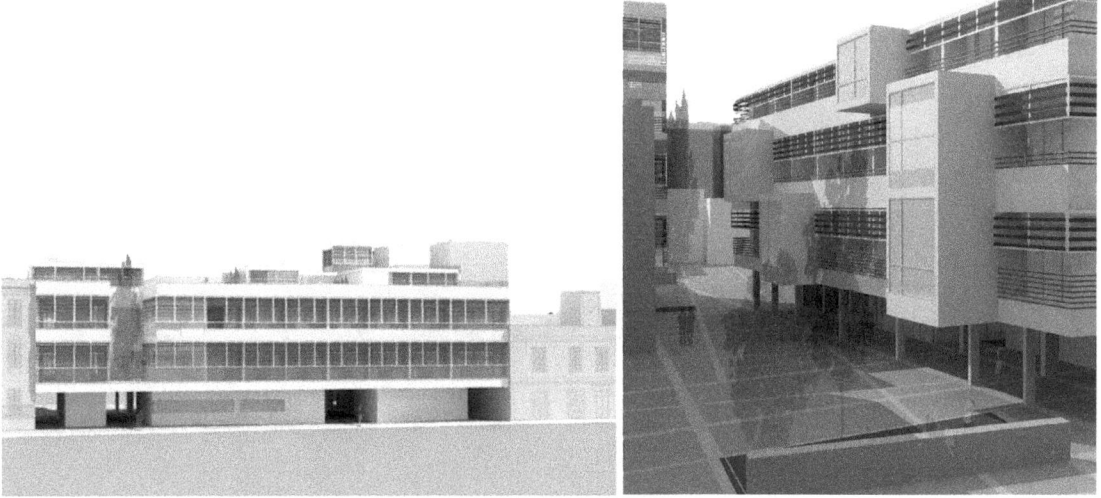

Figura 3. Il progetto - sviluppato da Lorena Tedesco come tesi di laurea - satura sei diverse porzioni di vuoto (di dimensioni variabili fino alla più stretta di soli 5 metri) in uno stesso isolato. Temi progettuali comuni legano tra loro gli interventi nell'intento di realizzare un sistema, una rete di residenze per studenti e docenti, piccole attrezzature di supporto, che possano contribuire a riqualificare la realtà frammentata del quartiere. La soluzione si caratterizza per la permeabilità al piano terra che rende la corte interna fruibile e connessa all'intorno. Il volume di maggiori dimensioni, nell'area più grande (46x15m), è pensato per ospitare fino a 64 studenti in camere singole e doppie. Ad ogni livello della residenza sono presenti spazi culturali, didattici e servizi ricreativi. Una scansione orizzontale per fasce, che riprende nell'impaginato le linee degli edifici attorno, caratterizza il prospetto sulla via principale (via Braccio da Montone). Nella grande corte invece la presenza di volumi aggettanti, disposti apparentemente senza un ordine, identifica gli spazi comuni. Nel lotto più stretto si collocano le residenze per professori visitatori. Le ridotte dimensioni diventano occasione per sperimentare un'organizzazione interna dove gli ambienti delle abitazioni si incastrano uno nell'altro, sviluppandosi su quattro livelli.

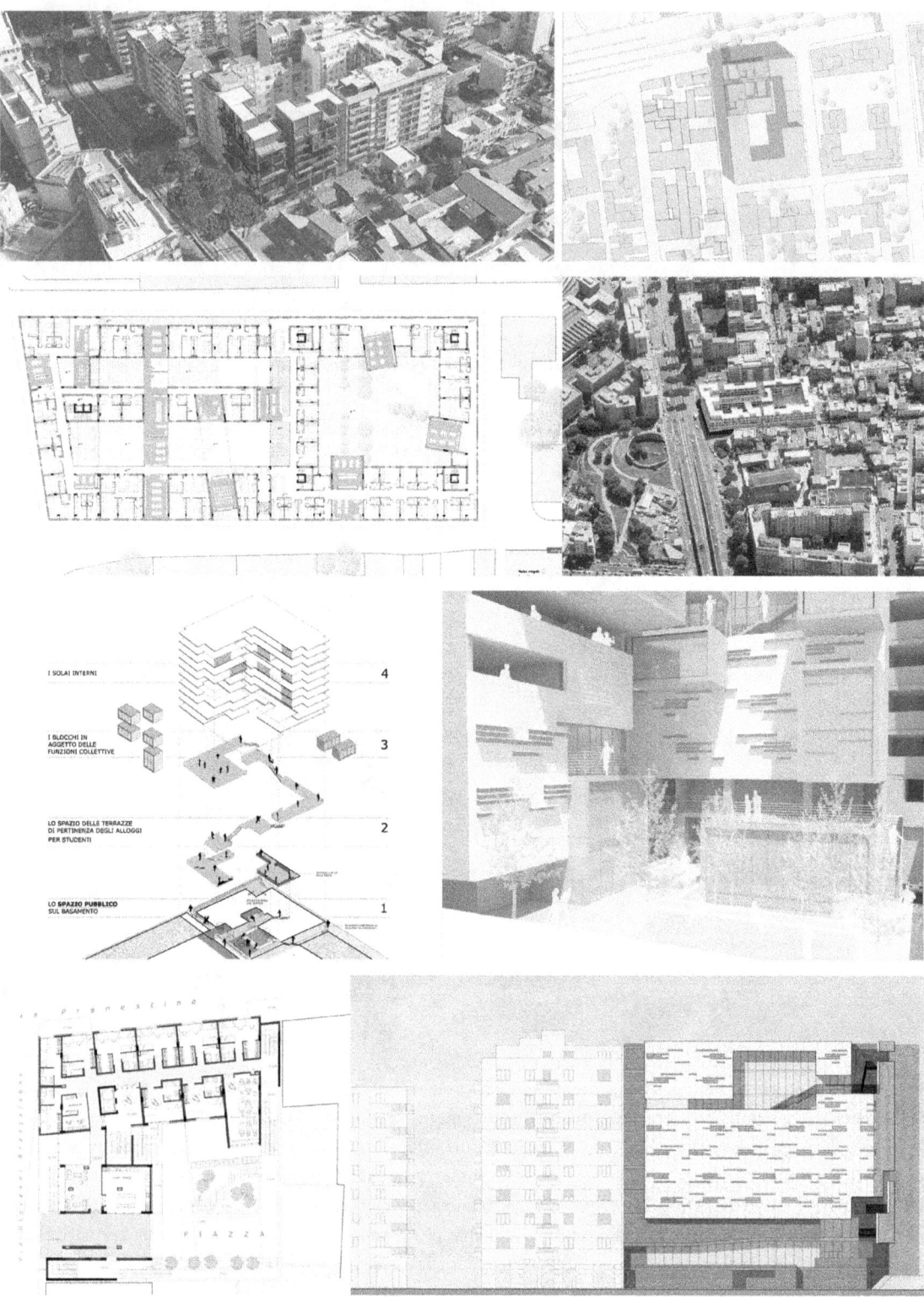

Figura 4. I progetti elaborati come tesi di laurea da Marco Mizzoni e Lorenzo Attorre completano il lotto d'angolo di un isolato alto e compatto che si affaccia sulla via Prenestina. Entrambi creano una corte interna pubblica su cui confluiscono attraversamenti pedonali che raccordano diverse quote urbane. Di fronte a questo blocco Martina Russo ridisegna invece un intero isolato più basso e articolato in sostituzione di un tessuto minuto e congestionato di costruzioni spontanee.

Figura 5. Questi progetti presentano tre diverse declinazioni per una stessa area composta di tre vuoti di dimensioni differenti. Nel lotto di dimensioni maggiori il primo progetto, di Eleonora Marchesini, prevede l'inserimento di un centro per le arti aperto al quartiere, in parte sollevato da terra a creare uno spazio pubblico coperto in continuità con la trama urbana esistente. Gli altri due progetti, di Paolo Serra e Angelo Cioppa, prevedono invece uno studentato con servizi collettivi al piano terra. Entrambi si misurano anche con la sfida di un *infill* di appena 5 metri dove, in modi diversi, inseriscono alloggi speciali per *visiting professor*.

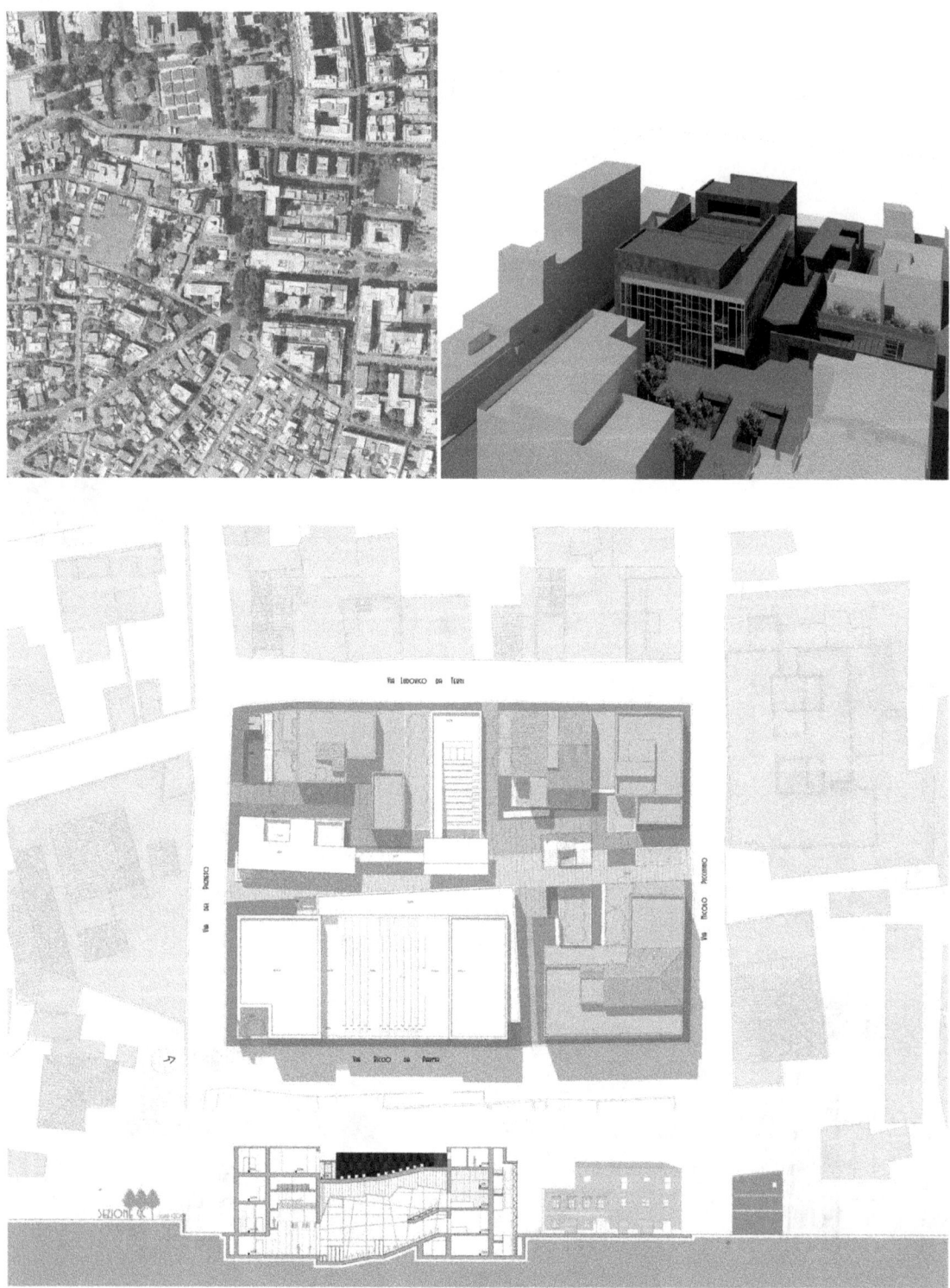

Figura 6. Misurarsi con la densità di un isolato urbano reso impenetrabile dall'affastellarsi di costruzioni precarie è il dato problematico della tesi sviluppata da Fabio Faticoni. L'idea progettuale sovverte lo stato di fatto. Il disegno di slarghi e ambiti per attività all'aperto infrange la forma chiusa dell'isolato per far prevalere il vuoto. Due percorsi, longitudinale e trasversale, strutturano la composizione dei nuovi volumi di servizio: sala espositiva, cineforum, laboratori artigiani e negozi. Emerge il blocco fuori scala del nuovo Teatro Ateneo per 350 persone collocato nel quadrante d'angolo a presidio del sistema.

Il progetto di un sistema "diffuso" di luoghi a servizio degli studenti universitari – per abitare, studiare, incontrarsi, per lo svago o le attività sportive – di alloggi connessi quindi ad ambiti funzionali di supporto (reception/accoglienza, parcheggio biciclette, lavanderia, mensa, palestra, sale studio, sale conferenze ed eventi, spazi per la cultura e il tempo libero), si articola in una pluralità di interventi diversi, ciascuno collocato in un'area idonea, precedentemente selezionata, ponendo l'accento proprio sull'attiva possibilità d'interazione tra tema e contesto.

In particolare, i temi progettuali affrontati riguardano:
- *residenza*: intesa come "casa dello studente" e sistema di alloggi speciali, pensati per un'occupazione temporanea (studenti erasmus, dottorandi, ricercatori e professori "visitatori");
- *formazione*: biblioteca/mediateca, sala conferenze, laboratori, aule didattiche, sale lettura, ambiti per lo studio e spazi multimediali, librerie specialistiche;
- *tempo libero*: cinema-teatro, emeroteca, caffetterie, palestre, spazi per l'arte e per la musica, luoghi di incontro, scambio e socializzazione;
- *servizi collettivi di supporto*: accoglienza e orientamento, amministrazione, economato, mensa, lavanderia, parcheggi, assistenza medica e sostegno psicologico, avviamento al lavoro.

La sperimentazione vuole sondare le potenzialità di lotti e aree libere – ovvero parzialmente o totalmente saturate da edifici precari o dismessi – che abbiano caratteristiche differenti per dimensioni, forma e, soprattutto, per condizioni "al contorno". Gli interventi più cospicui, sia nel caso di una occupazione di lotti sostanzialmente vuoti, che in quello di una sostituzione edilizia – previo "diradamento" degli isolati soffocati da costruzioni abusive, spontanee o in stato di abbandono – intendono innanzitutto restituire alla collettività una porzione di territorio oggi inaccessibile, favorendo un'estrema permeabilità dell'attacco al suolo, realizzando attraversamenti pedonali e plasmando spazi pubblici – anche coperti – alla quota della città, nonché, laddove possibile, prevedendo o ripristinando aree a verde.

Il carattere pienamente "urbano" dei progetti è ulteriormente rafforzato dalla costante presenza al piano terra di attrezzature collettive dedicate agli studenti, ma aperte anche ai residenti, o – in alcuni casi – dalla predisposizione di veri e propri servizi di quartiere.

La volontà di facilitare la massima integrazione tra la comunità vivace e mutevole degli universitari e quella tendenzialmente più quieta e stabile degli abitanti, di favorire la condivisione di luoghi e servizi tra studenti e cittadini, giustifica una progressiva e graduale apertura alle relazioni sociali, procedendo dalla stanza alla strada, in una sequenza di ambiti i cui confini si sfumano e si confondono dall'uno all'altro. Dalla sfera più privata dell'alloggio individuale, a quella collettiva di una prima socializzazione – ancora interna alla comunità studentesca – propria degli spazi per la distribuzione e per le attività di gruppo, alla sfera definitivamente pubblica degli spazi e delle funzioni liberamente aperte a tutti. In alcuni casi, tali sistemi di percorsi e spazi esterni pubblici, interconnessi e diversificati, "aggrediscono" i nuovi corpi di fabbrica, invadono i livelli superiori destinati alle serie tipologicamente variate degli alloggi, a volte incidendone i prospetti e svuotandone le masse, altre volte sovrapponendo le loro linee dinamiche e affastellate alle facciate; queste, poi, generalmente più rigorose e austere sul fronte strada, contrappongono un'articolazione maggiormente libera ed esuberante verso le corti urbane interne, ad esempio attraverso l'inserimento di volumi in aggetto che identificano le funzioni comuni.

Se nei lotti di dimensioni medio-piccole – soprattutto in quelli collocati in nodi urbani strategici, magari d'angolo – sono generalmente previste attrezzature collettive isolate, più strettamente dedicate agli studenti (aule didattiche e uffici amministrativi) o aperte all'intera comunità locale (biblioteca, gallerie espositive, laboratori, piccolo auditorium per conferenze o concerti), i lotti più angusti e vincolanti – tra pareti cieche distanti anche solo 5 metri – sono invece utilizzati per le residenze speciali, più sperimentali e innovative sotto l'aspetto tipologico e spaziale, caratterizzate da una ricca articolazione della sezione.

In dettaglio, un primo esempio prevede sei camere da letto – quasi tutte dotate di piccolo ambito studio-relax e terrazza esterna privata – servite su livelli sfalsati da un unico corpo scala, con ambiti di soggiorno e zona cucina-pranzo in comune; un secondo esempio realizza due appartamenti di dimensioni differenti – uno piccolo con due camere da letto, l'altro grande con sei camere da letto e doppio affaccio – incastrati tra loro; un terzo esempio, poi, ipotizza due appartamenti di dimensioni simili, "intrecciati" su quattro livelli, con una coppia di scale trasversali a rampe parallele specchiate e sovrapposte – così da occupare in pianta il medesimo spazio – garantendo a ciascun alloggio entrambi gli affacci, nonché la presenza di doppie e triple altezze interne, piccole logge e patii.

La ricerca[1], in conclusione, intende dimostrare che mediante interventi di media, piccola e perfino minima entità – cosiddetti di "infill" urbano – un progetto di Campus universitario *diffuso* possa rappresentare una strategia concreta e sostenibile per risanare il tessuto edilizio smagliato e, allo stesso tempo, avviare la rigenerazione culturale e sociale di un comparto fortemente degradato – ancorché centrale – della città, attraverso l'immissione di residenze e servizi per studenti sparsi nel quartiere ed aperti alla collettività.

**Riferimenti bibliografici**

AA.VV. [2003]. "Densità, Infill, Assemblage", *Lotus*, n. 117, Editoriale Lotus, Milano.

Betsky, A. (cura di) [2008]. "UnEternalCity, urbanism beyond Rome", Marsilio Editore / La Biennale di Venezia, Milano.

Aymonino, C. [1975]. *Il significato delle città*, Marsilio, Padova.

Baglioni, M. [2012]. *Innesti e residenza. Abitare i vuoti urbani*, Tesi di Dottorato in Ingegneria Edile-Architettura, (tutor prof. M. Argenti).

Boeri, S. [2011]. *L'Anticittà*, Laterza, Bari.

De Carlo, G. [1973]. "Città e università" (Intervento al Convegno "Università e Territorio" tenutosi a Siena il 29 settembre 1973) in Sichirollo, L. (a cura di) [1992]. *Gli Spiriti dell'Architettura*, Editori Riuniti, Roma.

De Sessa, C. [2004]. *Innesti/Ibridazioni/Contaminazione*, Gangemi Editore, Roma.

Fernández Per, A., Arpa, J. [2007]. *Density project, 36 new concepts on collective housing*, A+T, Madrid.

Fernández Per, A., Arpa, J. [2010]. NEXT: *collective housing in progress*, A+T, Madrid.

Ferré, A. [2010]. *Vivienda Total. Alternativas a la dispersión urbana*, Actar, Barcellona.

Gausa, M. [1999]. *Housing: new alternatives, new systems*, Actar, Barcellona.

Huet, B. [1984]. "La città come spazio abitabile: alternative alla Carta di Atene", *Lotus*, n. 41, Editoriale Lotus, Milano.

Indovina, F. (a cura di) [1990]. *La Città Diffusa*, Daest – Iuav, Venezia.

Marini, S. [2008]. *Architettura parassita. Strategie di riciclaggio per la città*, Quodlibet, Macerata.

Mornement, A., Biles, A. [2009]. *Infill: new houses for urban sites*, Laurence King Publishing, Londra.

Quilici, V. (a cura di) [2006]. "La trasformazione di Roma", *Rassegna di Architettura e Urbanistica*, n. 120, Edizioni Kappa, Roma.

Reale, L. [2008]. *Densità città residenza. Tecniche di densificazione e strategie anti-sprawl*, Gangemi Editore, Roma.

Rocca, A. [1996]. "Atti minimi di decostruzione del tessuto. Piccole finestre sul futuro", *Lotus*, n. 92, Editoriale Lotus, Milano.

Rogers, R. [1997]. *Città per un piccolo pianeta*, Faber & Faber, Londra.

Severino, C. G. [2005]. *Roma mosaico urbano. Il Pigneto fuori Porta Maggiore*, Gangemi Editore, Roma.

Tentori, F. (a cura di) [2005]. "Ernesto Nathan Rogers", *Rassegna di Architettura e Urbanistica*, n. 115/116, Edizioni Kappa, Roma.

Zaffagnini, M. [1993]. *Progettare nel tessuto urbano*, Alinea, Firenze.

---

[1] La ricerca è stata verificata con progetti di tesi di laurea elaborati all'interno del laboratorio di Progettazione Architettonica e Urbana, nel Corso di Laurea in Ingegneria Edile-Architettura della Sapienza di Roma (prof. arch. Maria Argenti). I lavori sono stati seguiti anche da prof. arch. Fabio Cutroni, prof. arch. Maura Percoco, ing. Matilde Plastina, ing. Giulia Santarelli.

# LA CONDIVISIONE COME NUOVA FORMA DELL'ABITARE. LE RESIDENZE PER STUDENTI UNIVERSITARI

**Adolfo F. L. Baratta**
Università degli Studi Roma Tre, Dipartimento di Architettura
**Fabrizio Finucci**
Università degli Studi Roma Tre, Dipartimento di Architettura
**Luca Montuori**
Università degli Studi Roma Tre, Dipartimento di Architettura

**Parole chiave**
Condivisione, Forme dell'abitare, Servizi di supporto, Spazi di socializzazione, Residenze per studenti universitari

*Abstract*
*Admitting the scenario is strongly heterogeneous, sometimes even inconsistent, the argument of sharing is undoubtedly one of the most exciting and current topic of research and planning, especially when interpreted in relation to those transformations that have been induced on the ways of living the urban space by the new life conditions.*

*The evolution of meaning which some of the classic dialectical pairs, such as transitory-permanence and public-private have gone through represents the basis of a conceptual reflection on the horizon of the field of study that deals with the ways of residing.*

*No longer an emergency response, but a statement of a transition phase (even economic) that requires a transformation of the paradigms, on which large part of the modern theories is based.*

*This is what emerges from the Department of Architecture of the University of Roma Tre's ongoing research, conducted with a multidisciplinary approach and with the involvement of different disciplines' scholars: the research moves forward theoretical and practical considerations that focus on the collective way of residing, paying particular attention to the issue of sharing through enhanced translation of the concept.*

*In this sense, the residence of academic students, even for the exact needs of the users and for its specific social character, represents one of the most suitable types to the experimentation design. A scholar's residential function, in fact, tends to express itself through a lifestyle that requires the coexistence of private and shared spaces too, according to a program based on "collective spheres of carrying out common socializing activities in which different levels of appropriation and use of space may be present, both by small and larger groups"(Annex A to Ministerial Decree 27/2011, paragraph 6.3). University residences built in recent years, particularly the most virtuous ones, show that the quality of the student's life depends mainly on the type and nature of the shared places or the complementary activities and support services, not only within the residential structure but also in relationship with the city.*

*The paper, after providing an update of the ongoing research, analyses case studies in which the theme of sharing is, as well as qualifying for the students, a significant element of the project.*

**Premessa**

Secondo la definizione comune, condividere vuol dire "dividere, spartire con altri" [Treccani 2016]: si riferisce quindi all'uso congiunto o alternato di un bene o di un servizio. Il termine condividere, in inglese *share*, viene oggi utilizzato indifferentemente in molti settori diversi.

Anche se lo scenario è fortemente eterogeneo, a tratti persino incoerente, il tema della condivisione rappresenta certamente uno dei più stimolanti e attuali ambiti di investigazione e progettazione, in particolare se interpretato in relazione alle trasformazioni che le nuove forme di vita hanno indotto sui modi di abitare lo spazio delle città. L'evoluzione di significato che hanno subito alcune delle coppie dialettiche classiche, quali transitorietà-permanenza e pubblico-privato, rappresenta la base di una riflessione sull'orizzonte concettuale del campo di studio sulle forme dell'abitare. Non più una risposta a un'emergenza ma la constatazione di una fase di transizione, anche economica, che necessita una trasformazione dei paradigmi su cui si è basata gran parte delle teorie del moderno.

È quanto emerge dalla ricerca in corso nel Dipartimento di Architettura dell'Università degli Studi Roma Tre condotta con un approccio multidisciplinare e con il coinvolgimento di studiosi afferenti a diversi settori disciplinari: l'attività di ricerca avanza delle riflessioni teoriche e progettuali che concentrano l'attenzione sul senso collettivo dell'abitare, con particolare riferimento al tema della condivisione attraverso una traduzione più ampia del termine [Baratta et al. 2014].

**La condivisione**

È un dato noto da oltre 15 anni che accesso, uso e condivisione sarebbero divenute ordinarie modalità di godimento di beni e servizi, in rivalità con il concetto di proprietà; molte delle nostre azioni quotidiane sono proprie dell'"era dell'accesso" [Rifkin 2000] sia nelle forme meno visibili, come i software di cui acquisiamo solo le licenze d'uso, sia in quelle più consapevoli, come il piacere di un disco o di un film di cui godiamo senza acquistarne una copia ma accedendo alle risorse disponibili in rete. Tali modalità di consumo hanno facilmente oltrepassato il confine dell'immateriale per interferire concretamente con la pratica quotidiana grazie all'offerta di diverse tipologie di azioni: attraversare le città con biciclette o auto condivise, dividere le spese necessarie a trasferirsi da una città all'altra con mezzi privati, cedere per una notte il proprio divano ad un ospite straniero (*couchsurfing*), trasformare per una sera la propria casa in un ristorante oppure utilizzare il viaggio di un camion altrui che mette a disposizione dello spazio altrimenti inutilizzato per il trasporto dei nostri oggetti.

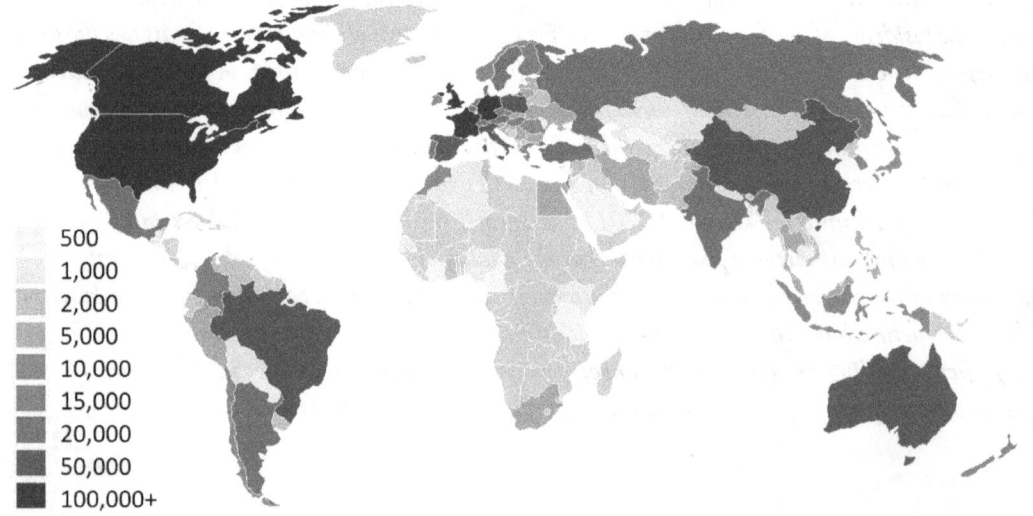

Figura 1. Nazioni con oltre 500 utenti registrati couchsurfers al 3 gennaio 2011 [fonte: www.wikipedia.it].

Queste sono solo alcune delle recenti innovazioni introdotte dalla cosiddetta *Sharing Economy* e che riguardano un numero crescente di aspetti della nostra vita. Come per la maggior parte dei fenomeni contemporanei, vi è una difficoltà nel tracciare una definizione univoca, in particolar modo, perché il fenomeno si declina in diverse forme e con precise esplicitazioni [Botsman and Rogers 2010].
Nello specifico: per *Sharing Economy* si definisce generalmente un sistema economico basato sulla condivisione di beni sottoutilizzati gestito direttamente dagli individui; per *Collaborative Economy* si intende un sistema economico basato su mercati decentrati che favorisce l'uso di beni sottoutilizzati, connettendo il soggetto che ne ha bisogno con chi lo possiede, evitando ogni intermediario di mercato; il *Collaborative Consumption* è un tradizionale comportamento di mercato (prestito, affitto, gestione, vendita, scambio, etc.) potenziato grazie all'impiego delle nuove tecnologie dell'informazione; infine, per *On Demand Services* si intendono le piattaforme digitali che connettono gli utenti per lo scambio immediato di beni e servizi.
Tutto il settore dell'economia della condivisione è in progressiva crescita: negli Stati Uniti è stato coinvolto almeno una volta il 52% della popolazione mentre, in Inghilterra la cifra sale al 64%. In Italia il settore è ancora contratto: fino a qualche anno fa aveva coinvolto il 13% delle persone, un ulteriore 10% si dichiara interessato ma solo il 59% conosceva il fenomeno.
L'incremento delle pratiche di condivisione è reso possibile dall'implementazione della rete ma l'aumento del numero di persone che vi ricorrono può essere considerato, oltre ad un fenomeno culturale, un effetto collaterale all'attuale periodo economico. Le crisi, infatti, sembrano favorire il passaggio della condivisione dalla ristretta comunità già filosoficamente orientata ad essa, verso il resto del mondo. Anche la diffusione del *co-housing*, avvenuta inizialmente nei Paesi del nord Europa negli anni Settanta dello scorso secolo, era una risposta a diversi fattori di crisi sociale quali la precarietà del lavoro e i cambiamenti delle strutture familiari [Lietaert 2007]; in quel caso, il concetto di condivisione ripartiva dalla comunità esistente e dal suo rafforzamento ottenuto tramite la prossimità fisica di persone, spazi e luoghi di socialità.
La rete ha esteso le dimensioni della condivisione, ampliato lo spettro di beni e servizi a cui è possibile accedere in forme condivise, migliorato la capacità logistica di ottimizzazione di tempi e spazi della condivisione, e reso alcuni servizi indipendenti dalla prossimità fisica.
Ma tutto ciò a cui accediamo può essere realmente considerato economia della condivisione?
Pensiamo al servizio urbano che oggi possiamo condividere più facilmente, ovvero il trasporto privato. È innegabile che sistemi di condivisione dell'automobile siano da favorire, con un processo di ottimizzazione della mobilità privata dagli indiscutibili vantaggi ambientali, a cui possiamo partecipare in diversi modi. Ad esempio, uno di questi modi prevede una piattaforma che ci connette ad un utente privato intento a svolgere il nostro stesso percorso con cui condividere le spese di viaggio (*car pooling*). Oppure, in alternativa, possiamo accedere alle auto rese disponibili da una azienda cui pagheremo il corrispettivo dell'uso dell'auto per il tempo di utilizzo (*car sharing*). In questo secondo caso, mancano i presupposti per poter ricondurre l'esperienza nel filone della condivisione; infatti, seppure assistito da una tecnologia che rende l'esperienza più accessibile e utilizzabile in tempi più brevi, la dinamica del secondo servizio è quella tipica di un noleggio di auto.
Al netto delle tecnologie, queste modalità di condivisione non differiscono dalla locatio conductio del Diritto Romano, istituto diffuso in ogni contesto economico. Questo ragionamento vale per moltissime attività che oggi vengono classificate come attività da *Sharing Economy* ma che, in realtà, non sono altro che tipiche economie di mercato, più specificatamente sono mercati delle locazioni di auto, stanze, servizi o posti letto.
Alla base della condivisione c'è il presupposto che lo scambio avvenga nell'ambito di un mercato in cui prevalgano i bisogni degli individui; un mercato che riesca a porsi in modalità parallele o, meglio

ancora, integrate rispetto ai mercati tradizionali dove lo scambio è regolamentato da profitti ed utilità. I due mercati non possono essere confusi o accomunati con disinvoltura come avviene in alcune linee guida disponibili per l'implementazione di *shareable cities*.

Nei confronti di tali questioni, sinteticamente esposte, la produzione edilizia e il suo riflesso nell'urbano mostrano una propria tipica lentezza e, in certi casi, una vera controtendenza. Mentre le tecnologie ampliano le possibilità di apertura della condivisione, negli Stati Uniti i "quartieri privati" (frequentemente pensati come *Gated Community*) sono passati da circa 10.000 negli anni Settanta ad oltre 333.000 nel 2014 [CAI 2014]: sono zone in cui spazi e servizi pubblici vengono gestiti ed erogati privatamente, ad accesso controllato, in cui la qualità è direttamente proporzionale ai livelli di reddito. La condivisione, stabilita a priori attraverso accordi di vicinato è, in molti casi, subordinata all'appartenenza etnica o culturale, allo stile di vita, alla fascia di reddito o, in alcuni casi, anche all'età (come nelle *Retirement Community*). Per paradosso alcune visioni del *co-housing* potrebbero agevolare tale deriva. Di certo i quartieri privati sono esperienze di condivisione di spazi e servizi che pongono non pochi problemi in termini di governo del territorio, di politiche urbane, di frammentazione della città e, non ultimo, nei confronti del tema del "diritto alla città" [Lefevre 1968].

**I modelli di condivisione**
Non sembrano esserci modelli unici e automaticamente esportabili per l'implementazione di progetti di abitazione basati sulla condivisione di spazi, beni e servizi, in grado di fronteggiare la complessità degli attuali cambiamenti sociali. Certo è che il processo di costruzione delle comunità dovrebbe basarsi su una condivisione rivolta ai bisogni delle fasce di popolazione svantaggiata con nuove, reali e chiare forme di *welfare* da ricavare dall'inclusione, dalla condivisione, dallo scambio fra disponibilità e bisogni, dall'apporto delle tecnologie della comunicazione, dal mercato e dal settore pubblico, in un coacervo di risorse condivise, efficacemente gestite e ottimizzate.

Per rispondere alle difficoltà di accesso del mercato locativo è imperante la ricerca di nuovi sistemi residenziali in grado di soddisfare un quadro di esigenze che le tradizionali forme dell'abitare non sempre sono in grado di legittimare consapevolmente.

Figura 2. Una comunità di pensionati in Arizona: tra le parti condivise spicca un lussuoso campo da golf.

In questo senso, lo studio delle esperienze più recenti evidenzia come l'analisi di forme dell'abitare condiviso possano contribuire a formulare nuovi assiomi attraverso modelli di mutuo soccorso, processi di coesione sociale, strumenti di tutela dell'ambiente e sostenibilità economica. L'identità dell'abitare contemporaneo, con una molteplicità e un dinamismo che comunque ammettono e preservano l'indipendenza di ogni singolo individuo o nucleo, appare infatti sempre più caratterizzata da un modello articolato sulla condivisione di interessi, spazi e servizi. Oggi si abita più "fuori" dal domestico che "dentro" ciò che identifichiamo come intimo e riservato, pertanto, la ridefinizione dei due termini e delle loro relazioni deve essere indagata individuando nuovi confini del problema.

Tra i diversi modelli e le numerose pratiche, il *co-housing*, ad esempio, certamente una risorsa di cui sperimentare innovative applicazioni, è inteso come "una particolare forma di vicinato, in cui alloggi privati e servizi in comune vengono combinati in modo da salvaguardare la privacy di ognuno e allo stesso tempo il bisogno di socialità, offrendo una risposta efficiente ad alcune questioni pratiche del vivere in città" [Lietaert 2007].

La compresenza di funzioni residenziali e servizi collettivi, generalmente gestiti direttamente dai residenti ma non sempre rivolti a essi in via esclusiva, è il naturale adeguamento alla quasi totale scomparsa dalla produzione fisica dalla città, che cede il passo alla gestione di servizi immateriali, quali ambiente, qualità della vita, cultura, partecipazione e cittadinanza, dimenticando però che a definire la qualità di un quartiere è non solo la densità abitativa ma anche la "densità d'usi" e, soprattutto, la "densità d'incontri" [Surkin 2003]. Inoltre, sebbene i vantaggi inerenti la riduzione dei costi [Chiodelli 2009] e il risparmio energetico [Brown 2004] in un intervento di *co-housing* siano ampiamente esplorati, tale approccio può essere fortemente integrato con la dimensione ambientale se coniugato con il riuso del patrimonio edilizio esistente.

### La condivisione per la rigenerazione dell'esistente

La residenza valica la dimensione domestica e diventa urbana (*co-neighborhood*), con un complesso di relazioni che stimola la creazione di un sistema di condivisioni generatore di trasformazioni.

Metamorfosi che non possono che interessare l'esistente, con l'obiettivo di rigenerare i centri storici. È infatti assodato che lo sviluppo della città contemporanea non può più avvenire attraverso politiche d'espansione ma, piuttosto, attraverso strategie di rigenerazione delle parti consolidate: la cultura architettonica che precedentemente era protesa verso la costruzione di nuove parti di città si deve orientare verso la riorganizzazione dell'esistente e la valorizzazione della stratificazione.

Per questo motivo è importante concentrarsi sulla costruzione nel già costruito, sulla riqualificazione del patrimonio edilizio sottoutilizzato o dismesso. Per fare ciò è necessario che gli organi di governo locale comprendano le potenzialità dell'azione riqualificante dei centri urbani che determinano gli interventi di co-housing che possono rappresentare rispetto alla città il "germe della propria rigenerazione" [Jacobs 1961]. Da quanto scritto emerge che, a partire dal dato storico che vede il *co-housing* come forma dell'abitare nata per rispondere ad alcune specifiche esigenze del vivere comune, il modello di *co-housing* evolve facendo assomigliare le forme contrattuali delle comunità a forme di "enclaves private a carattere residenziale" o addirittura a "gated communities" [Chiodelli 2010].

Pertanto, se si vuole immaginare una evoluzione di tale modello verso forme di creazione di comunità urbane, verso forme di coabitazione che tengano conto delle nuove esigenze degli abitanti della città, è necessario rivedere l'equilibrio tra iniziativa privata e interesse pubblico, soprattutto nei casi in cui si vogliano affrontare problematiche di rigenerazione urbana. Una trasformazione della tradizionale forma di *co-housing* verso nuove forme "contrattuali" sembra necessaria se si vuole pensare a una politica anche pubblica di recupero non solo di singoli edifici quanto, più in generale, di rivitalizzazione di intere zone degradate.

## La condivisione di spazi e servizi nelle residenze universitarie

La residenza per studenti universitari costituisce, anche per le precise esigenze degli utenti e per il suo specifico carattere sociale, una delle tipologie più idonee per la rigenerazione dei contesti urbani esistenti e maggiormente predisposta alla condivisione di spazi e servizi.

Figura 3. Con la residenza universitaria dei Crociferi a Venezia non solo è stato recuperato e valorizzato un importante complesso monastico ma è stato rigenerato un quartiere che risultava fortemente degradato.

La funzione abitativa di uno studente tende infatti a esprimersi attraverso uno stile di vita che richiede la compresenza di spazi privati e spazi comuni, secondo un programma che preveda "ambiti collettivi di svolgimento delle attività comuni di tipo socializzante in cui siano presenti i diversi livelli di appropriazione e fruizione dello spazio sia da parte del piccolo gruppo sia del gruppo di maggiori dimensioni" [Allegato A del D.M. 27/2011, punto 6.3].

Citando Piraino e Rizzitelli [2013], i servizi offerti nelle residenze universitarie, intesi come disponibilità di spazi dedicati a specifiche attività e come servizi rivolti agli utenti, possono essere classificati in:
- servizi di tipo funzionale: un posto pulito e confortevole dove dormire, lavarsi, mangiare, etc.;
- servizi per una migliore qualità dello studio: sale lettura, biblioteca, postazioni internet, wi-fi, etc.;
- servizi per una migliore qualità della vita: spazi per lo svago e lo sport all'aperto e al coperto.

Lo stesso Allegato A del D.M. 27/2011, al fine di garantire la compresenza delle funzioni residenziali e dei servizi correlati in modo tale che siano ottemperate entrambe le esigenze di individualità e di socialità, invita alla realizzazione di studentati con aree funzionali destinate ad attività:
- culturali, che comprendono sale studio, sale riunione, biblioteche, sale conferenze e auditorium;
- ricreative, che accolgono sale video, sale musica, sale giochi e palestre;
- gestionali e amministrative, che includono uffici, mense, caffetterie, minimarket, lavanderie/ stirerie, depositi, magazzini e guardaroba.

In funzione delle esigenze e priorità definite da differenti programmi d'intervento, alcune residenze offrono anche molto altro. Nei quindici anni di applicazione della Legge 338/2000 sono state realizzate residenze con grandi biblioteche, centri fitness con campi e piscine, sale di registrazione, cinema, ristoranti su terrazze panoramiche, centri commerciali: tutti servizi che ampliano l'offerta per gli studenti (residenti e non) e che contribuiscono a integrare lo studentato nella città.

È infatti dimostrato che le ultime residenze universitarie realizzate in Italia, in particolare quelle più virtuose, dimostrano come la qualità della vita dello studente dipenda soprattutto dal tipo e dalla natura dei luoghi condivisi ovvero dalle attività complementari e dai servizi di supporto che si considerano non solo all'interno della struttura residenziale ma anche dal rapporto con la città.

In effetti esiste una storica ed ampia letteratura che sottolinea i vantaggi derivanti dalla presenza di spazi dedicati alla condivisione e alla vita collettiva nelle residenze universitarie.

La facilità di sviluppo di relazioni interculturali (in particolar modo di natura interraziale) è nota sin dagli anni '70, ma ulteriori benefici e vantaggi sono stati riscontrati nel corso di varie ricerche. Ad esempio, è noto che gli studenti che vivono nelle residenze universitarie sono spesso individui che sviluppano una maggiore predisposizione alle diversità [Pike 2000] ed è negli spazi condivisi che ha luogo quell'interazione sociale determinante di numerosi effetti come la creazione del senso di comunità e di appartenenza. Tali sensi permettono di ridurre considerevolmente l'abbandono degli studi [Berger 1997], oltre che migliorare le prestazioni didattiche degli studenti [Wisely 2000]; ciò avviene anche grazie all'estensione del clima d'aula negli ambienti comuni che permette che le attività sociali si pongano in continuità con le attività di apprendimento (Palmer 2008). Infine, il clima favorevole instaurato dalla condivisione e dalle interazioni permette di promuovere e valorizzare il capitale sociale degli studenti [Pretty & Ward 2001]. La stessa disposizione degli spazi condivisi ha un notevole impatto sulle modalità d'uso degli stessi; spazi centrali, facilmente accessibili e dislocati su zone di passaggio favoriscono l'istaurarsi di attività comuni, in particolar modo, se si pongono come filtro fra zone private e pubbliche [Fromm 1991]. Con il termine *natural movement*, teso ad indicare la relazione fra le percorrenze fisiche negli spazi distributivi e le attività sociali che vi si instaurano, si sottolinea che ambienti come corridoi o androni hanno una notevole capacità di interferire con le possibilità di relazione fra gli individui [Hillier et al. 1973]. Nel giudizio qualitativo degli utenti nei confronti degli ambienti comuni, il sovraffollamento degli spazi distributivi ha un ruolo percettivo molto meno negativo rispetto al sovraffollamento di quelli comuni o privati [Hill et al. 1999]. Fra gli indicatori del livello di privacy ha un peso importante la rumorosità proveniente degli spazi comuni, specialmente quando questi sono in stretta connessione con quelli privati; frammentare gli spazi condivisi dividendoli in modo che vi insista un numero ridotto di stanze private, può essere una soluzione tipologica che semplifica la creazione di ambienti più adeguati a mantenere livelli di rumore contenuti [Devlin et al. 2008].

Una ricerca statunitense [Nasar 1994] segnala come le caratteristiche intrinseche che più influenzano la percezione della qualità degli spazi comuni da parte degli studenti sono la visibilità, il colore, i materiali e l'illuminazione. Dal punto di vista delle relazioni, gli spazi comuni visibili e caratterizzati da una pluralità di usi (ricreativi, sociali, ludici, didattici, etc.) risultano essere più efficaci nel favorire i processi di vita accademica collettiva [Godshall 2000].

Infine, da un punto di vista economico si può segnalare l'applicazione di una procedura basata sulla formulazione della *Willingness to Pay* (WTP) che misura, tramite mercati simulati, la disponibilità a pagare dichiarata da un gruppo di individui sulla base delle modifiche di alcune caratteristiche. Tale applicazione del 2002 [Poira e Oppewal 2002], sebbene limitata a 152 individui, ha rilevato come gli utenti di residenze universitarie sembrano più propensi a contribuire economicamente per dei miglioramenti riguardanti gli spazi privati e, in particolare, per le stanze e i servizi igienici. Lo studio ha però rilevato anche una componente della disponibilità a pagare basata sulla percezione delle caratteristiche "non esclusive" e "non rivali" quindi di natura più pubblica, riguardanti l'aspetto estetico dell'edificio e le condizioni di socialità.

Figura 4. Il soggiorno condiviso dagli studenti del Amherst College (USA).

Tendenzialmente, gli spazi dove gli studenti spendono la maggior parte del tempo sembrano avere una maggiore influenza sulla loro disponibilità a pagare.

Da quanto scritto si evince quanto sia importante non solo promuovere la condivisione di spazi e servizi per gli studenti che alloggiano in una residenza ma favorire azioni a più ampio spettro, avviando processi di riqualificazione e di reinfrastrutturazione estesi al complesso dei campus universitari o delle periferie urbane dove solitamente sono collocate le residenze, per garantire un'effettiva integrazione delle residenze universitarie con i servizi e le funzioni cittadine [Schiaffonati, 2010].

Senza peraltro dimenticare che la presenza di residenze e di servizi collettivi costituisce uno dei più

Figura 5. Le ampie terrazze della Residenza Tietgen, a Copenhagen (DK), sono luoghi di incontro per gli studenti locali.

importanti fattori di attrazione per gli studenti stranieri, come dimostra il rapporto diretto che esiste tra studenti stranieri e disponibilità di posti alloggio in campus universitari ovvero in luoghi in cui la condivisione di spazi e servizi collettivi è maggiormente presente.

**Riferimenti bibliografici**
Baratta, A.; Finucci, F.; Gabriele, S.; Metta, A.; Montuori, L.; Palmieri, V. [2014]. *Cohousing. Programmi e progetti per la riqualificazione del patrimonio esistente*, ETS, Pisa.
Berger, J. B. [1997]. "Students' Sense of Community in Residence Halls, Social Integration, and First-Year Persistence", *Journal of College Student Development*, n. 5, pp. 441-52.
Botsman, R.; Rogers, R. [2010]. *What's Mine Is Yours, The rise of Collaborative Consuption*, Irpercollins, New York (USA).
Brown, J. [2004]. *Comparative Analysis of Energy Consumption Trends in Cohousing and Alternate Housing Arrangements*, Submitted to the Department of Civil and Environmental Engineering at Massachusetts Institute of Technology, Boston (USA).
CAI Community Association Institute [2014]. *National and State Statistical Review for 2014*, disponibile su http://www.cairf.org [Ultimo accesso: 25.06.2016].
Chiodelli, F. [2009]. "Abbasso il cohousing? Analogie e differenze fra cohousing e cosiddette gated communities", *Atti della XXX Conferenza Italiana di Scienze Regionali*, Firenze.
Fromm, D. [1991]. Collaborative communities: *Cohousing, central living, and other new forms of housing with shared facilities*, Van Nostrand Reinhold, New York (USA).
Godshall, R. [2000]. "Creating Communities", *American School & University*, n. 12, pp. 53-59.
Hill, C. [2004]. "Housing Strategies for the 21st Century: Revitalizing Residential Life on Campus", *Planning for Higher Education*, n. 3, pp. 25-36.
Hill, B.; Mark, D; Shaw, D.; Devlin, A. S. [1999]. "Sense of community in cluster versus corridor dormitory design", *The power of imagination*: EDRA 30 Proceedings, EDRA, Orlando (USA).
Hillier, B.; Penn, A.; Hanson, J.; Grajewski, T.; Xu, J. [1993]. "Natural movement-or, configuration and attraction in urban pedestrian movement", *Environ Plann* B 20, n. 1, pp. 29-66.
Jacobs, J. [1961]. *The Death and Life of Great American Cities*, Random House, New York (USA).
Lefevre, H. [1968]. *Le Droit à la Ville*, Ed. Anthropos, Parigi. Trad. it. [1970]. Il diritto alla città, Marsilio Editori, Padova.
Lietaert, M. [2007]. *Cohousing e condomini solidali*, Aam Terra Nuova, Firenze.
Nasar, J. L. [1994]. "Urban design aesthetics the evaluative qualities of building exteriors", *Environment and behavior*, n. 3, pp. 377-401.
Palmer, C.; Broido, E. M.; Campbell, J. [2008]. "A commentary on the educational role in college student housing", *The Journal of College and University Student Housing*, n. 2, pp. 86-99.
Pike, G. R. [2002]. "The differential effects of on-and off-campus living arrangements on students' openness to diversity", *Naspa Journal 39*, n. 4, pp. 283-299.
Piraino, N.; Rizzitelli, F. [2013]. "I modelli si servizio", in Catalano, G. *Gestire le residenze universitarie. Aspetti metodologici ed esperienze applicative*, Società editrice il Mulino, Bologna, pp. 217-243.
Poria, Y.; Oppewal, H. [2002]. "Student Preferences for Room Attributes at University Halls of Residence: An Application of the Willingness to Pay Technique", T*ourism and Hospitality Research*, vol. 4, n. 2, pp. 116-129.
Pretty, J.; Ward, H. [2001]. "Social capital and the environment", *World development*, n. 2, pp. 209-227.
Rifkin, J. [2000]. *The Age of Access*, Ken Tarcher Putnam, New York (USA).
Schiaffonati, F. [2010]. "Temi e prospettive di ricerca per l'housing sociale", in Bosio, E. e Sirtori, W., *Abitare. Il progetto della residenza sociale fra tradizione e innovazione*, Maggioli editore, Rimini, pp. 231-239.
Surkin, M. [2003]. "Pensieri sulla densità", *Lotus International*, n. 117, pp. 4-11.
Wisely, N.; Jorgensen, M [2000]. "Retaining students through social interaction: Special assignment residence halls", *Journal of College Admission*, pp. 16-27.
www.treccani.it/vocabolario [Ultimo accesso: 25.06.2016].

# LE POTENZIALITÀ DEGLI SPAZI ESTERNI E DEL VERDE NEL MODELLO "INTEGRATO" DELLE RESIDENZE UNIVERSITARIE

**Sandra Carlini**
Università degli Studi di Firenze, Dipartimento di Architettura, Centro Interuniversitario TESIS

**Parole chiave**
Residenze per studenti universitari, servizi di supporto, giardini e spazi esterni, spazi aperti pubblici, spazi di socializzazione

*Abstract*
*The article aims to investigate the potential of outdoor areas, courtyards and gardens, within the residence for university students, starting from a study of their functions and the manifest benefits that the presence of green spaces can offer in this context, both from an aesthetic-decorative and social-ecologic point of view. Even though on Italian scale you can generally notice a quite poor consideration for such typology of spaces, we hold on the contrary that these spaces could become of primary importance, particularly in supporting the process of integration which is expected by the attachments to the executive decrees of 338/2000 Italian law "Instructions about lodgings and residences for university students" regarding the minimum dimensional and qualitative standards and the guidelines, where the importance of social and cultural integration of students in the life of the city through a "continuum in social structure and services" is pointed out.*

*We believe that this potential, in particular, can be expressed at its best right in the ambit of the "integrated" settlement, which is accomplished through the spread of student housing facilities in the urban areas under the influence of the universities and which emerges as the most accepted historic model on the Italian territory. In accordance with this model indeed a tight, vital and constant connection between the residences and the urban context of reference is established, with the possibility of mutual exchange in terms of relations and services.*

*As for outdoor areas, if present, two specific circumstances can be identified: a situation where such spaces are an exclusive appurtenance of the students accommodated in the student residences and another one in which these spaces are placed nearby and serve the whole urban community.*

*While the first solution could contribute more effectively to the socialization among students in the structures, the second one could become especially interesting for the redevelopment of the urban areas where they are placed. The availability of outdoor areas could indeed allow various activities which well combine with the condition of a university student with specific reference to recreational and cultural aspects, while establishing itself as an invaluable resource for university towns.*

**Le potenzialità degli spazi esterni e del verde nel modello "integrato" delle residenze universitarie**
Quando pensiamo ai campus universitari propri della cultura anglosassone, che accolgono le diverse strutture a servizio della vita e delle attività di studio degli studenti, vengono generalmente in mente impianti urbanistici a bassa densità edificativa, costituti da ariose strutture immerse in ampi spazi verdi. Tali spazi, soprattutto dove fanno parte di una consolidata e storica tradizione, costituiscono risorse preziose e, in quanto tali, sono talvolta oggetto di interventi di recupero paesaggistico di elevata qualità[1]. In virtù delle peculiari matrici di sviluppo delle università italiane, che storicamente si sono integrate con le realtà urbane esistenti innestandosi su tessuti urbani consolidati all'interno delle stesse città e per le quali solo dal XX secolo l'istituzione di nuovi atenei ha condotto all'utilizzo di zone urbane di espansione con la finalità di realizzare cittadelle universitarie vere e proprie, ben diversa risulta, invece, la situazione dei nostri studenti universitari, la cui vita sociale si svolge solitamente in centri urbani più o meno congestionati e dove tutt'al più possono godere del beneficio di qualche cortile interno alle strutture che li ospitano. La scarsa attenzione riservata agli spazi verdi nel contesto dell'edilizia universitaria e delle residenze italiane in genere si concretizza nel fatto che gli interventi su queste aree, in carenza di risorse economiche, sono solitamente i primi a venire sacrificati, evidenziando come questi ambiti vengano in Italia concepiti ancora come puramente accessori.

Una semplice ricognizione delle residenze studentesche presenti sul territorio nazionale rende l'idea di quanto in Italia risultino in genere scarsamente considerati gli spazi verdi a servizio degli studenti universitari. Una disamina delle descrizioni illustrative presenti in pubblicazioni nazionali specializzate [Chiarantoni 2008] e sulle schede nei siti internet delle istituzioni e degli enti, pubblici e privati, che illustrano le caratteristiche delle proprie strutture a servizio degli studenti, rivela quanto di fatto gli spazi verdi o i cortili siano talvolta del tutto assenti o, in caso contrario, la loro presenza sia spesso poco dettagliata, a dimostrazione della scarsa effettiva disponibilità di tali aree e probabilmente anche della limitata importanza che a tali contesti viene attribuita come valore aggiunto nell'attività di pubblicizzazione e di promozione delle qualità attrattive delle singole strutture.

Gli spazi verdi, pertanto, sebbene talvolta nei quartieri storici possano collocarsi in contesti anche particolarmente suggestivi come quelli rappresentati dai chiostri di antichi edifici conventuali, risultano spesso semplici "ritagli", aree residuali prive di una concezione o di un disegno di qualità, di un senso o di una precisa identità, nelle quali, ad esempio, il cesto da basket che cerca di richiamare un'idea di spazio attrezzato sportivo, si accompagna in modo incongruo alla panchina in legno o si accosta malamente alla fioriera.

Nondimeno, notando nei mesi più temperati la presenza di studenti impegnati in attività non solo ludiche, sportive o di socializzazione, ma anche didattiche e formative, negli spazi verdi delle città universitarie, nei cortili delle facoltà e delle biblioteche, non si può fare a meno di considerare l'importanza di tali spazi, anche per le potenzialità del ruolo sociale del verde nel favorire il processo di integrazione tra gli studenti universitari e gli abitanti delle città sedi di atenei. L'alloggio studentesco, infatti, oltre allo svolgimento delle consuete e quotidiane funzioni legate al riposo e alla cura della persona, deve consentire tutta una serie di altre attività connesse alla vita universitaria e adeguate alla fase di formazione dei suoi principali utenti. Per questo motivo le residenze universitarie sono chiamate a fornire un'ampia gamma di prestazioni rivolte a un'utenza particolarmente complessa

---

[1] A titolo esemplificativo si può citare l'intervento di J & L Gibbons per il Rose Bruford College di Londra [http://jlg-london.com]. Il Rose Bruford College si colloca all'interno della storica proprietà di Lamorbey Park nel London Borough of Bexley. La riconfigurazione del sito ha riguardato gli spazi esterni in un programma architettonico che si coniuga con un piano di gestione per la conservazione di un paesaggio di notevole importanza storica e naturalistica. La residenza studentesca (Rose Bruford College Christopher Court Student Residence) si trova a pochi minuti di strada dal College, che è ospitato, dal 1951, nella maestosa Lamorbey House.

ed eterogenea e a modalità di fruizione molteplici e diversificate (basta pensare, per esempio, alle diverse modalità di utilizzo delle strutture che possono sussistere tra utenti residenti e utenti non residenti ma che usufruiscono dei servizi collettivi offerti). La residenza studentesca, non meno degli spazi destinati in maniera specifica alle attività connesse alla formazione e alla ricerca, costituisce un elemento qualificante della vita universitaria, all'interno del quale gli studenti possono realizzare momenti di aggregazione durante i quali condividere fondamentali esperienze di incontro e di studio [Bogoni 2001; Carlini 2009].

Significativamente, già dalla prima applicazione della Legge 338/2000, si fornivano interessanti definizioni relative al modo di intendere le residenze studentesche [D.M. 118/2001, Allegati A e B]. Sebbene gli spazi esterni non vengano esplicitamente mai citati (salvo in riferimento a eventuali parcheggi e spazi per il deposito delle biciclette all'aperto), l'allegato A, "Standard minimi qualitativi", inerente a linee guida cogenti e vincolanti, sottolinea, nelle finalità del servizio abitativo studentesco, l'importanza dell'integrazione sociale e culturale degli studenti nella vita cittadina.

Tale integrazione, nell'intento del legislatore, dovrebbe avvenire tramite la costituzione di un "continuum nel tessuto sociale e dei servizi". Ampio spazio viene in particolare riservato, a fianco alle funzioni prettamente residenziali, ai servizi culturali, didattici e ricreativi, con la precisazione che gli stessi, in un'ottica di ottimizzazione delle esigenze di individualità e socialità, debbano comprendere spazi a carattere collettivo aperti anche agli studenti non residenti nelle strutture ma gravitanti nell'ambito dello specifico bacino di utenza.

Anche l'allegato B, "Linee guida relative ai parametri tecnici ed economici", contenente indicazioni raccomandative (il documento è stato stralciato a partire dalla terza applicazione della Legge 338/2000), presenta una interessante lettura delle tipologie dei possibili modelli insediativi e delle strutture residenziali universitarie. In riferimento specifico all'insediamento integrato, che si realizza

Figura 1. Studenti impegnati in attività di studio sotto i loggiati di uno dei cortili interni della sede del Dipartimento di Architettura di Santa Verdiana dell'Università degli Studi di Firenze (Foto: Archivio Centro TESIS).

Figura 2-3. Studenti nella grande corte alberata circolare del pluripremiato Tietgenkollegiet, progettato da Lundgaard & Tranberg ed edificato nei primi anni 2000 nel quartiere Ørestad a Copenhagen [http://tietgenkollegiet.dk/en/the-building/]. Oltre alla corte interna, la struttura è circondata da ampi spazi verdi (il progetto delle aree esterne è degli architetti paesaggisti Marianne Levinsen e Henrik Jørgensen) ed è stata concepita appositamente anche per ospitare attività all'aria aperta, per consentire lo svolgimento di attività ludiche e sportive nelle zone circostanti alla struttura e per favorire occasioni di incontro nelle due aree barbecue presenti e nelle ampie terrazze comuni che si affacciano sulla corte interna (Foto: © Jens M. Lindhe).

con alloggi diffusi nella zona di influenza dell'università e che risulta il più diffuso in Italia, si specifica che, per effetto della sua localizzazione, questo si integra con il contesto urbano "con il quale scambia relazioni e informazioni e di cui utilizza la vasta gamma di servizi offerti (luoghi di ristoro, librerie, cinema, teatri, giardini pubblici, circoli sportivi)".

Se nel sistema insediativo che vede l'università separata dalla città, ovvero il campus, dove, per effetto della posizione spesso ai margini o all'esterno della città sussiste la possibilità di centralizzare in edifici monofunzionali i servizi (biblioteche, palestre, mense e refettori, auditorium, spazi commerciali, luoghi di cultura e di svago, etc.) per più residenze destinate ad ospitare funzioni quasi esclusivamente di riposo e di studio individuale, le strutture dislocate nelle città, per una loro piena autonomia, richiedono invece dotazioni complete di servizi collettivi, seppure con la facoltà di ridurle in funzione della loro possibile complementarietà con servizi esterni eventualmente disponibili nelle vicinanze.

Da queste considerazioni consegue che, seppure non si configurino come spazi essenziali, eventuali aree esterne di pertinenza delle strutture residenziali universitarie potrebbero essere molto utili sia per favorire la socializzazione tra gli utenti, sia per realizzare, come auspicato nelle linee guida, una completa integrazione, vitale e continua, con le città.

L'utilizzazione della gamma di prestazioni offerte dalle città da parte degli studenti e la contemporanea condivisione di parte dei servizi a loro destinati con la cittadinanza alimenta infatti una compenetrazione reciproca, che si può tradurre in una risorsa sociale e culturale per le zone urbane nelle quali queste strutture si collocano. Tali effetti sono raggiungibili principalmente qualora la residenza studentesca sia strutturata in modo tale da offrire un'ampia gamma di servizi a supporto di funzioni concepite per l'ottimizzazione della qualità della vita degli utenti legata anche a standard funzionali e abitativi di elevato livello qualitativo.

Relativamente alla tipologia delle aree esterne alle residenze universitarie, quando presenti, si possono identificare due specifiche situazioni:
- cortili e/o spazi verdi a servizio specifico di una o più residenze studentesche o di strutture universitarie, in ogni caso a servizio esclusivo dei residenti e degli studenti;
- cortili e/o spazi verdi in stretta prossimità delle residenze studentesche e delle strutture universitarie, a servizio dell'intera comunità.

Se la prima soluzione (presente, per esempio, nei centri storici quando in strutture talvolta anche di particolare pregio storico e architettonico siano presenti chiostri e cortili interni), contribuirebbe senz'altro a favorire la socializzazione tra gli studenti ospitati nelle strutture, la seconda situazione si rivela invece particolarmente interessante come valida risorsa per la riqualificazione di intere aree

Figura 4. Il cortile centrale del collegio Cairoli a Pavia, fondato dall'imperatore Giuseppe II nel 1781 (Foto: Archivio Centro TESIS).

Figura 5. Il chiostro della residenza universitaria dei Crociferi, ospitata in un antico convento a Venezia (Foto: Archivio Centro TESIS).

urbane, soprattutto nel caso in cui le strutture residenziali studentesche siano collocate nelle periferie. Non è un caso che uno dei vantaggi riconosciuti del modello anglosassone sia proprio quello di favorire la socializzazione tra gli studenti che vivono all'interno dello stesso campus. Pur nella necessità di dovere adattare l'organizzazione di eventuali spazi verdi a una situazione diversa, come quella rappresentata dall'insediamento integrato, l'effetto positivo potrebbe rivelarsi non meno efficace.

La presenza di spazi verdi consente, infatti, molteplici attività in riferimento specifico agli aspetti ricreativi e culturali della vita universitaria.

Le definizioni delle aree funzionali dedicate ai servizi culturali e didattici e ai servizi ricreativi fornite a partire dal decreto ministeriale di attuazione 118/2001 [D.M. 118/2001, Allegato A] e riproposte nei decreti attuativi inerenti alle successive applicazioni della Legge 338/2000 [D.M. 43/2007, Allegato A; D.M. 27/2011, Allegato A] riportano, infatti, funzioni pienamente compatibili con quelle che si possono svolgere negli spazi esterni attrezzati o nelle aree verdi (funzioni di studio, lettura, riunione, di tempo libero finalizzate allo svago, alla formazione culturale non istituzionale, alla cultura fisica, alla conoscenza interpersonale e socializzazione compiute in forma individuale o di gruppo al di fuori del proprio ambito residenziale privato o semiprivato).

Tra le attività che possono trovare spazio nelle aree verdi o esterne attrezzate, in particolare, si possono ricordare le seguenti:
- Attività di socializzazione, dibattito, confronto;
- Attività ludiche;
- Attività sportive;
- Attività connesse con lo studio;
- Attività didattiche.

Figura 6. L'ampia piazza verde davanti alla residenza studentesca Mario Luzi (a sinistra nella foto), aperta a Firenze nel 2005. La piazza costituisce un importante luogo di sosta e di incontro per i residenti nella struttura e per gli abitanti del quartiere (Foto: Archivio Centro TESIS).

Tra le varie iniziative all'aria aperta si segnalano, inoltre, interessanti progetti sperimentali, in corso di svolgimento in diversi contesti internazionali, che prevedono il coinvolgimento congiunto degli studenti e della comunità urbana nella cura di arboreti, orti e giardini botanici universitari a scopi didattici e di sensibilizzazione su questioni inerenti alla salute, alla sostenibilità, all'ecologia, alla biodiversità, all'alimentazione, all'agricoltura urbana, come avviene, ad esempio, nei Campus Gardens dell'Università di Louisville negli Stati Uniti [http://louisville.edu/sustainability/ operations/garden-commons.html] o nei giardini del Campus Community Garden Project sviluppato dall'Università di Windsor in Canada [www1.uwindsor.ca/ccgp].

Per il Campus Community Garden Project si evidenzia, in particolare, l'obiettivo, coerentemente con i principi della permacultura[2], di disporre di spazi inclusivi a disposizione sia di tutti i membri del campus universitario (studenti, docenti, personale) sia della cittadinanza, nei quali massimizzare la biodiversità, sviluppare produzioni agricole sane e sostenibili (anche per organizzazioni che supportano persone che vivono in condizioni di disagio e povertà), svolgere programmi formativi e, didattici e soprattutto, promuovere un senso di appartenenza a una comunità.

Riguardo alla questione, oltre alle indiscusse potenzialità a livello sociale, bisogna infine ricordare tutti i benefici effetti ecologici, ormai ampiamente riconosciuti, apportati dagli spazi verdi. A questo proposito si può ricordare in Europa la Carta di Aalborg, firmata nel 1994, che promuove un modello urbano sostenibile, investendo, per esempio, anche sull'espansione delle risorse naturali ad usi antropici come gli spazi verdi per le attività ricreative all'interno delle città (punto I.6) [www.minambiente.it/normative/carta-di-aalborg-carta-delle-citta-europee-uno-sviluppo-durevole-e-sostenibile-aalborg]. Nella consapevolezza del valore e delle ricadute in termini di incremento della qualità della vita determinato dalla presenza del verde urbano, si può inoltre segnalare la tendenza in atto in alcune grandi metropoli americane e asiatiche di destinare aree di grande valore fondiario alla creazione di nuovi spazi verdi per la collettività.

La città di Singapore, ad esempio, già da alcuni anni sta mettendo in atto una politica di marketing urbano incentrato sulla riscoperta dei valori naturalistici e ambientali della città intesa come una grande "garden city" [www.nparks.gov.sg/about-us/city-in-a-garden].

Gli spazi verdi, oltre a contribuire significativamente alla riqualificazione dei paesaggi urbani, grazie alla loro valenza estetica e decorativa, soprattutto nelle aree degradate, hanno infatti influenze bioclimatiche importanti, con significative ricadute sulla riduzione dei consumi delle risorse energetiche. L'evapotraspirazione prodotta dalle alberature contribuisce a mitigare le temperature, migliorando il clima urbano. Ma non solo: la presenza delle alberature contribuisce all'assorbimento degli inquinanti atmosferici, alla riduzione dei livelli di inquinamento acustico e sonoro, costituendo l'habitat per molte specie vegetali e animali e contribuendo alla biodiversità. Il verde ha poi un ruolo importante in aree sensibili o degradate, ostacolando il dissesto geologico e territoriale e contribuendo così alla stabilizzazione dei suoli, ad esempio in scarpate o lungo gli argini dei fiumi [Li Volti 2012].

Anche in riferimento alla loro funzione ecologica, gli spazi verdi a servizio delle residenze universitarie possono pertanto rivestire un'importanza significativa, soprattutto nel caso in cui tali strutture si configurino come modelli integrati all'interno dei centri urbani, nei quali, rispetto alle aree periferiche meno densamente edificate, maggiore può essere l'esigenza di generare microclimi gradevoli e di contrastare gli effetti dell'inquinamento.

---

[2] La permacultura è un sistema di principi per la realizzazione di un'agricoltura sostenibile, concepito in Australia a partire dagli anni '70 del Novecento da Bill Mollison e David Holmgren e diffusosi in tutto il mondo. L'Accademia Italiana di Permacultura [http://permacultura.it] definisce la permacultura come un processo integrato di progettazione e di gestione di ecosistemi produttivi che sintetizza ecologia, geografia, antropologia e sociologia, applicando strategie ecologiche tali da realizzare ambienti sostenibili, equilibrati ed estetici.

In questo senso l'eventuale disponibilità di spazi verdi si coniuga perfettamente con quanto previsto nei decreti attuativi della Legge 338/2000 dal momento che tra i titoli di valutazione dei progetti per la formazione della graduatoria degli interventi ammessi al cofinanziamento, a partire dal secondo bando compare, associato al requisito dell'economicità, anche quello relativo "al grado di sostenibilità ambientale ed innovazione tecnica delle soluzioni adottate (ad esempio, accorgimenti per il risparmio energetico, misure per il contenimento del consumo idrico …)" [D.M. 42/2007, articolo 6, comma 3]. Alla luce di queste considerazioni si può senz'altro concludere che, sebbene non sia sempre oggettivamente possibile prevedere la presenza di aree esterne attrezzate e di spazi verdi nelle residenze universitarie delle nostre città, le indubbie potenzialità sociali, ecologiche, economiche e di decoro urbano di tali contesti li rendono risorse preziose nell'incrementare la qualità della vita non soltanto degli studenti universitari, ma di tutta la collettività.

**Riferimenti bibliografici**
Bogoni B. [2001]. Abitare da studenti – *Progetti per l'età della transizione*, Tre Lune Edizioni, Mantova.
Carlini S. [2009]. "*Residenze per studenti universitari: stato dell'arte e tendenze evolutive*", Costruire in Laterizio, n. 130, pp. XIII – XVI.
Chiarantoni C. [2008]. *La residenza temporanea per studenti* – Atlante Italiano, Alinea, Firenze.
D.M. del 9 maggio 2001, n. 118, "Standard minimi dimensionali e qualitativi e linee guida relative ai parametri tecnici ed economici concernenti la realizzazione di alloggi e residenze per studenti universitari di cui alla Legge 14 novembre 2000 n. 338".
D.M. del 22 maggio 2007, n. 42, "Procedure e modalità per la presentazione dei progetti e per l'erogazione dei finanziamenti relativi agli interventi per alloggi e residenze per studenti universitari di cui alla Legge 14 novembre 2000 n. 338".
D.M. del 22 maggio 2007, n. 43, "Standard minimi dimensionali e qualitativi e linee guida relative ai parametri tecnici ed economici, concernenti la realizzazione di alloggi e residenze per studenti universitari, di cui alla Legge 14 novembre 2000, n. 338".
D.M. del 7 febbraio 2011, n. 27, "Standard minimi dimensionali e qualitativi e linee guida relative ai parametri tecnici ed economici, concernenti la realizzazione di alloggi e residenze per studenti universitari, di cui alla Legge 14 novembre 2000, n. 338".
http://jlg-london.com/ [Ultimo accesso: 10.06.2016].
http://louisville.edu/sustainability/operations/garden-commons.html [Ultimo accesso: 15.06.2016].
http://permacultura.it [Ultimo accesso: 14.06.2016].
http://tietgenkollegiet.dk/en/the-building/ [Ultimo accesso: 10.06.2016].
Legge del 14 novembre 2000, n. 338, "Disposizioni in materia di alloggi e residenze per studenti universitari".
Li Volti G., "Come il verde urbano può migliorare le nostre città", http://www.salviamoilpaesaggio.it/blog/2012/02/come-il-verde-urbano-puo-migliorare-le-nostre-citta/ [Ultimo accesso: 15.06.2016].
www.minambiente.it/normative/carta-di-aalborg-carta-delle-citta-europee-uno-sviluppo-durevole-e-sostenibile-aalborg [Ultimo accesso: 15.06.2016].
www.nparks.gov.sg [Ultimo accesso: 27.06.2016].
www1.uwindsor.ca/ccgp/ [Ultimo accesso: 15.06.2016].

# LE RESIDENZE UNIVERSITARIE E IL RAPPORTO CON LA CITTA'

**Stefano Cascone**
Università degli Studi di Catania, Dipartimento di Ingegneria Civile e Architettura
**Gaetano Sciuto**
Università degli Studi di Catania, Dipartimento di Ingegneria Civile e Architettura

**Parole chiave**
Localizzazione, Integrazione, Tessuto urbano, Riqualificazione, Servizi

*Abstract*
*By comparing the data provided by the Eurostudent Report on the student living conditions in Europe it emerges that Italy ranks near the bottom as regards the number of accommodation places in residences for university students. Indeed, although a much higher demand, in Italy only about 4% of students live in university residences.*
*The housing condition of non-resident students enrolled at the University of Catania falls within that general reference framework. In the academic year 2014-2015, the Organization for the Right to University Study in Sicily (ERSU) offered housing services making available 698 beds for non-resident students enrolled at the University of Catania in view of the 1.754 students who were eligible, satisfying only the 39% of them. If we consider that more of 50.000 students are enrolled at the University of Catania, estimating that at least 35% of them are non-resident students, we can consider that about 19.000 students are forced to turn to private market of rental accommodation.*
*The town of Catania must increase the number and the quality of housing supply for university students, conceiving open structures over the city and offering multiple and flexible services, able to respond to the students housing needs. New structures should be inserted effectively in the urban space, in pleasant environmental contexts and at the same time lively and dynamic, connected through soft mobility to the university spaces of teaching and research activities.*
*The objective of the present research concerns the identification of areas where results favourable to locate the university residences and services, starting from the available areas and/or disused buildings to recover within the urban area near the main locations of the teaching and research activities of the University of Catania. To this aim, a software GIS was used which provided a classification of the areas and/or disused buildings and allowed to identify the most suitable location for new university residences.*
*One of the selected areas is located in the San Domenico quarter, in a consolidated urban and saturated context by the city planning point of view. Among the disused buildings located in that area it was concluded that those before utilized as cinemas represent the building category best suited to be transformed in university residence. As case study, the recovery and rehabilitation of the cinema Minerva was proposed, focusing attention on collective functions to establish, in order to make the university residence open towards the urban environment.*

**Introduzione**
Fino agli anni '70 gli spazi dedicati alla residenza degli studenti universitari sono stati progettati e realizzati come luoghi "separati" rispetto al contesto urbano in cui si inserivano, sebbene il più delle volte localizzati all'interno dei tessuti urbani delle città. Le residenze universitarie, infatti, erano pensate come un luogo specializzato e il loro progetto il più delle volte si limitava a rispettare standard e parametri quantitativi minimi che venivano visti come elementi di salvaguardia della qualità della vita degli studenti. Il carattere di extraterritorialità di questi spazi inoltre, in linea con una lunga tradizione storica, era visto come un elemento di difesa dello studente e delle sue opinioni dall'influenza di correnti di pensiero estranee alla formazione universitaria.

Nel tempo è cambiata la concezione del rapporto tra i luoghi dell'università e il contesto urbano e territoriale in cui sono inseriti. All'isolamento si è sostituita l'idea dell'integrazione tra gli studenti e l'ambiente urbano circostante. L'università con i suoi servizi è diventata un organismo aperto e dialogante con il contesto dal punto di vista funzionale, sociale, culturale e formale, oltre che uno dei principali motori dello sviluppo urbano e della qualità delle città. Al fine di trasformare gli studenti universitari (in sede e fuori sede) in nuovi abitanti della città è innanzitutto necessario fornire loro le opportunità di lavoro e/o formazione una volta completato il percorso di studi, ma anche mettere a loro disposizione un'adeguata offerta abitativa, che rappresenta il presupposto minimo verso una successiva residenza stabile (Di Monte e Pedenzini, 2009).

**Posizione del problema e obiettivi della ricerca**
I dati forniti dall'ultimo rapporto sulle condizioni di vita degli studenti (Hauschildt et al., 2015), rivelano un quadro molto eterogeneo nelle diverse nazioni europee dal quale emerge che l'Italia si colloca agli ultimi posti nella graduatoria per consistenza di posti alloggio disponibili in residenze universitarie. Infatti, in Italia, nonostante la richiesta sia molto superiore, soltanto circa il 4% degli studenti vive in residenze universitarie a fronte di una media del 23% degli altri Paesi europei (Laudisa, 2013). Risulta evidente, pertanto, che uno dei punti di maggiore criticità dell'attuale politica per il diritto agli studi universitari in Italia è rappresentato dalla carenza di residenze per studenti (Baratta e Carlini, 2012) che costituiscono infrastrutture in grado di unire società, cultura e servizi (Ciaramella e Del Gatto, 2012) e rappresentano un importante fattore di qualificazione e competitività per gli atenei a supporto delle attività didattiche e di ricerca.

Negli ultimi quindici anni, l'offerta di alloggi per studenti universitari ha registrato una significativa crescita, favorita dalla maggiore attenzione al tema della residenza da parte delle istituzioni nazionali che ha portato alla definizione di una legge specifica per le residenze universitarie e di standard dimensionali minimi. Tali norme prevedono l'erogazione di cofinanziamenti statali, fino al 50% del costo previsto dai progetti esecutivi, anche per interventi, promossi da enti pubblici o da soggetti privati, finalizzati al recupero di edifici esistenti da destinare a residenze per studenti universitari. In tal modo, dunque, viene incentivata la possibilità di intervenire sul patrimonio edilizio esistente coinvolgendo anche soggetti privati interessati alle ricadute sociali degli investimenti (Ciaramella e Del Gatto, 2012). In applicazione della legge sono stati emanati, dall'anno 2001 ad oggi, tre bandi per l'assegnazione dei cofinanziamenti nell'ambito dei quali gli interventi sugli edifici esistenti hanno rappresentato circa il 60% del complesso degli interventi proposti, impegnando la quota prevalente delle risorse disponibili (Baratta e Carlini, 2012). In tale quadro generale di riferimento si colloca anche la condizione abitativa degli studenti fuori sede iscritti all'Università di Catania che con i suoi 582 anni di storia è la più antica università a sud di Napoli.

Catania deve incrementare il numero dei posti alloggio e la qualità dell'offerta abitativa dedicata agli studenti universitari, ai dottorandi, agli studenti Erasmus e ai visiting professor, al fine di attrarre sempre nuovi studenti ed incrementare il tasso di internazionalizzazione dell'ateneo. Fondamentale è però non soltanto il numero ma, soprattutto, la concezione di tali residenze che devono offrire servizi molteplici e flessibili, in grado di rispondere alle reali esigenze abitative degli studenti e nello stesso tempo devono essere efficacemente inserite nello spazio urbano, in contesti ambientali gradevoli e al contempo vivaci e dinamici, connessi ai luoghi di studio e di ricerca tramite percorsi di mobilità dolce. In tale contesto si inserisce la presente ricerca, il cui obiettivo generale riguarda la messa a punto di una sperimentazione progettuale sulla realizzazione delle residenze universitarie all'interno dell'ambiente urbano catanese.

L'obiettivo particolare della ricerca riguarda l'individuazione di aree in cui risulta conveniente localizzare le residenze e i servizi per gli studenti universitari, a partire dalla presenza di aree disponibili e/o edifici dismessi da poter recuperare all'interno del tessuto urbano in prossimità delle principali sedi delle attività didattiche e di ricerca dell'Università di Catania.

**L'offerta e la domanda di posti alloggio**

I bandi pubblicati dalla sede catanese dell'Ente Regionale per il Diritto allo Studio Universitario (ERSU) fissano, sulla base delle indicazioni dettate dalle norme nazionali, che per l'Università di Catania sono considerati "in sede" gli studenti che risiedono nel Comune di Catania e in altri 11 Comuni nell'immediato intorno della città di Catania, sono considerati "pendolari" gli studenti che risiedono in 17 Comuni della Provincia di Catania dai quali è possibile raggiungere in un tempo compreso tra 30 e 50 minuti le sedi dei corsi avvalendosi di mezzi pubblici di trasporto, sono considerati "fuori sede" gli studenti che risiedono in tutti gli altri Comuni che distano più di 30 km dalla sede dei corsi e che per raggiungere tali sedi impiegano più di 50 minuti avvalendosi di mezzi pubblici di trasporto. Per l'anno accademico 2014-2015, l'ERSU ha offerto servizi abitativi per gli studenti "fuori sede" iscritti all'Università di Catania in dodici residenze universitarie ubicate in città, gestite direttamente dall'Ente o in convenzione. I posti letto messi a disposizione per l'anno accademico 2014-2015 nelle suddette dieci residenze universitarie sono riportati nella tabella 1.

Dunque, nell'anno accademico 2014-2015 i posti disponibili nelle residenze universitarie gestite dall'ente a Catania hanno consentito di soddisfare soltanto 698 domande di alloggio da parte di studenti fuori sede a fronte di 1.771 richieste in graduatoria.

Ciò significa che l'offerta di posti letto da parte dell'ERSU ha consentito di soddisfare soltanto il 39% della domanda effettiva da parte degli studenti selezionati sulla base dei criteri di valutazione della condizione economica e del merito stabiliti in un apposito bando.

| Residenza | Maschi | Femmine | Totale |
|---|---|---|---|
| Calatabiano | 31 | 29 | 60 |
| Caracciolo | 35 | 27 | 92 |
| Centro | 67 | 89 | 156 |
| Cittadella | 103 | 62 | 165 |
| Dante | 14 | 24 | 38 |
| Suore Cappuccine | 0 | 32 | 32 |
| Morano | 0 | 40 | 40 |
| Musco | 0 | 32 | 32 |
| San Marzano | 29 | 14 | 43 |
| Verona | 18 | 22 | 40 |
| **Totale** | **297** | **401** | **698** |

Tabella 1. Offerta di posti letto ERSU a Catania per singola residenza.

A tale domanda inevasa di alloggi da parte di studenti inseriti nella graduatoria dell'ERSU si aggiunge la domanda ben più elevata di tutti quegli studenti fuori sede che non presentano la domanda all'ERSU per l'assegnazione del posto alloggio nelle residenze universitarie e/o non soddisfano i criteri del bando dell'ERSU per l'attribuzione del posto alloggio e, di conseguenza, si rivolgono al mercato privato degli affitti di stanze per studenti o si rassegnano al pendolarismo. Inoltre gli studenti che vivono nelle residenze universitarie, rispetto ai colleghi che invece risiedono altrove, percepiscono un maggiore senso di sicurezza fisica e protezione e un minor livello di minaccia per la loro sicurezza sociale (Paltridge, et al., 2010). Dalla "Relazione sui risultati delle attività di ricerca, di formazione e di trasferimento tecnologico e sui finanziamenti ottenuti da soggetti privati e pubblici per l'anno 2013", redatta dall'Università di Catania ai sensi dell'art. 3-quater della Legge 1/2009, risulta che nell'anno accademico 2012-2013 nell'Università di Catania si sono iscritti complessivamente 53.803 studenti, che rappresentano oltre il 15% della popolazione residente all'interno dell'area metropolitana (tale percentuale è analoga a quella degli atenei presenti nelle grandi metropoli europee come Milano), di cui 50.519 studenti iscritti ai corsi di laurea attivati ai sensi del D.M. 509/99 e del D.M. 270/04 e 3.284 nei corsi di laurea di ordinamenti precedenti. Il 98,7% di tali studenti risiede in Sicilia (49.855), lo 0,7% (368) è residente in altre regioni d'Italia e lo 0,6% (296) è costituito da studenti stranieri, la cui presenza è legata ai programmi di scambio e mobilità nell'ambito dei processi di internazionalizzazione promossi dall'Unione Europea. Dall'analisi delle tabelle riportate nella suddetta relazione si deduce che, dei 49.855 studenti siciliani, il 59,5% risiede in provincia di Catania, il 13,8% risiede in provincia di Siracusa, il 9,1% in provincia di Ragusa, il 6,2% rispettivamente nelle provincie di Enna e Caltanissetta, il restante 5,1% risiede nelle restanti province siciliane.

Tali dati mostrano che l'Università di Catania attrae studenti che provengono dai territori posti a breve-media distanza, con invece una modesta apertura verso gli ambiti extra-regionali che certamente potrebbe aumentare qualora fosse presente un'offerta abitativa dedicata a questa tipologia di studenti. Sulla base di tali dati si può ragionevolmente e cautelativamente considerare che almeno il 35% degli iscritti nell'Università di Catania è costituito da studenti che possono essere considerati "fuori sede", così come definiti in precedenza. Assumendo che soltanto tali studenti costituiscano la popolazione degli interessati a una residenza in città, si deduce che poco meno di 19.000 studenti hanno certamente bisogno di trovare un alloggio a Catania per potere frequentare i corsi di laurea nei quali si sono iscritti. Dunque, l'offerta istituzionale di 698 posti alloggio attualmente offerti dall'ERSU in strutture dedicate copre meno del 4% della domanda potenziale di posti alloggio. Da tali considerazioni emerge che ancora oggi, nonostante le iniziative gestite dall'ERSU, a Catania il problema dell'alloggio degli studenti universitari fuori sede non ha ricevuto una sufficiente attenzione.

D'altra parte, il compito di garantire un'offerta adeguata di servizi di accoglienza non può essere strettamente affidato all'ERSU ma deve essere svolto innanzitutto dall'Università di Catania, in quanto condizione indispensabile per aumentare la sua attrattività e migliorare le sue capacità di concorrere con gli altri atenei, ma anche dal sistema politico-amministrativo della città, per il ruolo di funzioni motrici dell'economia locale che le residenze universitarie possono svolgere nel tessuto sociale ed economico cittadino. Sia l'ateneo che la città devono porsi l'obiettivo di garantire a tutti gli studenti la possibilità di frequentare i corsi di studio nei quali sono iscritti, senza dover sopportare i costi personali di un pendolarismo esasperato o i costi economici di un mercato abitativo poco trasparente e spesso speculativo. La crescente limitatezza delle risorse pubbliche disponibili non deve far desistere dalle iniziative che possono essere intraprese per la realizzazione di nuove residenze universitarie. In una città come Catania, infatti, l'elevata domanda di posti alloggio per studenti può giustificare, sia in termini di ritorno economico sia in termini di rischio, investimenti privati per la realizzazione di residenze universitarie agevolati da cofinanziamenti pubblici.

**Analisi delle residenze universitarie esistenti**

Per analizzare i rapporti che le residenze universitarie instaurano con l'ambiente urbano in cui sono inserite sono state prese in considerazione, come casi di studio rappresentativi, la residenza Cittadella e la residenza Centro, che con il numero di posti alloggio disponibili, rispettivamente pari a 156 e 165, rappresentano quasi il 50% dei posti alloggio totali offerti dall'ERSU. Le due residenze prese in esame appartengono a modelli insediativi differenti, dovuti al fatto che la prima è una residenza di nuova costruzione, mentre la seconda è divenuta una residenza per studenti in seguito a un intervento di recupero e rifunzionalizzazione di un edificio avente destinazione d'uso differente.

La residenza Cittadella, realizzata alla fine degli anni '70, era ubicata in una zona semiperiferica della città che nel tempo è stata inglobata all'interno del tessuto urbano consolidato. Il modello insediativo è quello del campus universitario di matrice anglosassone e americano, in quanto è insediata all'interno di un'area in cui oltre alla residenza per gli studenti trovano posto le sedi di diversi corsi di laurea e dipartimenti dell'università di Catania, oltre che i laboratori per la ricerca ed altre strutture collegate all'istituzione universitaria. Il vantaggio di tale modello consiste nel fatto che gli studenti sono posti direttamente a contatto con le aule in cui si svolgono le lezioni, raggiungibili a piedi o in bicicletta.

Di contro tale residenza, oltre alla limitata capacità dei posti alloggio offerti, ben distante dal soddisfare il fabbisogno di posti alloggio del numero di studenti fuori sede iscritti ai corsi di laurea che hanno sede all'interno della Cittadella, tende a isolare gli studenti rispetto al resto della città. Inoltre, a differenza del campus anglo-americano, mancano all'interno della cittadella universitaria catanese i servizi complementari alla residenza e alle funzioni connesse alle attività di tempo libero. Infatti il modello del campus presuppone la presenza di una serie di elementi che manca all'interno della cittadella universitaria catanese quali:
- la compresenza di offerte di tipologie ricettive diverse;
- il mix e l'interazione di utenze residenziali diversificate che convivono e si rapportano tra loro dando vita ad un importante scambio ed arricchimento culturale;
- la dotazione di servizi comuni di supporto.

Tale modello abitativo del campus universitario che ha avuto notevole diffusione a partire dagli anni '50 manifesta oggi alcune criticità, in quanto non rispondente alle reali esigenze degli studenti (Speechley, 2012). Al piano terra della residenza Cittadella (Figura 1), oltre agli spazi per le attività collettive, al fine di massimizzare il numero dei posti letto disponibili, sono state collocate anche

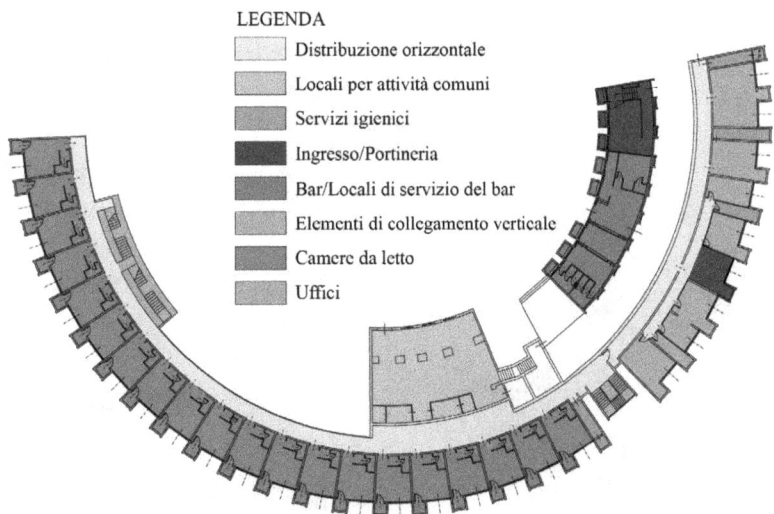

Figura 1. Analisi funzionale del piano terra della residenza Cittadella.

alcune camere da letto per gli studenti. Quindi, gli spazi per le attività sono stati ridotti al minimo, costringendo gli studenti residenti allo studio individuale nella propria camera oppure a spostarsi nelle aule-studio presenti all'interno della Cittadella.

La residenza Cittadella, quindi, essendo stata costruita con l'obiettivo di soddisfare, almeno in parte la richiesta di posti alloggio all'interno del polo universitario, non rispetta le attuali indicazioni date dal legislatore, che invece mirano sempre più ad una forte integrazione all'interno della residenza tra le attività individuali e le attività collettive, prevedendo al suo interno anche funzioni che si rivolgano a studenti non residenti all'interno di essa.

### I poli didattici

È stato individuato, all'interno dello spazio urbano del territorio catanese, una serie di "poli didattici" ciascuno dei quali fa riferimento alla localizzazione delle sedi dei vari corsi di laurea presenti all'interno dei suoi confini. Nella tabella che segue, sempre con riferimento all'anno accademico 2014-2015, sono riportati per ciascun polo didattico il numero delle richieste di posti alloggio, la disponibilità di posti alloggio presso le residenze universitarie che sono all'interno o sono prossime ad esso e corrispondente il deficit di posti alloggio.

Dall'esame di tale tabella si evince che la maggiore richiesta di posti alloggio non soddisfatta dalle residenze universitarie gestite dall'ERSU è localizzata nel "polo didattico" denominato "Cittadella-Policlinico-Barriera" dove si riscontra un deficit di 508 posti alloggio, nel "polo didattico" denominato "San Domenico" dove si riscontra un deficit di 144 posti alloggio e nel "polo didattico" denominato "Benedettini-Verginelle" dove si riscontra un deficit di 252 posti alloggio.

### Applicazione del GIS per la scelta della localizzazione delle residenze universitarie

Diversi studi sui problemi connessi alla ricerca di un'abitazione da parte di persone interessate all'acquisto di una casa ("homebuyers") sono stati svolti mediante analisi spaziali delle aree urbane con l'obiettivo sia di valutare l'importanza della localizzazione dell'abitazione nell'ambito del tessuto urbano sia di collegare la scelta degli interessati alla qualità della vita dell'ambiente urbano. Sono pochi, invece, gli studi che hanno riguardato la localizzazione delle residenze per studenti universitari, i quali hanno necessità in parte analoghe a quelle di chi cerca una casa da acquistare, ma anche bisogni peculiari connessi alla temporaneità dell'abitare tipica degli studenti universitari fuori sede (Chiarantoni, 2008).

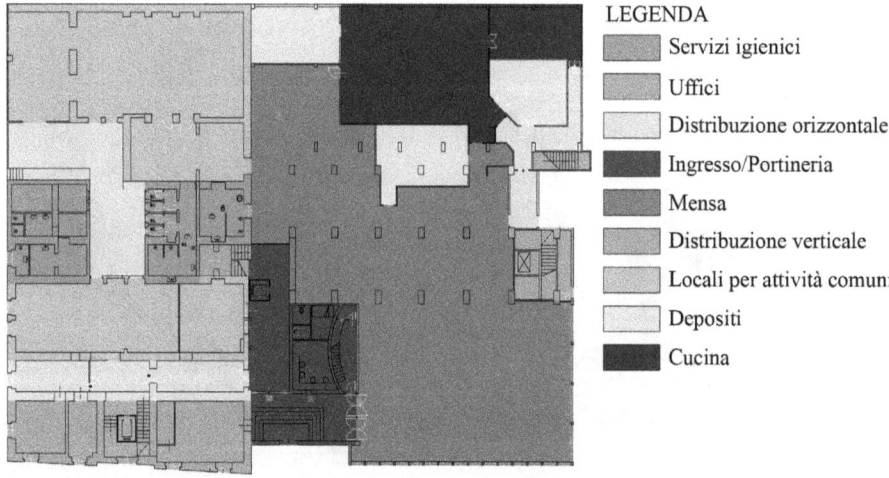

Figura 2. Analisi funzionale del piano terra della residenza Centro.

Al fine di elaborare delle mappe che possano tenere in considerazione sia gli elementi di struttura che definiscono la trama della città (viabilità, parcheggi, luoghi di interesse culturale e per il tempo libero) sia gli elementi legati all'istituzione universitaria (residenze universitarie, sedi dei dipartimenti e dei corso di laurea, aule), in questo studio è stato impiegato un metodo basato sull'applicazione di un software GIS, già largamente adoperato negli studi sull'ambiente urbano e nelle analisi sulle scelte localizzative di diverse attività, anche in ambito residenziale, finalizzato alla ricerca di un'abitazione da parte di persone interessate all'acquisto di una casa (Albacete et al., 2012).

Le mappe elaborate sono di due tipi: le mappe che descrivono la categoria di ognuna delle variabili presa in considerazione, di conseguenza ad ogni variabile scelta corrisponde una mappa; le mappe finali che mostrano le aree idonee per la localizzazione delle residenze universitarie e sono il risultato della combinazione delle mappe relative alle variabili. Al fine di rendere tale analisi quanto più possibile oggettiva, è stato scelto, come parametro fondamentale della ricerca, la distanza delle aree e degli edifici dismessi, presenti all'interno del tessuto urbano, dalle diverse informazioni contenute all'interno delle mappe delle variabili prese in considerazione. Quindi, l'area o l'edificio dismesso in cui risulterà conveniente insediare una nuova residenza universitaria saranno localizzati dove vi sarà una maggiore concentrazione delle informazioni contenute all'interno delle mappe delle variabili. Rispetto alle analisi localizzative compiute per gli ambiti residenziali (Natividade-Jesus et al., 2007; Rinner, 2006) è stata effettuata una serie di scelte relative ai problemi specifici della localizzazione delle residenze universitarie. Anzitutto non è stata presa in considerazione la dimensione delle aree disponibili e degli immobili dismessi presenti all'interno del tessuto urbano, in modo da escludere dall'analisi le caratteristiche geometriche di tali aree e di tali immobili.

| Polo didattico | Richieste | Disponibilità | Deficit |
|---|---|---|---|
| **Cittadella-Policlinico- Barriera** | 746 | 238 | -508 |
| Residenza Cittadella | | 165 | |
| Residenza Calatabiano (50%) | | 30 | |
| Residenza San Marzano | | 43 | |
| **San Domenico** | 163 | 19 | -144 |
| Residenza Dante (50%) | | 19 | |
| **Monastero dei Benedettini-Verginelle** | 271 | 19 | -252 |
| Residenza Dante (50%) | | 19 | |
| **Palazzo delle Scienze-Fortuna** | 195 | 216 | +21 |
| Residenza Verona | | 40 | |
| Residenza Centro | | 156 | |
| Residenza Morano (50%) | | 20 | |
| **Piazza Cutelli** | 166 | 32 | -134 |
| Residenza Musco | | 32 | -66 |
| **Turrisi Colonna-Montessori** | 190 | 124 | |
| Residenza Suore Cappuccine | | 32 | |
| Residenza Caracciolo | | 92 | |
| **Sacro Cuore-Beato Angelico** | 14 | 50 | +36 |
| Residenza Calatabiano (50%) | | 30 | |
| Residenza Morano (50%) | | 20 | |
| | | | |
| Altri Corsi di Laurea | 4 | 0 | -4 |
| Corsi di Dottorato di Ricerca | 5 | 0 | -5 |

Tabella 2. Studenti richiedenti posti alloggio e disponibilità posti alloggio per polo didattico.

Inoltre, le distanze tra i diversi "punti di "interesse" delle mappe non sono stati misurati con una linea retta ma ne è stata calcolata la distanza "reale" e ad esse sono stati associati due tipi di informazione: i modi possibili per compiere il percorso per raggiungere i vari punti di interesse (carrabile, pedonale, ciclabile); le informazioni relative ai costi e ai tempi di percorrenza e la pendenza delle strade da percorrere.

Si è quindi proceduto a determinare i "layers", riportati nel seguito, ossia le variabili, da cui può dipendere la localizzazione delle residenze universitarie in ambiente urbano:
- il sistema della mobilità pubblica, quali le linee della metropolitana esistenti e in progetto, le linee degli autobus, compreso il servizio del Bus Rapid Transit (BRT);
- il sistema dei parcheggi, pubblici e privati;
- il sistema del verde pubblico (parchi e giardini) e della mobilità dolce (aree pedonali e piste ciclabili);
- le sedi dei corsi di laurea e dei dipartimenti universitari;
- il sistema delle residenze universitarie;
- il sistema delle biblioteche, delle sale studio e dei servizi universitari;
- i luoghi di interesse culturale (musei, teatri, cinema, etc.), per il tempo libero (campi sportivi all'aperto e al chiuso, luoghi di ritrovo, etc.), per soddisfare i bisogni quotidiani (supermercati, farmacie, panifici, bar, etc.);
- le aree dismesse e gli immobili in disuso all'interno del tessuto urbano che possono essere riqualificati come residenze universitarie.

Si è provveduto, infine, a classificare le aree e gli edifici dismessi, assegnando loro un punteggio, variabile da uno a cinque, che ha tenuto conto della distanza di tali aree dai "punti di interesse" definiti dalle mappe delle variabili. In prima istanza, alle variabili individuate è stato assegnato lo stesso "peso" ai fini della determinazione del punteggio da assegnare all'area o all'edificio. In un successivo approfondimento di tale metodo sarà possibile differenziare le variabili a seconda del "peso" assegnato e aggiungere e/o modificare le variabili prima definite.

**Una nuova possibilità per Catania**

L'obiettivo della ricerca è stato quello di individuare un'area all'interno del tessuto urbano della città di Catania nella quale sia conveniente insediare le nuove residenze per studenti universitari. Tale area è stata individuata mediante l'applicazione del metodo sopra descritto che ha consentito di localizzare all'interno del tessuto urbano le aree e gli edifici disponibili nei quali risulta possibile localizzare una residenza per studenti e ha fornito, sulla base dei punteggi assegnati, una classificazione di tali aree consentendo di individuare la localizzazione più idonea rispetto ad altre possibili. Il parametro di riferimento è stato la vicinanza delle aree disponibili e degli edifici abbandonati, in cui è possibile collocare le residenze universitarie, rispetto alle diverse informazioni contenute all'interno delle mappe delle variabili definite. L'area così individuata è collocata nel quartiere San Domenico, in un contesto urbano consolidato e saturo dal punto di vista urbanistico, posto ai margini del centro storico, nella parte occidentale della città, dove prevalgono i caratteri di residenzialità con edifici di altezza variabile da una sola elevazione a 5-6 piani fuori terra. Il quartiere dista poco più di 2 km dalla stazione ferroviaria di Catania ed è ben servito dai trasporti urbani. Infatti, sono presenti a breve distanza sia vari capolinea di autobus urbani sia stazioni della metropolitana. A conferma della tendenza già consolidata in altre città universitarie verso un sistema insediativo universitario diffuso all'interno del territorio urbanizzato, l'analisi condotta mediante lo strumento GIS ha individuato tale area della città di Catania come migliore localizzazione possibile per una nuova residenza universitaria all'interno del tessuto urbano. In tale area, infatti, sono molti e diversificati i servizi e le funzioni di cui è possibile usufruire (Figura 3), da quelle strettamente culturali (Anfiteatro Romano, Biblioteca

Civica, Chiesa di San Nicolò l'Arena, Monastero dei Benedettini, Terme della Rotonda, Cine-Teatro Odeon) a quelli di svago, essendo questa zona molto prossima ai luoghi della "movida" catanese e di aggregazione sociale per i ragazzi (Piazza Stesicoro, Teatro Metropolitan, Villa Bellini, Piazza Duomo, Quattro Canti), per concludere con una moltitudine di servizi di quartiere, da quelli minori (bar, panifici, farmacie, ristoranti, poste, etc.) a quelli di maggiore importanza (Palazzo delle Poste, Palazzo Centrale dell'Università, Palazzo del Municipio, Ospedale Santa Marta, Mercato cittadino). Oltre ai motivi sopra esposti, che rendono tale area tra le più vitali e complete dal punto di vista dei servizi e delle infrastrutture della città e quindi appetibile per gli investimenti privati e/o pubblici, ciò che rende appropriata la realizzazione di una residenza universitaria in tale zona della città è la prossimità alle sedi di diversi dipartimenti dell'Università di Catania. Infatti, a breve distanza sono ubicate due sedi dei corsi di studio di Giurisprudenza, le aule in cui si svolgono le lezioni dei corsi di studio di Biologia nonchè l'ex Monastero dei Benedettini dove è ubicato il Dipartimento di Scienze Umanistiche con i suoi corsi di studio. Inoltre, è da citare la presenza dell'Accademia delle Belle Arti, i cui studenti hanno diritto ad usufruire dei servizi offerti dalle residenze universitarie. Tale concentrazione di sedi di corsi di studio universitari ha fatto sì che la richiesta di alloggi per studenti nella zona sia elevata. Pertanto, la realizzazione di una residenza universitaria in tale zona della città potrebbe soddisfare una parte della domanda di alloggi e garantire agli studenti che ne vogliano usufruire anche la presenza di spazi collettivi all'interno della residenza, sia strettamente connessi all'attività di studio sia connessi allo svago e al relax. Inoltre localizzare una residenza universitaria in tale area rappresenterebbe un'opportunità per lo sviluppo e la riqualificazione della città di Catania. Infatti sono diversi i grandi contenitori edilizi dismessi presenti all'interno del tessuto urbano consolidato del quartiere San Domenico, non sempre di particolare valore architettonico, che possono essere recuperati e riconvertiti per la nuova destinazione d'uso di residenza universitaria (Grecchi e Malighetti, 2008). Tra gli edifici attualmente in disuso all'interno del tessuto urbano, gli edifici destinati a sale cinematografiche si prestano bene ad essere trasformati in alloggi per studenti universitari, date le loro caratteristiche funzionali,

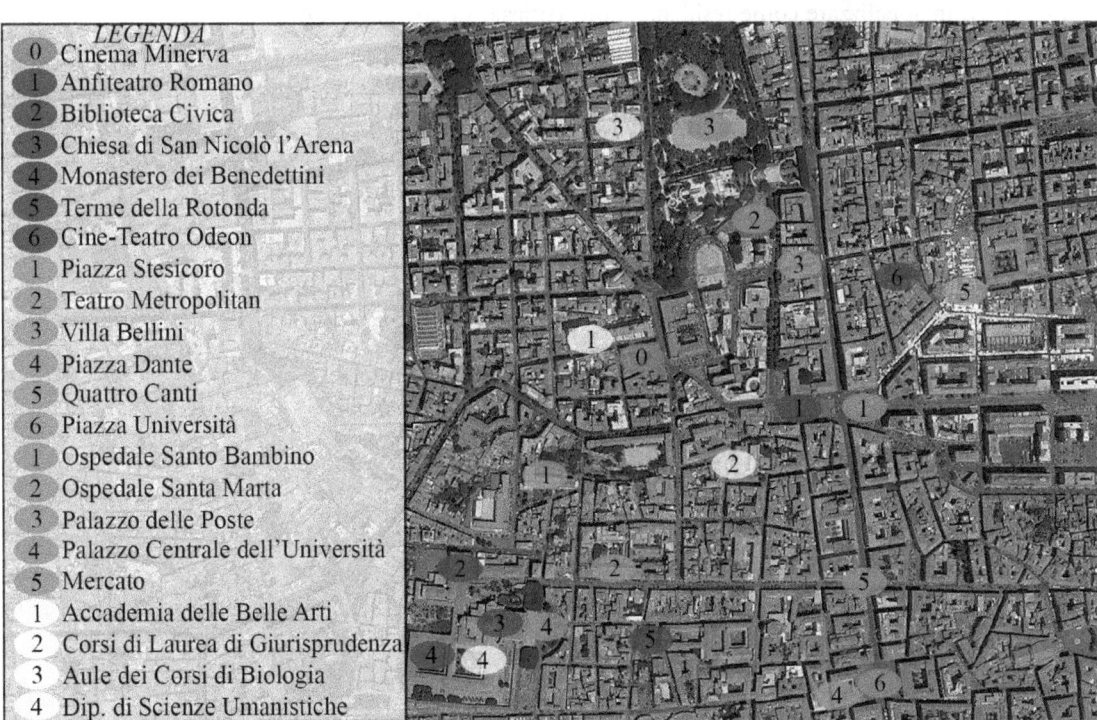

Figura 3. Localizzazione delle attività all'interno e nelle vicinanze del quartiere San Domenico.

morfologiche, volumetriche e costruttive.

Infatti la loro conformazione spaziale interna ad aula è idonea per potenziali riconversioni per nuove destinazioni d'uso, richiedendo limitati interventi di demolizione. Pertanto, gli interventi su tali edifici devono mirare soprattutto alla loro rifunzionalizzazione mediante l'adozione di soluzioni costruttive e tecnologiche che garantiscano adeguati livelli di sicurezza statica e di comfort ambientale e nello stesso tempo consentano significativi risparmi energetici. Inoltre, la crisi che negli ultimi decenni ha investito il settore cinematografico nel suo complesso a vantaggio di altre forme di intrattenimento e la realizzazione delle moderne sale cinematografiche all'interno di complessi polifunzionali, ha comportato la progressiva chiusura di numerosi cinema, quasi tutti ubicati all'interno del centro urbano. Infatti, a Catania sono oltre trenta le sale cinematografiche e le arene dismesse dal 1980 ad oggi. Se quindi da un lato si pone il problema della riqualificazione e del riuso di questi immobili, oggi perlopiù in stato di abbandono, dall'altro si deve constatare come la presenza di tante sale cinematografiche mostra la vivacità della città di Catania in quegli anni, sia socialmente sia culturalmente. Molti di questi ex cinema non si trovano all'interno del centro storico di Catania, ma nella sua "periferia". Alla luce di queste considerazioni si è ritenuto opportuno indagare la possibilità di convertire questi edifici in residenze per studenti.

Come caso studio è stato elaborato il progetto di recupero e rifunzionalizzazione dell'edificio che in passato ha ospitato il cinema Minerva (Cascone e Sciuto, 2016). Tale cinematografo è collocato all'interno dell'area individuata nella presente ricerca e versa attualmente in stato di abbandono. Nella sperimentazione progettuale l'attenzione è stata posta alla realizzazione di un organismo che sia aperto e dialogante con il contesto urbano in cui è inserito. Nell'ottica di una interazione con il contesto urbano che non sia monodirezionale ma reciproca, all'interno della residenza sono stati pensati spazi per attività collettive di interesse generale non destinate alla sola popolazione studentesca, ma aperte a tutti i cittadini (Bologna, 2014). A tal fine la metodologia progettuale individuata per la riqualificazione funzionale dell'ex Cinema Minerva sarà applicabile a qualsiasi edificio dismesso che si intende rifunzionalizzare come residenza universitaria. In coerenza con quanto disposto dal D.M. 7 febbraio 2011, n.27, la residenza universitaria in progetto è organizzata per aree funzionali a loro volta articolate in unità ambientali. In particolare, si è adottata una disposizione delle aree funzionali che ne consente la chiara localizzazione in relazione alle attività che in esse si svolgono e alle possibili integrazioni che si possono determinare tra le diverse funzioni afferenti a una stessa area o alle sinergie che si possono creare tra funzioni appartenenti ad aree diverse (Figura 4).

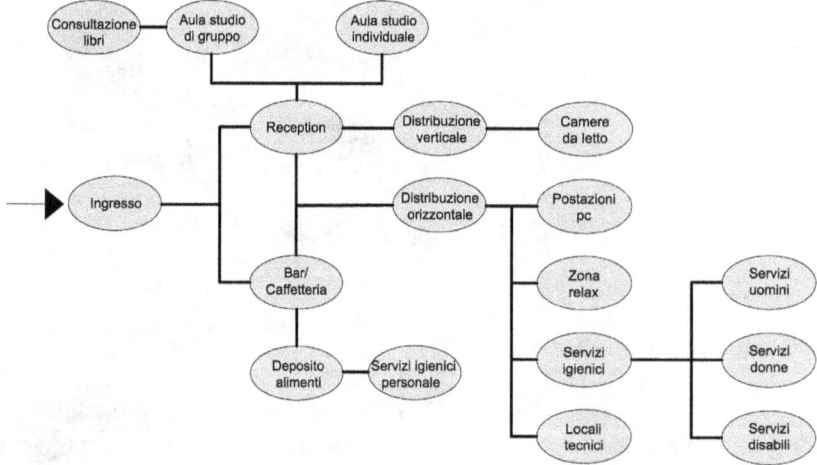

Figura 4. Schema distributivo delle funzioni proposte per la nuova residenza per studenti.

Gli spazi collettivi sono pensati per far incontrare gli studenti, generando interazione e dialogo e consentendo ai singoli e ai gruppi di vivere in modo attivo la loro permanenza nella residenza. Infatti la soddisfazione o meno degli studenti, oltre a variare a seconda della localizzazione della residenza, dipende dalla presenza o meno di aree comuni per la socializzazione (Mogenet e Rioux, 2014). Al piano terra (Figura 5) è collocato un grande ambiente, adibito a sala studio, sia individuale che di gruppo, accessibile dall'esterno e usufruibile anche da studenti residenti altrove. Tale ambiente è pensato in modo flessibile, infatti è facilmente trasformabile, grazie a delle partizioni mobili, in un ambiente unico che può essere adibito a manifestazioni occasionali, come convegni e rappresentazioni teatrali e musicali, aperte anche ai cittadini. Nella parte opposta del piano terra è ubicato un bar/caffetteria, il cui accesso può avvenire sia dall'interno della residenza, sia autonomamente in modo da renderlo indipendente dal resto dell'edificio e poterlo inquadrare come servizio di quartiere. I locali posti sul retro del bar/caffetteria sono di servizio e prevedono un deposito, utilizzato anche per la conservazione/riscaldamento dei pasti, e un servizio igienico per il personale. Compresi tra le sale studio e il bar/caffetteria, sono stati inseriti diversi ambienti, alcuni dedicati agli studenti come un'area relax, alcune postazioni computer e i servizi igienici di piano (compreso uno destinato alle persone diversamente abili), ed altri accessibili solo al personale addetto come i locali tecnici, la reception e lo spogliatoio ed il servizio igienico ad essa annessi. Infine, adiacente alla reception è stato collocato il vano scale e ascensore che dà accesso ai piani superiori in cui sono previste le camere da letto e le funzioni comuni dedicate solo agli studenti residenti. Al primo e al secondo piano della residenza universitaria in progetto sono stati inseriti gli ambienti accessibili solo agli studenti residenti, con spazi dedicati sia alle attività individuali (camere da letto) sia ad attività collettive (area per il relax e la socializzazione).

## Conclusioni

La ricerca ha evidenziato come le residenze universitarie debbano essere intese come un sistema non separato né autonomo dal contesto locale, ma opportunamente integrato allo specifico tessuto

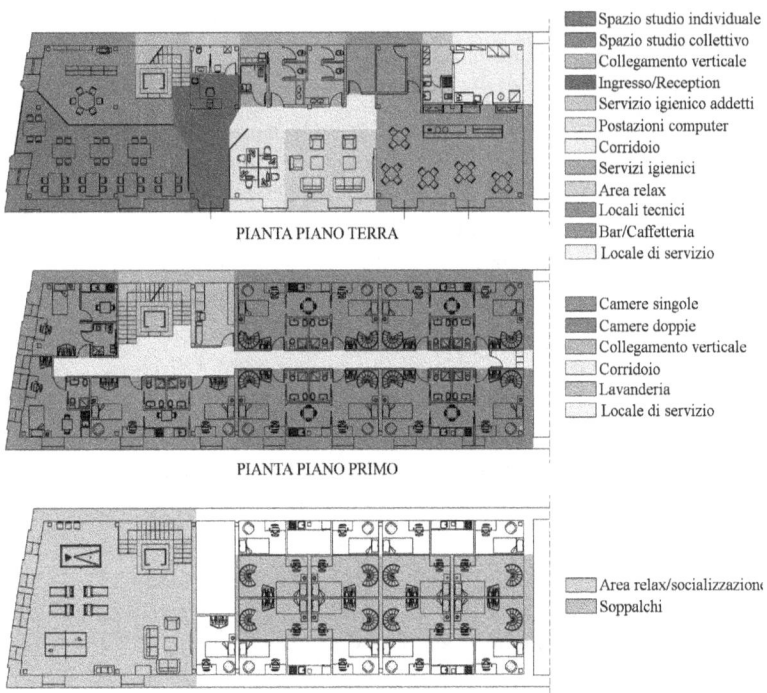

Figura 5. Analisi funzionale della nuova residenza per studenti.

economico e sociale, costituendo un decisivo fattore di crescita della città al pari o forse in misura maggiore degli interventi di localizzazione produttiva e di investimento infrastrutturale.

La presenza delle residenze universitarie determina sul territorio ritorni economici per i soggetti privati, anche non coinvolti direttamente nella loro realizzazione, sotto forma ad esempio di maggiori consumi di base corrisposti principalmente da studenti fuori sede. Inoltre, le aree destinate all'insediamento delle residenze universitarie possono diventare facilmente i poli di sviluppo per azioni integrate di riqualificazione urbana a grande scala che possono coinvolgere allo stesso tempo il sistema della mobilità metropolitana e la qualità dell'ambiente urbano. In altre parole Università e Città devono essere concepite come un sistema integrato, capace di condividere, e quindi rafforzare, i propri servizi, residenze e infrastrutture, promuovendo lo sviluppo e la rigenerazione sia dell'Università sia dei centri urbani. Il primo obiettivo, come si è detto, è quello di mettere a disposizione degli studenti le molteplici risorse della città, in termini di servizi, spazi ricreativi, punti di incontro e infrastrutture. Il centro storico di Catania, in particolare, sicuramente costituisce un valore aggiunto ai servizi offerti dall'Università, e quest'ultima può costituire un prezioso motore di sviluppo non solo culturale ma anche economico per la città.

**Riferimenti bibliografici**

Albacete, X., Pasanen, K., & Kolehmainen, M. [2012]. "A GIS-based method for the selection of the location of residence", *Geo-spatial Information Science*, Taylor & Francis, n. 1, pp. 61-66.

Baratta, A.F.L., & Carlini, S. [2012]. "Alloggi e residenze per studenti universitari", *Techne*, Firenze University Press, n. 4, pp. 262-270.

Bologna, R. [2014]. "Il progetto della residenza per studenti universitari", pp. 107-159, in Del Nord, R. *Il processo attuativo del piano nazionale di interventi perla realizzazione di residenze universitarie*, Edifir, Firenze.

Cascone, S., & Sciuto, G. [2016]. "Nuove identità per edifici dismessi in centro storico. Recupero e rifunzionalizzazione dell'ex cinema Minerva a Catania", *Recuperoeconservazione*, DeLettera Editore, n. 133, pp. 1-10.

Ciaramella, M., & Del Gatto, L. [2012]. "Housing universitario di iniziativa privata: scenari di sviluppo e fattori critici di successo.", Techne, Firenze University Press, n. 4, pp. 271-279.

Chiarantoni, C. (a cura di) [2008]. *La residenza temporanea per studenti*, Alinea, Firenze.

Grecchi, M, & Malighetti, L. (a cura di) [2008]. *Ripensare il costruito. Il progetto di recupero e di rifunzionalizzazione degli edifici*, Maggioli Editore, Rimini.

Hauschildt, K., Gwosć, C., Netz, N., Mishra, S. [2015]. "The contribution of university accommodation to international student security", *Social and Economic Conditions of Student Life in Europe - Synopsis of Indicators - EUROSTUDENT V 2012–2015*. Available as a free download on wbvopen-access.de, www.eurostudent.eu.

Laudisa, F. [2013]. "Le residenze universitarie in Italia", in Catalano, G. Gestire *le residenze universitarie. Aspetti metodologici ed esperienze applicative*, Il Mulino, Bologna.

Di Monte, G., & Pedenzini, C., [2009]. "Città e Università: il ruolo delle residenze studentesche", COSES. Available as a free download on wbvopen-access.de, www.coses.venezia.it

Mogenet, J.-L., & Rioux, L., [2014]. "Students' satisfaction with their university accommodation", *Journal of Higher Education Policy and Management*, n. 4, pp. 303-320.

Natividade-Jesus, E., Coutinho-Rodrigues J., & Antunes, C.H. [2007]. *A Multicriteria Decision Support System for Housing Evaluation*. Decis. Support Syst., 43, n. 3, pp. 779–790.

Paltridge, T., Mayson, S., & Schapper, J. [2010]. "The contribution of university accommodation to international student security", *Journal of Higher Education Policy and Management*, n. 4, pp. 353-364.

Rinner, C. [2006]. The Spatial Dimensions of Multi-Criteria Evaluation – Case Study of a Homebuyer's Spatial Decision Support System. Springer, pp. 338–352

Speechley, N. [2012]. "Keeping them together", University Accommodation and the 'International' Student: A Case Study of Loughborough Univesity, UK", *Social and Cultural Geography Research Group*. Available as a free download on wbvopen-access.de, scgrg.org.

# LE RESIDENZE UNIVERSITARIE COME STRUMENTO PER LA RIGENERAZIONE DEGLI EDIFICI PUBBLICI

**Lorenzo Diana**
École polytechnique fédérale de Lausanne, IMAC – IIC – ENAC
**Tommaso Scrivano**
Sapienza Università di Roma, Facoltà di Ingegneria Civile e Industriale

**Parole chiave**

Rigenerazione Urbana, Edilizia Sociale, Residenze Universitarie, Riqualificazione edilizia

*Abstract*

*Nowadays in Rome public housing suburbs face several critical issues, both physical and social: buildings obsolescence, state of neglect of open spaces, inhabitant's sense of segregation and lack of social inclusion.*

*These critical issues cause a huge reduction in inhabitant's quality of life. The regeneration of such areas should become one of the main topics in the transformation of urban neighbourhoods.*

*Effective regeneration actions should look at: physical issues, upgrading energy and structural anti-seismic behaviour of buildings; typological issues, transforming accommodations in relation to the contemporary needs; social issues, promoting interventions of age and profession assortment; economic issues, improving the presence of local shops and restarting local enterprises and employment.*

*University Residences become a useful means to reach the goal of public housing regeneration due to its own redevelopment features: mix of functions such as dorms, teaching and leisure spaces that could fill the gap of the existing buildings lack of services.*

*From the typological point of view, the regeneration achieved by the infill of university residences is characterized by the addition of basic and small "housing cells" integrated on a main access path. These "housing cells" could be easily inserted in public housing complexes, recycling and renovating accommodations that are no longer suitable to guarantee healthy, comfortable and accessible living such as the ones located at raised ground floors or at the top ones.*

*The main goals of such regeneration process are: the reconfiguration of the larger flats, usually empty or under-used; the transformation of ground floors flats; the change of function of unused spaces such as washing rooms; the rehabilitation of open spaces such as courtyards and paths. Last but not least, important goals could be reached in the social field: news users, added to the ancient ones, will be students and researchers so to enlarge current social categories. The regeneration becomes an occasion even to propose a global retrofitting of the buildings, so to achieve important structural and energy upgrading.*

*The article contextualises the topic on public housing complexes of the first half of '900, giving a huge description and classification of them, and it presents a regeneration intervention on a building in the suburbs of Rome, knowns as Stalingrad, today interested by important urban fluxes due to the presence of a new underground station.*

**Introduzione**
Gli ultimi anni sono stati caratterizzati da una generalizzata riduzione degli investimenti pubblici in materia di servizi alla persona e di politiche di welfare. Questi indirizzi, dettati dalle politiche di austerity, hanno fatto sentire in maniera netta le proprie conseguenze sulle Amministrazioni Locali e sulle Aziende Territoriali per la gestione dell'Edilizia Residenziale. Si sono ridotte non soltanto le possibilità di sviluppo e di realizzazione di nuovi alloggi sociali ma anche la semplice manutenzione ordinaria del patrimonio esistente che il più delle volte verte in condizioni problematiche. In questo contesto finanziario critico per le Pubbliche Amministrazioni, anche le Istituzioni Universitarie e i relativi Enti per il Diritto allo Studio si trovano a dover fronteggiare in maniera diretta una penuria di investimenti nell'ambito residenziale. Eppure nelle grandi città, in cui le iscrizioni ai corsi universitari non tendono a scendere in maniera netta, il bisogno di ulteriori alloggi a canoni calmierati per gli studenti iscritti rimane una questione centrale e una continua domanda inattesa.

In un contesto così critico come quello contemporaneo, in cui assieme alle carenze di gestione, manutenzione e programmazione della residenzialità sociale e universitaria è a rischio il complesso della qualità urbana per un diffuso regresso degli interessi collettivi a favore degli investimenti privati, da più parti si ritiene giunto il momento per avviare, soprattutto nelle grandi città, politiche sostanziali e diffuse di rigenerazione urbana [Dichiarazione di Toledo 2010].

La questione dell'edilizia residenziale pubblica viene qui trattata di concerto con la questione delle residenze universitarie in quanto si propone un approccio in cui la seconda diviene uno strumento per intervenire sulla prima, arricchendola di funzioni e stimolandone una completa riqualificazione in tutti quegli aspetti critici che ad oggi l'hanno portata a non rispettare le normative energetiche e strutturali e a non soddisfare le richieste in termini di accessibilità ai diversamente abili, di taglio e dimensionamento degli alloggi. In quest'ottica si vuole sottolineare l'importanza che le residenze universitarie rivestono per gli equilibri urbani in un processo di rigenerazione. In primo luogo le residenze universitarie si pongono come obiettivo quello di fornire, parallelamente agli alloggi per studenti, anche una serie di servizi e di attività destinate anche agli abitanti del quartiere, riempendo spesso le carenze del pubblico. Questa prerogativa che unisce alla realizzazione degli alloggi anche una serie di attività, rientra a pieno titolo in quell'insieme di obiettivi al contempo materiali e immateriali che distinguono il concetto di rigenerazione urbana da quello tradizionale di riqualificazione [Musco 2009]. In secondo luogo, l'inserimento di residenze universitarie nei complessi ERP[1] esistenti, come stimolo per più complete rigenerazioni, fa sì che i nuovi alloggi universitari siano localizzati in contesti urbani, spesso consolidati, escludendo l'ipotesi concentrazionaria dei nuovi poli per gli studenti in ambiti periferici totalmente sconnessi con la città esistente. L'inserimento va a garantire un aumento della *mixité* in termini sociali ed anagrafici, fatto particolarmente importante per i quartieri ERP data l'uniformità da cui sono caratterizzati. In ultima istanza, le residenze universitarie svolgono un ruolo di controllo e di freno delle dinamiche speculative che potrebbero generarsi in contesti in cui si sono avviati processi di rigenerazione urbana. Quando si parla di integrazione tra alloggi ERP e residenze universitarie si fa riferimento a sporadici esempi di cui non è possibile individuare un filone chiaro. Alcuni esempi si possono individuare in Piemonte tra gli interventi di *housing* sociale a destinazione universitaria di Torino e Novara. Alcuni esempi interessanti che sembrano dialogare con questa logica sono i casi pilota che sono stati sviluppati a Milano di recente in alcuni quartieri periferici come Quarto Oggiaro e Gallaratese in cui si è intervenuto sugli spazi dei piani terra attraverso l'inserimento di *housing* temporaneo per categorie speciali, giovani lavoratori e studenti, e di attività sociali o di servizio. In particolar modo il progetto "Housing Sottosoglia" e "Ospitalità Solidale" prevedono la

---
[1] Edilizia Residenziale Pubblica.

possibilità di sconto sull'affitto a fronte di un impego dei nuovi inquilini insediati a fornire attività di volontariato per il quartiere. I luoghi principali di cambio di destinazione d'uso a cui si fa riferimento in questa logica di rigenerazione, risultano essere il piede degli edifici che si dimostra un importante punto di incontro tra i nuovi inquilini e la città, tra lo spazio della co-abitazione e del servizio e lo spazio pubblico più generalizzato [Ranzini2014].

In questa logica si è voluto approfondire il caso dell'inserimento di residenze universitarie nei piani terra di un complesso di edilizia residenziale pubblica con il carico di nuovi servizi destinati a tutti gli affittuari originari e lo spostamento di alcuni inquilini in nuovi alloggi localizzati in copertura. L'articolo focalizza la sua attenzione su di un caso di studio della città di Roma, realizzato negli anni '30 del Novecento e scelto in quanto paradigmatico di molti complessi pubblici, e non solo, di quel periodo. Tra i diversi periodi storici che caratterizzano il grande patrimonio pubblico della città di Roma, i complessi realizzati a cavallo tra il primo ed il secondo conflitto mondiale spiccano sia per le qualità tipologiche ed estetiche di cui sono portatori sia per il forte carattere urbano che li contraddistingue al punto da renderli dei precursori del modello a media densità che ha caratterizzato lo sviluppo della città nei decenni a venire. Un'ampia descrizione dei caratteri prevalenti dell'edilizia pubblica romana della prima metà del '900 trova spazio nei paragrafi successivi. In questo quadro introduttivo si vuole solamente sottolineare come questi complessi, localizzati in aree strategiche della città (a ridosso del centro o nei quartieri della prima periferia), manifestino, parallelamente agli importanti aspetti di qualità citati in precedenza, alcuni aspetti strutturalmente critici e comuni a diversi casi e sui quali risulta opportuno un intervento immediato.

Ci si riferisce principalmente a questioni connesse all'accessibilità per i diversamente abili, agli elevati consumi energetici ed al comportamento strutturale. Del vasto e variegato patrimonio ERP di Roma, altri complessi più recenti, come quelli del 1° PEEP[2], vivono condizioni di criticità maggiore. Questi, oltre a questioni prettamente costruttive e tipologiche, si collocano in aree particolarmente periferiche della città al punto da richiedere, per ottenere un aumento netto della qualità della vita, investimenti principalmente sulle infrastrutture del trasporto pubblico che poco hanno a che vedere con la proposizione di rigenerazione del presente articolo. I complessi storici a cui si fa riferimento risultano avere invece le prerogative ideali (localizzazione, caratteristiche tipologiche, caratteri urbani) per garantire degli esiti positivi alla proposta di rigenerazione integrando residenze universitarie e ERP. L'intenzione è quella di garantire alle residenze universitarie valore ed importanza soprattutto per la localizzazione in aree semi-centrali e consolidate della città. Questo obiettivo che risulta difficilmente perseguibile nel libero mercato a causa degli alti costi e delle difficoltà del reperimento delle aree, può realizzarsi più facilmente se considerato unitamente alla rigenerazione di complessi ERP. Il presupposto di una tale operazione risulta la possibilità, per le ATER[3] coinvolte, di operare come Agenzie che forniscano alloggi a canone calmierato, secondo la logica del *social housing* e non esclusivamente secondo la logica dell'edilizia sovvenzionata[4]. Non risulta da escludere anche la possibilità di coinvolgimento di fondi privati nella realizzazione e nella gestione delle residenze universitarie. Ai vantaggi localizzativi, si aggiungono quelli sociali: l'inserimento di residenze universitarie in contesti consolidati garantirebbe importanti vantaggi in termini di mixité e varietà generazionale. La stabilità del contesto sociale esistente semplificherebbe l'inserimento di elementi sociali nuovi e la possibile nuova armonia potrebbe vertere attorno alla gestione e all'utilizzo dei nuovi servizi come sale video e biblioteche che le nuove residenze porterebbero in dote.

---

[2] Piano di Edilizia Economica e Popolare (1964).
[3] Aziende Territoriali di Edilizia Residenziale che hanno rimpiazzato i vecchi Istituti Autonomi Case Popolari.
[4] In quest'ottica si cita ad esempio il protocollo di intesa siglato tra l'ATER della Provincia di Roma e di Latina e la Cassa Depositi e Prestiti per la realizzazione di un programma di interventi di *social housing*.

**Descrizione del patrimonio di riferimento**
Con la legge "Luzzatti" del 1903 nascono gli Istituti per le Case Popolari (ICP), con lo scopo di facilitare la costruzione di alloggi sociali, nell'ambito di una rinnovata politica nazionale di equità a beneficio dei ceti popolari. In questo paragrafo si vuole dare una descrizione del patrimonio residenziale pubblico della prima metà del secolo, presente a Roma, per restringere il campo dei casi di studio adatti all'applicazione della presente metodologia rigenerativa.
I primi interventi realizzati dall'Istituto sono a carattere intensivo, prevale il tema della corte interna ed i volumi edificati sono disposti in modo da occupare l'intero lotto. Prevale nei primi casi il carattere fortemente urbano, la media densità e il discreto sfruttamento del suolo che li erge a precursori del modello di sviluppo urbano degli anni a venire. Tanto l'attenzione agli aspetti funzionali dell'abitare quanto la cura del dettaglio architettonico posta dai progettisti dell'epoca hanno conferito un elevato livello di qualità agli interventi, garantendo così dignità e decoro, propri fino a quel momento esclusivamente della città borghese, anche agli alloggi popolari. I primi edifici sorgono a Flaminio e Trionfale. Il progettista di quest'ultimo è l'Arch. Innocenzo Sabbatini che, sul piano funzionale, sperimenta una diversa fruibilità della corte (da spazio esclusivamente privato a luogo di passaggio e accesso ai corpi scala). Nel 1907 inizia la costruzione di San Saba, primo intervento organico dell'I.C.P. progettato da Quadrio Pirani e Giovanni Bellucci, destinato ad ospitare gli operai della zona industriale a sud di Roma. La struttura del quartiere segue una misurata gerarchia dei percorsi, sottolineata dalla presenza di giardini pubblici e privati, articolata grazie alla combinazione di differenti tipi edilizi: villini isolati, edifici a schiera ed in linea [AA.VV, 1953]. La storia del quartiere Testaccio ha inizio con il progetto, previsto nel piano regolatore del Comune di Roma del 1873, di insediamenti industriali e abitativi per le relative maestranze operaie.
Gli interventi compiuti dall'ICP a Testaccio (1910-1913) consistono nella realizzazione di una serie di complessi di edilizia intensiva. Durante il corso degli anni '20, l'ICP avvia la realizzazione di case "economiche" destinate alla borghesia impiegatizia. Questi interventi si differenziano dalla tipologia "popolare" perché presentano un numero maggiore di vani, una migliore finitura architettonica dei prospetti e potevano essere ceduti in affitto o in proprietà. Un esempio è l'intervento denominato Appio I progettato intorno ad una corte chiusa accessibile da due grandi ingressi segnati da arcate che legano tra loro i diversi fabbricati. I prospetti sono caratterizzati dall'articolazione dei volumi in pianta e in alzato, con rientranze, logge, altane, comignoli e decorazioni. Altro esempio di complesso realizzato dall'ICP di carattere economico ed intensivo è Flaminio II. È costituito da tre grandi isolati a corte, di struttura complessa, che definiscono un sistema di corti, con spazi e percorsi di carattere urbano, in continuità tra interno ed esterno. Gli edifici sono posti a filo strada e il lotto coincide con l'isolato. È evidente la sperimentazione per trovare soluzioni tipologiche nuove a favore di una maggiore libertà compositiva nell'articolazione degli spazi interni e del rapporto tra strada e corte.
Nel 1920 si avvia la costruzione di Città Giardino Aniene e Borgata Giardino Garbatella con l'abbandono del modello fortemente urbano precedente. La prima fu realizzata dalla "Cooperativa Città Giardino Aniene"[5], con il compito di definire il quadro d'intervento per un quartiere destinato alla classe medio borghese dei dipendenti dei Ministeri e delle Ferrovie dello Stato. L'impianto urbanistico progettato da Giovannoni si ispira alle riflessioni di Ebenezer Howard sulle *garden cities*, ed è strutturato secondo due elementi principali: un sistema di servizi per i cittadini ed un grande parco. Il tessuto insediativo è caratterizzato da bassa densità e dalla tipologia edilizia dei villini con giardino di pertinenza e della palazzina. Nel rispetto della morfologia del territorio, il disegno a terra dell'impianto stradale è contraddistinto da tracciati prevalentemente curvilinei ed irregolari.

---
[5] Fusione dell'Unione Edilizia Nazionale e dell'Istituto Case Popolari.

La Borgata Giardino Garbatella, a differenza della Città Giardino Aniene, presenta una definizione urbanistica avvenuta per blocchi. Alla destinazione per case popolari del primo nucleo rivolte alla classe operaia, segue la costruzione di alloggi per la piccola borghesia impiegatizia, con un modello di edilizia che si avvicina a quello dei quartieri urbani [Insolera, 1962].

Negli anni '30 Roma vive una grande trasformazione urbana dovuta sia all'approvazione del nuovo piano regolatore del 1931 che prevede un'espansione edilizia a macchia d'olio sia agli sventramenti iniziati qualche anno prima, voluti dal Regime per risanare il centro storico. Gli abitanti delle zone "sventrate" insieme agli abitanti delle baracche che furono demolite perché raggiunte dall'espansione delle case signorili, vengono trasferiti in zone periferiche della città, dove si provvede a costruire per loro nuclei abitativi di prima necessità [Insolera, 1962]. Con queste premesse sorgono le borgate Prenestina, Teano, Primavalle, Tor Marancia, Gordiani, Pietralata. Questi interventi sono accomunati dal loro carattere estensivo, sono piccoli edifici realizzati con l'uso di sistemi di fabbricazione volto alla rapidità di esecuzione, utilizzo di materiali in funzione al massimo risparmio e su un luogo isolato dalla città dove è basso il costo del terreno [Villani, 2012]. Nello stesso periodo e per risolvere le stesse criticità, l'istituto avvia due diversi complessi Villa Pamphily e Val Melaina, realizzati tra il 1930-32. Le analogie localizzative e le mancanze infrastrutturali risultavano le stesse delle borgate estensive, ma le caratteristiche architettoniche e costruttive risultano antitetiche. L'IFACP[6] operò in conformità agli indirizzi dell'industria delle costruzioni del momento, ricorrendo allo schema della tipologia intensiva che oltre ad abbassare i costi di strade e servizi, permetteva di sfruttare le possibilità e i vantaggi economici offerti dalle acquisizioni tecnologiche e dai nuovi metodi costruttivi. Si tratta di due interventi dal forte carattere urbano che riprendono, seppur con caratteristiche tra loro differenti, sia la tematica della corte interna, vista nei primi anni del '900, come elemento di distribuzione ai diversi corpi scala e luogo di apertura visuale e funzionale alla città, sia la logica della compattezza e della concentrazione dell'edificato in complessi articolati e unitari. Nello specifico, la scelta del caso di studio ricade sul complesso "a corte" di Val Melaina I.

**Descrizione dell'intervento**

L'intervento progettuale che presentiamo è l'esito del lavoro di tesi di laurea[7] "Intervento di rigenerazione edilizia del complesso residenziale ICP Val Melaina I (Stalingrado)[8] a Roma", realizzato nell'ambito del Corso di Architettura Tecnica e Tipologie Edilizie e del Laboratorio "Strategie di progetto per la riqualificazione urbana, edilizia, ambientale ed energetica dell'area Tufello-Vigne Nuove" della Facoltà di Ingegneria Civile e Industriale di "Sapienza" Università di Roma.

L'intervento di densificazione si caratterizza per l'inserimento di residenze universitarie nei piani terra (e la delocalizzazione di alcuni alloggi in copertura) nel complesso di Val Melaina I, realizzato, come detto, a Roma negli anni '30. L'oggetto edilizio è composto da fabbricati a sette piani che insieme formano un'imponente unità abitativa per circa 2.500 persone, disposti a blocco chiuso lungo il perimetro del lotto a delimitare un ampio cortile interno.

Il complesso, in tutto 14 scale, riprende il tema del falansterio, unitario ed accentrato, sebbene la compattezza degli edifici e la loro regolarità coesistano con un interessante gioco di volumi offerto dalle soluzioni adottate dai corpiscala, innalzate a formare un sorte di "città turrita". Gli schemi distributivi degli alloggi di Val Melaina presentano cinque alloggi per corpo scala. Alcuni appartamenti, anche se piccoli, formati da una camera da letto (4m x 3,75m), una cucina (4m x 3,75m) e uno stretto

---

[6] L'Istituto Case Popolari con l'avvento del fascismo viene a trasformarsi in Istituto Fascista Autonomo per le Case Popolari.
[7] Relatore : Prof. Carlo Cecere ; Correlatore : PhD Lorenzo Diana ; Candidato : Tommaso Scrivano.
[8] L'intervento è localizzato tra Via di Valle Melaina, via Stampalia, via Scarpanto, via del Gran Paradiso.

locale per il bagno (distribuito da un corridoio che funge anche da ingresso) contengono l'alcova di cucina e il balcone. La scelta di dislocare i fabbricati in una zona non raggiunta dallo sviluppo urbano comportò l'impiego di spese ragguardevoli per fornire il quartiere dei servizi necessari. Gli articoli scritti da Guglielmo Ceroni su "Il Messaggero" pongono l'accento sulla logica speculativa con cui i promotori privati acquistarono nella zona limitrofa lotti dal costo esiguo. Nel suo libro, Ceroni [1942] descrive la costruzione come "sórta d'improvviso, senza che quasi se ne sospettasse la nascita imminente" oppure "sórta quasi improvvisamente, d'un tratto il Governatorato si è trovato di fronte alla necessità di provvedere ai bisogni di ben 3.000 abitanti". La scelta del caso di studio e la scelta del tipo di rigenerazione sono stati dei momenti centrali nella genesi del lavoro. Si è stabilito di intervenire sul complesso di Val Melaina in quanto complesso storico a media densità[9] e con una particolare conformazione a corte, paradigmatica di una determinata tipologia particolarmente diffusa nella prima metà del '900. Diversi, come abbiamo visto in precedenza, risultano i casi di ERP a Roma che possono essere ricondotti a questa tipologia a corte[10] e molti altri sono i casi degni di nota tra le iniziative delle Cooperative Operaie[11].

L'obiettivo è quello di proporre un intervento integrato che cerchi in prima istanza di rivalutare i caratteri storici, tipologici e formali di cui questi casi sono portatori. Tali caratteri rendono questi interventi assolutamente distinguibili nel panorama urbano dei quartieri in cui sono inseriti. Tali connotazioni, come nel caso di Val Melaina, generano un forte senso identitario capace di ergere tali complessi a icone storiche e che nel corso del tempo ha spesso preso di vigore. Garantire una rigenerazione con una riconfigurazione dei percorsi interni, una ristrutturazione dell'offerta in termini di tipi e numero di alloggi e un riavvicinamento alle prestazioni energetiche e strutturali dalle normative, permetterebbe un'attualizzazione del complessi, un rinnovamento del loro carico identitario e un loro riavvicinamento alle richieste della domanda abitativa contemporanea. In aggiunta, intervenire su tali complessi significa mettere le mani su brani di città consolidata con conseguenze dirette su contesti urbani densi e formati e con un forte tessuto sociale esistente. Il tema della "corte" risulta essere allo stesso modo interessante e decisivo per la scelta del sito di intervento. La corte di Val Melaina, ad oggi, rappresenta uno spazio poco valorizzato, chiuso e separato dal resto del quartiere. Se messo in relazione con la rete degli spazi pubblici adiacenti può rappresentare una grande opportunità. Rispetto agli altri interventi con corte interna visti in precedenza, Val Melaina presenta caratteri che la rendono più facilmente trasformabile tra i quali: la dimensione della corte, tale da consentire un ampio spazio di intervento; la forma dell'edificato stesso, tale da garantire una diversificazione interna tra uno spazio principale di natura pubblica e degli spazi privati di accesso alle scale. In una logica rigenerativa generale del complesso di Val Melaina, tra le diverse opzioni possibili, si è scelto di intervenire attraverso l'inserimento di residenze universitarie. Le ragioni di tale scelta sono state ampiamente dibattute e presentate nei paragrafi precedenti. A queste si aggiunge una motivazione relativa al contesto specifico, con l'estrema prossimità del fabbricato alla nuova fermata Metro B1 "Jonio". La presenza della fermata garantisce una connessione preferenziale tra alcune sedi dei principali atenei romani ed i quartieri di Montesacro e Val Melaina.

Questa importante novità, accresce il nostro convincimento della scelta dello studentato come strumento (e finalità) di rigenerazione. A persuaderci è stata anche l'osservazione dei processi che si sono sviluppati storicamente nella città di Roma nei quartieri con un alto tasso di popolazione

---

[9] Luca Reale [2008], nel suo libro definisce diversi "gruppi di densità" che possono essere così raccolti in base al valore di FAR (Floor Area Ratio): < 0,5 bassa densità; 0,5 – 1 media; 1 – 3 alta; > 3 altissima.

[10] Trionfale, Flaminio, Appio I, Donna Olimpia, Val Melaina I

[11] Si citano soprattutto gli interventi della Cooperativa Case Tranvieri nei quartieri San Giovanni (1908) e Pigneto (1936)

"studentesca". Una delle conseguenze immediate è spesso la ricaduta economica nella creazione di esercizi commerciali e servizi atti a soddisfare le esigenze di un particolare tipo di domanda.

La realizzazione di residenze universitarie dunque garantirebbe anche un rilancio per il commercio e le piccole attività locali. Nello specifico, il progetto di rigenerazione per il complesso Val Melaina I si propone il raggiungimento di molteplici obbiettivi su diversi piani: sociale, economico, ambientale ed energetico. Sul piano sociale si prevede la diversificazione dell'offerta abitativa allargandola a determinate fasce di utenza. Parallelamente alle residenze universitarie, elemento centrale e caratterizzante dell'intervento, la nuova offerta di alloggi, per taglio e conformazione, si rivolge a giovani coppie, anziani e famiglie monoparentali.

Altro elemento cardine è l'"apertura" della corte interna al contesto circostante tramite una proposta di integrazione tra esistente e nuova centralità urbana (fermata Metro Jonio). L'apertura della corte interna garantirebbe un ampliamento degli spazi pubblici fruibili dalla cittadinanza e un incentivo all'incontro. Sul piano economico, il possibile coinvolgimento di fondi privati nella realizzazione delle residenze universitarie, a fronte di un intervento (possibilmente a scomputo dei costi di costruzione) di riqualificazione dell'edificio ERP, potrebbe contenere le spese di gestione future per l'Azienda Pubblica. Un altro aspetto significativo sul fronte economico è relativo al rilancio dell'economia della piccola distribuzione attraverso la disponibilità di nuovi spazi nella nuova "corte pubblica". In tema ambientale e di risparmio energetico gli obiettivi prefissati sono: garantire sostenibilità ambientale al progetto, migliorandone il *comfort indoor* e *outdoor* e diminuendone gli sprechi energetici.

Per il raggiungimento di questi obiettivi, sono state messe in campo diverse proposte progettuali, presentate, per chiarezza di esposizione, in quattro punti (Figura 1). Punto Zero: riqualificazione della corte intera. Punto uno: interventi al piano terra che prevedono la riconfigurazione degli accessi al piano terra, la realizzazione delle residenze universitarie e la creazione di attività commerciali. Punto due: miglioramento della prestazione energetica dell'involucro tramite l'installazione di un cappotto interno per la correzione dei ponti termici e la sostituzione degli infissi obsoleti. Punto tre: costruzione di alloggi in copertura.

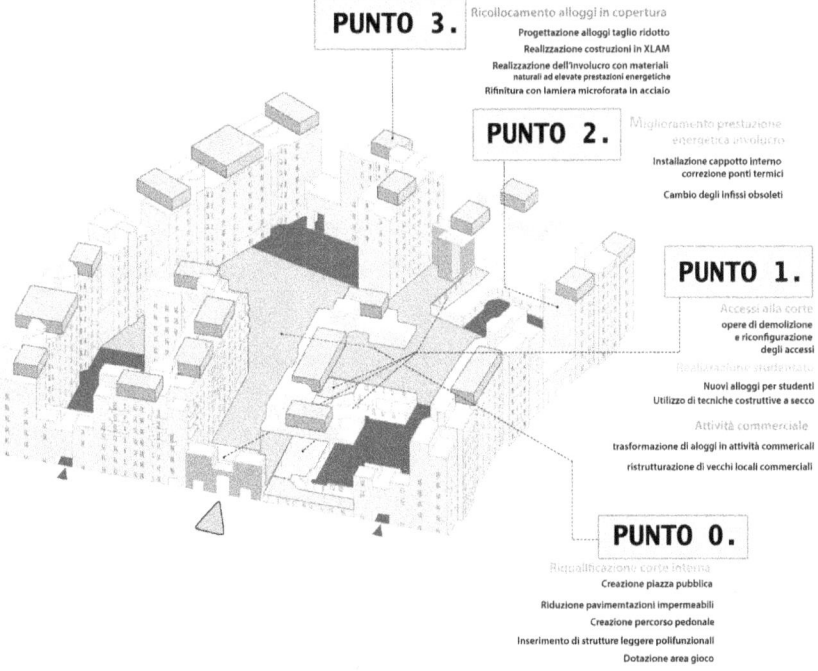

Figura 1. Schema complessivo dell'intervento.

*Intervento sulla corte interna* (Figura 2)
La corte di Val Melaina, ad oggi, rappresenta un luogo poco valorizzato, chiuso e separato dal resto del quartiere. Il progetto originario presentava cinque accessi: due situati lungo Via di Val Melaina, due su Via Scarpanto ed uno principale in posizione baricentrica del prospetto su Via Val Melaina che dava accesso al giardino interno. Al momento l'ingresso principale è sbarrato da un cancello a difesa di verande abusive. Questa situazione rende difficoltoso l'accesso alla corte interna in quanto i restanti quattro accessi presentano scalinate di raccordo tra la quota strada e la quota della corte. La volontà progettuale è quella di riabilitare l'ingresso principale, aprirne uno nuovo in Via Scarpanto (in prossimità della fermata Metro Jonio) dotandolo di ascensore esterno per abbattere le barriere architettoniche. I due nuovi ingressi saranno connessi da un percorso pedonale pubblico che si allargherà conformandosi come una vera e propria nuova piazza pubblica nel cuore della corte. L'innesto del nuovo percorso e la particolare configurazione del complesso, che presenta quattro bracci introflessi, aiutano a definire la gerarchia degli spazi: un percorso con la piazza pubblica e quattro giardini privati a gestione condominiale raggiungibili anche dai 4 ingressi laterali e protetti da un cancello per garantire uno spazio filtro tra lo spazio pubblico e le scale di accesso alle abitazioni.

*Interventi ai piani terra* (Figura 3)
Gli interventi che caratterizzano il punto 1 sono quelli che principalmente interesano il presente articolo in quanto si focalizzano in particolare sulla realizzazione delle residenze universitarie. La nuova conformazione e la nuova funzione parzialmente pubblica della corte ha suggerito la localizzazione delle residenze universitarie in adiacenza con il percorso pubblico principale seppur da questo schermate dalla presenza di aiuole e di un piccolo spazio pertinenziale. La realizzazione dello studentato sul percorso principale, al piano rialzato e al primo piano, presuppone un cambio parziale della destinazione d'uso che da esclusivamente residenziale viene trasformata in residenziale con servizi affini e commerciale. In aggiunta, gli alloggi originariamente ivi presenti non garantivano il rispetto dei canoni di salubrità, *comfort* ed accessibilità ai portatori di handicap al punto da necessitare un drastico ripensamento. Queste abitazioni, nella conformazione originaria, presentano grandi tagli, risultando sottoutilizzate, e con una sola esposizione, a sud o a nord a seconda degli orientamenti.

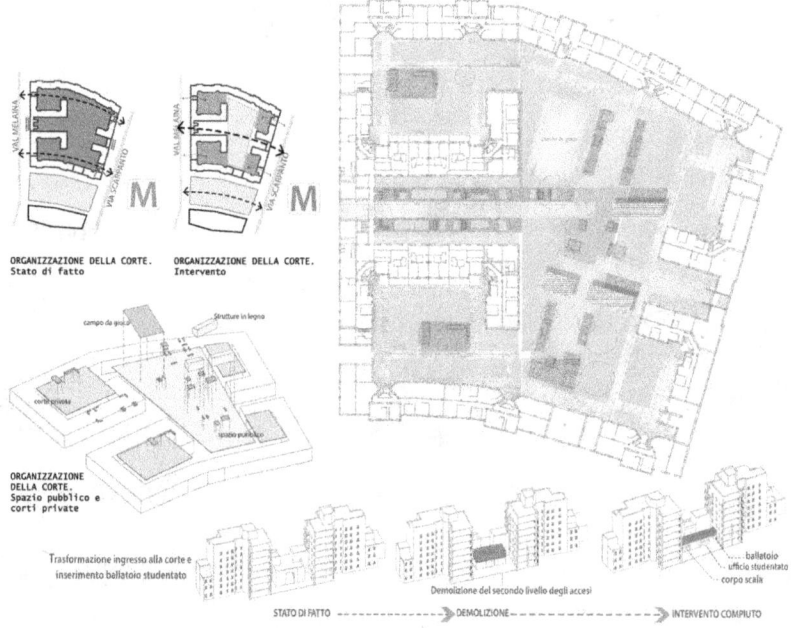

Figura 2. Punto 0. Interventi sulla corte interna

I nuovi alloggi per studenti si caratterizzano per un particolare sistema a doppio affaccio opposto e risultano accessibili direttamente dal viale centrale garantendone la diretta accessibilità anche ai portatori di handicap, superando l'originario ostacolo dovuto al piano rialzato. Anche gli alloggi delocalizzati in copertura, grazie ad un intervento sull'ascensore che prevede il rovesciamento dell'ingresso e la prosecuzione del vano corsa fino al piano della corte privata, risultano fruibili dall'utenza a mobilità ridotta. Sotto l'aspetto tipologico lo studentato si presenta come una ripetizione di "cellule abitative" semplici e di piccole dimensioni innestate su un asse distributivo principale. Il sistema distributivo inizia dall'ingresso principale posto in Via Val Melaina. L'ingresso originario è stato modificato, attraverso la demolizione del primo livello e l'inserimento di un ballatoio che potesse collegare i due corpi di fabbrica e ponendo nei volumi esistenti a terra il corpo scala. La possibilità di ingresso alle residenze universitarie dal viale principale è realizzabile grazie alla possibilità di aprire quattro varchi nel muro perimetrale dell'edificio. Il sistema costruttivo originario è del tipo travi e pilastri in calcestruzzo inseriti in una finta muratura portante in blocchi di tufo. Trattandosi di un edificio degli anni '30 e considerando il comportamento plastico delle strutture è presumibile che anche la muratura esterna porti una parte dei carichi dell'edifico, per questo motivo è prevista una cerchiatura dei nuovi vani muro con l'installazione di travi di acciaio per non rischiare alcun indebolimento del sistema portante. Lo spazio dello studentato è organizzato in 24 alloggi: 8 con un posto letto e 16 con due posti letto di cui 4 dedicati ai portatori di handicap. Il complesso di Val Melaina I presenta corpi di fabbrica poco profondi (10 mt.) per questa ragione le unità abitative sono pensate per la massima ottimizzazione degli spazi. I singoli alloggi presentano un blocco servizi centrale (bagno e cucina) che separa la zona giorno dalla zona notte (con posto letto e zona studio). A causa della carenza di spazi e data la natura dell'intervento, lo spazio giorno è concepito come una "prosecuzione del sistema distributivo" conferendogli un carattere semi-privato. Questo spazio è diviso dal corridoio da una parete mobile, che può rimanere chiusa quando non si usufruisce dell'alloggio oppure aperta, in diverse configurazioni quando si utilizza la zona girono. Questo escamotage produce un triplo effetto positivo: il primo percettivo, lo spazio fluido tra corridoio e zona giorno fa sembrare i locali più grandi; il secondo relazionale, si favorisce l'incontro tra gli studenti di alloggi adiacenti; il terzo ambientale,

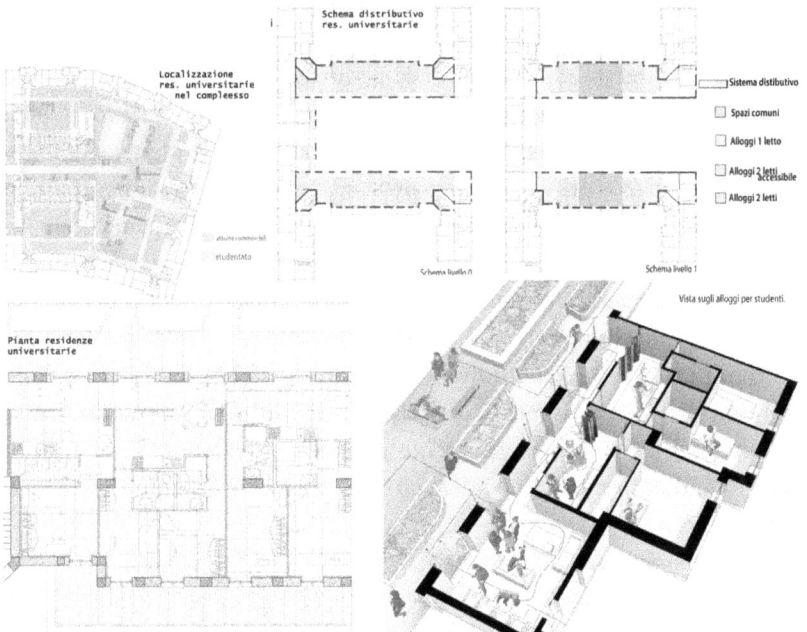

Figura 3. Punto 1. Interventi ai piani terra.

si garantisce in maniera indiretta un doppio affaccio agli alloggi. Tutte le unità abitative sono dotate di uno spazio esterno privato verso la corte interna, creato da un pavimento sopraelevato, che assolve anche la funzione di spazio pertinenziale agli alloggi evitando l'introspezione e garantendo un'adeguata privacy. I nuovi alloggi sono tutti isolati tanto da un punto di vista energetico che da un punto di vista acustico. Trattandosi di un intervento di riqualificazione si è tenuto conto dei vincoli esistenti. Il vincolo più significativo è rappresentato dalla facciata che, con le modanature, il ritmo serrato degli infissi e la presenza delle logge, rende di fatto impossibile l'installazione del cappotto esterno. La soluzione scelta è l'applicazione di uno strato di isolante interno alla muratura, formato da lastre in sughero. Si è condotta una verifica termo-igrometrica per scongiurare la formazione di condensa interstiziale. Il risultato positivo è stato ottenuto con l'utilizzo di spessori non elevati del materiale naturale altamente traspirante che oppone poca resistenza al passaggio di vapore. Il miglioramento dell'isolamento termico ed acustico delle strutture orizzontali è affidato alla posa sul solaio esistente di materassino isolante e massetto a secco che svolge un duplice effetto: aumento della resistenza termica e incremento del potere fonoassorbente. Per la riconfigurazione spaziale dei piani che ospitano gli alloggi degli studenti si sono utilizzate tecnologie "a secco", nella fattispecie cartongesso con isolante acustico interno, per ridurre i tempi di costruzione, facilitare future trasformazioni e ridurre al minimo il consumo di acqua in cantiere.

***Punto 2. Interventi sull'involucro***

Il punto 2 del programma di rigenerazione prevede il miglioramento delle prestazioni energetiche dell'involucro dell'edificio. Per individuare strategie adeguate per il raggiungimento di tale scopo si è condotto uno studio sulle caratteristiche dell'involucro e si è redatto un computo dei carichi termici invernali ed estivi. Si è calcolato l'indice Epi,inv (indice di prestazione invernale dell'involucro calcolato come somma dei carichi termici per trasmissione e per ventilazione, ai quali vengono scomputati gli apporti termici interni e solari positivi) ritenuto adeguato a descrivere le influenze della morfologia dell'edificio e dei materiali impiegati sulla richiesta energetica, senza riferimento alla prestazione degli impianti. Per conoscere al meglio le caratteristiche dell'involucro del complesso si sono condotte due diverse tipologie di indagine. La prima è stata condotta mediante l'acquisizione di immagini termografiche delle facciate. I risultati hanno confermato la presenza di ponti termici causati dalla struttura in cemento armato non isolata. La seconda tipologia di indagine è stata condotta attraverso l'utilizzo di un termo flussimetro, strumento atto alla diagnostica delle pareti opache, che rileva la trasmittanza termica della parete. L'indagine con il termo flussimetro è stata fondamentale anche per verificare che l'ipotesi della stratigrafia muraria, avanzata solo con fonti letterarie, fosse verosimile.

L'intervento energetico consiste principalmente nella sostituzione degli infissi esistenti con infissi a taglio termico e nella correzione dei ponti termici di solaio e pilastri. Per quantificare il miglioramento energetico raggiunto si è calcolato $Ep_{i,lim}$ (indice di prestazione energetica per la climatizzazione invernale basato su dati climatici e dati geometrici dell'edificio). Ponendo il rendimento degli impianti uguale ad 1 si può impostare l'equazione $Ep_{i,inv}=Ep_{i,lim}$ e verificare la classe energetica di appartenenza (il caso di studio presentato riporta come $Ep_{i,inv}=60,88 KWh/m^2a$ e come $Ep_{i,lim}=30,90$ $KWh/m^2a$ il rapporto di 1,97 corrisponde alla classe energetica F). Avanzando una simulazione dei carichi termici dopo gli interventi di adeguamento energetico il valore di Epi,inv scende a 29 $KWh/m^2a$ ed il rapporto tra indice prestazionale involucro ed indice di prestazione energetico scende a 0,97 collocando l'edificio in classe energetica C.

***Punto 3. Interventi in copertura*** (Figura 4)

Tra il piano terra e il primo piano sono stati liberati 24 alloggi di cui 16 trasformati in alloggi per studenti e 8 adibiti ad attività commerciali. Tutti i 24 alloggi sono stati posizionati in copertura occupando parte delle terrazze praticabili. Per adeguare l'offerta abitativa all'odierna domanda le nuove residenze sono state progettate con tagli più piccoli rispetto a quelle di origine. Dei 24 alloggi 10 sono di 73 mq destinati alle famiglie composte da tre o quattro persone; 18 alloggi sono destinati alla residenza di single o coppie e presentano due tagli da 43mq e 54 mq. Questi ultimi sono fruibili da ogni tipo di utenza indipendentemente dal grado di mobilità. Data la particolare configurazione del fabbricato di Val Melaina I, e la presenza di uno spazio pubblico al suo interno, si è studiata la migliore configurazione possibile da adottare per la collocazione degli alloggi in copertura. La configurazione scelta rispetta determinati obiettivi prefissati: tutti gli alloggi presentano due esposizioni di cui una verso Sud; tutte le residenze sono dotate di spazio privato adiacente; i nuovi volumi costruiti in copertura non peggiorano le condizioni di soleggiamento invernale degli alloggi esistenti e della corte interna e non sovraccaricano eccessivamente la struttura esistente. Gli spazi della residenza si sviluppano intorno al blocco servizi, la zona giorno e la zona notte presentano esposizioni verso Sud. Il sistema di aperture è stato progettato per favorire una ventilazione trasversale efficace, quando possibile si sono ridotte al minimo le aperture verso Nord e annullate quelle rivolte ad Ovest perché presentano problemi di schermatura nei mesi estivi. I nuovi alloggi sono stati costruiti con tecnologia a secco utilizzando pannelli di legno massiccio a strati incrociati (X-lam). I vantaggi dell'utilizzo della struttura in legno sono molteplici: velocità di esecuzione; favorevole rapporto tra peso proprio e resistenza strutturale; possibilità successiva di modificare, smontare e riutilizzare i manufatti. Staticamente le "unità abitative" sono state pensate con le quattro pareti laterali portanti formate da pannelli multistrato lamellare di abete (5 strati) dello spessore di 95mm, il solaio di copertura è costituito da cinque pennelli multistrato della stessa tipologia con spessore 144 mm che si appoggiano sulle pareti sottostanti. Ai pannelli in legno che svolgono funzione strutturale sono accoppiati strati di isolante in fibra di legno per ottenere un grado elevato di resistenza termica. L'utilizzo di struttura massiccia in legno garantisce una elevata massa superficiale dell'involucro favorendo il benessere indoor nei mesi estivi. Il solaio di base, realizzato sempre in pannelli X-lam, poggia su carpenteria metallica formata da travi del tipo He, questo permette di concentrare i carichi agenti delle sopraelevazioni in corrispondenza dei pilastri esistenti senza sovraccaricare i solai esistenti.

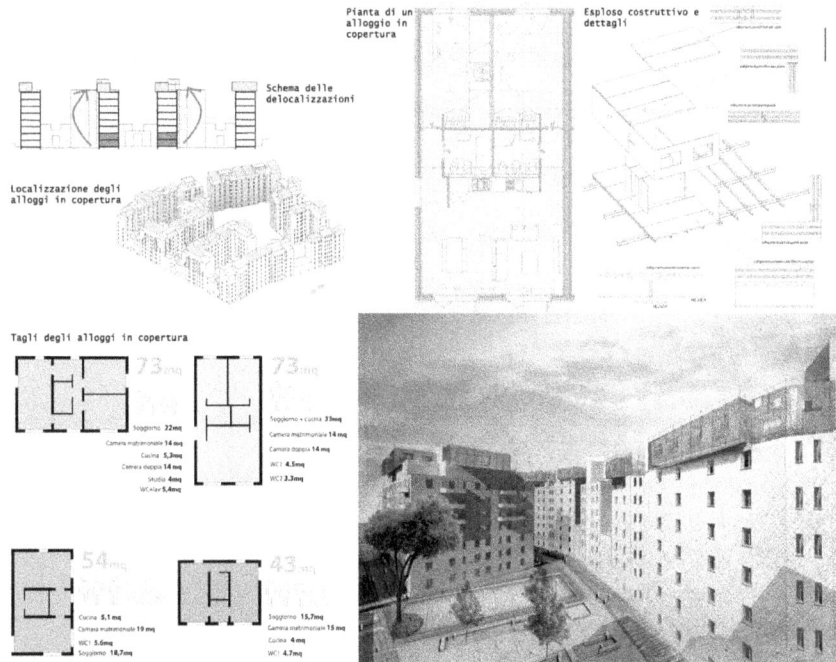

Figura 4. Punto 3. Interventi in copertura.

Sebbene le strutture in copertura siano state progettate per contenere al massimo i carichi agenti, è necessario un intervento di adeguamento della struttura esistente. L'obiettivo è incrementare la resistenza degli elementi verticali in condizioni di compressione centrata o in presenza di piccola eccentricità. Ipotizzando che il calcestruzzo impiegato nella realizzazione dell'edificio abbia i seguenti valori $R_{ck}$= 20N/mm$^2$ e $f_{cd}$=9.07N/mm$^2$ (valori forniti dai manuali tecnici dell'epoca), dopo l'analisi dei carichi si nota che i pilastri del piano terra e del primo piano subiscono una forza agente maggiore del valore di resistenza caratteristico ($f_{cd}$). L'intervento ipotizzato consiste nel confinamento dei pilastri del piano terra e primo piano tramite FRP (*Fiber Reinforced Polymers*): materiali compositi, costituiti da matrice polimerica con la quale viene impregnato un rinforzo in fibra continua con elevate capacità meccaniche. L'azione di confinamento diventa significativa nella fase di plasticizzazione, e quindi di fessurazione, dell'elemento rinforzato, a seguito della più vistosa dilatazione trasversale esibita da quest'ultimo.

## Conclusioni

Nel presente articolo si è presentata una metodologia di intervento su di un complesso di edilizia residenziale pubblica della prima metà del '900 con delle specifiche tipologiche comuni a molti interventi coevi. Nel dettaglio si tratta di un intervento di rigenerazione in cui diversi aspetti, materiali e immateriali, concorrono nella riuscita finale. L'edilizia universitaria si dimostra lo strumento fondamentale per avviare e attuare questo processo di rigenerazione. In questa commistione tra edilizia universitaria e rigenerazione dei complessi ERP sta l'elemento innovativo della metodologia operativa qui proposta. Come si è dimostrato per il caso del complesso di Val Melaina I a Roma, l'edilizia universitaria risulta l'elemento cardine della rigenerazione perché permette, soprattutto operando sui piani terra e sulle coperture, una diversificazione dell'offerta in termini funzionali e tipologici, permettendo una parallela risoluzione di alcuni aspetti negativi cronici di complessi così lontani nel tempo come l'accessibilità per i disabili, i consumi energetici e il comportamento strutturale. I principali vantaggi di un tale approccio integrato risiedono, per quanto riguarda la residenzialità universitaria, nella possibilità di localizzazione in aree centrali della città, spesso ben collegate con la rete dei trasporti pubblici, e nella possibilità di inserimento all'interno di contesti con un tessuto sociale consolidato. Dall'altro lato, per i complessi ERP interessati, i vantaggi risultano: la differenziazione dell'utenza secondo una logica di mixité sociale e generazionale, da sempre ritenuta necessaria per il rilancio dei complessi ERP, la diversificazione dell'offerta in termini di taglio e dimensione degli alloggi, la possibilità di interventi generalizzati di abbattimento delle barriere architettoniche, di riqualificazione energetica e riabilitazione strutturale.

## Riferimenti Bibliografici

AA.VV, [1953]. *Cinquant'anni di vita dell'Istituto per le Case popolari della provincia di Roma (1903 - 1953)*, Istituto per le case popolari, Roma

Ceroni, G. [1942]. *Roma nei suoi quartieri e nel suo suburbio*, Palombi, Roma

*Dichiarazione di Toledo. Sulla rigenerazione urbana integrata e il suo potenziale strategico per uno sviluppo urbano più intelligente, so¬stenibile e inclusivo nelle città europee.*

Insolera, I. [1962]. *Roma moderna. Un secolo di storia urbanistica*, Einaudi Roma

Musco, F.[2009]. *Rigenerazione urbana e sostenibilità*. Milano: Franco Angeli

Ranzini, A. [2014]. "I vuoti nell'edilizia. Le linee guida di intervento del Comune di Milano",pp 41-58, in Cognetti, F. *Vuoti a rendere. Progetti per la reinterpretazione e il riuso degli spazi nell'edilizia pubblica*, Q2 i quaderni di polisocial, Fondazione Politecnico di Milano, Milano

Reale, L. [2008]. *Densità, città, residenza. Tecniche di densificazione e strategie anti-sprawl*. Roma: Gangemi Editore

Villani, L. [2012]. *Le borgate del fascismo*, Ledizioni, Milano

# PROGRAMMARE RESIDENZE E SERVIZI PER STUDENTI FUORI SEDE: COME INTERCETTARE CORRETTAMENTE LA NUOVA DOMANDA

**Tiziana Ferrante**
Sapienza Università di Roma, Dipartimento di Pianificazione Design Tecnologia dell'Architettura
**Teresa Villani**
Sapienza Università di Roma, Dipartimento di Pianificazione Design Tecnologia dell'Architettura

## Parole chiave
Residenze per studenti universitari, Post Occupancy Evaluation

## *Abstract*
*The law 338/2000 regulating university residential housing has undoubtedly contributed to introducing innovative features in planning and designing, both at the urban and housing level.*

*The extent, certainly significant, of residential construction actions, often linked with other services, provided an opportunity for renovation of the urban structure. Two models are usually preferred in this process: the Anglo-Saxon derived campus, isolated and self-sufficient in terms of didactic and residential features, and the one integrated with the urban context and with services to citizens, most commonly adopted in Europe. These models consequently characterize complex solutions at the housing level.*

*The installment of a student community within the urban context affects this latter, since a student coming from other Regions interacts with the local population by bringing demands and economic relations with supporting services, social relations linked with leisure time, and cultural relations, because of his or her studies. It should not be overlooked that such demands are not constant, but always evolving, depending on age, and therefore reference requirement models for university housing are changed accordingly.*

*They change also because of economic factors: the increasing reduction in enrollments (6%), most of all in Southern faculties (29.2% this year, with respect to all freshmen), is to be noted. They also vary depending on where students come from: the increase in "migrations" from the South to the North amounts to 36.4%. It's a two-faced Italy, with different student profiles: one with financial resources allowing them to "leave home", sometimes moving abroad, to become independent and prepare to working life; the other instead forced to "migrate" because there is no suitable local faculty, or because the local economy would not grant them a future.*

*Therefore, new and different models have to be sought to reach a unified proposal that can meet both profiles' needs, giving them equal dignity, that is, not just a "dorm room", but most of all services.*

*In order to do this, as it was successfully implemented abroad (e.g. in United Kingdom, and the USA), POE (Post Occupancy Evaluation) methodologies should be applied, capable of addressing and interpreting the demand, with the purpose of using its data in planning and designing facilities.*

**Il quadro di riferimento** (*Tiziana Ferrante*)
Quali le connotazioni economiche, sociali e culturali della attuale popolazione universitaria e quali, di conseguenza, le sue aspettative per un suo inserimento in una società che, come noto, sta rapidamente cambiando ed il cui fenomeno sarebbe fuorviante, oltre che pericoloso, negare: solo da qui si può partire per delineare, per i cosiddetti *fuori sede*, le nuove e specifiche caratteristiche di un programma edilizio destinato a realizzare *residenze e servizi* che agevolino, invece che penalizzare, il non facile iter che uno studente affronta per acquisire strumenti e competenze oggi più che mai necessarie per accedere al mercato del lavoro.

Si registra infatti: una diminuzione delle immatricolazioni dovuta ad una minore fiducia che una laurea garantisca maggiormente, o prima, un posto di lavoro; conseguentemente, una minore attenzione per le lauree triennali; migrazioni interne (dal Sud al Nord) alla ricerca di contesti economici più promettenti per una futura occupazione; uno spostamento di interesse verso corsi di laurea che offrono competenze più richieste dal mercato; con le stesse finalità (con l'aggiunta di una maggiore padronanza delle lingue) si registra infine una migrazione verso l'estero, soprattutto il Regno Unito oggi peraltro resa più complessa e costosa con la sua uscita dall'Unione Europea.

Tutto questo costituisce il segnale e la riprova che lo *studente tipo* (come lo si è immaginato finora) è cambiato. A fronte di quanto registrato, i singoli Atenei hanno risposto cercando di migliorare il proprio *appeal*: abbassando le tasse di iscrizione, modificando il panel dei corsi di laurea, ricalibrando alcune connotazioni dell'offerta didattica.

Rispondono anche (e qui si introduce il tema oggetto di questo saggio) con una migliore offerta della residenzialità per i fuori sede; residenzialità che, per quanto detto finora, deve "*saldare*" insieme residenze & servizi se vuole "*accogliere*" gli studenti rispettandone la dignità e interpretarne nel loro complesso le nuove ed articolate esigenze; in altri termini: inserirli nel proprio tessuto economico e sociale piuttosto che tenerli ai margini.

Entrando ora nello specifico del tema da trattare, il patrimonio residenziale universitario dovrà diventare sempre più funzionale, non solo a tutelare il diritto allo studio e migliorare la qualità della vita studentesca, ma ad accrescere la competitività di un Ateneo, anche a livello internazionale, in ragione della crescente mobilità di giovani italiani e stranieri.

La quantità e qualità dei servizi di supporto al percorso di studi (tra cui il binomio *residenza & servizi* assume sempre più un ruolo fondamentale) diventeranno indicatori privilegiati nell'ambito di convenzioni internazionali e scambi culturali. Per questo è necessario perseguire nei prossimi anni una decisa azione di riduzione del gap che separa l'Italia da altri Paesi, non solo in termini "*numerici*", ma anche in termini "*di qualità*".

Attualmente nel nostro Paese l'offerta abitativa "istituzionale" (articolata in residenze messe a disposizione da organismi regionali per il diritto allo studio, posti letto gestiti direttamente dagli Atenei e dai collegi statali e quelli non statali legalmente riconosciuti) soddisfa poco più del 10% dei circa 660mila studenti fuori sede di cui 60mila stranieri. Sebbene negli ultimi dieci anni i posti letto siano aumentati di oltre il 30%, anche per effetto del cofinanziamento ministeriale previsto dalla legge 338/2000, l'incremento ha interessato prevalentemente quelli a gestione regionale, distribuendosi però in maniera disomogenea nelle diverse realtà territoriali: significativo nel nord Italia (+60%); contenuto nel centro (+ 30%); poco rilevante nel sud.

Questo incide negativamente anche sulla contrazione dei numeri degli iscritti (al Sud è del 30%, al Nord è solo del 3%) [Finocchietti 2015]. Si viene così a determinare una disparità geografica alimentata anche dalla crisi economica.

Infatti la scelta iniziale fatta in condizioni di difficoltà economica (e di maggiore incertezza nel futuro) ha comportato cambiamenti radicali: in alcuni casi gli studenti del sud hanno preferito attuare una "*strategia per la sopravvivenza*" scegliendo un Ateneo che permettesse di studiare in sede o da pendolari, nonostante le aspirazioni diverse.

In casi più privilegiati gli studenti hanno attuato una "*strategia del successo*" finalizzata alla ricerca di migliori prospettive attraverso l'investimento di risorse economiche delle famiglie.

Questo contribuisce a spiegare perché in questi anni la riduzione delle immatricolazioni ha riguardato in maniera differente i percorsi disciplinari e le sedi di studio, o perché è cresciuta la cosiddetta "emigrazione per studio" dal Sud al Centro-Nord.

Spiega infine anche perché studiare da pendolare sia la condizione prevalente tra i frequentanti (circa 51%); l'incremento del pendolarismo è stato incentivato inoltre dalla maggiore diffusione sul territorio delle sedi formative e l'esigenza di studenti che, per specifiche condizioni economiche, debbono lavorare e quindi scelgono di non trasferirsi [Finocchietti 2015]. Ma anche sulle diverse condizioni abitative (in sede, pendolari e fuori sede) degli studenti si rileva una notevole disparità sul territorio nazionale.

Il Nord-est si caratterizza per una quota superiore alla media di studenti "fuori sede" riconducibile a città sede di Università con una forte capacità di attrarre studenti, oltre che da una buona offerta di alloggi da parte degli organismi per il Diritto alla Studio Universitario.

Una presenza superiore alla media di studenti pendolari si registra anche al Sud; soprattutto in Campania e in Puglia, caratterizzate da grandi poli formativi con più istituzioni che hanno un bacino di reclutamento territorialmente vasto e numericamente elevato. Nelle altre regioni del Sud, invece, la percentuale di fuori sede aumenta in quanto caratterizzate da un'offerta formativa concentrata in un numero limitato di città di dimensioni medio-piccole e per l'assenza di reti locali di trasporto adeguate a sostenere un diffuso pendolarismo.

Nel Centro si registra una quota di studenti in sede superiore alla media: risultato determinato da Roma per la sua ampia offerta formativa. La quota più alta di questi ultimi si registra nel Nord ovest e nel Sud per ragioni sociali opposte; nel primo caso, la presenza di grandi città e di grandi Atenei con una ampia offerta formativa favorisce la possibilità di studiare restando in famiglia; nel secondo, il fenomeno del pendolarismo causato da condizioni economiche svantaggiate.

Valori superiori alla media di studenti che vivono "fuori casa" si rivelano nel Nord-est e nelle isole; nel primo caso, per l'elevata presenza di città e Atenei attrattivi e la buona disponibilità di alloggi studenteschi; nel secondo per la presenza di pochi grandi Atenei e da un minor sviluppo della rete locale di trasporti. Si rafforza così la necessità di trasferirsi nella città sede di studio, condividendo gli appartamenti a causa della limitata offerta di alloggi del DSU.

In estrema sintesi: al Sud una quota più bassa di studenti che abitano in alloggi universitari; le quote più alte sono presenti nel Nord, in particolare nel Nord-est. Da una prima valutazione dei modi di abitare degli studenti si rileva che la soddisfazione dei fuori sede è medio-bassa, soprattutto da parte di coloro che vivono in appartamenti condivisi con altri.

La valutazione negativa è più alta della media anche per gli studenti alloggiati in strutture collettive quali le case dello studente; la valutazione per le differenti tipologie di alloggio non appare comunque legata all'età degli studenti nonostante cambino, nel farsi adulti, esigenze ed aspettative.

Sempre per rimarcare la differenza geografica in termini di opportunità: il progetto di continuare gli studi dopo la laurea è meno diffuso nelle università del Nord e tende a crescere – soprattutto nella forma di studio&lavoro - fra gli studenti dell'Italia centromeridionale; è evidente l'influenza delle caratteristiche e delle condizioni del mercato del lavoro.

Gli studenti "fuori casa" - soprattutto quelli che vivono in alloggi universitari - mostrano maggiore propensione a proseguire gli studi e anche una più ampia tendenza a proseguirli a tempo pieno. Per concludere: il Sud rinuncia ad oltre un quarto del suo capitale umano a favore del Nord, rinunciando ad una parte del proprio sviluppo economico; chi si laurea al Nord trova lavoro prima (dopo un anno il 74% contro il 53% del Sud) e guadagna come primo stipendio oltre 200 euro in più [dati Almalaurea 2015]; la migrazione quindi continua anche dopo la laurea.

Non solo al Nord ma anche all'estero: anche qui si registra uno squilibrio territoriale dal momento che gli studenti che frequentano in Atenei del Nord ovest e del Nord est presentano una percentuale di mobilità del 75%, mentre nelle ripartizione del Sud il dato si attesta sul 45%.

Il quadro fin qui delineato consente ora di "entrare" con maggior consapevolezza nel tema della residenzialità studentesca cercando di interpretarne con la maggiore puntualità possibile le "nuove ed articolate" connotazioni: va però ricordato che fino ad ora sono state soddisfatte in termini molto parziali anche le "vecchie" (e sicuramente ben note) connotazioni.

I cambiamenti nei modi di abitare da studenti "fuori sede" sono riferiti prevalentemente a fattori di tipo socio-economico delle famiglie di provenienza: si registra un aumento degli studenti che, sebbene frequentanti, svolgono lavori temporanei; inoltre i cambiamenti nelle modalità didattiche che richiedono momenti di condivisione e - di conseguenza - dei modi diversi di frequentare i corsi. Tutto questo comporta mutamenti nella residenzialità e sottolineano ancora una volta la necessità di servizi; questo comporta quindi una maggiore attenzione agli effetti "positivi" per una maggiore integrazione servizi-alloggi tra cui: l'aumento della coesione sociale; l'interscambio culturale; il potenziamento del senso di appartenenza al gruppo/Ateneo; il contenimento delle spese di gestione; il miglioramento della sicurezza; l'evoluzione delle residenze come organismo aperto per soddisfare non solo le esigenze degli studenti, ma della comunità del contesto; l'interazione studenti/città, ma anche città/studenti con servizi aperti ai cittadini per attività collettive di interesse generale, servizi di utilità sociale, etc. Quando in precedenza si è fatto esplicito riferimento al fatto che anche le vecchie (e ben note) esigenze dello studente fuori sede sono state finora soddisfatte solo parzialmente si intendeva sottolineare un punto. Quale che sia la connotazione economica e sociale di uno studente che si trasferisce (e quindi senza nascondersi dietro di essa) due cose debbono essere chiare: la prima è che *è costretto* a trasferirsi perché nell'arco di 80/100 km da casa propria (distanza che permetterebbe un seppur faticoso pendolarismo) non c'è possibilità di poter studiare; la seconda, e più importante: da 18 a 24 anni taglia ogni ponte (familiare, affettivo, sentimentale, culturale, sociale, politico, ecc..) con il contesto (peraltro ben adeguatamente connotato e conosciuto) nel quale è nato ed ha vissuto per 18 anni, magari facendo anche progetti e programmi per gli anni successivi.

Ne discendono due considerazioni: la prima con "*cosa*" si sostituisce "*quanto*" è stato costretto a lasciare? Con un letto in camera doppia pagato in nero ad una signora anziana costretta a integrare la esigua pensione? Con una "*emarginazione*" in un tessuto sociale che non conosce e nel quale è costretto per pagarsi gli studi a fare il cameriere oppure il dog sitter? La seconda: da 18 a 24 anni lo studente matura culturalmente e politicamente; modifica il proprio rapporto con gli altri e con la società; mutano le sue aspirazioni e prospettive: ma cosa accade se non si forniscono servizi, particolarmente articolati in funzione di tale oggettiva (ed auspicabile) crescita?

Quindi: la programmazione delle residenze per studenti deve opportunamente riferirsi ad un'utenza non solo disomogenea ma, soprattutto, in continua e rapida mutazione rispetto ai modelli esigenziali di riferimento. In conclusione, a fronte di tale realtà, una vita fuori casa, fuori sede, comporta l'intercettazione di nuovi bisogni per i quali diventa fondamentale la priorità della dimensione collettiva e dei servizi (le funzioni essenziali dell'abitare devono integrarsi con quelle collettive e sociali).

**La Post Occupancy Evaluation** (*Tiziana Ferrante*)
Una volta "*intercettata correttamente la nuova domanda*" (per rifarsi al titolo di questo contributo), bisogna quindi elaborare linee guida del tutto adeguate a progettare e realizzare residenze & servizi in

grado di soddisfarla. Ma il termine "*correttamente*" postula, oggettivamente, una serie di verifiche per essere del tutto sicuri che le linee guida traducano altrettanto "*correttamente*" la domanda intercettata in input progettuali.

Verifiche che consistono nell'acquisire un giudizio quali-quantitativo sugli spazi da parte di chi ha avuto, per un periodo abbastanza lungo e sicuramente connotato da cambiamenti, la possibilità di fruirli. Verifiche di sicuro non difficili da effettuare (sia su studenti che su neo-laureati che, in quanto ormai usciti dall'Ateneo, è più facile che rispondano con maggiore sincerità e con un bilancio più completo dell'esperienza vissuta) attraverso test, questionari (magari anonimi), incontri.

Fra queste verifiche sembra di sicuro interesse, in termini di attendibilità, la *Post Occupancy Evaluation* (POE) già utilizzata in altri contesti all'estero, quale strumento flessibile per misurare la soddisfazione dei fruitori di edifici nel tempo successivo all'occupazione e valutare l'efficacia delle scelte progettuali in relazione ai modi d'uso degli spazi; questa potrebbe essere finalizzata alla definizione di nuovi criteri e parametri di progettazione attraverso la verifica dell'attendibilità nell'intercettazione delle nuove esigenze in quanto i fruitori degli edifici sono direttamente coinvolti nel processo di valutazione.

Si tratta, in altri termini, di "*un processo sistematico di valutazione delle prestazioni degli edifici dopo che sono stati costruiti e occupati per un periodo di tempo*" [Preiser et al. 1988]. Le POE rappresentano uno strumento poliedrico e affidabile tramite cui desumere "risposte" da edifici realizzati, mirate sia alla conoscenza del funzionamento dell'organismo edilizio, sia a come gli utenti sono influenzati da esso [Ferrante 2013a e 2013b].

Il metodo si è evoluto, dal 1960 ad oggi, riuscendo a riempire un vuoto nel processo edilizio, inserendosi potenzialmente nelle diverse fasi e completandolo, dopo la fase di realizzazione, con la fase di occupazione [Ilesanmi 2010].

Metodologicamente la *Post-Occupancy Evaluation* si articola in tre step:
- in fase di programmazione selezionare i livelli di valutazione differenti per impegno, costo, tempi di conduzione e possibilità di esportare i risultati ottenuti;
- attuare la ricerca sul campo e l'analisi dei dati raccolti, elaborarne gli esiti per tradurli in input per la progettazione;
- valutare l'efficacia delle soluzioni proposte, una volta realizzate.

In tempi contenuti è possibile condurre una valutazione "*indicativa*" [Preiser e Vischer 2004] finalizzata ad un giudizio di massima sulla qualità dell'edificio, ad identificare i punti di forza e di criticità più evidenti e a ricavare indicazioni per le indagini successive.

In seguito spesso si procede ad una POE di tipo "*investigativo*" per arrivare a formulare un giudizio più articolato, arricchendo la quantità e la qualità dei dati raccolti con strumenti diversificati, delineando il rapporto di causa ed effetto rispetto ai problemi emersi e coinvolgendo i fruitori nella scelta di soluzioni migliorative. L'ultimo step è la fase più propriamente "*diagnostica*" i cui risultati possono diventare un riferimento per la riqualificazione o la costruzione di nuovi edifici, ottenendo così ricadute economiche positive nel lungo periodo. Scelto opportunamente il livello di approfondimento è necessario selezionare gli aspetti della struttura oggetto di analisi.

Le performance da valutare possono essere di tipo tecnico (comfort termoigrometrico, acustico, illuminazione, etc.), funzionale (organizzazione degli spazi, adeguatezza degli arredi, wayfinding, etc.) e comportamentale (aspetti sociologici e psicologici legati alla percezione dello spazio, al comfort, al gradimento complessivo per la struttura, ai riflessi sulla socializzazione).

Le tecniche di indagine sono estremamente variabili e non esiste un'unica modalità per condurre una POE, ma si bilanciano metodologie di analisi quantitativa e qualitativa attraverso un approccio integrato. Nonostante i numerosi vantaggi legati all'applicazione della POE, permangono resistenze culturali che ne impediscono una piena diffusione.

Infatti la valutazione dei livelli di soddisfazione degli utenti risulta poco gradita ai progettisti, è considerata troppo lunga e dai costi difficilmente attribuibili a specifici attori del processo edilizio. Molto spesso viene sostituita da altri metodi escludendo però così i reali utilizzatori [Vischer 2007]. Un'ulteriore difficoltà di diffusione è data dalla specificità dei risultati ottenuti, che riferiti ad un singolo edificio, non consentono di replicare in modo automatico le logiche migliorative adottate.
Ma la specificità ne rappresenta anche il punto di forza. Infatti, come si vedrà per le POE applicate alle residenze universitarie, l'analisi condotta dai fruitori di un determinato spazio può assumere forme molto diverse in relazione alla tipologia dello spazio.
Infatti le peculiarità rilevanti nella descrizione del rapporto uomo-ambiente sono molto differenti da caso a caso; riescono quindi a cogliere aspetti per nulla secondari, riferiti al profilo socio-demografico degli abitanti, alla cultura di appartenenza, agli stili di vita, etc. consentendo di controllare quanto la progettazione sia stata in grado di prefigurare *ex ante* tali connotazioni.
Una esclusiva potenzialità delle POE risiede infine nell'analizzare il rapporto tra le caratteristiche degli occupanti e le scelte progettuali che le analisi POE dello spazio hanno evidenziato come critiche. Si possono così formulare nuove ipotesi sul rapporto che gli occupanti instaurano con lo spazio progettato e si creano i presupposti per una valutazione delle *performace* degli edifici che includa l'apporto di diversi saperi per contribuire ad una progettazione più sensibile alla "domanda" dei suoi destinatari e faccia dell'interdisciplinarità (scienze sociali, psicologiche, ecc.) un ulteriore punto di forza. Le metodologie POE possono infatti rappresentare un auspicabile terreno di collaborazione e dialogo, progettando insieme procedure valutative capaci di intercettare scenari articolati e in divenire; un'efficace occasione di "*apprendimento*" attraverso cui si contribuisce ad arricchire quel patrimonio di conoscenze orientato a ridurre il divario tra quanto progettato e quanto realmente percepito dai fruitori. Così l'*output* di una valutazione post-occupativa può rappresentare l'*input* per i processi progettuali futuri. La POE intesa come apprendimento offre, infine, la possibilità di dialogo diretto fra progettisti e gestori/utenti.
Tornando al tema specifico: per attirare (e trattenere) gli studenti, gli Atenei si trovano a fronteggiare un aumento della domanda abitativa e a dover fornire opzioni di alloggi in grado di soddisfare le nuove aspettative.
Con il contributo di alcuni studi condotti proprio sulle preferenze e i bisogni da soddisfare negli *students' housing* e dei servizi da garantire [Foubert et al. 1998; La Roche et al. 2010] è possibile individuare gli aspetti che incidono maggiormente sul gradimento e sui quali avviare indagini specifiche supportate dall'applicazione delle metodologie POE. In alcuni casi è stata dimostrata la stretta relazione che sussiste tra l'organizzazione degli spazi residenziali e l'apprendimento e lo sviluppo intellettivo degli studenti universitari [Amole 2009] e il ruolo che alcuni ambienti svolgono nel favorire relazioni e amicizie [Najib, Yusof e Osman, 2011].
La qualità degli spazi è quindi parte integrante dell'esperienza formativa nel suo complesso. Essa inoltre stabilisce il senso di appartenenza, indispensabile per mantenere gli studenti altamente motivati allo studio; pertanto tutti gli studenti hanno il diritto ad un ambiente di apprendimento caratterizzato da un elevato livello qualitativo [Abend et al. 2006]. Così la forte correlazione che esiste tra la soddisfazione degli alloggi, l'efficienza e la produttività degli studenti spinge verso la necessità di valutare le prestazioni degli spazi [Amole 2009]; ciò è possibile con le POE, strumenti efficaci per migliorare l'offerta, in grado di stabilire "best practice", evidenziare "lezioni apprese" evitando che si ripetano errori di progettazione [Alborz e Berardi 2015]. I vantaggi delle POE, applicate nello specifico alle residenze per studenti, aiutano a comprendere se l'edificio soddisfa le loro esigenze, suggeriscono modi per ridurre un eventuale disagio, contribuiscono a fornire quei feedback utili alle diverse parti interessate (progettisti, *designer*, *facility manager*, amministratori).

Il beneficio più importante di tali strumentazioni è il miglioramento continuo della qualità attraverso il controllo delle prestazioni in particolari ambiti in cui l'organizzazione funzionale e ambientale è supportata da standard consolidati e da tipologie riconoscibili e replicabili come quello delle residenze universitarie. Negli studi effettuati sulle applicazioni delle metodologie POE alle residenze studentesche in uso da almeno 2-10 anni, le valutazioni più ricorrenti hanno riguardato ambiti misurabili; non mancano comunque applicazioni in cui sono stati valutati aspetti generali come la qualità del design (aspetto), la configurazione del layout, l'arredabilità, l'accessibilità, la privacy e l'affollamento, la vicinanza con le strutture didattiche e i maggiori punti di attrattività per i giovani, i servizi erogati (navetta per gli spostamenti, mensa, lavanderia, parcheggi, centri per il culto e sale di preghiera, impianti sportivi, punti vendita, centro di primo soccorso), fino ai fattori gestionali (regole e tariffe di soggiorno, modalità di utilizzo, stato manutentivo, etc.).
I livelli di approfondimento delle valutazioni sono eterogenei e scelti in relazione ai diversi obiettivi.

**Applicazione delle metodologie POE alle residenze universitarie: casi di studio** (*Teresa Villani*)
Per avere un quadro più completo e maggiormente critico si è deliberatamente scelto di analizzare casi di studio molto diversi fra loro e sufficientemente lontani da esperienze nazionali (Nigeria, Arabia Saudita, Texas, Qatar), in contesti geografici e culturali molto diversi per dimostrare le differenti modalità di interpretare il metodo.
I casi studio, esemplificativi delle procedure POE, riflettono due approcci: a) legato alla valutazione delle *building performance*; b) orientato alla valutazione degli aspetti psicologici e sociali, riconoscendo in questa particolare tipologia edilizia, la necessità di condurre indagini sia di tipo quantitativo che qualitativo per meglio intercettare la domanda di spazi e servizi.
La valutazione delle residenze di Obafemi Awolowo Hall of Residence Ile-Ife, Nigeria [Akinluyi 2013] è iniziata nel 2012 ed è durata circa un anno: lo studentato, in esercizio dal 1967, ospita soggetti di sesso maschile e si compone di 8 volumi di tre piani per un totale di 750 posti alloggio; le camere, progettate per ospitare 3 studenti, ne hanno nel tempo ospitati fino a 4, creando problemi di affollamento. Per adeguare l'edificio alle nuove esigenze, i gestori hanno commissionato una valutazione POE per misurare la percezione/soddisfazione degli studenti e determinare una priorità di interventi. Gli obiettivi hanno riguardato: l'esame delle caratteristiche socio-economiche degli studenti; la rilevazione dei modi d'uso in relazione alle caratteristiche degli spazi; la valutazione della qualità degli alloggi e dei servizi.
La valutazione di livello "*indicativo*" [Preiser e Vischer 2004] è stata condotta mediante un "questionario strutturato" somministrato a circa 75 studenti (oltre che interviste ai gestori): gli aspetti di primaria importanza per la vivibilità degli alloggi, le questioni di tipo ambientale e lo stato di manutenzione. Gli aspetti socio-economici (età, studi effettuati, religione, etnia, mezzi di finanziamento per gli studi) hanno richiesto specifici strumenti di elaborazione statistica.
Per valutare il modello d'uso degli spazi sono stati utilizzati indicatori di gradimento quali: numero di studenti per camera, loro dimensioni, tipo di arredi, facilità di movimento interno, livello di privacy fornito dalla camera, livelli di comfort, di ventilazione e di luce naturale; per la valutazione dei servizi il questionario faceva riferimento a standard qualitativi di base come il funzionamento degli impianti, la pulizia e smaltimento rifiuti, la manutenzione, il parcheggio, i servizi di trasporto.
I risultati hanno denunciato: insoddisfazione sulla configurazione della camera; scarsa adattabilità degli arredi alle nuove tecnologie informatiche; mancanza di spazi dove disporre i propri bagagli e le proprie dotazioni; assenza di privacy.
Le osservazioni raccolte riferiscono inoltre di una offerta minima di spazi di socializzazione, tanto da adibire a questo scopo gli spazi esterni, sebbene non adeguatamente protetti dalle condizioni

ambientali; nell'ambito dei servizi gli studenti rilevano insoddisfazione per la manutenzione e la pulizia. Tutti i dati qualitativi e quantitativi sono stati elaborati e hanno prodotto un insieme di raccomandazioni per gli interventi di riqualificazione:
- riduzione del numero dei posti letto e monitoraggio del loro corretto uso; ripensamento della distribuzione interna aumentando la dimensione delle camere e la presenza di punti di socializzazione, incidendo positivamente sulla facilità di movimento, sul sovraffollamento, ma anche sulla privacy e sui livelli di ventilazione e luce naturale;
- migliorare i servizi di base già presenti e programmare l'erogazione di servizi integrativi.

In conclusione le insoddisfazioni emerse evidenziano il superamento della tipologia edilizia a "dormitorio", a favore di nuovi interventi più assimilabili all'impianto del campus di derivazione anglosassone e nordamericana.

La valutazione delle strutture abitative per studenti all'interno di un campus, nella provincia orientale dell'Arabia Saudita, si inserisce in un programma governativo finalizzato a migliorare la qualità delle costruzioni nell'intera nazione [Sanni-Anibire e Hassanain, 2016].

La scelta delle case per studenti è stata influenzata dalla volontà di migliorare ed accelerare i percorsi formativi; al momento della valutazione (2014) la struttura, di circa 6800 posti, era stata utilizzata da 5 anni; le residenze sono realizzate in volumi con 26 camere biletto per ogni piano.

La struttura prevedeva un ampliamento e i risultati della valutazione sono serviti a rivisitare il progetto per un suo adeguamento. La valutazione è stata "*investigativa*" [Preiser e Vischer 2004] e si è avvalsa di più strumenti (questionari, *focus group*, interviste) integrati da sopralluoghi condotti su un campione ristretto di 3 edifici. Per garantire la chiarezza del questionario è stato somministrato in via sperimentale ad un gruppo di studenti di architettura, per poi estenderlo ad un più elevato numero statisticamente significativo di occupanti che aveva trascorso almeno un anno nella struttura; parallelamente alla rilevazione delle *performance* degli edifici sono stati condotti *focus group* per intercettare dati qualitativi. Gli indicatori presi in esame: qualità architettonica, percezione dall'esterno, layout, attributi spaziali (forma, dimensioni, posizione, relazioni tra gli ambienti, ecc.), oltre al comfort acustico e termico e la qualità dell'aria. Una sezione (molto significativa rispetto alla soddisfazione degli studenti) è dedicata ai numerosi servizi di supporto presenti all'interno della struttura (impianti sportivi, luoghi di culto, mensa, punti ristoro, centro medico, biblioteca, lavanderia, navetta per i trasporti).

I risultati dimostrano un livello alto di soddisfazione, con qualche criticità rispetto alla dimensione delle camere, la qualità degli arredi e la vicinanza degli alloggi ai punti mensa; la vicinanza con i luoghi di culto (indicatore sensibile) è risultata ampiamente soddisfatta.

Tali risultati sono stati confermati dai dati qualitativi dei *focus group* che ha invece sottolineato che gli arredi risultano troppo ingombranti per cui impediscono una loro disposizione personalizzabile. Sono stati valutati con livelli intermedi di soddisfazione la qualità del sistema di sicurezza degli ambienti, la custodia degli oggetti personali, i servizi di supporto alle persone disabili.

Profonda insoddisfazione invece per l'assenza di acqua potabile, per l'impossibilità di personalizzare le condizioni di comfort termico all'interno della camera e per l'eccessivo rumore prodotto dagli impianti. Tutti i dati raccolti sono stati convertiti in suggerimenti per la progettazione e gestione degli altri edifici oggetto dell'ampliamento come: migliorare il servizio di manutenzione e pulizia; riconfigurare le camere facendo attenzione alla flessibilità dell'arredo; isolare acusticamente gli impianti di condizionamento; rendere indipendente il controllo del microclima delle camere; agire sulla disponibilità e il controllo dell'acqua potabile.

Questa esperienza risulta significativa perché dimostra, in quanto applicata ad una struttura in corso di completamento, che attraverso l'applicazione della metodologia POE si può arrivare ad un miglioramento continuo della qualità.

Inoltre, dimostra la sinergia tra la valutazione di aspetti prettamente legati alle *performance* degli edifici e le connotazioni qualitative degli spazi, delle attrezzature e dei servizi osservati, grazie all'applicazione integrata di più strumenti di valutazione. In un contesto geografico, culturale e sociale molto diverso rispetto ai precedenti casi studio, la valutazione post-occupativa condotta negli edifici residenziali del campus di Austin in Texas [2400 Nueces Student Housing, 2016]; una nuova concezione di campus in cui la qualità delle residenze e soprattutto dei servizi è considerata fattore strategico da parte delle Università per fronteggiare la concorrenza. Numerosi gli studi condotti a livello nazionale sulla soddisfazione degli studenti: si cita quello condotto dalla società APPA (leader nell'*Educational Facilities*) su un campione di circa 14.000 studenti americani con lo scopo di determinare le motivazioni nella scelta di un istituto.

Due terzi degli studenti hanno dichiarato come fattore di scelta prioritario, la qualità complessiva delle strutture all'interno del campus [Cain e Gary 2006]; si è rilevato anche un elevato livello di comfort nelle aspettative, con standard di tipo alberghiero e famiglie disposte a pagare costi aggiuntivi per avere maggiori servizi integrativi. Su tali basi i gestori del campus "*2400 Nueces*" di Austin, di proprietà privata (e gestito da EdR Trust, tra le maggiori società di gestione dei college americani), occupato dal 2013, hanno avviato una valutazione post-occupativa.

Il campus comprende circa 620 posti ed è costruito per garantire continuità urbana con il quartiere West Campus in cui l'Università di Austin è inserita, con una tipologia che va dai minialloggi ad alloggi con 3/4 camere da letto singole; oltre ad ospitare studenti offre soluzioni abitative per dottorandi, docenti e personale e rappresenta pienamente le attuali tendenze in materia di edilizia universitaria. Dopo soli due anni di utilizzo è stata condotta una POE di livello "*indicativo*" che ha coinvolto 130 studenti (circa il 20% degli occupanti) per identificare gli spazi di studio preferiti, i modi d'uso degli spazi, la qualità complessiva percepita e l'impatto della struttura sulla vita studentesca.

A tale fine è stato distribuito un questionario strutturato con 27 domande riferite a diversi indicatori qualitativi tra cui: aspetto esterno e interno dell'edificio e degli spazi collettivi, ambienti per la socializzazione e il benessere, luogo preferito per lo studio, dimensione dell'alloggio e della camera da letto, uso delle cucine negli alloggi, presenza di parcheggi. Anche sul funzionamento degli impianti sono stati raccolti dati qualitativi. I risultati hanno evidenziato non solo un gradimento diffuso della struttura ma le ragioni per cui alcuni ambienti sono più utilizzati rispetto ad altri.

Gli alloggi vengono scelti quali migliori luoghi per lo studio, mentre gli spazi di aggregazione e i servizi offerti risultano i fattori di maggiore gradimento.

L'applicazione delle metodologie POE si è dimostrata quale efficace presentazione dell'Università di Austin nell'ottica della competitività tra università pubbliche e private; la sua divulgazione ha incentivato molte famiglie di studenti nella scelta del polo universitario.

Infine la valutazione degli spazi esterni del campus del Qatar effettuata nel 2007 a più di 20 anni dalla consegna del complesso edilizio, con l'obiettivo di offrire suggerimenti per migliorare gli spazi esterni, poco utilizzati, dagli studenti.

La particolare conformazione planimetrica del campus vede nella parte centrale gli edifici destinati ad attività amministrative e accademiche e intorno sono dislocati gli alloggi e gli impianti sportivi. L'immagine esterna degli edifici è fortemente caratterizzata da elementi architettonici tipici dell'architettura araba, in funzione anche del clima. Negli spazi esterni parzialmente coperti, si aprono cortili con piante e fontane, pensati per favorire la socializzazione e gli incontri informali, incoraggiare le attività all'aria aperta e anche gli scambi culturali.

Il livello della valutazione post-occupativa è "*investigativo*" e il punto di forza è stato l'uso integrato di quattro strumenti metodologici per arricchire la gamma delle conoscenze attraverso i risultati dei diversi strumenti e minimizzare i limiti insiti in ciascuno di essi.

È stata utilizzata l'osservazione diretta non strutturata (visitando gli spazi esterni) per individuare i temi specifici da approfondire, sulla base di categorie percettive e interpretative dell'osservatore (variabili in relazione alla familiarità dei luoghi). Successivamente sono state utilizzate le cosiddette *passeggiate di valutazione* (*Walkthrough Evaluation*) con l'obiettivo di valutare una serie di aspetti specifici (emersi dal livello precedente) di osservazione e ritenuti rilevanti ai fini dalla qualità degli spazi esterni. Sono stati individuati 24 indicatori raggruppati in tre macroambiti e contenuti in una *checklist*: forma fisica degli edifici e contesto; spazi di connessione e aspetto visivo; orientamento tra gli spazi. La valutazione si è avvalsa anche di questionari in cui gli studenti dovevano indicare le percezioni qualitative attraverso le caratteristiche architettoniche, la qualità della segnaletica, del sistema di illuminazione, delle sedute e della rispettiva collocazione, dei dispositivi per l'ombreggiatura.

Infine è stata utilizzata una *mappatura dei comportamenti* di alcuni spazi (registrazione delle posizioni che assumono i frequentatori in relazione al tempo, alle attività e ai modi d'uso).

I risultati evidenziano valutazioni critiche sul gradimento della forma e del contesto degli edifici. Tra gli aspetti più contestati ci sono quelli relativi alla scarsa chiarezza con cui gli edifici comunicano la propria funzione sia agli studenti che ai frequentatori saltuari. I maggiori problemi sono associati all'orientamento, ai sistemi di ombreggiatura e alla comodità e pulizia delle sedute.

Le osservazioni hanno condotto alla strutturazione di suggerimenti di re-intervento nel breve, medio e lungo periodo, per il miglioramento del processo educativo e per incrementare il senso di appartenenza all'istituzione. Nel breve periodo: nuova strategia per la segnaletica degli spazi aperti e miglioramento della manutenzione; nel medio periodo: interventi sul sistema di ombreggiatura, sulla sistemazione delle sedute, sulla promozione di eventi sociali per stimolare l'uso degli spazi esterni.

Nel lungo periodo: programmate nuove valutazioni per determinare la riallocazione degli spazi e dei loro usi. Va sottolineato infine che una tale valutazione, pur realizzata con strumenti metodologici relativamente semplici e con analisi non particolarmente sofisticate, ha posto i destinatari del progetto al centro dell'attenzione facendo emergere temi di natura più strettamente sociale, evitando di concentrarsi esclusivamente sugli aspetti più tecnici.

**Proposta di applicazioni in ambito nazionale** (*Teresa Villani*)
Da quanto descritto risulta evidente che nuove richieste trasferite anche dai modelli esteri [La Roche et al. 2010] fanno riferimento a soluzioni abitative dove la parte dei servizi diventa predominante. Alloggi e servizi di tipo "alberghiero" stanno diventando la "nuova tendenza" [Desoff, 2007], oltre alla disponibilità di ambienti attrezzati per l'uso di strumentazioni indispensabili per gli studenti (connessione internet per smartphone, iPod, computer, tv via cavo, etc.) e dotati di servizi di sicurezza (controllo accessi, guardiani, vigilanza).

Tutto questo si scontra, nel nostro Paese, con la scarsità di risorse, ma anche con gestori incapaci di ottimizzare i costi tramite economie di scala. Per ridurre il divario tra richiesta e offerta e per pianificare interventi migliorativi, sarebbe utile una rilevazione/valutazione degli standard qualitativi percepiti dagli studenti che occupano le residenze realizzate a seguito della Legge 338/2000 che, per quelle appartenenti al primo bando (2002) presentano ad oggi numerosi anni di esercizio.

La proposta è di prefigurare strategie di POE da attuare su un campione di residenze del "piano di monitoraggio" dell'intero programma di intervento della 338/2000 [Del Nord 2014], in linea con le raccomandazioni che la Commissione Istruzione del Senato ha rivolto al Governo per dare più efficienza al programma stesso e per eliminare la disomogeneità territoriale messa in luce dallo stato di avanzamento del programma.

Dalle "informazioni di ritorno" recepite direttamente dagli utenti, opportunamente distinte per ambiti di osservazione, si potrebbe controllare l'efficacia della fase di esercizio, verificare il livello di raggiungimento e mantenimento degli obiettivi iniziali e, soprattutto, individuare suggerimenti per un possibile ri-adeguamento alla "domanda" nel frattempo mutata.

A livello metodologico si tratta di individuare i sub-luoghi che incidono maggiormente sul gradimento degli studenti (edificio, spazi esterni, spazi per la socializzazione, camera da letto, etc.) e definire gli aspetti fisico-spaziali di maggior peso nella valutazione della qualità percepita.

Questo equivale a prefigurare una POE configurando l'insieme degli indicatori significativi a seconda del tipo di prestazione che si intende valutare.

Gli indicatori possono essere così suddivisi:

a) *indicatori misurabili oggettivamente*: prestazioni dell'edificio dal punto di vista energetico, di illuminazione naturale, benessere termico, acustico, visivo, etc.

b) *indicatori misurabili soggettivamente*: in grado di rappresentare aspetti sociali, culturali, psicologici degli utilizzatori e di registrare cambiamenti culturali, organizzativi e simbolici.

Le diverse prestazioni da valutare implicano la messa a punto di un set di indicatori specifici sia per le prestazioni tecniche della struttura sia per le prestazioni funzionali-spaziali i cui indicatori potranno variare in funzione dei "sub-luoghi" di osservazione, quali:

- per l'edificio nel suo complesso: l'aspetto, la prossimità, l'accessibilità, la configurazione degli spazi esterni, le relazioni esterno/interno, il rapporto spazio pubblico-privato, l'adattabilità;
- per lo spazio individuale: l'utilizzazione, l'arredo, l'antropometria-ergonomia, l'accessibilità, l'adattabilità, l'aspetto;
- per gli spazi di relazione: utilizzazione, prossimità, accessibilità, wayfinding, adattabilità, aspetto.

Ulteriori indicatori riguarderanno le *prestazioni umane* (comportamentali): modi d'uso degli spazi, livello di utilizzazione, misurazione del soddisfacimento degli spazi e dei servizi.

Invece, per le *prestazioni ambientali* si selezioneranno indicatori, tra i numerosi disponibili, volti a valutare l'uso di risorse rinnovabili, i consumi energetici e idrici, il controllo delle emissioni, la gestione dei rifiuti, ecc. Per l'efficienza dei servizi all'edificio gli indicatori principali saranno sullo stato manutentivo, mentre per i servizi alla persona l'attenzione verrà posta a quanto percepito in termini di sicurezza, ospitalità, organizzazione, ecc.

Per questi ultimi, oltre alla partecipazione degli utenti potrebbe essere utile un diretto coinvolgimento

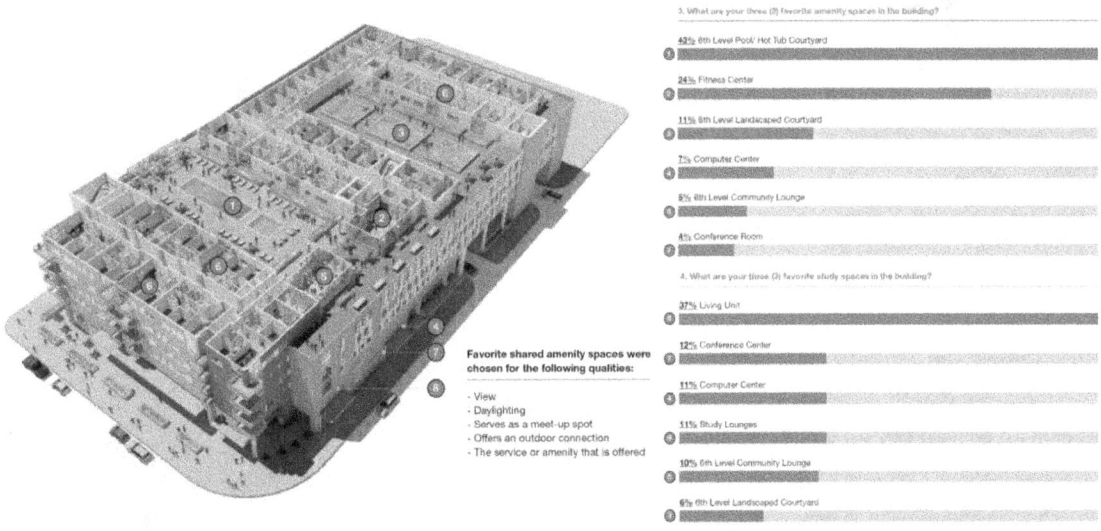

Figura 1. 2400 Nueces Student Housing, Austin - Texas. Post Occupancy Evaluation: gli ambiti oggetto di valutazione.

degli enti gestori, in quella che viene spesso definita "*valutazione partecipata*", durante la quale agiranno da "mediatori" o "facilitatori" tra gli eventuali interessi in conflitto.

Per la conduzione delle valutazioni delineate sarà necessario applicare un livello investigativo di POE che prevede da parte di un soggetto esperto una indagine diretta finalizzata alla conoscenza dell'edificio ed alla osservazione del comportamento degli utenti in relazione alle modalità con cui adattano/personalizzano gli spazi alle loro specifiche esigenze.

Questo livello di indagine rappresenta una forma di analisi preliminare che aiuta a far emergere criticità che tendono a sfuggire all'osservazione di chi vive quotidianamente nella residenza.

Parallelamente, per ottenere un riscontro sul gradimento in tempi contenuti e coinvolgere un numero significativo di studenti, si potrà far uso di questionari opportunamente messi a punto utilizzando gli indicatori precedentemente descritti.

Un ulteriore passaggio, per ottenere suggerimenti più circostanziati per nuove soluzioni spaziali, comporterebbe un confronto con gli studenti attraverso differenti *focus group* che, stimolerebbe la partecipazione più attiva dei soggetti coinvolti e ne consentirebbe un ampio margine di espressione. L'applicazione delle POE alle residenze universitarie realizzate con il cofinanziamento della 338/2000 rappresenterebbe quindi uno strumento irrinunciabile per la committenza pubblica e gli investitori coinvolti per valutare, tra l'altro, l'efficacia del servizio e se la spesa ha apportato benefici sulle condizioni di vita degli studenti, se risulta del tutto rispondente ai bisogni di una comunità sempre più in movimento e se facilità l'inclusione e l'aggregazione sociale, specialmente se accoglie studenti stranieri.

Figura 2. 2400 Nueces Student Housing, Austin - Texas. Post Occupancy Evaluation: gli ambiti oggetto di valutazione.

**Note conclusive** (*Tiziana Ferrante*)
Per concludere in estrema sintesi: in termini generali si è avuta conferma attraverso la POE di come la fase di esercizio - nel processo edilizio - conferma o meno la validità delle scelte effettuate in fase di programmazione, sempre che le fasi di progettazione e realizzazione siano state svolte correttamente ed adeguatamente rispetto agli obiettivi selezionati.

Si è anche avuta conferma, per quanto in precedenza affermato, della significativa importanza della fase di esercizio in genere sottovalutata anche utilizzando un termine limitativo come "*fase di manutenzione*" e solo di recente al centro dell'attenzione per problemi sia di sostenibilità ambientale che di *facility management*.

Nello specifico delle residenze universitarie, la POE ha contribuito a mettere in luce tutta una serie di esigenze degli studenti finora poco nota per non dire volutamente accantonata e quindi mai soddisfatta, soprattutto in termini di dignità.

Si sono anche individuate ed interpretate esigenze che attengono alla sfera del sociale e che, se soddisfatte, rendono lo studente un cittadino maturo socialmente e con gli strumenti e le competenze che gli permetteranno di collocarsi adeguatamente, e presto, sul mercato del lavoro.

Queste le risultanze (le prime due tecniche, le seconde due sociali) che debbono interessare un ricercatore universitario che intenda operare come "*esperto tecnico*" ma anche come "*soggetto politico*" nella attuale società. In ultimo, come procedere: nel paragrafo precedente si sono già delineati a sufficienza i possibili interventi da compiere; va solo aggiunto che con la digitalizzazione in corso in tutto il comparto produttivo dell'edilizia che si avvia a diventare una industria 4.0, sarà sempre più facile affiancare – se non sostituire - la POE per mettere a punto strumenti sempre più avanzati di programmazione, progettazione, realizzazione ed esercizio di un prodotto edilizio attento sia alla qualità morfologica che a quella tecnica e che, nella loro costante sinergia, traducano "un prodotto" in un "bene edilizio", a servizio quindi della società.

Questo il nostro obiettivo, questo il nostro impegno.

**Riferimenti bibliografici**
AA.VV. [2016]. *2400 Nueces Student Housing. Student life, design performance. Post occupancy evaluation*, http://pagethink.com/media/uploads/news-docs/2400_nueces_poe.pdf. [Ultimo accesso: 23.06.2016].

Abend, A., Ornstein, S.W., Baltas, E., de la Garza, J., Watson, C., Lange, K., Von Ahlefeld, H. [2006]. "Evaluating quality in educational facilities", Paris: PEB Exchange, Programme on Educational Building, 2006/1, OECD Publishing.

Akinluyi, M. L. [2013]. "Post Occupancy Evaluation of on-Campus Students Hall of Residence: A Case Study of Obafemi Awolowo Hall of Residence Ile-Ife", *Greener Journal of Science, Engineering and Technology Research*, Vol. 3(1), pp. 001-011.

Alborz, N., Berardi, U. [2015]. "A post occupancy evaluation framework for LEED certified US higher education residence halls", *Procedia Engineering*, 118, pp. 19–27.

Amole, D. [2009]. "Residential satisfaction in students' housing", *Journal of Environmental Psychology*, 29(1), pp.76–85.

Cain, D., Gary R. [2006]. "The Impact of Facilities on Recruitment and Retention of Students. Part I.", *Facilities Manager Magazine*. Vol. 22, March - April.

Del Nord, R. (a cura di) [2014]. *Il processo attuativo del piano nazionale di interventi per la realizzazione di residenze universitarie*, edifir, Firenze.

Desoff, A. [2007]. "Campus Auxiliary Facilities; Universities Stress to Accommodate Student Desires and Future Trends", *Facilities Manager*, May-June, pp 20-23.

Ferrante, T. [2013a]. *Valutare la qualità percepita. Uno studio pilota per gli hospice. Evaluation of perceived quality. Hospice: a pilot study*, Franco Angeli, Milano, pp. 1-192.

Ferrante, T. [2013b]. "Strumenti di supporto alla progettazione degli hospice: la Post Occupancy Evaluation. Design enhancing instruments: Post Occupancy Evaluation in Hospice Design", *Techne*, Firenze University Press, n. 6, pp. 153-159.

Finocchietti, G. (a cura di) [2015]. *Settima indagine Eurostudent. Le condizioni di vita e di studio degli studenti universitari*, Universitas Quaderni 29, Roma.

Foubert, J. D. Tepper, R., Morrison, D.R. [1998]. "Predictors of Student Satisfaction in University Residence Halls", *Journal of College and University Student Housing*, 27, pp. 41-46.

Ilesanmi, A.O., [2010], "Post-occupancy evaluation and residents' satisfaction with public housing in Lagos, Nigeria", *Journal of Building Appraisal*, n. 6, 2, pp. 153-169.

La Roche, C. R., Flanigan, M. A., Copeland, P. K. [2010]. "Student Housing: Trends, Preferences And Needs", *Contemporary Issue in Education Research*, 3(10), pp. 45-50.

Najib, N. U. M., Yusof, N. A., Osman, Z. [2011]. "Measuring satisfaction with student housing facilities", *American Journal of Engineering and Applied Sciences*, 4(1), pp.52-60.

Preiser, W. F., Rabinowitz, H. Z., White, E. T. [1988]. *Post-occupancy evaluation*, Van Nostrand Reinhold, New York.

Preiser, W. F., Vischer, J. C. (a cura di) [2004]. *Assessing Building Performance: Methods and Case Studies,* Elsevier, Oxford.

Sanni-Anibire M.O., Hassanain, M.A. [2016]. "Quality assessment of student housing facilities through post-occupancy evaluation", *Architectural Engineering and Design Management*, April, pp. 1-14.

Vischer, J.C. [2007]. "The Effect of Physical environment on Job Performance: Towards a Model of Workspace Stress". *Stress and Health*, 23, (3), pp. 175-184.

# UN MODELLO DI QUALITÀ URBANA: UNA RESIDENZA UNIVERSITARIA PER IL QUARTIERE "LA GRAZIELLA" A SIRACUSA

**Giuseppe Mangiafico**
Università degli Studi di Catania, Scuola di Architettura di Siracusa

**Parole chiave**
Città, quartiere, università, relazioni, formazione

*Abstract*

*The presence of the Architecture Faculty in Syracuse in the historical district of the island of Ortigia suggests us the retraining and revaluation of some places of the urban fabric, individualized, particularly, in the district of the Graziella. Its morphological structure rappresents a clear vocation to welcome a project of university residences.*

*As line guides, there will be references integrated with the city, in line with the examples from some prestigious national and European centres. A model that expresses and characterizes the urban quality and the functional values of the place. The urbanistic plant of the district of the Graziella is characterized by the presence of narrow streets, with adjacent building that are organized in ample common courts for the public, semi-public and private use that today are in a state of total abandonment and precariousness.*

*The plan keeps in mind the temporal process of the district, with all the characters the buildings, in a system of multiple relationships. Despite the fact two centuries have elapsed, these characters are still recognizable, therefore the plan contemplates to their maintenance through one "integrated transformation", that is proposing those transformations and integrations that allow us to make the fit area to the specificities of the university residence. Student's reality doesn't constitute an autonomous world, but it integrates it with the urban context in an interrelation of continuity and vitality. From the social point of view we can individualize a potential wealth in the relationships between the local population and the use of the students, that also in its transitory housing, will create a mixitè as new urban organization. It represents a new housing form that is able to interact new dynamic structures. It produces a new social and cultural relationships that joins different characters and this helps the economic growth, integrated to the context of the place and supported by connected services related to the study and the leisure time.*

*The involvement of the urban portion will compared with the complexity of the city. The aim is to overcome the limits of the single building organizing a structural plan of relationships among elements of its space-forms and of its space-lived, seen as a system of architectural signs able to decline identity and geo-cultural processes. The university residence must be an opportunity to revalue the Graziella and to give back to the buildings their values.*

**Riqualificazione di aree dismesse e del patrimonio edilizio esistente**
Il tema delle residenze universitarie è diventato oggi uno dei momenti di ricerca progettuale che maggiormente coinvolge il rapporto tra l'edificazione e la città, in un contesto di richieste esigenziali da parte della popolazione universitaria che vive dinamiche di pendolarità o di nuova e temporanea abitazione. I nuovi modelli studiati tengono conto dell'individuazione di aree nuove o all'interno dei tessuti urbani da riqualificare e riconfigurare con tutte le peculiarità degli interventi architettonici di qualità e di valore riconosciuto. Questi modelli attingono a linee di ricerca di carattere morfologico, sociale e comportamentale, applicate in relazione alle reali caratteristiche dei luoghi che, spesso o talvolta, ci offrono potenzialità di riconfigurazione dei tessuti urbani che nella loro ristrutturazione possono innestare un diverso dialogo con la città ed il territorio.
Lo sviluppo della proposta di progetto della nuova residenza universitaria, vista la presenza della facoltà di Architettura di Siracusa nell'isola di Ortigia, formula l'ipotesi di qualificare il sistema urbanistico della "Graziella", integrando ai principali percorsi di collegamento le diversi corti che si articolano nel suo impianto. Realtà spaziali curtensi la cui architettura si identifica nelle diversificate potenzialità funzionali ed interconnettive, nelle forti valenze storiche ed artistiche.
Il tessuto curtense, nei suoi spazi collettivi, può rappresentare l'identità di una ricchezza civile, architettonica, urbanistica e morfologica della città, le cui aree si caratterizzano nel rapporto tra pubblico e privato o tra privato con il pubblico. Valenze che assumono le funzioni collettive del progetto che andremo a delineare.
La peculiarità morfologica prevalente delle corti di Ortigia, mette in evidenza una certa disomogeneità caratterizzata da uno squilibrio tra la configurazione architettonica stratificata dei diversi quartieri e le relative funzioni non sempre coerenti con la fruizione degli spazi urbani.
Il progetto si propone di migliorare e riqualificare queste condizioni attraverso attente proposizioni progettuali volte, dopo un'accurata analisi, a sfruttare le potenzialità dei valori insiti nell'architettura ortigiana ed in particolare nella scelta del quartiere della "Graziella". Inoltre il tema delle residenze universitarie rientra pienamente in una domanda di utenza abitativa periodica, che impone alle istituzioni la scelta di potenziamento in altre aree all'interno della città, come risposta ed offerta da porgere ad una precisa richiesta di alloggi e di funzioni collettive universitarie.
È una esigenza che si avverte da diversi anni su scala nazionale, che dalle macro aree si riflette nelle micro aree ed impone, con le dovute condizioni, di mettere a disposizione degli studenti attuali e potenziali la realizzazione di residenze di qualità inserite all'interno di luoghi urbani, oggi in parte abbandonati o con fruizioni precarie.
Ritrovare quindi, nelle proposte di edificazione di queste residenze, un rapporto culturale con il luogo di appartenenza e di un vissuto di studio temporaneo.
Analizzando il quartiere della "Graziella" avvertiamo la presenza di una evidente polarità, uno spazio-piazza, posto al centro dell'area urbana da cui in modo tentacolare, si dipartono diversi percorsi che collegano corti maggiori e minori.
Si presenta una diversificata consistenza edilizia, con abitazioni a tipologia aggregata a uno o più vani o con caratteristiche di mini alloggi da ristrutturare e riqualificare. Le corti sono raggiungibili attraverso percorsi di penetrazione presenti lungo le direttrici esterne: via Resalibera, continuazione della strada adiacente a via Apollo, via Dione, l'antica via sacra che collegava il tempio di Apollo con quello di Athena (l'attuale cattedrale) e la terza strada che lambisce il vecchio carcere Borbonico e costituisce il percorso, che affacciandosi sul lungomare, prendeva il nome della Mastrarua oggi denominata via Veneto.
La proposta di progetto tende a riqualificare un patrimonio dalle forti potenzialità rigenerative per interventi di urbanistica integrata, ove la "Graziella", proiettata come luogo scelto per le nuove residenze

universitarie, possa fare da volano socio-economico alle aree adiacenti e prospicienti. Sviluppare soluzioni funzionali a carattere polivalente di ripresa e nuova vitalità del quartiere attraverso sistemi abitativi e servizi d'uso collettivo ed organizzativo.

La valutazione della reale consistenza edilizia di ogni unità e sistema abitativo individuato, nonché di alloggi integrati o da integrare, permette di stilare opportune soluzioni progettuali tipologiche, che vogliono seguire pienamente le logiche dettate dalle attuali normative, che regolano l'edilizia delle residenze universitarie su scala nazionale ed europea. Le soluzioni progettuali tengono conto di esperienze realmente eseguite o di ricerche accademiche che sono state oggetto di studio scientifico nelle varie aree culturali o di concrete attuazioni progettuali.

L'analisi condotta ha individuato più nuclei curtensi su cui poter operare, riconoscibili nei tre percorsi di penetrazione posti rispettivamente su via Resalibera, via Dione e la Mastrarua. Tracciamo la consistenza di questi organismi iniziando da via Resalibera. Su questa strada un vicolo si apre su due corti, che denominiamo C3 e C4, una maggiore ed una minore, con spazi articolati e collegabili che presentano un tessuto di case la cui struttura si presta ad un progetto di integrazione per un sistema abitativo unitario. L'attuale reticolo di piccole stradine che si snoda all'interno, ci permette di collegare il descritto sistema delle due corti allo spazio centrale della piazza, che presenta in adiacenza un'altra corte da poter integrare, che chiameremo C5.

Questo spazio vive nella continuità stessa della piazza, pertanto gode di una prospettiva privilegiata ove le abitazioni possono fruire delle qualità funzionali offerte dal polo della "Graziella".

Figura 1. Quartiere della "Graziella".

Sull'altra strada, via Dione, un altro percorso di collegamento, ci conduce ad una corte denominata C2, ben definita nella sua consistenza edilizia e continuando, un altro percorso, si innesta con un vicolo di deviazione che ci conduce ad un'ultima corte denominata C1, altrettanto articolata e da definire nelle sue possibili integrazioni potenziali in un progetto integrato, le cui case costituiscono il tessuto adiacente delle corti già descritte precedentemente C1 e C2.

Prenderemo in esame, infine, la corte chiamata C6, esterna al sistema delle corti descritte, le cui potenzialità sono da valutare in ordine ad uno sviluppo progettuale più complesso che prende in considerazione l'area gravitazionale del carcere Borbonico. A questa corte si accede attraverso un sistema di vicoli collegati con accesso sempre da via Dione. Il sistema appena descritto è meno integrato nella continuità degli spazi e dei percorsi precedentemente elencati, quindi ci obbliga ad una speciale valutazione in ordine alle priorità fruibili ed al carattere proponibile di contenitore culturale del carcere borbonico.

### Rapporti tra spazi pubblici e privati

Le analisi condotte, ci inducono a prendere in esame alcuni aspetti progettuali. La ricchezza civile ed architettonica, urbanistica e morfologica di una città è quella di tutti i luoghi in cui la vita quotidiana si svolge, si rappresenta e ci fa memoria. Spazi pubblici o privati che assumono funzione collettiva. Nel quartiere della "Graziella", possiamo operare ed intervenire su tessuti frammentati e residuali che ci suggeriscono soluzioni adatte al convivere delle residenze universitarie attraverso la proposta di un consapevole intervento di riconfigurazione del quartiere, volto ad un confronto sociale ed architettonico. Questo dovrebbe essere il compito specifico della progettazione di residenze universitarie nella città, fare di questi luoghi, che possiamo definire nè pubblici nè privati, spazi non sterili, non più abbandonati, ma stimolanti alla rigenerazione del tessuto architettonico esistente, edifici che veicolano significati e valori sociali nella consistenza della loro realtà architettonica.

Figura 2. C5, Piazza della "Graziella".

L'uso degli spazi collettivi si deve considerare come presenza di ricchezza nei brani della città storica, dove il senso della collettività supera il concetto essenziale del rapporto tra pubblico e privato, organizzando spazi che una certa urbanistica chiama di "pertinenza ambigua". Spazi che oggi giorno diventano sempre più significativi nella vita sociale quotidiana poiché la città può appropriarsene ed usarli nel modo variabile secondo riconosciute necessità. Questo permette una integrazione e quindi una interazione spaziale con una fruizione esigenziale e riqualificativa delle architetture preesistenti con graduali interventi di riconfigurazione urbana.

In questo contesto la piazza del quartiere potrebbe diventare l'esempio più illuminate di questa proposta di progetto. Uno spazio in cui andrebbero a confluire i sistemi curtensi individuati per l'organizzazione residenziale universitaria, nonché la concentrazione di plurime attività di servizio unite ad una organizzazione sistematica di eventi culturali, volti alla valorizzazione del luogo come momenti di partecipazione urbana tra il quartiere e l'intera città.

Il progetto propone quindi una nuova linfa vitale, un sistema di sinergie con energie che possono non soltanto esprimere la destinazione d'uso che ci proponiamo di eseguire, con una progettazione multiforme estesa ai valori sociali, alla riconquista della bellezza dell'essere del luogo, che può diventare un vero volano economico con attività legate al turismo aretuseo.

Alla luce di quanto analizzato, si configura uno scenario di progetto composto da nuclei curtensi integrati e collegati che sfruttano appieno l'apparente precarietà della "edilizia residuale", perfettamente inquadrata nella maglia viaria che si è progressivamente strutturata nell'arco temporale. Strutture abitative spontanee ma congruenti per una nuova organizzazione generale tipologica di architetture stratificate e consolidate. Quindi forme mono cellulari o bicellulari, o terranee, o solarate o su più piani, che assolvono con mirati interventi di ristrutturazione e restauro, le funzioni progettuali dell'uso residenziale singolo, aggregato e raggruppato.

Gli interventi progettuali sono volti a liberare gli spazi da tutte le superfetazioni e valorizzare i caratteri linguistici delle forme dei materiali, dei colori e delle finiture proprie del luogo. Gli interventi vorranno adeguare con altrettanta attenzione, le destinazioni d'uso degli ambienti in linea con le normative vigenti. Dare quel benessere e quel piacere dell'abitare per dimensioni, condizione di luce, organizzazioni arredative e relazionali.

Ove sarà necessario si potrà ricorrere a percorsi distributivi esterni che possono rendere indipendenti i diversi alloggi mono e bicellulari organizzati su piani differenziati. La progettazione vorrà anche costruire visivamente un percorso segnato da un'orditura di pavimentazione tra le diversi corti - i nuclei - ed i vicoli di collegamento, visti nella qualità delle trame storiche da riproporre nella semplicità e nella essenzialità geometrica della lavorazione dei materiali locali.

Figura 3. C1, corte con accesso da via Dione.

Particolare attenzione nella pavimentazione della piazza con relativo arredo urbano, da organizzare in una configurazione non di geometria coerente con il carattere funzionale di progetto.

**I modelli organizzativi**

Le residenze si possono classificare secondo categorie di modelli plurimi, che integrano sevizi ed altre funzioni. Comprendono case singole e case collettive, aggregate o meno, di varie dimensioni, in rapporto al grado di privacy e di socialità previsto per ciascuno di essi dalle normative vigenti. Sono state prese in considerazione soluzioni distributive con camere singole o doppie e relativi servizi da poter fruire da più stanze, integrati con servizi collettivi raccolti in aree puntuali. Un'altra soluzione sviluppata è la tipologia a mini appartamenti indipendenti di contenute dimensioni destinati ad un numero massimo di due studenti ed alloggi strutturati su spazi comuni.

Questa ultima tipologia apporta una maggiore privacy anche se le ultime ricerche sociologiche mettono in evidenza che le piccole comunità indipendenti possono dar luogo a fenomeni di isolamento ed introversione. Queste soluzioni possono essere coerentemente destinate alla domanda residenziale di studenti più adulti o più avanti negli anni di studio, che richiedono un grado di riservatezza maggiore, o di docenti pendolari che possono avere la necessità di un alloggio temporaneo.

Altra tipologia presa in esame ed applicata, quella cosiddetta a "nuclei integrati", con ambiti spaziali in grado di alloggiare un piccolo gruppo di studenti in un numero variabile di camere, preferibilmente singole, con zone riservate per alcune specifiche funzioni e con ridotti spazi comuni all'intero complesso, esterni al nucleo.

I rapporti sociali possono essere favoriti quando alcuni caratteri funzionali collettivi si relazionano e si collegano esternamente al nucleo pur mantenendo la peculiarità di accentramento.

Figura 4. C2, corte con accesso da via Dione.

Questa soluzione permette un equilibrio risolutivo che raggiunge un modello quasi ottimale nei rapporti tra privacy e socializzazione. Queste considerazioni di ordine scientifico hanno consentito di sviluppare proposte flessibili e attualizzate.

Pertanto nelle diverse proposte si è voluto mantenere il giusto rapporto tra privacy e socializzazione integrando agli ambienti più riservati, quelli relativi alle funzioni del tempo libero e del relax.

Figura 5. C3, corti chiuse, spazi pubblici che sono diventati privati.

Figura 6. C4, corte con accesso da via Resalibera.

Il progetto ha voluto tenere conto delle tendenze presenti nel dibattito odierno, anche su scala internazionale, in un confronto di cultura progettuale che pone problematiche di risoluzione organizzativa e sociale nei modelli residenziali. Alla configurazione degli spazi abitativi si è voluta conferire un'alta flessibilità, una libertà fruitiva nel rispetto dei giusti livelli di intimità e socializzazione. La presenza di una vasta gamma di servizi e di strutture collettive finalizzate ad ottimizzare la qualità della vita degli studenti secondo ottimali standard abitativi e funzionali. Soluzioni che possono dare quell'intimità richiesta da ogni singolo studente nel proprio alloggio, dove la propria camera diventa, nell'arco del tempo, il fulcro della sua vita pendolare. Il progetto ha tentato quindi di dare a questo organismo un aspetto ambientale più domestico e familiare per facilitare e rendere piacevole le attività giornaliere connesse allo studio, al sociale ed al privato, per garantire un buon vivere in rapporto ad un buon apprendere.

Dove è stato necessario è stata utilizzata la tipologia mista in riferimento alla compresenza di diversi tipi distributivi. Questi caratteri espressi vogliono mettere in evidenza il rapporto tra la temporaneità e la qualità dell'abitare.

La poetica dei valori della città nell'atto in cui vogliamo intervenire, ci fa ricordare le parole scritte da un grande come Italo Calvino: *"ma la città non dice il suo passato, lo contiene come le linee d'una mano, scritto negli spigoli delle vie, nelle griglie delle finestre, negli scorrimano delle scale, nelle aste delle bandiere, ogni segmento rigato a sua volta di graffi, seghettature, intagli, svirgole (Italo Calvino 1999).*

**Riferimenti bibliografici**
Antonino Giuffrè, 1999. *Sicurezza e conservazione dei centri storici, il caso Ortigia*, La Terza, Bari.
Renato e Sergio Bollati, 1999. *Siracusa genesi di una città – tessuto urbano di Ortigia -*, Falzea, Reggio Calabria.
Giuseppe Scalora e Giorgio Monti, 2010. *La conservazione dei centri storici in zona sismica, un metodo operativo di restauro urbano, Academia Universa Press,* Milano.
Costruire in laterizio, rivista bimestrale n. 130 luglio – agosto 2009.
Manuel de Solà-Morales, 1999, quaderni di Lotus n. 23, Electa, Milano.
www.archilepore.it

# "DAR FORMA" ALLA CITTA' "FORMANDO" I GIOVANI: COSTRUIRE POLARITA' DINAMICHE TRA INDIVIDUALITA' E COLLETTIVITA'

**Sandra Saviotto**
Università degli Studi di Catania, Scuola di Architettura di Siracusa

---

**Parole chiave**
Abitare, formare, comunità, riconoscibilità, relazione.

## Abstract
*Despite the lack of legal regulations and national guidelines for design which have arrived only in recent years with the enactment of specific laws, the interest in the student housing issue has grown over time and today it is of great actuality.*

*The project of university residences plays a significant role both as a tool for urban regeneration as well as in the teaching and training profile; it becomes the expedient of a human and cultural maturation because it "forces" to community life, to interaction with other students, to the acquisition of responsibilities and commitments and to establish rules.*

*The place that houses the residential activities of students represents a landmark and a space of legitimate appropriation, since students use it, make it suitable to their needs and "personalize" it. Such residence is therefore special because it is provided with all the environmental quality requirements, facilities that characterize traditional houses and those necessary to the life of a university student; therefore there is a need of balance between privacy and socialization that results in the presence of intimate spaces, dedicated to basic functions, and spaces with facilities and services with a collective purpose of use.*

*The typological research, that ranges from housing anthropology to its integration with services of collective relevance, must take into account the opportunity to promote forms of collective use of available resources, as well as of opportunities for integrated residence, to present itself as an urban condenser. For this purpose, project experiences, dissertations and design workshops, have been carried out in the peripheral areas of the city of Syracuse; the presence of the "recent born" faculty of architecture has allowed to question the role of the consolidated city where the university structure is located, and the need to connect a much larger and "difficult" area.*

*The district of Bosco Minniti, close to Contrada Palazzo, is a social housing district generated from a recognizable and uniformed drawing, where the urban fabric is rarefied and urban scale services are almost absent; such reality places the designer-student in front of the issue of urban periphery as a condition of life so defining a new urban polarity through the project of the residence for students in a context of individuality and collectivity.*

## La relazione social-culturale tra città ed università

Il concetto di residenza per studenti universitari è da associare alla storia e allo sviluppo delle università, ma anche all'organizzazione e ai mutamenti della società e all'evoluzione del modo di esprimersi dell'architettura nelle sue varie epoche e forme. L'università ha sempre rappresentato un importante arricchimento in termini sociali e culturali per il luogo che la ospitava e costituiva una consistente fonte di ricchezza materiale. I collegi, strutture nate allo scopo di fornire ospitalità e accoglienza agli studenti meni abbienti, completamente integrate con il tessuto urbano ed architettonico circostante, sono stati i primi segni concreti della presenza delle università all'interno delle città. Tali strutture venivano realizzate, dapprima, riadattando edifici esistenti, ma successivamente intervenendo anche sull'ex-novo. A prescindere dalle caratteristiche proprie di ciascun caso e dalle tipologie che si imposero nel tempo, generalmente esse si sviluppavano intorno ad una o più corti interne distinguendo le zone a carattere pubblico dalle zone private; tale distinzione e organizzazione spaziale risulta ancora oggi elemento fondante della tipologia presa in esame. Il legame tra centro urbano e università è stato confermato e consolidato a lungo, ma nel XX secolo ci si è spostati anche verso le zone di espansione urbana, nell'idea di integrare spazi periferici e di organizzare delle vere e proprie città universitarie.

Figura 1. Dalla città stratificata alla periferia: il sistema urbano e le polarità.

Tale scelta ha permesso di modificare l'immagine di pezzi di città, relegati al limite urbano e sociale, per indirizzarsi verso quell'idea di riqualificazione che vede impegnati ancora oggi nella ricerca di soluzioni innovative. "La periferia urbana non è il centro, ma allo stesso tempo non è la campagna". [Bellicini – Ingersoll, 2001]

### Abitare: "esperienza formativa"

Se la maggiore dislocazione delle strutture universitarie nelle città italiane può da un lato favorire molti studenti residenti nella città sede di questi nuovi centri, dall'altro comporta, inevitabilmente, la necessità di prevedere nuove residenze per coloro che decidono di spostarsi da una città all'altra. Un'offerta adeguata di alloggi garantisce inoltre una possibilità di scelta più libera, consapevole e meno condizionata. La scelta di un giovane studente di scegliere il percorso universitario è inevitabilmente complessa e dunque la presenza di alloggi confortevoli e stimolanti, con strutture di supporto, dovrebbe aiutarlo a facilitare tale scelta e approccio; i suoi bisogni sono specifici per cui si tratta di una tipologia molto particolare di utente, eterogenea, complessa e in costante evoluzione. La residenzialità è un fenomeno rilevante anche sotto l'aspetto didattico-formale: diviene l'espediente di una maturazione sia umana che culturale perché "costringe" alla vita comunitaria, all'interazione con gli altri studenti, all'acquisizione di responsabilità ed impegni e al doversi dare delle regole. Il luogo che accoglie l'attività residenziale rappresenta un punto di riferimento, uno spazio di appropriazione legittima, poiché lo studente lo usa, lo rende adatto ai suoi bisogni, lo personalizza.

Abitare diviene dunque esperienza formativa! Nascono differenti modelli tipologici nei quali si integrano servizi e molteplici funzioni e attraverso i quali il giovane sceglie e riconosce il suo nuovo ambiente: dalla soluzione ad albergo, ai minialloggi, ai nuclei integrati, alle soluzioni miste. La prima, per la sua semplicità ed economicità realizzativa e manutentiva, è sicuramente molto diffusa, ma anche quella che necessita di più spazi di relazione; la tipologia ad alloggio e nucleo integrato crea invece piccole comunità equilibrando al suo interno spazi di privacy e spazi di condivisione. In ogni caso, nella molteplicità di soluzioni possibili, risulta sempre fondamentale l'equilibrio tra privacy e socializzazione che si traduce nella presenza di un'ampia gamma di attrezzature, servizi e spazi semicollettivi e collettivi in un'articolazione planimetrica che risulti versatile, comoda e chiara. La ricerca tipologica, dall'antropologia dell'alloggio alla sua integrazione con servizi collettivi di pertinenza, deve tener conto della opportunità di favorire forme di uso collettivo delle risorse a disposizione, oltre che della opportunità, per la residenza integrata, a proporsi come condensatore urbano. La ricerca progettuale necessita dunque di soluzioni innovative, ma allo stesso tempo "domestiche e familiari"; soluzioni che facilitino lo svolgimento delle attività giornaliere connesse alla vita privata e sociale, allo studio, alla formazione e all'apprendimento degli utenti ospitati nelle strutture.

### Una nuova polarità per la periferia di Siracusa. La casa dello studente nel "quartiere Bosco Minniti" in contrada Palazzo: il progetto urbano.

La presenza della "giovane" facoltà di architettura nel tessuto storico della città di Siracusa ha permesso di interrogarsi sul ruolo della città consolidata e sulla necessità di collegare un territorio molto più vasto e "difficile". Il quartiere Bosco Minniti a ridosso della Contrada Palazzo è un quartiere di edilizia sociale e convenzionata generato da un disegno, grosso modo unitario riconoscibile, dove il tessuto edilizio si rarefà e i servizi di scala urbana sono pressoché assenti; tale realtà pone il progettista di fronte al tema della periferia urbana come condizione di vita definendone così una nuova polarità urbana attraverso, nel caso specifico, il progetto di una residenza per studenti tra individualità e collettività. L'area presa in esame è una porzione del territorio nord della città; tale area presenta un grande vuoto – piazza, denominato San Metodio, che prende il nome dall'adiacente parrocchia: la chiesa e la scuola materna sono gli unici edifici istituzionali presenti in questo comparto urbano.

Un'ampia via, tangente alla piazza, rappresenta uno dei principali assi di scorrimento e di uscita della città. È proprio questa strada che delimita a sud il comparto urbano mentre a nord il margine si configura come un country front, un indeciso passaggio tra la città e la campagna. Per una facile lettura ed interpretazione dell'area di progetto si è reso opportuno individuare i principali elementi distintivi presenti attraverso le categorie formali lynchiane di margine, di riferimento e di nodo, quest'ultimo rappresentato timidamente dalla chiesa. Le linee guida della strategia progettuale hanno individuato proprio nella Chiesa di San Metodio il nodo di tutto il comparto urbano dal quale muovere per connettere tutti gli elementi presenti, riconoscibili come tali al suo interno, in quanto strutturanti una forma urbana identificabile e in grado di costituire la rete potenziale dei cluster.

Inoltre immaginare e definire, all'interno dell'area, delle categorie-layers sovrapposte, quali il verde, la mobilità e l'edificato, ha permesso di disegnare differenti griglie su altrettante giaciture; il verde rappresenta ad esempio l'idea di un parco costruito in quelle porzioni di città periferiche dove il rapporto tra spazio vuoto ed edificato è "un fuori misura" intendendo quest'ultimo come distanza tra spazi vuoti da progettare.

Figura 2. "L'immagine della città": il comparto urbano.

La volontà è dunque quella di ripensare un comparto urbano che, nella sua complessità, rappresenti un "organismo attraversabile che asseconda i flussi" [Branzi, 2004].

"Il progetto urbano cerca di rendere la periferia positiva, considerando i vuoti come distanze interessanti". [De Solà, 1999] I layers e le griglie sovrapposte hanno generato quei nuovi elementi necessari a costituire l'immagine generale del progetto urbano mentre per la chiesa si è reso necessario rafforzare la sua funzione di polo attrattivo capace di generare nuova energia conformativa per una morfologia più convincente. Tali elementi hanno definito il nuovo disegno urbano caratterizzato da spazi verdi, ricchi di vegetazione, che ne costituiscono i polmoni; inoltre il disegno dei terrazzamenti ha permesso di organizzare ambiti specifici di pertinenza per le varie parti dell'immobile oltre all' organizzazione della piazza principale. L'idea dei terrazzamenti evoca il movimento di una massa fluida che scorrendo deforma pure i volumi dell'edificio-piazza: parte di esso ruota attorno a due punti cerniera assecondando il flusso della massa viscosa secondo la direzione di scorrimento.

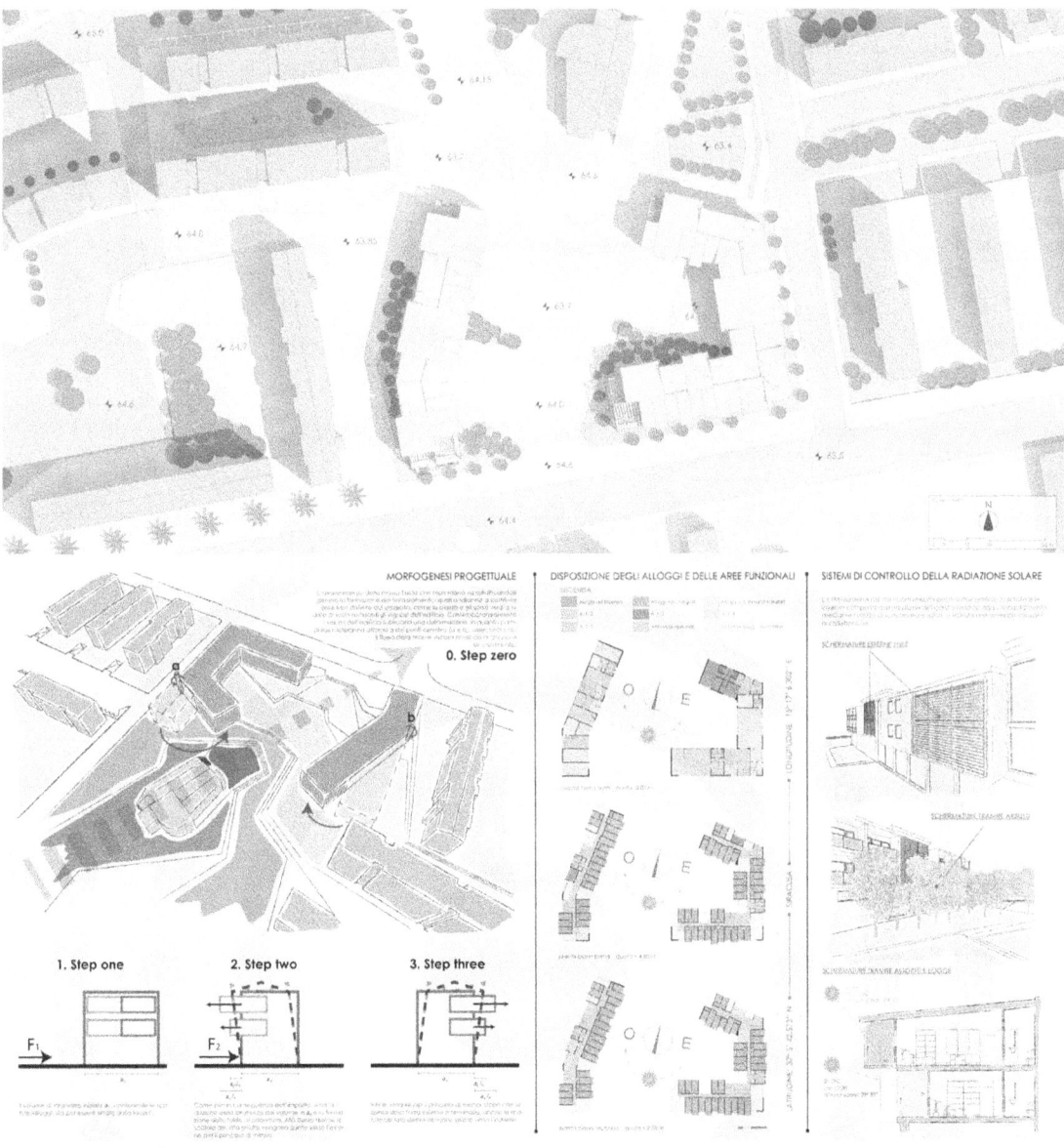

Figura 3. Planivolumetrico di progetto e morfogenesi (Tesi di laurea in Progettazione architettonica e urbana – relatrice prof.ssa arch. Z. Dato – correlatrice arch. PhD Sandra Saviotto – studente Donzelli Giovanni).

Scendendo di scala, tali effetti interessano anche la struttura degli invasi spaziali contenuti all'interno degli edifici stessi. Tutti questi movimenti determineranno la forma finale dell'involucro edilizio e della copertura, anch'essa deformata. Il sistema a griglie modulari diventa elemento generatore anche del sistema strutturale e del partito architettonico. L'organizzazione spaziale del complesso si allinea con quanto disposto dal decreto puntando però alla destinazione strategica attribuita al complesso di manufatti del progetto. L'edificio viene pensato affinché possa servire non solo all'utente-studente, ma anche al cittadino nell'idea di nuovo polo della città; i servizi integrati, quali negozi, tipografia, servizi per il ristoro ed il tempo libero, come la palestra o la mensa, sono attività collocate al piano terra mentre le altre funzioni, prima fra tutte quella residenziale, occupano i livelli superiori.

**Il progetto architettonico**
La casa dello studente è composta da due corpi di fabbrica distinti, ai quali si accede da due ingressi

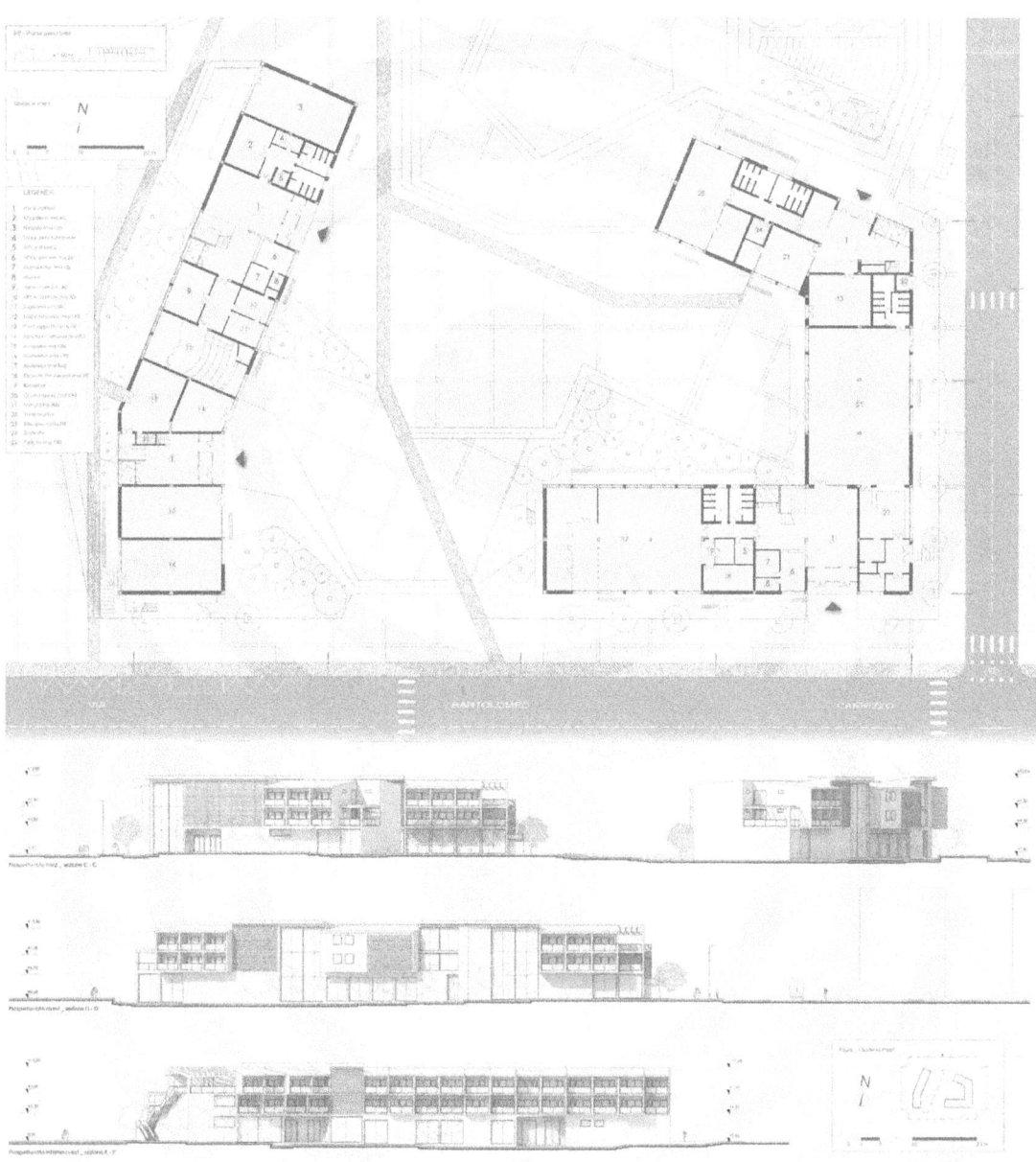

Figura 4. Il progetto architettonico: pianta piano terra e prospetti.

principali e due secondari; sono tutti ingressi disposti in maniera strategica sia per quanto riguarda l'accesso dall'esterno sia per quanto riguarda la distribuzione interna degli alloggi. Gli ingressi principali permettono l'accesso alla hall, ai collegamenti verticali, alla portineria, e al guardaroba. Come suggerito dal decreto, al piano terra, oltre ai servizi già citati, sono presenti la biblioteca e la sala riunioni; i piani superiori ospitano le unità abitative e i luoghi di socializzazione come i soggiorni e le cucine collettive.La casa dello studente, dimensionata per 120 posti letto, è proporzionalmente suddivisa tra soluzioni a camere singole e soluzioni a camere doppie. Sul piano della forma, il sistema di edifici si caratterizza per gli aggetti che si alternano sui piani dei prospetti dando luogo ad un effetto di ombre modulate. Gli alloggi infatti si protendono oltre il piano del prospetto a seconda del tipo e del numero di posti letto. La parte basamentale, costituita dal piano terra con interpiano maggiore, non presenta alcun aggetto mentre, in corrispondenza degli ingressi, l'arretramento dal filo del prospetto determina specifici episodi di vuoto che rendono individuabile la funzione.

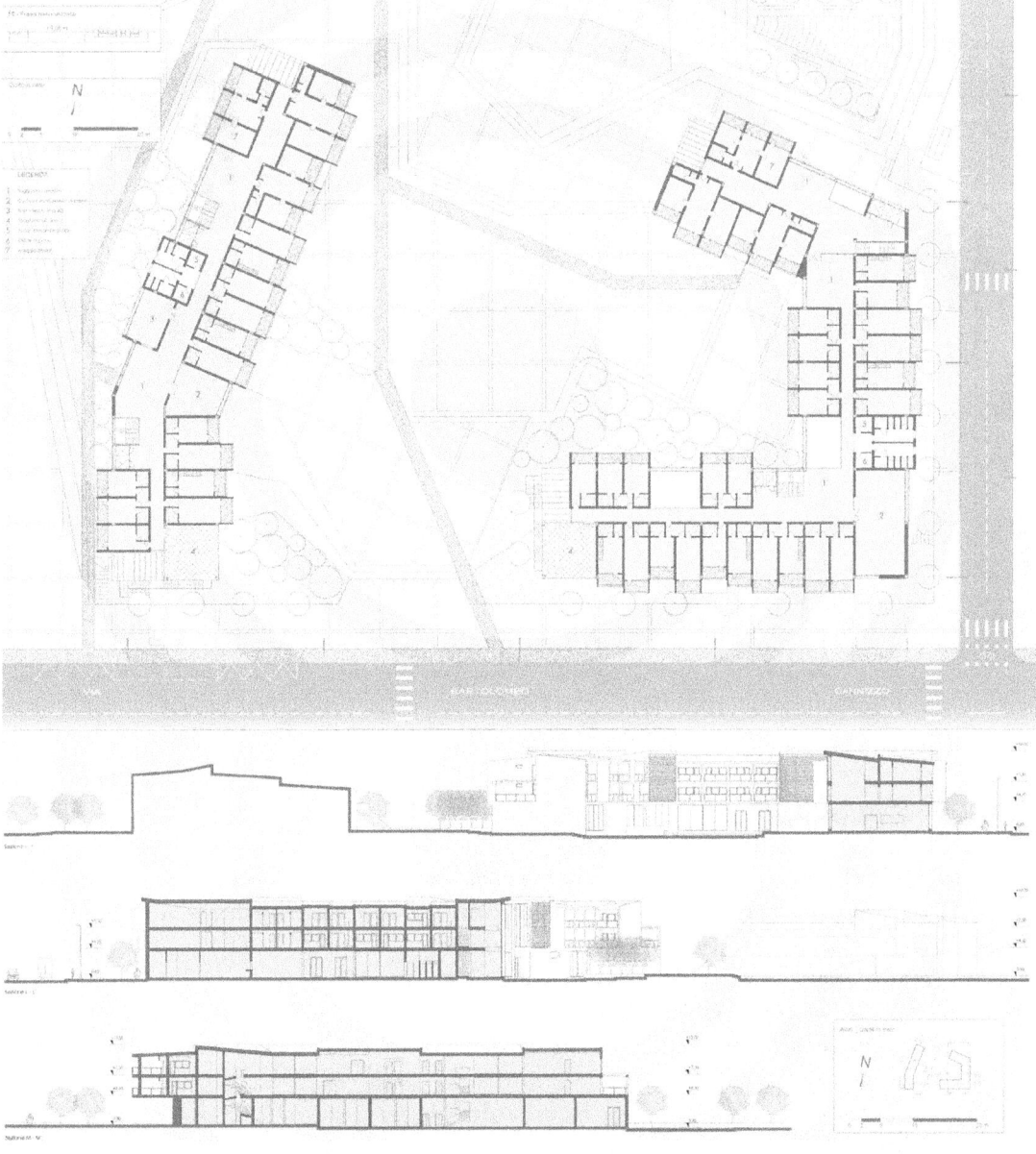

Figura 5. Il progetto architettonico: pianta tipo degli alloggi e sezioni.

Particolare attenzione è stata riservata alle testate dei due corpi di fabbrica e ai dispositivi di controllo dalle radiazioni solari a seconda dell'esposizione. Gli spazi interni, destinati alle aree di socializzazione, sono illuminati da vetrate a tutta altezza con specifiche schermature; sono state infatti predisposte tre tipologie di schermature: esterne-fisse, quali brise-soleil, arbusti, e schermature determinate dalla forma stessa dell'edificio, dai pieni di progetto, dalle logge e dagli aggetti. Ulteriore tema tecnologico preso in considerazione è il rivestimento esterno realizzato con pareti ventilate in cemento fibrorinforzato che presentano un'alta resistenza meccanica agli urti oltre alle ottime prestazioni termiche ed igrometriche e alla capacità del materiale stesso, in ambito ecologico, di essere del tutto riciclabile.

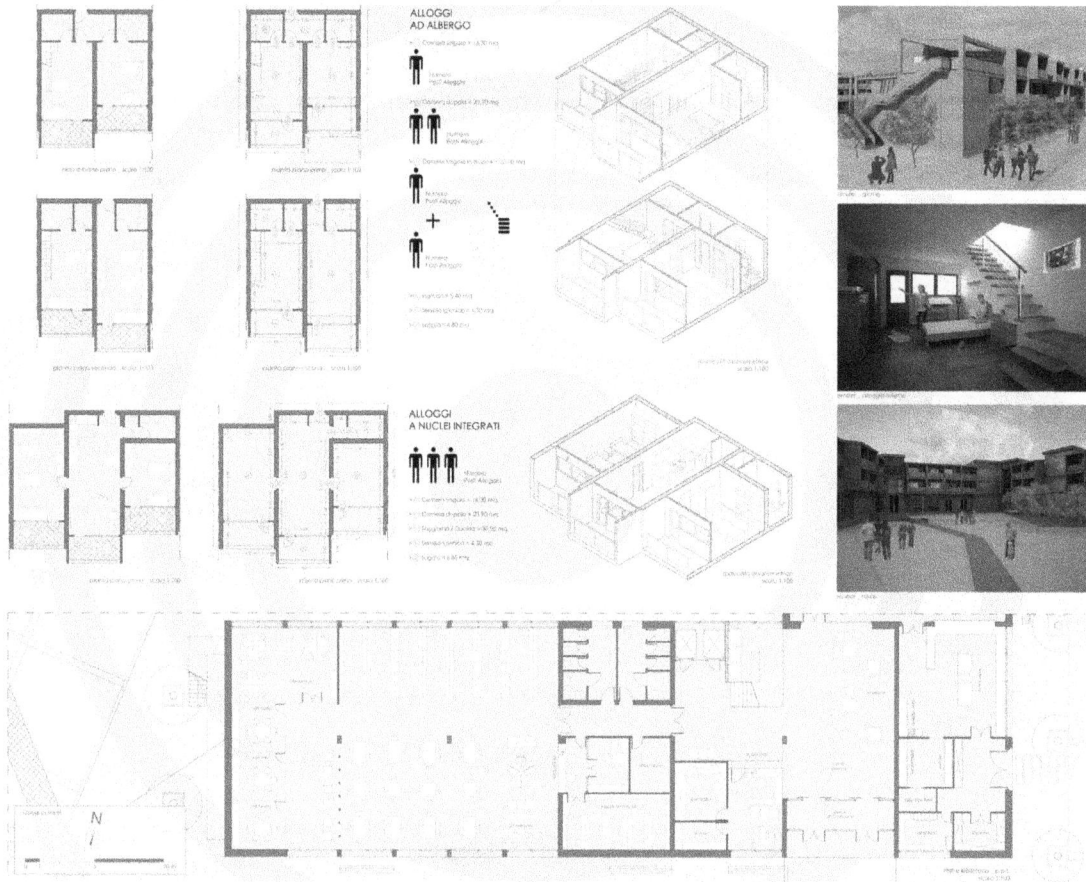

Figura 6. Il progetto architettonico: pianta tipo degli alloggi e tipi edilizi.

**Riferimenti bibliografici**
Bellicini, L; Ingersoll, R., [2001]. "*Periferia italiana*", Meltemi Editore srl, Roma.
Chiarantoni, C. [2008]. "*La residenza temporanea per studenti: atlante italiano*", Alinea Editrice, Firenze.
Diotallevi, IMarescotti, F., [1984], "*Il problema sociale, costruttivo ed economico dell'abitazione*", Officina Edizioni.
Ingersoll, R; [2004], "*Sprawltown*", Meltemi Editore srl, Roma.
Linch, K. [1975]. "*L'immagine della città*", Marsilio Editori, Venezia.
Rossi, A. [2004]. "*L'architettura della città*", CittàStudiEdizioni, Torino.
Zardini, M., [ 1999]. "*Attraversare le città / Traversing cities*", in De Solà, M. Progettare città – Designing Cities, in Lotus Quaderni Documents n. 23.
www.provincia.siracusa.it
www.comune.siracusa.it
www.sanmetodiosiracusa.it

# PROGETTO DELLA RESIDENZA UNIVERSITARIA

# M.I.T. - CAMBRIDGE, USA
# LA BAKER HOUSE DI ALVAR AALTO (1946-1955) E LA SIMMONS HALL DI STEVEN HOLL (1999-2002): RIFLESSIONI SU DUE GENERAZIONI DI MAESTRI E DUE MODI DI CONCEPIRE LA RESIDENZA UNIVERSITARIA AMERICANA

**Enrico Sicignano**
Università degli Studi di Salerno, Dipartimento di Ingegneria Civile

Molti fiumi sono confini tra Stati, punti di frontiere. Lo è anche il Charles River; a suo modo è una sorta di confine, non solo fisico, ma mentale, un "temenos" che separa non solo Boston, ma tutto il resto del territorio e forse della Terra dal "territorio sacro" per antonomasia della cultura e della scienza, da Cambridge ove si trovano alcune delle più prestigiose università, non solo degli Stati Uniti, ma del mondo intero. Cambridge ospita infatti la Harvard University, il Massachussetts Institute of Technology (M.I.T.), la Bentley University, la Brandeis University, la Lesley University, la Tufts University, la John F.Kennedy School of Government, ecc., università selezionate e selettive dove studiano migliaia di giovani provenienti da ogni parte del mondo per avere una formazione di alto livello, spendibile successivamente nel mondo del lavoro, della ricerca, delle scienze, dell'industria, delle pubbliche e private amministrazioni, della politica. Tra esse il M.I.T., fondato nel 1861, che ha formato e laureato migliaia di giovani sparsi in tutto il mondo, spesso poi divenuti classe dirigente, leader politici, ammiragli, generali, ecc. nei Paesi di origine. Solo per avere cognizione della dimensione qualitativa del problema si sottolinea che ad oggi dal M.I.T. sono usciti ben 85 Premi Nobel. Essendo da sempre luogo di attrazione accademica, da subito è stato affrontato il problema della residenza degli studenti fuori sede. Come ogni buona università, anche e soprattutto quella americana persegue per principio la finalità (soprattutto in quanto si opera in regime privatistico) per cui insieme ad una buona formazione allo studente bisogna offrire per tutti gli anni trascorsi alta qualità della vita, confort, servizi efficienti, assistenza e tutoraggio, libri, notebook e PC, vitto, alloggio, biblioteche, attività ricreative e sportive. La cultura anglosassone ha fatto proprio il monito del mondo classico "mens sana in corpore sano". La socializzazione e la capacità di fare e stare in gruppo, di aggregare rivestono un ruolo fondamentale e ad essa viene attribuito un valore altissimo perché chi lo fa bene lo farà poi certamente meglio nella società. Una società migliore non la si inventa dall'oggi al domani, ma la si costruisce lentamente negli anni e nei decenni con la formazione e l'educazione dei bambini nelle scuole, dei giovani nelle università, nelle famiglie e nei luoghi di aggregazione sociale. L'attenzione che il M.I.T. ha rivolto al problema delle residenze universitarie è sempre stata altissima. I due progetti sui quali cadono le nostre riflessioni sono solo la punta di un iceberg, due capolavori di due Maestri dell'Architettura, realizzati a circa cinquant'anni l'uno dall'altro. In realtà il M.I.T. ha sempre disposto e dispone tuttora di migliaia di posti letto, di residenze universitarie in edifici non famosi e non a firma di architetti di prestigio ma certamente efficienti e funzionali, termini che nella sostanza significano sicurezza, pulizia, ordine, decoro, facilità di accesso fisica ed economica, ecc… I più importanti di essi sono la Bexley Hall, la Burton - Conner House, l'East Campus Alumni Memorial Housing (Building 62 and 64), la Mac Gregor House, la Maseeh Hall, la Mc Cornick Hall, la New House, la Next House, la Random Hall, la Senior House *"Ma non di solo pane vive l'uomo"*. Il M.I.T. ha anche perseguito la volontà di dare ed offrire quel valore aggiunto all'efficienza ed alla funzionalità, rappresentato dall'alta caratura progettuale e dalla qualità estetica di alcune opere. Rievocando e reinterpretando il ruolo di committente "mecenate" da Rinascimento Italiano, nel corso degli anni conferisce alcuni incarichi a nomi illustri dell'Architettura Moderna e Contemporanea. Nel 1946 incarica Alvar Aalto, docente in quegli anni al M.I.T., del progetto dei dormitori, denominati Baker House per 318 posti letto, opera ultimata nel 1955. Nel 1999 incarica Steven Holl del progetto della Simmons Hall per 350 posti letto, opera ultimata nel 2002. Nel 2004 incarica Frank O. Gehry dello Stata Center, un complesso polifunzionale di 67 mila metri quadrati che ospita l'Electrical Engineering and Computer Science Department, il Computer Science and Artificial Labatory, il Laboratory for Information and Decision Systems, il Department of Linguistics and Philosophy.

**La Baker House di Alvar Aalto (1946-1955)**
L'edificio di Aalto ha una forma sinusoidale dal lato del Charles River ed una geometria più rigida e cartesiana dal lato posteriore. L'andamento curvilineo della facciata evita la vista perpendicolare sul Memorial Drive e sul traffico e di conseguenza la sensazione di oppressione che avrebbe invece dato una uniforme e monotona, lunga facciata. L'andamento curvilineo consente inoltre di ricavare molte più finestre dalle camere con vista sul fiume e sulla città di Boston di fronte: il collegamento verticale è rappresentato da due scale che partendo dall'atrio - foyer conducono ai livelli superiori. I corpi scala sono volumi estradossati, uno diritto in salita, l'altro che gira a 90° e poi continua quindi a salire. I pianerottoli di riposo e quelli di arrivo delle scale visti da sotto conferiscono una straordinaria dinamicità delle facciate. Le pareti esterne sono state realizzate in mattoni rossi a faccia vista. Molti di essi sono scalibrati, informi, bruciati dalla cottura elevata e di un colore scuro violaceo. Anzichè essere scartati sono stati inseriti (ma che fuoriescono come tante protuberanze dalla parete) da Aalto a punteggiare la facciata rendendola vibrante e plastica al variare della luce e degli effetti chiaroscurali. Aalto opera una innovazione dentro la tradizione. Le matrici compositive ed i

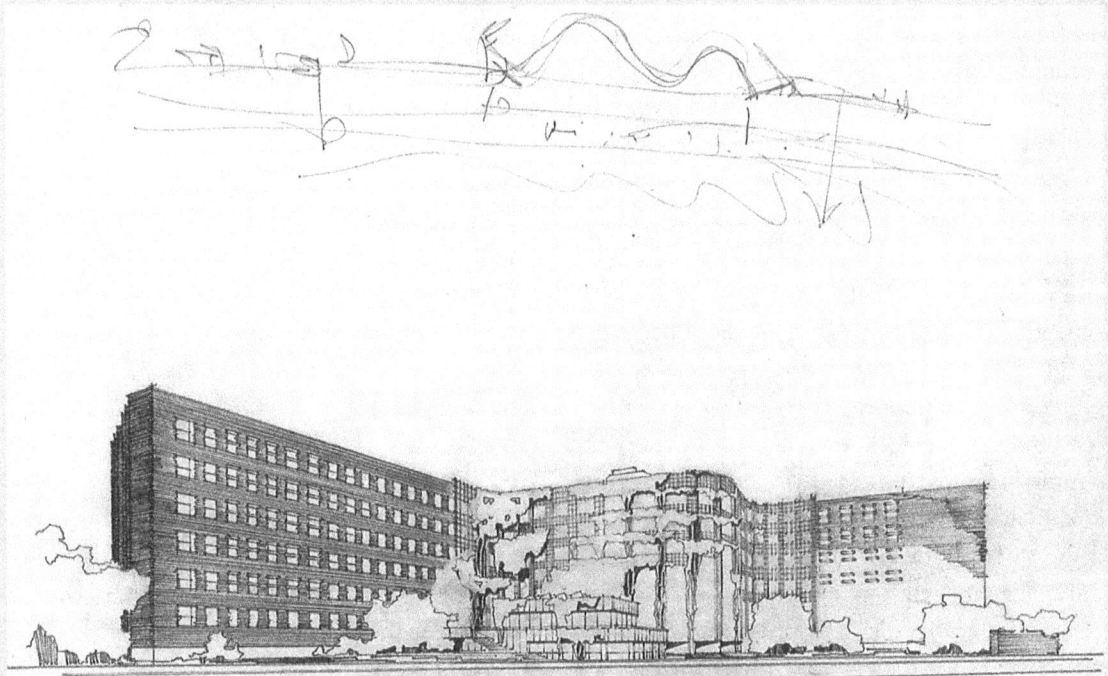

Figura 1. Baker House, schizzo e prospettiva.

comportamenti progettuali sono dentro la storia ma senza imitarne le forme ed i linguaggi. A Cambridge Aalto reinterpreta, a suo modo ed in chiave squisitamente moderna, lo spazio urbano, le rampe, le scale esterne e le piazze delle città storiche italiane che aveva visitato, vissuto e memorizzato così come memorabili appunti di viaggio, schizzi e disegni vari ci testimoniano. La città storica viene vista come luogo di incontro e di socializzazione oltre che di connessione funzionale e distributiva di parti componenti e di singole architetture: Assisi, San Gimignano, Bergamo Alta, ecc. sono solo alcuni dei riferimenti che egli metabolizza e che rinascono e rifioriscono nella sua poetica. Il linguaggio è organico, fluido, quello della linea curva, quella degli organismi viventi e della sensualità della vita, linguaggio già precedentemente sperimentato con elementi di legno curvato in arredi e sedie, comprese quelle del Sanatorio antitubercolare di Paimio (1928-33).

## La Simmons Hall di Steven Holl (1999-2002)

La Simmons Hall è un edificio di 118.116 metri quadrati, alto 10 piani, lungo 117 metri, da 350 posti letto per studenti universitari di primo livello e personale docente. Concepito come una piccola città in verticale, ha in realtà tutta una serie di servizi quali un teatro per 125 posti a sedere, sale di lettura, sale riunioni, salottini sparpagliati un po' dovunque, sale polifunzionali, sale giochi, laboratorio computer, un night - cafè, lavanderia, sale da pranzo con angoli cottura "serviti e self service" il tutto lungo "la strada" interna al piano terra. L'edificio è un blocco volumetrico compatto ma "poroso", "scavato" in cinque vuoti che corrispondono agli ingressi principali, a terminali panoramici di corridoi, a terrazzi esterni. Circa 5.500 finestre quadrangolari le cui facce interne sono multicolori conferiscono grande vivacità all'insieme. Ogni camera singola ha nove piccole finestre quadrate apribili. Lo spessore della tamponatura esterna è di circa 46 centimetri. Questa profondità è risultata essere quella ottimale a seguito dello studio del percorso e dell'altezza del sole durante tutto l'anno a Cambridge. D'estate i raggi solari non entrano nelle camere; vi entrano invece nell'autunno inoltrato ed in inverno, quando il sole è basso all'orizzonte ed i raggi del sole danno un tepore piacevole. L'edificio è stato concepito, progettato e realizzato secondo criteri di assoluta sostenibilità. Grazie alla inerzia termica il raffrescamento delle pareti in calcestruzzo che avviene con la ventilazione naturale notturna, viene poi ceduto di giorno agli ambienti interni,

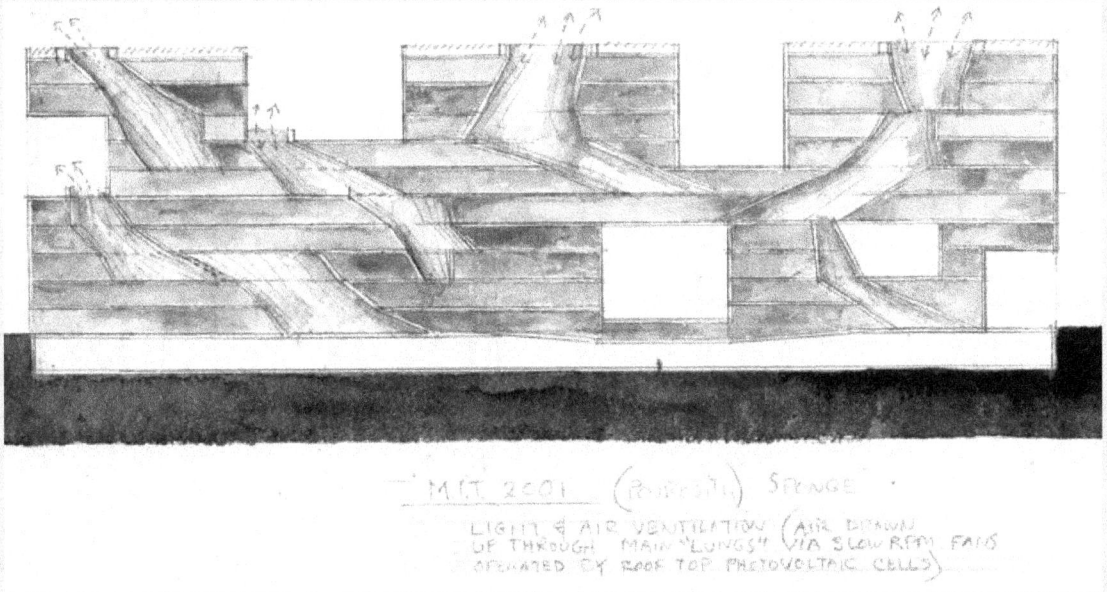

Figura 2. Simmons Hall, schizzo di sezione.

riducendo di fatto al minimo indispensabile l'aria condizionata e la ventilazione artificiale con consumi energetici ridottissimi ed un confort interno di alto livello. Sebbene ridimensionati rispetto al progetto originario per ragioni di sicurezza antincendio, grandi spazi interni dalla complessa, organica, informale configurazione spaziale funzionano come dei veri e propri "polmoni" dell'organismo che consentono alla luce naturale di irradiarsi dall'alto verso il basso,illuminando così parti interne altrimenti buie ed alla ventilazione naturale di attuarsi in tutto il complesso. Anche qui i collegamenti verticali ed orizzontali rievocano lo spazio urbano della piazza e della strada della città storica.

**Conclusioni e considerazioni finali**

Non è possibile un confronto né tra le due opere né tra i due progettisti sia per il tempo trascorso sia per le mutate condizioni della committenza,della utenza stessa,del modo di progettare, di costruire, dei due diversi profili oltre che dei due ben distinti e differenti background dei progettisti. Tuttavia bisogna riconoscere che Alvar Aalto "gioca le sue carte" secondo le antiche regole del fare architettura, intervenendo nel luogo, interagendo con il luogo (ogni finestra di ogni camera ha una sua propria veduta diversa da tutte le altre) e stabilendo con esso una relazione di osmosi e di biunivocità e quindi approdando ad un progetto "estroverso" e di dialogo con il contesto. Pur riconoscendogli grande maestrìa Steven Holl invece opera tutto "all'interno", si inventa strade e piazze, luoghi di aggregazione del tutto indifferenti al contesto, che è e rimane estraneo all'architettura. Il sito topografico non diventa luogo; rimane asettica particella catastale sulla quale è stato appoggiato l'edificio. Si approda ad un progetto "introverso" e ad un monologo.

Le ragioni per cui ciò accade sono molteplici e da trovare in più direzioni (l'ecosistema, un nuovo modo di concetto di ambiente, le problematiche energetiche, la mutazione genetica dell'architettura stessa che sta andando in direzioni diverse, verso il Design (e quindi oggetto decontestualizzato), la Moda, lo star sistem, ecc. Tra le tante poi anche quella che sono cambiate certamente le esigenze dell'utenza, degli studenti che richiedono oggi più cose e cose diverse rispetto al passato, più servizi, più beni immateriali... specialmente quelli della comunicazione. Il mondo esterno non è più quello che sta fuori alla finestra, di fronte e sotto il davanzale ma quello che ci arriva dal PC e dallo smartphone.

**Bibliografia**
B. Zevi, *Towards an organic architecture*, Faber and Faber, London, 1949
W. M. Whitheill, Boston, *A Topographical History*, The Belknap Press of Harvard University Press, 1959, 1968
K. Fleig, *Alvar Aalto 1922-1962* (The complete works in 3 volumes), Les Editions d'Architecture Artèmis, 1970
R. A. Sherwood, *MIT Undergraduate Residence 1980-81*,Cambridge, Massachusetts, 1980
G.Schildt, Alvar Aalto: The complete catalogue of Architecture, Design and Art., Rizzoli New York, 1994
S. Anderson, *"The New Empiricism-Bay Region Axis": Kay Fisker and Postwar Debates on Functionalism, Regionalism, and Monumentality"* Journal of Architectural Education 50, 1997
N. Adams, S. Holl, *Residenza universitaria Simmons Hall,MIT Cambridge*, Massachusetts 2002, *Un puzzle di cemento*, Casabella nn°706/707, 2002
Gannon, Todd, M. Denison, S. Holl, Simmons Hall: *MIT undergraduate residence*, Princeton Architectural Press, 2004
Roberts, C. Jeffrey *"The Architect" Creating Life from a sponge: the pre-history of Simmons Hall*, MIT, 2004
S. Holl - *Architettura parlata*, Rizzoli, 2007
S. Anderson, G. Fenske, D. Fixler, *Aalto and America*, Yale University Press, 2012
Kennedy, Pagan, *Big Sponge on Campus*, The New York Times, May, 18, 2013

# GION A. CAMINADA.
# COLLEGIO FEMMINILE "UNTERHAUS", KLOSTER DISENTIS
# (2001-2004)

**Vitangelo Ardito**
Politecnico di Bari, Dipartimento di Scienze dell'Ingegneria Civile e dell'Architettura

**Parole chiave**
Costruzione, Spazio, Tradizione, Abitare collettivo, Legno.

*Abstract*
*The topic of this essay is the "Unterhaus" Female College in Kloster Disentis, located in the Canton des Grisons of Switzerland, a collective building by Gion Caminada. It is located in a place of an old building in ruins, demolished and replaced by the new one.*
*It is possible to recognize the importance of the building, designed and constructed, in the relationship between the clarity of the proposal and functional request: the proportion of the volume and the urban location, how it belongs to the natural form, the ratio of typological system and appropriate construction, the gentle statement of the details and quality of spaces.*
*It is a kind of approach that Swiss architect gained over the time, with a highly artisanal process and attention to the character of places.*
*The shape of the small urban village suggested to the stereometric building, covering in a grey plaster, to set back from the road and establish a connection with surface of the steep rock. A choice that generated a small urban space in front of it and the possibility of a route that climbs up to the rock and offers the opportunity of single entrance for each floor.*
*The same plan solution is repeated for five storeys, except for few variations, changing around a central service core and allowing a presence of free space for collective activities.*
*At the same time, this core, in reinforced concrete, becomes the central backbone of building, which is, on the contrary, in a traditional wooden trellis system but with modern innovations that improve wellness and comfort.*
*Finally, the accuracy of details, in the single rooms – carefully studied – as much as in the public spaces and in the central service block, make it comfortable and homely and reflect the high constructive capacity of the Swiss architect, but also the ordinary and simple measure of this architecture. For better understanding, it is necessary to look the refinement of wooden frames, which are both a source of light for the private room and for the study sites, where it is possible to read and sleep too.*
*This main work by Gion Caminada it is certainly an exemplary building, made by the builder-architect of Vrin, in the Grisons, and Professor of Construction at ETH of Zurich.*

*"A me non interessano molto certe evoluzioni, perché penso che anche in un mondo apparentemente piccolo possono nascere cose molto grandi. Non ho quindi molta ambizione di evadere. Poco fa un comune mi ha chiesto se avevo voglia di progettare un gabinetto pubblico. Secondo me è un compito tanto affascinante quanto la costruzione di uno stadio in Cina."* [Schlorhaufer 2005, p. 179]

È un'affermazione problematica di Caminada, che descrive il suo "punto di vista" sul mondo dell'architettura, e non solo, e che evidenzia una difficoltà per chi voglia avvicinarsi alle sue opere con i soli strumenti della disciplina. I suoi lavori riguardano soprattutto case in legno poste nel paesaggio alpino della val Lumnazia nei Grigioni, e basterebbe conoscerne i caratteri e le variazioni per comprendere il pensiero dell'autore. Le sue case sono costruite con il sistema ad incastro, lo Strickbau[1], una tecnica arcaica di costruzione in legno, radicata nella tradizionale del luogo, che la modernità raramente ha provato ad innovare. La tecnica costruttiva rifugge ad una semplice connotazione localistica e diventa per Caminada cardine della sua ricerca: "sarebbe possibile progettare (con lo Strickbau) una costruzione ad incastro anche in un ambito cittadino [perché] il tipo di casa dipende dal luogo [mentre] il tipo di costruzione ad incastro si libera da queste realtà locali e diventa un metodo progettuale globalmente applicabile" [Schlorhaufer 2005, p. 174]. Per Caminada la modernità – che non è il suo principale problema – anzi il tempo contemporaneo, risiede nella "semplicità del costruire (che) nasce da luoghi con particolarità locali, ma (che) è sempre andata oltre. La simbiosi tra il locale e l'estraneo, tra la tradizione e l'innovazione ha portato progresso […]." [Schlorhaufer 2005, p. 136]
Le sue realizzazioni, a Vrin e dintorni, come le case dei contadini, "sembrano stiano lì come se non fossero state create dalla mano dell'uomo. Come fossero uscite dall'officina di Dio, con i monti e gli alberi, le nuvole e il cielo azzurro." [Loos 1988, p. 241] Ma, come lui stesso dice, persino "i contadini non hanno […] un atteggiamento regionalistico o addirittura folkloristico. Lo si può vedere dalle loro costruzioni. L'autenticità delle loro architetture rimanda ad altre costanti: il clima, la topografia, la storia, etc.". [Schlorhaufer 2005, p. 174]
Se le case di Caminada sembrano tradizionali, come le case dei contadini che assume a modello, in realtà compie su di esse sottili e profonde innovazioni, nel sistema costruttivo come negli aspetti tipologici consolidati. Le sue case, come le case dei contadini, si inseriscono all'interno di una tradizione che è in naturale evoluzione, attraverso lenti processi ideativi e realizzativi. Con esse, che assumono come requisito irriducibile quelle stesse costanti che appartengono alla cultura contadina – il clima, la topografia, la storia, ecc. –, Caminada ricerca i principi sui quali fondare il suo lavoro.
La prima questione che si rileva è la scelta del legno come unico materiale da sperimentare e lo Stickbau come esclusivo ambito di conoscenza: "[…] mi sto occupando da vent'anni dello stesso principio costruttivo. Senza questo contatto costante sempre con lo stesso sistema di costruzione non avrei potuto fare queste esperienze. […] A me interessano le condizioni che mi permettono di esprimermi all'interno delle leggi date della costruzione ad incastro". [Schlorhaufer 2005, p. 172]
A Caminada interessa accettare questo ristretto ambito perché facilita un approfondimento sempre maggiore della tecnica. Lui lavora sulla dimensione delle fasce, sul modo di assemblarle, poi sulle discontinuità come le finestre e le porte, soprattutto sui modi di incastrarle negli angoli.
Con le diverse soluzioni se ne potrebbe fare un ricco abaco. Ed ogni soluzione è appropriata al tema dell'edificio: si tratti di una semplice casa o di un obitorio – lo Stiva da morts – "[…] bisogna rispettare e sentire i limiti, altrimenti il rapporto con questo principio costruttivo è destinato a fallire …". [Schlorhaufer 2005, p. 172]

---

[1] Strickbau (anche Blockbau o Blockwerk) è un sistema costruttivo ligneo a blocco con incastri, noto fin dal periodo neolitico, in uso soprattutto nelle regioni di montagna della Svizzera e della Germania.

Entra qui in gioco una *costrizione del limite* imposto dal materiale e dalla tecnica come dinamica del lavoro conoscitivo del progetto, che diventa condizione anche per il momento creativo; e la necessità di ritornare costantemente sulle stesse soluzioni, che Caminada sottolinea come inevitabilità del principio della ripetizione. "Se si persegue una cosa, questa sicuramente migliora.
Questa durezza, disciplina, tenacia con me stesso è importante [...]". [Schlorhaufer 2005, p. 175]
La materia e la tecnica, il legno e l'incastro, che coincidono con le forme della tradizione del luogo, sono da lui portate su un piano generale; è il modo per sfuggire ad una riduzione regionalistica e attribuire all'esperienza un valore di metodo: "il tipo di costruzione ad incastro si libera da queste realtà locali e diventa un metodo progettuale globalmente applicabile". [Schlorhaufer 2005, p. 174]
La familiarità con il lavoro sul legno e con il sistema Strickbau conducono, per estensione, Caminada a riflettere sull'idea di massa e sulla tecnica dello scavo – che deriva dall'incastro – che diventa un processo di lavoro anche ideativo e compositivo. "A me interessa il principio della massa[2] [...]. Nessuna altra costruzione in legno mostra una massa così compatta come la costruzione ad incastro. [...] Sembra che l'edificio sia altrettanto massiccio della chiesa costruita con muri massicci [...]". [Schlorhaufer 2005, p. 174]
Quando riflette sulla formazione dello spazio e sulla sua origine, lo immagina richiuso in massicci muri in legno; in seguito Caminada matura l'idea che lo spazio è contenuto nella massa stessa e che bisogna liberarlo togliendo materia. Così la forma elementare dello spazio diventa una stanza minima delimitata da blocchi di legno che chiama "cellula spaziale". In questo modo "non si lavorava con delle pareti, ma con degli spazi ...". [Schlorhaufer 2005, p. 176]
L'idea base di questo metodo di progetto sta nel lavorare per stanze/scatola portanti in legno, dove la composizione morfologica è ottenuta dalla relazione tra queste masse scavate, cioè dalla qualità dello spazio interstiziale, vere zone di servizio[3].
Questo procedimento, che inizia dalla "cellula spaziale" e dal rapporto con le "intercapedini" – termine che Caminada utilizza – in realtà è l'esito di un processo fatto di ripetute azioni di scavo sulla materia; e qualora le masse si riducano a eleganti e ben studiate pareti lignee – come nel caso della Stiva da morts – ciononostante esse portano la memoria della massa originaria.
Come si costruisce con lo Strickbau? Con forme scatolari, come per la costruzione muraria, che diventano efficaci strutture resistenti con angoli saldamente ammorsati: spesso più scatole sono accostate l'una all'altra, tra zone di servizio, e racchiuse nel recinto murario dell'edificio.
Per comprendere correttamente è necessario guardare le ammorsature delle scatole lignee, così come sono mostrate nel prospetto come "vera" costruzione.
Una prima tecnica è circondare la scatola con una fascia, come inspessendo la parete lignea: è utilizzata in casa Stoker-Gasser a Rumein (2004), così come nella coeva Stiva da morts a Vrin (2002), che potremmo assimilare ad una "casa per i morti".
Una seconda è accostare le scatole in serie, un sistema passante senza servizi, "cellule" autonome giustapposte: è il caso di casa Caviedes a Vrin (1995) o della casa Walpen a Blatten (2002).
Una terza tecnica è disporre scatole dentro il recinto murario della casa, definendo come nuclei a volte le stanze ed a volte i servizi: casa Caminada a Vrin (2000), casa Schmid a Vals (2000) o casa Segmüller a Vignagn (2001). Infine, ultimo tema, il linguaggio della costruzione, per sua natura astratto e atemporale, che si declina in linguaggio dell'architettura rispondendo alla richiesta di carattere del singolo edificio, assumendo una espressività formale.

---

[2] Caminada cita più volte il lungo saggio di Elias Canetti, Massa e potere. Il riferimento è alla prima parte, in cui sono trattati gli aspetti e le caratteristiche della massa, che vanno interpretati in senso altro. [Canetti 1981, pp. 17-108].
[3] Si potrebbe anche intendere questo rapporto tra "cellula spaziale" e "intercapedine" come una estensione o una interpretazione del rapporto kahniano tra "spazio servente" e "spazio servito".

Questa dialettica tra linguaggio della costruzione e linguaggio dell'architettura è suggestivo nella Stiva da morts a Vrin. La struttura lignea sembra fin troppo espressiva, drammatica con i suoi aggetti pronunciati e le sue lesene direzionate, gli sporti e le mensole intorno alle finestre che guardano il paesaggio e il cimitero, ma non lo è, perché ricerca un modo di interpretare la dialettica tra fuori e dentro, ciò che resta e ciò che va perduto.

Il Collegio Femminile "Unterhaus" a Kloster Disentis, opera centrale nel lavoro di Caminada, è il risultato di un concorso bandito nel 2001 e vinto con un progetto realizzato nel 2004.

Kloster Disentis è una valle dominata dalla imponente mole di un convento benedettino, eretto tra la fine del XVII e gli inizi del XVIII secolo in stile barocco.

Alla fine del XIX secolo il monastero subì forti rinnovamenti e, con la fondazione di una scuola abbaziale, fu trasformato in un centro religioso. La scuola possedeva un collegio per alloggiare gli studenti, nella valle lungo la strada per Coira, che è stato demolito e ricostruito con il concorso.

L'edificio è in muratura, ma Caminada in questa occasione dà corpo a tutti gli insegnamenti appresi nella pratica costruttiva con il legno - i due sistemi costruttivi, del legno a blocco e del muro in pietra, si assomigliano se si considerano i caratteri formali attraverso cui si manifestano: spessore, pesantezza, opacità. Inoltre le ragioni della costruzione si manifestano in modo diretto nelle forme che assume l'architettura. Il collegio è stato ripensato come un luogo di studio, riposo, relazione, non più come una istituzione chiusa, un dormitorio protetto. E' diventato una grande casa collettiva ed il valore civile dell'edificio è evidente nel trattamento "non appariscente"[4] degli esterni, con semplice intonaco di colore grigio.

Su questo tema Caminada mostra una chiarezza che gli deriva dalla familiarità con i paesaggi della valle. A chi gli chiede se "l'effetto esterno dei tuoi edifici sembra piuttosto misurato", risponde: "Questo mondo variopinto, sgargiante, non mi piace affatto. [...] In fondo non mi piacciono neanche i contrasti. Forse c'entra di nuovo con il paese di Vrin. Penso che qui un contrasto sarebbe la peggiore cosa che potrebbe capitare e fondamentalmente non considero l'idea di progettare degli effetti di contrasto. Grazie alle costruzioni che amano evidenziare i contrasti è stato distrutto già troppo. I contrasti sono creati dalle persone che abitano i luoghi, non possono fare da programma di progetto". [Schlorhaufer 2005, p. 176]

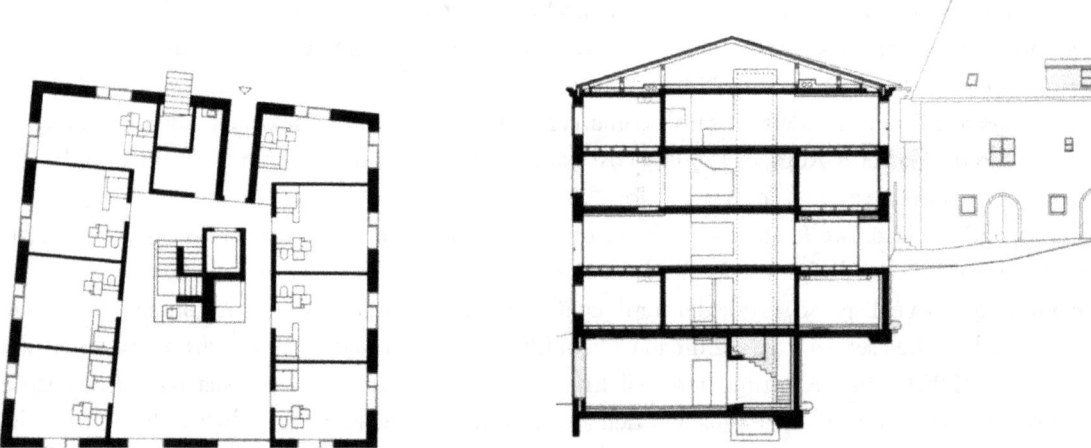

Figura 1. Pianta piano tipo e Sezione trasversale [Fonte: Schlorhaufer, B. 2005].

---

[4] È di Paul Schmitthenner l'appellativo "non appariscente" (Vom unscheinbaren in der Baukunst) per definire il carattere in apparenza modesto di un edificio. È anche un carattere dell'architettura di Gion Caminada. [Schmitthenner 1932; Ardito, 2013, pp. 13-23].

L'edificio possiede un forte rigore rispetto ai temi affrontati: la sua misura e la posizione urbana, il rapporto con la forma naturale, la chiarezza dell'impianto tipologico e la coerenza costruttiva, la delicatezza dei dettagli e la qualità degli spazi.

La conoscenza morfologia del borgo ha suggerito a Caminada di arretrare l'edificio stereometrico – ha quasi la forma di un cubo, sottolineata da una copertura a falde molto ribassate in lamiera che si direbbe "un tetto piano" – dal filo stradale e di addossarlo contro la ripida parete rocciosa, posta ai piedi del convento.

Una scelta che ha generato un piccolo spazio urbano avanti l'ingresso su strada e soprattutto una forte dialettica tra l'edificio e la morfologia naturale, risolta con un percorso che si inerpica nella roccia e rende possibile un accesso indipendente ad ogni piano.

Il disegno delle piante ai cinque piani si ripete seguendo lo stesso schema – 8 alloggi al 2° piano, 9 alloggi al 3° e 4° piano, mentre al 1° sono solo 5 per la presenza di alcuni servizi, per un totale di 31 alloggi – ruotato ad ogni piano di 90° intorno al nucleo centrale della scala.

La pianta tipo, nell'edificio di forma pressoché quadrata, è costituita da tre blocchi di camere su tre lati – che si configurano come tre nuclei residenziali costituiti ognuno da 2 o 3 stanze – mentre il lato restante, opposto all'ingresso, è libero e costituisce uno spazio collettivo aperto all'esterno e molto luminoso. Questi blocchi di stanze si configurano come "cellule spaziali" autonome, con lo spazio collettivo che funge da "intercapedine", tutto richiuso dal muro perimetrale. E' interessante notare, perché le "cellule spaziali" si potessero identificare, che gli angoli sono liberi e si creano delle stanze dall'accostamento di due nuclei, come due anse dello spazio centrale. Il nucleo centrale, nelle intenzioni di Caminada, è un autentico *objet a réaction poétique*.

Figura 2. Modello blocco centrale [Fonte: Schlorhaufer, B. 2005].

Prezioso nella esecuzione – è stato utilizzato il cemento avendo particolare cura della finitura e della colorazione – conformato da una scala interna della quale si leggono chiaramente i piani inclinati delle rampe, arricchito dalla presenza di lastre di ottone e incassi in legno e reso funzionale dalla presenze di piccoli piani comuni per la cottura, il nucleo centrale è l'anima dell'edificio, sul quale sembra essere stata operata una vera azione di scavo.

Mentre le isole abitate (le "cellule spaziali") sembrano piuttosto aggiunte e la loro posizione calibrata in modo da dare equilibrio allo spazio esterno (le "intercapedini"), questo nucleo centrale in cemento armato diventa, insieme al muro perimetrale, parte portante della costruzione. Infine nei dettagli si riconosce la maestria del raffinato artigiano che, senza eccedere, rende con misura ogni parte naturale. Gli infissi esterni, corrispondenti alle singole camere, sono sempre divisi in due parti asimmetriche: la prima a filo della facciata, è fissa, vetro che riceve la luce, la seconda a filo interno del muro, contiene una finestra che accoglie il vento della valle, il "cul zuffel" o "l'aura dado".

Anche le camere sono attentamente disegnate, con gli arredi in legno su misura realizzati dagli artigiani del posto. La delicatezza dei dettagli, nelle singole camere come negli spazi collettivi e nel blocco di servizio centrale, rendono confortevoli e familiari i luoghi pubblici e privati e testimoniano l'eccellente capacità costruttiva, ma anche la misura ordinaria e sapiente, dell'architetto svizzero.

Poi con l'occhio attento si scoprono una infinità di piccoli particolari: gli ingressi ad ogni piano sono segnati da stipiti, asimmetrici, che raccordano, attraverso uno zoccolo continuo, l'edificio alle diverse

Figura 3. Prospetto piazza [Fonte: Schlorhaufer, B. 2005 Foto Lucia Degonda].

quote del suolo esterno; il cubo grigio è chiuso al cielo da una fascia modanata della stessa pietra chiara; il nucleo centrale, eseguito alla perfezione, è impreziosito – piuttosto che dalle evidenti lastre di ottone – da un sottile getto in opera di graniglia di cemento levigato, che diventa un tappeto, un piano prezioso per accogliere l'animosa vita del collegio; la soglia interna della finestra, ovviamente in legno, usata come seduta per contemplare la valle, nasconde un piano estraibile, uno scrittoio per lo studio. Ritroviamo i temi analizzati in precedenza.

Il nucleo centrale, come un ceppo intagliato, è generato dallo scavo nella massa in cemento; la composizione degli alloggi è risultata dalla giustapposizione di spazi di servizio e spazi abitati, dove i primi diventano generatori dei secondi, invertendo un ordine scontato; la stessa scatola dell'edificio, definita tra il piano del suolo e quello del cielo, confligge con le bucature delle finestre, che sembrano scavate nello spessore murario. Si tratta certamente di un edificio esemplare, di un'opera matura di Gion Caminada. "Vi sono due specie di conoscenza. Di queste, l'una conduce ad immergersi nell'oggetto e nel suo contesto, per cui l'uomo che vuol conoscere cerca di penetrarlo, di vivere in lui; l'altra, al contrario, raduna le cose, le decompone, le ordina in caselle, ne acquista padronanza e possesso, le domina". [Guardini 1993, p. 55]

Romano Guardini ci informa di queste "due specie di conoscenze" nella sesta "Lettera dal lago di Como", che titola "Il dominio", perché la conoscenza è una forma di dominio sulle cose.

Ci invita a decidere, in ogni occasione, quale sia il tipo di conoscenza adeguato all'oggetto che intendiamo conoscere, perché è l'oggetto che deve suggerire il tipo di conoscenza adeguato.

Come in questo caso, dinanzi alle opere di Gion Caminada, è naturale decidere per la prima soluzione. Per conoscere *veramente* la sua architettura non è sufficiente guardare il mondo delle sue forme e dei processi tecnici, bisogna lasciarsi coinvolgere dal suo mondo culturale ed antropologico, comprenderne persino gli obiettivi politici ed economici, apprendere la sua *Weltanschauung*.

L'attenzione che rivolge alla sua valle è un modo per gettare uno sguardo critico sul mondo, non da una angolatura romantica – assolutamente no – ma drammaticamente protettiva e insieme rifondativa. Per questo la sua opera, fatta di piccole architetture, ci sembra importante, perché con il suo lavoro intende rifondare il luogo, rifecondarlo.

"Quella prima maniera di dominare, sentiva in profondità; abbracciava il contesto, liberava le energie, rendeva reali ed attive le virtualità, rilevava i desideri nascosti, li avvalorava [...]. Era un «conoscere»,

Figura 4. Vedute blocco centrale [Fonte: Schlorhaufer, B. 2005 Foto Lucia Degonda].

un far risaltare, uno stimolare, un guidare; era una gamma di energie e rapporti naturali.
Tutto ciò che riceveva una forma rimaneva, in qualche modo «naturale». [...] Era un regnare che si otteneva per mezzo di un servire; un creare secondo la natura, che non si scostava dalle direzioni indicate, che non oltrepassava i limiti stabiliti." [Guardini 1993, p. 57]
Ma subito dopo, con attenzione, occorre tornare ad analizzare le sue architetture in modo analitico, pezzo per pezzo, scomporle e guardarle al microscopio, ricomporle per afferrarne i nessi, capire i materiali e le tecniche, le singole parti e l'insieme, la composizione del cemento e il tipo di legno.
Perché questa è anche la vera essenza dell'artigianato, una puntigliosa attenzione alla minima soluzione, della quale si afferra l'adeguatezza nonostante se ne sia a conoscenza di mille altre, ma anche una chiara visione d'insieme, fino ai significati più generali. Le due "specie di conoscenza" in questo caso si completano, si ricompongono, hanno l'una bisogno dell'altra, una sintesi tra "opposti polari" che ci consegna l'oggetto ancora più integro, interessante, profondo, ancora più nostro.

**Riferimenti bibliografici**

A+U *Architecture and Urbanism* (2015:10). n. 541. Gion A. Caminada. (special issue). A+U Publisching Co., Ltd. Printed in Japan.

Ardito, V. [2013]. *La costruzione non apparente della casa*. Polibapress, Bari.

Caminada, G. A. [2006]. *Stiva da morts. Vom Nutzen der Architektur.* gta Verlag (Institut für Geschichte und Theorie der Architektur-Departement Architektur), ETH Zürich.

Caminada, Vrin, pp.13-45, in Schoper, T. *Ein Haus. Werk-Ding-Zeug?. Gespräche mit G.A. Caminada, H. Czech, T. Emerson, H. Kollhoff, V. Olgiati*, Passagen Verlag, Wien.

Canetti, E. [1981]. *Massa e potere*. Adelphi, Milano.

Guardini, R. [1993]. *Lettere dal lago di Como*, Morcelliana, Brescia (2.a).

Loos, A. [1988]. *Parole nel vuoto*. Adelphi, Milano, (6 ed.).

Schmitthenner P. [1932] *Baugestaltung.Erste Folge: Das deutsche Wohnhaus*. Stuttgart, Konrad Wittwer Verlag.

Schlorhaufer, B. (a cura di) [2005]. *Cul zuffel e l'aura dado. Gion A. Caminada*. Quart Verlag Luzern.

# LE HALL DELLE RESIDENZE UNIVERSITARIE ... APERTE ... CONDIVISE E INTERATTIVE

**Maria Argenti**
Sapienza Università di Roma, Dipartimento di Ingegneria Civile, Edile e Ambientale
**Maura Percoco**
Sapienza Università di Roma, Dipartimento di Ingegneria Civile, Edile e Ambientale
**Emilia Rosmini**
Sapienza Università di Roma, Dipartimento di Ingegneria Civile, Edile e Ambientale

---

**Parole chiave**
Housing settlements, Rome, Participatory life model, Urban regeneration, Project verification

*Abstract*
*In the city of Rome, the lack of low cost residences and social housing for students and the limited availability of services, affects the living of several students.*
*The previous conditions lead to an increment of the real estate power, as consequences, the right to the education is getting compromised.*
*In response to this situation, that can be defined an emergency, some students have created self organized groups with the intent to claim the "the right of housing" and they have started to occupy abandoned publics buildings, creating experimental cohabitations that involves professional figures such as young students, small families, immigrants and humble families.*
*The direct observation of those realities, that have driven to experimental and informal cohabitations - conducted by research group afferent to the Department of Civil Engineering, Construction and Environmental (DICEA) - has been developed within a multi-annual program dedicated to investigate the several forms of housing difficulties in Rome.*
*The goal is to understand the way in which the architectural project can perceive and learn about these informal configurations.*
*The survey on three of the five active housing settlements in Rome, and the meeting with some collective union residents, have represented an opportunity to think about the potential social aspect of these spontaneous organizations in terms of new experimental models of participatory life and practical contribution proposed for the definition of a new manifesto that supports the right to the education as well as the right to the free access to the city for everybody.*
*Starting from these considerations, the essay propose to face the student residences issue through a "synergic approach" and identify in the architectural project the interpreter and promoter - in programmatic and spatial terms - for the development of sharing dynamics and interaction activities between the inhabitants, thereby initiating a new social inclusion process.*
*To support our conclusions, we describe one significant case study of "student open residencies" and we present the progress of the investigation, introducing new goals, working methodologies and a first analysis where principles and values enshrined in the Roman occupations are systematized and formalized.*

**Tra formale e non-formale**
Una recente "città di fondazione", con le sue mura, i suoi palazzi istituzionali e le sue sedi amministrative, con le sue strade e le sue piazze si inserisce, cintata, nel centro di Roma. È la *Città universitaria*, progettata nel 1939 da Piacentini nel quartiere di San Lorenzo e che valica oggi le sue mura estendendosi anche nel tessuto urbano con una serie di nuclei satellite.
Parallelamente una "città universitaria senza-forma", dispersa e dinamica, pervade Roma. Si insinua nei vuoti urbani, negli edifici abbandonati, negli scarti del patrimonio costruito tessendo una trama invisibile che tiene insieme una comunità vivace ed attiva. I suoi abitanti sono giovani studenti, costruttori incessanti di "condizioni abitative instabili", inconsapevoli sostenitori del modello di una "non-forma urbana". Essi danno vita a processi di trasformazione del costruito che si mostrano in conformazioni deboli, plasmabili nel tempo attraverso il lavoro di una comunità che si riconosce e cresce sempre di più intorno ad un comune concetto di urbanità fondato sull'*abitare insieme*.
Si tratta di un fenomeno indubbiamente interessante. Ma come è possibile far dialogare queste due realtà così distanti? Può il progetto di architettura programmare ciò che è volontario, spontaneo, senza snaturarlo, svilirlo?
Attivare il potenziale umano della solidarietà è in ogni caso un valore primario. La domanda che persiste è se queste esperienze possano realmente portare ad una trasformazione dei modelli tradizionali, provocare un cambiamento radicale della mentalità comune sia in una prospettiva sociale a lungo termine sia nella pianificazione territoriale della città.

**Sapienza. I dati del problema**
115.000 è il numero d'iscritti a Sapienza. Un valore che fa del più antico Ateneo romano la più "popolosa" università d'Europa. Fonti statistiche[1] riferiscono che circa un terzo degli immatricolati è "fuori sede". Tra questi: 30.000 sono gli universitari italiani che decidono di trasferirsi a Roma da altre Regioni; 8.000 è il numero degli studenti stranieri, 3.000 quello degli studenti in mobilità internazionale. A fronte di un così ampio consenso Sapienza non è in grado di programmare un'offerta abitativa adeguata. Laziodisu, l'ente per il diritto agli studi universitari nel Lazio, dispone di limitate risorse. I posti letto previsti per Sapienza (Adisu Romauno) sono 1.161 e possono soddisfare solo il 3% dei 41.000 studenti "fuori sede".
La reale disponibilità di alloggi si riduce ulteriormente in ragione della eccessiva distanza di parte di questi dalle sedi universitarie. Significativo è il caso dello studentato nel quartiere di Ponte di Nona: 163 alloggi costruiti nel 2010 in un'area che dista dalla città universitaria circa 14 Km, localizzata al di là del Grande Raccordo Anulare; più che periferica isolata, a tal punto da rendere gli studenti che vi alloggiano "pendolari". Se da un lato è difficile comprendere le ragioni che hanno legittimato la realizzazione di una Casa dello Studente in un quartiere tanto decentrato, dall'altro sono inspiegabili le logiche che stanno informando la programmazione dei nuovi studentati in corso di attuazione; ancor più se inquadrate all'interno di una cornice ideologica fondata sull'istanza di riduzione del consumo del suolo ed intesa a favorire la riattivazione di edifici dismessi in aree urbane non periferiche.
Significativo appare in questo quadro l'intervento di trasformazione del complesso dell'ex Istituto di Sanità; esso rende evidente infatti la contraddizione tra validità dell'approccio strategico e concezione dell'abitare comunitario che il progetto prefigura con l'articolazione di spazi e funzioni.
La piena disponibilità di un fabbricato di proprietà del Demanio dello Stato collocato lungo l'asse di Viale Regina Elena, nelle immediate vicinanze della città universitaria, offriva l'opportunità di interpretare l'intervento della sua trasformazione come "progetto pilota" esemplificativo del "nuovo

---
[1] www.universitaly.it - Portale italiano delle Università gestito dal M.I.U.R. [Ultimo accesso: 4.07.2016]

corso" nella politica dell'Ateneo per garantire, oltre che un alloggio, il diritto allo studio. Elaborato nel 2013, per un importo complessivo di circa 8,5 milioni di euro, il progetto di riconversione - in corso di realizzazione - prevede 240 nuovi posti letto e servizi di supporto su una superficie lorda di 24.500 mq. con un'area esterna adibita a giardini privati di 3.000 mq. L'analisi del progetto rende evidente un approccio al tema della residenza - di cui lo studentato è una delle possibili declinazioni - limitato e di tipo convenzionale, attento al rispetto delle prescrizioni - nei termini di valori minimi di superfici abitabili, finestrate, ecc. - piuttosto che interessato a cogliere la circostanza del riuso di un edificio storico dismesso come opportunità per sperimentare e proporre nuovi modelli di vita comunitaria.

Già dalla definizione del programma funzionale si evince la rinuncia ad un pensiero innovativo. Le attività previste si riferiscono alla sola sfera dell'abitare individuale. La soluzione distributiva, inoltre, è subordinata alla configurazione morfologica "a pettine" dell'edificio: gli alloggi occupano prevalentemente i tre corpi paralleli; gli spazi di servizio e di supporto sono collocati nel fabbricato di collegamento disposto perpendicolarmente ad esse. L'articolazione degli spazi appare analoga a quella di una generica struttura ricettiva: in ciascuno dei tre padiglioni, ad ogni piano, un asse distributivo longitudinale dà accesso alle camere, ciascuna con bagno di pertinenza.

La similitudine tra studentato ed albergo conduce ad una condizione di isolamento degli abitanti pregiudicando il costituirsi di una comunità di giovani studenti. Il fraintendimento persiste nel modello di gestione proposto, di tipo centralizzato: pulizie e vitto, assicurate da servizi privati esterni, sono concepiti come incombenze piuttosto che come efficaci strumenti per favorire rapporti di collaborazione. Altro elemento rilevante riguarda la quantità di spazi d'uso collettivo presenti in ogni livello. Ogni 36-38 posti letto sono previsti una cucina di 20.40 mq., una "sala tv socializzazione" di 15.00 mq. ed uno "spazio comune" di 11.85 mq.

Il tutto se da una parte è in conformità con valori minimi di normativa dall'altra appare insufficiente a favorire l'incontro di culture, lo scambio di esperienze, lo sviluppo di sentimenti di convivialità che dovrebbero favorire la quotidianità a studenti fuorisede.

Nella rinuncia a costruire, attraverso la riorganizzazione degli spazi, un luogo capace di offrirsi come scenario di vita comunitaria, il progetto di trasformazione dell'ex Istituto di Sanità in studentato ha dato priorità al numero di posti letto riducendo gli ambienti comuni, gli spazi per lo studio e le aree sperimentali. È tuttavia auspicabile proprio su questa base una riflessione sui bisogni delle giovani generazioni, ancor più, sul ruolo della progettazione, alla scala urbana e architettonica. È necessario cercare risposte nuove a bisogni mutati, ridefinire, in qualità di progettisti, l'idea stessa di Studentato. Verificare come coniugare l'esigenza di garantire un numero adeguato di nuovi postiletto con queste nuove esigenze. E chiedersi cosa può rappresentare un edificio per studenti oggi in una metropoli come Roma; quali sono i valori da interpretare nel progetto. Cercare le risposte tra i futuri abitanti di questi edifici è il primo passo nella direzione del rinnovamento.

Nel tessuto urbano sono riconoscibili i segni di una risposta spontanea ad un fabbisogno abitativo sempre più diffuso che coinvolge gli studenti a fianco di giovani professionisti, nuclei familiari, immigrati, persone sole. Proporsi all'ascolto delle loro storie, cercare di comprendere potenzialità, valori e limiti delle richieste di coloro che vivono il bisogno, può costituire una interessante esperienza di ricerca progettuale.

**Le occupazioni studentesche a Roma. Un nuovo modello di Studentato?**
Le occupazioni studentesche a Roma, ad oggi, sono ridotte a quattro[2]. Alexis, Mushroom 2.0, Puzzle, Point Break sono i loro nomi; ciascuno ha un significato, si riferisce ad una vicenda singolare che

---
[2] Nell'Agosto del 2015 la comunità di "Degage" insediata in una villa in Via Antonio Muse è stata sgombrata.

rimanda, tuttavia, ad una storia unitaria che accomuna queste ed altre esperienze abitative "spontanee" in un originale "laboratorio di ricerca per il diritto all'abitare". In questi termini, il loro studio può rappresentare un valido contributo per ripensare l'idea dello Studentato, anche in relazione ad un nuovo modello di città. Per comprenderne il potenziale, è necessario ricostruirne in breve la loro origine recente e ritrovare le motivazioni del loro sviluppo.

Nel 2008, sulla scia del movimento studentesco dell'Onda, le lotte studentesche di rivendicazione del diritto allo studio si fanno interpreti dei passati valori e degli obiettivi delle lotte sociali e decidono di mettere in campo dei progetti politico-sociali.

Alla continua crescita dei quartieri periferici, alla speculazione edilizia ed alla gentrificazione di molta parte della città storica i collettivi contrappongono azioni coordinate d'incursione ed insediamento informale per chiedere con forza la riattivazione programmatica dei numerosi edifici pubblici abbandonati disseminati nel tessuto urbano di Roma.

Osservare da vicino, con lo sguardo del progettista, queste realtà spontanee permette di capire quali siano i bisogni e i desideri degli studenti, future generazioni aperte al rinnovamento, libere da schemi prestabiliti pertanto capaci di cogliere in uno spazio vuoto ed inutilizzato una potenzialità di riuso per rispondere alle problematiche che la crisi socio-economica pone alla città contemporanea delineando visioni e disegnando nuovi percorsi.

L'interesse architettonico che si cela in questi spazi di appropriazione spontanea sta nella commistione di nuovi usi, abitativi e pubblici, all'interno di edifici che altrimenti sarebbero rimasti solamente abbandonati. "L'esperienza di Puzzle - racconta Maurizio occupante e attivista - non vuole essere solo la risposta a dei bisogni primari, a chi non ha casa e non può sostenere il carico economico di un affitto (…) l'interesse è produrre delle ricadute sociali sul territorio"[3]. Il nuovo modello di Studentato supera, dunque, la specificità funzionale del modello tradizionale e propone il tema più ampio della "Casa collettiva".

Lo scarto innovativo sta nell'idea di pensare la Casa dello studente come efficace strumento per sostenere il vivere comunitario e partecipativo all'interno dell'università e della città. All'archetipo di un insieme di alloggi individuali integrato da servizi comuni si sostituisce una strategia: creare un sistema di spazi privati e collettivi, semi-pubblici e sociali, permanenti e temporanei, residenziali, culturali, sociali e produttivi, riuniti in un organismo molteplice e dinamico.

Il modello residenziale messo in atto all'interno degli edifici occupati è quello dell'abitare condiviso e temporaneo. Gli studenti non risiedono stabilmente in questi spazi sottratti all'abbandono, ma li "attraversano" trascorrendovi un periodo della loro vita, non solo come singoli, ma come soggetto collettivo in continua mutazione. Il concetto generale alla base di tutte le occupazioni è "andare oltre il diritto alla casa". L'obiettivo comune è tornare a riflettere sul diritto alla città, sulla possibilità di vivere in comunità nella comunità, sul bisogno di spazi relazionali ovvero sulla necessità di creare le condizioni per tessere rapporti, per riscoprire il senso della vita partecipativa.

Presupposto essenziale è quindi l'affermazione del valore della condivisione, degli spazi, delle spese e delle incombenze, delle difficoltà e degli intenti, che implica lo scambio, di culture, interessi, idee e pensieri. Su questi princìpi si fonda la costruzione del senso di appartenenza ad una comunità. Il coinvolgimento di tutti gli abitanti accanto a riconoscimento ed affermazione individuale è il valore di riferimento alla base della vita interna all'occupazione che gli studentati tradizionali non riescono a interpretare e promuovere. Aver condiviso l'immaginazione di queste realtà, aver partecipato concretamente ai lavori di ristrutturazione per realizzarle, proietta fin da subito gli studenti abitanti in un'idea di habitat comune.

---

[3] Plini Maurizio, "Puzzle nella metropoli", intervento all'interno della Giornata di Studi "Città Immaginate. Riuso, Sperimentazioni e nuove forme dell'abitare", 7 Maggio 2016, Centro sociale Astra, Roma.

A livello tecnologico-architettonico, le soluzioni d'uso dei nuovi spazi abitativi che queste esperienze propongono rappresentano un ricco catalogo di sperimentazioni creative di riuso, lontane dalla genericità delle soluzioni standard imposte dal mercato, che non hanno comportato spese economiche ingenti, pur garantendo i requisiti minimi di abitabilità.

L'autogestione degli spazi e lo svolgimento di attività interne, inoltre, costituiscono ulteriori occasioni di incontro e crescita personale. La riduzione dello spazio privato alle sole stanze da letto - singole o doppie - e la prevalenza in termini dimensionali degli ambiti comuni - soggiorni, cucine e bagni previsti in ogni piano - sono un dato spaziale di rilievo.

- Adisu - Roma uno

  a. *A.Ruberto* Via C. de Lollis
  b. *E.Tarantelli* Via de Domenicis
  c. *Assisi* Via Assisi
  d. *Valle Aurelia* Via B. degli Ubaldi
  e. *Ponte di Nona* Via Ponte di Nona

  Posti totali 1.161

- Residenze Sapienza

  i *Foresteria* Via Volturno
  ii Via Palestro

  iii Via Regina Elena (progetto)
  iv Ex Sdo Pietralata (progetto)

  Posti totali 137

- Occupazioni studentesche

  1. *Puzzle* Via Monte Meta, 21
  2. *Degage* Via Antonio Musa, 10 (sgomberato)
  3. *Mushroom 2.0* Casalbertone
  4. *Point Break* Via Fortebraccio 30
  5. *Alexis* Via Ostiense 124

- Sapienza - Città Universitaria

Figura 1. Progetto di riconversione delle Residenze Universitarie Regina Elena.

Altro elemento sostanziale riguarda la quantità di abitanti in termini di previsione del numero di posti alloggio. Se la questione viene affrontata da un punto di vista statico, con un approccio puramente numerico, la soluzione obbligata appare quella che garantisce un numero maggiore di posti letto, trasformando gli studentati in dormitori.
Se la questione viene affrontata da un punto di vista dinamico, la soluzione va ricercata nella possibile conciliazione fra un alto numero di posti letto complessivo e la realizzazione di piccole comunità.
Ciò implica differenti approcci nella condivisione della vita comune, favorendola o limitandola; e anche differenti relazioni con il tessuto sociale urbano.

Figura 2. Foto delle cinque occupazioni studentesche e degli edifici nelle quali si collocano.

La dimensione di piccola comunità, infatti, si presta con più facilità ad essere accettata ed inglobata all'interno della struttura socio-economica locale dei quartieri conciliandosi con la strategia di distribuzione capillare all'interno del tessuto urbano attraverso il riuso dei numerosi edifici in abbandono dispersi nel costruito.

L'interesse ad aprirsi nei confronti della città è una caratteristica ricorrente nelle occupazioni visitate e rappresenta un punto focale attorno al quale si definiscono gli usi degli spazi. È significativo notare che nell'Alexis e nel Puzzle la superficie utile destinata ad usi collettivi rappresenti circa il 50% di quella totale dell'edificio. Ma in termini generali il prezzo pagato in termini di minori posti letto appare compensato, in questo tipo di soluzioni, dalla creazione di opportunità sociali e relazionali attraverso la definizione, ai primi piani degli edifici occupati, di un sistema di servizi a supporto della vita di quartiere. Nel caso del Puzzle, sin dalla denominazione dell'occupazione appare chiaro un preciso programma politico-sociale. Puzzle sta a significare la necessità d'incastrare pezzi, far incontrare bisogni e aspirazioni diverse; creare un connubio tra parti sociali e culture differenti, tra le dimensioni privata e collettiva dell'abitare.

Nella sede in disuso dell'ex Assessorato alle Politiche Sociali del III Municipio, il collettivo di studenti occupanti, ha attivato un originale modello di autogestione degli spazi che offre al quartiere parte dei servizi sociali mancanti. Le funzioni pubbliche sono state inserite nei primi due piani, mentre quella abitativa occupa i restanti tre. Al piano terra sono ospitati una sala studio, un coworking, lo sportello per gli immigranti, uno sportello abitativo ed il CLAP (Camera del Lavoro Autonomo e Precario). Nel primo piano si trovano due aule per l'insegnamento dell'italiano agli stranieri, gli spazi della scuola popolare Carla Verbano e della scuola di fumetto. Tutti i servizi sono gestiti dagli abitanti e da persone interne al collettivo politico, seppure non residenti a Puzzle. L'organizzazione dei corsi, la propaganda e i possibili problemi con il quartiere sono oggetto di confronto all'interno dell'Assemblea di Gestione settimanale, consuetudine, quest'ultima, comune a tutte le comunità di occupanti. Il valore d'uso a scopo abitativo di un edificio pubblico in abbandono viene così "corrisposto" dagli studenti alla collettività in termini di "moneta sociale". Sotto l'aspetto distributivo e funzionale anche Alexis costituisce un singolare caso di studio; caratterizzato dalla presenza di un cortile interno, attorno al quale si organizzano gli spazi pubblici dell'edificio occupato.

Un patio aperto direttamente su Via Ostiense, nell'ex edificio Acea appartenente al complesso dell'ex Montemartini, è il luogo dell'accoglienza, dell'incontro e delle interazioni. Simile ad una piccola "piazzetta", si innesta all'interno del tessuto della città. Un piccolo palco con una batteria sul fondo del cortile fa presagire la presenza vitale dell'occupazione nel quartiere. Grandi vetrate all'intorno del cortile portano luce all'interno di ampi ambienti adibiti ad usi pubblici: la sala studio, il coworking di prossima apertura, la recente libreria e la "trattoria popolare", un appuntamento settimanale per gli abitanti e i residenti della zona. Questi spazi autogestiti sono gli strumenti d'interazione fra diverse parti sociali; aperti a tutti, devono consentire un'ampia flessibilità scostandosi dal semplice "uso" di cui portano il nome. L'attenzione e l'ascolto indirizzano fortemente la scelta delle funzioni pubbliche previste all'interno degli studentati. Le CLAP, Camere del Lavoro Autonomo e Precario, create per far fronte alla difficoltà dei giovani laureati a trovare occupazione e per contrastare le diverse forme di precariato, sono un esempio del modo in cui gli studentati possono farsi carico anche di percorsi successivi. Esse esprimono la proposta di un nuovo modello lavorativo basato anch'esso sulla collaborazione, cooperazione e partecipazione. Costituite nel 2013 – con sedi a Puzzle e Mushroom-Officine Zero – le CLAP realizzano una rete di sportelli informativi che, appoggiandosi a Centri sociali ed Occupazioni "organizzano e favoriscono l'auto-organizzazione dei non-organizzati, del lavoro senza diritti, precario e intermittente promuovendo solidarietà e nuove forme di mutualismo in alternativa alla frammentazione e alla solitudine del lavoro contemporaneo".

Residenze e servizi per studenti universitari

Accanto alle CLAP gli spazi di Coworking, ampi locali dov'è possibile condividere con altre persone una postazione di lavoro - già presenti a Puzzle e Mushroom, in allestimento all'Alexis - rappresentano ancora la dimensione lavorativa della condivisione, ribadendo così la validità della contaminazione e versatilità funzionale all'interno degli Studentati. Nell'arco degli ultimi sette anni gli spazi pubblici presenti nelle occupazioni visitate hanno cambiato più volte destinazioni d'uso per fare fronte a specifiche richieste del quartiere. L'acuirsi della crisi economica e lavorativa ha portato ad accogliere dentro queste realtà anche giovani esterni al mondo universitario, configurando l'occupazione anche come un "rifugio alla precarietà giovanile".

soggiorno comune_Puzzle

cucina comune_Degage

scuola di italiano_Puzzle

cortile pubblico_Alexis

coworking_Puzzle

coworking/spazi studio_Alexis

Figura 3. Tassonomia degli spazi collettivi che caratterizzano le occupazioni (aggiornate Luglio 2015).

Così il diritto allo studio si estende fino a toccare il diritto al lavoro giovanile e si traduce in un'architettura capace di assorbire spazi di supporto reciproco, una costellazione di usi, vivi, flessibili, aperti alle nuove esigenze delle giovani generazioni.

Se le occupazioni vogliono veramente fare la differenza non possono rimanere un'esperienza informale, relegata a piccole realtà di illegalità, ma al contrario debbono essere capaci di trasformarsi in un modello architettonico - sociale flessibile, aperto e riproducile.

Il problema di come evolvere e trasformare queste realtà da "non-formali" a "formali" conservandone l'identità è un tema cruciale per ognuna delle occupazioni esaminate. Come definire un modello adattabile, capace di cambiare in corsa per non finire intrappolato in schemi troppo stretti? La creazione di un quadro normativo adeguato a queste forme di vita autogestita sarà quindi la grande sfida dei prossimi anni.

In questa situazione il progetto architettonico assume il ruolo di strumento strategico che oltre ad analizzare una situazione e formulare nuove risposte, può contribuire a riconfigurare ad un livello più ampio l'ambito urbano in cui esso si inserisce.

**Residenza Universitaria Flora Tristán. Uno studentato a servizio della città**

Nel panorama Europeo, in opposizione alla situazione romana, architetture ibride, molteplici, non inscrivibili all'interno di categorie prestabilite interpretano modelli aperti ed inclusivi del vivere insieme presentandosi come il manifesto di nuove forme di vita civile.

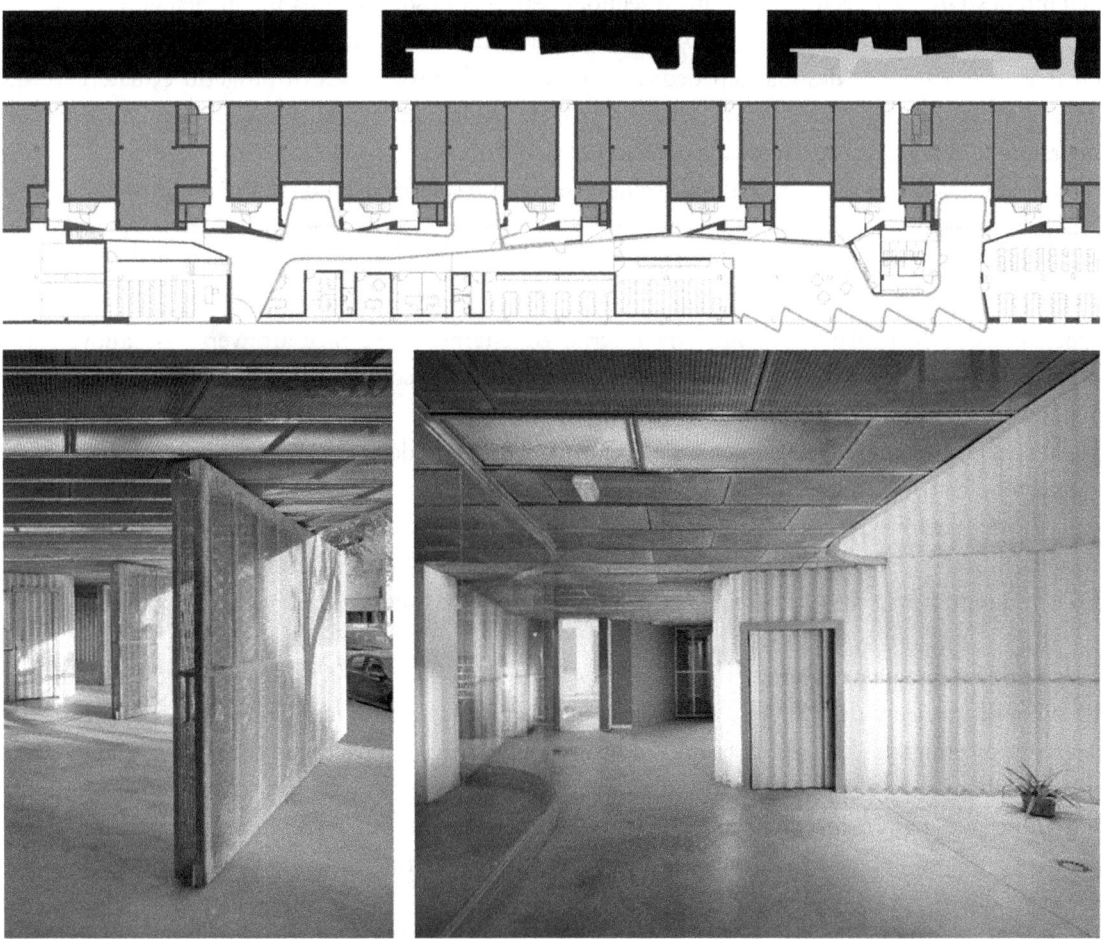

Figura 4. Residenza Universitaria Flora Tristan (Credits: Jesùs Granada).

Si tratta di progetti d'architettura che nel tentativo di formulare possibili risposte all'emergenza abitativa e lavorativa della società contemporanea, raccolgono la sfida del riuso di complessi edilizi in disuso e cercano di capire in quale modo sia possibile riconoscerli come patrimonio pubblico da riattivare.

Le Residenze Universitarie Flora Tristán a Siviglia rappresentano uno dei casi più interessanti.

Il progetto nasce nel 2002 su iniziativa dell'allora Rettore dell'Università Pablo Olavide. 112 appartamenti sociali, rimasti invenduti per anni, vengono comprati per realizzare uno studentato nel quartiere del Poligono Sud, una zona caratterizzata da un elevatissimo tasso di emarginazione sociale. L'idea è peculiare quanto l'area in cui s'inserisce.

Attraverso affitti bassissimi s'incentivano gli studenti a scegliere di soggiornare nelle nuove residenze in cambio di una partecipazione attiva e condivisa alle attività comunitarie che i servizi sociali offrono al quartiere. Il progetto si propone di ottenere così un duplice obiettivo: stimolare una formazione civile, che integri quella puramente accademica, coinvolgendo in un lavoro sociale gli studenti che vivono nelle Residenze Universitarie e sostenere nel tempo i processi di coesione tra gli abitanti ed il quartiere.

Gli architetti José Luis Sainz Pardo, Plácido González e Miguel Ángel Chaves, a supporto di queste premesse, sintetizzano la strategia di riconversione nello slogan Small actions, big effects.

Gli appartamenti esistenti sono lasciati quasi inalterati ad eccezione di piccole opere di ristrutturazione necessarie per trasformare le abitazioni sociali in alloggi per studenti.

L'area riservata alla rimessa delle automobili, al piano terra del fabbricato, diventa invece il fulcro dell'intera strategia di recupero. Un unico segno, libero e sinuoso, s'insinua tra gli elementi strutturali e i corpi scala esistenti provvedendo alla totale riorganizzazione spaziale e funzionale attraverso l'inserimento di nuove destinazioni dedicate ai servizi collettivi. L'idea di progetto è materializzata da una nuova membrana permeabile che disegna, fra studentato e città, una "linea di convergenza" invitando al dialogo, all'apertura, alla conoscenza dell'altro.

Il piano terra, a pianta rettangolare molto allungata, chiuso sul fronte est dai locali commerciali e dagli accessi alle residenze, è svuotato sul fronte contrapposto a diretto contatto con la strada. Il vuoto così realizzato ospita la nuova via pubblica che penetra all'interno del blocco residenziale indirizzando gli accessi principali verso una nuova piazza coperta e per estensione, verso il quartiere.

Questo spazio particolare, intervallo tra interno ed esterno, trova luce attraverso tre nuovi patii, prodotti grazie alla demolizione dei solai che interrompevano la connessione fra le corti delle residenze ai piani superiori ed il pianterreno.

Nello spazio risultante, corre l'aria e cade la pioggia, accentuandone il carattere pubblico. I servizi di supporto alle attività sociali di progetto si inseriscono minuziosamente nelle aree di risulta generate dalla configurazione preesistente dell'edificio. Il progetto riesce in questo modo ad assorbire una costellazione di usi vivi, flessibili, aperti alle nuove esigenze della società contemporanea.

Ed è in questo modo che il diritto alla casa si traduce in diritto alla città.

**Una nuova strategia per Roma**
La presa di coscienza delle mutate esigenze esistenziali di una parte sempre più grande della società (senzatetto, emigrati, famiglie a basso reddito) e il potenziale sociale osservato nelle occupazioni informali hanno indirizzato a formulare l'ipotesi di interpretare gli Studentati con un'accezione molto più ampia del mero contenitore di posti letto, come occasione per sperimentare i valori del vivere condiviso e comunitario, per attivare un rapporto sinergico tra studenti, fasce svantaggiate della società e abitanti del quartiere di riferimento.

Interpretata in termini progettuali, la proposta richiede spazi inediti che non sarebbe possibile immaginare fra le mura confinate di uno studentato tradizionale.

Residenze e servizi per studenti universitari

Figura 5. Individuazione di esempi del patrimonio industriale pubblico dismesso presente nella città di Roma. Gli edifici vengono classificati in base alla loro localizzazione, caratteristiche tipologiche ed architettoniche (aggiornamento Marzo 2015).

Si pretende di sovvertire i vecchi modelli economici legati allo studentato riflettendo su come, nuove pratiche architettoniche basate sullo sharing e sul creative commons possano integrarsi all'interno del patrimonio edilizio dismesso, inteso come tassello e potenziale magnete all'interno di un tessuto complesso quale è la città. Da un punto di vista metodologico, la proposta si articola in tre semplici fasi di ricerca: la prima consiste nell'individuazione e studio del patrimonio pubblico dismesso per conoscere le diverse tipologie del potenziale patrimonio immobiliare da convertire, la seconda identifica le strutture più adatte agli usi proposti, la terza mira a definire strategie di riuso che permettano di avviare, promuovere e sostenere processi sperimentali di vita comunitaria attivando l'energia vitale e creativa dei giovani studenti. Sotto l'aspetto architettonico, dialogare con strutture preesistenti, (spesso caratterizzate da interpiani più alti, corpi di fabbrica più profondi, condizioni di illuminazione e ventilazione differenti rispetto ai tradizionali appartamenti) è uno stimolo a sovvertire l'approccio tradizionale all'abitare.

Questa condizione può consentire di includere nel progetto un altro tema: il tempo. Le persone cambiano, gli strumenti di lavoro cambiano, lo spazio per abitare deve poter cambiare con loro, trasformarsi nell'immediato e nel lungo periodo. Tutto ciò impone di riformulare i concetti di privato, comune, collettivo e pubblico, di riferirsi a criteri di temporaneità e versatilità d'uso immaginando spazialità e tipi architettonici inediti. Al progetto spetta il compito essenziale di interpretare questa complessità di dati, suggestioni, contributi, di proporre il modo per conciliare un "programma abitativo aperto" con una "cornice spaziale" data disegnando "l'impronta" su cui possano costituirsi e accrescersi piccole comunità, svilupparsi, quindi, complessi abitativi evolutivi, espressione di "processi di co-abitazione" dinamici e vitali.

**Riferimenti bibliografici**
Bastianelli S. [2009]. *Abitare la comunità*, tesi dottorale, Facoltà di Architettura – Università degli Studi "Roma Tre" Dipartimento di Studi Urbani, Roma.
Blázquez Muñoz A. e Martínez-Lozano V. [2012]. "La residencia universitaria Flora Tristán: un ejemplo de formación humana y de compromiso con la sociedad", Revista de Educación, 358. Mayo-agosto 2012, pp. 618-630.
Harvey, D. [1997]. "Contested Cities: Social Process and Spatial Form", Edited by Nick Jewson and Susanne MacGregor in *The City Reader*, Edited by Richard T. LeGates and Frederic Stout, pp. 230-237. New York, Routledge, 2011.
Manari V. et al. [2015]. *Meno iscrizioni all'università per colpa della crisi*, in www.lavoce.info, 6 Marzo 2015.
Observatorio Metropolitano de Madrid [2008]. "El patio maravillas, un espacio público necesario" in CIRCO, Edited by Luis M. Mansilla, Luis Rojo y Emilio Tuñón, n° 2008/146.
Ripartizione IV Attività edilizie Sapienza Università di Roma [2013]. "Realizzazione di residenze e servizi correlati per gli studenti della Sapienza presso gli edifici A e D del complesso immobiliare ex Regina Elena-Roma. Relazione Generale"
Serrano E. [2006]. "Los okupas y la arquitectura", in CIRCO, Edited by Luis M. Mansilla, Luis Rojo y Emilio Tuñón, n° 2006/135.
www.universitaly.it [Ultimo accesso: 04.07.2016]
www.clap-info.net [Ultimo accesso: 04.07.2016]

# LA RESIDENZA UNIVERSITARIA VILLA VAL DI ROSE. UN'ESPERIENZA DI RICERCA PROGETTUALE

**Adolfo F. L. Baratta**
Università degli Studi Roma Tre, Dipartimento di Architettura
**Paolo Felli**
Università degli Studi di Firenze, Dipartimento di Architettura

---

**Parole chiave**
Residenza per studenti universitari, recupero e ampliamento, ricerca progettuale, sperimentazione

*Abstract*
*In 2002 was signed an agreement between the University of Florence and the Department of Architectural Technology and Design "Pierluigi Spadolini" (TAeD) in order to work with character of general and functional technological experimentation in the implementation of the housing program of the University (in accordance with art. 14 of Law no. 109 of February 11, 1994 and subsequent amendments and additions). The University has entrusted to the Department TAeD (current Department of Architecture DIDA) the development of "studies, technological research, methodological analysis and experimental innovative proposals" in support of the design of university student residences, by the recovery of Villa Val di Rose and the realization of an attached expansion in the university campus of Sesto Fiorentino (FI). This activity included the survey of the existing state, the drafting of the preliminary and executive project for the construction of the university student residence for about 100 accommodation.*
*The project has allowed the functional recovery of the building in compliance with the typological and architectural features of the existing Villa, provided the arrangement of the "Hortus conclusus" as well as the construction of three new buildings intended for housing and communal services (including a Library). The research, the study and the planning were coordinated by Professor Paolo Felli and involved a large group of professors and researchers of the Department, organized into the following sections: architectural and technological feasibility (Roberto Bologna, Massimo Gennari, Carlo Terpolilli, Adolfo F. L Baratta, Claudio Piferi, Tommaso Chiti, Alba Lamacchia, Chiara Remorini et al.), structural feasibility (Corrado Latina, Raffaele Nudo and Nicolò De Robertis), feasibility plant (Giorgio Raffellini), economic feasibility (Maria De Santis), safety (Aldo Bruscoli) and maintenance (Lorenzo Marsocci).*
*The activity was carried out in 18 months, in close cooperation and with the direct involvement of the Office Technical University and, in particular, by Maurizio Salvi (designer) and Joseph Fiala (Head of Procedures). The project has met the standards set by the legislative decrees n. 116 and 118 of 2001, and has been admitted to the first national co-financing plan of the halls of residence under the law 338/2000.*

**Premessa**
La Convenzione del 2001 tra l'Università degli Studi di Firenze e il Dipartimento di Tecnologie dell'Architettura e Design "Pierluigi Spadolini" (TAeD) nasce dall'interesse urgente dell'Università di operare, con carattere di sperimentalità tecnologica generale e funzionale, nell'attuazione del programma edilizio triennale. L'Università ha quindi affidato al Dipartimento TAeD lo sviluppo di "Studi, ricerche tecnologiche, analisi metodologiche e proposte innovativo sperimentali" [Felli 2002] a supporto delle attività necessarie alla realizzazione di una residenza per studenti universitari, mediante il recupero di Villa Val di Rose e la realizzazione di un annesso ampliamento nel Polo Scientifico e Tecnologico di Sesto Fiorentino. Tale attività ha previsto il sostegno all'elaborazione del progetto di livello preliminare, definitivo ed esecutivo, il supporto per la richiesta di cofinanziamento di cui alla Legge 338/2000 e, almeno inizialmente, la collaborazione in fase di esecuzione con la direzione dei lavori. Quella del Dipartimento TAeD è stata per l'Università la scelta più logica: pochi anni prima nello stesso Dipartimento era stato effettuato uno "Studio per la definizione degli standard minimi qualitativi degli interventi per gli alloggi e le residenze universitarie" [Del Nord 1999].

**Il Polo Scientifico e Tecnologico di Sesto Fiorentino**
Nel 1985 l'Università ha redatto un Piano Particolareggiato per accogliere le indicazioni della variante al Piano Regolatore Generale Comunale e prevedere la realizzazione di un Polo Scientifico e Tecnologico sito nel Comune di Sesto Fiorentino: l'area si trova in periferia, in prossimità dell'aeroporto Amerigo Vespucci e, secondo le previsioni, sarà integrata ai due centri urbani di Firenze e di Sesto Fiorentino con nuovi insediamenti residenziali e di servizi. Con delibera del Consiglio di Amministrazione del 16 luglio 1986 l'Università ha quindi approvato il progetto definitivo per la realizzazione del Polo universitario che prevedeva gli edifici destinati ai Dipartimenti di Chimica, Chimica Organica, Fisica, Fisica Nucleare, Matematica, Ortoflorofrutticoltura e Zootecnia, oltre che la Biblioteca, l'Istituto Nazionale di Ottica e le opere di urbanizzazione dell'intero comparto urbano.
Nel 1989 viene presentato, al Comune di Sesto Fiorentino, il Piano Particolareggiato che tiene conto della nuova perimetrazione e dei parametri urbanistici dell'area destinata al Polo, così come prevista dalla Variante al Piano Regolatore Generale Comunale approvata nel 1987.
Nel corso degli anni, al progetto finanziato dal Fondo per gli Investimenti e l'Occupazione (FIO) si sono aggiunti nuovi edifici: Centro di Risonanze Magnetiche (CERM), Laboratorio europeo di spettroscopie non lineari (LENS), Faculty Club e impianti sportivi.
Nel 2001, con il trasferimento dei primi Dipartimenti, sono iniziate le attività didattiche; nello stesso anno è stata attivata la mensa ed è entrata in esercizio una parte degli impianti sportivi.
L'attivazione di queste strutture ha inizialmente portato nel Polo Scientifico di Sesto Fiorentino circa 500 tra professori, ricercatori, dottorandi, assegnisti, borsisti, tecnici, amministrativi e quasi 1.000 studenti. Nel 2002 l'Università ha varato e approvato, nelle riunioni nel Consiglio di Amministrazione del 22 marzo 2002 e del 19 aprile 2002, il Piano Quadro per lo sviluppo edilizio dell'Ateneo che in un programma di riassetto generale dell'Ateneo fiorentino ha tracciato le linee guida per avviare la seconda fase di realizzazione dell'oramai Campus universitario. Il Piano ha previsto lo sviluppo del Polo con il trasferimento dei Dipartimenti di Ingegneria ed Agraria, Scienze Matematiche, Fisiche e Naturali e il potenziamento dei servizi con la realizzazione di residenze per studenti e ricercatori, oltre che il completamento degli impianti sportivi. Ultimo elemento di novità, la previsione di ospitare nel Campus anche "incubatori" e "spin off" legati alla nascita di attività produttive strettamente collegate con la ricerca e con il territorio. In quest'ottica deve essere letto il trasferimento, nel 2003, dei laboratori del Consiglio Nazionale delle Ricerche. Attualmente il Polo Scientifico e Tecnologico di Sesto Fiorentino accoglie circa 12.000 persone, di cui 9.700 studenti.

## La residenza universitaria Villa Val di Rose

Il progetto di residenze e servizi per studenti di Villa Val di Rose consiste in due interventi distinti: il risanamento conservativo del vecchio complesso storico denominato Villa Val di Rose e la costruzione, nell'area immediatamente adiacente alla Villa, di un nuovo fabbricato.

I due interventi sono stati concepiti secondo un piano unitario che prevede l'integrazione delle funzioni residenziali e di servizio, la messa a sistema degli accessi e delle percorrenze e la definizione d'insieme della configurazione architettonica e dei rapporti con il contesto. La residenza è ubicata lungo Via Lazzerini, uno dei pochi assi viari storici ancora presenti, che costituisce l'elemento di accidentalità rispetto alla regolarità della griglia che compone la matrice insediativa dell'area del Piano Particolareggiato. Lungo questo asse si trovano alcuni edifici a destinazione residenziale privata attestati sul fronte stradale e altri edifici recuperati e adibiti rispettivamente a Faculty club (caffetteria, ristorante, spazi di socializzazione) e a servizi di supporto all'impianto polisportivo universitario.

Il recupero della Villa e l'inserimento in continuità del nuovo edificio confermano il carattere di borgo storico che, nell'ambito dell'area del Polo, assume un ruolo sociale di aggregazione rilevante.

Dal punto di vista tipologico, dopo un lungo e travagliato percorso progettuale, la configurazione del nuovo edificio ricrea il sistema delle corti interne già presente nell'edificio del Faculty club e nella Villa. Il progetto realizza un percorso pedonale parallelo a via Lazzerini, che attraversa senza soluzione di continuità tutte le corti interne e collega le funzioni dei tre nuclei.

Al termine di Via Lazzerini, in testa al nuovo edificio e in prossimità del confine con la nuova viabilità a nord dell'area, sono situati i parcheggi a servizio del complesso residenziale.

Il complesso è articolato in funzioni residenziali e funzioni di servizio (servizi culturali e didattici, servizi ricreativi, servizi di supporto, servizi gestionali e amministrativi, accesso e distribuzione, parcheggi auto e servizi tecnologici): tali funzioni sono presenti in entrambi gli edifici in modo equamente distribuito per garantire anche una certa autonomia ai due nuclei.

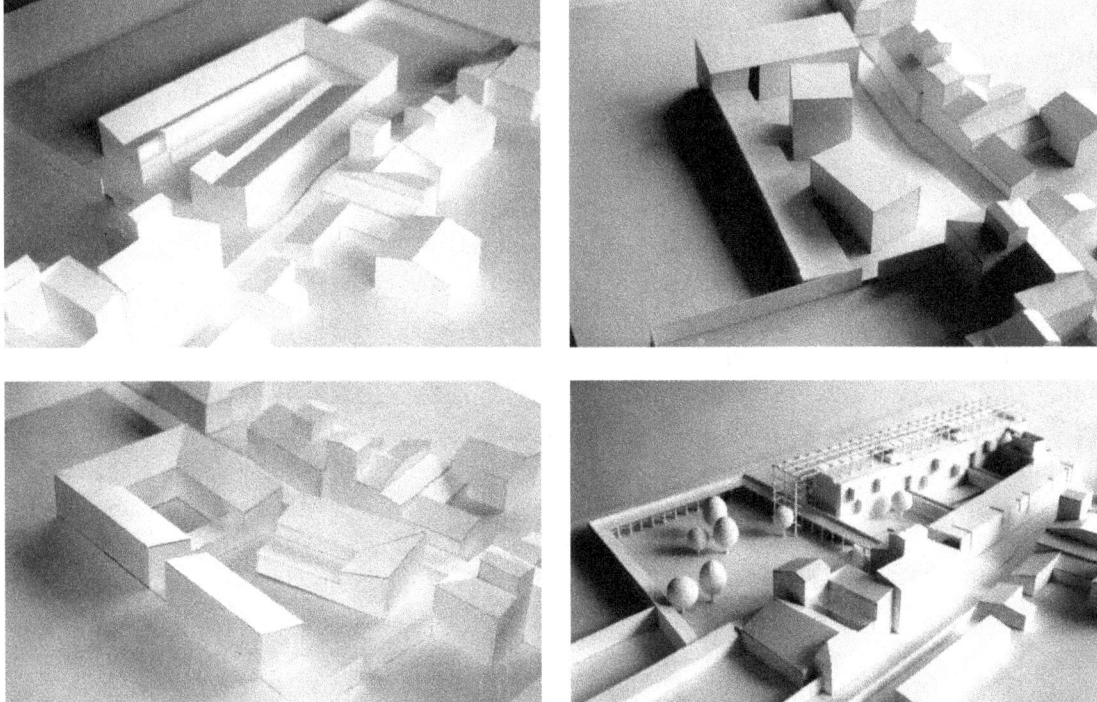

Figura 1. Prima della configurazione finale sono state valutate numerose alternative soluzioni tipologiche e insediative.

**Il recupero del complesso esistente**

Il complesso esistente presenta una configurazione articolata, risultato di un'evoluzione che ne ha determinato la crescita e l'ampliamento nel tempo, nel corso della quale ha subito varie rimodellazioni fisiche e funzionali[1]. A questi interventi eseguiti in varie epoche, a partire dal Quattrocento fino (presumibilmente) alla prima metà del XX secolo, è da attribuire la sostanziale natura ibrida dei vari elementi architettonici e costruttivi che, salvo porzioni relativamente integre di manufatti, presentavano una significativa eterogeneità, sia per modifiche apportate al sistema delle aperture interne ed esterne sia per interventi di sopraelevazione, ampliamento e sostruzione di porzioni considerevoli di muri portanti. Il complesso si articola in almeno quattro parti distinte, ovvero:
- Villa;
- Casa da signore;
- Capanna;
- Casa colonica.

La Villa è costituita da una sequenza di corpi aggregati intorno ad una corte con un lato aperto verso il suggestivo orto concluso. Anche se alcuni elementi di dettaglio, come l'arco ribassato in pietra alberese o le modanature, ne fanno risalire l'origine al Quattrocento, la conformazione definitiva è il risultato di una ridefinizione architettonica avvenuta probabilmente durante il Settecento.

Della stessa epoca è il corpo più a nord, che costruttivamente risulta aggiunto al nucleo originario, come si rileva dal mancato ammorsamento dei muri in contiguità. L'intervento ha riunificato morfologicamente e funzionalmente il complesso completando quell'intervento di consolidamento avviato nell'Ottocento. La colombaia nella parte centrale della Villa risulta come sopraelevazione databile tra fine Ottocento e primi del Novecento. Al piano seminterrato, localizzato nella sola parte nord e direttamente accessibile dalla corte, la Villa presenta quattro vani originariamente destinati a tinaia. Al piano terra si distinguono due zone: quella situata a nord, con quattro vani "infilati", una vinaia e un pollaio autonomamente accessibili dalla corte, e quella a sud con una piccola cucina voltata e un'ampia sala con due crociere affrescate.

Al primo piano sono presenti quattro camere e un grande vano destinato ad abitazione colonica autonoma. Al secondo piano si trova un unico vano (la colombaia) accessibile da un interessante elemento d'angolo. A sud della Villa una seconda corte, separata dalla strada da un muro di cinta di fattura Trecentesca, serve un edificio monocellulare, detto la Casa da signore, con caratteristiche tipologiche e decorative almeno quattrocentesche. L'edificio, nel corso dell'organizzazione a fattoria, è stato destinato indistintamente a essiccatoio, tinaia e fienile.

Mentre sul fronte stradale sono stati rispettati i caratteri architettonici originari, sul fronte che si affaccia sull'orto concluso un intervento ottocentesco ha conferito una composizione simmetrica alle aperture. L'ultimo piano, per la presenza di una muratura in mattoni a una testa con nervature puntuali, si presenta come una tarda sopraelevazione, con caratteristiche costruttive databili ancora tra fine Ottocento e inizio Novecento. Nell'angolo sud-ovest di Villa Val di Rose, in prossimità dell'incrocio tra la Villa e la Casa del signore, nell'Ottocento viene giustapposta la Capanna, un corpo di fabbrica di un solo piano. L'ambiente, coperto da un unico spiovente, è destinato a rustico ed è autonomamente accessibile dalla prima corte. La quarta porzione di fabbrica nel complesso è il corpo rettangolare a sud, prospiciente la corte principale, formato da due grandi cellule murarie rettangolari, che si sviluppa su due piani, con caratteristiche tipiche della Casa colonica. Anche questo corpo appare databile ad epoca settecentesca, e fa probabilmente parte di un unico programma di ampliamento che ha comportato la rimodellazione generale del complesso.

---

[1] Dal primo dopoguerra l'edificio ha svolto il ruolo di fattoria principale annessa a un'azienda agricola di vaste dimensioni.

Al piano terra, oltre al grande portico, si trovano la cucina e le stalle, mentre al piano superiore si trovano uno spazio di distribuzione e quattro camere da letto.

La Casa colonica si affaccia su una grande corte, in parte selciata e in parte a verde, che si estende fino alla casa colonica prospiciente destinata a Faculty Club. Nonostante le complesse vicende costruttive dell'immobile, è emersa una sorprendente consistenza costruttiva tra i vari corpi di fabbrica, palesando una sostanziale continuità metodologica ed esecutiva dei vari elementi strutturali. Il sistema fondale, con approfondimenti che variano da 1,4 m a 2,0 m, è realizzato in breccia, con ricorsi sottomurari talora realizzati in blocchi lapidei di grande pezzatura e sottostante riempimento in pezzame minuto. Le murature, se si eccettuano i corpi di più recente realizzazione quasi integralmente in mattoni, sono generalmente miste, a sezione piena costante, e sono costituite da materiale lapideo localmente integrato da blocchi di maggiori dimensioni e inserti in mattoni, che derivano da modifiche al sistema delle aperture o da interventi di sostruzione.

Molto frequente il ricordo a telai in pietra serena per le aperture di vani porta e finestra. Poco frequente, viceversa, il ricorso a rinforzi d'angolo con blocchi di pietra squadrata di grandi dimensioni, che è apprezzabile solo in corrispondenza di alcuni incroci murari. Sporadico e limitato, in ragione dell'età dell'edificio, il ricorso all'inserimento di catene metalliche per la legatura di murature.

Le strutture portanti degli impalcati, realizzate in legno, appaiono dotate di un buon ammorsamento nelle murature portanti, a testimonianza di un apprezzabile genius loci presente nelle tradizioni costruttive dell'area, che si è mantenuto integro nel corso di vari secoli in forma di tradizione costruttiva consolidata. L'intervento sul complesso di Villa Val di Rose ha previsto il recupero e il risanamento conservativo con la rivalorizzazione dell'edificato e dell'area esterna corrispondente al vecchio orto recintato di pertinenza della Villa.

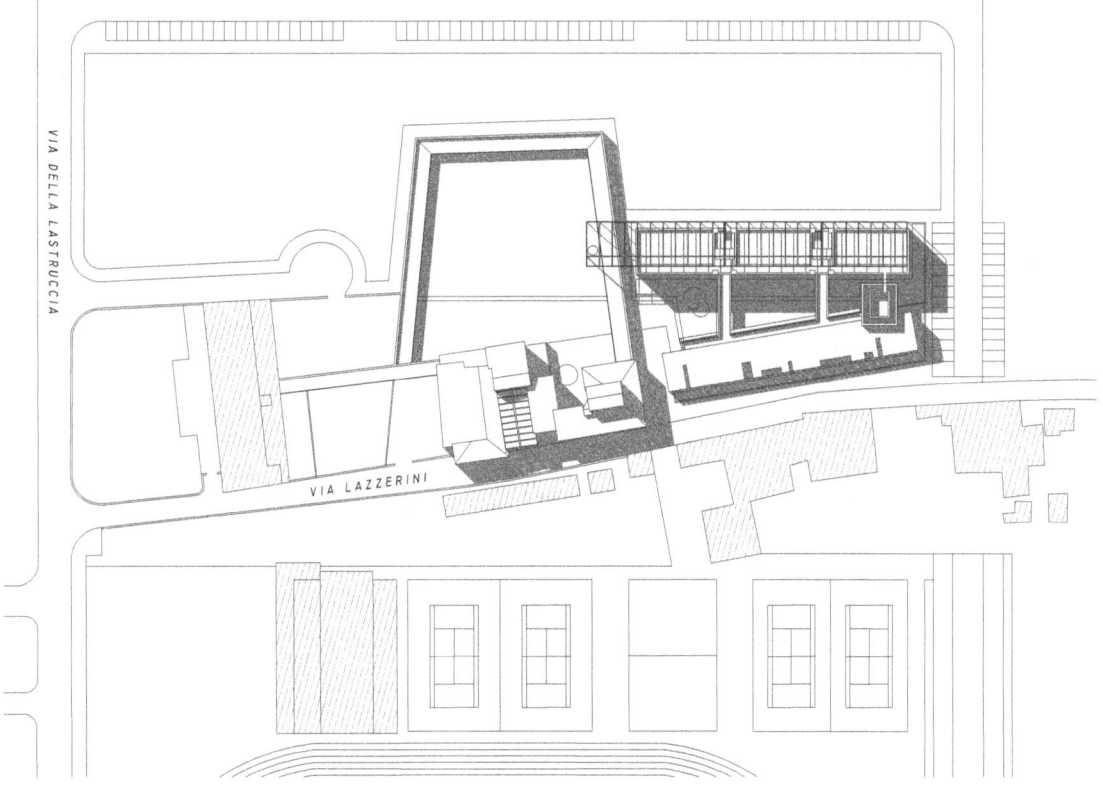

Figura 2. Nella planimetria generale emerge la continuità di impianto tra la Villa esistente (a sinistra) e l'ampliamente (destra).

Il progetto, sacrificato successivamente da una delle tante varianti apportate, prevedeva la realizzazione di una copertura vetrata della corte, al fine di creare un atrio di ingresso in grado di connettere i vari corpi di fabbrica in condizioni di comfort ottimale.

L'eliminazione di tale soluzione, oltre a lasciare sul fronte una porta collocata al primo piano, ha reso più complessa la distribuzione degli spazi interni, ampliando il connettivo con l'inserimento di una scala interna. Tuttavia, l'impianto distributivo del complesso è rimasto caratterizzato da un'elevata permeabilità degli spazi.Per quanto riguarda l'assetto funzionale, il complesso comprende una parte di servizi che è concentrata al piano terra negli ambienti attorno alla corte e una parte residenziale che è localizzata in una piccola area del piano terra e nei piani superiori.

I servizi comprendono attività culturali e didattiche (sale studio, sala riunione), attività ricreative (sala giochi, sala internet), attività di supporto (lavanderia e parcheggio biciclette al piano seminterrato), attività gestionali e amministrative (ufficio del gestore, archivio, depositi). Per renderli accessibili alle persone con difficoltà motorie, al piano terra i servizi sono stati unificati alla quota dei solai degli ambienti attorno alla corte centrale portandola al livello della zona più bassa.

**Il completamento dell'impianto attraverso l'ampliamento**

Il nuovo edificio deve intendersi a tutti gli effetti come un ampliamento dell'esistente complesso, sia per gli aspetti funzionali sia per il modello tipologico di insediamento.

L'intervento di ampliamento consiste in due corpi edilizi convergenti: un primo che ospita gli ambienti più privati e residenziali ed un secondo che ospita gli spazi collettivi. Lungo Via Lazzerini, tra l'ampliamento e Villa Val di Rose, si apre uno spazio pubblico da cui si accede all'atrio di ingresso dell'ampliamento e al giardino recintato della Villa.

L'edificio che ospita le residenze si attesta, con andamento rettilineo, lungo il confine dell'area edificabile in adiacenza ad un ampio spazio verde. L'edificio si sviluppa su tre piani fuori terra ed è articolato in tre nuclei serviti da due corpi scala.

Figura 3. Pianta del piano primo della residenza universitaria realizzata nella preesistente Villa.

Il nucleo centrale comprende anche un piano interrato in cui sono localizzati alcuni servizi di supporto (depositi, magazzini). I nuclei residenziali esterni sono organizzati secondo la tipologia del nucleo integrato (appartamenti di sei camere con spazi comuni), mentre quello centrale ha un corridoio che serve quattro camere doppie con relativi servizi residenziali (cucine, servizi igienici).

Il sistema edilizio è tale tuttavia da garantire che le due tipologie abitative siano assolutamente intercambiabili a seconda del modello che sarà scelto dal gestore.

L'edificio che ospita i servizi collettivi, anch'esso rettilineo, si attesta lungo via Lazzerini, ad una distanza dalle abitazioni poste sul fronte stradale opposto di 10 m, nel rispetto delle indicazioni del regolamento edilizio comunale. L'edificio dei servizi si sviluppa su un piano, anche se il fronte sulla strada è costituito da un muro continuo molto più alto che, risvoltando verso l'interno dell'area, offre un riparo al praticabile piano di copertura dei servizi. Il contenimento dell'altezza verso il fronte strada consente di ottenere una sezione stradale proporzionata e rispettosa anche degli edifici antistanti.

Gli ambienti destinati a servizi (atrio ed emeroteca, sala giochi, sala video, sala musica, sala internet e sale studio) sono distribuiti longitudinalmente e serviti da un corridoio laterale dal quale si accede anche ai collegamenti con i nuclei residenziali.

Nel punto di convergenza tra l'edificio residenziale e quello dei servizi, in parte "incastrato" in quest'ultimo, è situato un volume con un'altezza compresa tra i due e i tre piani. L'edificio che ospita la Biblioteca, collocato in una posizione tale da fungere da cerniera che conclude formalmente la composizione generale dell'insediamento, comprende lo spazio di deposito librario, le postazioni di consultazione e studio. Parimenti, le diverse sale studio accolgono ridotte capienze e ciò al fine di garantire adeguate condizioni di concentrazione. Tra i corpi edilizi della residenza e dei servizi è compresa una corte che otticamente si apre verso Villa Val di Rose. La corte è utilizzabile nella parte centrale come espansione all'aperto della zona residenziale e dei servizi. L'edificio residenziale presenta un rivestimento in mattoni di laterizio faccia a vista. Inizialmente al corpo edilizio doveva essere addossato uno schermo frangisole costituito da profilati di acciaio che, oltre a sorreggere le terrazze delle camere, doveva fungere da schermo per il controllo luminoso e termico. Purtroppo tale elemento, essenziale per il comfort interno e per la definizione architettonica delle residenze, non è stato realizzato (altra variante ...), stravolgendo la configurazione iniziale del corpo di fabbrica.

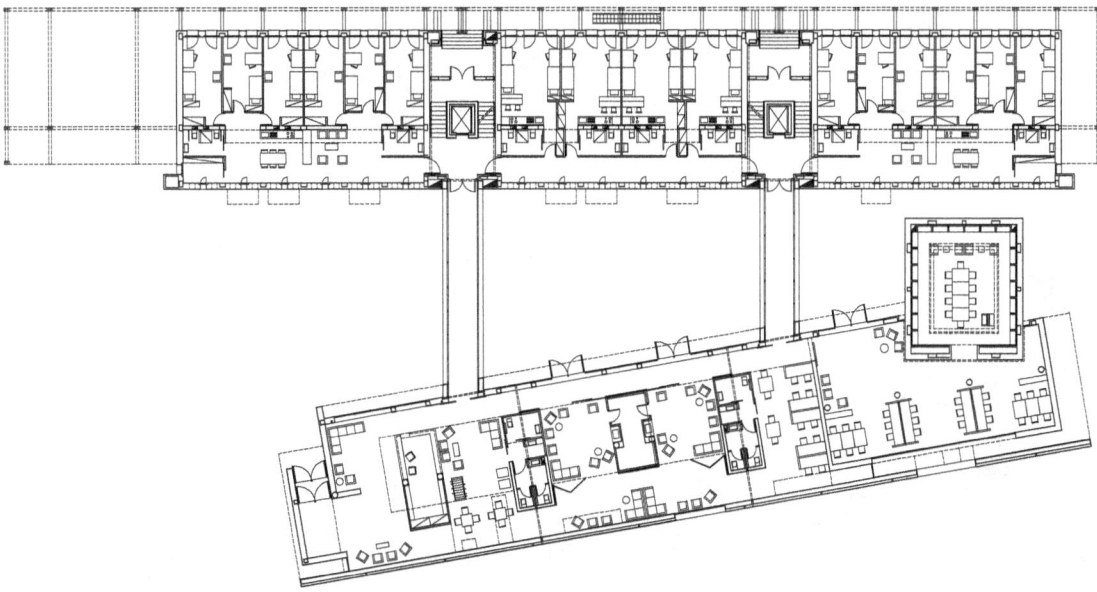

Figura 4. Pianta piano terra dell'ampliamento.

Verso l'interno la facciata dell'edificio è ritmata da frequenti aperture ad altezza di piano che si ripetono a distanze regolari ma sono sfalsate da piano a piano. La facciata è caratterizzata dalla disposizione, apparentemente causale, di corpi vetrati aggettanti.

Il muro dell'edificio dei servizi che insiste sul fronte di Via Lazzerini è rivestito da lastre di travertino, mentre il fronte interno è prevalentemente vetrato. Il corpo situato nel punto di convergenza tra l'edificio residenziale e quello dei servizi è anch'esso rivestito con mattoni di laterizio faccia a vista e gli ambienti interni prendono luce e aria da ampi lucernari posti in copertura.

### Le tipologie residenziali e il rispetto degli standard

L'intervento oggetto della richiesta di cofinanziamento, ai sensi della Legge 338/2000, prevede un totale di 96 posti alloggio, ripartiti in 24 posti alloggio nella Villa e 72 posti alloggio nell'ampliamento. Nell'ideazione del progetto sono stati attentamente considerati tutti gli obiettivi posti dalla normativa ovvero la compatibilità ambientale, l'integrazione con il contesto e i servizi, la compresenza dei livelli di individualità e socialità nella fruizione, l'integrazione delle tecnologie informatiche e multimediali, l'orientamento ambientale e la semplificazione manutentiva e gestionale [D.M. 118/2001].

I modelli organizzativi secondo i quali è stato strutturato l'intervento sono ad albergo, minialloggi e nuclei integrati. Nel tipo ad albergo, utilizzato nel corpo centrale dell'ampliamento di Villa Val di Rose, l'organizzazione spaziale prevede corpi edilizi rettangolari lunghi nei quali su un corridoio centrale si affacciano le camere singole o doppie: questo tipo è stato realizzato con servizi igienici di pertinenza condivisi da due stanze.

Figura 5. L'accesso alla residenza e, in primo piano, il volume che ospita i servizi collettivi.

I servizi residenziali collettivi sono stati concentrati in zone definite e separate dalle camere dei residenti. Questa soluzione, più semplice di altre dal punto di vista realizzativo per la serialità degli elementi compositivi, induce nell'utenza comportamenti di ridotto controllo sullo spazio collettivo aumentando l'utilizzazione della stanza rispetto alle parti comuni.

Il tipo a minialloggio, utilizzato soprattutto nel recupero di Villa Val di Rose, prevede l'alloggiamento degli studenti in veri e propri appartamenti di piccole dimensioni raggruppati intorno a zone di distribuzione. Ogni appartamento, destinato ad uno o due studenti, è autonomo in quanto dotato di zona cottura, servizio igienico, camera e zona giorno.

Tale soluzione è risultata economicamente più onerosa a causa dell'incidenza dei costi delle cucine e delle relative attrezzature ma fornisce un più elevato livello di comfort abitativo.

Il tipo a nuclei integrati, utilizzato nei corpi laterali dell'ampliamento di Villa Val di Rose, è costituito da un numero variabile di camere, singole o doppie, in grado di ospitare fino a sei studenti, e per alcune funzioni fa riferimento ad ambiti spaziali riservati dando luogo a nuclei separati d'utenza. L'organizzazione a nuclei integrati è la più idonea a mediare tra le esigenze di privacy e quelle di socialità dei residenti in quanto l'utilizzazione di spazi da parte di piccoli gruppi permette di dilatare le dimensioni complessive della struttura senza dare origine a problemi d'estraneazione indotti dalla presenza di troppi soggetti. Grazie all'organizzazione secondo moduli variabili, il nucleo integrato dà origine ad ambienti meno uniformi, più stimolanti dal punto di vista della percezione e dell'appropriazione spaziale.

Sempre come richiesto dai decreti attuativi della Legge 338/2000, all'interno del complesso sono stati ricavati spazi di servizio culturali e didattici, come sale studio e biblioteca, di svago, come sale giochi e sale musica, e di gestione e servizio, quali depositi e uffici.

Gli spazi di uso collettivo possono essere fruiti sia dagli studenti assegnatari degli alloggi sia dagli altri studenti dell'Ateneo che frequentano il Campus. I punti di accesso alle parti residenziali e ai servizi collettivi, peraltro facilmente raggiungibili senza interferenze, sono chiaramente distinguibili, per qualità formali e materiali. Tutta la struttura è servita da ampi parcheggi per una capienza di circa cento posti auto, nonché spazi per la circolazione e la manovra.

Il progetto è riuscito a trasformare un complesso insieme di funzioni in un piccolo brano di tessuto urbano vivo, denso, articolato, integrato al suo interno e connesso con l'esterno.

**L'esperienza di ricerca progettuale**

La decisione dell'Università degli Studi di Firenze di rivolgersi al Dipartimento di Architettura è dipesa anche dall'esperienza maturata dai suoi docenti in anni di ricerca dedicati al tema della residenza in generale e delle residenze per studenti in particolare: basti ricordare la ricerca sulle strutture residenziali per anziani autosufficienti e non [Del Nord e Torricelli 1998] o la ricerca che pochi anni prima aveva portato alla definizione degli standard minimi qualitativi per gli alloggi e le residenze universitarie [Del Nord 1999].

L'attività di ricerca progettuale è stata quindi affidata al professor Paolo Felli e ha coinvolto complessivamente oltre venti professori, ricercatori e dottorandi organizzati in gruppi di lavoro: fattibilità architettonica e tecnologica (Roberto Bologna, Massimo Gennari, Carlo Terpolilli, Adolfo F. L. Baratta, Shira Brand, Claudio Piferi, Tommaso Chiti, Alba Lamacchia, Chiara Remorini et al.), fattibilità strutturale (Corrado Latina, Raffaele Nudo, Nicolò De Robertis et al.), fattibilità impiantistica (Giorgio Raffellini et al.), fattibilità economica (Maria De Santis), sicurezza (Aldo Bruscoli) e manutenzione (Lorenzo Marsocci). L'attività è stata svolta in 18 mesi, in stretta collaborazione e con il diretto coinvolgimento dell'Ufficio Tecnico dell'Università e, in particolare, di Maurizio Salvi (progettista) e Giuseppe Fialà (Responsabile del Procedimento).

L'esperienza di ricerca, condotta con approccio professionale, è sfuggita alla canonica strutturazione dei compiti richiesti ai docenti universitari fra didattica e ricerca convenzionale.

Il trasferimento di conoscenze alla progettazione ha richiesto l'applicazione di metodiche anche tipiche della ricerca ma il raffronto ravvicinato con la dimensione e le logiche della professione ha preteso una finalizzazione più concreta.

Rispetto alla didattica, ad esempio, i risultati sono forse stati di altro tipo ma certamente non meno rilevanti: la necessità di comunicare con la committenza e con le pubbliche autorità, ad esempio, ha affinato nei giovani ricercatori e nei dottorandi la capacità di divulgare efficacemente contenuti tecnici complessi. L'esperienza, che ha innanzitutto costituito una straordinaria occasione di collaborazione tra docenti e di crescita per i più giovani, ha dimostrato ancora una volta che l'elaborazione, lo sviluppo e la produzione di un progetto costituiscono un oggetto dell'insegnamento e della ricerca in campo architettonico, unitamente agli aspetti culturali, decisionali e informativi nonché di relazione con le fasi del processo edilizio, con la realtà produttiva del mondo delle costruzioni e con i molteplici contesti di intervento.

Infatti, "anche se non è ragionevole immaginare un'automatica corrispondenza tra progetto e suo valore di ricerca, tale valenza è chiaramente riscontrabile quando per esso si evidenziano specifiche qualificazioni in base a […] particolari sviluppi operativi, ad esemplari modalità di produzione, a evidenti ricadute culturali, sociali, economiche e ambientali" [Losasso 2011, p. 80].

La ricerca ha inizialmente esplorato il tema della residenza universitaria da un punto di vista normativo e procedurale, poi ha sostenuto le attività di programmazione dell'Ateneo e, infine, ha supportato

Figura 6. Il volume dell'ampliamento destinato ad accogliere le attività private.

l'attività progettuale dell'Ufficio Tecnico fino ai primi mesi dell'attività di cantiere.

Non si è trattato quindi di un'attività di progettazione tradizionale ma del trasferimento e della condivisione di conoscenze specifiche attraverso una concreta applicazione.

Il risultato della ricerca e della sperimentazione condotta, che ha portato a numerose proposte e differenti soluzioni prima di condurre alla sintesi del risultato finale, si è impostato su un progetto basato sullo studio di un sistema abitativo e sulle sue logiche aggregative, sulla riqualificazione edilizia e urbana, sul controllo degli impatti degli interventi e della loro correlazione con l'uso razionale delle risorse. I risultati della ricerca, certo episodica per la sua unicità di incarico ma che ha fornito delle conclusioni sorprendentemente coerenti con la valorizzazione dei risultati, sono stati pubblicati su riviste e monografie [Del Nord et al. 2005; Chiarantoni 2008], sono stati esposti in occasione di convegni, corsi di formazione e master rivolti a dirigenti e funzionari che si occupano di progettazione e gestione di residenze universitarie e di politiche di accoglienza degli studenti.

Inoltre, e soprattutto, il complesso residenziale, che sarà intitolato ai fratelli partigiani Gianfranco e Teresa Mattei, è stato terminato.

La residenza, in linea con quanto è successo per molti degli interventi cofinanziati con la Legge 338/2000 [Piferi 2014], in corso d'opera ha subito un incremento di spesa del 40% circa, uno slittamento della tempistica di esecuzione di ben 350 giorni (ovvero del 30% circa) e ben quattro varianti in corso d'opera (adeguamento per sopravvenute disposizioni legislative, miglioramento funzionale dell'opera, offerte migliorative dell'impresa appaltatrice) che hanno in parte alterato l'idea del progetto iniziale.

Figura 7. La connessione tra la residenza e la biblioteca.

Oltretutto, la messa in esercizio della residenza universitaria, completata in ogni sua parte, ha subito un lungo stop (dalla consegna dei lavori ad oggi sono trascorsi ben otto anni) a causa in primo luogo di problemi finanziari che hanno coinvolto la prima ditta appaltatrice e in secondo luogo per una lunga diatriba che ha visto coinvolti Università degli Studi di Firenze, Azienda al Diritto allo Studio e Comune di Sesto Fiorentino [corrierefiorentino 2016].
Relativamente agli appalti di lavori pubblici, l'incapacità di portare a termine un intervento di media complessità entro i costi e i tempi prestabiliti restituisce una delle immagini più preoccupanti di un Paese in cui il settore delle costruzioni è in evidente difficoltà.

**Riferimenti bibliografici**
Carlini, S. [2012]. "Alloggi e residenze per studenti universitari", Techne, Firenze University Press, n. 4, pp. 262-270.
Chiarantoni, C. [2008]. *La residenza temporanea per studenti. Atlante italiano*, Alinea editrice, Firenze.
D.M. 118/2001, Allegato A "Standard minimi qualitativi".
Del Nord R. (responsabile scientifico) [1999]. *Studio per la definizione degli standard minimi qualitativi degli interventi per gli alloggi e le residenze universitarie*, Rapporto di Ricerca, Dipartimento di Tecnologie dell'Architettura e Design "P. Spadolini", Università degli Studi di Firenze.
Del Nord, R. [2014]. "L'innovazione di processo come strumento per promuovere la qualità delle opere", pp. 17-27, in Del Nord, R. (a cura di) *Il processo attuativo del piano nazionale di interventi per la realizzazione di residenze universitarie*, edifir, Firenze.
Del Nord, R.; Fialà, G.; Zaffi, L. [2005]. *Il piano edilizio dell'ateneo fiorentino: realtà e prospettive del processo attuativo*, Tipografia Contini, Firenze.
Del Nord R. e Torricelli, M. C. (responsabili scientifici) [1998]. *Strumenti tecnici e procedurali per la riqualificazione e l'adeguamento delle strutture residenziali e semiresidenziali per anziani autosufficienti e non auto-sufficienti*, Rapporto di Ricerca, Dipartimento di Tecnologie dell'Architettura e Design "P. Spadolini", Università degli Studi di Firenze.
Felli, P. (responsabile scientifico) [2002]. *Studi, ricerche tecnologiche, analisi metodologiche e proposte innovativo sperimentali*, Rapporto di Ricerca, Dipartimento di Tecnologie dell'Architettura e Design "P. Spadolini", Università degli Studi di Firenze.
Losasso, M. [2011]. "Il progetto come prodotto di ricerca scientifica", Techne, Firenze University Press, n. 2, pp. 78-85.
Piferi, C. [2014]. "Criticità ricorrenti nelle procedure di esecuzione delle opere", pp. 183-193, in Del Nord, R. (a cura di) *Il processo attuativo del piano nazionale di interventi perla realizzazione di residenze universitarie*, edifir, Firenze.
www.corrierefiorentino.corriere.it/firenze/notizie/cronaca [Ultimo accesso: 15.06.2016]

# 3D MODULAR HOUSING: UN SISTEMA INTELLIGENTE PER COSTRUIRE RESIDENZE PER STUDENTI

### Oscar Eugenio Bellini
Politecnico di Milano, Dipartimento di Architettura, Ingegneria delle costruzioni e Ambiente costruito

**Parole chiave**
Innovazione nella progettazione, Industrializzazione, prefabbricate, basso costo-alta qualità, modularità

*Abstract*

*In the contemporary time, the primary task for the architecture consists in the opportunity to realize buildings with low budgets and with the utmost respect for the environmental resources. Also in the student housing, these principles have to be considered essential for the planning activity and for the construction and management processes. These elements, however, should not be interpreted as mere constraints, but as factors that foster to a new creative approach to the discipline, to a new conception of the project and to a new generation of products: controlled and efficient low-cost and high-quality housing facilities, perhaps less luxurious but comfortable, economic, ecological, with high functional and technological performances.*

*The use of prefabricated, industrialized housing solutions and 3D modules – nowadays more and more diffused especially in the student housing – goes in this direction, requiring a specific attention to the principles of efficiency and rationality. The increasing spread of these elements is not only due to the idea of order, modularity, seriality and standardization that they introduce, but also to the advantages that they produce in the construction process: adaptability, flexibility, temporariness of use, safety, possibility to predict time and costs, analysis of the Life Cycle Assessment and the Life Cycle Costing.*

*This paper – that is part of a wider research currently in progress at the ABC Department of Politecnico di Milano – aims to present some of the most interesting solutions that have been developed internationally in the student housing. The 3D modules units (modular wooden units, modular concrete units, modular steel units, modular hybrid units) can be different in terms of costs, materials, assembly and building techniques. In addition to summarize the origin and the development of the phenomenon, the paper points out the morpho-techno-typological aspects produced by the interaction between architecture and the industrial processes: as a result of a comparison between the specificity of the modules (weight, materials, size, aggregation, overlap, etc.), the paper introduces a qualitative interpretation of every product, highlighting its limits, the weaknesses and the strengths.*

*3D modular housing represents an innovative response for the student housing, to be carefully considered especially in our country, characterized by a dramatic shortage of beds for students that penalize the entire academic system.*

## Il contesto di riferimento

La dimensione temporale nel progetto e il *low-cost and high-quality* nella costruzione sono diventate tematiche di rilevante interesse disciplinare. Le cause che hanno contribuito a modificare la percezione della funzione "tempo" stanno segnando il passaggio dell'architettura da una dimensione statica a una dimensione dinamica e transitoria dell'abitare, così come la scarsità di risorse economiche e ambientali sta spingendo la progettazione a rivedere il proprio *modus operandi* e a esplorare soluzioni abitative alternative, che possano produrre edifici meno costosi e più duraturi.

Nell'ambito del progetto di architettura tempo, qualità e costo hanno assunto nella contemporaneità un carattere sempre più paradigmatico, introducendo da un lato una visione più etica del fare architettura, dall'altro un'energia creativa e nuova proiettata verso soluzioni innovative, comunque controllate ed efficienti, per assicurare all'oggetto architettonico adeguati *standard* qualitativi e *performance* di alto valore [Bellini, 2015].

Il fattore tempo non solo lega l'architettura all'esperienza e al concetto di durata associandola ai temi della manutenibilità, del mantenimento e del ripristino delle condizioni prestazionali, ma la mette anche in relazione alla nozione di cambiamento e capacità di adattamento, rispetto al trascorrere del tempo e al mutare delle condizioni di vita della popolazione [Raiteri, 1996]. Allo stesso modo, la dimensione economica e prestazionale spinge verso l'assunzione di variabili che necessitano una verifica dei principi della sostenibilità ambientale, sociale, finanziaria e culturale, richiedendo forme di controllo e di gestione del progetto e del processo che portano a indagare aspetti come l'*Optimal Point Design*, il *Life Costing Assessment*, il *Life Cycle Assessment*, il *Business Plan*, il *Post Occupancy Valuation*, ecc. La necessità di gestire questi aspetti sta portando al superamento delle tecniche costruttive tradizionali, riattualizzando il tema dell'industrializzazione e della prefabbricazione dell'architettura, con attenzione particolare alle costruzioni modulari prefinite in 3D: tema a cavallo tra micro-architettura e macro-design, probabilmente non ancora adeguatamente indagato. Nell'abitare temporaneo da studenti questi nuovi elementi rappresentano un'opportunità interessante, una sfida non solo sul piano morfo-tipologico, ma anche su quello tecnologico.

Un campo di sperimentazione e di ricerca dove è possibile inaugurare una nuova stagione a partire dall'impiego di queste nuove risorse tecniche e tecnologiche, nell'ottica del superamento del *gap* esistente tra possibilità progettuali, mezzi e fini, anche nell'ottica di un coinvolgimento degli enti e delle istituzioni interessate.

Le direttrici tecnologiche della temporaneità, privilegiando le tecniche costruttive della prefabbricazione e industrializzazione, possono impiegare sistemi costruttivi tridimensionali in metallo, in legno e in materiali plastici o in sistemi misti[1], non solo in ragione della leggerezza che queste soluzioni possiedono, ma anche per la facile lavorabilità e movimentazione, per l'efficace rapporto peso/resistenza, per la natura sostenibile, per la velocità di messa in opera e per la convenienza economica. Si tratta di unità modulari[2] prefinite nelle componenti strutturali, impiantistiche e di finitura, che definiscono una sorta di "macchina per abitare" in grado di racchiudere in sé tutte le caratteristiche che soddisfano le esigenze dell'abitare da studenti [Bologna, 2005].

---

[1] Il sistema misto è una particolare tipologia costruttiva ibrida che integra la compattezza e la resistenza strutturale di un sistema rigido, in fase di trasporto, alla flessibilità e alla leggerezza in esercizio.

[2] Il termine modulo (dal latino *modus*, "misura") possiede numerosi significati. Genericamente significa qualcosa di prefissato, di *standard*, destinato ad essere ripetuto più volte. In generale può anche significare una parte autonoma e separabile di un complesso. In questa sede viene assunto secondo la seguente accezione: *"The term "modular" describes a construction method or process where individual modules stand alone or are assembled together to make up larger structures. Unlike relocatable buildings, these structures are intended to remain in one location for the duration of their useful life, thus, permanent. Permanent modular building may be wood frame, steel, or concrete and can have as many stories as building codes allow"*. [Modular Building Institute, 2015].

## Il sistema costruttivo a Moduli abitativi 3D

Si può definire costruzione in Moduli prefiniti 3D un'unità costruttiva che impiega le tecniche e i processi propri della prefabbricazione e dell'industrializzazione per ottenere manufatti tridimensionali, realizzati in condizioni controllate. Questi elementi possono essere prefiniti nella quasi totalità delle componenti costitutive (80/90%) ed essere trasportati direttamente in cantiere, dove vengono sollevati e messi in opera attraverso apposite basi di supporto, oppure semplicemente impilati gli uni sugli altri. Rappresentando la continuità metodologica dei sistemi di prefabbricazione lineari e bidimensionali [Modular Building Istitute, 2015], i moduli abitativi 3D possono costituire una valida alternativa ai sistemi costruttivi tradizionali (Tabella 1), aprendosi a una pluralità di utenze e di forme di abitare temporaneo in grado di intercettare in particolare le esigenze di soggetti in situazioni di vulnerabilità abitativa o che necessitano di soluzioni transitorie: temporaneità nella permanenza degli ospiti, costi di affitto contenuti, possibilità di fruire di spazi comuni di emergenza post catastrofe ecc. [Ingaramo, 2012]. Lo studio degli alloggi modulari si è fino a oggi prevalentemente concentrato sugli aspetti tecnico-costruttivi, sull'*hardware* del sistema, piuttosto che sul tema della qualità della vita che tali soluzioni possono offrire, avvalorando la tesi secondo cui le condizioni abitative offerte dall'architettura modulare siano scarse e di basso livello in termini di *confort*, e che la dimensione della socialità e della condivisione non sia adeguata ai bisogni del vivere condiviso. Questa tecnica, che in passato permetteva di realizzare edifici piuttosto seriali e ripetitivi nella forma e nell'organizzazione distributiva, oggi consente di superare la banalità e l'omogeneità delle prime realizzazioni [Kim, 2011], consentendo di caratterizzare, anche figurativamente, l'immagine degli oggetti attraverso accattivanti soluzioni espressive.

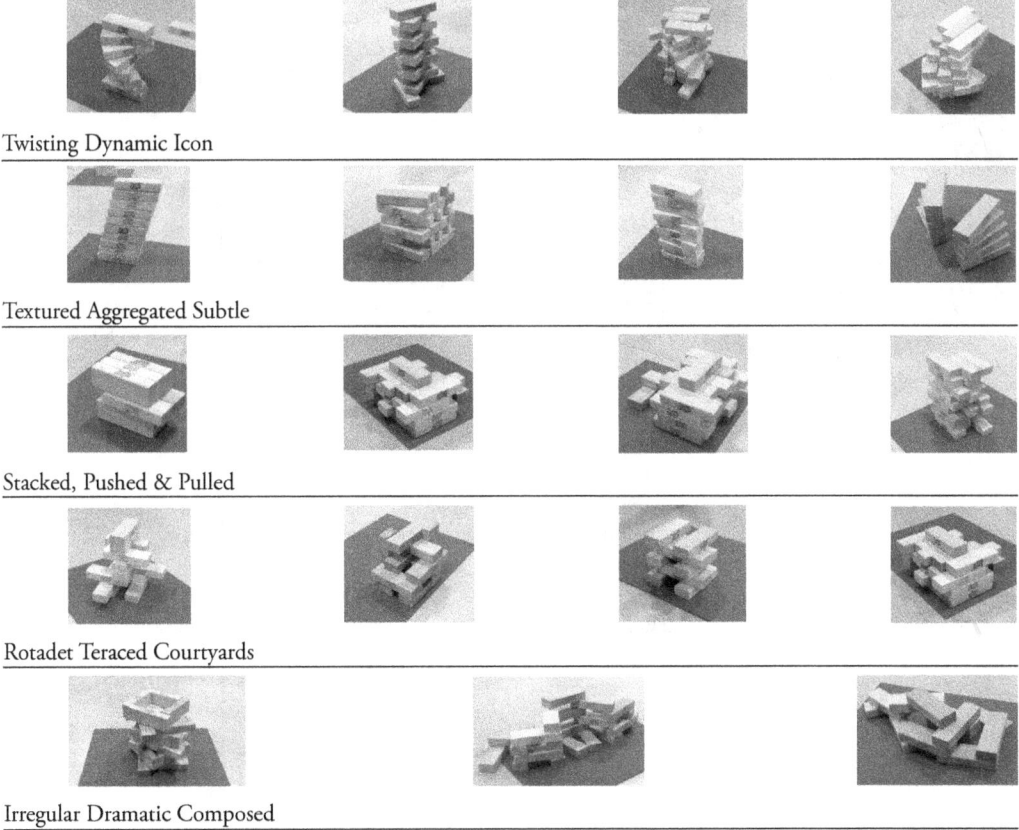

Twisting Dynamic Icon

Textured Aggregated Subtle

Stacked, Pushed & Pulled

Rotadet Teraced Courtyards

Irregular Dramatic Composed

Figura 1 - Simulazioni morfologiche ottenute con gli elementi del gioco "Jenga" [Brown, 2014].

| Continuità della prefabbricazione | Tecniche costruttive tradizionali | Sistemi a componenti prefabbricate | Sistemi a pannelli prefabbricati 2D | Sistemi a moduli tridimensionali prefabbricati 3D |
|---|---|---|---|---|
| | Prevedono di realizzare un organismo edilizio a partire dalle condizioni di *know how* tecnologico disponibili in loco (cultura materiale e costruttiva) e sulla base della disponibilità e reperibilità dei materiali da costruzione. | Prevedono la produzione industrializzata e in serie di componenti monodimensionali a basso livello tecnologico ma a elevate prestazioni, sulla base di un processo di unificazione e coordinamento dimensionale (standardizzazione) di tutti gli elementi, anche di dettaglio, del sistema edilizio. | Prevedono la produzione industrializzata e in serie di componenti bidimensionali basate su gruppi di elementi tecnici che possono essere assemblati, in cantiere, sulla base di un processo di unificazione e coordinamento dimensionale (standardizzazione) per ottenere elementi prefiniti come pannelli, pilastri, fondazioni, ecc. | Prevedono la produzione industrializzata e in serie di componenti tridimensionali assemblate *off-site* per creare strutture modulari tridimensionali prefinite che vengono trasportate in cantiere e aggregate tra loro per dare forma a un organismo edilizio completo in tutte le sue componenti. |
| | Queste tecniche prevedono che tutte le componenti costruttive dell'organismo edilizio vengano realizzate in cantiere. | Rientrano in questa categoria componenti e semi-componenti edilizi di differente natura (travetti, solai, pannelli pre-isolati per pareti ecc. | Possono presentarsi come pannelli finiti per esterni o interni, come elementi orizzontali o sub-orizzontali e sistemi per pavimentazione. | Possono essere di due tipologie: temporanei (uso limitato nel tempo) o permanenti (uso prolungato nel tempo). |
| | Le fasi costruttive si susseguono a "cascata", una dopo l'altra, per cui una fase può iniziare solamente dopo che quella precedente si è conclusa: fondazioni, telaio, rustico, finiture ecc. | Le componenti costruttive vengono prodotte e/o assemblate in apposite unità produttive *off-site*, lontano dal cantiere in cui verranno impiegate. | I sistemi bidimensionali sono realizzati in appositi impianti produttivi *off-site* e assemblati direttamente in cantiere. | Il trasferimento in cantiere di ogni modulo avviene dopo l'ultimazione di tutte le sue parti costitutive (struttura, finitura, impianti elettrici meccanici ecc.) |
| | | La qualità dei sistemi e componenti può essere certificata in termini di prodotto e di processo. | Possono essere assemblati fuori opera mentre, simultaneamente, in cantiere, si svolgono altre lavorazioni. | L'ultimazione *off-site* dei moduli può arrivare all'80-95% delle componenti materiali. |
| | | Elementi speciali o di dettaglio possono essere prodotti anche non in serie e destinati a lavori specifici o applicazioni di natura puntuale. | Elementi speciali o di dettaglio possono essere prodotti anche non in serie e destinati a lavori specifici o applicazioni di natura puntuale. | La qualità viene controllata in fabbrica, così da uniformarsi alle certificazioni di qualità previste per le costruzioni di tipo tradizionale. |
| | | | | Consente di dimezzare la durata dei tempi di un cantiere tradizionale. |

Tabella 1. Continuità metodologica e operativa dei sistemi di prefabbricazione: tradizionale vs modular.

Oggi questi moduli abitativi possono essere assemblati in un'incredibile varietà di forme e soluzioni (Figura 1), prevedendo anche la possibilità di realizzare edifici a sviluppo verticale [Brown, 2014].

**Specificità e prerogative dei Moduli abitativi 3D**
Le prerogative dei moduli abitativi 3D sono molte e non tutte facilmente riassumibili in questa sede [Azari, 2014]. Risulta però interessante porre attenzione su alcune caratteristiche che permettono di evidenziare le potenzialità di questi sistemi in rapporto ad altre tecniche. I moduli 3D risultano:
- *greener*, perché riducono l'impatto sull'ambiente, espongono a meno danni permanenti il sito su cui si insediano, richiedono meno risorse primarie, producono meno scarti e rifiuti di cantiere, con una percentuale di circa il 5% del totale dei materiali utilizzati [Marta, 2012].
- *faster*, perché contraggono i tempi di costruzione, con un abbattimento dei tempi del 50% rispetto ai sistemi tradizionali, dal momento che la costruzione dei moduli avviene tramite catena di montaggio in ambiente protetto da intemperie e per unità produttive parallele [Marta, 2012].
- *smarter*, perché migliorano l'efficienza delle risorse impiegate attraverso un uso pianificato della manodopera qualificata, garantendo la puntualità delle consegne e, tramite i processi produttivi dell'industrializzazione, controllano la qualità del prodotto finale applicando protocolli di qualità. La possibilità di costruire indoor previene eventuali danni alle componenti del sistema a causa delle intemperie, riducendo i rischi e migliorando le condizioni di sicurezza sul lavoro [Bernstein, 2011].
- *cheaper*, perché danno valore aggiunto al processo produttivo, riuscendo a costruire più unità in serie e a costi inferiori. Le unità sono assemblate in condizioni controllate utilizzando materiali su misura, forniti sulla base di dimensioni prestabilite e dotati di certificazione. La velocità di realizzazione dell'intervento si accompagna a situazioni maggiormente profittevoli dal punto di vista degli investimenti economici (redditività più veloce, minor durata dei mutui e dei prestiti ecc.) [Lopeza, 2016].

**Identificazione dei requisiti del sistema**
Il tratto distintivo di questa tecnica è rappresentato dalla tridimensionalità degli elementi e dall'elevato grado di finitura delle parti, che permettono ai moduli di essere trasportati in qualsiasi luogo per essere montati. Questa peculiarità, enfatizzata dai bassi costi e dell'efficienza energetica [IEA EBC, 2012], ha suggerito l'utilizzo di questa soluzione in alternativa agli spazi abitativi convenzionali, nella realizzazione di alberghi, ospedali e nei casi di emergenza abitativa [Bologna, 2005] e anche, in casi più recenti, nella residenzialità universitaria [Lawson, 2014]. Nonostante l'ampia diffusione, più consistente nei Paesi del nord Europa e dell'America settentrionale [Bernstein, 2011], il loro impiego non si è sempre accompagnato a studi e ricerche che ne hanno verificato le caratterizzazioni in termini qualitativi e quantitativi, soprattutto nell'ambito dell'abitare da studenti. Il quadro analitico che questa ricerca propone introduce quindi uno strumento metodologico preliminare che consiste in una sorta di *check-list* di autoverifica per l'analisi di valore dei sistemi a moduli abitativi 3D utilizzabili nell'ambito dello *student housing*. Nonostante l'ipotesi presenti ancora alcuni limiti, rappresenta un supporto progettuale potenzialmente molto utile per selezionare e per stabilire le caratteristiche di questi sistemi. Lo strumento è stato elaborato a partire da una base matriciale, eventualmente ampliabile, che individua una serie di parametri e indicatori. La matrice si struttura a partire da ambiti di analisi ben caratterizzati (requisiti tecnologici, flessibilità, abitabilità, economicità, ecc.) a cui sono stati associati dei paradigmi (requisiti, installazione, flessibilità, sicurezza, accessibilità ecc.) che a loro volta identificano delle categorie (aggregabilità, versatilità, adattabilità al suolo, sicurezza al fuoco, rumore, ecc.) e degli indicatori (addizione, scomponibilità, peso, illuminazione naturale, connessione a *internet*, forma di aggregazione, ecc.).

La matrice non considera volutamente gli aspetti figurativi e compositivi del progetto, ma integra tra loro gli elementi oggettivi del sistema, quelli misurabili che fanno riferimento agli aspetti tecnico-costruttivi, a cu si aggiungono quelli della "socialità" e della "economicità". Di questi ultimi due parametri, il primo è pensato per valutare il senso di "comunità" e di "convenienza" che i moduli abitativi 3D riescono a definire in termini di spazi e di funzioni destinate all'integrazione sociale, all'implementazione del senso di appartenenza e all'attivazione del processo identificazione alla struttura e alla comunità. Il secondo per valutare il livello di economicità del sistema anche rispetto ad altre tecniche costruttive di tipo più tradizionale. Al termine "economicità" sono state inoltre associate le categorie della fattibilità economica, che rientra negli indicatori di costo, e della modularità/flessibilità, che concerne gli aspetti funzionali dell'edificio. Per garantire la fattibilità economica, il prezzo unitario, il costo di costruzione e il costo di manutenzione e il costo delle finiture in opera devono essere il più possibile preventivati già della fase preliminare del progetto. Il parametro della "sostenibilità", inoltre, analizza il grado di riutilizzabilità e di interoperabilità delle parti, permettendo di quantificare il livello di compatibilità ambientale dell'intervento, in relazione al *life cycle assessment* (LCA). Il riferimento alla "mobilità", infine, controlla la trasportabilità del manufatto in termini di

| Paradigma | Categoria | Indicatori |
|---|---|---|
| | | **a. Sistema e Requisiti** |
| a. Requisiti | a.1. Aggregabilità | a.1.1. Orizzontale |
| | | a.1.2. Verticale |
| | a.2. Versatilità d'impiego | a.1.3. Utilizzo per differenti categorie d'utenza |
| | a.3. Trasformabilità | a.2.1. Adattabilità a specifiche categorie d'utenza |
| | | a.2.21 Addizione verticale |
| | | a.3.1. Ampliamento orizzontale |
| | | a.3.2. Scomponibilità in parti |
| | a.4. Riciclabilità | a.4.1. Recupero totale o di parti |
| | a.5. Reversibilità | a.5.1. Possibile trasferibilità in altro luogo |
| | a.6. Durabilità | a.6.1. Garanzie e certificazioni di qualità nel tempo |
| | | **b. Sistema e Installazione** |
| b. Installazione | b.1. Facilità di trasporto | b.1.1. Mezzi normali |
| | | b.1.2. Mezzi speciali |
| | | b.1.3. Smontabilità in componenti |
| | | b.1.4. Peso totale |
| | | b.1.5. Ingombro e volume |
| | b.2. Rapidità di messa in opera | b.2.1. A umido |
| | | b.2.2. A secco |
| | | b.2.3. Mista |
| | b.3. Tipologia strutturale | b.3.1. Puntiforme a telaio |
| | | b.3.2. Pareti portanti |
| | | b.3.3. Mista |
| | | b.3.3. Box tridimensionali |
| | b.4. Adattabilità al suolo | b.4.1. Appoggio su platea |
| | | b.4.2. Al suolo |
| | | **c. Sistema e Flessibilità** |
| c. Flessibilità | c.1. Flessibilità d'uso | c.1.1. Adattamento a diversi usi |
| | | c.1.2 Adattamento a diverse funzioni |
| | c.2. Flessibilità spaziale | c.2.1. Livello di Optimal Point Design(OPD) |
| | | c.2.2. Grado di versatilità |
| | | c.2.3. Grado di evolutività |
| | | c.2.4. Grado di modularità |
| | c.3. Flessibilità tecnologica | c.3.1. Reversibilità |

leggerezza e di rapidità di installazione ai fini della sua messa in opera.

La modularità in unità prefinite 3D rimane la caratterizzazione essenziale del sistema perché consente la costruzione di forme complesse a partire da unità di base minimali. I moduli possono essere impilati in modo lineare o aggregati in forma articolata (Tabella 1), possono essere flessibili, pieghevoli e aggregabili liberamente nello spazio rispondendo ai dettami più avanzati dell'architettura.

**Esemplificazioni: tre differenti casi studio**

Nell'ambito della ricerca sulle potenzialità e possibilità d'impiego di questi sistemi, si sta selezionando, a scala internazionale, una serie di interventi per la residenzialità studentesca realizzati adottando

| Paradigma | Categoria | Indicatori |
|---|---|---|
| | | **d. Abitabilità e Sicurezza** |
| d. Sicurezza | d.1. Sicurezza al fuoco | d.1.1. Sistemi per rallentare gli incendi (R.E.I.) |
| | | d.1.2 Sistemi di allarme al fuoco |
| | d.2. Sicurezza | d.1.3. Dotazione di uscite di sicurezza |
| | | d.2.1. Sistemi di sorveglianza e antintrusione |
| | d.3. Sicurezza fisica e materiale | d.2.2. Superfici antiscivolo nelle finiture |
| | | d.3.1. Illuminazione nelle parti comuni |
| | | d.3.2 Affidabilità delle porte e delle finestre |
| | | **e. Abitabilità e Confort** |
| e. Confort | e.1. Confort ambientale | e.1.1. Temperatura indoor in inverno |
| | | e.1.2. Temperatura indoor in estate |
| | | e.1.3. Umidità indoor in inverno |
| | e.2. Ventilazione naturale | e.2.1 Ventilazione naturale |
| | | e.2.2. Dotazioni per la ventilazione indoor |
| | | e.2.3. Sistemi di controllo e raccolta dell'acqua |
| | e.3. Rumore | e.3.1. Controllo rumorosità dai muri tra alloggi |
| | | e.3.2. Controllo rumorosità sonore dai solai tra alloggi |
| | | e.3.3. Vibrazioni da rumori provenienti dall'esterno |
| | e.4. Illuminazione naturale | e.4.1. Illuminazione naturale |
| | | e.4.2. Illuminazione artificiale |
| | e.5 Igiene e salubrità | e.5.1. Manutenzione programmata |
| | | e.5.2. Igiene degli spazi comuni |
| | | e.5.3. Finiture adeguate ai fini della manutenzione |
| | | **f. Abitabilità e Accessibilità** |
| f. Accessibilità | f.1. Accessibilità di primo livello | f.1.1. Fisica (sistemi di risalita ecc.) |
| | | f.1.2. Ai trasporti pubblici e privati |
| | | f.1.3. Alle reti tecnologiche (internet fisso o wi-fi) |
| | | f.1.4. Accessibilità per i diversamente abili |
| | | f.1.5. Ai servizi di quartiere |
| | f.2. Accessibilità di secondo livello | f.2.1. Superficie dell'unità |
| | | f.2.2. Altezza dell'unità |
| | f.3. Accessibilità di III livello | f.3.1. Ai servizi igieni |
| | | f.3.2. Agli spazi aperti (balconi, copertura, corridoi ecc.) |
| | | f.3.3. Ai locali accessori (ripostigli, garage, parking) |
| | | **g. Abitabilità e Socialità** |
| g. Socialità | g.1 Integrazione e condivisione | g.1.2 Forme di organizzazione della comunità |
| | | g.1.2. Attività comuni |
| | | g.1.3. Connettivi che incoraggiano l'incontro |
| | g.2. Sevizi comuni | g.2.1. Spazi pubblici indoor |
| | | g.2.2. Spazi pubblici outdoor |

| Paradigma | Categoria | Indicatori |
|---|---|---|
| | | **a. Economicità e Sistema** |
| h. Fattibilità economica | h.1. Prefabbricato | h.1.1. Produzione a grande scala |
| | h.2. Costo di costruzione | h. 2.1. Life Cycle Costing |
| | | h.2.2. Percentuale dei costi in opera per le finiture |
| | h.3. Costo di manutenzione | h.2.1. Costo della mano d'opera per finiture e messa in opera |
| | | h.3.1. Costi di manutenzione e di esercizio |
| | | h.3.2. Efficientamento dei costi di manutenzione |
| hh. Flessibilità modulare | | h.3.3. Variabilità del piano tipo |
| | | h.3.4. Aggregabilità orizzontale e verticale |
| | hh.4. Flessibilità distributiva | hh.4.1. Modificabilità e trasformabilità |
| | hh.5. Trasformabilità | hh.5.1. Variazione nella aggregabilità |

| Paradigma | Categoria | Indicatori |
|---|---|---|
| | | **a. Sostenibilità e Prodotto** |
| i. Riutilizzo | i.1. Riuso dei moduli | i.1.1. Riutilizzo dei moduli |
| | | i.1.2. Moduli utilizzabili per altre scopi |
| | i.2. Interoperabilità | i.2.1. Intercambiabilità dei moduli o delle parti |
| ii. Eco-sostenibilità | ii.1 Materiali | ii.1.1. Moduli ecologici |
| | | ii.1.2. Metodi d costruzione ecologici |
| | ii.2 Aspetto | ii.2.1. Aspetto finale dell'edificio (colori, finiture ecc.) |
| | | ii.2.2. Colori e finiture degli interni |
| iii. Trasportabilità | iii.1 Leggerezza costruttiva | iii.1.1. Peso dei materiali utilizzati per i moduli |
| | iii.2 Rapidità di installazione | iii2.1. Facilità di assemblaggio e di smontaggio |
| iiii. Ciclo di vita | iiii. Vita utile | iiii1.1. Life Cycle Assessment |

la tecnica dei moduli abitativi 3D. I casi di seguito presentati esemplificano gli esiti morfo -tecno-tipologici raggiunti utilizzando unità modulari costruite in acciaio, in legno e in calcestruzzo armato.

*modular steel units*

La residenza per studenti *Victoria Hall*, realizzata nelle vicinanze dello stadio di Wembley a Londra, utilizza moduli abitativi prefabbricati prodotti dalla ditta *Future Form* (Figura 2). Con i suoi 19 piani e le oltre 438 stanze, non è solo tra le residenze universitarie più alte d'Europa, ma è il primo intervento in cui sono stati utilizzati moduli di grandi dimensioni: 16m circa di lunghezza e 3,81 m di larghezza. Suddivisa in tre ali, poste a corona attorno a un core strutturale in calcestruzzo armato, la *Victoria Hall* possiede un'originale forma a spirale dai connotati fortemente iconici, accentuata dalle diverse altezze che caratterizzano l'edificato e dalla doppia colorazione dei pannelli, che sono blu nelle ali laterali e argento nella parte più elevata, dove si trova l'ingresso a doppia altezza. L'ala

Figura 2. O'Connell East Architects, *Victoria Hall student accommodation*, Wembley, Londra 2011.

ovest è costituita da 17 piani di moduli, mentre le ali nord e est hanno rispettivamente quattro e sette piani. Ogni modulo è suddiviso in due camere, con bagno prefinito e corridoio centrale, mentre all'estremità di ogni "wing" ci sono il soggiorno e le cucine. Le pareti esterne sono state realizzate con dei profili in acciaio a forma di "C" che definiscono un rigido telaio strutturale che ha consentito di realizzare unità di dimensioni maggiori rispetto a quelle abitualmente in commercio. I moduli tipo pesano fino a 12 tonnellate e sono stati messi in opera tramite una gru mobile di 200 tonnellate. Il rivestimento esterno è in pannelli di alluminio smaltato in Alucobond posizionati su montanti orizzontali a protezione di un generoso strato di isolamento, che assicura una trasmittanza termica di U= $0,21W/(m^2K)$. Una volta in opera, i moduli sono stati connessi tra loro agli angoli e ancorati al nucleo centrale di calcestruzzo, così da ottenere la necessaria stabilità. L'adozione di questo sistema costruttivo ha permesso di accorciare i tempi di cantiere di circa sei mesi rispetto a soluzioni di tipo tradizionale. Per la costruzione dell'edificio sono state necessarie 15 settimane, con una sequenza di 10 moduli per piano a un ritmo di 3-4 piani a settimana grazie a un *team* di 6 uomini. Dal punto di vista della sostenibilità, si stima che i rifiuti in loco siano stati ridotti del 90% e il conferimento in discarica di oltre il 70%.

*modular wooden units*

Il mercato americano degli alloggi per studenti è diventato sempre più selettivo, sia in termini economico-gestionali sia ecologici e si è aperto anche a soluzioni *off-campus*. A questa logica appartiene *The Modules*, edificio costruito utilizzando un sistema prefabbricato leggero basato su moduli *high quality sustainable project*, che permettono di operare con *budget* limitati, di ridurre la produzione di materiali di scarto, di velocizzare i tempi di costruzione, di rendere i cantieri più sicuri ed efficienti e di ottenere soluzioni abitative altamente performanti dal punto di vista energetico (Figura 3). Il sistema non propone solo una soluzione tecnico-costruttiva, ma affronta anche questioni di natura insediativa secondo una configurazione planimetrica e morfologica a doppia "H", che massimizza le superfici, pur garantendo un adeguato livello di illuminazione naturale sui vari fronti. La maggior parte delle componenti del sistema è realizzato in fabbrica, con procedimenti produttivi a qualità controllata tipici della catena di montaggio. Ogni modulo presenta la struttura portante in legno con forti analogie con la tecnica del *balloon frame*. Una volta ultimati, i moduli sono trasportati in cantiere e poi montati impiegando mezzi meccanici. Ogni unità è messa in opera completa di cucina, bagno e pavimentazione, mentre le finiture delle facciate sono realizzate in sito tramite pannelli prefiniti in fibrocemento, materiale che protegge l'edificio dagli agenti atmosferici e riduce i costi di manutenzione. Nei suoi cinque piani, *The Modules* ospita 72 alloggi organizzati secondo differenti configurazioni che permettono di accogliere 160 studenti, nell'interrato sono stati ricavati parcheggi per 38 auto, 100 biciclette e uno spazio per le attività di manutenzione dei veicoli. Altri elementi

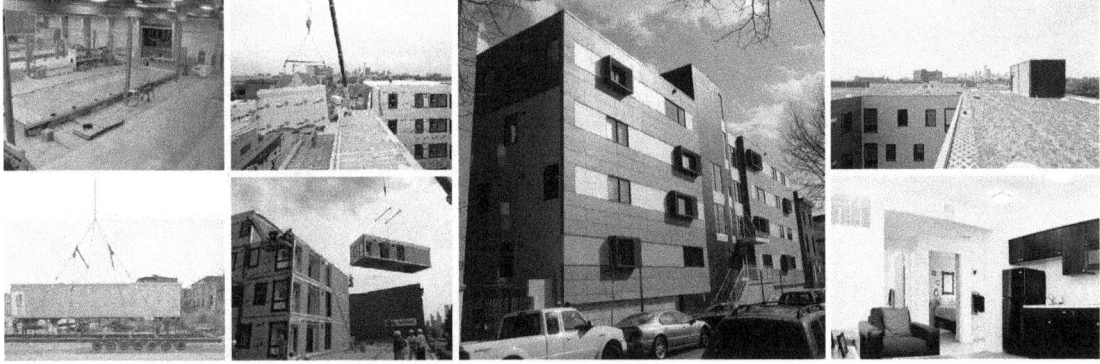

Figura 3. ISA AIA Architects, *The Modules Green Prefab*, Philadelphia, 2010.

distintivi sono gli ampi e confortevoli spazi comuni, le grandi finestre dei fronti che consentono alla luce naturale di entrare generosamente negli appartamenti, le finiture ecosostenibili, la terrazza verde panoramica sul tetto (dotata di un sistema di gestione che abbatte del 50% il tempo di deflusso della pioggia), i sistemi per il riciclaggio dei rifiuti, la vicinanza dei mezzi di trasporto pubblico e i dispositivi di controllo e di gestione dell'energia elettrica e dell'acqua. *The Modules* vanta il primato di essere il più importante intervento a moduli prefabbricati certificati LEED Silver degli Stati Uniti.

***modular concrete units***

Il programma di questa residenza prevede 57 alloggi flessibili, ottenuti da 62 moduli "Compact Habitat", con anima in calcestruzzo armato e termicamente isolati in classe energetica A (Figura 4). Ogni modulo ha profondità di 9,50 m, larghezza di 5 m e altezza 3,20 m e possiede tre asole tecniche di 0,30 x 0,70 m, ispezionabili esternamente dal connettivo orizzontale, dove trovano spazio tutti gli impianti. La residenza è stata realizzata tramite un'unica tipologia di base, per uno o due studenti, dalla superficie di 41.00 m2 e scomposta in due zone: una attrezzata con bagno, vano tecnico, cucina e ingresso e una, più flessibile, per lo studio e il riposo, liberamente organizzabile dall'utente. Per la costruzione sono state impiegate tecniche industriali che hanno interessato la quasi totalità delle componenti, a partire dai moduli in calcestruzzo, posati a secco, privi di partizioni interne e semplificati nelle finiture e negli impianti. Le capsule bagno – in poliestere rinforzato con fibra di vetro rivestita da pannelli leggeri in cartongesso e isolante in lana di roccia – sono di produzione seriale. L'adozione di questa tecnica conferisce all'edificio un carattere di temporaneità e di reversibilità, supportata anche dal fatto che ogni sua parte può essere facilmente rimovibile, riutilizzabile e riciclabile.

I moduli sono stati trasportati in cantiere e posati direttamente sulle fondazioni gli uni sopra gli altri grazie a dischi elastici e bullonature. I tamponamenti esterni sono di due tipi: quelli rivolti verso l'esterno, definiti da un supporto in profili zincati a cui sono affrancati dei pannelli in lamiera con riempimento d'isolante e lastre di cartongesso rivestite con malta di fibra di vetro, e quelli verso l'interno, in pannelli di lamiera zincata. I prospetti sull'esterno della corte posseggono delle mensole in acciaio sulle quali è agganciata una rete metallica che fa da supporto a piante rampicanti. L'industrializzazione di alcuni processi della costruzione ha permesso di contrarre i tempi, di controllare la qualità del prodotto, di limitare la produzione di scarti, di ridurre del 55% le emissioni di $CO_2$ e del 48% i consumi energetici nelle fasi di cantiere.

La climatizzazione è gestita da un sistema centralizzato a *fancoil* e a produzione di ACS tramite microgenerazione. Le unità sono dotate di un sistema di controllo e contabilizzazione dei consumi d'acqua, calore e elettricità. Sulla copertura a verde, che controlla il deflusso delle piogge, sono stati installati dei collettori solari per la produzione di acqua calda sanitaria.

Figura 4. Harquitectes + Data AE, *Student Housing in Etsav, SantCugat del Vallès*, Barcellona, Spagna, 2011.

**Prospettive di ricerca**
Questo contributo ha l'obiettivo di individuare le prerogative qualitative e prestazionali dei sistemi abitativi modulari 3D, in vista di un loro utilizzo – anche nel nostro Paese – nell'ambito della residenzialità temporanea per studenti [Hauschildt, 2015]. Questa dimensione abitativa è per sua definizione associabile ai temi della flessibilità, per cui le modalità alloggiative, le interazioni tra gli ospiti, la presenza di spazi comuni devono essere definite a partire da una precisa idea di temporaneità e di abitabilità [Kim, 2012]. Il carattere spaziale definito dalle soluzioni descritte tende generalmente ad assumere due possibili caratteristiche: da un lato quella di uno spazio primitivo, che può essere costruito in qualsiasi contesto e in qualsiasi momento, a sottolineare i caratteri di mobilità e di flessibilità; dall'altro quella di uno spazio fluido, che enfatizza il concetto di transitorietà e che produce alloggi moderni e funzionali, che rispondono a prestabilite *performance* (*confort*, sicurezza, abitabilità ecc.) in grado di svolgere funzioni complesse e generare possibili nuovi stili di vita [Felix, 2013]. La predisposizione di una matrice di lettura per individuare le qualità tecnologico-prestazionali di questi manufatti può aiutare, in una fase meta-progettuale, ad anticipare scelte successive di progetto [Solnosky, 2014], concorrendo a definire le caratteristiche intrinseche del sistema e garantendo il risultato finale. Gli indicatori rilevati permettono di comprendere la natura dei manufatti, delineando un quadro conoscitivo attraverso comparazioni tra i sistemi e i brevetti disponibili sul mercato. I parametri, infatti, intercettano una pluralità di caratteri del manufatto, permettendo di comprenderne le specificità degli elementi tecnologici, attinenti all'installazione, alla flessibilità, all'abitabilità, all'economicità e alla sostenibilità.

La possibilità di misurare lo *standard* qualitativo di queste soluzioni ha la finalità di comprenderne le effettive potenzialità, implementandone l'informazione tecnica e gli studi, che fino a ora sembrano troppo ancorati a considerazioni di natura prettamente figurativa e funzionale, o in altri casi, ad un ambito semplicemente economico e emergenziale. Nell'ambito della ricerca, si è inoltre attivato il censimento, la selezione e l'analisi di una serie di *case studies* realizzata nel contesto internazionale, con l'auspicio che tale contributo possa stimolare lo sviluppo di ambiti specifici di indagine e di sperimentazione anche nel nostro Paese, impegnando gli apparati legislativi (tramite apposite normative), il mondo imprenditoriale (con avanzamento nel *know-how* tecnologico), il mondo della ricerca (con azioni di supporto all'innovazione) e le istituzioni pubbliche preposte ai servizi per studenti (tramite realizzazioni pilota). Nell'ambito di questa attività *in progress* si sono individuati ulteriori ambiti di ricerca, che potrebbero portare al miglioramento della qualità, dell'economicità, della sostenibilità e della costruibilità del sistema costruttivo a moduli prefabbricati 3D.

*Ambito normativo:*
- predisposizione di un apparato normativo di supporto con cui disciplinare la natura, le caratteristiche e le qualità dei moduli (prestazioni, LCA, LCC, ecc.);
- disciplina delle tecniche d'integrazione e valutazione del progetto (sistemi BIM, on-site team di costruzione, meta progettazione, ecc.);

*Ambito progettuale:*
- progettazione di strutture modulari per ampliamenti o aggiunte a edifici già esistenti per migliorare la funzionalità, le superfici, ecc.;
- progettazione di sistemi modulari autoportanti, in grado di essere sovrapponibili oltre i sei piani per poter realizzare edifici alti;

*Ambito del prodotto:*
- sperimentazione di nuovi materiali ad alte prestazioni (ad esempio legno composito, telai in titanio, sistemi ibridi, tessuti tecnici);
- studio di soluzioni modulari scomponibili (sistemi modulari pieghevoli, impilabili, incernierati,

auto espandibili);

*Ambito del processo:*
- efficientamento della catena di montaggio (turni di 24 ore, gemellaggio linee di produzione, automazione);
- studio di soluzioni alternative per il trasporto (mezzi speciali, elicotteri ecc.) e il montaggio in opera (gru mobili, sistemi di airbag di risalita ecc.);
- ricerca di sistemi di trasporto alternativi a quelli praticati con i mezzi tradizionali;
- individuazione di tecniche per il controllo on-site dei sistemi di integrazione (progettazione 3D, immagini digitali ecc.);
- sperimentazione su altre forme di abitare e per nuove soluzioni morfo-tipologiche (unità di micro, abitazioni flessibili ecc.) valutando il livello di gradimento dell'utenza.

**Riferimenti bibliografici**

Azari, R. [2014], *Modular Prefabricated Residential Construction: Constraints and Opportunities.* PNCCRE Technical Report, University of Washington.

Bellini, O.E. [2015], *"Three new paradigms for student housing: cost, time and quality"*, 3 edition of Inhabiting the Future, Clean, Napoli, pp. 972–985.

Bernstein, H. M. (a cura di) [2011], *"Prefabrication and Modularization: Increasing Productivity in the Construction Industry"*, McGraw Hill Construction. http://www.nist.gov/el/economics/upload/Prefabrication-Modularization-in-the-Construction-Industry-SMR-2011R.pdf [Ultimo accesso: 15.05.2016].

Bologna, R., Terpolilli, C. [2005], *Emergenza del progetto. Progetto dell'emergenza. Architetture Con-Temporaneità*, Federico Motta Editore, Milano.

Brown, A. R. [2014], *Fabulous Pre-fab. Applying Modular Construction to Multifamily Residential, Projects in Washington*, DC Hickok Cole Architects, Washington, USA.

Felix, D., Branco, J. M., Feio, A. [2013], "Temporary Housing After Disasters: A State of the Art Survey". *Habitat International.* n. 40, pp.136-141.

Ingaramo, L. [2012], "Residenze temporanee: un progetto in divenire", *Techne*, n. 03, pp. 76-84.

Hauschildt, K., Gwosć, C., Netz, N., Mishra, S. [2015], *Eurostudent V. Social and Economic Conditions of Student Life in Europe* 2012-2015, W. Bertelsmann Verlag GmbH & Co. KG, Bielefeld. http://www.eurostudent.eu/ [Ultimo accesso 25.05.2016].

IEA EBC Annex 50 [2012], *Prefabricated Systems for Low Energy Renovation of Residential Buildings,* Building Renovation Guide and Guidelines for System Evaluation, AECOM Ltd, United Kingdom.

Lawson, M., Ogden, R., Goodier, C. [2014]. *Design in modular construction*, CRC Press, Boca Raton, FL.

Lopeza, D., Froesea, T.M. [2016], "Analysis of costs and benefits of panelized and modular prefabricated homes", *Procedia Engineering*, n. 145, pp. 1291-1297.

Marta, S., Dodd, N.A. [2012], *Prefab: sostenibili, economici, all'avanguardia*, Modena, Logos.

Modular Building Institute, [2015], *Changing the way the world builds. Greener. Faster. Smarter. Permanentmodular.* Construction. Annual report. https://www. Modularr.org. [Ultimo accesso: 24.04.2016].

Modular Building Institute, Piper C.A. [2015], *Introduction to Commercial Modular Construction*, Modular Building Institute, MBI & Clemson University.

Kim, M.K., Song, A.H. [2012], "The Types and Characteristics of Space Construction in Temporary Small-sized Housing for Single-Person Household", *Journal of Korean Housing Association*, n. 24, Vol. 1, pp.115-124.

Kim, M.K. [2011], "The Characteristics of Space Construction for Container Architecture and its Application", Journal of Human Ecology, n. 15 Vol. 2, pp.177-185.

Raiteri, R. (a cura di) [1996], *Progettare l'abitare*, Maggioli, Sant'arcangelo di Romagna.

Solnosky, R. L., Memari, A. M., Ramaji, I. [2014]. "Structural BIM Processes for Modular Multi-Story Buildings in Design and Construction", Proceedings of the 2nd Residential Building Design and Construction Conference, Penn.

Smith R.E. [2010]. *Prefab Architecture. A guide to modular design and construction,* John Wiley & Sons Inc., New Jersey.

# STUDENTI: QUEGLI ANIMALI!
# LA QUESTIONE DEGLI "UTENTI" NELLA PROGETTAZIONE DELLE RESIDENZE PER STUDENTI

**Oscar Eugenio Bellini**
Politecnico di Milano, Dipartimento di Architettura, Ingegneria delle costruzioni e Ambiente costruito
**Martino Mocchi**
Politecnico di Milano, Dipartimento di Architettura, Ingegneria delle costruzioni e Ambiente costruito

**Parole chiave**
Gli utenti, il capitale umano, il capitale sociale, Metaprogetto, innovazione nel progetto

*Abstract*

*The student housing, rightly considered by the scientific literature as a pivotal theme for the development of the "human and social capital" of a nation, it's emerging as an area of experimentation, due to the change in the traditional framework: in terms of housing solutions, types of users, functional supplies, spaces for living and sharing.*

*Especially in Italy, the role of the university residences has deeply changed during the last decades: the needs that they have to meet are no longer related only with a class of students coming from the poorest areas of the country searching for a bed, but they have to deal with a more articulated audience, linked to different social and cultural models: both for the increasingly international standards of the universities and for the change of the academic context itself, which promotes cultural and scientific exchanges also among PhD students, researchers, visiting professor, etc. The "student" housing has therefore to face the necessities of a large number of people, belonging to different ethnicity, age, religions, cultures, traditions, with specific needs related to variable periods of staying, that require special housing solutions.*

*A proper design approach cannot ignore the transformation of this scenario: in order to be efficient, the architecture must overcome the mere quantitative reference – as the one followed by the national regulation – too based on the fulfillment of physical and spatial parameters which don't allow to manage the increasing complexity of the demand.*

*Recent anthropological and axiological studies conducted in France have attempted to classify more in detail the different types of students/users, through a comparisons with particular animal species, in order to stress the specific relation that every individual establishes with its private house, with the common and shared spaces, with the other members of the group etc. The aim of these studies is to favor an interdisciplinary approach, based on the idea of "performance" as a key concept which can exceed the current regulatory approach. What matters is the possibility to ensure the quality of the functional offer, open to different housing solutions in relation with the specific situation. This approach is gradually emerging in other European countries, including Sweden and Germany.*

*The paper aims therefore to reflect on the importance of hiring, even in our country, this fundamental meta-design reference.*

**La funzione delle residenze universitarie nella valorizzazione del capitale umano e sociale**
I più recenti studi in campo sociologico ed economico condividono l'interesse per quelli che sono stati definiti il "capitale umano" e il "capitale sociale" di una nazione, considerati elementi centrali per la crescita complessiva della società[1]. L'importanza di tali forme di capitale si sta estendendo oltre gli orizzonti disciplinari che li hanno originati, animando un dibattito volto alla comprensione qualitativa di termini quali quello di "sviluppo" e di "progresso", al di fuori di logiche meramente quantitative e legate ai soli fattori economici e produttivi.

Tra le molte conseguenze implicate, vi è l'importanza di un adeguato sistema formativo – a tutti i livelli – che dovrebbe diventare un investimento prioritario per la comunità, in grado di produrre dei vantaggi sia per il singolo individuo, sotto forma di benefici economici e professionali, sia per la collettività, in termini di crescita della sensibilità civica dei cittadini[2]. Definizioni diffuse, a livello internazionale, quali quelle di l*earning city, learning town, learning community, learning region, lifelong learning* permettono di comprendere la portata del processo, che si fonda sull'importanza di creare "città luoghi di apprendimento" [Longworth, 2007], caratterizzati dalla capacità di produrre e attrarre intelligenze, migliorando il proprio avvenire attraverso la conoscenza e l'innovazione.

In questa sfida per l'implementazione del capitale umano e sociale i sistemi educativi, formativi e di ricerca stanno riposizionando la loro *mission*: l'obiettivo non è più solo quello di rafforzare il valore economico delle conoscenze e delle competenze, ma di rinsaldare nel complesso le capacità di relazione, partecipazione e integrazione fra soggetti diversi. In una concezione in cui il processo di educazione non è la conseguenza dell'operare delle sole strutture dedicate alla formazione, ma anche dell'impegno sociale dei cittadini, della partecipazione politica e culturale, della diffusione dell'associazionismo, dell'impegno *no profit* e il terzo settore ecc.

Nella prospettiva di un allargamento del processo formativo dovrebbe essere ricollocata la posizione delle residenze universitarie, che costituiscono un ambito di particolare interesse vista la capacità di favorire dei percorsi educativi basati sull'attivazione di forme di socializzazione, di condivisione, di emancipazione dalla famiglia [Micheli, 2008; Rosina et al. 2007], e su un senso di responsabilità, di scambio e di confronto tra individui coetanei, spesso provenienti da culture e tradizioni diverse, anche nella prospettiva di riportare i giovani al centro della scena pubblica [Livi Bacci, 2008].

Alcuni autori hanno indirettamente provato a interpretare il ruolo che queste strutture giocano nel processo di produzione del capitale sociale, dando vita a due possibili concezioni: una "individualista", sostenuta per esempio da Bourdieu e Coleman, e una "olista-relazionale", sviluppata da Putnam e da

---

[1] Con il termine "capitale umano" si indica l'insieme di conoscenze, competenze, abilità, emozioni, acquisite da un individuo e finalizzate al raggiungimento di obiettivi sociali ed economici, singoli o collettivi. La definizione di capitale sociale, invece – coniata per la prima volta da Jane Jacobs in *The death and life of great american cities* (1961) – fa riferimento alle relazioni interpersonali informali, considerate essenziali per il funzionamento di società complesse e altamente organizzate. Un'interessante distinzione, finalizzata a istituire una correlazione tra i due termini, è quella elaborata nel 1977 dal sociologo Glenn Loury, secondo cui il "capitale umano" rimanda alle conoscenze e alle abilità del soggetto spendibili nel mercato del lavoro, mentre quello sociale alla rete di relazioni familiari e sociali che possono accrescere tali conoscenze e abilità. Per Loury, quindi, il "capitale sociale" risulta un fattore determinante per lo sviluppo cognitivo e sociale di un individuo, rappresentando un importante vantaggio per bambini e adolescenti in vista del loro posizionamento nella comunità, ossia dello sviluppo del loro "capitale umano". Per una più approfondita disamina delle diverse interpretazioni di questi concetti, si rimanda a: Field J. (2004), Social Capital, Routledge, London; tr. it., *Il capitale sociale: un'introduzione*, Erickson, Trento, e P. Donati (2003), 'La famiglia come capitale sociale primario', in Id. (a cura di), *Famiglia e capitale sociale della società italiana*, (ottavo rapporto Cisf sulla famiglia in Italia), Edizioni San Paolo, Cinisello Balsamo.

[2] L'istruzione come forma di investimento per la produzione di capitale umano è stata teorizzata per la prima volta da Theodore W. Schultz: nel saggio "The Economic Value of Education" (1963), che completa alcuni articoli precedenti, l'autore sottolinea la necessità di considerare l'istruzione come una forma di investimento in vista della crescita economica di un Paese. Si tratta di un riconoscimento a suo modo rivoluzionario, che conferisce un nuovo valore alla formazione, fino a quel momento considerata solamente come un parametro educativo e culturale.

Fukuyama e poi importata anche nel contesto italiano da Donati. Secondo la prima interpretazione, il capitale sociale è «il prodotto di strategie di investimento sociale orientate, coscientemente o meno, verso l'istituzione o la riproduzione di relazioni sociali direttamente utilizzabili, a breve o lungo termine» [Bourdieu, 1979; 2-3]. In questo senso il capitale sociale si produce nel momento in cui l'individuo investe nella rete di rapporti con gli altri, allo scopo di trarne un profitto individuale. Questo scambio crea una serie di "conoscenze personali" e di "legami", che possono essere favoriti proprio dalla condizione abitativa universitaria.

La seconda posizione, invece, si basa sulla convinzione che «produrre capitale sociale richiede di fare proprie le norme morali di una comunità e, nel suo ambito, l'acquisizione di valori come la lealtà, l'onestà e l'affidabilità [...] Il capitale sociale non può essere accumulato semplicemente mediante l'agire individuale. Si fonda sulla prevalenza delle virtù sociali su quelle individuali» [Fukuyama, 1995]. Il capitale sociale si produce quindi dal momento che l'individuo è un essere "comunitario", e nel suo operare non solo agisce rispettando le norme etiche del gruppo a cui appartiene, ma subordina a esse i propri interessi individuali. In questo caso, per capitale sociale si devono dunque intendere i valori, le norme e le reti sociali che mettono le persone in condizione di agire collettivamente e in maniera associata. Nelle residenze universitarie questo apparato si traduce nel contatto interpersonale con i vicini di stanza, gli amici, i compagni di studio o di camera: una situazione che permette di instaurare una fiducia primaria, *face-to-face* e inter-soggettiva tra gli utenti, dando vita a processi di scambio simbolico in grado di attivare circuiti di dare-ricevere-contraccambiare senza equivalenti monetari. Un'altra importante distinzione, in grado di produrre una migliore comprensione del rapporto tra il capitale sociale e la modalità abitativa studentesca, è quella che introduce la differenza tra "capitale primario" e "capitale secondario". Il capitale primario rappresenta il fattore precipuo della *civility*, ciò che spinge ad essere civili agendo verso il prossimo con buone maniere e con considerazione. Questo capitale ha come ambito di relazione la famiglia e le reti informali primarie, che nel contesto universitario possono assumere la forma del compagno di stanza, dell'amico al corso di studi, dello studente con cui si preparano gli esami, per esempio.

Il capitale secondario si manifesta, al contrario, nel caso di individui che hanno in comune solo l'appartenenza a forme sociali organizzate, come le comunità civili, le associazioni partitiche, i club o i circoli culturali. Nell'ambito della residenzialità universitaria, tale capitale è individuabile in tutte quelle forme di associazionismo che spesso interessano lo stile di vita dello studente, stando alla base del suo senso di appartenenza e di condivisione identitaria: associazioni culturali, circoli sportivi, club letterari[3]. Questo tipo di capitale si traduce in un forte aumento nella qualità delle reti di relazioni che alimentano e rendono sinergiche le dotazioni individuali e le opportunità di vita delle persone coinvolte, favorendo comportamenti e pratiche di sussidiarietà. Il capitale sociale secondario rappresenta quindi un fattore fondamentale per la costruzione della cultura civica, dal momento che concorre a indicare al soggetto le buone pratiche comunitarie e i propri diritti e doveri collettivi.

La residenza universitaria svolge un ruolo fondamentale anche nella produzione di quello che è stato definito il capitale sociale di tipo "meso"[4], ossia di quell'insieme di relazioni che si sviluppano in istituzioni esterne alla famiglia, ma che sono in grado di generare conoscenza reciproca e interazioni di una certa frequenza e durata nel tempo.

---

[3] Si pensi, per esempio, a casi di università come Delft, Harvard, Oxford e Cambridge, in cui il senso di appartenenza alla comunità, sostenuto in gran parte dal fenomeno delle residenze studentesche e da forme di associazionismo spontaneo, è diventato un vero e proprio *business* legato alla vendita di *gadget* come magliette, zainetti, felpe, quaderni, ecc.

[4] L'affermazione fa riferimento alla distinzione tra capitale sociale "micro", "meso" e "macro" [si veda per esempio: Donati, Colozzi, 1997], secondo cui il primo fa riferimento alle relazioni primarie familiari, di parentela, di amicizia e vicinato, mentre il terzo attiene alle relazioni secondarie, che si riferiscono agli scambi sociali di tipo occasionale che si possono avere durante una giornata: con il giornalaio, il panettiere sotto casa, il medico di famiglia, ecc.

Si tratta di un livello che coinvolge aspetti strutturali, comportamentali e simbolici, fornendo all'individuo degli elementi fondamentali nella definizione della personalità. Le relazioni che si instaurano all'interno degli studentati sono infatti relazioni particolarmente significative, che rappresentano una forma di capitale sociale comunitario allargato, basato sullo scambio di informazioni e di conoscenze, sulla condivisione di interessi culturali, artistici, di *hobby*, di posizioni politiche ecc. Si tratta di rapporti amicali che vanno oltre le relazioni di natura verbale, accompagnandosi a scambi strumentali fatti di "oggetti" simbolici, forme di reciproco sostegno morale o sentimentale, condivisione di oggetti e interessi culturali. Nel proporre uno stile di vita "altro" rispetto a quella della famiglia, basato sull'accettazione e il rispetto di norme, regole, orari e scadenze, l'abitare l'università concorre in definitiva a sviluppare le componenti sociali e civiche, rafforzando la "densità morale" degli individui. Se da un lato l'acquisizione delle conoscenze e il successo negli studi universitari non sono *ipso facto* garanzia dello sviluppo armonico della personalità dello studente, è dall'altro innegabile che ciò rappresenti un forte contributo in vista della crescita del capitale sociale collettivo dell'intera comunità. La residenza universitaria si fa in questo senso espressione privilegiata della simmeliana nozione di "educazione in quanto vita" [Simmel, 1922], ossia di un modello che considera le relazioni interpersonali e il contesto relazionale un ambito capace di promuovere e moltiplicare le facoltà e le abilità dell'individuo, un punto di unione ideale tra gli ambiti economici, umani, culturali e sociali.

**Il ruolo dell'utenza nella meta progettazione della residenza universitaria**
La conclusione di questa riflessione porta a interrogarsi sull'utilità delle politiche attuate negli ultimi anni nel nostro Paese, che hanno prodotto un aumento *tout court* degli accessi all'Università – secondo una logica piuttosto generica per cui "università uguale qualità della formazione" – in assenza di specifiche riflessioni sulla necessità di investire in modo mirato in meccanismi e strutture in grado di produrre un più alto livello di educazione sociale e collettiva. Meccanismi e strutture all'interno delle quali rientrano a tutti gli effetti le residenze universitarie, che potranno giocare un ruolo strategico, rappresentando un indicatore capace di segnare il passaggio dal mero dato quantitativo a un'interpretazione più qualitativa della formazione[5]. Una scommessa che potrà essere vinta soltanto a seguito di una reinterpretazione generale del ruolo e della funzione di queste strutture, anche a partire dai loro assetti morfo-tecno-tipologici [Bellini, 2016], che oggi sono interessate a livello internazionale da ampi processi di trasformazione dell'offerta funzionale e organizzativa, in vista della crescente complessità e dell'ampliamento del bacino di utenza. Quella che sul piano funzionale continua a essere considerata semplicemente come una struttura per l'ospitalità temporanea degli studenti fuori sede, tende sempre più frequentemente a identificarsi con un servizio di utilità pubblica che supera la sola funzione ricettiva diventando un fondamentale elemento di supporto sia per la didattica e la ricerca accademica, sia per le attività culturali e ricreative collettive.
In ambito universitario, i benefici prodotti dalle residenze universitarie non ricadono semplicemente sui loro ospiti, ma sono sempre più spesso a vantaggio anche di dottorandi, borsisti, assegnisti di

---

[5] Già da ora diverse ricerche testimoniano la produttività della residenza universitaria in termini di risultati e di profitto scolastico. Generalmente gli studenti ospitati nelle residenze concludono il percorso di studio prima dei loro colleghi. Ciò sarebbe dovuto alla maggiore chiarezza di obiettivi e disponibilità all'impegno, ma anche a una maggiore responsabilità dovuta allo sforzo economico assunto dalle famiglie. Anche la frequenza e la regolarità ai corsi risulta maggiore: la necessità di mantenere per merito il diritto al posto letto, così come la possibilità di usufruire di borse di studio attraverso sovvenzioni statali o di enti a carattere filantropico, diventano in questo senso un motore per *performance* scolastiche più elevate. Le stesse ricadute positive si verificano in relazione alla capacità di migliorare l'integrazione con il mondo dell'università, stabilendo contatti con altri studenti, favorendo il lavoro in gruppo e rimanendo quindi coinvolti nelle dinamiche della vita accademica. Il che si traduce in una maggiore tendenza alla frequentazione di attività e servizi extra-curricolari, spesso forniti dalle residenze stesse, nell'ottica di una vera e propria "attività formativa continua".

ricerca, corsisti di master, partecipanti a programmi di mobilità e scambi internazionali. Il che comporta evidentemente la creazione di forme di integrazione e di interazione tra queste figure, determinando dei vantaggi complessivi sul piano della ricerca e della formazione.

Tale ruolo appare sempre più esteso anche al di fuori dell'ambito accademico: vista la temporaneità della richiesta studentesca, vincolata all'organizzazione dei calendari didattici che prevedono fasi di ferie o di sospensione delle attività, i modelli di gestione tendono a contemplare sempre più spesso la possibilità di sfruttare questi periodi per favorire l'accoglienza di un pubblico esterno, legato a forme di turismo *low-cost*, per esempio, in grado di rendere il bilancio economico più efficiente e redditizio, essendo distribuito secondo un principio di continuità e su un arco temporale più ampio. In alcuni casi questo si è tradotto nella capacità di offrire soluzioni residenziali transitorie in sintonia con i nuovi *city users* di cui parla il sociologo Martinotti [Martinotti, 1999], quali coppie di studenti sposate, ricercatori *single*, docenti con famiglia, o altri utenti assimilabili agli studenti come ragazze madri o giovani lavoratori[6]. Tra gli ospiti delle residenze universitarie, inoltre, è bene ricordare le figure del gestore, del custode, del direttore e degli altri ruoli necessari alla conduzione della struttura.

I temi introdotti rappresentano un elemento prioritario soprattutto in vista della meta progettazione di nuove strutture: la conoscenza delle specifiche esigenze e necessità dell'utente costituisce infatti un riferimento imprescindibile, al di fuori del quale non è possibile realizzare spazi effettivamente funzionali e accettati dall'utenza. Come per qualsiasi altro ambito di intervento, la progettazione di un edificio collettivo non può essere considerata una pratica indipendente dai comportamenti, dalle abitudini, dai desideri e dalle aspirazioni di coloro che lo abitano [Farina 2012].

Nonostante l'apparente ovvietà dell'affermazione, l'approccio attualmente dominante non sembra andare in questa direzione, risultando ancora dipendente da una figura di "studente" stereotipata, le cui esigenze sarebbero comprensibili e quantificabili attraverso semplici riferimenti definibili univocamente e genericamente. Una riflessione più specifica sul tipo di utenza che frequenta la residenza universitaria rivelerebbe al contrario un variegato spettro di utenti, i cui caratteri sono resi peculiari dall'età, dalla condizione di precarietà dovuta al fatto di abitare fuori casa, dalla formazione culturale, dalle condizioni economiche. A questi aspetti si aggiungono quelli derivanti dall'instabilità caratteriale ed emotiva del soggetto, che viene aumentata dalla dimensione del vivere in gruppo come importante fattore di crescita e di maturazione individuale [Bogoni, 2001].

Tali elementi introducono chiaramente la complessità della residenza universitaria come tema di progetto, che necessita da un lato un'attenta sperimentazione relativa all'organizzazione spaziale dei singoli alloggi, dall'altra una ricerca specifica sul ruolo degli spazi condivisi, e soprattutto sulle invarianti relazionali che lo spazio domestico instaura con gli ambienti collettivi, pubblici e dei servizi. È questa dinamica che rappresenta l'elemento fondamentale di questo modello abitativo, da cui dipendono la maggior parte delle criticità progettuali, che affrontano l'argomento in modo piuttosto generico e indipendente dal contesto geografico e culturale di riferimento [Bellini, 2015].

Lo scarto interpretativo fondamentale consiste nel considerare questa forma di residenzialità non più solo come funzionale a un momento precario e transitorio nella vita dello studente, ma come un tassello essenziale di un percorso volto a formare l'identità di un individuo, adulto e cittadino.

La difficoltà consiste allora nella possibilità di comprendere le aspettative, le necessità e la varietà dei profili dell'utenza, riuscendo definire degli spazi che possano soddisfare le aspirazioni di chi li abita.

---

[6] Questo aspetto è già stato in parte verificato grazie alcuni interventi francesi di student housing. E' il caso della residenza per studenti realizzata nel 2008 dallo Studio ECDM a Épinay-sur-Seine, nel Dipartimento della Senna-Saint-Denis nella regione dell'Île-de-France, contemporaneamente destinato a studenti e ragazze madri e di quello ultimato nel 2010, su progetto di Michel Kagan Architecture & Associés, in rue Bruneseau a Parigi, dove nella medesima struttura vengono ospitati oltre agli universitari fuori sede, giovani salariati.

Recenti indagini hanno evidenziato che le questioni che dovrebbero spingere alla ricerca di nuovi assetti spaziali e organizzativi sono più profonde rispetto ai tradizionali riferimenti che considerano nel migliore dei casi il sesso, l'età o la provenienza geografica. Uno degli elementi più rilevanti che emerge da questi contributi consiste nell'argomentare l'indebolimento del modello tipizzato dello studente a tempo pieno a vantaggio di diversi profili che rimandano alle figure di studente a tempo parziale, lavoratore, straniero, facente parte di programmi di scambio, avente moglie o figli, ecc. Soggetti portatori di bisogni e di necessità abitative differenti, seppur tutte accomunate da una forte domanda di socialità e di interrelazione.

### Quegli "animali" degli studenti: sei profili di utenti

Di fronte allo scenario descritto, l'atteggiamento dominante continua a essere supportato dal riferimento a una normativa piuttosto generica, che si limita a individuare degli *standard* dimensionali minimi da rispettare, con poca attenzione per l'interpretazione qualitativa delle esigenze dei soggetti coinvolti. Si tratta di una tendenza che accomuna il nostro paese a molti altri ambiti internazionali, producendo delle conseguenze doppiamente negative: sia per il fatto che rischia di favorire la realizzazione di spazi non funzionali all'utenza, sia perché vincola la ricerca progettuale a delle misure che, partendo da altre ipotesi, potrebbero in alcuni casi favorire una ulteriore contrazione dei costi di realizzazione e di un arricchimento delle soluzioni progettuali. Uno studio svolto da un'*equipe* di sociologi francesi [Moreau, Pequer, Droniou, 2009], commissionato dal PUCA – *Plan Urbanisme Construction Architecture*, rappresenta all'interno di questo scenario un caso di particolare interesse, che mostra come sia possibile approfondire in modo adeguato il tema dell'utenza nella residenza universitaria, producendo delle ricadute ampie sia in vista di una migliore definizione dei modelli educativi e formativi, sia nelle pratiche di gestione delle strutture, sia nell'individuazione di soluzioni progettuali. La riflessione si sviluppa a partire da un'indagine delle categorie sociologiche che interessano la condizione dello studente, tra cui per esempio il concetto di "giovinezza", che gli stili di vita e le abitudini contemporanee rendono sempre più eterogeneo e difficilmente riconducibile a una fascia precisa di età. Il modello occidentale, per esempio, tende a dilatare le tradizionali tappe della maturazione dell'individuo, a differenza di quello che succede in altri ambienti culturali. Questa analisi dimostra quindi in modo evidente la difficoltà di continuare a interpretare le categorie e i bisogni dell'utenza sulla base degli indicatori tradizionali, quali appunto *in primis* quello dell'età[7]. L'esito più originale del lavoro, raggiunto attraverso una raccolta di interviste e di osservazioni sul campo, consiste nell'individuazione di sei tassonomie che rappresentano specifici profili di utenti "tipo", che con grande efficacia comunicativa vengono paragonati a sei animali, caratterizzati da precise abitudini e attitudini comportamentali. Tale varietà di profili individuali si accentua se si considera la variabile tempo, per cui lo stesso soggetto può passare, durante la permanenza all'interno della residenza universitaria, attraverso differenti fasi-profilo.

La durata del corso non può essere considerata un elemento secondario, proprio a causa dell'alternanza dei periodi che caratterizzano la maturazione dello studente.

Il terzo anno, per esempio, rappresenta una soglia decisiva, in cui spesso avviene un cambiamento

---

[7] In tutti i Paesi occidentali, le ricerche sulle giovani generazioni degli ultimi decenni mostrano una transizione all'età adulta più lenta che in passato e lo spostamento in avanti delle tappe fondamentali di tale transizione. (Atkinson, B., Malier E. (ed.) [2010]. Income and living conditions in Europe, Eurostat statistical books, Official Publications of the European Communities, Luxembourg). E' possibile affermare che, sebbene il peso numerico dei giovani stia diminuendo ovunque per ragioni demografiche, allo stesso tempo il concetto sociale di giovinezza tende ad estendersi, invadendo età fino a pochi decenni orsono dominio dell'età adulta. Non è un caso se ormai quasi tutte le indagini sulla condizione giovanile in Italia e in Europa, includano anche la fascia di età dei 30-40enni (Del Lago A., Molinari A. (a cura di), [2001], *Giovani senza tempo. Il mito della giovinezza nella società globale*, Ombre corte, Verona.

delle abitudini comportamentali, e in cui prende forma chiaramente la costruzione di un percorso indipendente e autonomo. Naturalmente l'esigenza di formalizzare dei profili "statici" di utenti non vuole sostituire la consapevolezza del carattere per antonomasia temporaneo e dinamico del pubblico dello *student housing*, caratterizzato da un costante ricambio sociale, culturale ed etnico che produce l'evolversi costante dei modelli esigenziali di riferimento, fortemente influenzati dal rinnovamento delle pratiche comportamentali, individuali o di gruppo, ridefinite secondo l'evoluzione delle convenzioni sociali e culturali dei giovani. L'individuazione dello studente-tipo si accompagna quindi al riconoscimento della necessità di un approccio flessibile al tema della residenza universitaria, che deve essere garantita a livello gestionale. È dall'altro lato evidente che tale possibilità non può che partire da una corretta ed equilibrata definizione degli spazi a livello progettuale. Le indicazioni che emergono dallo studio rappresentano quindi degli spunti di grande interesse per il progettista, dal momento che possono dare un grande impulso alla ricerca e all'innovazione morfo-tecno-tipologica di queste strutture. Il riconoscimento della complessità della figura dell'utente e dei diversi profili a esso connessi permette allo stesso tempo di individuare delle invarianze in alcune richieste di base, che risultano delle indicazioni altrettanto importanti per colui che si occupa del progetto.

La prima riguarda il posizionamento della struttura rispetto ai servizi urbani (negozi, locali, aree di svago ecc.) e ai sistemi del trasporto pubblico, che risulta un elemento evidentemente fondamentale per un pubblico giovane. La seconda consiste nella possibilità di offrire un'ospitalità a costi contenuti, dal momento che uno dei criteri in grado di orientare la scelta verso la residenza universitaria è generalmente quello di un risparmio in termini economici rispetto a soluzioni come l'appartamento privato. La terza è la richiesta sempre più marcata di forniture tecnologiche quali rete wi-fi, linea telefonica fissa, TV satellitare ecc. Risulta infine interessante osservare che la definizione di forme di accompagnamento e di assistenza rappresenta un bisogno sempre più rilevante e comune, anche in ragione dell'evoluzione della proposta formativa che ha portato all'introduzione di nuovi modelli e strumenti didattici, che prevedono l'obbligatorietà della frequenza in aula, l'allungamento del ciclo di studi, l'organizzazione di *workshop* e seminari didattici integrativi, che si associano ad altri aspetti come per esempio la necessità di alternare studio e lavoro. Per comprendere dunque il legame che si potrebbe instaurare tra le conclusioni della ricerca sociologica e gli aspetti di natura più architettonica-progettuale, si riportano le specificità di questi sei profili di utenza, come esempio di un approccio che dovrebbe diventare al più presto un riferimento per la ricerca anche nel nostro paese.

### Lo studente-marmotta

Lo studente-marmotta necessita di alloggi temporanei e di spazi contenuti. La sua permanenza nello studentato è limitata nel tempo e intenzionalmente temporanea. Non appena possibile (week-end, ponti festivi, vacanze, ecc.) egli cerca di tornare a casa, ricongiungendosi alla famiglia. Egli vive la condizione residenziale "da lunedì a venerdì", senza cercare legami affettivi e identitari con la nuova realtà abitativa. Una volta concluso il ciclo di studi lascia l'alloggio senza rimpianti e nostalgia.

Le aspettative nei confronti della nuova condizione sono prevalentemente funzionali: per lui il nuovo alloggio è essenzialmente una "tana", un "riparo" verso l'esterno.

Lo studente-marmotta concentra l'attenzione prevalentemente sullo studio, sull'impegno universitario e eventualmente sul lavoro, capitalizzando il tempo che ha a disposizione. Non vuole essere disturbato, rifuggendo ogni forma di distrazione. Lo spazio in cui vive è interpretato esclusivamente come un luogo per lo studio e il riposo: deve essere tranquillo, isolato acusticamente, funzionalmente attrezzato e posto in prossimità dei luoghi della formazione per non perdere tempo negli spostamenti, necessita di un letto comodo, di un bagno con vasca, di una televisione e altri *confort* utili al riposo.

Egli prova un senso di disagio per la lontananza dall'ambiente familiare, andando di conseguenza alla ricerca di forme di accoglienza e di accompagnamento che siano il più possibile personalizzate, come la messa in circolo di informazioni periodiche sulle modalità di gestione della struttura, il poter contare su un referente in caso di bisogno, ecc. L'adozione di sistemi per la sicurezza privata e collettiva può contribuire a rassicurarlo, aiutandolo ad affrontare il contesto estraneo. Lo studente-marmotta trae beneficio se nell'alloggio vengono messi a disposizione attrezzature integrative quali il servizio di pulizia delle camere, e spesso usufruisce dei servizi di vicinato o di quartiere (negozi di alimentari, possibilità di consegna dei pasti a domicilio ecc.). L'affezione all'ambiente di origine produce altre esigenze, quale quella di rimanere in contatto con i famigliari e gli amici, ragion per cui è opportuno prevedere negli alloggi spazi adeguati per l'ospitalità e per l'accoglienza esterna (un posto letto aggiuntivo, per esempio), implementando allo stesso tempo gli strumenti di comunicazione verso l'esterno (telefono fisso, connessione a internet).

*Lo studente-passero*
Lo studente-passero investe molto, in termini affettivi, nell'alloggio, che vuole il più possibile completo e personalizzato, essendo vissuto come una fonte di continua scoperta, di apprendimento e d'ispirazione. Si tratta di un utente che mira a lasciarsi coinvolgere dalla nuova dimensione abitativa, impegnandosi con assiduità nella costruzione di una "base" accogliente e sicura, un "nido" che sia in grado di rinnovarsi nel tempo. L'alloggio è visto come un dispositivo che può interfacciare sfera privata e pubblica, dimensione personale e dimensione comunitaria: ciò presuppone la messa a punto di uno specifico spazio interno all'alloggio da destinare a soggiorno, che possa favorire la continuità tra queste funzioni, mantenendole al contempo autonome. La possibilità di differenziare, specializzare e suddividere gli spazi interni della residenza risulta fondamentale, richiedendo di norma una superficie maggiore rispetto al minimo generalmente garantito. Interessato a esperienze diverse, lo studente-passero ha necessità di riorganizzare e riconfigurare i propri spazi, per cui può essere utile la presenza di pareti divisorie o attrezzate, o anche di semplici tende con cui far assumere alla residenza nuovi assetti spaziali e distributivi. Lo studente diventa un *bricoleur*, a cui è data la possibilità di spostare gli arredi, introducendone eventualmente di nuovi. In fatto di comodità e di *confort indoor*, le richieste sono generalmente modeste. L'apertura agli altri e la possibilità di massimizzare le relazioni con i coetanei rappresentano un aspetto importante per il concetto di abitare, basato sulla possibilità di organizzare – possibilmente all'interno del proprio alloggio – attività conviviali che coinvolgono amici e colleghi, e che producono un incremento complessivo dell'affezione verso la struttura nel suo complesso.
L'attrazione per il divertimento e per le distrazioni culturali richiede collegamenti rapidi con i locali della città, rispetto ai quali la residenza deve essere collocata in modo strategico. L'impegno verso la socializzazione con il gruppo e i legami di solidarietà che questa tipologia di studente instaura con i coetanei si riflette in formule abitative che possono essere caratterizzate da episodi di condivisione e di coabitazione (compagni di stanza, ospiti in casa, ecc.), anche di tipo intergenerazionale.

*Lo studente-scoiattolo*
Per lo studente scoiattolo l'alloggio rientra in una strategia di vita di più ampio respiro e di più lungo termine, che generalmente lo porta a scegliere l'ospitalità universitaria per ragioni prevalentemente economiche. Per questo motivo la richiesta principale si orienta verso formule abitative il più possibile *low-cost*, aspetto che può condizionare la carriera formativa. Lo studente-scoiattolo interpreta la vita studentesca come un passaggio cruciale della propria vita: un momento importante del cammino verso la maturità personale e culturale. I corsi da seguire e gli esami da superare sono la priorità, l'alloggio diventa di conseguenza un luogo di lavoro che necessita si essere funzionale e comodo.
Il lavoro rappresenta un elemento importante, spesso intrapreso per ragioni di necessità. Una scelta non corretta in questo senso potrebbe portare a una conseguente emarginazione e isolamento. Lo studente-scoiattolo richiede che venga sostenuta la sua socialità attraverso un *habitat* semi-condiviso, che preveda da un lato il rispetto della *privacy* e della tranquillità indispensabili per lo studio e per il

lavoro, dall'altro gli consenta di portare avanti relazioni interpersonali e legami sociali. Gli spazi comuni di incontro e di relazione all'interno della residenza sono utilizzati e frequentati, rappresentando il luogo della socialità a fronte di un limitato investimento nell'alloggio.

*Lo studente-albatros*
Lo studente-albatros trova difficoltà a stabilirsi in modo definitivo e continuativo in un luogo, al punto che, nei casi più estremi, rasenta forme di nomadismo urbano. Come l'animale che lo connota, lo studente è costantemente in movimento, adattandosi solo parzialmente alle forme di ospitalità e all'offerta della comunità studentesca. Risiedere temporaneamente in una residenza universitaria rappresenta una forma di sradicamento sociale, che lo porta a vivere questa condizione con risentimento. L'alloggio costituisce un riparo, un luogo dove trovare la propria intimità e dove riposare.

Le aspettative sono quindi basse, portandolo a investire poco, sia economicamente sia affettivamente, nella nuova residenza: la casa è semplicemente il posto in cui dormire e mangiare.

Questo tipo di utente solitamente chiede di avere la possibilità di ospitare altre persone, siano un parente, un amico, la fidanzata. Il perenne movimento lo porta a doversi alleggerire di ciò che non è indispensabile, accontentandosi di un livello di vita modesto e con scarse comodità.

Anche in questo caso, uno dei criteri principali che guida la scelta della sistemazione è il costo, mentre l'amore per l'indipendenza lo porta a rifiutare legami o condivisioni profonde degli spazi abitativi con altri. Nonostante questo apparente rifiuto della vita comunitaria, lo studente-albatros è spinto a intraprendere iniziative che ne sostengono e favoriscono l'inclusione sociale, ricercata per far fronte alle non ideali condizioni di vita che si svolgono in luoghi non sicuri, non adeguati e a volte insalubri. Una volta compresa l'importanza del ruolo del vivere con gli altri per la costruzione della propria personalità, questo elemento diventa un fattore prioritario.

*Lo studente-gatto*
Lo studente-gatto è un utente caratterizzato da una logica comportamentale che oscilla tra sintesi e compromesso: seppur cosciente della necessità di raggiungere risultati in termini di profitto universitario velocemente, non trascura il tempo libero, la vita sociale e il divertimento.

Si tratta di un soggetto sensibile alle opportunità e ai piaceri della vita, che conosce i suoi obiettivi accettando l'idea che ci sia più di un modo per raggiungerli. In ragione di ciò, l'alloggio può incarnare caratteri differenti, avendo come unico requisito insostituibile quello della versatilità e della trasformabilità, in modo da poter essere riorganizzato in ragione delle necessità e dei bisogni del momento. Tale possibilità consente di mantenere un equilibrio nel rendimento scolastico e in quello emotivo e sociale. Lo studente-gatto deve poter svolgere nell'alloggio sia attività lavorative e di studio sia di svago e di riposo, che gli permettono di definire relazioni positive con l'ambiente in cui risiede, ma allo stesso tempo di potersi isolare dal gruppo.

*Lo studente-cicala*
Lo studente-cicala possiede una naturale propensione per gli ambienti giocosi e privi di vincoli e limitazioni. Sostenitore delle pratiche mondane e ricreative, ama soluzioni in prossimità dei centri abitati, che gli permettano di accedere comodamente ai luoghi del divertimento e dello svago.

La sua filosofia di vita è riassumibile nel motto carpe diem: la priorità esistenziale è godere del presente senza preoccuparsi per il domani, riducendo al minimo lo stress fisico ed emotivo che può derivare dalle relazioni con gli altri. Lo studente-cicala considera l'abitazione una comodità, un elemento di indipendenza, senza curarsi dei vincoli che derivano dalla disponibilità di attrezzature comuni e dai compiti di manutenzione e di accessibilità. Non ama tenere ordinato il proprio alloggio, per cui gli è comodo fare uso delle attrezzature presenti nella residenza o, in alternativa, dei servizi di vicinato (negozi di quartiere, minimarket, paninoteca, consegna a domicilio, assistenza domiciliare, lavanderie a gettoni, ecc.).

| TIPOLOGIA DI STUDENTE | SENSO DI APPARTENENZA ALLO STUDENTATO E ALL'ALLOGGIO | RICERCA DEL DIVERTIMENTO E IMPEGNO PER IL PROFITTO SCOLASTICO | MODELLO SPAZIALE RICERCATO |
|---|---|---|---|
| **Studente Marmotta** | Considera la residenza come un luogo di transizione utilizzabile per il riposo e lo studio, non si riconosce in questi spazi vivendoli in modo distaccato. | Torna alla casa di origine frequentemente, attorno alla quale continua a gravitare la propria vita sociale e affettiva. | Necessita di spazi contenuti, tranquilli e isolati, attrezzati per favorire la concentrazione e il riposo. Possibilmente in prossimità di mezzi di trasporto per favorire gli spostamenti. |
| **Studente Passero** | Investe fisicamente ed emotivamente nell'alloggio, a cui riconosce un forte valore simbolico. Acquisisce autonomia abitativa nel tempo, appropriandosi gradualmente del nuovo spazio. | Riesce a coniugare l'impegno scolastico con l'attività sociale e relazionale, che spesso vive all'interno del proprio stesso alloggio. | Richiede spazi più grandi della norma, che possano essere flessibili e riadattabili, in modo da garantire la privacy e allo stesso tempo l'accoglienza degli amici. |
| **Studente Scoiattolo** | Fa un utilizzo dell'abitazione essenzialmente utilitaristico, finalizzato allo studio. La soluzione residenziale viene scelta principalmente per ragioni economiche. | Investe massicciamente nell'attività formativa sia finanziariamente sia come impegno nello studio e nel lavoro. L'attività sociale è subordinata a questo impegno. | Ricerca spazi funzionali e ben attrezzati per lo studio, relegando l'attività sociale all'esterno della propria abitazione, a volte negli spazi comuni della residenza. |
| **Studente Albatros** | Fa fatica a identificarsi in una soluzione abitativa stabile, preferendo spostamenti continui. Per questo tende a non stabilire legami con i luoghi nei quali vive. | Fa fatica a coltivare i propri rapporti sociali, che però a volte possono diventare delle importanti ancore di salvataggio rispetto alle difficili condizioni abitative in cui si trova. | L'alloggio deve essere economico e funzionale. Non ama essere circondato da oggetti, che considera elementi di intralcio ai propri spostamenti, preferendo soluzioni minimali. |
| **Studente Gatto** | Vive con partecipazione la residenza, pur oscillando tra una continua ricerca della privacy necessaria per lo studio e il coinvolgimento nelle attività sociali e di divertimento. | Cerca di coniugare l'attenzione per lo studio con l'attività sociale. È sensibile ai piaceri, conosce i suoi obiettivi accettando l'idea che ci sia più di un modo per raggiungerli. | Ha bisogno di una sistemazione versatile, trasformabile in base alla propria disposizione del momento. La possibilità di ospitare una persona rappresenta un elemento importante. |
| **Studente Cicala** | Ha la possibilità di investire economicamente nella formazione. Vive la situazione residenziale in modo utilitaristico, sfruttando le opportunità offerte senza contribuire a migliorarle. | Approfitta dell'indipendenza acquisita per moltiplicare le uscite di piacere, senza investire realmente nel suo alloggio e nella socialità e condivisione con altri. | Considera il proprio alloggio come una comodità, non ama tenere in ordine la stanza, usufruisce molto dei servizi di vicinato e degli spazi comuni della residenza. |

Tabella 1. Tipologie di utenti individuati dalla ricerca "Etudier et habiter" [Moreau, Pecqueur, Droniou, 2009].

Questo tipo di utente fa largo uso degli elementi di *confort* e di intrattenimento che possono essere messi a disposizione dalla residenza (sale comuni, aule multimediali, sale giochi, sale relax, ecc.). In taluni casi il temperamento mal si adegua all'attività formativa, anche se i suoi bisogni abitativi si riducono nel poter disporre di un "contenitore" abitativo, quale palliativo per limitare i comportamenti, per contenere la personale propensione per le condotte eccessive e per arginare la incapacità di imporsi un'auto-disciplina. Per lo studente-cicala si devono prevedere modelli esigenziali che limitino i comportamenti arbitrari, prevedendo ambienti per lo studio e l'apprendimento che minimizzino distrazioni dallo studio.

**Considerazioni conclusive**
Gli interventi di student housing promossi negli ultimi anni in Italia sembrano dimostrare come le forme di questa modalità abitativa siano state scarsamente definite e studiate a partire dal dato conoscitivo dell'utenza. Tale fattore risulta sorprendente proprio a causa della natura delle strutture considerate, in cui la relazione tra la dimensione sociale-collettiva degli utenti e le condizioni spaziali che ne derivano dovrebbe rappresentare un riferimento di fondamentale importanza per tutti i livelli della progettazione. Il dibattito disciplinare attorno a questo tema, al contrario, appare ancora troppo legato a questioni quali l'individuazione di standard dimensionali minimi per gli alloggi, a scapito di riflessioni orientate alla comprensione di concetti quali lo spazio domestico, lo spazio simbolico, lo spazio di socialità, lo spazio della "convivenza confinata", ecc. Come alcuni studi cominciano a sostenere [Agnoli, 2010], assumere il dato dell'utenza quale riferimento per la meta progettazione delle residenze universitarie permetterebbe di definire degli spazi – nella duplice accezione di spazio fisico e sociale – decisamente più in sintonia con le esigenze sempre più diversificate che derivano dai processi di globalizzazione dei modelli formativi e dal nuovo ruolo che tendono a rivestire tali edifici. La prospettiva apre la strada a un campo di ricerca interdisciplinare, in cui la riflessione strettamente morfo-tecno-tipologica sarebbe da mettere in relazione a indagini di natura sociologica, psicologica e filosofica, in grado di produrre delle ricadute positive sia in relazione ai processi di ristrutturazione e di riorganizzazione delle strutture già esistenti, sia nei casi di nuove edificazioni.

**Riferimenti bibliografici**
Agnoli, M.S. [2010], *Spazi, identità, relazioni. Indagine sulla convivenza multiculturale nelle residenze universitarie*, Franco Angeli, Milano.
Atkinson, B., Malier, E. (a cura di) [2010], *Income and living conditions in Europe*, Eurostat statistical books, Official Publications of the European Communities, Luxembourg.
Bellini, O.E. [2016], *Student housing_2. Il progetto d ella residenza universitaria*, Maggioli, Santarcangelo di Romagna, [In corso di stampa].
Bellini, O.E. [2015], *Student housing_1. Atlante ragionato della residenza universitaria contemporanea*, Maggioli, Santarcangelo di Romagna.
Bellini, O.E. [2015], "Three new paradigms for student housing: cost, time and quality", *International Conference, 3° edition of "inhabiting the future"*, Università di Napoli Federico II, Dipartimento di Architettura, pp. 972-985.
Bellini, O.E., Bellintani, S., Ciaramella, A., Del Gatto, M.L. [2015], *Learning and living. Abitare lo Student Housing*, Franco Angeli, Milano.
Bellini, O.E, Bersani, E., [2014], "Cohousing and Student housing: matrici e modelli sostenibili a confronto", in Barata, A.F.L., Finucci, F., Gabriele, S., Metta, A., Montuori, L., Palmieri, V. (a cura di), *Cohousing. Programmi e Progetti per la riqualificazione del patrimonio esistente*, Edizioni ETS, Pisa, pp. 144-150.
Bellini, O.E., Bersani, E. [2013], "The environmental sustainability in the Student Housing", *Changing Needs, Adaptive Buldings, Smart Cities*, 39th IAHS Milan, Italy, pp. 195-202.

Biamonti, A. [2007], *Learning environments: nuovi scenari per il progetto degli spazi della formazione*, Franco Angeli, Milano.

Bogoni, B. [2001], *Abitare da studenti. Progetti per l'età della transizione*, Tre Lune edizioni, Mantova.

Bourdieu, P. [1979], *La distinction: critique sociale du jugement*, Les édition de minuit, Paris; trad. it. *La distinzione. Critica sociale del gusto*, il Mulino, Bologna, 1983.

Farina, F., [2012], *Ricerca sociale e progettazione partecipata*, Bonanno, Roma.

Bourdieu, P. [1980], "Le capital social: notes provisoires", *Actes de la recherche en sciences sociales*, n. 3.

Broto, X. [2014], *Student Residences*, Links, Barcelona, 2014.

Catalano, G. (a cura di) [2013], *Gestire le residenze universitarie. Aspetti metodologici ed esperienze applicate*, Il Mulino, Bologna.

Chiarantoni, C. [2008], *La residenza temporanea per studenti: atlante italiano*, Alinea, Firenze.

Cogoli, G. [2016], *Un mondo condiviso*, Laterza, Roma-Bari.

Ciaramella, A., Del Gatto, M.L. [2012], "Housing universitario di iniziativa privata: scenari di sviluppo e fattori critici di successo", *Techne*, Firenze University Press, n. 4, pp. 271-279.

Dall'Olio, L. [2013], *Residenze Universitarie*, Mancuso, Roma.

Del Lago, A., Molinari, A. (a cura di), [2001], *Giovani senza tempo. Il mito della giovinezza nella società globale*, Ombre corte, Verona.

Del Nord, R. (a cura di) [2014], *Il processo attuativo del piano nazionale di interventi perla realizzazione di residenze universitarie*, EdiFir, Firenze.

Donati, P., Colozzi, I. (a cura di) [1997], *Giovani e generazioni. Quando si cresce in una società eticamente neutra*, Il Mulino, Bologna.

Donati, P. [2003], "La famiglia come capitale sociale primario", in Id. (a cura di), *Famiglia e capitale sociale della società italiana*, (ottavo rapporto Cisf sulla famiglia in Italia), Edizioni San Paolo, Cinisello Balsamo.

Field, J. [2004], *Il capitale sociale: un'introduzione*, Erickson, Trento.

Florida, R. [2003], *L'ascesa della nuova classe creativa. Stili di vita, valori, professioni*, Mondadori, Milano.

Fukuyama, F. [1996], *Fiducia*, Rizzoli, Milano.

Livi Bacci, M.[2008], *Avanti giovani, alla riscossa. Come uscire dalla crisi giovanile in Italia*, Il Mulino, Bologna.

Martinotti, G. (a cura di) [1999], *La dimensione metropolitana. Sviluppo e governo della nuova città*, Il Mulino, Bologna.

Micheli, G.A. [2008], *Dietro ragionevoli scelte. Per capire I comportamenti dei giovani adulti italiani*, Fondazione Giovanni Agnelli, Torino.

Moreau, C., Pecqueur, C., Droniou, G. [2009], *Etudier et habiter Sociologie du logement étudiant*, Rapport final, Etude réalisée pour le Ministère du Logement et de la Ville Plan Urbain Construction Architecture.

Hassanain, M.A. [2008], "On the performance evaluation of sustainable student housing facilities", *Journal of Facilities management*, Vol. 6, n.3, pp. 212-225.

Hauschildt, K., Gwosć, C., Netz, N., Mishra, S. [2015], *Eurostudent V. Social and Economic Conditions of Student Life in Europe 2012-2015*, W. Bertelsmann Verlag GmbH & Co. KG, Bielefeld [www.eurostudent.eu. Ultimo accesso 25/05/2016].

Jacobs, J. [2009], *Vita e morte delle grandi città*, Einaudi, Torino.

Longworth, N. [2007], *Città che imparano: come far diventare le città luoghi di apprendimento*, Raffaello Cortina, Milano.

Rosina, A., Micheli, G.A., Mazzucco, S. [2007], "Le difficoltà dei giovani all'uscita dalla casa dei genitori. Un'analisi del rischio", *La Rivista delle Politiche Sociali*, Ediesse, Roma, n. 3, Vol. 4, pp.95-111.

Santoro, M. [2004], *Families and Transitions in Europe: Findings of Qualitative Interviews with Young People and their Parents*, (con C. Leccardi and G. Rusmini), Department of Sociology and Social Research, Università degli Studi di Milano-Bicocca, [accessibile all'indirizzo www.socsci.ulst.ac.uk Ultimo accesso 25/06/2016].

Simmel, G. [1995], *L'educazione in quanto vita*, Il Segnalibro, Torino.

Samuels, S.L., Luskin, E.D. [2008], *Student Preferences in Housing. Survey data analysis: preferred unit styles and costs*, [accessibile all'indirizzo http://thesciongroup.com/wp-content /uploads/2012/01/housing_ preferences. pdf Ultimo accesso 28/06/2016].

# CONOSCERE E VIVERE LE RESIDENZE PER STUDENTI. UNA NUOVA PROGETTAZIONE OLTRE LA LEGGE

**Oscar Eugenio Bellini**
Politecnico di Milano, Dipartimento di Architettura, Ingegneria delle Costruzioni e Ambiente costruito
**Stefano Bellintani**
Politecnico di Milano, Dipartimento di Architettura, Ingegneria delle Costruzioni e Ambiente costruito
**Andrea Ciaramella**
Politecnico di Milano, Dipartimento di Architettura, Ingegneria delle Costruzioni e Ambiente costruito
**Maria Luisa Del Gatto**
Politecnico di Milano, Dipartimento di Architettura, Ingegneria delle Costruzioni e Ambiente costruito

**Parole chiave**
Metaprogetto, innovazione, processi, gestione, Business plan

*Abstract*
*Essential support structures for access to higher level education, university residences have become, over time and also in our country, an interesting field of study and research. Recent Law no. 338/2000 and its implementing decrees which formed the basis of the National University Residence Action Plan may have improved the overall situation but they have also highlighted some limitations of the product and process, bringing to the fore the opportunity to proceed with further development of regulatory aspects, design, realisation and management, also on the basis of interesting suggestions that may be borrowed from similar experiences abroad.*
*To increase the number of beds available in Italian university residences, in the hope of aligning ourselves with the educational systems of excellence, it seems strategic to build alliances and synergies between the world of university research and national entrepreneurship in such a way that, moving forward towards shared objectives, universities will be transformed into a valuable source of support for private operators and real estate funds, providing this potential market with concrete answers in exchange for acceptable results in terms of economic return. For these reasons, at the ABC Department of the Polytechnic University of Milan was formed the first work group to study the unique facets of this particular sector, investigating both morpho-techno-typological aspects and those related to management, economic and organisational matters. The objective of the contribution is to analyse – taking on the systemic approach of the discipline of architectural technology - the theme of university residences by defining the different variables and the contents that should guide the process of planning, design, construction and management. Based on the findings from a survey on the production of residential facilities for universities on an international scale, the researchers also intend to formulate a number of specific observations on recent regulations passed in our country, in regard to morpho-techno-typological requisites and performance of the building and plant systems, concluding with the presentation of financial and economic models that can help define the various hypotheses of economic feasibility, in relation to the possible operators involved in the construction process.*

**Una nuova generazione di residenze per studenti**

La modernità di un Paese e la sua apertura verso l'esterno, soprattutto verso l'ingresso di giovani qualificati e talentuosi[1], si misura anche in virtù della presenza di servizi e infrastrutture in grado di accoglierli e ospitarli, favorendone la mobilità. La carenza di posti letto per studenti fuori sede costituisce dunque un nodo centrale sul quale tutti i Paesi europei stanno alacremente lavorando, e la qualità del servizio abitativo offerto è ciò che oggi - in un contesto ormai globalizzato - fa la differenza. Molti Paesi hanno saputo rispondere da tempo all'esigenza abitativa degli studenti fuori sede con iniziative di *housing* universitario e un forte dispendio di risorse. L'Italia ha invece assistito quasi impassibile al popolamento delle università e si è mossa con un certo ritardo e con qualche contraddizione, trascurando per lungo tempo il tema dei servizi e dell'accoglienza. Tuttavia, oggi possiamo finalmente affermare che anche il nostro Paese ha mosso i primi passi verso una progettazione di residenze per studenti capace di tenere conto, sin dalle fasi iniziali, della fattibilità tecnica, economica e finanziaria dell'intervento. In Italia si è iniziato a parlare concretamente di *student housing* e di fabbisogno abitativo degli studenti con l'emanazione della normativa che per prima ha trattato il tema degli alloggi e delle residenze universitarie. Si tratta della Legge del 14 novembre 2000, n. 338 (G. U. n. 274 del 23 novembre 2000), tuttora legge di riferimento per il settore.

La volontà di tale provvedimento è stata soprattutto quella di delineare degli strumenti atti a favorire la realizzazione di residenze per studenti, intendendo per tali strutture specificatamente pensate e progettate per ospitare studenti in locazione temporanea. Prima di allora il comparto delle residenze per studenti era un settore completamente fermo, non esisteva alcuna normativa al riguardo e nessuno, né gli enti pubblici né gli operatori privati, faceva nulla per potenziarlo. Con la Legge 338/2000 vengono accesi i riflettori sulle residenze per studenti attraverso l'emanazione di linee guida e prescrizioni necessarie per una progettazione oculata di strutture di nuova concezione e la predisposizione di risorse economiche per cofinanziare parte di questi progetti. Obiettivo principale della normativa è quello di colmare il gap esistente tra il fabbisogno espresso dalla popolazione studentesca e la dotazione di posti alloggio, al fine di contrastare i dati Eurostudent che rivelano come in Italia nel 2015 meno del 10% dei fuori sede abbia trovato alloggio in una struttura del diritto allo studio, non tanto e non solo per scelta, ma soprattutto per necessità. Nel confronto con gli altri Paesi europei, l'Italia è fanalino di coda. [Hauschildt e alii, 2015]. Lo strumento che la normativa ha individuato per incrementare il numero di posti letto per studenti universitari è il co-finanziamento alla realizzazione di nuove strutture che passi anche attraverso la valorizzazione, la riconversione e riqualificazione del patrimonio immobiliare pubblico disponibile (immobili ed aree) e non utilizzato. Un co-finanziamento che viene concesso, però, solo ai progetti che dimostrano coerenza con alcuni importanti requisiti imposti dalla legge, e che fanno riferimento ad indicazioni relative agli spazi, alle dotazioni degli ambiti funzionali, alle caratteristiche tecniche degli arredi, alle attrezzature, agli impianti e ai requisiti tecnico-prestazionali (benessere termo-igrometrico, respiratorio, olfattivo, visivo, elettromagnetico e acustico; qualità dell'aria, risparmio energetico, manutenzione, accessibilità, prevenzione incendi e sicurezza dei percorsi), senza trascurare temi quali quelli della manutenibilità, durabilità e sostituibilità di materiali e componenti e di controllo nel tempo delle prestazioni, in un'ottica di ottimizzazione del costo

---

[1] Le teorie più interessanti su questo tema possono essere ricondotte a quelle dell'economista americano Richard Florida, secondo cui il "talento" è una delle condizioni fondamentali per la crescita di un paese: quando in una collettività iniziano a confluire talenti significa che è presente una serie di condizioni e caratteristiche in cui la creatività può essere libera di produrre e generare benessere. Egli ritiene che per poter ambire a competere a livello internazionale occorre favorire lo sviluppo di una "città dei creativi" e, per fare ciò, è necessario che nelle città siano presenti una serie di requisiti in grado di esercitare una certa attrattività su questa classe emergente. Florida R. [2013], *L'ascesa della nuova classe creativa. Stili di vita, valori, professioni*, Mondadori, Milano.

globale dell'intervento. Grazie a questa legge è stato raddoppiato in poco più di dieci anni il numero di posti letto in strutture residenziali dedicate[2] che tuttavia non bastano a risolvere il problema.

Perché questo processo possa continuare anche in assenza di sovvenzioni da parte dello Stato è necessario che la realizzazione di nuove strutture avvenga anche per mano di soggetti privati capaci di intravedere una convenienza economica nell'investimento. In tal caso i progetti assumono una natura estremamente complessa in cui ogni scelta ruota attorno all'utente finale. La varietà dei soggetti, le differenze di abitudini, esigenze e stili di vita ne fanno una categoria alquanto eterogenea, complessa e in costante evoluzione, in cui le differenze variano in relazione a sesso, età, tipo di studi, anno di corso, vicinanza con la famiglia, sistemazione abitativa, modello di vita, disponibilità economiche, condizioni sociali e culturali, nonché alle propensioni e abitudini individuali, ai modi di pensare e di vivere l'esperienza universitaria, ai modelli sociali di riferimento.

Secondo i dati di una ricerca svolta dal Politecnico di Milano nel 2009[3], i criteri fondamentali e decisivi della scelta dell'alloggio sono quattro, nell'ordine: a) la localizzazione (vicinanza all'università e ai trasporti pubblici, *bike o car sharing*), b) le caratteristiche dell'alloggio (anche in relazione alle contrapposte esigenze di *privacy* e condivisione tipiche degli studenti), c) i servizi complementari disponibili, d) le caratteristiche tecnologiche e prestazionali dell'edificio (comfort termico, illuminotecnico e acustico, il rispetto per l'ambiente, la sicurezza, la qualità degli arredi e degli impianti in generale, i sistemi di comunicazione). È chiaro che questi aspetti sono strettamente interrelati l'uno con l'altro. È evidente come essi si scontrino tutti con la dimensione economica del problema - il costo dell'affitto del posto letto – in quanto uno dei primi requisiti a cui l'utente guarda nella scelta di una soluzione rispetto ad un'altra. Sta per iniziare una nuova era per questo settore; quando tutti i progetti in corso saranno conclusi prenderanno avvio i primi sintomi del fenomeno della concorrenza che fino ad oggi non ha toccato questo settore soltanto a causa della scarsità dell'offerta. I nuovi progetti devono dunque porsi in questa nuova ottica: non basta realizzare posti letto, è necessario che la nuova generazione di residenze per studenti tenga conto di tutti gli aspetti di cui si è parlato affinché si possa realmente pensare ad uno sviluppo consapevole del settore capace di unire società, cultura e servizi.

**Oltre la norma**

Il sistema universitario italiano ha da alcuni anni compreso che la sua attrattività su scala nazionale e internazionale richiede un'attenzione particolare alla qualità dei servizi offerti, con particolare riguardo ai temi dell'ospitalità. La nuova legge ha rappresentato un primo passo in questa direzione, non fosse altro per aver segnato il passaggio da una gestione residuale e puramente assistenziale, a una logica di valorizzazione e promozione. Sul piano della qualità della progettazione architettonica, questo momento non è purtroppo coinciso con un'adeguata stagione di sperimentazione morfo-tecno-tipologica, dal momento che gli interventi attuati, ex-novo, o con recupero dell'esistente, hanno riproposto pedissequamente tipi e modelli abitativi tradizionali, più vicini al collegio e al dormitorio,

---

[2] Grazie alla L. 338/2000 sono stati finanziati 303 progetti e 38.153 posti letto realizzati. Le principali tipologie di intervento proposte hanno riguardato la messa a norma di strutture esistenti riguardo alle prescrizioni sull'abbattimento delle barriere architettoniche e sull'adeguamento alle vigenti normative in materia di igiene e sicurezza (antincendio), nonché interventi di manutenzione straordinaria per ammodernamento e adeguamento distributivo, funzionale e impiantistico tesi all'efficientamento delle superfici, delle prestazioni e dei consumi. R. Del Nord (a cura di) [2014], *Il processo attuativo del piano nazionale di interventi per la realizzazione di residenze universitarie*, EdiFir, Firenze, 2014, p. 89.

[3] La ricerca è stata condotta dal Dipartimento BEST (oggi ABC) ed è consistita nella somministrazione di un questionario e di interviste dirette a 388 studenti universitari e post-universitari fuori sede di quattro tra le più importanti università milanesi pubbliche e private (Politecnico di Milano, Università degli Studi di Milano, Università Commerciale Luigi Bocconi, Università Cattolica del Sacro Cuore). La ricerca ha considerato studente fuori soggetti residenti fuori dalla provincia di Milano e domiciliati nel comune di Milano per motivi di studio.

che non a forme innovative di residenzialità per studenti, come, diversamente, è avvenuto in altri contesti internazionali [Dall'Olio L., 2013; Broto, 2014; Bellini, 2015]. Le ragioni sono individuabili in diverse direzioni, ed alcune si possono in qualche modo ricondurre agli stessi dispositivi normativi. Le linee guida e gli standard minimi previsti dalla legge[4] – basati su indicatori cogenti di natura prevalentemente quantitativa – seppur giustificabili dalla necessità di individuare criteri per distribuire i finanziamenti - non sempre risultano in grado di stimolare adeguatamente la sperimentazione e la ricerca di progetto e di processo. Se è vero che nei differenti bandi governativi si è introdotta, attraverso gli allegati, una progressiva flessibilità progettuale - identificabile con la possibilità di proporre un mix di tipologie abitative – gli indicatori attinenti la qualità di progetto sono rimasti forse troppo sfumati, per cui la quantità è diventata immanente rispetto alla qualità[5]. La corrispondenza agli aspetti dimensionali dei modelli esigenziali (ad albergo, minialloggio, alloggio integrato) e delle aree funzionali (AF1, AF2, AF3, AF4 ecc.) introdotti dalla normativa, è solo una condizione necessaria ma non sufficiente per garantire la qualità del prodotto[6], tant'è che difficilmente quest'ultima trova corrispondenza con gli aspetti di fattibilità, fruibilità, flessibilità, adattabilità, comfort, sostenibilità ambientale, durabilità, ecc. A monte di tutto ciò, la normativa sembra non voler considerare gli aspetti connessi al *concept* progettuale, relativamente alle questioni attinenti alle nuove utenze, alle nuove forme dell'abitare, ai nuovi modelli di vivere e studiare, ai differenti profili comportamentali che oggi contràddistinguono gli studenti universitari [Samuels e Luskin, 2008]. Il ruolo socio-educativo, anche in termini di capitale sociale, che queste strutture possono assumere nella società contemporanea, non appare adeguatamente riconosciuto, a partire dalla mancata definizione della molteplicità ed eterogeneità dei profili degli city users che le abitano [Agnoli, 2010]. Questo aspetto è agevolmente ravvisabile, se si considerano le questioni legate alla sostenibilità, non solo ambientale, ma anche sociale, culturale ed economica. È lecito ipotizzare che questi organismi possano svolgere - quale prolungamento dell'attività formativa dell'Università - un ruolo esemplificativo e dimostrativo, non solo dal punto di vista delle tecniche costruttive, ma anche di quelle gestionali (*smart buildings*). Se uno studente trascorre parte della sua esistenza all'interno di una struttura realizzata e gestita in modo rispettoso delle limitate risorse del pianeta, le sue pratiche di vita non potranno che permanere tali anche per il futuro [Bellini e Bersani, 2013]. La dimensione tecnico-costruttiva può diventare un altro un aspetto importante, che andrebbe considerato alla luce della forte innovazione di *building process e di material design* che oggi interessa il mondo dell'architettura. Si tratta di sperimentazioni che attengono ai nuovi processi, alle nuove strategie e alle nuove metodologie di intervento, e che passano attraverso la sperimentazione di materiali innovativi, di tecnologie e sistemi altamente performanti che ricadono nell'ambito dell'architettura *high tech-low cost* [Bellini 2015]. Soluzioni che riducono costi e tempi di realizzazione, producendo economie di scala e riducendo la qualità del prodotto, come da tempo si sta sperimentando in molti contesti internazionali, attraverso l'impiego di moduli 3D pre assemblati, il recupero dei *container* navali dismessi e l'implementazione dei *green Prefabricated Modul*. Un aspetto non meno rilevante attiene alla vocazione sperimentale che questa tipologia abitativa

---

[4] D.M. n. 43/2007. "Standard minimi dimensionali e qualitativi e linee guida relative ai parametri tecnici ed economici concernenti la realizzazione di alloggi e residenze per studenti universitari, di cui alla legge 14.112000, n. 338": Allegato A - D.M. 27/2011, "Standard minimi qualitativi e linee guida relative ai parametri tecnici ed economici" e "Allegato B - Linee guida relative ai parametri tecnici ed economici".

[5] Nella residenza Praticelli a Pisa (2008), le camere singole con bagno rispettano la dimensioni minime degli 11 mq imposti dalla L. 338/2000, ospitando le medesime funzioni delle camere da 9 mq del Somerville College a Oxford (2012).

[6] La genericità dei servizi offerti potrebbe essere certificata da forme di *ranking*, in modo da esplicitare il livello e la qualità dei servizi erogati da ogni struttura. Tale questione potrebbe essere risolta introducendo apposite sistemi di misurazione della qualità e quantità dei servizi offerti, così come avviene con le stelle nel sistema alberghiero.

ha da sempre avuto sul piano del progetto[7] e dell'abitare condiviso in generale [Bellini, Bersani, 2014], e di come la rigidità degli apparati normativi possa, involontariamente, inibirla, appiattendo e omogeneizzando le possibili soluzioni morfo-tecno-tipologiche. Può essere indicativo segnalare, a titolo esemplificativo, alcune recenti sperimentazioni progettuali, che andando oltre gli obsoleti modelli tipologici del passato hanno saputo esplorare nuove soluzioni per l'abitare da studenti[8]. È il caso del progetto della *Vertical student housing* dei Repùblica Portàtil a Concepiòn in Cile (2010) e della *Residencè etudaintes M6B1* dei JDS architects a Parigi (2009) (Figura 1, sin.). Si tratta di residenze che propongono impianti non convenzionali e in qualche modo, d'avanguardia. Nel primo caso, si tratta di una serie di volumi separati ma uniti da spazi condivisi, destinati alla socializzazione e alla distribuzione interna, come scatole sovrapposte e coperte da tetti in PVC a cornice che permettono la ventilazione e l'ingresso della luce solare, mentre le camere da letto individuali sono poste in alto, nelle soffitte, così da affacciarsi sull'intorno urbano. Un sistema abitativo aperto e flessibile che non possiede una specializzazione funzionale, ma offre spazi e ambienti di volta in volta trasformabili permettendo l'implementazione di diverse forme di socializzazione e condivisione. Nel secondo progetto di residenza (Figura 1, des.), una grande strada invertita, disposta obliquamente sul prospetto più lungo, caratterizza l'intervento connettendo tra loro i servizi comuni del piano terra con i singoli alloggi e una terrazza posta in copertura. Con questo espediente distributivo si viene a creare un collegamento/dialogo tra esterno e interno edificio, rendendo l'edificio parte integrante della città e del suo intorno. In entrambi i casi l'elemento che li accomuna è l'analisi critica dei modelli d'uso dello spazio abitativo, della adattabilità, dalla flessibilità, della qualità tecnologica, dalla ridefinizione del limite tra spazio pubblico e privato, della valorizzazione qualitativa anche rispetto all'intorno urbano, assunto come

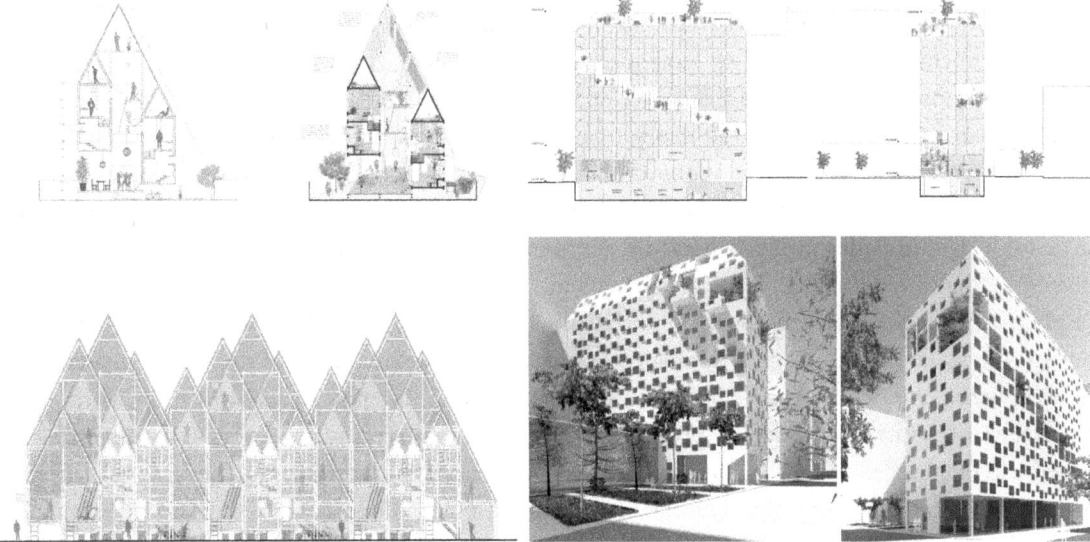

Figura 1. Repùblica Portàtil, Vertical student housing, Concepiòn, Cile (2010) e JDS architects, Residencè etudaintes M6B1, Parigi, Francia, 2009.

---

[7] Si pensi al recentissimo "*Concorso Internazionale di idee Berlin University Residences*", organizzato nel 2016 dalla piattaforma spagnola ArchMedium e aperto a studenti e giovani professionisti, dove l'obiettivo era progettare in modo innovativo un complesso di residenze temporanee nell'alternativo quartiere di Kreuzberg, a Berlino, per studenti, giovani, famiglie e viaggiatori, ideando una struttura con tutte le comodità e i servizi necessari al suo funzionamento. [Ultimo accesso http://student.archmedium.com/en/competition/bur/].

[8] Questo aspetto era già stato evidenziato da Luca Emanueli alla XI Biennale di Venezia del 2008, con la "Casa Essenziale"; una soluzione abitativa temporanea di qualità, elaborata senza rispettare gli standard normativi ma ponendosi ai limiti degli stessi.

paradigma di progetto nella prospettiva di una crescita psicologica, sociale e didattica degli ospiti.

**La sostenibilità economica e finanziaria**
Nel caso delle residenze studentesche è difficile trovare punti di convergenza in tutte le fasi del processo e condivisione di interessi dei diversi soggetti in campo; in particolare nel caso di iniziative private, in assenza di contributo pubblico. Nella progettazione di strutture di questo tipo i vincoli del committente-finanziatore sono stringenti; efficienza (massimizzazione dei posti letto), redditività (contenimento dei costi di costruzione e di gestione) e flessibilità, costituiscono una sfida che impone un approccio integrato. In particolare non si può prescindere dalla consapevolezza che ogni variabile tecnica e/o gestionale, ha un impatto sulla sostenibilità economico-finanziaria dell'iniziativa.

In termini generali, la valutazione degli investimenti può essere definita come l'attività che viene effettuata per verificare l'impatto che un determinato progetto di investimento ha sulla struttura che intende adottarlo; il progetto d'investimento è un insieme di attività - tecniche o finanziarie - in cui l'azienda o il privato impegna liquidità (costo dell'investimento) con l'obiettivo di conseguire un flusso di benefici futuri complessivamente superiori ai costi sostenuti. Il costo di un investimento è dato dai flussi finanziari in entrata e uscita e il tempo: la rilevanza del fattore tempo dipende da un effetto di carattere finanziario che lo lega al valore del denaro e secondo cui, a parità di altre condizioni, a un allungamento dei tempi di rientro delle risorse investite in un progetto corrisponde una contrazione dei benefici di ordine finanziario. Inoltre, il trascorrere del tempo introduce un ulteriore livello d'incertezza nel processo di valutazione: infatti all'ampliarsi degli intervalli di riferimento, le previsioni sulle variabili da cui dipendono i risultati dell'operazione tendono progressivamente a perdere di significatività. La realizzazione di residenze per studenti universitari è uno sviluppo immobiliare particolarmente complesso: comporta forti investimenti iniziali e difficilmente ha la possibilità di "lavorare" liberamente sui ricavi, se vuole intercettare il mercato ed essere competitiva.

Le esperienze osservate inducono a ritenere l'attività di gestione essenziale per il raggiungimento degli obiettivi; per questo è consigliabile ricorrere a formule di "costruzione e gestione"; in questo caso le scelte progettuali e costruttive vedranno coinvolto direttamente il soggetto che dovrà condurre l'attività e gestire l'edificio/gli edifici e quindi, inevitabilmente, adotteranno criteri che prenderanno in considerazione l'intero ciclo di vita. La gestione di una residenza universitaria è influenzata da diversi elementi: l'ubicazione, la struttura tipologica, il livello di servizi e comfort delle strutture, gli impianti tecnologici presenti, il servizio di tipo alberghiero, la gamma e la modalità di erogazione dei servizi offerti. Dal punto di vista tipologico l'obiettivo deve essere quello di sviluppare una capacità di accoglienza che riesca a contenere i costi di costruzione garantendo una gestione efficiente. Dalle esperienze osservate in Europa[9] è possibile affermare che per ottimizzare l'attività di gestione è necessario raggiungere una capacità minima di accoglienza di 250 posti letto.

I servizi di tipo alberghiero più ricorrenti riguardano la pulizia delle stanze e degli spazi comuni (la frequenza del servizio e il suo livello di qualità incidono ovviamente sul costo di gestione) e l'attività di guardiania e reception (questo è uno dei servizi che ha maggiore incidenza sui costi alberghieri). Generalmente i servizi di base [Hassanain 2008][10] (pulizia, guardiania e manutenzione) sono erogati dall'ente gestore, mentre i servizi accessori (lavanderia, mensa e bar interno) vengono esternalizzati a società specializzate. Queste scelte di carattere organizzativo-gestionale incidono sui costi complessivi delle operazioni di sviluppo delle residenze; spesso la capacità di offrire servizi extra canone agli studenti consente alle società di gestione di ricavare marginalità interessanti, non sempre possibili con

---

[9] Ricerca Dipartimento BEST (oggi ABC), Politecnico di Milano, 2012.
[10] I servizi sono spesso importanti come leva di attrazione nei confronti degli studenti.

l'attività di gestione ordinaria [Assolombarda, 2012]. Una volta definito un progetto dal punto di vista tipologico, strutturale e architettonico è possibile stimare i costi di intervento, i costi alberghieri della struttura e formulare delle ipotesi sui ricavi da canoni. Nel caso delle iniziative private, il promotore e i finanziatori considereranno i costi alberghieri come il corrispettivo al netto dei ricavi da canone, per il servizio offerto dal soggetto/ente gestore. Per costo alberghiero si intendono tutte le spese per il funzionamento ordinario delle attività all'interno della struttura, per l'erogazione di tutti i servizi e il compenso dovuto al soggetto gestore. Per quanto riguarda i costi di costruzione, generalmente viene preso come riferimento il progetto di massima che definisce le superfici degli alloggi, gli spazi dedicati ai servizi accessori, alle aree esterne, gli impianti e le tecnologie utilizzate e tutte le informazioni che consentono di rappresentare l'edificio a regime. Generalmente la stima dei costi di costruzione viene fatta utilizzando parametri e benchmark di mercato per strutture ricettive e, quando disponibili, specifiche di residenze per studenti. Questi dati dovranno poi essere corretti e/o integrati con analisi di sensitività che aiutano il promotore a definire un mix ottimale che consenta di ottenere una remunerazione adeguata. L'analisi di sensitività, molto utilizzata nel caso di operazioni di sviluppo immobiliare, è utile per verificare l'incertezza dell'investimento al variare dei ricavi, dei costi di gestione e di costruzione. In particolare, in assenza di dati storici, può risultare molto utile per confrontare situazioni probabili e scenari pessimistici e ottimistici *(worst case e best case)*. Le variabili di maggiore impatto sono: a) il costo di produzione di un posto letto, che può variare anche significativamente in funzione di diverse scelte di progettazione e/o di impostazione generale dell'iniziativa (costo delle camere, quello degli spazi di distribuzione, dei servizi e della sistemazione degli spazi aperti, aree verdi, aree pavimentate e parcheggi a raso), b) il costo di arredo della camera, c) le tipologie di unità alloggio, le superfici (alloggio, distributive e dei servizi connessi), e) il costo di gestione: questo costo può variare sensibilmente in relazione alla gamma e alla qualità dei servizi offerti. In una ipotesi standard il costo di gestione include la pulizia delle parti comuni (giornaliera) e delle camere (settimanale), il cambio delle lenzuola (settimanale), guardiania 24 ore su 24 (tre turni), l'incasso dei canoni, la gestione delle manutenzioni e i costi relative alle utenze e al riscaldamento, f) il rendimento atteso: il rendimento da canone dovrebbe essere compreso tra il 5% e il 7%. Si tratta di un rendimento lordo, che comprende tutti i costi immobiliari fra i quali IMU, assicurazioni, il costo delle manutenzioni e il rendimento netto da canone atteso dal proprietario dell'immobile/investitore. Naturalmente tutti questi elementi sono correlati e obbligano a una visione sistemica (Figura 2).

A titolo di esempio, un incremento degli obiettivi di rendimento immobiliare comporta significativi aumenti del canone. Infatti il canone di locazione è determinato in larga misura dal costo immobiliare che è composto dal costo di produzione di un posto letto e dal rendimento da locazione (C. immobiliare = Costo di produzione a p.l. x rendimento atteso). Il costo di produzione "pesa molto" sugli investimenti e a piccole variazioni del rendimento atteso corrispondono forti variazioni del costo immobiliare che, a sua volta, si ripercuote sul canone di affitto. La casistica osservata mostra come

| costo p.l. | 5% | 5,5% | 6% | 6,5% | 7% | rendimento |
|---|---|---|---|---|---|---|
| 38.000,00 | 1.900,00 | 2.090,00 | 2.280,00 | 2.470,00 | 2.660,00 | |
| 40.000,00 | 2.000,00 | 2.200,00 | 2.400,00 | 2.600,00 | 2.800,00 | canone annuo |
| 42.000,00 | 2.100,00 | 2.310,00 | 2.520,00 | 2.730,00 | 2.940,00 | |
| 44.000,00 | 2.200,00 | 2.420,00 | 2.640,00 | 2.860,00 | 3.080,00 | |
| 46.000,00 | 2.300,00 | 2.530,00 | 2.760,00 | 2.990,00 | 3.220,00 | |

Figura 2. Rapporto tra costo di produzione del posto letto, rendimento atteso, canone annuo [elaborazione degli autori da "Modello di fattibilità economico, gestionale e progettuale per iniziative di housing universitario", Assolombarda, 2007].

sia importante contenere i costi di produzione e le spese alberghiere: infatti, l'analisi dei *cash flow* attualizzati è molto sensibile alle variazioni di questi due fattori che dovranno essere costantemente monitorati; sarà quindi fondamentale contenere i tempi di realizzazione e massimizzare l'efficienza della sua gestione, studiando dei sistemi per contenere i costi (raggruppando i servizi, provvedendo all'autogestione per pulizia e rifacimento letti, ecc.). Sarà fondamentale inoltre cercare di ottenere "economie di scala" sia per la fase di costruzione che di gestione, che permettano il contenimento dei relativi costi; siamo in presenza di economie di scala nel caso in cui a un aumento mezzi di produzione impiegati segue un aumento più che proporzionale dei ricavi (nell'ipotesi che non intervengono altri fattori contrari). Le economie di scala non hanno andamento lineare: i costi aumentano meno che proporzionalmente rispetto alla quantità. Lo studio di fattibilità dovrà verificare, attraverso un'analisi qualitativa, quali possano essere i benefici che si possono ottenere con incrementi della capacità ricettiva; più in particolare quale sia il comportamento dei costi unitari di produzione e di gestione in funzione dei posti letto. Le strutture di nuova concezione, in ambito di *housing* universitario, sono solitamente costituite da corpi edilizi collegati da un corpo centrale che comprende tutti i servizi collettivi; questa scelta progettuale consente in particolare di facilitare la sicurezza interna, concentrare i servizi in un unico corpo centrale (al quale possono accedere anche utenti esterni) e interrompere l'attività di parte del "campus" al fine di un contenimento dei costi energetici (soprattutto nei mesi estivi). Nel caso di un'unica grande struttura i costi di produzione unitari hanno un andamento diverso, in funzione della capacità ricettiva: i vantaggi ottenibili sui costi unitari hanno un andamento simile a quelli che si possono ottenere nel settore produttivo industriale. Al passaggio da un corpo edilizio a due corpi, così come da due a tre e da tre a quattro, si verifica un salto incrementale del costo unitario; questo è determinato da un aumento dei costi in fase di fattibilità (progettuale-ambientale ed economica), in fase di progettazione e in fase di realizzazione (strutture fisicamente separate hanno costi di realizzo superiori rispetto ad un'unica grande struttura). Un incremento dei costi dovuto alla scelta di realizzare più corpi edilizi vengono compensati dagli effetti dell'economia di scala. Naturalmente, a parità di capacità ricettiva, la soluzione a corpo unico può ottenere riduzioni superiori del costo di produzione ma non permette di accedere ai benefici di gestione. Tutte le analisi svolte forniscono molteplici spunti dai quali si possono formulare alcune riflessioni. Il canone da locazione non è comprimibile oltre un certo livello, ipotizzando lo sfruttamento delle economie di scala di realizzazione e gestione e di concessione a titolo gratuito dell'area/o già in proprietà all'investitore; la retta pagata dall'utente è pesantemente influenzata dai costi alberghieri. L'equilibrio finanziario è delicato, in quanto il promotore deve riuscire ad assecondare gli obiettivi di investitori che hanno la possibilità di scegliere dove e come collocare il proprio denaro, a parità di rischio. È fondamentale lo sfruttamento delle economie di scala sui costi di produzione unitari in funzione dell'aumento della capacità ricettiva che ha un effetto leva sui ritorni attesi dall'investitore. La proprietà dovrà tenere presente l'effetto di questa leva nel momento della stipula del contratto con l'ente concedente: si potranno accettare canoni da locazione inferiori solo se vi è la consapevolezza di poter accedere ai benefici delle economie di scala. Le fasi di progettazione e realizzazione dovranno quindi essere pianificate e programmate al fine di ottenere *l'output* nel più breve tempo possibile. È possibile stimare significativi benefici in fase di gestione per strutture composte da più corpi edilizi (l'ideale è che siano collegati ad un corpo centrale, contenente tutti i servizi collettivi, tramite un collegamento orizzontale), attraverso una gestione all'insegna della specializzazione del personale, del risparmio energetico, della sicurezza (interna ed esterna) e della concentrazione dei servizi collettivi (accettazione, bar, sale collettive, palestra ecc.) È possibile inoltre ottenere riduzioni dei costi grazie a interventi mirati a responsabilizzare lo studente, il quale può svolgere indipendentemente alcune attività (p. es. le attività di pulizia e lavaggio degli indumenti e delle lenzuola). L'utilizzo di tipologie di alloggio quali i miniappartamenti consente l'eliminazione di alcuni spazi a servizio collettivo e della mensa, un onere notevole che incide pesantemente sui costi alberghieri. Lo studio di sistemi di contabilizzazione del calore in funzione del consumo consente forti riduzioni degli sprechi e quindi una riduzione del canone. Ulteriori benefici in fase di gestione si possono ottenere attraverso stipula di un contratto, tra la Proprietà e il Gestore, di tipo *management contract*. Questa tipologia di contratto prevede una base fee tra il 2-5% del fatturato e una incentive fee tra il 5-10% del miglioramento del G.O.P. (*Gross operating profit*, ovvero il profitto operativo totale lordo). In questo modo si possono ottenere forti vantaggi non solo dal punto di vista della gestione ma anche in ottica di valorizzazione dell'investimento immobiliare; naturalmente questo modello presuppone una condivisione del rischio operativo di gestione.

**Qualità del prodotto "student housing": la proposta di un modello di valutazione.**
Gli investitori (sviluppatori, società di gestione del risparmio/fondi immobiliari, società quotate/SIIQ, *property company*) esprimono sempre più chiaramente l'esigenza di poter disporre di un "metro di misura" oggettivo, in grado di esprimere la qualità degli edifici in maniera quanto più trasparente, neutrale e autorevole. Questa esigenza, che riguarda tutti i prodotti edilizi e dunque anche le residenze universitarie, in realtà interessa l'insieme degli operatori della filiera; delineando in particolare la necessità di una modalità di valutazione quanto più ampia e uniforme, condivisa e olistica, capace di andare oltre la logica dell'adempimento, ovvero del mero rispetto delle prescrizioni di legge. In un mercato sempre più complesso e competitivo, la qualità del sistema edificio-impianti e la sua chiara esplicitazione divengono presupposti irrinunciabili per gli attori del processo: a partire dal finanziatore/committente, al progettista, al costruttore, al gestore. Si determina così un orientamento consapevole, che richiama l'indispensabilità di un approccio progettuale interattivo, di volta in volta specializzato in funzione della destinazione d'uso, della tipologia considerata e in generale del contesto di riferimento. Non a caso nel mercato internazionale si sente ormai sempre più frequentemente parlare di edifici di grado "A" (*Grade A*) e per lo stesso motivo diverse associazioni, società commerciali e di consulenza immobiliare hanno elaborato sistemi per definire il grado o classe degli edifici, richiamandosi all'esperienza delle società di rating che elaborano valutazioni per svariate tipologie di titoli mobiliari (*Moody's, Standard and Poor, Fitch* ecc.). Alla definizione mutuata dai modelli di *rating* finanziario (edifici "*Grade A*" come espressione di manufatti edilizi in grado di corrispondere uno standard qualitativo elevato), non corrisponde, tuttavia, una precisa, oggettiva e scientifica individuazione dei componenti che la determinano; tra questi, a titolo d'esempio, è possibile citare protocolli come OBC (*Office Building Classification – Building Owners and Managers Association*), DQI (*Design Quality Indicator – Construction Industry Council*) o REN (*Real Estate Norm- DTZ, Arcadis, Jones Lang Lasalle*) che sostanzialmente si concentrano sugli edifici terziari, quelli che più aderiscono alle logiche reddituali caratteristiche del comparto immobiliare.

Parallelamente, come noto, nel settore delle costruzioni si sono fatti strada sistemi per la certificazione ambientale a carattere volontario, della qualità degli immobili; tra questi ritroviamo protocolli internazionali noti come BREEAM (*Building Research Establishment Environmental Assessment Method*) o LEED (*Leadership in Energy and Environmental Design – Green Building Council*) e protocolli di applicazione più nazionale come il tedesco DGNB (*Deutsche Gesellschaft für Nachaltiges Bauen*) o il nostro ITACA. In estrema sintesi potremmo affermare che i protocolli del primo insieme rimandano a definizioni complessivamente generiche, che lasciano spazio ad interpretazioni soggettive. Circa il secondo gruppo, invece, trattasi di sistemi che guardano alla qualità di un edificio in termini esclusivi di sostenibilità ambientale (*ecolabel*). In generale, solo alcuni di questi sono stati declinati puntualmente, sia con riferimento alle diverse destinazioni d'uso degli edifici sia ai diversi contesti geografici. In questo modo è andato via via determinandosi un proliferare di protocolli che da un lato conferma la

necessità diffusa di individuare con precisione e oggettività il grado qualitativo ovvero prestazionale dei manufatti edilizi e che, dall'altro, ha generato un certo imbarazzo tra gli operatori immobiliari nella scelta di un sistema piuttosto che un altro (in effetti sono proprio gli investitori a sollevare la richiesta di un unico riferimento internazionale che possa orientare le scelte d'investimento e rendere raffrontabili i risultati). Proprio per rispondere a questa fondamentale sollecitazione proveniente dagli operatori, si sono generate e si succedono alleanze spontanee e strategiche nonché azioni indotte e attivate direttamente dalla sfera pubblica per promuovere aggregazioni e armonizzazioni dei diversi protocolli. D'altro canto il mercato sta cominciando a fare da sé: gradualmente, alcuni protocolli si stanno distinguendo proprio per la loro capacità di penetrazione presso i principali operatori immobiliari alla scala internazionale (è il caso di LEED e BREEAM). Ferma restando la loro piena validità scientifica, potremmo concludere che tutti questi protocolli non affrontano in modo organico e complessivo il tema dei criteri secondo cui definire parametricamente il livello prestazionale di un edificio. La maggior parte dei sistemi considera solo alcune delle variabili ritenute fondamentali per una valutazione complessiva delle prestazioni: se da un lato risultano particolarmente diffusi parametri legati al contenimento dei consumi energetici e alla sostenibilità ambientale, dall'altro non si ritrovano sistemi che considerano aree funzionali/prestazionali riconducibili alle esigenze dell'utente finale (ad es. prestazioni degli impianti di *security and safety*, prestazioni acustiche, prestazioni relative alle attività di gestione-*facility/property management* ecc.). A partire proprio dalle esigenze dell'*end user* e dall'analisi di oltre trenta protocolli nel mondo, il Laboratorio GestiTec del Dipartimento ABC del Politecnico di Milano ha realizzato un sistema di *rating* per misurare la qualità degli edifici da "un punto di vista immobiliare", guardando alle componenti funzionali e tecnologiche degli edifici in maniera olistica ed offrendosi al settore e ai suoi attori come strumento eventualmente sinergico e complementare rispetto ai protocolli già adoperati o esistenti. Tale sistema, denominato BRaVe (acronimo di *Building Rating Value*), prese le mosse da una ricerca per la determinazione delle variabili utili alla costruzione di un modello di rating immobiliare, finalizzata alla individuazione di elementi che potessero oggettivamente identificare il livello di qualità degli edifici terziari. È utile precisare che l'obiettivo della ricerca ha portato a non considerare, tra le variabili da analizzare, la rispondenza alle prescrizioni normative né i criteri che determinano il valore di mercato degli edifici; considerando la prima una condizione necessaria, ma non sufficiente, e la seconda dipendente da logiche di carattere reddituale e non solo da oggettive caratteristiche tecnico-funzionali degli edifici. BRaVe, in altri termini, considera tutto ciò che va oltre la cogenza, assumendo le *best practice* internazionali (riconosciute come tali dal mercato immobiliare e dagli operatori del settore delle costruzioni).
Naturalmente si tratta di uno strumento "specializzato": nel 2009 si è cominciato con gli edifici per uffici (BRaVe *Office Building*); nel 2011, dopo un periodo di gestazione durato circa 2 anni, necessario per condurre una ricerca specifica nel comparto di riferimento e per svolgere un numero adeguato di test sugli edifici (come nel caso precedente), è stato attivato BRaVe *Logistics* (edifici per la logistica); a distanza di altri 2 anni è stato poi realizzato il modulo relativo agli edifici residenziali condominiali (BRaVe *Condominium*); infine, nel 2014, grazie a una diffusione sempre più ampia e su sollecitazione degli operatori del comparto immobiliare, sono stati realizzati BRaVe *Social Housing*, BRaVe *Retail* (commerciale), BRaVe *Hotel* e BRaVe *Student Housing*.
Il "modello di rating" individuato (anch'esso mutuato dal mondo finanziario: dieci classi, dalla "tripla A" alla "D") si compone di diversi ambiti di valutazione che vengono declinati in ulteriori ordini di variabili ponderate che, nel loro complesso, concorrono a determinare il livello prestazionale dell'edificio considerato. L'aspetto strumentale costituisce la principale caratterizzazione del sistema giacché l'obiettivo primario non è tanto la certificazione (comunque già rilasciata per diversi edifici sul territorio nazionale), quanto l'offerta di un vero e proprio strumento messo a disposizione degli

operatori e della "*community* del *real estate*" per un utilizzo prevalentemente autonomo e confacente alle proprie, specifiche, esigenze (a questo proposito appare utile rilevare come gli elementi analizzati dal sistema BRaVe vengano oggi indicati nei brief di progetto di grandi operatori del settore immobiliare italiano come requisiti per orientare i progetti di nuove realizzazioni o gli interventi sul costruito e i relativi budget di spesa/*CapEx*). Circa le diverse versioni dello strumento riferibili ai differenti segmenti di mercato, bisogna dire che, fatto salvo l'obiettivo di mantenere quanto più uno schema unitario e una denominazione quanto più uniforme possibile, il numero di item complessivo (elementi prestazionali considerati) varia da specializzazione a specializzazione, così come varia il tipo o il numero di ambiti di valutazione. Occorre inoltre aggiungere che BRaVe è un sistema che guarda al prodotto edilizio non solo in modo integrato, ma anche "aperto" ossia sempre aggiornato (nuove tecnologie, nuove norme e in generale nuove condizioni del contesto di riferimento); per questo, periodicamente, vengono rilasciate nuove *release*. Gli ambiti di valutazione delle prestazioni del sistema BRaVe *Student Housing* sono 13: Involucro edilizio, Isolamento acustico interno, Energia, Riscaldamento e raffrescamento, Illuminazione, Efficienza del sistema costruttivo e aree di servizio, Sicurezza antintrusione, Domotica, Gestione, Servizi esterni, Impianto di sollevamento, Acqua, Certificazioni di edificio. Come si può notare vengono valutate le prestazioni che riguardano i temi del consumo energetico e della sostenibilità ambientale (ivi comprese certificazioni *ecolabel* già presenti), in particolar modo concentrandosi sui riverberi che ne conseguono a livello funzionale (comfort nei diversi ambienti) e gestionale (gestione del sistema edificio-impianti ovvero dei servizi erogati all'utente finale). Ma non soltanto. Naturalmente vengono individuate prestazioni relative all'efficienza del sistema costruttivo, alla flessibilità degli spazi, alla sicurezza e ad altri ambiti che incidono sulla capacità dell'edificio, nel suo insieme sistemico, di corrispondere le aspettative e le esigenze dell'utenza, senza trascurare quelle dell'investitore e del gestore.

**Considerazioni finali**

Per dare rinnovato slancio e interesse ai temi "dell'abitare da studenti", inaugurando una nuova stagione di interesse e di ricerca sul tema, è indispensabile l'individuazione di un orizzonte critico condiviso, fondato su nuovi possibili paradigmi - fortemente integrati tra loro - che possono essere individuati come segue: a) sociale, quale implementazione dei processi di conoscenza dei profili degli utenti in termini di bisogni, necessità, aspettative, aspirazioni, così da migliorare la qualità architettonica e il comfort ambientale degli spazi abitativi e di relazione e incrementare la qualità dei servizi; b) progettuale, come momento teso alla sperimentazione di nuovi forme di residenzialità in termini di impianti morfologici e tipologici e di modelli esigenziali in risposta alla utenza eterogenea di queste strutture (studenti con figli, giovani ricercatori, dottorandi stranieri, *visiting professor* ecc.); c) energetico-ambientale, che contraddistingue interventi di *retrofit* energetico e tecnologico su involucri edilizi, di ottimizzazione bio-climatica e ambientale dell'organismo edilizio con la definizione di azioni di monitoraggio *post occupancy valutation* (POE); d) tecnologico e qualitativo, da intendersi sia come ambito per sperimentare nuove tecniche e nuovi sistemi costruttivi (*Prefabricated and Modular Construction, Recycled containers* ecc.), sia come momento di verifica dei requisiti di flessibilità, adattabilità e reversibilità e nuovi cicli di vita di questi organismi, anche al fine di controllarne l'obsolescenza tecnologica; e) economico, quale verifica obbligatoria in merito alla fattibilità finanziaria dell'intervento, anche in termini di redditività economica e gestionale nel tempo. Tutto ciò con l'intento di ricercare una sintonia tra attività di progetto e cambiamenti socio-economici e tecnologico-ambientali in atto, anche nell'ambito di questa specifica forma di residenzialità temporanea, da porre in relazione ai rapidi cambiante comportamentali e di vita delle generazioni universitarie. In prospettiva, l'implementazione di posti letto nelle Università italiane non può non coinvolgere i temi della ricerca e della sperimentazione, all'interno di azioni tese alla costruzione di alleanze e sinergie tra il mondo della ricerca - il più vicino a questa specifica utenza - e l'imprenditoria nazionale, in modo che, muovendosi per obiettivi condivisi, l'Università si trasformi in un valido supporto per gli operatori privati e i fondi immobiliari, dando risposte concrete a questo potenziale mercato, anche in cambio di risultati accettabili in termini di ritorno economico e sociale. La sfida diventa coniugare la qualità della progettazione con la convenienza economica, sviluppando una nuova cultura della progettazione e della costruzione anche di questi manufatti; una cultura che sappia ricercare soluzioni innovative e che non si appiattisca su "contenitori abitativi", ma sia capace di generare "processi virtuosi", dove *learing and living*, come facce della stessa medaglia, diventino tanto più virtuosi quanto maggiore sarà la condivisione delle responsabilità tra i diversi attori, e tanto più efficaci quanto più profonda sarà la consapevolezza che la qualità architettonica, sociale, culturale ed ambientale deve rappresentare un fattore che si misura al di là della immediata soddisfazione in termini di superfici e metrature, di standard minimi, di mera convenienza economica e di utilità prossima [Bellini, Bellintani, Ciaramella, Del Gatto, 2015].

**Riferimenti bibliografici**
Agnoli, M.S. [2010]. Spazi, identità, relazioni. *Indagine sulla convivenza multiculturale nelle residenze universitarie*, Franco Angeli, Milano.
Assolombarda [2007] "Modello di fattibilità economico, gestionale e progettuale per iniziative di housing universitario", Milano.
Bellini O.E., Bellintani S., Ciaramella, A., Del Gatto, M.L. [2015]. *Learning and living. Abitare lo Student Housing*, Franco Angeli, Milano.
Bellini, O.E. [2015]. *Student housing_1. Atlante ragionato della residenza universitaria contemporanea*, Maggioli, Santarcangelo di Romagna.
Bellini, O.E. [2015]. "Three new paradigms for student housing: cost, time and quality", International Conference, 3° edition of "inhabiting the future", Università di Napoli Federico II, Dipartimento di Architettura, pp. 972-985.
Bellini O.E, Bersani E., [2014]. "Cohousing and Student housing: matrici e modelli sostenibili a confronto", in Baratta A.F.L., Finucci F., Gabriele S., Metta A., Montuori L., Palmieri V. (a cura di), *Cohousing. Programmi e Progetti per la riqualificazione del patrimonio esistente*, Edizioni ETS, Pisa, pp. 144-150.
Broto, X. [2014]. *Student Residences,* Links, Barcelona, 2014.
Ciaramella, A., Del Gatto, M.L. [2012]. "Housing universitario di iniziativa privata: scenari di sviluppo e fattori critici di successo", *Techne*, Firenze University Press, n. 4, pp. 271-279.
Dall'Ò, G. [1998]. Architettura e impianti, Città Studi, Milano.
Dall'Olio L. [2013]. *Residenze Universitarie*, Mancuso, Roma.
Del Nord, R. (a cura di) [2014]. *Il processo attuativo del piano nazionale di interventi per la realizzazione di residenze universitarie*, EdiFir, Firenze.
Florida, R., [2003]. *L'ascesa della nuova classe creativa. Stili di vita, valori, professioni*, Mondadori, Milano.
Hassanain M.A. [2008]. "On the performance evaluation of sustainable student housing facilities", Journal of Facilities management, Vol. 6, n.3, pp. 212-225.
Hauschildt, K., Gwość, C., Netz, N., Mishra, S. [2015]. *Eurostudent V. Social and Economic Conditions of Student Life in Europe 2012-2015*, W. Bertelsmann Verlag GmbH & Co. KG, Bielefeld. [www.eurostudent.eu/. Ultimo accesso 25.05.2016,].
Samuels, S. L., Luskin, E. D. [2008], *Student Preferences in Housing. Survey data analysis: preferred unit styles and costs*, [http://thesciongroup.com/wp-content/uploads/2012/01/housing_ preferences.pdf. Ultimo accesso 28.06.2016]
Tronconi, O., Ciaramella, A. [2011]. *Qualità e prestazioni degli edifici*, Il Sole 24 ORE, Milano.

# PROGETTANDO RESIDENZE PER STUDENTI. I RISULTATI DI UNA RICERCA APPLICATA

**Mariagiulia Bennicelli Pasqualis**
Ipostudio architetti

---

**Parole chiave**
Residenze studentesche, approccio metodologico alla progettazione, comprensione attraverso la progettazione, ricerca applicata, rinnovazione tipologica

*Abstract*
*Starting from the laws and the decrees which from 2000 on have regulated the planning and the modality of intervention for new and refurbishment development of student housing in Italy, a new considerable real estate market sector, both private and public, has opened and still today sees an important number of realizations.*
*This paper wants to illustrate the results of an applied meta-design and typological research through the description of 3 interventions designed and/or realized by Ipostudio as a result of design competitions or assignments such as the Internat, housing for disabled students in Lommel, Belgium, for 129 scholars with cognitive impairments. 1st prize at the International design competition (Ipostudio with Jan De Clercq, 2008-2013); the new student housing for 396 people in Florence for the extension of the already existing Campus in Viale Morgagni (Ipostudio, 2015-in progress). Finally, the new student housing project in Monteluce (PG) for 150 students, 5th prize at the design competition (Ipostudio with Paolo Belardi, Alessio Burini, 2007).*
*Indeed, these projects are the result of a methodological approach where the design task is not just an application tool, but a research tool itself able to make the typological and technological innovation possible. The design tool, then, is informed by the typological and functional aspects and it elaborates solutions aimed to define the highest level of space flexibility.*
*In the specific field of the student housing, the Ministerial Decree N.118/2001 and further modifications sets the dimensional and quality minimum standards and defines the functional areas which form the student housing spaces such as AF1-private residential functional area; AF2-cultural and didactic services; AF3-recreational services; AF4-backing services; AF5-management and administrative services.*
*Furthermore, the student housing buildings are characterized by a rapid turnover and continuous update of the studying and didactic modalities, which asks for the maximum grade of the variability of layouts at the minor costs, in order to adapt itself to the different student and researchers generations.*
*The starting point of this research is the Villa Val di Rose project at the Sesto Fiorentino University pole implemented in 2002 by the Technology of Architecture department of Florence under the coordination of the prof. arch. Paolo Felli, the prof. arch. Carlo Terpolilli and the prof. arch. Massimo Gennari.*

**Premessa**
A partire dalle leggi e dai decreti attuativi che dal 2000 hanno regolato la programmazione e le modalità di definizione di edifici di nuova realizzazione o interventi di recupero da adibire a residenze universitarie, si è aperto un importante settore del mercato immobiliare che ancora oggi vede un elevato numero di realizzazioni, sia in ambito pubblico che privato. Sulla base della Legge 14.11.2000 n. 338 e il relativo decreto attuativo, infatti, sono stati indetti concorsi di progettazione per varie aree in Italia che hanno offerto un'opportunità di riflessione sul tema e di sviluppo di nuove soluzioni innovative dal punto di vista sia tecnologico che tipologico-funzionale. I risultati di questa ricerca meta-progettuale e tipologica applicata vengono qui presentati attraverso 3 interventi progettati e/o realizzati in Italia e all'estero da Ipostudio[1] in seguito a concorsi di progettazione o incarichi, quali l'Internaat, una residenza per 129 studenti con disabilità cognitive a Lommel, in Belgio, realizzata a seguito della vincita del concorso internazionale di progettazione; la nuova residenza in Monteluce (PG) per 150 studenti, quinto premio al concorso di progettazione; infine, la nuova residenza universitaria per 396 posti letto a Firenze per l'ampliamento dell'attuale Campus in Viale Morgagni. Questi progetti sono il risultato di un approccio metodologico che fa del progetto non solo lo strumento dell'applicazione, ma esso stesso strumento di ricerca per l'innovazione tipologica e tecnologica di queste strutture. Questi progetti sono informati dagli aspetti tipologici e funzionali ed elaborano soluzioni atte a definire il maggior livello possibile di flessibilità dello spazio, sia privato che di servizio, per lo sviluppo di spazi architettonici flessibili e adattabili alle esigenze di un'utenza in continuo cambiamento, quale quella delle residenze studentesche, appunto. Sono interventi volti ad illustrare, quindi, lo sviluppo e l'applicazione di questa innovazione su casi studio diversi, in Italia e all'estero, secondo le metodiche della comprensione attraverso la progettazione (*understanding by design*) [Bisig, Pfeifer 2008]. Nel caso specifico delle residenze universitarie, il DM N.118 del 09.05.2001 e ss. mm. ii. fornisce, nell'allegato A, gli standard minimi dimensionali e qualitativi delle strutture, le diverse tipologie di alloggio e le funzioni che devono ospitare che formano lo spazio delle residenze universitarie. I quattro tipi fondamentali che la legge definisce – ad "albergo", a "minialloggi"; a "nuclei integrati" e "misti" – rispondono ad esigenze diverse, dal punto di vista dell'uso e di privacy degli studenti che vi risiedono, ma determinano, allo stesso tempo, una diversa estensione degli interventi e un diverso tipo di investimento, dovuto sostanzialmente alla minore o maggiore razionalizzazione dello spazio e dei servizi privati e collettivi. Inoltre, anche l'ambito delle residenze universitarie, caratterizzate da un rapido turn-over e da un continuo aggiornamento delle modalità di studio e didattiche, richiede la necessità di offrire il massimo grado di variabilità di configurazione degli spazi, al minor costo possibile, in modo da adattarsi alle esigenze delle diverse generazioni di studenti e ricercatori. In questo genere di residenze, che possono essere enucleate sotto il termine più generale di "residenze collettive", infatti, è primariamente necessario equilibrare una necessità assoluta di comfort abitativo e di privacy con una domanda di servizi e funzioni collettive, che intendono favorire l'integrazione sociale e culturale dei residenti. Non ultimo il problema di dover rendere economicamente sostenibili i costi di queste strutture, nel caso soprattutto in cui la proprietà sia pubblica. È quindi necessario ripartire dalla definizione di residenze per studenti per poter formulare risposte adattabili, innovative e funzionali agli obiettivi esposti. Nelle finalità esposte dal DM 43/2007, infatti, si parla di strutture atte a "garantire allo studente le necessarie condizioni di permanenza nella città sede di università, tali da agevolare la frequenza agli studi e il conseguimento del titolo di studio, sia per quanto attiene alle funzioni di supporto correlate sia per quanto attiene

---

[1] Ipostudio architetti è fondato nel 1984 a Firenze da Lucia Celle, Roberto Di Giulio, Carlo Terpolilli ed Elisabetta Zanasi Gabrielli. Nel 2014 vengono associati Luca Belatti, Mariagiulia Bennicelli Pasqualis, Panfilo Cionci e Beatrice Turillazzi.

alle funzioni di supporto alla didattica e alla ricerca e alle funzioni culturali e ricreative. Il servizio abitativo inoltre deve favorire l'integrazione sociale e culturale degli studenti nella vita cittadina". Cosa significa agevolare lo studente nello studio? Cosa, invece, favorire l'integrazione sociale e culturale nella vita cittadina? Come interpretare la normativa, applicando gli indici di dimensionamento e aderendo ai criteri qualitativi che essa descrive, per offrire soluzioni innovative ed economicamente sostenibili? Queste sono state le domande da cui Ipostudio è partito nel tentativo di offrire, come vedremo, risposte originali, contemporanee e, allo stesso tempo, calate nel territorio di appartenenza. Dal punto di vista delle funzioni residenziali, le quali devono essere correlate e compresenti alle funzioni di servizio, la norma ne elenca i caratteri generali e le definisce come: AF1 – area funzionale residenziale; AF2 – servizi culturali e didattici; AF3 – servizi ricreativi; AF4 – servizi di supporto; AF5 – servizi gestionali e amministrativi. Elemento di partenza di questa ricerca, che illustra bene questo processo di indagine ed elaborazione progettuale, è il progetto per la residenza universitaria Villa Val di Rose al Polo di Sesto Fiorentino, progettato e realizzato dal Dipartimento di Tecnologia dell'Architettura di Firenze sotto il coordinamento del prof. arch. Paolo Felli, del prof. arch. Massimo Gennari e del prof. arch. Carlo Terpolilli. Questo intervento, si pone come il primo passo di un'indagine tecnologica e funzionale per l'attuazione del programma triennale immediatamente successivo all'attuazione della Legge 338/2000, andando ad indagare, gli aspetti elencati in premessa e realizzare una nuova struttura residenziale per studenti attraverso il recupero dell'esistente Villa Val di Rose, da cui il nome dell'intervento, e la realizzazione del suo ampliamento, applicando le suddette norme ad una sperimentazione progettuale sulle diverse tipologie offerte dalla normativa, anch'essa frutto di una apposita ricerca ("Consulenza-studio per la definizione degli standard minimi qualitativi degli interventi per gli alloggi e le residenze universitarie" commissionata dal Comitato nazionale per la valutazione del sistema universitario del Ministero) che, attraverso un approfondito processo di indagine su numerosi casi di studio italiani ed esteri, di elaborazione di dati e di verifiche metaprogettuali, ha condotto all'individuazione delle esigenze dell'utenza delle residenze universitarie, l'individuazione delle funzioni da allocare nelle strutture, la quantificazione degli indici dimensionali e la specificazione dei livelli qualitativi attesi.

### Il metodo

Il metodo utilizzato parte da un approccio progettuale di tipo bottom-up e affronta l'analisi del sistema abitativo, dalle unità spaziali che lo compongono e le attrezzature minime necessarie, alle modalità di aggregazione delle stesse, fino allo studio dell'edificio. Tale analisi ripercorre le modalità e si avvale degli strumenti tipici della ricerca metaprogettuale, in quanto si ritengono attuali ed efficaci per gli scopi a cui si vuole tendere. A fianco di questo, è stato comunque necessario verificare, attraverso lo strumento progettuale, la validità di alcune soluzioni, in un processo di applicazione, correzione e messa a punto di ipotesi di sistemi residenziali diverse. Questo metodo ricorsivo fa del progetto lo strumento in grado di offrire nuove prospettive, proprio perché, invece di partire dalla sola sintesi analitico-deduttiva tipica dei processi progettuali, offre un'analisi induttiva attraverso la formulazione di scenari. Definisce quindi un metodo di "comprensione tramite progettazione" – Understanding by Design [Bisig, Pfeifer 2008] – dedotto dal campo dell'ingegneria artificiale e che procede all'analisi della realtà per tentativi ed errori – *trial and error*.

### Gli interventi progettuali

Il primo intervento di cui si intende parlare è la Casa d'accoglienza per bambini e adolescenti con handicap a Lommel, in Belgio (2008/2013), che offre uno sguardo internazionale al tema, rispondendo quindi a normative specifiche e non a quella citata in premessa, ma che presenta comunque similitudini dal punto di vista esigenziale e di impianto, essendo configurata per rispondere alla necessità di offrire spazi privati e collettivi per studenti. Il progetto è risultato vincitore del concorso internazionale[2] e ha previsto la realizzazione di una casa d'accoglienza destinata ad ospitare 130 ragazzi e bambini in età scolastica con disabilità, che sono accolti nella residenza speciale per periodi che possono variare da pochi mesi a periodi molto lunghi, nel caso di ragazzi senza famiglia. Il vincolo della scarsa superficie edificabile ha inciso fortemente sulle scelte progettuali. L'area a disposizione, risultato della demolizione di un edificio preesistente, è costretta tra la scuola adiacente e il bosco. Dal punto di vista funzionale, l'edificio è organizzato seguendo uno schema "a pettine", dove la spina centrale su cui si attestano due corpi di fabbrica ad H è ad un solo piano e costituisce l'asse normale alla strada di accesso all'area della scuola. I nuclei di residenza sono collocati nei corpi di fabbrica ad H sviluppati per tre piani, mentre i servizi generali e quelli comuni, nonché gli uffici amministrativi, sono collocati al piano terra nella spina centrale. Qui, si trovano gli uffici, alcune zone comuni per la didattica e tre monolocali con accesso privato per gli studenti più autonomi. La necessità di rispondere al bando e alla specificità dell'utenza, che richiede un livello più elevato di controllo e quindi un maggiore impegno dal punto di vista della gestione interna della struttura, ha dato origine alla scelta tipologico-morfologica dell'edificio. Tale scelta è stata quella di fornire un sistema "a nuclei", e cioè di prevedere per ogni piano un certo numero di stanze, in questo caso singole, e gli spazi collettivi relativi. Infatti, il nucleo centrale del corpo di fabbrica ad H è costituito, per ogni piano, da una zona destinata alle attività di relazione e di soggiorno del nucleo residenziale posta centralmente. A destra e a sinistra di questa zona sono collocate le piccole camere singole per i ragazzi e alcune per i tutori. La differenza sostanziale è che quest'ultime sono caratterizzate da bow-window in facciata e da un bagno di servizio

Figura1. Vista di uno dei fronti delle camere e della testata del corpo basso di servi in cui sono collocati i monolocali [Foto di Stijn Bollaert].

---

[2] Progetto di Ipostudio con la collaborazione dell'arch. Jan DeClercq, primo premio al concorso internazionale di progettazione bandito da Vlaams Bouwmeester (Flemish Government Architect, Architetto del Governo Fiammingo), all'interno della serie di concorsi ristretti "Open Oproep" organizzati dal governo belga. Il committente è Gemeenschapsonderwijs, il Ministero dell'Istruzione della Comunità Fiamminga, per un importo lavori di € 5.496.445,74.

in camera, mentre i servizi igienici per gli studenti sono raggruppati in testata al braccio delle camere, in quanto i giovani utenti devono essere accompagnati o comunque controllati. È stato anche previsto un cucinotto al piano ad uso interno.

Dal punto di vista della flessibilità degli spazi interni, i nuclei sono stati organizzati in modo tale da poter prevedere modificazioni nell'organizzazione del piano, tali da soddisfare le necessità specifiche e creare una propria identità e riconoscibilità. Questo è possibile anche per le scelte tecnologiche che attribuiscono un ruolo strutturale alle pareti perimetrali e ai corpi scale, sgravando gli ambienti interni da vincoli specifici. Ogni nucleo residenziale, a seconda che si trovi al primo, al secondo o al terzo livello, ha la possibilità di relazionarsi con l'esterno perché al piano terra si può usufruire di piccole corti; al secondo livello, del terrazzo sovrastante il corpo basso; mentre l'ultimo livello, della loggia, che caratterizza architettonicamente l'immagine principale dell'edificio, perché posto a sbalzo rispetto alla linea dell'edificio a rilegare il corpo di fabbrica ad H sul fronte.

Questa "casa collettiva", proprio per la sua natura di edificio destinato ad accogliere ragazzi in difficoltà, si presenta volutamente con un linguaggio semplice e chiaro: un rapporto elementare tra corpo basso e volumi alti, una relazione elementare tra connessioni orizzontali e verticali, una facilità di fruizione interna e una chiarezza del ruolo degli spazi, una distinzione chiara tra zone comunitarie e private, il tutto contrassegnato da soluzioni tecniche costruttive e di materiali la cui scelta consegue a questa semplicità. Anche il progetto per la nuova Residenza Universitaria a Monteluce[3], nel Comune di Perugia è il risultato della partecipazione ad un concorso di progettazione.

In questo caso, la sfida è stata quella di offrire uno spazio per studenti innovativo dal punto di vista tipologico-funzionale e morfologico, in un sito caratterizzato da una forte specificità paesaggistica.

Da questa scelta sono derivate alcune regole che hanno guidato il processo di progettazione, sin dalle prime fasi di ideazione, vincolando le soluzioni a due criteri fondamentali:
- un attento controllo delle altezze basato sulla identificazione di una serie di quote da non superare per mantenere inalterate le viste sul paesaggio circostante;

Figura 2. Pianta del piano terra: in azzurro, i corpi delle camere che insistono sulle zone collettive di relazione e di soggiorno.

---

[3] Concorso internazionale di progettazione bandito dall'A.DI.S.U. di Perugia nel 2007. Ipostudio architetti con Paolo Belardi, Alessio Burini; 5 classificato.

- una configurazione planivolumetrica basata su un coerente inserimento e adattamento ai profili altimetrici dell'area di intervento.

Deriva da questi principi la scelta di lavorare su un corpo di fabbrica che si adatta, con lo sfalsamento delle unità abitative e le curve ampie che disegnano il profilo della copertura, alla geometria delle curve di livello, ipotizzando un volume sinuoso unitario ma ripetutamente segnato da vuoti e trasparenze. Dal punto di vista funzionale, l'accesso dalla quota strada avviene tramite una leggera passerella che porta alla copertura-terrazza sulla quale emergono i volumi della portineria e, sul lato opposto, della caffetteria. La terrazza risulta quindi uno spazio esterno ad uso dell'utenza e della collettività, arredato con sedute e punti di osservazione panoramici. Inoltre, gli spazi interni sono stati volutamente inseriti in una volumetria unitaria, in modo da favorire una maggiore semplicità gestionale. Per gli aspetti tipologici e funzionali, l'edificio è contraddistinto da una tipologia abitativa di tipo "misto", così come definita dalla specifica normativa di riferimento. La progettazione degli spazi residenziali è basata sul concetto di flessibilità; sebbene l'impianto planimetrico possa essere ricondotto ad una tipologia a mini alloggio, in realtà le camere sono state progettate in modo da potere essere considerate, a seconda delle esigenze, sia come camere singole e/o doppie sia come veri e propri nuclei integrati. Inoltre, secondo la nuova proposta normativa (ex Allegato A, art. 3, comma 1) l'edificio progettato rientrerebbe tra la tipologia di residenza per studenti ad albergo (organizzazione spaziale impostata su corridoi sui quali si affacciano le camere singole e doppie, servizio igienico di pertinenza almeno ogni tre posti alloggio, servizi collettivi concentrati in zone definite e separate dalle camere dei residenti) e presenterebbe un ampio rispetto anche nei confronti dei nuovi standard previsti. Gli spazi comuni sono collocati ai due piani sottostanti la quota di accesso e si sviluppano attraverso delle grandi corti circolari. La residenza universitaria Nuovo Campus Firenze[4] è un progetto che rientra all'interno di un Project Financing tra una società concessionaria privata Birillo 2007 e l'Università degli Studi di Firenze. A tal fine, il Project financing è inserito all'interno del "Progetto Unitario Area Universitaria di viale Morgagni", che interessa l'area universitaria compresa tra viale Morgagni e il torrente Terzolle, il cui comparto di intervento (lotto B), già in gran parte destinato ad abitazioni e residenze per studenti, si articola attualmente in due corpi di fabbrica entrambi destinati ad abitazioni studentesche, la Casa dello studente "Piero Calamandrei" e la residenza "Ater", e si estende su una superficie di poco più di 24.000 mq. La restante parte a nord del comparto è inedificata ed è destinata alla realizzazione

Figura 3. Vista a volo d'uccello della residenza studentesca di Monteluce, Perugia. Ipostudio.

---

[4] Progetto di Ipostudio (2015 – in corso)

del Nuovo Studentato "Campus Firenze", qui di seguito descritto. L'intervento in oggetto doveva tener conto, oltre alle indicazioni della normativa in tema di residenze universitarie, anche dei vincoli legati alla limitata estensione dell'area (pari a poco più di 3.500 mq), alla superficie da destinare alla nuova edificazione, alle norme urbanistiche incidenti sul lotto (distanze dai confini e dai fabbricati, altezza, sagoma, tra le altre) e alla presenza del torrente Terzolle. Il nuovo edificio è interamente destinato a residenze studentesche e si inserisce, quindi, a completamento del Campus universitario esistente realizzando un unico grande Campus universitario a servizio degli studenti dell'Ateneo. Questo è possibile in quanto la Casa dello studente "Calamandrei", già esistente, ospita al piano terra la zona accettazione/uffici nonché tutte le attività direttamente connesse alla realtà studentesca (Aree funzionali AF2, AF3, AF4): attività congressuali-didattiche, cinema, bar, mensa, spazi ricreativi, sale studio. Ai piani interrato e seminterrato si distribuiscono i servizi di supporto quali magazzini, cucine, lavanderia, locali per il personale di lavoro; ai piani superiori si trovano le residenze per gli studenti, che si configurano ad "albergo", tutte camere singole e doppie dotate di servizi igienici privati. La residenza "Ater", situata a sud del lotto, presenta un diverso modello organizzativo, a "minialloggi". Inoltre, questi servizi risultano, in termini di spazi quantitativi e qualitativi, molto superiori ai minimi normativi, e possono quindi essere utilizzati anche dagli studenti del nuovo complesso. L'intervento prevede nel nuovo complesso edilizio la realizzazione di unità destinate a residenze universitarie con tipologia ad "albergo", come, definita dall'Allegato A) art. 3 c. 1 del DM 43/2007, per il totale della SUL destinata a residenze universitarie. Il numero dei posti alloggio previsti è pari a 396, suddivisi tra n. 121 destinati alla DSU – in 74 camere, 47 doppie e 27 singole, tutte dotate di servizio igienico – e n. 275 destinati a RU a servizio dell'Ateneo, distribuiti su 225 camere, di cui 7 singole e 2 doppie al piano terra e 14 singole e 4 doppie a tutti i 12 piani superiori. Il nuovo complesso edilizio è costituito da un basamento interrato che realizza un podium a + 70 cm dal livello terreno, sul quale sono impostati due corpi edilizi distinti:
- il primo organizzato come un blocco edilizio di cinque piani fuori terra a corpo semplice e struttura di tipo lineare;
- il secondo, un blocco edilizio a torre, organizzato come un quintuplo distributivo.

Il blocco lineare è destinato alle residenze in gestione al DSU, il blocco a torre è destinato ad accogliere le residenze universitarie RU a servizio dell'Ateneo, che saranno gestite da una società privata per i termini temporali previsti dalla concessione. I due blocchi edilizi sono disposti a una distanza pari a 10 m tale da realizzare, alla base di essi, un ampio spazio urbano comune, una sorta di piazza utilizzabile come spazio di accesso ma anche come luogo di sosta e di socializzazione, attrezzato allo scopo con panchine, illuminazione e arredi da esterni. L'ampio locale interrato sotto il *podium* è

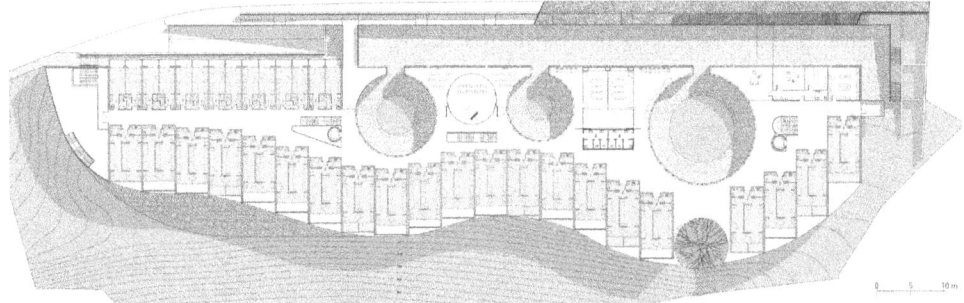

Figura 4. Pianta del piano -1 della residenza studentesca di Monteluce, Perugia.
In azzurro le camere: i nuclei integrati in basso e i mini alloggi in alto; entrambe le tipologie sono collocate attorno allo spazio di distribuzione e alle corti circolari. In bianco, in alto nella pianta, anche gli spazi flessibili che contengono le aree funzionali AF2 e AF3.

destinato a garage, depositi e spazi tecnici. Questo principio insediativo nasce da queste motivazioni ma soprattutto, viste le ridotte dimensioni del lotto a disposizione, dalla volontà di creare le condizioni migliori di orientamento e di affacciamento per gli alloggi del Campus che risultano così tutti disposti a est o ad ovest. L'attenzione all'orientamento è in questo caso di particolare rilevanza, in considerazione del fatto che si tratta di residenze a tutti gli effetti, destinate ad ospitare gli studenti per periodi prolungati nel tempo. Il linguaggio architettonico fa sì che la dominanza delle camere sia perfettamente individuabile dalla lettura univoca e dall'esatta corrispondenza tra la finestra e la camera. In particolare, architettonicamente, la finestra è stata intesa come il luogo del maggior impegno progettuale e ad essa è stata affidata la realizzazione del massimo della qualità possibile della camera dello studente, doppia o singola che fosse. Una "finestra tipo", logicamente articolata e ampia, tale da costituire, nei limiti del possibile, un piccolo micromondo ambientale, non solo per affacciarsi, ma anche per ricevere luce e aria, come è solito e naturale, ma che, nella soluzione adottata, diventa anche oggetto di arredo della stanza stessa, vista la natura di permanenza che lo spazio camera assume nella vita di chi la abita. Dal punto di vista funzionale, la razionalizzazione organizzativa degli spazi consente un'evidente risoluzione delle eventuali interferenze tra gestioni diverse e il miglioramento dell'identificazione degli spazi e degli accessi e, in generale, della navigazione interna al complesso edilizio. La nuova configurazione planimetrica risulta semplificata e razionalizzata e consente una migliore distribuzione delle funzioni e una chiara organizzazione interna, garantendo, attraverso l'ottimizzazione delle superfici realizzabili, una possibile flessibilità d'uso e una più adeguata fattibilità e realizzabilità dell'intervento complessivo. Dal punto di vista tipologico e funzionale, il

Figura 5. Vista dal Torrente Terzolle dei due corpi edilizi del Nuovo Campus Firenze, in primo piano il blocco lineare destinato alla DSU e sullo sfondo la torre di 13 piani destinato alla RU a servizio dell'Ateneo. Ipostudio

corpo lineare destinato a DSU è costituito da 5 piani fuori terra, il cui accesso avviene dalla piazza pubblica attrezzata posta sul podium, verso la quale si affacciano l'atrio di ingresso, i percorsi e le scale; al piano terreno sono previsti gli spazi comuni destinati a reception-portineria e servizi, un soggiorno-punto cottura-emeroteca, una lavanderia (Area funzionale AF4, Servizi di supporto) e, rivolte verso il verde, alcune camere con servizi igienici, poste a una quota superiore (+0,70m) rispetto alla quota dell'area verde (0,00) per rispettarne la privacy; i piani superiori sono tutti destinati alle camere a uno o due posti letto, ognuna dotata di servizi igienici privati, e a un soggiorno-punto cottura ad uso collettivo di piano. La tipologia distributiva interna scelta è quella del triplo-distributivo, che prevede la collocazione dei percorsi orizzontali e dei sistemi di risalita verso la facciata interna al lotto e le camere verso il torrente Terzolle, a ovest. Il blocco a torre destinato a RU a servizio dell'Ateneo si sviluppa su 13 piani fuori terra. Al piano terra del blocco a torre RU si accede, analogamente al blocco lineare, da un atrio di ingresso che si apre verso la *podium*-piazza attrezzata; gli spazi comuni sono destinati a reception-portineria e servizi e a uno spazio comune destinato a soggiorno-spazio studio-spazi internet (Area funzionale AF3, Servizi ricreativi); sul lato rivolto a ovest sono posizionate alcune camere con servizi igienici, rialzate rispetto alla quota del marciapiede posto alla quota 0,00, per salvaguardare la privacy degli ospiti. I piani sono distribuiti secondo il principio del quintuplo-distributivo, prevedendo la disposizione delle camere sui due lati dell'edificio – con esposizione est/

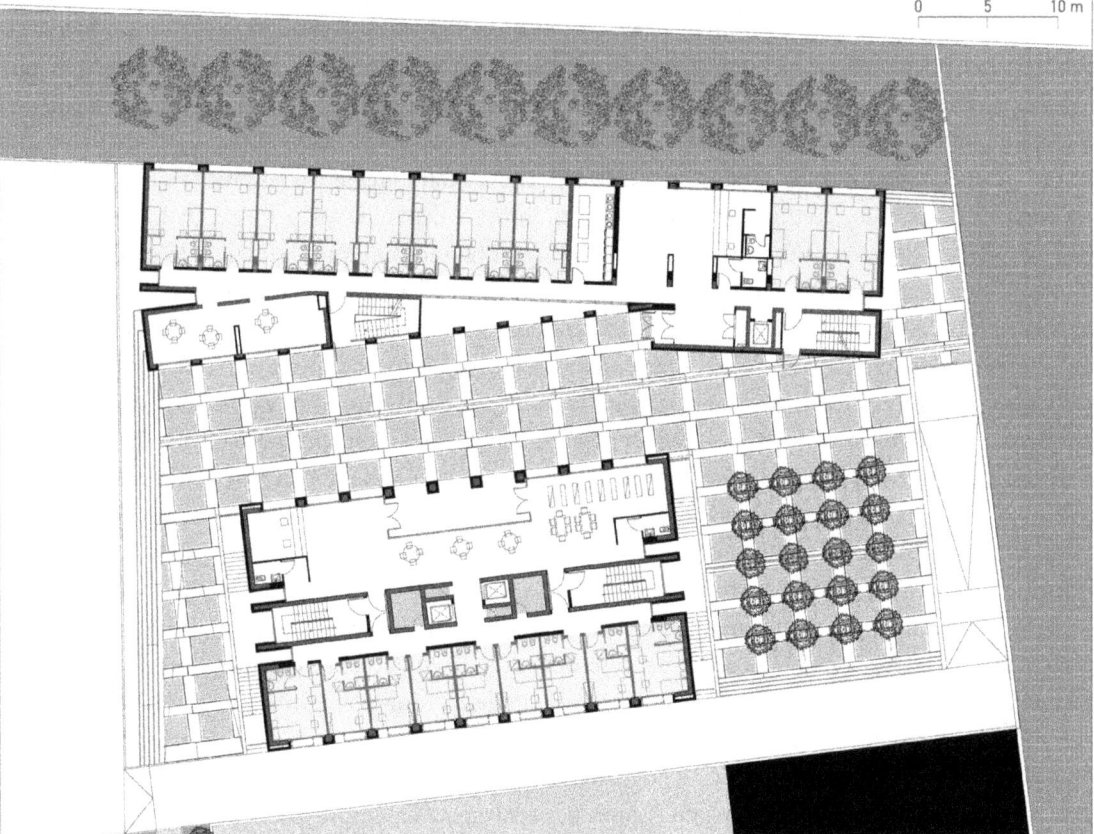

Figura 6. Pianta alla quota della piazza urbana e di accesso agli edifici (livello +0,70m). In basso, la pianta del corpo della RU, con le camere singole e doppie di tipo ad albergo (in azzurro), gli spazi di distribuzione e le funzioni e collettive (AF3); in alto il blocco destinato alla DSU con l'individuazione delle camere doppie, sempre secondo la tipologia ad albergo (in azzurro) e gli spazi di distribuzione e le funzioni di supporto alla residenza (AF4). In entrambi i corpi le funzioni collettive e di accesso si affacciano sulla piazza urbana, garantendo un maggiore livello di privacy alle camere.

ovest; al centro i corpi scale e ascensori oltre che i cavedi per la distribuzione degli impianti e due corridoi per l'accesso ai posti alloggio.

**Conclusioni**
Gli esiti della ricerca applicata che si sono voluti presentare qui, denotano come l'attenzione progettuale si sia rivolta a risolvere quegli aspetti di criticità tipici di strutture quali quelle studentesche, spesso di proprietà pubblica e fortemente vincolate dal punto di vista normativo, oltreché economico, andando ad agire su alcuni elementi tecnico-funzionali trasformandoli in dispositivi architettonici atti a rendere le strutture più confortevoli, maggiormente fruibili e capaci di realizzare spazi atti ad agevolare lo studente nello studio e favorire l'integrazione sociale e culturale nella vita cittadina, così come indicato dal decreto attuativo della Legge 338/2000. Tali elementi sono: la stanza, lo spazio distributivo, la finestra/facciata. Infatti, nell'osservanza dei criteri qualitativi e quantitativi imposti, attraverso la ricerca metaprogettuale sono state indagate soluzioni innovative atte a realizzare una stretta interconnessione tra lo spazio privato (AF1) e quello collettivo e di socializzazione (AF2 e AF3). In generale, si è cercato di favorire la realizzazione, laddove possibile come nella proposta progettuale per l'A.DI.S.U. di Perugia, di alloggi di tipo misto, che prevedono quindi sia camere singole o doppie con bagno, sia mini alloggi per una persona con bagno singolo o in comune per un massimo di 3 studenti, che veri e propri nuclei integrati, forniti di posti letto per un minimo di 3 e un massimo di 8 persone oltre che di spazi comuni di relax, preparazione e consumazione pasti. Laddove, invece, le caratteristiche del lotto o le richieste della committenza non lo consentivano, come per ragioni diverse nei casi di Firenze e del Belgio, la ricerca progettuale ha inteso trovare nuove modalità per realizzare qualità e confort anche in spazi ridotti. Infatti, data la necessità di razionalizzare gli spazi privati a favore di quelli collettivi, l'azione progettuale si è concentrata anche sul dispositivo dell'interfaccia tra interno ed esterno, configurando spazi aperti/chiusi e flessibili, sotto forma di logge o balconi (Perugia) e bow-window (Lommel e Firenze). Tali spazi hanno il merito di dilatare lo spazio interno, di offrire una maggiore illuminazione naturale e di caratterizzare sostanzialmente l'architettura delle residenze universitarie e possono essere realizzati attraverso lo sfalsamento delle unità/camere, come nella residenza di Perugia; attraverso l'ispessimento dell'involucro che realizza uno spazio/arredo, come nel nuovo Campus di Firenze; oppure tramite la collocazione di sistemi in aggetto come previsto nel progetto dell'Internaat. Come si può vedere dagli impianti degli interventi presentati, oltre alla stanza e alla finestra, anche lo spazio di distribuzione è stato oggetto di un ampio lavoro di ripensamento, nel tentativo di limitare quanto più possibile l'uso del "corridoio" e favorire spazialità di tipo collettivo, oltre a dotare gli spazi di distribuzione di una maggiore apertura. È, infatti, visibile un'azione di riduzione degli spazi di distribuzione attraverso la dilatazione degli stessi ad ospitare altre attività, quali le attività didattiche e culturali (AF2 ) e ricreative (AF3) , attraverso spazi flessibili, che possono essere facilmente aperti o chiusi, come nel caso del progetto di Perugia, o comunque raccolti attorno a corti (Perugia) o logge (Lommel e Firenze). Il progetto, dunque, come principio organizzatore che realizza un sistema edilizio attraverso la connessione e trasformazione degli elementi di base del manufatto edilizio, superando l'idea di oggetto fine a se stesso per realizzare un sistema [Terpolilli 2012], come tale capace di evolversi nel tempo per adattarsi alle sempre nuove esigenze e specificità.

**Riferimenti bibliografici**
Bisig, D., Pfeifer R. [2008]. "Understanding by design – The synthetic approach to intelligence", pp. 53-67, in Geiser R. *Explorations in architecture - Teaching, design, research*. Birkhäuser, Swiss Federal Office of Culture, Urs Staub. Basel Boston Berlin.
Terpolilli C. [2012]. *Progettando edifici*, Forma Edizioni, Poggibonsi, p.84.
*http://attiministeriali.miur.it/anno-2007/maggio/dm-22052007-n-43.aspx* [Ultimo accesso: 28.06.2016]

# ALLOGGI TEMPORANEI: OSPITI PER UN ANNO ACCADEMICO

**Maria Chiara Cimmino**
Università degli Studi di Salerno, Dipartimento di Ingegneria Civile
**Francesca Primicerio**
Università degli Studi di Salerno, Dipartimento di Ingegneria Civile
**Enrico Sicignano**
Università degli Studi di Salerno, Dipartimento di Ingegneria Civile

---

**Parole chiave**
Residenze universitarie, Recupero, Riconversione, Temporaneità

### *Abstract*

*According to some recent statistics inquiries Italy and Switzerland have got the lowest percentage of university students staying in reserved accommodation. In spite of the amount of university students which is a bit lower than in France and in Germany, Italy can only offer a quarter of lodgings. Despite the growing of enrollment just 4% of students stay in flats reserved for university students but most of them keep on living with their families. More lodgings available would increase students mobility, which is a relevant aspect of social dynamism.*

*The Italian urban setting is featured by the architectural stratification of historic centres and the uncontrolled exploitation of the building ground for the centrifugal expansion of the outskirt.*

*Nowadays in order to satisfy the growing demand for students lodgings it would be necessary to make a responsible use of resources, take care, repair, maintain and preserve the artistic heritage and do our best to get the best lodgings and at the same time to ensure the wellness of human settling.*

*However we ought to focus on the fact that the culture of restoration and the culture of bearableness share ancient common origins and show mutual concurrence of objects, instruments and methods.*

*From this context our work starts and develops aiming at defining any possible sceneries of processing and any projects of intervention on the existing building, finding out in some special building typologies featured by recurring building characteristics/distributive of spaces, as premises for streamlining and transformation of the contexts into modern university lodgings.*

*Our work gets, though, a debate chance to understand the pros and cons of reconversion perspective to detect useful and reasonable sources of investment and finally think over any possible consequent strategies for concrete intervention.*

## Introduzione

La temporaneità d'uso è un concetto abitativo transitorio riconducibile ad esigenze plurime e differenti di fruire e occupare uno spazio abitabile in un limitato periodo di tempo. La modalità abitativa temporanea appartiene alle residenze universitarie e dà luogo a sistemi spaziali e tecnologici differenti da altre tipologie insediative. La casa per gli studenti viene attualmente inclusa tra le cosiddette nuove forme dell'abitare, superando il concetto della casa permanente solitamente associato ai bisogni della famiglia tradizionale. La progettazione delle residenze universitarie deve coniugare due temi molto importanti: la temporaneità d'uso da un lato e dall'altro la realizzazione di uno spazio abitativo accogliente e famigliare in cui lo studente possa risiedere in un importante momento di crescita, il tutto nell'ottica di garanzia ed incentivazione dei processi di socializzazione ed integrazione. L'esigenza di realizzare edifici per residenze studentesche che soddisfino tali requisiti, si scontra con la difficoltà nel reperire aree libere all'interno del tessuto urbano già consolidato. Queste considerazioni ci hanno guidato nella scelta di una proposta di riconversione di un edificio esistente, ovviamente compatibile per la particolare destinazione d'uso originaria, soddisfacendo la nuova politica della limitazione del consumo dei suoli e costituendo, inoltre, un'importante occasione per lo sviluppo e la riqualificazione della città stessa.

## Obiettivi

Il lavoro, a valle di un'analisi dello stato dell'arte e dei luoghi, propone una soluzione progettuale per una residenza universitaria all'interno di un edificio originariamente destinato a convento, caratterizzato da una spiccata temporaneità delle destinazioni d'uso avvicendatesi nei secoli e, di conseguenza, dei suoi ospiti. Peculiarità della struttura individuata è quella di aver sempre ospitato diverse comunità fortemente omogenee di persone, omogenee sia per le attività, sia per i ritmi di vita e tuttavia mutevoli negli anni.

## Inquadramento del problema

Ricerche commissionate negli ultimi anni dal MIUR hanno portato all'individuazione dei livelli effettivi di fabbisogno di residenzialità da parte degli studenti universitari, riscontrando un deficit nella situazione italiana. I dati dimostrano che la mobilità territoriale studentesca è contenuta (circa l' 80% degli studenti si iscrive in una università nella regione di appartenenza) e tra le principali cause di questo fenomeno vi è proprio la scarsa offerta di alloggi da parte del sistema per il diritto allo studio universitario. La percentuale di studenti che risiedono in residenze pubbliche è sostanzialmente bassa rispetto alle medie europee: in Italia solamente il 4% degli studenti alloggia presso residenze universitarie in quanto i posti alloggio realmente disponibili sono circa 40.000, cifra notevolmente più bassa rispetto alla domanda abitativa. Sebbene ci siano stati notevoli passi in avanti, il nostro paese necessita di sostanziali investimenti per soddisfare realmente il fabbisogno di servizi e strutture residenziali per studenti.

## Inquadramento normativo

In Italia, la legge 338/2000 ed i successivi decreti attuativi hanno rivestito un ruolo fondamentale nel tentare di colmare le suddette carenze, permettendo a diverse categorie di soggetti, pubblici e privati, di richiedere cofinanziamenti (50% del costo complessivo) per interventi di ristrutturazione, nuova costruzione e acquisto di residenze destinate o da destinare ad alloggi per studenti universitari, offrendo molteplici opportunità di innovazione di carattere tecnologico e tipologico, di sperimentazione di nuovi e migliorati modelli di gestione rispetto a quelli correntemente adoperati, e quindi di risposte adeguate alla crescente richiesta abitativa da parte degli studenti universitari.

Nell'ambito della suddetta legge, particolare interesse riveste il D.M. n. 97 del 28 Aprile 2011 che ha provveduto a definire gli Standard minimi dimensionali e qualitativi e le linee guida relative ai parametri tecnici ed economici riguardanti la progettazione di residenze universitarie, definendo per la prima volta a livello nazionale dei parametri di riferimento.

**Le tipologie di residenze universitarie ed esperienze italiane**
Le tipologie di residenze universitarie possono essere inquadrate in base a due relazioni fondamentali: il rapporto tra gli spazi interni di diversa vocazione e il legame tra la residenza e il contesto.
Per quanto riguarda il primo punto, si distinguono quattro principali categorie di articolazioni spaziali: albergo, mini-alloggi, nuclei integrati e misti. La variabilità tipologica è strettamente correlata alle attività presenti all'interno dell'alloggio e alle relazioni tra la vita individuale e la vita collettiva; queste due istanze si traducono, in termini progettuali, in due categorie di ambienti: lo spazio privato e lo spazio comune; il primo si identifica essenzialmente con la camera da letto ed i servizi annessi (bagno, soggiorno) mentre lo spazio comune è rappresentato da quegli ambienti destinati a servizi e ad attività culturali, didattiche, ricreative, formative, amministrative. Per quanto riguarda il secondo punto, il rapporto tra la sede universitaria e le residenze, a sua volta strettamente influenzato dalla relazione esistente tra città e università, determina differenti modelli insediativi.
Un primo modello, che ha origini ben radicate in Italia e in Europa, vede la sede universitaria e le residenze inglobate all'interno dell'area urbana consolidata; le residenze creano, in questo caso, una stretta relazione con la vita cittadina e, quindi, con la città stessa, favorendone i processi di rivitalizzazione sociale, culturale ed economica. Un esempio emblematico è la Residenza Universitaria ai Crociferi, situata nel sestiere Cannaregio a Venezia. La presenza dell'Università all'interno del cuore cittadino ha vincolato la scelta del luogo di realizzazione di questo complesso, ex struttura conventuale, che è stato completamente ristrutturato e trasformato rispettando il valore storico-artistico dell' edificio e diventando un progetto esemplare di integrazione di nuove funzioni all'interno di un tessuto già urbanizzato e consolidato. L'altra tipologia che si presenta è quella del Campus, originario dei Paesi nordamericani e anglosassoni, in genere autosufficiente per quanto riguarda l'insieme di funzioni didattiche e residenziali e localizzato in aree isolate.

Figura 1. Residenza Universitaria ai Crociferi, Venezia - 2013.

Ne è esempio significativo il progetto delle residenze universitarie realizzate all'interno del Campus di Fisciano. Il complesso insieme di funzioni del Campus è così trasformato in un piccolo brano di tessuto urbano, vivo, denso, articolato, ed integrato al suo interno e con l'esterno, ovvero il prossimo centro abitato.

Figura 2. Residenza Universitaria nel Campus di Fisciano, Fisciano (SA) - 2007.

**Inquadramento progettuale**

Il presente lavoro vuole rispondere alla cresciuta domanda abitativa degli studenti del Conservatorio di Musica Statale G. Martucci sito nella parte alta della città di Salerno. In seguito alla Legge 21 dicembre 1999 n. 508, in cui sono definiti i termini della *Riforma delle Accademie di Belle Arti, dell'Accademia Nazionale di Danza, dell'Accademia Nazionale di Arte Drammatica, degli Istituti Superiori per le Industrie Artistiche, dei Conservatori di Musica e degli Istituti Musicali Pareggiati*, il Conservatorio di Musica è a tutti gli effetti un'istituzione di grado universitario, appartenente al comparto dell'alta formazione artistica e musicale (AFAM).

Il conservatorio "Giuseppe Martucci" ha sede nella zona del plaium montis del centro storico di

Figura 3. Convento di Santa Maria della Consolazione – stato di fatto del prospetto (dopo la riconversione a carcere).

Salerno, ai piedi del monte Bonadies, con accesso principale su via Salvatore De Renzi.

La scelta dell'area di intervento, la localizzazione e la tipologia edilizia adottata, discendono da un'attenta analisi e studio del contesto fisico-ambientale nonché storico, sociale e urbano. La scelta del modello di relazione con la città è stato orientato secondo fattori contestuali ben precisi, tra i quali la vicinanza alle sedi didattiche del Conservatorio, la disponibilità di un patrimonio storico-architettonico da recuperare e la riqualificazione e la rivitalizzazione di una parte del centro storico. Il recupero e la riconversione di edifici esistenti con valore storico monumentale consentono di creare spazi di vita culturale e sociale (oltre che residenziale) stimolanti sia per la collettività e per gli studenti. I risultati delle analisi preliminari hanno guidato la scelta dell'edificio storico da destinare a residenze universitarie: il complesso conventuale di Santa Maria della Consolazione, situato ad Est del Conservatorio e con accesso principale su via Santa Maria della Consolazione. L'area oggetto di intervento, coincidente con l'ambito di riqualificazione A1 (PUC di Salerno), è delimitata a nord da via Fra Generoso, strada urbana a doppio senso di marcia e posta a quota superiore rispetto al convento, a sud da via S. De Renzi, strada urbana a senso alternato, ad est da un complesso di palazzine residenziali. Il convento ricade nella zona omogenea A, è soggetto a vincoli prescritti dal D. Lgs. 42/2004 per i beni culturali e le categorie d'intervento previste sono A, B e C1. È possibile raggiungere l'ambito di riqualificazione individuato a piedi (distanza dal centro 15 minuti), con l'automobile (distanza dal centro 3 minuti) e con i mezzi pubblici (autobus e metropolitana) le cui fermate sono in prossimità della struttura. Il convento di Santa Maria della Consolazione venne eretto dai Cappuccini nel 1559 fuori dal centro demico sul *Plaium Montis* o *Planum Montis* (noto anche come *Civitas Nova*), nome del quartiere scelto come sede dalle comunità monastiche perché protetto dalla cinta muraria, isolato e lontano dall'abitato. Nel costruirlo ci si attenne alla povera forma cappuccina. Le costituzioni dell'ordine stabilivano tassativamente:

*Le celle in lunghezza e larghezza non passino nove palmi di vano, in altezza dieci; le porte, alte sette palmi, larghe due e mezzo; l'andito del dormitorio, largo sei palmi; e l'altezza, dal piano del refettorio*

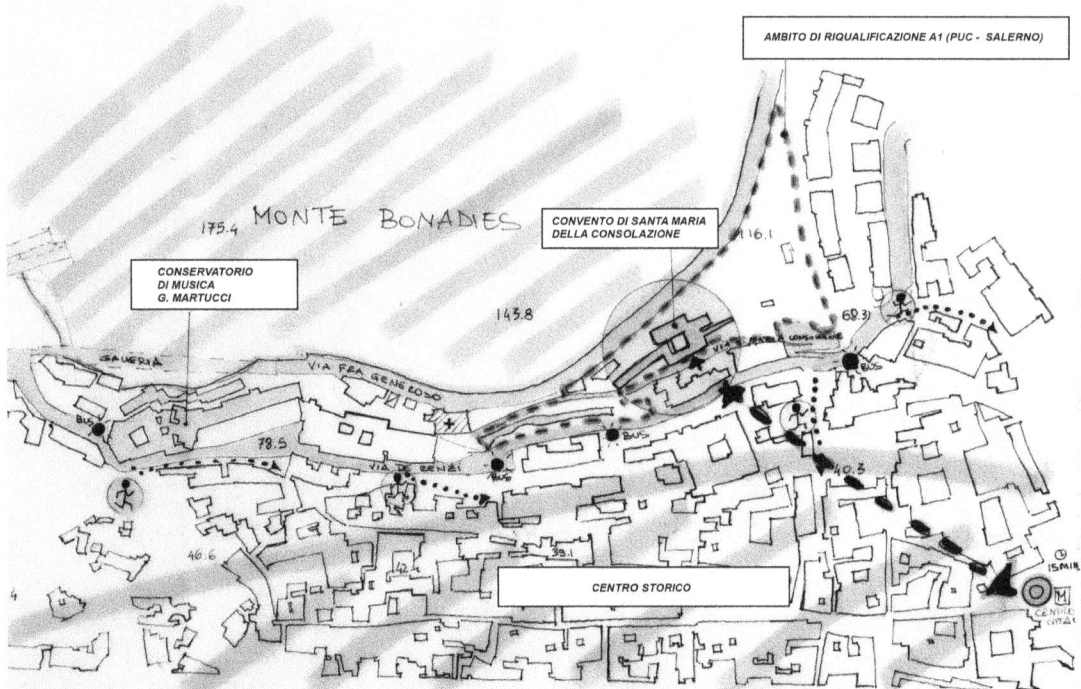

Figura 4. Schema di inquadramento e analisi dello stato di fatto.

*insino al solaio, cioè fino al tavolato o mattonato, non passi i tredici palmi, ma quando fosse cattiva l'aria, si possa aggiungere infino a quattordici palmi.*[1] Graziato dalla prima soppressione del 1806, in quanto ordine mendicante di sostegno ai bisognosi, venne soppresso nel 1866; i religiosi vennero cacciati e la proprietà venne incamerata dal demanio. Nel 1866 venne adibito a carcere femminile su progetto di Lerra che fu approvato dal Genio Civile del Principato Citeriore, Circondario di Salerno.

L'impianto è quello di un modello tipologico chiuso, compatto, che ruota intorno al chiostro, in cui è evidente l'ampliamento della fabbrica conventuale, consistente in una nuova ala risalente al primo trentennio del XIX secolo. All'esterno, l'edificio è caratterizzato da un volume compatto, scandito da una successione di piccole finestre regolari che corrispondono all'affaccio delle celle dei frati, e presenta, ad un'estremità, un corpo bastionato. L'antico convento oggi è totalmente disabitato, in uno stato di fatiscenza e abbandono, in attesa di lavori di restauro e risanamento strutturale.

### Idea progettuale

La collocazione impervia ai piedi del monte Bonadies, con la conseguente difficoltà di accesso all'area sia coi mezzi pubblici sia propri, è stata la prima problematica affrontata. Il progetto dell'ampio ambito di riqualificazione propone il ripristino di due strade esistenti, attualmente inagibili, la realizzazione di un nuovo tratto di allaccio con la soprastante via Fra Generoso e l'ampliamento del percorso pedonale lungo la stessa fino al nuovo accesso previsto per il Conservatorio. Inoltre si prevedono due ampie aree di parcheggio, una lungo via Fra Generoso e una tra via De Renzi e via Santa Maria della Consolazione, entrambe provviste di collegamenti verticali nel rispetto della normativa sull'abbattimento delle barriere architettoniche. Nella porzione di ambito situata ad est trova collocazione un'estesa area destinata a verde attrezzato per servire sia le residenze da insediare sia l'intero quartiere, recuperando un angolo di città abbandonato e socialmente degradato.

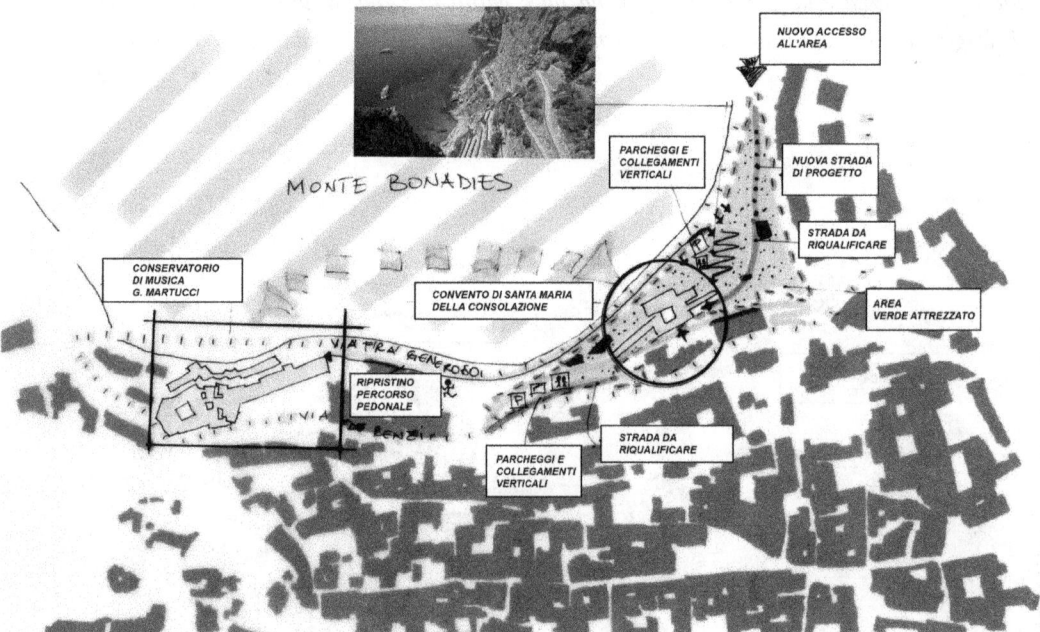

Figura 5. Progetto accessibilità.

---

[1] In termini metrico – decimali, le celle dovevano misurare circa metri 2,40 per 2,40 e in altezza circa metri 2,70; le porte, alte metri 1,85, larghe 66 centimetri; il corridoio del dormitorio, largo circa metri 1,59; il refettorio non avrebbe dovuto superare l'altezza di circa metri 3,44, mentre quando fosse stata "molto cattiva l'aria" l'altezza poteva raggiungere metri 3,70.

Nell'ambito di questi interventi è prevista la creazione di due nuovi accessi da via Fra Generoso, uno carrabile, per permettere ai diversi mezzi di trasporto (persone e merci) e di emergenza di raggiungere l'edificio, ed un altro esclusivamente pedonale, pensato come una passeggiata panoramica all'interno dell'area verde. Improrogabile finalità del progetto è quella di ridurre e mitigare i disagi degli studenti fuori sede, ottimizzandone i tempi durante la loro permanenza agli studi, garantendone le migliori condizioni di vita e comfort, tali da poter agevolare e favorire una assidua e serena frequenza degli studi ed il conseguimento del titolo nei tempi programmati.

Le soluzioni progettuali per l'accessibilità sono volte a soddisfare queste finalità: lo studente ha a disposizione spazi aperti attrezzati, percorsi preferenziali per raggiungere le sedi didattiche e il centro cittadino, aree di parcheggio e le fermate dei servizi di trasporto pubblico in prossimità delle residenze e del conservatorio. Linea guida per questo progetto è stata il mantenimento dell'originaria dimensione claustrale, dovuta alla funzione di convento che la struttura ha ospitato per tre secoli. La riconversione di questo edificio è stata resa possibile proprio grazie alla compatibilità spaziale e funzionale e quindi alle sue caratteristiche tipologiche di impianto seriale, che vuole essere un buon esempio di nuovi alloggi per studenti, conferendogli i giusti requisiti di comfort abitativo nel rispetto del valore storico-artistico dell'edificio. In prima istanza l'intervento sull'edificio è stato finalizzato al risanamento conservativo del fabbricato, le cui caratteristiche costruttive (muratura portante) e le partizioni di facciata hanno costituito un vincolo importante nei confronti delle possibilità distributive interne.

La struttura si estende su 2500 metri quadrati e il progetto prevede diversi tipi distributivi di alloggi, circa 50 posti letto ripartiti tra camere singole, doppie, minialloggi e nuclei integrati disposti su tre dei quattro livelli del complesso. La tipologia ad albergo prevede camere singole di circa 15 m² e doppie di circa 20 m², ottenute accorpando celle contigue del precedente impianto, costituite da una zona letto, zona studio e bagno di pertinenza; la tipologia a nucleo integrato, invece, ospita circa tre studenti, le camere sono di circa 12 m² e prevede per alcune funzioni ambiti spaziali riservati (preparazione pasti, pranzo e soggiorno); la tipologia mini-alloggio consiste in appartamenti autonomi di circa 35 m², per uno o due utenti, con spazi comuni ridotti ai servizi essenziali. Alcune tipologie di alloggi sono accessibili agli studenti portatori di handicap. L'intervento garantisce la privacy ma allo stesso tempo anche la vita sociale. Su tutti i livelli è riservata una zona cucina con zona pranzo ad uso collettivo e al piano terra sono previsti aree per il servizio della mensa universitaria. Il progetto propone l'inserimento di spazi attrezzati per la lettura e la consultazione, oltre ad aule insonorizzate per lo studio dello strumento, e ambienti specifici destinati a sala video, sala giochi per lo svago e la socializzazione, aree internet, zone di servizio lavanderia e fitness. L'edificio ad aula attiguo al convento, originariamente destinato a chiesa, diviene auditorium, adatto quindi a concerti e convegni. La vicina chiesa di S. Filippo Neri viene proposta come luogo di culto di riferimento.

Gli ampi spazi comuni e i moduli abitativi si innestano sui collegamenti orizzontali, costituiti da

Figura 6. Pianta piano tipo.

spazi di distribuzione sufficientemente ampi e dotati di pavimenti tattili per permettere la fruizioni del complesso anche da parte degli studenti diversamente abili. I collegamenti verticali sono realizzati in adempimento a quanto prescritto dalle normative per l'abbattimento delle barriere architettoniche e la sicurezza e prevenzione incendi. Si è posta particolare attenzione alla scelta dei materiali e delle finiture compatibili con le prescrizioni in materia antincendi, alle soluzioni tecnologiche di fornitura dell'acqua, del riscaldamento e raffrescamento degli ambienti, nel rispetto del valore storico architettonico dell'edificio. Il chiostro, spazio centrale dell'impianto, viene pensato come nucleo di aggregazione sociale. Una piazza per gli studenti all'interno delle residenze stesse che diventa luogo di incontro, socializzazione e di improvvisazione musicale.

**Conclusioni**
La necessità di formare studenti, e più in generale, persone in grado di vivere assieme in un mondo che ha sempre più bisogno di comunicazione e relazioni umane, richiede condizioni e presupposti che in buona parte sono costituiti da infrastrutture fisiche e servizi dedicati. Diventa dunque necessario investire nello sviluppo delle attrezzature, nell'efficientamento dei servizi, nella realizzazione di edifici, infrastrutture e nuovi ambienti, il tutto a supporto della formazione dei giovani studenti universitari. Il progetto proposto ha reinterpretato questo tema trasformando un complesso insieme di funzioni in un piccolo brano di tessuto urbano, vivo, denso, articolato, ed integrato al suo interno e con l'esterno. Gli interventi di edilizia residenziale per gli studenti, infatti, possono rappresentare un'importante occasione per lo sviluppo e la riqualificazione della città stessa. L'insediamento studentesco ha notevoli ripercussioni in ambito urbano sia dal punto di vista sociale, ambientale ma anche economico, poiché esso stesso contribuisce al mantenimento di un'economia del contesto legata ai servizi di supporto allo studio e del tempo libero, interagendo con gli abitanti ed innescando nuove dinamiche strutturali reciproche. Il progetto guarda al concreto presente e al futuro, tuttavia porta dentro una memoria, un passato indelebile e sempre presente perché ne costituisce l'essenza: luogo di accoglienza a tempo determinato per ospiti temporanei e sempre nuovi.

**Riferimenti bibliografici**
Bellini O. E. [2015]. *Student housing 1. Atlante ragionato della residenza universitaria contemporanea*, Maggioli Editore.
Candido Gallo P. [1994]. *Il convento dell'Immacolata e dei frati Cappuccini*, Salerno.
Carlini, S. [2012]. "Alloggi e residenze per studenti universitari", *Techne*, Firenze University Press, n. 4, pp. 262-270.
Caterina G. [1986] "L'ambiente conventuale della Salerno alta", pp. 88-93, pp. 119-126, in *Rassegna storica salernitana 1968/1983*, Laveglia&Carlone Editore, Salerno.
Chiarantoni C. [2008]. *La residenza temporanea per studenti – Atlante Italiano*, Alinea Editrice, Perugia.
Crisci G., Campagna A. [1962], *Salerno Sacra: ricerche storiche*, Edizioni della Curia arcivescovile, Salerno.
Criscuolo V. [1999]. *I frati minori cappuccini in Basilicata e nel Salernitano fra '500 e '600*, Istituto storico dei Cappuccini, Roma.
Dall'Olio [2012]. *Residenze Universitarie*, Mancosu Editore, Roma.
Dall'Olio, Mandolesi D. [2014]. *Manuale di progettazione Residenze Collettive*, Mancosu Editore, Roma.
Del Nord, R. (a cura di) [2014]. *Il processo attuativo del piano nazionale di interventi per la realizzazione di residenze universitarie*, Edifir, Firenze.
Fioretti D. [2011]. "Chiesa, società e vita religiosa nell'Italia dell'Ottocento", pp. 281-314, in *Annali della Facoltà di Lettere e Filosofia*, XL-XLI 2007-2008, Macerata.
Lerra A. [1864].Progetto della riduzione del Convento dei Cappuccini ad uso di Carcere Succursale, collocazione: Genio Civile Salerno, busta 191, fascicolo 38.
Miele M.[1973]. "Ricerche sulla soppressione dei religiosi nel Regno di Napoli (1806-1815)", vol. 4 pp.1-144, in *Campania Sacra*, Verbum Ferens, Napoli.
www.alloggistudenti.eu [Ultimo accesso: 22.06.2016]

# LE RESIDENZE UNIVERSITARIE.
# CONTRIBUTI ALLA RICERCA SULL'ABITARE

**Lorenzo Dall'Olio**
Università degli Studi Roma Tre, Dipartimento di Architettura

**Parole chiave**
Housing, collettività, sperimentazione tipologica, compartecipazione

*Abstract*

*Research on the topic of housing, having returned after decades of absence from the cultural debate, still needs to give convincing answers to two apparently contrasting arguments: On the one hand, the substitution of the concept of man, as outlined by modernist ideology, as an expression of homogenous primary needs, with one of them as a complex of singular, strongly diversified subjects with variable practical and existential needs; and on the other, the necessity of finding a truly collective and shared dimension of housing, capable of giving new sense to the idea of city.*

*Research is still underway for design strategies, applied to lodging dimensions, to the building organism and to its settlement principle, which are able to find correct balances between the private and public, blurring the line between the individual living space and that of others, offering differing levels of privacy, creating shared functionalities and locations for potential interaction.*

*Project research on university housing, during the twentieth century, provided, in this sense, many insights of great interest; not only for the number of typological, spatial and distributive solutions that have been explored but also for the particular sensitivity in the developing of precisely that intermediate area between the individual and the collective with great effectiveness, so often absent in "tout court" residential projects.*

*Even the remarkable variety of housing solutions, often coexisting in university residences, seems to respond to the multiplicity of residential requirements now emerging in society and to the increasingly obvious reduction of lodging dimensions.*

*Diversifying, introducing flexibility and changeability of spaces and functions, working on the recognition and differentiation of one's living space criteria, thinking of a hierarchy of the spaces that is as varied as possible, are the key concepts of good design, concepts that lead us to consider the university residence and, more generally, the collective one, as a reference organizational model even for the widest of housing experimentations.*

*Two residence projects developed in the Department of Architecture of the University of Roma Tre will be presented. The first, in the area Valco San Paolo in Rome, a new building made for 200 students, the second a reuse project of a 1910 building within the complex of the former "Mattatoio" in Rome in Testaccio.*

La ricerca sull'abitare è stata, come noto, al centro degli interessi della cultura architettonica della prima modernità e motore principale della grande rivoluzione spaziale e linguistica attuata nei primi decenni del '900. Con l'apporto determinante dei più importanti architetti europei di quegli anni, è stato messo a punto un nuovo modo di abitare, che ha inteso rinnovare e aggiornare, non solo lo spazio dell'alloggio e il suo principio aggregativo e insediativo, ma anche il quadro esigenziale dell'abitante tipo, con la pretesa, oggi lo possiamo dire, di definire, inequivocabilmente e universalmente, le necessità primarie dell'uomo moderno e le modalità per assicurarne il pieno soddisfacimento.

Quella ricchissima e per molti versi ancora insuperata stagione di sperimentazioni, a opera dei protagonisti del Movimento Moderno, non ha impedito che si arrivasse, forse proprio per la rigidità di alcune teorie e per le aporie insite nell'ideologia modernista, a un periodo di stagnazione e all'esaurimento della spinta innovativa. La cultura architettonica, nella seconda metà del '900, non è così riuscita né a tenere viva l'arditezza di alcune delle sperimentazioni tipologiche e spaziali prodotte dai "maestri", né a trarre nuova linfa dalle numerose "fughe in avanti" che le molte avanguardie architettoniche operanti tra gli anni '60 e '80 hanno prodotto sul tema dell'abitare.

Il lavoro svolto dagli architetti sull'abitazione, privo del sostegno di un pensiero teorico adeguato, si è così via via ridotto nei limiti ristretti, e divenuti ben presto infecondi, dei precetti meccanicistici del funzionalismo e delle sue presunte invarianti. Non sono certamente mancati, dal secondo dopoguerra in poi, alcuni tentativi puntuali di riformulare e scardinare le molte consuetudini, sia sul piano pratico del progetto, sia su quello dell'elaborazione teorica, ma l'ambito d'azione di tali sperimentazioni si è concentrato più sull'allentamento delle regole linguistiche e dei precetti formali dettati dal Razionalismo, che sulla totalità degli aspetti che coinvolgono il tema dell'abitare. È un dato, comunque, che la fortuna critica di tali nuovi tentativi e l'influenza concreta sulla produzione edilizia sia stata piuttosto scarsa. Anche in occasione di specifici programmi edificatori che, per dimensione e coinvolgimento di operatori, siano riusciti a riportare il tema dell'abitare alla ribalta e a suscitare l'interesse di pubblico e critica, quali ad esempio l'IBA di Berlino della metà degli anni '80, non è stata attuata una reale e profonda sperimentazione sul tema della casa urbana, ma, piuttosto, si è assistito a una sommatoria di colti e ricercati "esercizi di stile", che hanno prodotto architetture più o meno riuscite, ma poche nuove idee, sia in ambito tipologico che relativamente al rapporto dell'edificio con lo spazio urbano. Questa disattenzione, questa poca propensione della cultura architettonica a tenere vivo un ragionamento specifico sul tema della casa, ha avuto come nefasta conseguenza, soprattutto in Italia, la continua replica, da parte della produzione immobiliare, di formule abitative preconfezionate, frutto della mera applicazione di rigidi standard quantitativi, di logiche organizzative e aggregative già note e, per così dire, economicamente verificate. La scena architettonica, storicamente dominata in maniera incontrastata dal tema della casa, è stata, dagli anni '80 in poi, conquistata da altri temi e altri interessi. Più o meno a partire da quegli anni, le grandi città occidentali prima e quelle estremo-orientali poi, hanno avviato un processo di rinnovamento profondo, per ridefinire la propria identità e la propria immagine, quasi che l'approssimarsi della fine del secolo lo richiedesse. A rendere una città "veramente" contemporanea sembrava potessero contribuire, più di altro, il potenziamento infrastrutturale e delle reti, con la realizzazione di architetture legate alla mobilità e alla comunicazione, la nascita di centralità urbane dalla spiccata natura terziaria e di servizi e l'innesto nel tessuto urbano preesistente di grandi edifici di carattere pubblico, capaci di rappresentare la vitalità delle istituzioni. Abbiamo, così, assistito alla successione di una serie di "stagioni" dell'architettura, prima fra tutte quella dei musei, soprattutto d'arte contemporanea appunto, poi delle nuove biblioteche, degli auditori, dei centri culturali, delle stazioni, degli aeroporti e quella, infine, degli imponenti impianti sportivi, legati ad eventi più o meno globali. Su questi temi si sono cimentati, ancora una volta, i migliori architetti, divenuti, in qualche modo, i principali artefici del rinnovamento della qualità urbana.

La ricerca architettonica si è quindi concentrata sull'eccezionalità di manufatti singoli, dalle qualità spaziali, materiche ed espressive tali da riuscire a produrre contemporaneamente, una réaction poétique nei visitatori e, per così dire, una réaction économique per le città, vista la grande capacità di tali architetture di diventare simboli urbani e potenti volani turistici per masse di visitatori incuriositi. Così, ben presto, l'edificio per abitazione è stato soppiantato sulla scena architettonica da molti altri protagonisti. Paradossalmente, tuttavia, pur rimanendo dietro le quinte e rivestendo un ruolo secondario nel dibattito culturale, la residenza ha seguitato, inevitabilmente, a contribuire in maniera massiccia, e con gli esiti che tutti noi possiamo vedere, alla costruzione della scenografia di fondo delle città contemporanee e delle aree periferiche in continua crescita e trasformazione.

Oggi, a parte alcune isole felici di sperimentazione, soprattutto nel nord Europa, e alcuni interessanti risultati nella ricerca di singoli architetti, la produzione edilizia nel settore residenziale sembra orientarsi, nel migliore dei casi, in due direzioni, entrambe, a mio avviso, non centrali: la prima è quella che agisce sostanzialmente sull'involucro dell'edificio, al fine di procedere, spesso solo tramite l'uso di nuovi materiali e finiture, a un rinnovamento dell'immagine esterna, senza mettere in crisi la consueta organizzazione dello spazio interno dell'alloggio, il sistema distributivo e il rapporto con la città; la seconda è quella che interviene, in base alle sempre più stringenti e dettagliate normative del settore, sulle caratteristiche tecnologiche, impiantistiche e prestazionali del manufatto, puntando su un innalzamento dell'efficienza e della performatività dell'edificio, ma, anche in questo caso, accettando la stessa "normalità" tipologico-distributiva di sempre.

Nonostante la legittimità e, forse, la necessità di tali orientamenti, il rischio è che prevalga sempre più una logica più affine al packaging commerciale o alla "certificazione doc" dei prodotti alimentari; che vengano, cioè, realizzate architetture "attraenti" e "sostenibili" (a questo secondo termine ognuno può anteporre l'avverbio che vuole), ma che nulla di nuovo propongono per dare risposta alla complessità e alle molteplici sfaccettature dell'abitare contemporaneo.

Eppure, per comprendere la grande varietà di temi che abbiamo di fronte, sarebbe sufficiente considerare le profonde modificazioni in atto all'interno dei nuclei familiari e la conseguente moltiplicazione dei modi di abitare e delle forme di convivenza; o gli effetti, sullo stesso piano, derivanti dalla moltiplicazione delle culture, delle religioni, dei modi di vita, delle abitudini, dei ritmi, delle modalità di relazione sociale che una società multietnica porta con sè; o registrare la compresenza di una diffusa ricerca della privacy individuale, anche all'interno dello stesso alloggio, e dell'opposta tendenza alla condivisione di spazi, servizi e funzioni; o, infine, i cambiamenti nel mondo del lavoro che contemplano la possibilità di svolgere alcune attività rimanendo all'interno del proprio alloggio. La questione, però, ancora prima che nella complessità del quadro esigenziale o nell'eterogeneità dell'utenza, sta nella mancanza di strategie progettuali, applicate sia alla dimensione dell'alloggio che a quella dell'organismo edilizio e del suo principio insediativo; strategie che sappiano individuare una dimensione realmente collettiva e condivisa dell'abitare e che siano capaci di ricucire quella frattura tra privato e pubblico, che è alla base della perdita dell'idea di città come luogo delle relazioni sociali.

La tesi che si vuole proporre è che alcune risposte alle domande emergenti con sempre maggiore chiarezza nel campo dell'abitare contemporaneo, possano essere trovate in quello che potremmo definire il DNA delle residenze collettive e, in particolare, di quelle universitarie, oggetto dell'odierno convegno. A prima vista, potrebbe sembrare un paradosso, che residenze destinate a gruppi di utenti sostanzialmente omogenei - gli ospiti conducono più o meno la stessa esistenza, hanno gli stessi orari, gli stessi ritmi, e, in larga misura, le stesse esigenze -, possano essere prese come esempi di dispositivi spaziali e organizzativi capaci, al contrario, di tenere vive le differenze e ospitare la molteplicità e la varietà di esigenze espresse dall'abitare contemporaneo.

Le residenze universitarie, invece, sono straordinari contenitori del dialogo tra diverse individualità.

Proprio il loro status di residenze dedicate a una specifica utenza, infatti, richiede una notevole sensibilità progettuale nel tenere lontano qualsiasi elemento di uniformità e di ripetitività e nell'esaltare, al contrario, le differenze. L'inevitabile serialità di alcuni spazi, come le unità abitative, viene spesso affrontata cercando un mix di soluzioni che diano voce alla specificità del singolo, che rispecchino le molte identità degli ospiti residenti, realizzando, per quanto possibile, ambiti di vita diversificati, riconoscibili e personalizzabili. La stessa normativa (italiana), nonostante indichi con grande precisione i possibili tipi di organizzazione interna, gli standard dimensionali e il mix di funzioni necessarie, lascia in realtà trasparire la necessità/possibilità di costruire strutture complesse che mettano in evidenza e sfruttino tutti i possibili elementi di variazione.

Oltre a ciò, una residenza universitaria è, o dovrebbe essere, il luogo di convivenza tra il mondo della privacy e quello della condivisione, tra l'individuale e il collettivo, la singolarità e la pluralità, l'isolamento e l'aggregazione. Esiste, concettualmente e progettualmente, un delicato e interessantissimo equilibrio tra i questi termini oppositivi che, oltre ad amplificare e tutelare ogni singolo ambito al fine di conferirgli identità e specificità, potenzia e dà senso agli spazi intermedi e di mediazione, rendendo le soglie e i luoghi di passaggio, dei dispositivi strategici di dialogo. Prima di approfondire tali argomentazioni, converrà brevemente ripercorrere le tappe salienti di una ricerca che, a partire dagli anni '30, ha visto cimentarsi con la tipologia della residenza universitaria - a suo modo una nuova tipologia - i più importanti architetti del Movimento moderno, gli stessi di menzionati all'inizio di questo testo: Le Corbusier, W. Gropius, A. Aalto, L. Kahn, e poi ancora J. Stirling, L. Martin & J. Wilson, P. Rudolph, D. Lasdun, R. Giurgola, H. Hertzberger, De Carlo. Le loro realizzazioni, dislocate entro un arco di circa quarant'anni, vanno a formare una sequenza straordinaria, estremamente interessante, non solo per le qualità delle architetture prese singolarmente - che, come noto, sono spesso entrate di diritto nella storia dell'architettura moderna -, ma proprio per il loro reciproco legame. Analizzate e confrontate sincronicamente, dimostrano in più punti una sorta di dialogo a distanza, fatto di continuità e di discontinuità, di richiami e inversioni, in un intreccio sorprendente di influenze. È come se ogni opera appartenesse a un unico pensiero, a un'unica ricerca, cioè fosse relazionata, sul piano concettuale, a quelle precedenti, in un rapporto di tipo incrementale che, tenendo conto delle acquisizioni precedenti, delineasse il proprio specifico spazio di sperimentazione, in un percorso di ricerca complessivo sempre più ricco e articolato. I due padiglioni, svizzero e brasiliano, che Le Corbusier realizza a Parigi nel 1930 e nel 1958, mettono in moto e accompagnano la sperimentazione. Pur, per molti versi, diversissimi tra loro, i due edifici sono caratterizzati dal fatto che gli spazi collettivi, inseriti sotto i volumi prismatici delle stanze, generano nuove relazioni tra l'edificio e l'intorno. Il vuoto del piano pilotis viene attraversato da volumi dalle geometrie libere, organiche, "liquide" si direbbe oggi, che ospitano l'atrio d'ingresso e gli ambienti collettivi e che avvolgono e delimitano piccoli spazi esterni protetti. L'ambito privato delle stanze, ancora raccolte in una logica seriale e omogenea, trova negli spazi comuni il dispositivo per dialogare con l'esterno, per riversare la vita interna nella città. È un primo passaggio, che inizia a scardinare la separazione tra l'abitazione e lo spazio pubblico.

Nella famosissima Baker House al MIT di Cambridge, A. Aalto, differenzia le stanze, per geometria, forma, dimensione e orientamento, con la dichiarata volontà di dare ad ogni studenti un proprio spazio di vita riconoscibile e una porzione diversa di paesaggio da osservare. Ha, inoltre, l'intuizione straordinaria di trasformare il sistema distributivo, sia orizzontale che verticale, in un potentissimo generatore di forme e di spazi, facendolo diventare uno dei motori principali del progetto. Sono due scelte determinanti, che segnano un'importante inversione di senso; le scale e i corridoi, da puri spazi serventi, prendono la dimensione di veri e propri luoghi di vita e di incontro; lo spazio della camera, deformandosi e differenziandosi, sembra tendere ad acquisire le sembianze del singolo abitante e della sua personalità. La particolare e nota conformazione dell'edificio e la presenza, anche in questo caso, di spazi collettivi al piano terra, svincolati dalla sagoma principale, sono poi gli strumenti adottati dall'autore per abbracciare lo spazio esterno, per renderlo partecipe della vita dell'organismo.

W. Gropius, sempre a Cambridge nel 1950, guarda invece alla città e realizza, attraverso un sistema di edifici variamente collocati nell'area, una sorta di piccolo quartiere. I vari blocchi residenziali e di servizi, su tre o quattro piani, sono uniti da un sistema di passerelle o da percorsi coperti con leggere pensiline, in modo da rendere l'intervento unitario e da imbrigliare, in una fitta rete di collegamenti e di margini più o meno permeabili, ampi spazi esterni trattati a giardino. La ricerca di una relazione tra gli spazi interni privati e gli spazi esterni da condividere svela l'intenzione di strutturare l'insieme come un luogo preposto alla vita di una comunità coesa e non di singole e autonome individualità, in un rapporto di continuità e integrazione con lo spazio della città.

L'apporto di L. Kahn è distinto in due esperienze molto diverse tra loro, se non altro per la localizzazione. Nel caso del Bryn Mawr College del 1964, nell'omonima città, l'architetto si concentra sulla struttura spaziale e sull'organizzazione dei tre blocchi che si uniscono a formare l'edificio. Tutto si risolve all'interno; la progettazione per strati, tipica di Kahn, produce un inedito rapporto tra gli spazi collettivi, centrali, e quelli privati, perimetrali. I tre grandi ambienti a tutt'altezza, collegati tra loro in una sequenza spaziale straordinaria e circondati dal sistema delle stanze, sono, non solo geometricamente, il cuore dell'organismo, vere e proprie piazze illuminate dall'alto, dove converge l'intera vita interna della comunità ospitata. La sperimentazione di un principio insediativo estremamente originale contraddistingue le residenze all'interno dell'Istituto indiano di Amministrazione di Ahmedabad in India (1963-74); i 18 blocchi separati, di due conformazioni diverse, sono disposti secondo una trama geometrico-spaziale regolare che, però, nella ripetizione e nell'omogeneità del sistema, genera comunque una sorprendente complessità. Due unici "tasselli", due unici "mattoni" traforati da cavità, dove la vita può liberamente fluire, danno origine a una molteplicità di spazi interni ed esterni, di percorsi, di permeabilità visive e fisiche, di luci e di ombre. L. Martin e J. Wilson sperimentano nel 1962 nel Gonville & Caius College a Cambridge in Inghilterra la tipologia tradizionale della corte, introducendo, però, una determinante e originale inversione nell'organizzazione interna e nel sistema distributivo. I due autori, infatti, adottano un corpo di fabbrica doppio, ma pongono il sistema dei corridoi e delle scale sul fronte esterno. Questa scelta, insieme allo scalettamento dei piani e all'innalzamento della corte interna di un livello, produce una nuova relazione tra le funzioni interne all'edificio. Gli alloggi, rivolti quasi tutti verso la corte e dotati di spazi esterni realizzati sulle coperture degli ambienti sottostanti, creano un microcosmo protetto; le stanze degli studenti, in questo modo, godono di maggiore tranquillità e allo stesso tempo si "guardano", in un interessante equilibrio tra prossimità e distanza. Gli spazi collettivi sono collocati nel basamento, illuminati dall'alto, mentre il sistema distributivo orizzontale e verticale viene espressamente mostrato nei prospetti esterni, in una plastica sequenza di volumi e piani inclinati, per lo più ciechi, a definire la faccia pubblica dell'edificio e a rappresentare il fluire continuo della vita all'interno.

Il Queens college di J. Stirling a Oxford, di pochi anni successivi (1966), propone concettualmente la medesima soluzione, scegliendo di aprirsi verso il fiume Cherwell e di chiudersi invece sul lato urbano. L'edificio, a forma di "C" aperta, si configura all'esterno con le sembianze di un fortilizio dal sapore medievaleggiante, seppure sospeso su arditissimi cavalletti strutturali, e propone all'interno, per contrasto, l'aerea soluzione di un'unica sfaccettata parete vetrata, corrispondente alle stanze. Anche in questo caso gli spazi comuni sono posti all'interno di un basamento, la cui copertura ha una duplice funzione: luogo d'incontro per gli ospiti e piazza pubblica di mediazione con la città. Altri spazi collettivi sono inseriti ai singoli piani, lungo i corridoi di smistamento delle stanze.

La definizione di un ambito esterno di pertinenza, come spazio di relazione con il contesto e come luogo di incontro per i residenti, viene riproposta dallo stesso Stirling nel quasi coevo progetto della Andrew Melville Hall (1968) in Inghilterra, caratterizzato, questa volta, da un impianto a "V", probabilmente ispirato dal progetto di Aalto per la residenza di Otaniemi del '64. Collocato su un dislivello che permette di accedere al terzo piano, l'edificio, unico realizzato dei tre previsti, si protende verso il mare, contenendo tra i suoi due bracci allungati una porzione del sinuoso e digradante terreno erboso. A segnare fisicamente il confine e il rapporto tra esterno e interno, l'architetto inglese inserisce al piano d'ingresso un dispositivo tipologico-spaziale di grande forza e di grande semplicità: un lungo spazio di distribuzione che taglia orizzontalmente in due l'edificio con una nettissima linea vetrata. Questo spazio, per dimensione, forma, successione e variazione di luoghi, può essere assimilato a una vera e propria strada interna dove convergono tutti i flussi dell'edificio.

Da qui partono le scale che portano alle stanze collocate ai piani superiori e inferiori e suddivise in diversi e autonomi nuclei; qui si aprono slarghi, arricchiti da sedute che permettono l'incontro e la socializzazione; da qui si osserva il paesaggio, patrimonio comune degli ospiti residenti. Le immagini notturne di questo dispositivo raccontano, più di molte parole, la grande efficacia di questo insieme di spazi e la sua carica identificativa. A dimostrazione del significativo dialogo a distanza tra queste sperimentazioni, succedutesi nel tempo, la soluzione adottata da Stirling, appena descritta, viene riproposta nel 1972 da R. Giurgola negli Stati Uniti, nel Mission Park Resident Houses a Williams Town; la somiglianza è netta, sia per quanto riguarda la conformazione dell'edificio, sia per la soluzione distributiva adottata. E ancora, il college dell'Università di East Anglia a Norwich di D. Lasdun del 1968 sembra riproporre, da un lato il principio insediativo a nuclei ripetuti di ispirazione kahniana, dall'altro il sistema a gradoni, già utilizzato da Martin & Wilson, con i tetti giardino collegati alle stanze, realizzati sulle coperture dei volumi sottostanti. Da questa sintetica descrizione dei più noti progetti di residenze universitarie tra gli anni '30 e '70 si possono trarre alcune prime conclusioni. Innanzi tutto risulta evidente, come si diceva, che i diversi progetti siano tra loro spesso legati da un filo di continuità. Possono essere, inoltre, evidenziate alcune ricorrenze rispetto ad aspetti centrali di questo tipo di organismi. In primo luogo il rapporto tra gli spazi di vita del singolo e quelli destinati alla collettività, un rapporto costantemente visto come espressione di due esigenze allo stesso tempo contrastanti e convergenti. Due forze, tendenti a separarsi nel definire lo spazio indipendente e autonomo del singolo ma, al contrario, ad attrarsi nel concepire i luoghi della socializzazione e della condivisione. Questa oscillazione, nei diversi momenti della vita interna dell'edificio, costituisce la caratteristica peculiare di questo tipo di organismi e uno dei nodi progettuali più importanti. L'incrocio di singolarità e di pluralità, di persone e di gruppi, determina flussi interni estremamente variabili, che rendono una residenza universitaria un mondo assai animato, in continuo mutamento, con momenti di massima espansione e altri di contrazione.

Se si potessero registrare strumentalmente la presenza e assenza degli studenti nell'edificio, nei vari momenti della giornata, la loro concentrazione nei vari luoghi, interni ed esterni, gli spostamenti e, soprattutto, l'uso degli spazi, ne uscirebbe un'interessante mappa della complessità delle dinamiche di vita che si sviluppano all'interno di questo tipo di edifici. Si scoprirebbe, ad esempio, che l'appropriazione e l'uso degli spazi da parte degli utenti va spesso ben oltre le definizioni funzionali che guidano la progettazione o che sottendono la normativa. In un continuo evadere dalle rigidità spaziali, la conquista dei luoghi da parte dello studente è come se producesse un ridisegno degli stessi, ridefinendone le prerogative e le potenzialità. È per questo motivo che i progetti più interessanti cercano di andare oltre una mera successione di funzioni; da un lato, allentando le rigidità spaziali interne, ad esempio collocando alcune attività collettive in spazi non architettonicamente definiti e delimitati da pareti, dall'altro riservando una riflessione specifica a tutti quei dispositivi che, apparentemente, svolgono solo una funzione di legante tra gli spazi. Il corridoio, che in altri organismi viene meramente commisurato alle esigenze legate al raggiungimento dei vari spazi interni, diventa, nelle residenze universitarie un luogo estremamente importante, capace di interpretare una pluralità di ruoli e significati vari e, a volte, sorprendenti. Come si diceva, tutti gli spazi di soglia, tutti gli spazi non dedicati e non assegnati diventano luoghi del possibile, capaci di assorbire e armonizzare le due forze sopra citate: quella che agisce quando prevalgono le esigenze il singolo individuo e quella che si generano nelle dinamiche del gruppo. Un maestro indiscusso nel lavorare su questi spazi è stato certamente G. De Carlo. I collegi di Urbino rimangono, al di là del tempo trascorso e dell'inevitabile lontananza che ci separa da quel mondo espressivo, una testimonianza chiarissima della grande sensibilità del suo autore nel governare proprio quei luoghi che in genere rimangono spazialmente ed espressivamente inerti. Rifuggendo l'omologazione, la ripetizione, la neutralità, l'oggettività delle razionali definizioni funzionali degli spazi e dei dispositivi, le percorrenze diventano luoghi di accadimenti a tutti gli effetti, luoghi che, senza imporre, suggeriscono usi e dinamiche sociali. Proprio come potrebbe accadere in un vicolo di un borgo storico, dove un gradino, o un piccolo slargo, sommessamente suggeriscono di fermarsi, di approfittare di una pausa per salutare un amico, per un ultimo scambio di battute, il sistema dei percorsi interni ed esterni e la fitta rete di connessioni, costituiscono una collezione di opportunità di incontro per i suoi abitanti, oltre che un sapiente dispositivo di lettura dell'orografia e dello straordinario e vario contesto in cui sono inseriti gli edifici. Non c'è grande differenza tra quanto accade nei percorsi esterni, che liberamente si adagiano sulla sinuosità della collina, e quanto accade all'interno degli edifici; i percorsi sembrano continuare con le medesime caratteristiche, senza soluzione di continuità. Anche gli spazi comuni, il più delle volte, non hanno veri e propri limiti fisici, soprattutto quando non vi sono specifiche necessità di isolamento. Le funzioni vengono spazialmente reinventate, contaminate o tra loro fuse, annullandone o smaterializzandone i confini.

La varietà delle tipologie residenziali è infine testimonianza, non solo della grande capacità inventiva dell'autore, della sua curiosità nel verificare il significato e la ricchezza che può risiedere nella variazione, ma è anche della sua sensibilità nel leggere e dare risposta alla pluralità delle esigenze, specifiche di ogni studente. Se una residenza universitaria è, banalmente, la sommatoria di tanti interni privati, le camere, e di una serie di spazi gradualmente sempre più pubblici, De Carlo, con il suo straordinario complesso dei collegi di Urbino, ci dice che è possibile immaginare una struttura dialettica che relazioni ogni parte dell'edificio, ogni ambiente, ogni funzione, come se si trattasse di una "micro-città", fatta di case, strade e luoghi pubblici, più o meno protetti e delimitati, più o meno aperti e visibili.

L'ampia sperimentazione successiva agli esempi storici sopra descritti, dagli anni '90 in poi, si è dovuta confrontare con una serie di condizioni profondamente mutate.

Il progetto delle residenze universitarie si è misurato con i medesimi cambiamenti avvenuti nella società, cui si accennava all'inizio. La popolazione universitaria e, di conseguenza, anche quella di chi abita nelle residenze, è, infatti, molto cambiata: provenienza geografica, estrazione sociale ed economica, età, genere, etnia, identità culturale, religiosa, abitudini di vita e alimentari, disabilità, diversi status degli studenti, lavoratori a tempo pieno o part time, sono solo alcuni dei fattori di differenziazione che oggi agiscono in questo tipo di organismi. Identità diverse che vanno a formare le mille sfaccettature di una categoria ormai molto più articolata di quanto non fosse prima e che, inevitabilmente, riflette la società complessa, globale e multietnica, in cui siamo immersi.

I dispositivi di differenziazione e variazione spaziale sono divenuti così ancora più importanti e determinanti per la buona riuscita dell'organismo. Relazionarsi con queste variabili vuol dire confrontarsi con i problemi di convivenza che emergono prepotentemente nelle nostre società, a testimonianza del fatto che le residenze universitarie sono, anche in questo senso, un interessantissimo spaccato della vita contemporanea. In questi ultimi decenni, anche per la definizione di specifiche normative, sono state, poi, adeguate e migliorate le condizioni di vita del singolo, secondo aggiornati standard di qualità riguardanti le dimensioni dello spazio di vita e le dotazioni di attrezzature. Nelle stanze non si dorme più solamente, ma si vive, si studia, si ricevono amici e questo comporta dimensioni più generose. Anche qui, il piano del confronto è interessante.

Se si considera, infatti, che l'offerta di abitazioni sul mercato immobiliare ha visto una notevolissima riduzione delle loro dimensioni medie, è piuttosto evidente il relativo avvicinamento tra queste e le soluzioni abitative proprie delle residenze universitarie: soprattutto i nuclei integrati e i mini alloggi. La riduzione del taglio delle abitazioni non ha però annullato la necessità di conservare una riconoscibilità del proprio spazio di vita. Diversificare, introdurre criteri di flessibilità e di modificabilità degli spazi e delle funzioni, lavorare sulla riconoscibilità e la differenziazione del proprio spazio di vita, diventano criteri progettuali comuni sia a una residenza universitaria che a un alloggio qualsiasi. La sperimentazione più recente dimostra come questi aspetti siano un interessante terreno comune di ragionamento. Le residenze universitarie si sono, poi, arricchite di un insieme di spazi, servizi e funzioni che hanno prodotto una complessità ancora maggiore. Le attività che si svolgono all'interno di questi organismi non sono più solo quelle primarie - il dormire, il mangiare, la cura del corpo e, per così dire, della mente –, a queste ve ne sono altre, come lo sport, lo svago, la comunicazione e l'espressione. Si realizzano allora palestre, sale giochi, sale per la musica, sale internet, piccoli teatri, sale per proiezioni. Luoghi da utilizzare singolarmente o da condividere, anche e sempre più spesso con utenti esterni. La presenza di più funzioni, caratteristica delle residenze universitarie, è un altro elemento di grande interesse e un terreno fecondo di confronto e di paragone con la residenza tout court. Il mix funzionale costruisce uno scenario dove, tra l'interno del proprio alloggio e l'esterno della città, esiste uno spazio di vita intermedio, che moltiplica i luoghi di socializzazione e di incontro. Mettere insieme i luoghi del risiedere, del lavorare, del divertirsi, del comunicare è un passaggio fondamentale per scardinare la mono-funzionalità che caratterizza ancora oggi la residenza. Anche in questo caso, infatti, le sperimentazioni più avanzate, perseguono questa strategia per riavviare e rinnovare un pensiero sugli spazi dell'abitare contemporaneo: allentare i confini tipologici, cercare forme di contaminazione funzionali, lavorare sugli spazi intermedi tra il privato e il collettivo.

Se, in conclusione, il nocciolo, il senso più profondo delle residenze collettive è il "vivere insieme", si può dire che esso determini, inevitabilmente, una presa di coscienza dei limiti tra la propria individualità e quella degli altri, come, d'altronde, dovrebbe avvenire in qualsiasi altro contesto o ambito sociale. Le residenze collettive non sono altro che il luogo dove l'Io non può esistere senza un Noi; una sorta di lezione di vita che, anche progettualmente, potrebbe tornare utile a invertire quella tendenza all'isolamento, alla parcellizzazione, alla difesa del proprio spazio, che il vivere urbano contemporaneo sembra proporre come unica modalità di convivenza.

**Due esperienze progettuali**
Le due esperienze progettuali che presento sono collocate a Roma, la prima nella zona di Valco San Paolo e l'altra a Testaccio. Si tratta di due condizioni operative estremamente diverse, per il contesto in cui si calano, per la loro dimensione - l'una il doppio dell'altra -, ma soprattutto per il fatto che, nel primo caso, si tratta di un edificio di nuova costruzione e, nel secondo, del riuso di una preesistenza, per di più soggetta a vincolo dalla Soprintendenza per i beni architettonici e paesaggistici per il comune di Roma. La progettazione è stata svolta all'interno del Dipartimento di Architettura dell'Università degli Studi Roma Tre, a cui appartengo, con il supporto di colleghi interni ed esterni e di un gruppo di giovani ricercatori e professionisti formatisi nella stressa struttura.

Per questo motivo l'esperienza è stata anche l'occasione per avviare una ricerca personale e collettiva su questo interessantissimo tema.

## Le residenze di Valco San Paolo

L'edificio, la cui realizzazione è imminente, sorgerà in una zona di Roma dove già sono collocate alcune strutture universitarie appartenenti al nostro Ateneo; tra queste l'ex Vasca navale, uno stabilimento a suo tempo utilizzato per la prova di modelli di imbarcazioni in scala ridotta e oggi trasformato nel Dipartimento di Ingegneria. L'area di progetto insiste sul sedime di una vecchia strada rettilinea, vicolo Savini, la cui sede viene ridotta e spostata su un lato. Le dimensioni massime d'ingombro del futuro edificio, sia in planimetria che in alzato, sono dettate dalle distanze con la strada a nord e con gli edifici preesistenti presenti sul lato sud.

La volumetria, generata da questi vincoli, permette di realizzare un volume di non più di tre piani, con una profondità costante di diciassette metri e una lunghezza massima di duecentoquaranta. La capienza dell'edificio è di duecento posti letto, suddivisi in varie tipologie residenziali. All'interno dell'edificio sono collocate anche due scuole di alta formazione, funzionalmente autonome dal resto dell'organismo. La strada e l'area hanno un orientamento est/ovest, di conseguenza, i due lati lunghi sono esposti a nord e a sud; a nord, oltre la strada, si trovano attualmente un vecchio cinodromo abbandonato e altre aree utilizzate a deposito o a parcheggio, a sud il margine dell'area è segnato dalla presenza di alcuni ex padiglioni industriali, oggi sede di aule universitarie. L'intera area di Valco San Paolo rientra in un programma di riqualificazione, che contempla il potenziamento del polo universitario la riutilizzazione delle aree oggi dismesse e la realizzazione di un orto botanico diffuso. La prima scelta fatta è stata quella di accettare la sfida di confrontarsi con la forma e le dimensioni dell'area, utilizzando tutta la volumetria a disposizione.

Le conseguenze sono state quelle di dover gestire, architettonicamente e funzionalmente, un lunghissimo edificio, dallo spiccato andamento orizzontale, per molti versi simile al già presente edificio dell'ex Vasca navale. L'immagine che è emersa subito, per le proporzioni del volume a disposizione, o forse a causa della funzione originaria dell'area, è stata quella di un lungo veicolo, di un TIR o di un treno, tant'è vero che, in corrispondenza di uno dei due terminali, dove non erano presenti

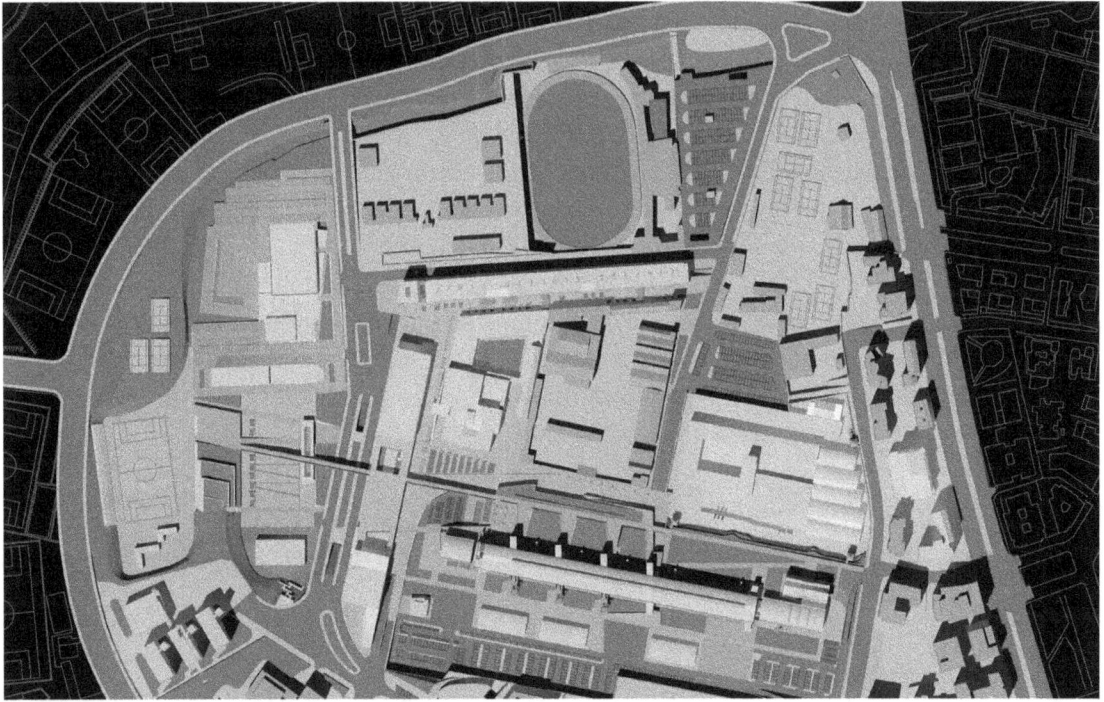

Figura 1. Residenza universitaria di Valco San Paolo, Roma. Piano di assetto urbano dell'area.

vincoli di altezza, il volume si innalza, per ospitare delle aule didattiche, fino a 14 metri, generando una testata che conferisce all'organismo una inequivocabile direzione. Ad accentuare l'immagine di l'edificio-macchina, il volume nei due piani superiori è completamente rivestito con doghe orizzontali in zinco-titanio a profilo grecato, finitura simile a quella dei vecchi vagoni dei treni nord americani degli anni '50 e '60. Una lunga fascia di frangisole protegge il piano terra, leggermente arretrato rispetto ai due superiori, e il fronte sud del volume di testata. Il distacco a sud, tra il nuovo edificio e le preesistenze, della profondità di dodici metri, diventa un lungo giardino lineare, a stretto contatto con gli spazi presenti al piano terra della residenza. Se l'immagine esterna è riconducibile sinteticamente ad un'unica idea, l'interno è il frutto di un ragionamento più complesso riguardo l'organizzazione degli spazi, la scelta della distribuzione e delle tipologie residenziali. Le dimensioni dell'organismo non erano certo facili da gestire: duecentoquaranta metri per diciassette, l'orientamento nord-sud, le viste non particolarmente gradevoli.

A queste si univano alcune prescrizioni dettate dal committente, come quella di avere un unico accesso alla struttura per permettere un maggior controllo e quelle, ovvie, dei VVFF, che richiedevano, invece, più uscite di sicurezza. Non si voleva poi rinunciare alla compresenza di varie tipologie residenziali, alla dislocazione degli spazi collettivi in varie zone dell'edificio, in modo che potessero interagire con gli spazi privati, all'idea che la distribuzione potesse divenire un luogo di socializzazione e d'incontro, al fatto che l'edificio prevedesse spazi esterni di pertinenza a ogni piano.

La soluzione proposta prevede un ingresso baricentrico, accompagnato da una distribuzione verticale, attorno alla quale vengono collocati, a tutti i livelli, alcuni degli spazi collettivi principali. Altri corpi scala, dislocati lungo tutto l'organismo, assicurano le vie di esodo dall'edificio in caso di incendio. Il piano terra, interrotto in due punti per permettere l'attraversamento dell'edificio, ospita le altre funzioni collettive: il bar, la palestra, la biblioteca, la sala giochi, la lavanderia, ecc., tutti spazi collegati direttamente con il giardino lineare che corre parallelo al lato sud. In testa e in coda al lungo edificio sono collocate le due scuole di alta formazione previste dal programma edilizio.

Se la soluzione del piano terra era sostanzialmente obbligata, il nodo progettuale più impegnativo ha riguardato i due piani superiori. La scelta è stata quella di non utilizzare per tutti e due i piani residenziali la soluzione di tipo alberghiero, cioè con corridoio centrale di smistamento, sia perché ciò avrebbe determinato una notevole incidenza della distribuzione e, dato lo spessore del corpo di fabbrica, un grande spreco di spazio, sia perché il corridoio del primo piano sarebbe risultato buio.

Il progetto prevede, invece, di diversificare le tipologie residenziali e di inserire all'ultimo piano dei mini alloggi, per uno o due studenti. Questi sono distribuiti da una serie di corpi scala che hanno origine dal corridoio di distribuzione posto al primo piano, collocati in prossimità delle sale studio e delle cucine di piano. Ogni corpo scala serve quattro alloggi, ognuno dei quali dotato di zona pranzo-soggiorno, di una cucina e di stanze singole con bagno. Nella fascia centrale del corpo di fabbrica, al secondo livello, sono previste delle terrazze di quindici metri quadrati, ognuna delle quali accessibile da due alloggi. Tali terrazze, oltre a garantire un efficace riscontro d'aria, sono pensate come delle vere e proprie stanze all'aperto protette, dove poter studiare o mangiare.

Figura 2. Residenza universitaria di Valco San Paolo, Roma. Prospetto Nord su vicolo Savini.

Sempre in corrispondenza della fascia centrale dell'organismo, sono previsti dei lucernari che vanno a illuminare ritmicamente il corridoio del primo piano. La dimensione di più di tre metri, l'illuminazione naturale, la presenza di spazi collettivi, di luoghi di sosta e di spazi esterni accessibili, fanno diventare la distribuzione del primo piano una vera e propria strada nel cuore dell'edificio.

**Le residenze di Testaccio**
Il progetto prevede il riuso dell'edificio Frigoriferi dell'ex complesso del Mattatoio di Testaccio, un manufatto dei primi anni del 1900, che ospitava, in un volume su tre piani, le celle frigorifere utilizzate dai macellai di Roma per conservare la carne e, in un corpo a un piano contiguo al precedente, i macchinari per la produzione del freddo e del ghiaccio. La sua collocazione è strategica, l'edificio si trova, infatti, in uno dei quartiere più centrali di Roma, servito dalla metro e da una articolata rete di servizi pubblici e contiguo al Dipartimento di Architettura del nostro Ateneo, oltre che alla sede del Macro e dell'Altra Economia. Il manufatto, sottoposto a vincolo della Soprintendenza, come il resto dell'ex Mattatoio, è uno dei primi edifici a Roma realizzati con struttura mista: muratura portante perimetrale e un reticolo di travi, pilastri e solai pieni in c.a. all'interno. Il vincolo, seppur come vedremo non totale, riguarda le facciate, molto simili a quelle degli altri padiglioni, le strutture e le murature più importanti e alcuni macchinari che, restaurati, rimarranno in situ a memoria dell'originaria funzione dell'edificio. La progettazione si è dovuta confrontare con una serie di difficoltà, derivanti alle caratteristiche dell'edificio, dai vincoli appena descritti, dalle prescrizioni dei VVFF, dalle esigenze di consolidamento strutturale e, ovviamente, dal rispetto della normativa sulle residenze universitarie, del regolamento edilizio e di quello d'igiene.
Proprio la funzione originaria del manufatto, un enorme frigorifero, è il motivo di alcuni accorgimenti costruttivi adottati in fase di costruzione, finalizzati al suo isolamento dall'esterno. Muri di grande spessore, circa settanta centimetri, spessi strati di sughero e bitume che rivestono le pareti interne e isolano tutti i solai e, soprattutto, finestre di dimensioni ridotte e caratterizzate dalla presenza di quattro infissi in sequenza, per evitare al massimo le dispersioni termiche.

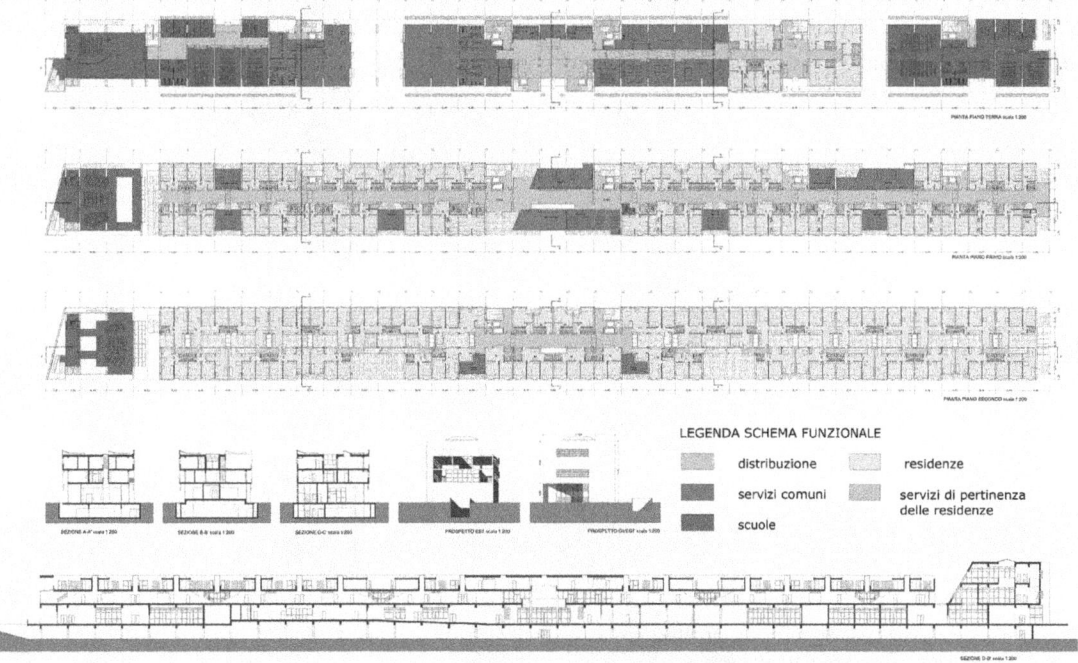

Figura 3. Residenza universitaria di Valco San Paolo, Roma. Pianta dei tre livelli e sezioni dell'edificio.

Di conseguenza, la quantità di luce naturale all'interno è molto ridotta, certamente insufficiente per le nuove funzioni previste. A fronte di ciò, le dimensioni dell'edificio e la sua conformazione strutturale interna, piuttosto semplice, non ha posto particolari problemi riguardo la realizzazione di circa cento posti letto e dei relativi servizi previsti dalla normativa. Date le caratteristiche dell'edificio, il nodo progettuale più impegnativo è stato quello di trovare un punto d'equilibrio capace, da un lato, di conservare le caratteristiche architettoniche, strutturali e stilistiche dell'edificio, dall'altro, di creare le condizioni per una sua nuova utilizzazione, soprattutto riguardo il problema dell'illuminazione e dell'areazione.

La soluzione adottata, come si può immaginare, ha comportato un dialogo serrato e ripetuto con i funzionari della Soprintendenza, per ottenere alcune piccole deroghe riguardo le aperture presenti sulle facciate. In particolare si è potuto ampliare le finestre del piano terra fino a farle diventare delle porte finestre ed eliminare una corona interna presente nelle lunette del primo piano, non presente nelle analoghe aperture degli altri padiglioni del Mattatoio, in modo da ampliarne la superficie. Le aperture del secondo livello, impossibili da modificare senza alterarne il carattere, sono state lasciate della dimensione originaria. Si è però adottata, a questo livello, una tipologia di stanze singole che prevede delle logge arretrate, realizzate dietro il fronte esterno. In corrispondenza di queste è stato eliminato il solaio di copertura per permettere un maggior soleggiamento degli ambienti. Ogni loggia è accessibile da due stanze, mentre la porzione di prospetto e la finestra originaria, eliminato l'infisso, diventa un mero schermo verso l'esterno. Le distribuzioni del primo e secondo piano sono tra loro collegate spazialmente con una serie di vuoti che permettono alla luce, proveniente da lucernari posti in copertura, di penetrare in profondità all'interno dell'edificio. Il corridoio del piano terra è invece illuminato da tubi solari. Al centro dell'edificio, tra il corpo a tre piani e quello a un piano, si trova un grande ambiente, dello stesso spessore del corpo di fabbrica, dove sono collocati i vecchi macchinari per la produzione del freddo. Questo spazio, una sorta di piccolo museo di se stesso, è illuminato sui due lati esterni da sei grandi vetrate a tutt'altezza che permettono la vista dell'ambiente e del suo contenuto dalla strada. Nel corpo a un piano sono posizionati gli spazi comuni: una piccola mensa, il soggiorno, la sala giochi, la palestra, la lavanderia. Sulla copertura di questo volume vi è una grande terrazza attrezzata, accessibile direttamente dalle camere e dalla zona comune tramite una nuova scala, inserita, anche come via d'esodo alternativa, nell'edificio.

Figura 4. Residenza universitaria Frigoriferi ex Mattatoio, Roma. Vista della distibuzione interna.

# UNIVERSITY RESIDENCES IN HUNGARY: THE ACTUAL SCENARIO AND THE CASE OF STUDY OF LUDOVIKA CAMPUS

**Fabrizio Finucci**
Roma Tre University, Department of Architecture
**Eva Lovra**
University of Pécs, Faculty of Engineering and IT, Department of Architecture and Urban Design

**Key words**
Hungarian University Residence, Hungarian Normative framework, Ludovika Campus case study

*Abstract*
*The Hungarian higher educational system with more than 600 years of history (the first Hungarian University was founded in Pécs in 1367), including private and public universities and colleges offers a wide range of courses in more than 33 institutions, comprising: 23 state universities, and 12 private. In addition, there are 10 state colleges, 25 religious institutions, 14 private and foundation schools and more than 6 colleges operated by foreign countries. Nearly all of these institutions provide a residence for students but the regulatory system that governs planning, construction and management is devoid of a single legislation and is entrusted to different and heterogeneous laws.*
*The obligation of each institution to be provided with student residences is required by the Act aimed at raising the standard of higher education of the Country, entitled CCIV "on National Higher Education" endorsed by the Hungarian National Assembly on 23rd December 2011. Presently the Governmental Degree n. 363/2011 states that dormitories need to be classified according to comfort levels (from 1 to 4) depending on: building conditions, sanitary facilities, number of person per room and other. The indirect requirements regarding the university residences are stated in the National Town Planning and Constructional Requirements (OTÉK) recently modified with a Governmental Decree (G.D. n.10/2016) without any direct inclusion of regulation about living space and services in dormitory buildings. In contrast, the classification of the quality of the university residences is regulated in the G.D. n. 173/2003; quality features depend on reception services, furniture and equipment, number of sanitary blocks and other facilities.*
*The regulatory framework is so fragmented that the construction of the latest major university campus, the National University of Public Service Ludovika Campus in Budapest, was preceded by legislative changes with the G. D. n. 126/2012. The project, based on the reuse of the old Military Academy (including the park around it) converted into the Faculty of Public Administration, includes university residences, services and sport facilities, located in a park 3 km from the centre of Budapest.*
*After an overview of the main Hungarian laws and a framework, the paper intends to describe the case of study of Ludovika Campus underlining its innovative aspects in term of urban connections, architectural quality and its regulatory innovation in case of university residences in Hungary.*

## Background

Hungary is a European Union member State and participant in the Schengen agreements; even though Hungary has just under 10 million inhabitants, his academic offering can be considered broad. The oldest Hungarian University is in Pécs (Hungary's fifth city with about around 156,000 inhabitants, located to the south), an institution founded in 1367; thanks to this university, Hungary is among the 10 countries that founded a university before 1400. In Budapest (country capital), there are 21 universities, 13 them were founded before 1900: twelve of these universities are public while nine of these institutions are private, with a total amount of 143,000 students, representing more than 8% of the entire population of the city. 83% of the students (about 118,000) are attending to public universities and the remaining 17% (just under 25,000 students) private ones. The academic teaching staff consists of more than 9,700 units with a student/faculty ratio favourable to the private universities where 22% of the teaching staff follow the 27% of students, while in public institutions 78% of the academics follow 83% of the students. In the rest of the country the number of the university institutions is 12, all public except a Religious Institution in Debrecen; the map below shows the geographical distribution of the Hungarian universities. Hungary participates in the Bologna process that coordinates the member countries' higher education systems. As part of the European Higher Education Area, they are implemented the most important policies of the unitary structure: similarly structured multi-cycle training, mutual recognition of the courses (based on the credit system), and, mobility between higher education institutions and countries. In Hungary, the new Bologna regime three-cycle degree system (bachelor, master and doctorate) was introduced in 2006. In 2014 the Hungarian Graduate Career Tracking System (GCTS) developed different statistics based on 33 Hungarian higher education institutions' data, available in the 5th Eurostudent Report[1]; among them, in order to provide more complete picture in context of the Hungarian university network, it is useful to highlight the subsequent data:
- in the years following the higher education 7% of new graduates had already worked abroad, and a further 6% is working abroad at the time of the study.

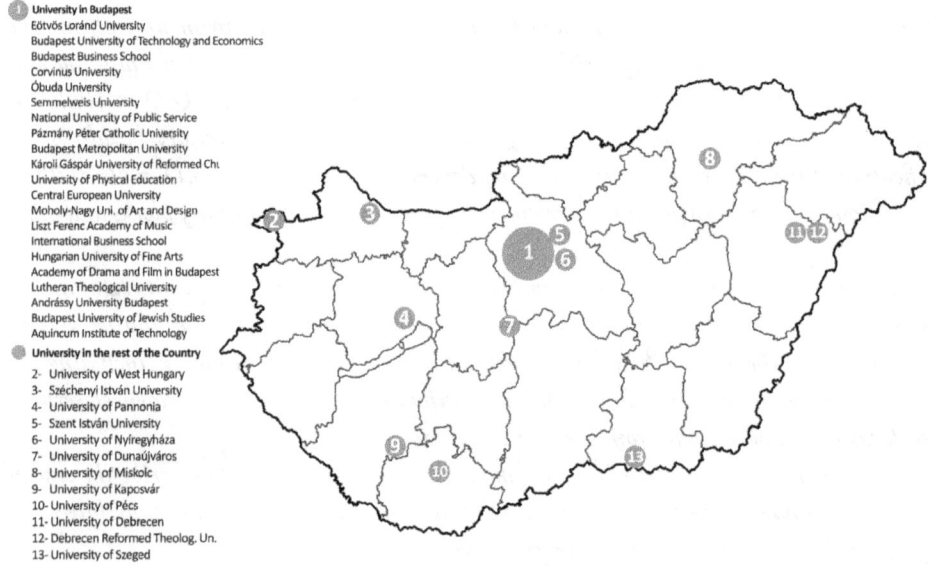

Figura 1. Location of the Hungarian universities (source: author's elaboration).

---

[1] Full Report available at https://www.felvi.hu/pub_bin/dload/DPR_tanulmanyok/frissdiplomasok_2014_zarotanulmany.pdf.

- 39% of the survey respondents working abroad have job not connected to their higher education qualification, while one-third of them has job fully related to their studies and 26% of the graduated are working in field that are just partially related to their proper degree.
- 43% of those who graduated later and had been already working at the time when they were getting the academic degree; 43% started to work without a graduation; 45% of the graduates had already a full-time job at the period while they are getting the academic degree (master's degree: 55%).
- 80% of employees have a job someway connected to the qualification: 59% related properly to their specialization, while in 20% of cases there is a close match. Course leavers' rate is 21%.

In Hungary one-fifth of the university citizens (slightly more than 3,300 students) live in dormitories or halls of residence, and most of the students are under 25 years. Most of the higher education institutions have student dorm, yet as it emerged from two recent surveys of the National Union of Students in Hungary[2] (NUSH), carried out to obtain a comprehensive picture of the situation according to the dorms, there is a need to improve the current legislative framework, develop services and expand the capacity of the university residences. In order to provide a thorough multi-stage proposal package, the NUSH is going to conduct further research in cooperation with the National Association of Higher Education Dormitories (NAHED). This package is going to be based on reforms of the current 218/2007 Regulation (amendment of the Governmental Decree 173/2003 on non business community accommodation services for leisure), as well as the settlement of the new/improved regulatory framework. Among the main problems, the NUSH primarily identified and highlighted the capacity shortage, oversubscription, sub-standard facilities and lack of accessibility: the rate of the dorm oversubscription is 143%, while the satisfaction-rate of sanitary facilities is 66%, considering that 39% of students share bathrooms with residents of other rooms. Accommodation in dormitories is a solution of the problem posed by the geographical distance between the parents' home and the higher education institution. 60.6% of the students accommodated in dormitories or halls of residence still rely financially or get other types of allowances from their families. According with the recent Eurostudent Report, Hungarian university students (along with Slovakia) are those who are spending the higher amount on transportation, which accounts 10% of their total expenditure, while in other countries the expenditure share is 3/4%.

In addition to the higher cost, those students in Hungary who still live in the home of the parents, have to travel longer in terms of time to reach the university.

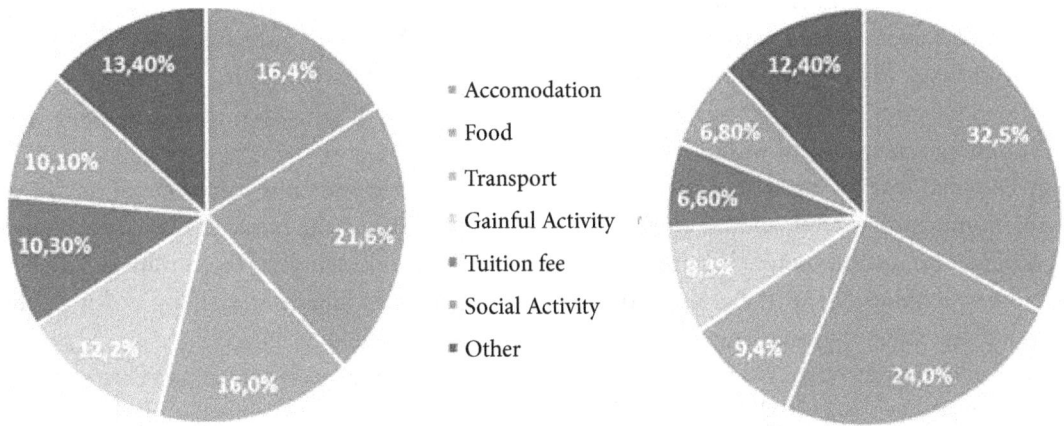

Figura 2. Distribution of student income; the left circle shows the rates of those who living with their parents and on the right who left the family home (Source: Author elaboration based on Eurostudent data).

---

[2] Available at: http://www.boon.hu/hook-kiemelt-figyelmet-kell-forditani-a-kollegiumok-helyzetenek-rendezesere/3061785

This can be influenced by the fact that the public rail network of the country (as well as the highway infrastructure network) is based on a single-centre model, centralized in the capital. As a result, the annular links are slow, or they are subject to costly transits through the capital. The students living with their parents spend their income as follows: 21% for food, 16% for transport costs, 16.4% for the accommodation, just over 30% for fees, gainful and social activities; the rest is divided by other expenses (debt, study material, health, etc.). For students left the family home, the expenses of public transport are 9.4%, while the cost of accommodation doubled to 32%, mainly to the detriment of social and gainful activities. This suggests that the weight of the accommodation cost is likely to frustrate the benefits obtained by the reduction in transport costs. Despite the mentioned above, the satisfaction among students in student's accommodation is over the average.

**A summary of the Hungarian regulatory framework**
In Hungary, nearly all public and private higher education institutions (universities and colleges) have such establishments that reserves for student housing. This obligation is regulated by the Hungarian Higher Education from 2011 (CCIV), in the section n. 8 (clause n. 6, 7, 8) and section 14 (clause 1). The 7$^{th}$ clause of the section n. 8 states that student dormitory or university residence could be an organizational part of the university, but as well as a non-organisational part of it. Due to ensure the optimal housing conditions for students, the dormitory or the hostel can be operated as a part of higher education institution, or can be operated as an institute, that does not belong organizationally to the higher education. A student hostel, according to the founder is a legal person, functioning as a fiscal or non-fiscal body (CCIV section n.8, clause n.8).

The Governmental Decree n. 363/2011 states that dormitories have to be classified according to their comfort level (section n. 14. clause n. 1). The 2$^{nd}$ clause of the section n. 14 ratifies that the overall state of the building, water supply of each blocks and the number of students placed in the same room should be considered during the comfort level classification of the dormitories.

The article n. 3 defines the feature of the different comfort levels as follows:
- Comfort Level 1 has those dormitory places, which have common sanitary facilities, and one room is shared by 4 or more people;
- Comfort Level 2 has those dormitory places, which have common sanitary facilities, and the room is shared by less than 4 students;
- Comfort Level 3 has those dormitory places, where complete sanitary facilities are established and provided for every single rooms or double rooms, and where each unit guests less than 4 people;
- Comfort Level 4 has those dormitory places, where complete sanitary facilities are established and provided for every single rooms or double rooms, where each unit guests less than 4 students, and the building was renovated within five years.

It may be noted that the renewal of the building over the past five years is a crucial factor in case of the maximum comfort level, and no other features of the building or the presence of shared services or common areas are important characteristics in case of the determination of the comfort level.

The indirect requirement of the construction of the university residences are laying down in the National Town Planning and Constructional Requirements[3] (OTÉK) n. 253/1997.

The latest modification of the OTÉK was dated back to 2016 and entered into force in February 2016 (Governmental Decree n. 10/2016.). The "OTÉK" does not have a separate regulation that defines the requirements of living space and services in a dormitory building.

In contrast, the classification of the quality of the university residences/dormitories are regulated by

---

[3] In Hungarian Országos Településrendezési és Építési Követelmények (OTÉK)

the chapter VII of the Governmental Decree n. 173/2003.

This Decree define two different categories of dormitories or student residences (category "A" and category "B") based on services and living spaces as a minimum requirement.

For the B category the requirements are the subsequent:
- reception services between 7-10 am and 2-7 pm, or services that are able to perform similar duties; possibility of access during the night is provided;
- separated sleeping quarters by genders; at least 4 $m^2$ floor area and 8 $m^3$ volume per sleeping places must be provided in the sleeping quarters (the bunk bed has the minimum floor space in terms of the volume and it is counted as one single bed);
- furniture and equipment of the room: beds/bunk bed (lying surface: at least 80x190 cm); the beds have a mattress; to provide linen is not required; the room has luggage storage; lighting: at least one central (ceiling) light (lightning) per room;
- in the heating period the temperature is at least 20 °C;
- number of sanitary blocks: showers or sinks separated by gender and one toilette separated by gender per 15 beds;
- cleaning: at least once a week, cleaning is mandatory in case of a new guest is coming;
- information about the available services and escape routes in the accommodation;
- television and radio is available in the common room;
- storage facility in the refrigerator;
- cooking facility in the accommodation or dining options nearby the accommodation;
- establishment of patient room with one bed/50 dorm places, each with a small number of placement provision.

Dormitories or student residences of "A" category offer services and living spaces as a minimum requirement according to the B category and fulfilling the following requirements as well:
- one room has up to eight sleeping units; at least 5 $m^2$ floor area and 8 $m^3$ volume per sleeping places must be provided in the sleeping quarters;
- furniture and equipment of the room: beds with pillows and blankets; to provide bedding is required, the number of the stools and 30x60 cm wardrobe units provided corresponding to the number of beds and at least one table has to be placed in the room;
- number of sanitary blocks: one sink separated by gender per 6 persons and at least one shower with cold and hot water per 15 persons, one toilette separated by gender per 10 persons;
- bedding exchange and bed linen: at least once a week, linen change is mandatory in case of new guests;
- cleaning: at least twice a week;
- providing information about the services and cultural programmes available in the university residence;
- Colour TV is available in the common room;
- Phone is available at the reception.

Both categories seem to refer to the characteristics and requirements of obsolete types of university residences. Among the quality requirements there are no information about the quality of common areas, the level of technological infrastructure, spaces and facilities for leisure time or even in activities or services open to the university citizens.

In Hungary, the construction of the latest major university campus (dormitory and supplementary buildings) was preceded by legislative Governmental Decree n. 126/2012, about the construction of the National University of Public Service Ludovika Campus. The Act declared the construction of the campus and the associated cases to outstanding importance of the nation's economic affairs.

### The case study of Ludovika Campus in Budapest

The Ludovika Campus is a unique project in terms of the university residences in Hungary. In addition to the considerable changes in the legal background, the project is remarkable as well as in urban planning, architectural and townscape-changing point of view. The campus area is located just over 3 km from the centre of Budapest (in south direction), and on the way of the M3 line of the underground, five stops from the centre (Deák square). The construction of the campus also brought urban morphological changes in the area, as well as a new type of urban tissue. The area of the campus is planned to be flanked by two roads at the sides of the main building (Üllői road, Korányi Sándor street), which transport routes straddles the Orczy garden green surface. Along the Diószeghy Samuel street the installation extends into the interior of the block, mainly concentrated in the central section of the street. On one side of the construction area a sports field is located, while on the other side of the zone the area is undeveloped: practically this project brings together and renew the waste-areas of the 8th district. Since the project have been declared as a high priority investment, one of the "gate" of the campus area, a new dormitory building (inaugurated in the autumn of 2015) was realized very quickly according to the Hungarian "scale". The high priority gave an appropriate background for the rapid and successful implementation of such kind of investment. From city-structure and townscape point of view the planning area is significant; Nagyvárad square it is connected to the lane of Üllői road and the protected Botanical Garden is very close to the building area, such as other green spaces. The complex, enclosing the Orczy garden, extends to the institutions of the National University of Public Service. Since the unification period of Buda and Pest (1872/73) and the new opening of the Ludovika Academy (1872), the function of the territory has not changed, however it has gone through significant structural transformations. The Campus project brought changes regarding to the area's morphology, but the city's historic structure has not been modified. After the opening of the Academy the area began to expand significantly.

The originally village-like neighbourhood on the north-west and east marge of the zone started to change in intense manner, and the beginning of the 1910s strongly densified and become a proper urban area. The original road structure has not been changed, only structurally regulated, also the

Figura 3. Visual design: the proposed complex of the Ludovika Campus and Orczy garden (Source: official site of the NUPS[4]).

---

[4] http://ludovika-campus.hu/fotok/latvanytervek.

cityscape of the part characterized in the 1910s just slightly has been modified by recent installations: the streets are regularly structured, straight lined with variable width, surrounded by unbroken row of buildings. Looser urban structure occured in the Orczy road section. The townscape is featured by various building heights (ground floor plus 1 storey, ground floor plus 4 storeys), mainly residential buildings in eclectic style, inserted between and next to single-storey houses. In addition to the eclecticism, the city image is distinguished by modern functionalist style that is primarily manifested in the town image of Orczy street. Historic maps depicting of the site and other construction drawings show from the beginning of the construction projects until the present day, the area's more and more intense growth, such as the development of the still surviving U shaped urban layout. In front of the main building of the Academy building (designed by Mihály Pollack) is a wide square, called Ludovika square, it is surrounded with a green area and separated line of trees (along the Sándor Korányi Street and the Diószeghy Samuel Street these lines are protected). These green spaces are also acting great role in the identification of the area's image. The renovation of the former Ludovika Academy was realized within the framework of the project by the West Bau Hungaria Ltd. and Épkar Ltd. consortium in 2014. The investment received the Construction Award Prize, which is one of the most prominent recognition of the Hungarian architectural profession. The renovation expenses were 4.7 billion Hungarian Forint, it was carried out within the contract period, and the new building was handed over to the National University of Public Service on 31st March in 2014. Regarding the project as a whole, all planned changes were realized in the building area without the modification of the existing road network. Maintaining the area's natural features and the representative value of the built environment, with utilizing the zone's building stocks of different periods, the new functions got a place at the edge of the area (south-eastern part of Diószeghy Samuel street, parts of the Orczy road and Üllői road, Korányi Sándor street). As a result of the projected changes, the character of

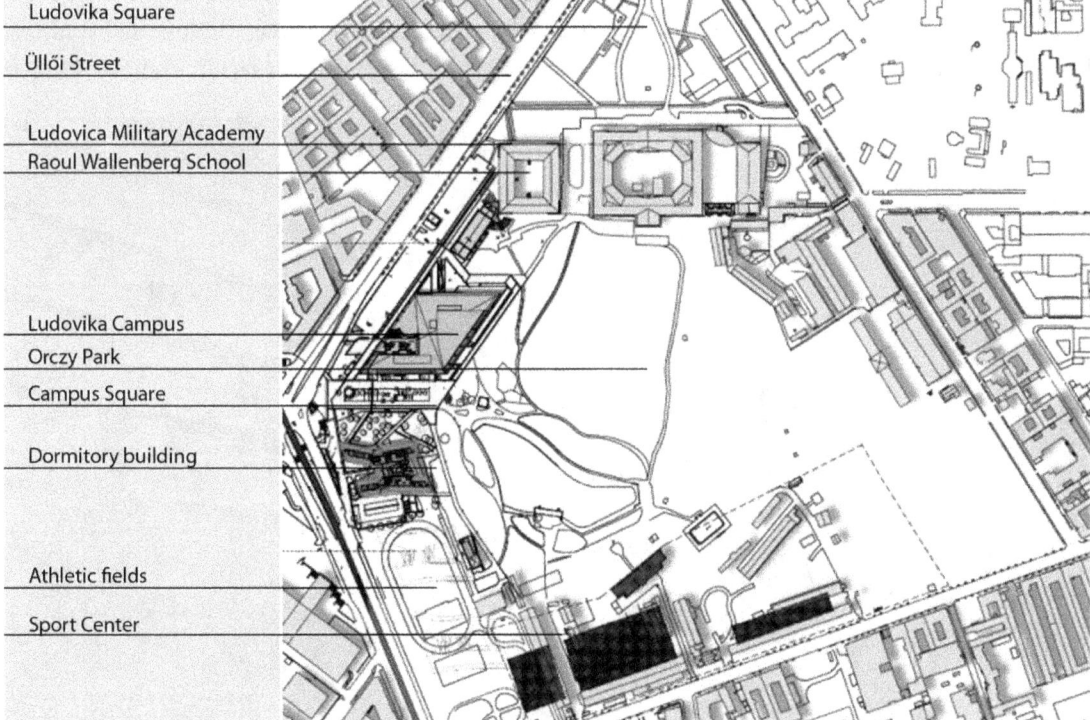

Figura 4. Location of the main functions of the campus (urban layout by the Finta Studio[5]).

---

[5] Source: http://epiteszforum.hu/galeria/egyetemi-lakhatas-felsofokon-a-ludovika-campus/189088.

the planning area (land use, architectural character) transformed, the renewal is expected from an economical and city value point of view as well. The zone with its environment is going to be an important centre of attraction again by not only the increase of passenger traffic, but by the growth of the temporary resident population as well owning to the newly constructed university residences. Due to the improvements, the value and the their technical state of the properties located in the vicinity of the development are going to increase. The implementation of the Ludovika Campus project consists several stages: in the beginning of 2014 the award winner main building of Ludovika was completed. The government took its decision about the realization of the university residence at the end of 2013; for financial reasons this project had priority over the construction of the new university buildings. About one and a half years passed between the dorm's inauguration and the decision about the establishment. Other elements of the Campus project, that are going to be finalized in the near future are: Dormitory of Faculty of Police, renovation of the old Riding School's building that is going to give place for special training courses, other sports facilities installed in the area's park. The Finta Studio designed the new dormitory building; the main design is made by Finta and Associates Architects while the responsible architects are Dr. József Finta and János Tamás Szabó DLA. The contractor is a consortium of West Hungária Bau Ltd. and Épkar Ltd. and PBE Ltd. The investor is the National University of Public Service. The shape of the building is forming a letter H, its broken line curved wings are open to the direction of Nagyvárad square, the resulting wide entrance area connects the dorm's microenvironment with the district's intense traffic. The entrance of the dorm can be found at the meeting point of the building's two wings, in the centre of this access space. The entrance forms a transparent space where the common zones, separated by glass, link the two wings of the building, creating an interesting public space. The horizontal facade articulation of the construction's energetic arc, the one pointing to the town, is highlighted by colours and enhanced by the divider ribs. Warm brown and orange colours are appearing on the side facade, alternate more and more frequently toward the wings. The strained arc of ledge under the windows has multiple function: visually connects the wings and gives some shade to the rooms. The layout of the building is

Figura 5. The building of the Dormitory (Photo by E. Lovra).

not necessary to examine to identify the locations the different functions of the building.

The functional order can be seen already from the outside: in the wings the residential units, while in the centre of the building the community spaces are located. Students living in the four wings of the building do not live next to each other randomly, but arranged in thematic groups: each unit and storey separated according to a group of students belong to the same faculty or special college unit.

The 13,000 m2 building provides accommodation in double rooms with private bathroom for six hundred students, and two special rooms have been created to disabled students. A part of the concept and also the major aspect of the project was to create adequate spaces for the community activities, and to create an accommodation for real communities instead the concept of the isolated sleeping units. The building has twenty these kind of community spaces located on five storeys, each with the same architecture design, equipped with TV and living room furniture. Although the building is located in one of the city's busiest junction, due to the to the advanced heat and sound insulated windows, the rooms are properly soundproof. The building is also accessible from the Orczy garden, in this way for the residents is suitable a pleasant and relaxing environment.

Figura 6. The Dormitory building (Photos by E.Lovra and by Hungarian Architecture - régi-új Magyar Építőművészet[6])

---

[6] Source: http://meonline.hu/archivum/kapunyitas/

## Conclusions

The Decree legalizes the state financial-economic background of the construction of Ludovika Campus dormitory building and related buildings. It does not cover the design and equipment requirements of separate dorm rooms, however, outlines the number of required parking lots based on the number of dorm beds. The design conditions followed the government decree on national town planning and building requirements. The Regulation clings in each case to the arrangements set out in the OTÉK, which is in the issue of parking lots, emphasized in specific points. As an Example, the Governmental Decree n. 126/2012, (section n.3, clause 1and 2), states that the number of parking lots is determined according to the government decree on national town planning and building requirements. In case of those buildings that are located within 800 meters from each other and used by same type of users, the number of parking lots has to be considered according to the building, which has the highest value in terms of its utilization. The building meets the highest standards of university residences examining other dormitories, the fact that distinguishes the Ludovika Campus from many others, that it is considered a high priority investment by the Hungarian State, all public administration acts related to the implementation of the project have been considered as priority cases for the national economy. Examining the laws with particular focus on the provisions related to the Ludovika Campus, it can be summarized that the Hungarian acts, setting the minimum design requirements of the dorm beds, are very broad. There are applied the minimum preconditions (specified in a government decree on national town planning and building requirements) not only in the design of the rooms and building, but also in the application of other regulations. The subsequent classification of dormitories affects the price of beds, but with the classification only the quality of the dormitory is valued, which may fall into a higher category during the eventual rebuilding. The quality (or category) of Hungarian university residences are various, depending greatly on the financial conditions of the operator university and its support provided by the state. The example of Ludovika Campus is significant because the state considered it as priority case for the national economy, but less important as the re-interpretation of the OTÉK regulations or the changes in the dorm-design requirements. Thus, as the priority case it gave the financial and infrastructural/institutional opportunities to the complex of a modern university campus of outstanding quality. It is the first time in Hungary that a university campus classified as such category.

### Notes and quotes

A Kollégiumi Kutatások Folytatódnak. Available at: http://hook.hu/hirek/tudastar/15-kutatasok/105/a-kollegiumi-kutatasok-folytatodnak. [last access 15.06.2015].

Egyetemi lakhatás felsőfokon. Available at http://epiteszforum.hu/egyetemi-lakhatas-felsofokon-a-ludovika-campus. [last access 15.06.2015].

Eurostudenr Reports available at http://www.eurostudent.eu/results/reports. [last access 15.06.2015]

Hungarian Governmental Decree n. 363/2011 (XII. 30.), on the National Public Service University.

Hungarian Governmental Decree n. 126/2012 (VI. 26.), declaring the national economic importance in public administration matters related to investments to position Ludovica Campus.

Hungarian Regulation n. 218/2007, amendment of the Governmental Decree 173/2003 on non business community accommodation services for leisure.

Kapunyitás. Available at http://meonline.hu/archivum/kapunyitas/. [last access 15.06.2015].

Nemzeti Közszolgálati Egyetem. Available at: http://uni-nke.hu/hirek?tag=Ludovika+Campus. [last access 15.06.2015].

Veroszta, Z. [2015]. *Frissdiplomások 2014 Kutatási zárótanulmány Diplomás Pályakövetési Rendszer országos kutatás*, Educatio Nonprofit Kft. Felsőoktatási Osztály Available at https://www.felvi.hu/pub_bin/dload/DPR_tanulmanyok/frissdiplomasok_2014_zarotanulmany.pdf. [last access 15.06.2015].

# OSWALD MATHIAS UNGERS: TRE CASI STUDIO PER RIPENSARE LA CONNESSIONE TRA GLI SPAZI

**Gilda Giancipoli**
Alma Mater Studiorum, Università di Bologna, Dipartimento di Architettura

**Parole chiave**
Oswald Mathias Ungers, vita collettiva, interazione sociale, sistema frattale, struttura Stereometrica

*Abstract*

*The key issue "residences for university students" is closely linked to the broad topic of collective living, which has some general design features: the meaning of private places, the strengthening of social interactions inside common spaces, the need of an interdisciplinary and cross-scale exploration between urban and residential planning and the attention to the image of a temporary house's identity.*

*Those aspects are essential by the project, they are able to define it concretely and vice versa spaces are able to determine students life style, groups' identity, but also their productivity and learning abilities.*

*Speaking about connections between spaces, boundaries and formal references, it becomes possible to recover some models of the past that have just founded their conceptual and design development on the principles described above.*

*The German architect Oswald Mathias Ungers (Kaisersesch, 1926 – Cologne, 2007) experimented a system of collective housing for university students, during his early and briefly expressionist period of work, focused on the definition of freely combinable construction cores.*

*Three architectural objects, different for dimensions but similar for design fundaments, are: the Niederrhein-Kolleg in Oberhausen (1955); the Studentenheim Schmalenbachhaus in Köln-Klettenberg (1961); and the Erzbischöfliches Gymnasium in Bonn-Beuel (1962).*

*Unfortunately, two of them aren't realized, but the first one is still used as an institution of higher education. The "urban project" is designed from the definition of a public core and, in particular, the architect focuses on the study of the common space for interactions between a young population, around which all the accommodation are placed.*

*The aim of these case-studies is to allow and promote social interaction through formal relation between places. Common space are attractive sites and private rooms provide also to the need of silent and snug areas to study, with a close connection to the green.*

*On plan view, the idea reminds of a fractal system and it's set up on volumes as a stereometric structure that creates a flexible organization and is rich of spatial connections.*

*In this point of view, beyond the actual design upgrades that living design projects have had, it seems possible a rethinking of that typology for a new definition of living space on a human scale and strong connotation of the university community.*

*"Si può dunque tentare di creare uno spazio in cui il singolo possa vivere e lavorare e comprenda contemporaneamente che questo è possibile solo in e con la società; e in cui la società possa conformarsi e contemporaneamente comprenda di essere formata sul singolo"*
[Bauer, 1955]

Il tema delle residenze universitarie è strettamente legato alla progettazione abitativa classica, con la preponderante caratteristica di ospitare una comunità coetanea e tendenzialmente omogenea per quanto riguarda gli interessi di vita e di svago. Uno degli aspetti che declina il ragionamento sulle residenze studentesche rispetto al comune impianto abitativo è il valore aggiunto di una maggiore ricerca dell'interazione all'interno della comunità, che determina un'esigenza superiore di spazi collettivi funzionali sia allo studio cooperativo sia alla socializzazione ed al tempo libero.
Alla riflessione sulla definizione dei luoghi privati esclusivi, necessariamente caratterizzati dalla possibilità di raccoglimento, si unisce l'obbiettivo di creare ambiti di riunione e di scambio liberamente adattabili ad una maggiore libertà di fruizione.
Questi aspetti sono essenziali per definire l'immagine identitaria di una casa temporanea e viceversa sono in grado di determinare lo stile di vita studentesca, l'identità dei gruppi, ma anche la loro produttività e la capacità di apprendimento. Ciò avviene mediante la percezione dell'ambiente, la qualità dell'esperienza spaziale dei luoghi e la personale identificazione del singolo individuo in essi.
Per ragionare in questi termini a monte del progetto, è necessario un approccio tridimensionale, spaziale e certamente interdisciplinare, che può partire innanzitutto dall'identificazione dei nessi tra il microcosmo del campus e la città, mediante una trasversale esplorazione tra scala urbanistica e residenziale. Parlando di connessioni tra gli spazi, di confini e di riferimenti formali, diventa possibile recuperare e rielaborare alcuni modelli del passato concettualmente e progettualmente fondati su questi principi, afferrandone gli elementi primari in grado di trascendere il tempo ed il luogo.
Uno degli architetti del periodo post-moderno, che ha più riflettuto sul progetto residenziale e sulla transcalarità spaziale dell'architettura nelle sue interconnessioni dal singolo vano alla città [Ungers, 1982], è sicuramente l'architetto tedesco Oswald Mathias Ungers (Kaisersesch, 12 luglio 1926 - Köln, 30 settembre 2007). La sua figura di progettista e teorico è largamente conosciuta per i progetti e le realizzazioni del tardo periodo post-americano, dagli anni '80 ai primi anni 2000, ma durante il suo esordio in patria, la Germania del periodo post-bellico tra il '50 ed il '65, egli si concentra invece, sul tema abitativo declinandolo attraverso una vasta produzione residenziale urbana (circa 27 tra progetti e realizzazioni dalla singola residenza al complesso abitativo, solo nella città di Colonia).
Egli affronta sistematicamente anche il tema dello studentato, che di fatto può costituire un argomento attraverso cui dare una lettura dell'evoluzione teorico progettuale dell'architetto.
Gli esempi più significativi di questa sperimentazione sono:
- *Staatliches Institut zur Erlangung der Hochschulreife*, Wehrstraße 69, a Oberhausen, 1953-1958;
- *Studentenheim 'Nibelungenhaus'*, Goldenfelsstraße 19, Köln-Lindenthal, 1956-1957;
- *Studentenheim 'Schmalenbachhaus'*, Köln-Klettenberg, 1961;
- *Erzbischöfliches Gymnasium*, Bonn-Beuel, 1962;

Di questi, lo *Studentenheim 'Nibelungenhaus'* costituisce un caso a parte, per le dimensioni molto contenute, che non permettono un ragionamento organico tra progetto ed impianto urbano, sebbene costituisca un riferimento architettonicamente molto interessante per capire la visione costruttiva di Ungers in questo momento lavorativo.
Il primo progetto in ordine temporale è lo *Staatliches Institut zur Erlangung der Hochschulreife* ad Oberhausen e nasce dalla fortuito incontro con il direttore dell'Istituto, nonché ex-caporedattore della rivista *Baukunst und Werkform*, Heinrich Bauer.

Questi aveva potuto osservare alcuni primissimi lavori di Ungers in collaborazione con Helmut Goldschmidt, presso il quale, il giovane architetto di Kaisersesch sta muovendo i primi passi nella professione a Colonia, e ne richiede la collaborazione per dare corpo al proprio ideale di istituto scolastico superiore. Questa realizzazione, che avrà tre successive fasi progettuali e un'ulteriore addizione costruttiva tra il 1967 ed il 1969, è la prima vera opera autonoma del giovane architetto tedesco e segna un punto di svolta della sua produzione.

La scuola di formazione superiore, già esistente come istituzione scolastica, era stata fondata nel 1953, ed aveva sede in un vecchio edificio degli anni '30; una costruzione in mattoni caratterizzata da un tetto molto alto e da una distribuzione interna delle classi ai due lati di un corridoio, come si usava all'epoca. Questa preesistenza è posizionata sull'area d'intervento come barriera tra la strada e l'ambito di nuova edificazione, lasciando uno stretto e lungo percorso esterno di accesso, che si addentra nell'area. Il contesto è un quartiere di periferia dell'insediamento di Oberhausen, che, come scrive lo stesso Ungers, "ha la fisionomia disordinata tipica delle periferie industriali della Ruhr", ovvero un insieme eterogeneo e disordinato di vecchie case contadine, grandi capannoni industriali con alte ciminiere, case di operai piuttosto dimesse, Siedlungen popolari di quattro piani e qualche piccola villetta residenziale di pregio. Egli parla anche di "una bella zona verde, alberata, voluta molti anni prima da un'associazione botanica", "un'oasi" delle vicinanze, di cui purtroppo non c'è più traccia, mentre sono ancora presenti i campi e gli orti ed il campo sportivo a sud, già esistenti all'epoca. (Figura1) Nella visione del nuovo preside, che intravede nel futuro della scuola un assetto da campus, è necessario fornire la struttura di alloggi per gli studenti e dà l'incarico al giovane progettista di disporre camere doppie o triple per circa 170 studenti di ambo i sessi, con locali comuni, un'aula magna, una mensa, alcune sale studio e riunione, parallelamente anche nuovi spazi per il dipartimento di scienze e l'alloggio del direttore. La pianta esposta nella prima pubblicazione su *Baukunst und Werkform* [Ungers, 1955] mostra un ragionamento condotto parallelamente su due fronti distinti: la creazione di un nucleo o "perno", come scrive Ungers, focalizzato sugli ambiti comuni interni ed esterni e sugli spazi ricreativi, come il blocco che comprende la mensa e la grande aula quadrata di riunione, con al piano di sopra l'aula magna, l'alloggio su due livelli del preside e, come altro elemento compositivo, la disposizione di un cluster di moduli di stanze private che sanciscono il *limite* dell'area. (Figura 2) L'accento posto sul volume che comprende la sala ricreativa comune al piano terra e l'aula magna

Figura 1. Staatliches Institut zur Erlangung der Hochschulreife, Oberhausen. Stato attuale: 1. Preesistenza; 2. Realizzazione del 1956-1958; 3. Addizione del 1967-1969 [Fonte ortofoto: Google Maps. Elaborazione: © Gilda Giancipoli].

al piano di sopra, è deducibile, non solo dalla forma quadrata e dalla sua centralità, ma anche dalla complicazione formale della copertura a "diamante", con varie inclinazioni di falda che ne sottolineano visivamente l'importanza come polo aggregativo, insieme all'inserimento ai piedi di questo elemento, di una piazza pavimentata definita ai lati dall'edificio di scienze e dal vecchio complesso scolastico.

D'altro canto, la disposizione ad anfiteatro delle parti residenziali, particolarmente articolata, ma sempre interconnessa, stabilisce chiaramente ciò che è dentro all'area e quindi privato e protetto da ciò che rimane all'esterno e sottolinea il ruolo centrale delle parti comuni. L'architetto sceglie di lasciare inclusa in questa zona un ampio spazio al verde con alberi, sul quale gli alloggi potranno affacciarsi, beneficiando di un'esposizione delle camere a sud e all'ambito verde.

Le residenze sono disposte su due livelli e costituiscono un corpo continuo a cui il progettista vuole conferire una caratterizzazione di skyline, cercando la massima variazione delle coperture alternando le falde e creando sbalzi altimetrici e di profondità. All'estremità ovest, questa continuità è interrotta da un muro che racchiude la parte destinata agli alloggi femminili, che in questo modo possono godere anche di un giardino privato.

L'organizzazione dei vani abitativi per gli studenti riflette la mentalità ed il periodo storico economico, gli anni '50 in Germania ed è infatti pensata per accogliere tre studenti per ogni camera, con lo spazio minimo per una vita a stretto contatto e particolarmente spartana, così come un altro aspetto sociologico è rivelato dalla proporzione tra il dormitorio femminile e quello maschile, da cui si evince la differenza di accesso agli studi universitari tra i due sessi in questo momento storico.

Infine, il nuovo edificio per la didattica o "edificio per le scienze naturali", come lo definisce Ungers, si pone come elemento di raccordo tra la libera articolazione dell'area privata e la linearità della preesistenza scolastica sul fronte strada.

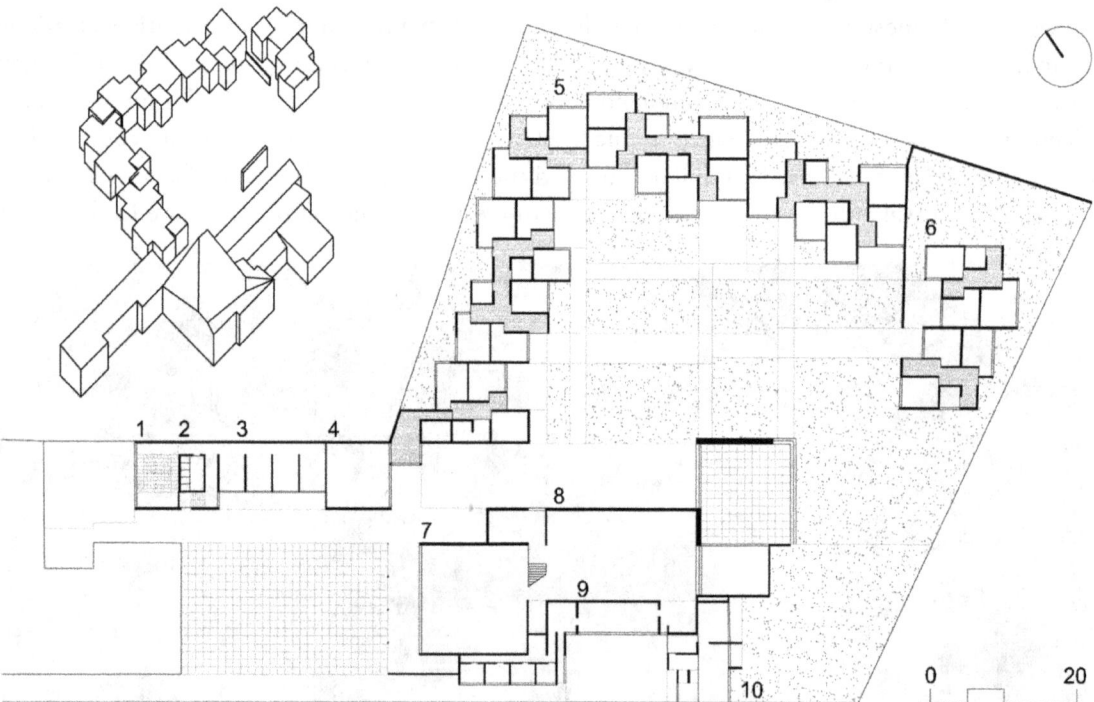

Figura 2. Staatliches Institut zur Erlangung der Hochschulreife, Oberhausen: prima fase progettuale: 1. Aula gradonata; 2. Servizi; 3. Aule studio; 4. Sala di riunione; 5. Alloggi maschili; 6. Alloggi femminili; 7. Sala comune; 8. Mensa; 9. Cucina; 10. Alloggio del Preside. Ridisegno ed elaborazione tridimensionale: © Gilda Giancipoli.

L'architettura di Ungers è caratterizzata dalla spiccata materialità, dal movimento compositivo e dalla volumetria, che tradisce il riferimento all'opera di Alvar Aalto ed in particolare la fisicità del Municipio di Säynätsalo, da poco completato (1952) e che da subito desta una grande curiosità da parte della critica e di riviste di settore internazionali. Questo riferimento emergerà poi dichiaratamente per la casa che Ungers costruirà per sé in Belvederestraße 60 a Köln-Müngersdorf [Gieselmann, 1960].[1]

Nel marzo 1955 il progetto a cui Ungers e Bauer stanno pensando da ormai un anno e mezzo compare su Baukunst und Werkform, nella sua prima versione progettuale. L'articolo è preceduto da un saggio di Heinrich Bauer che espone alcune considerazioni prettamente ideologiche sulla formazione dell'individuo e sulla società contemporanea [Bauer, 1955]. Sul tema architettonico egli si pronuncia dichiarando d'immaginare un'architettura che si distacchi dall'idilliaca casetta unifamiliare e si chiede se sia possibile pensare ad un'architettura che dialoghi con il singolo e con la collettività, in un reciproco scambio, volto alla crescita identitaria.

Nella descrizione del progetto Ungers si allinea al pensiero di Bauer e dichiara di aver immaginato: "la costruzione di un convitto che non serva solo da alloggio, ma renda possibile la vera formazione individuale"[Ungers, 1955], definendo poi la sua visione compositiva come: "Alternanza in pianta nell'allineamento dei corpi di fabbrica e varietà dell'impronta plastica, riferita allo spazio esterno, che danno libero spazio alla fantasia." Tuttavia, la collaborazione all'Istituto di Oberhausen non dura a lungo: le idee pedagogiche non convenzionali di Bauer e il suo stile direttivo, lo rendono presto scomodo agli occhi del Ministero della Cultura, che lo considera troppo arbitrario e, nel marzo 1956, Bauer viene sollevato dai suoi incarichi[Hurtienne,1993] e la progettazione è portata avanti senza di lui [Klotz 1977]. In seguito, entrambi rimarranno privatamente in contatto e, nel 1960-1961, Ungers costruisce una casa per Bauer e la sua famiglia a Overath (Fig. 4, dettaglio in grigio), in cui applica parzialmente lo schema compositivo del modulo progressivamente ruotato ed aggregato.

Nel 1959, sulla rivista *Bauwelt*,[2] in un numero interamente dedicato alle residenze per studenti, compare una nuova versione del progetto di Oberhausen che, mantenendo costante il concetto di base, nella divisione di intenti tra nucleo e limite, adotta alcune variazioni (Figura 3).

È la prima pubblicazione in cui compaiono anche alcune foto degli edifici costruiti, dalle quali si intuisce come i primi ad essere realizzati siano gli alloggi per gli studenti. Alcuni aspetti sono però cambiati: la continuità del limite costruito dall'edificio residenziale viene interrotta in due punti, lasciando il lato nord continuo (Blocco A), non c'è più una distinzione tra dormitorio femminile e maschile, ma sono presenti altri due blocchi (B e C), che ricalcano la disposizione del progetto precedente. L'aggregazione delle camere, assume una composizione modulare differente, le stanze non sono più addizionate progressivamente e specchiate, ma il "macro modulo" è composto da tre unità che ruotano intorno ad un disimpegno, con il quarto modulo occupato dai servizi in comune e dalle scale. Questo sistema innesca relazioni dedicate tra gli appartenenti allo stesso blocco "condominiale" a differenza dell'ipotesi precedente quando l'intera comunità si affacciava, porta dopo porta, in egual maniera sul verde comune.

Dal punto di vista della psicologia formale, questa frammentazione crea un legame maggiore con la scala umana, l'individuo percepisce un'architettura "alla propria dimensione" e non è posto di fronte alla megaforma di un muro abitato continuo per centinaia di metri, ma si rimanda alla frammentarietà di una serie di abitazioni accostate nel centro urbano.

---

[1] Da una lettera di Reinhard Gieselmann, in questo periodo, amico e collaboratore di Ungers, pubblicata in Gieselmann R. [1960], "Ein Werkstattbericht"(Heft 8/1960), *Bauwelt*, Ullstein Verlag, n. 14, p. 369, che risponde alle critiche mosse alla casa di Ungers a Colonia e si ritiene che il testo della lettera sia stato elaborato con l'apporto di entrambi.

[2] "Internat des Staatlichen Instituts zur Erlangung der Hochschulreife, Oberhausen/Ungers", Bauwelt, Ullsteinhaus Tempelhof, Berlin, 50. Jg., H. 51/52, 21 dicembre 1959, pp. 1506-1509.

L'edificio per le scienze naturali è nella stessa posizione occupata nel progetto iniziale, con le medesime dimensioni, subisce solo una risuddivisione interna e la sostituzione della sala comune, con un orto botanico. Qui l'accesso viene enfatizzato da un palco di raccordo con l'ingresso alla vecchia scuola. Anche il nucleo dell'aula magna e della mensa non subisce modifiche sostanziali, se non per uno slittamento che accresce lo spazio concesso alla piazza e determina una maggiore compattezza tra aula magna e mensa, dove l'alloggio per il preside rimane invariato.

In questo caso il giardino assume una conformazione maggiormente naturalistica, che invita anche ad una fruizione maggiormente libera, con percorsi morbidi e l'eliminazione del muro che separava l'ambito femminile da quello maschile. Nota curiosa è l'inserimento di un "giardino con sculture", nello spazio di raccordo tra le aule di scienze ed il vecchio edificio scolastico.

È certamente un progetto più maturo e meno idealista, come denotano l'inserimento di un maggior numero di servizi e la comparsa anche di giunti strutturali tra le varie parti strutturali autonome e soprattutto i differenti sistemi di copertura, ma anche l'adozione di una sintesi formale più decisa, evitando inutili complicazioni. La terza fase progettuale vede, infine, la realizzazione dell'edificio per le aule di scienze e gli spazi comuni, come un'unica struttura a "L", in un'ulteriore veste ancora più sintetica che lascia più spazio al verde comune. In un successivo ampliamento dell'area a sud-ovest, vengono poi ubicati altri alloggi per gli studenti ed ambienti didattici aggiuntivi.

Il progetto globale si è sviluppato nell'arco di quasi vent'anni; è quindi paragonabile ad un processo di crescita urbana. Come una piccola città, esso ha dovuto affrontare e risolvere di volta in volta condizioni ed esigenze sempre diverse. Inoltre, esso presenta una serie di nessi tra le parti, propri del sistema urbano, la rigida piazza cittadina, la cui forma è definita dai tre "edifici pubblici": scuola, istituto di scienze e aula magna ed il vero e proprio tessuto residenziale immerso nel verde.

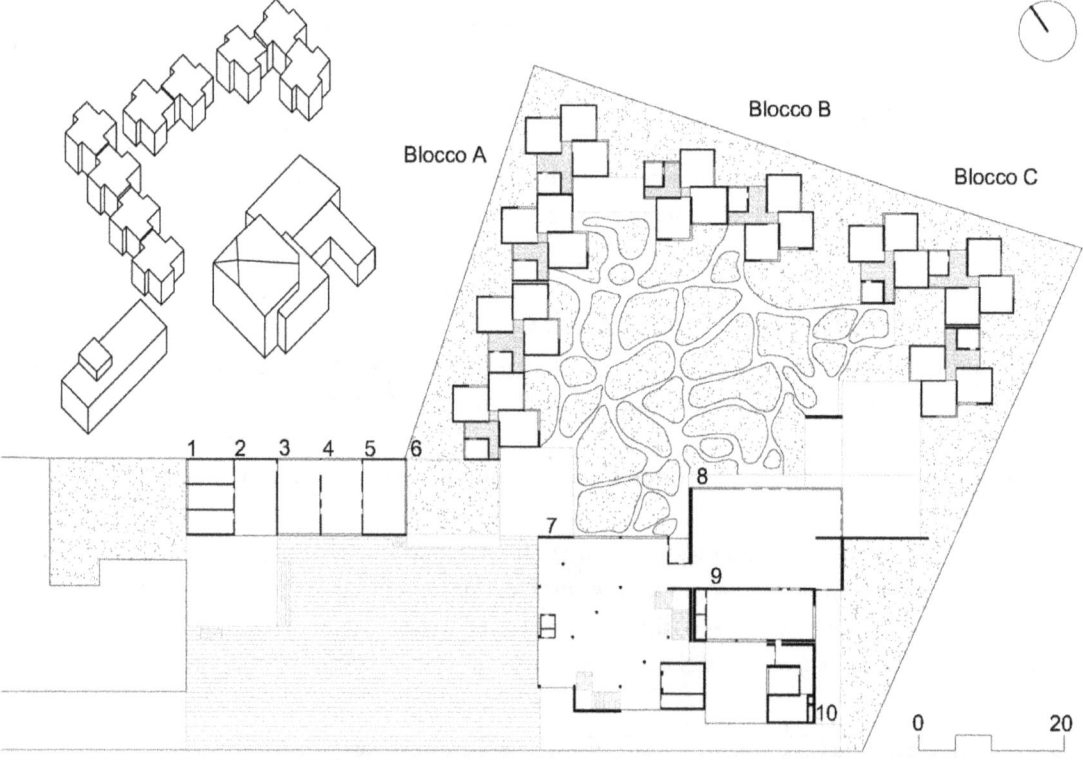

Figura 3. Staatliches Institut zur Erlangung der Hochschulreife, Oberhausen: seconda fase progettuale: 1. Aule studio; 2. Ingresso; 3. Aula di esercitazione; 4. Aula gradonata; 5. Aula; 6. Orto botanico; 7. Sala comune; 8. Mensa; 9. Cucina; 10. Alloggio del Preside. Ridisegno ed elaborazione tridimensionale: © Gilda Giancipoli.

Cambiano i rapporti, ma cambiano anche le matrici dimensionali. Gli alloggi universitari sarebbero potuti essere facilmente accorpati dentro un unico contenitore architettonico, opportunamente risuddiviso, invece si sceglie una scala domestica che permetta anche il riconoscimento identitario da parte di chi ci vive.

Questa prima opera autonoma è frutto di un connubio di idee tra l'architetto ed il committente Heinrich Bauer, direttore della scuola, i cui principi pedagogici, influenzano particolarmente Ungers e favoriscono l'emergere di una nuova concezione spaziale, che si rivolge allo studio della cellula abitativa collettiva minima, per aggregarla poi in un modulo-atomo che, nel caso un cui il progetto lo richieda, viene progressivamente accostato. Per fare ciò egli lavora sui movimenti delle geometrie piane, traslazione e rotazione, anche sommandole. Il risultato è comunque un progetto che interagisce con l'intorno, racchiudendo lo spazio e dividendo chiaramente le pertinenze. Le residenze possono avere un loro ambito verde e uno spazio comune di socializzazione separato dagli ambienti dedicati alle lezioni ed allo studio. In questo momento chiave per l'evoluzione del pensiero di Oswald Mathias Ungers, alla fine degli anni '50, egli realizza la propria casa in Belvederestraße 60 a Köln-Müngersdorf, che è anche l'opera maggiormente rappresentativa della visione spaziale e compositiva dell'architetto in questo periodo. Essa suscita un grande dibattito nazionale e l'interesse di numerose figure della critica architettonica internazionale, dalle quali emerge in generale una visione che associa i progetti di Ungers ad un possibile revival "Neo-Espressionista" [Pevsner, 1961], motivo per cui ad un certo punto lo stesso architetto incomincia ad approfondire teoricamente questo movimento architettonico [Cepl, 2010]. Il suo avvicinamento al movimento espressionista, non si limita, però, solo alla formulazione teorica, esistono anche alcuni progetti dichiaratamente espressionisti: tre progetti pubblicati su *Bauwelt* nel 1962 [Schmitt, 1962], nell'articolo *Im Schnittpunkt von Kraftlinien* [Nel punto d'intersezione delle linee di forza]. Il titolo già dice molto sull'approccio compositivo-geometrico di Ungers in questi esperimenti, ma tradisce anche una visione formale, già di per sé fuori dalle righe rispetto ai principi dell'Espressionismo canonico. Lo stesso architetto non tarderà molto ad accorgersene e dopo il Convegno di Firenze del maggio 1964 [Borsi, Koenig, 1967][3] se ne allontanerà definitivamente.

Il numero della rivista affronta un tema monografico sulle residenze collettive, temporanee e non: sanatori, ospedali, studentati, dormitori, ma anche quartieri residenziali. Per primo viene esposto il progetto per il *Mädchengymnasium di Andernach*, (che non ha spazi per la residenza permanente degli studenti), mentre il secondo progetto è lo *Studentenheim "Schmalenbachhaus"*, Köln-Klettenberg, 1961 (Figura 4).

Questo edificio, che rimarrà solo sulla carta, impiega sempre un sistema modulare di camere accostate, questa volta non attorno ad un area verde, bensì intorno ad un ampio atrio di distribuzione. Assume una forma più compatta e diventa nucleo dell'area, invece che limite, come nel caso precedente. Il fulcro della rotazione dei moduli è teoricamente la stecca dei servizi, culminante con il lucernaio. Parallelamente a questa figura sono inseriti l'accesso e le scale che conducono ai livelli residenziali, sfalsati rispetto a quelli comuni. Con orientamento perpendicolare a questi elementi, si trova la zona mensa e cucine, culminante all'apice con la sala comune e la grande terrazza coperta che, in questo modo, sono completamente al centro del verde. Il ragionamento continua ad essere diviso fra due poli: la parte di servizio, funzionale e razionale e le residenze che cercano forme di libertà spaziali, seppure con il rigido utilizzo della cellula tipo. Gli spazi privati sono pensati come camere singole, che si affacciano su un atrio comune, che certamente con questo sistema di affaccio favorisce le relazioni e mette visivamente in dialogo chiunque risieda in una delle camere.

---

[3] Nelle giornate tra il 18 al 23 maggio, a Firenze, si svolge il Convegno sull'Architettura. Tra i relatori si annoverano Ernst Bloch, Hans Stuckenschmidt, Bruno Zevi e altri. In relazione alla sua ormai "consolidata fama" di architetto e teorico "neo-espressionista", è invitato ad intervenire anche Ungers.

Questo esempio rappresenta, in ogni caso, un passo indietro rispetto ai ragionamenti di Oberhausen e si nota subito, come l'intento sia più concettuale che pratico.

Il verde ad esempio non viene modulato secondo diversi intenti di fruizione, esclusiva, privata o collettiva, ma si pone esclusivamente come diaframma tra l'oggetto architettonico ed il confine del lotto. È un'architettura pensata per essere vista dall'esterno, come oggetto architettonico scultoreo.

Ungers sta marciando a grandi passi verso le torri residenziali del progetto che vincerà il Concorso per il quartiere *Neue Stadt* di Colonia, nel 1963 [Ungers, 1963], nel quale però ha l'intuizione di conformare le diverse pertinenze esterne mediante gli stessi corpi costruiti.

Una particolare evoluzione rispetto ad Oberhausen è certamente il progetto che ottiene il secondo posto al Concorso per l'*Erzbischöfliches Gymnasium*, da realizzarsi a Bonn-Beuel [Biscogli, 1965] (Figura 5). Purtroppo si sa ancora molto poco di questa elaborazione dell'architetto, di cui tuttavia si presuppone di aver individuato l'ubicazione dell'area di progetto, in quella dell'attuale Kardinal-Frings-Gymnasium, nella stessa località. Con questo esempio l'architetto si esprime appieno nella sua momentanea inclinazione espressionista, applicando un tipo di composizione regolata da linee spiraliformi, che detta la successione degli spazi primari del campus, come le aule, gli alloggi ed i principali luoghi collettivi, come la cappella, l'aula magna e il piccolo auditorium. Per gli ambienti dedicati alle funzioni di servizio sono definiti invece volumi regolari ed ortogonali.

Nell'articolo di Biscogli su *Casabella-continuità*, è riportato un commento dell'architetto che spiega i propri ragionamenti su questa composizione: «Lo spazio interno e quello esterno sono l'uno il complemento dell'altro. Nasce così una tensione in cui si è sempre immersi: il senso dello spazio domina e circonda chiunque si trovi in questo luogo».[4]

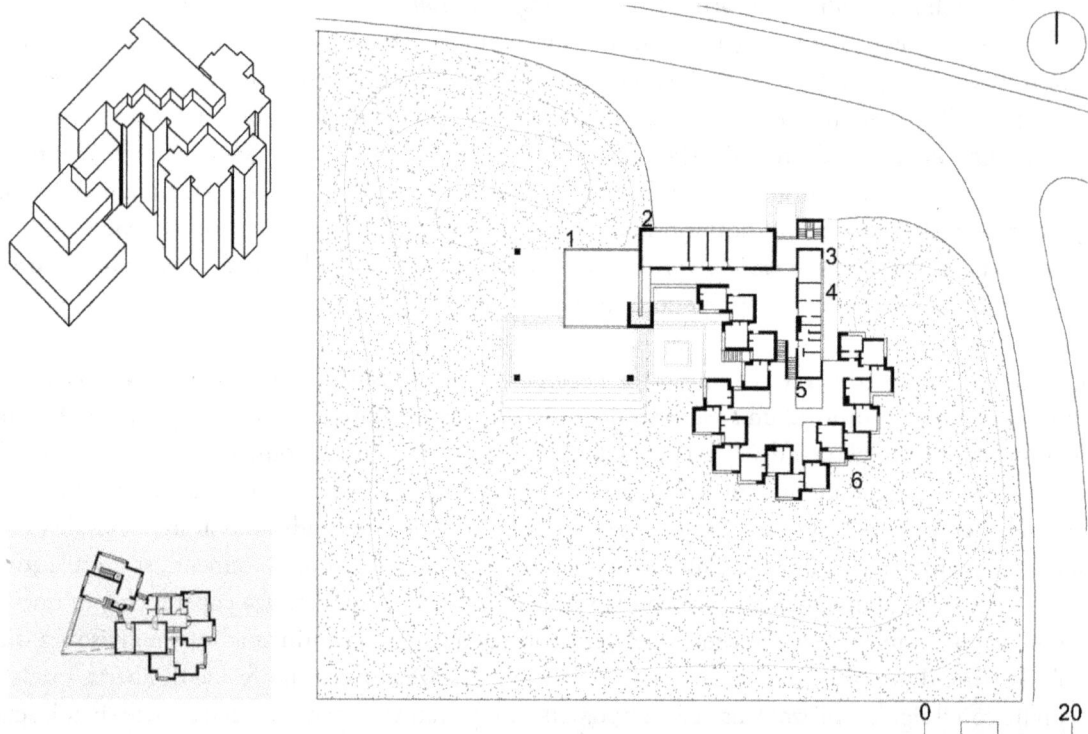

Figura 4. Schmalenbachhaus: 1. Sala comune; 2. Mense e Cucine; 3. Guardiola; 4. Servizi; 5. Lucernaio; 6. Alloggi. Dettaglio in grigio: Haus Bauer a Overath, 1960-1961. Ridisegno ed elaborazione tridimensionale: © Gilda Giancipoli.

---

[4] Biscogli, L. [1965], "Germania di oggi: O. M. Ungers", *Casabella-continuità*, Gianni Mazzocchi, n. 305, p. 39.

La composizione nasce dall'apposizione di tre linee di forza spiraliformi irregolari. Per tutte e tre le linee, il punto d'origine è la cappella, isolata nel verde, in modo da conformare l'esterno in due grandi ambiti. Anche qui troviamo il ragionamento sulla piazza "urbana", come luogo d'incontro, tra Aula Magna, che costituisce un polo delle linee di forza, e luoghi per lo studio. Allo stesso modo l'affaccio degli alloggi è rivolto all'ambito verde a est. «Cappella e aula – il luogo della riflessione e della preghiera e il forum del discorso e della riunione – sono i due centri polari dell'impianto. Dalla cappella, come centro spirituale, si diramano a forma di spirale tutte le successioni spaziali.»[Klotz, 1985]

Tutto il progetto è introspettivo. Le stecche dei servizi accessori al complesso delimitano l'area, contenendo al loro interno i luoghi di vita principali ed incontrando così le esigenze di distacco e raccoglimento e di un luogo di studio religioso.

Anche la cappella che sembra stranamente eccentrica, trova le ragioni della sua collocazione, nella presenza di una strada privata, sul versante nord, mentre le strade di maggiore scorrimento si trovano a ovest e a sud. A proposito della grande varietà dei moduli impiegati tra aule, alloggi singoli o doppi, Ungers spiega, la propria visione di varietà come connotazione urbana: «La movimentazione spaziale all'interno forma vari ambiti e piccole zone, che nella loro alternanza di espansione e di restringimenti, di vedute chiare e di modificazioni direzionali avvicinano in modo associativo alla molteplice esperienza di una cittadina accogliente.» [Klotz, 1985]

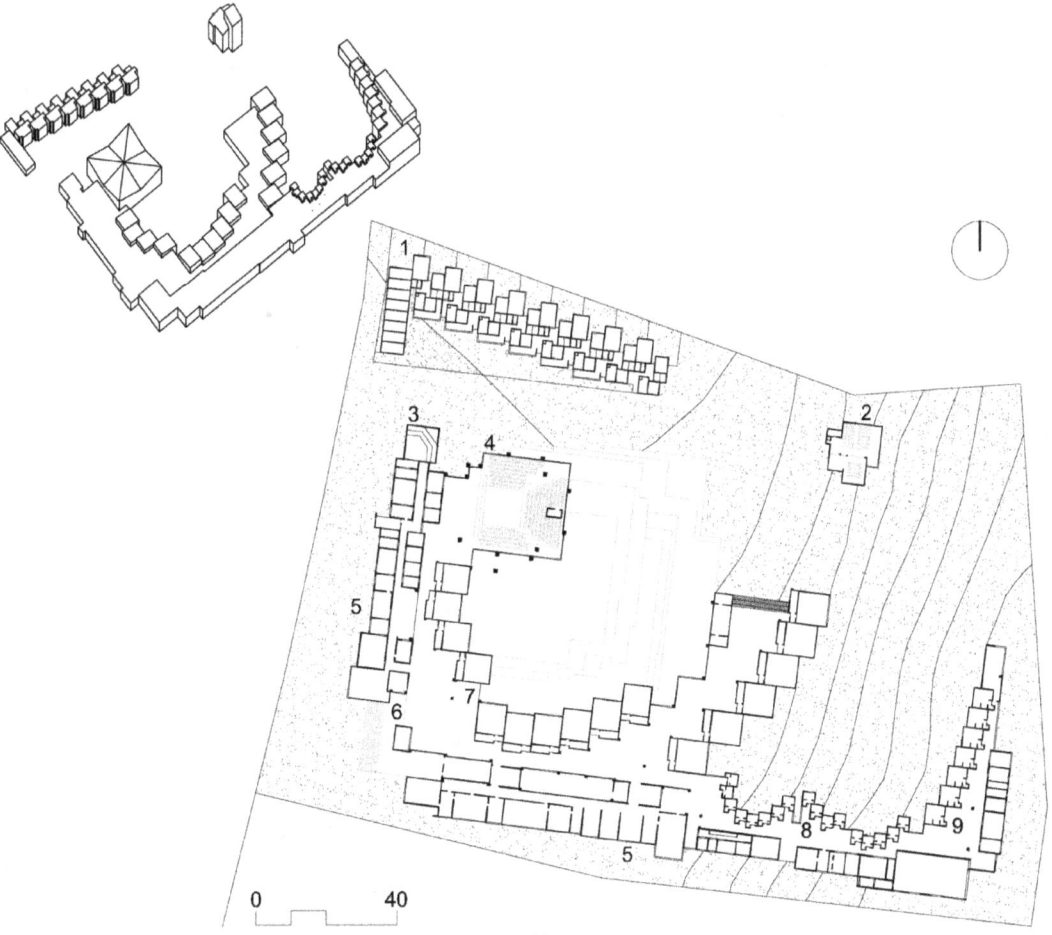

Figura 5 Erzbischöfliches Gymnasium: 1. Residenze insegnanti; 2. Cappella; 3. Auditorium; 4. Aula Magna; 5. Servizi; 6. Ingresso; 7. Aule; 8. Alloggi singoli; 9. Alloggi doppi. Ridisegno ed elaborazione tridimensionale: © Gilda Giancipoli.

Egli ricollega quindi la sua visione delle residenze per studenti alla sua teoria della "città nella città", che sta elaborando proprio in questi anni e che presenterà ufficialmente alla Conferenza per la nomina a Professore, alla *Technische Universität* di Berlino nel 1963 [Ungers, 1982].

Intuisce che la spazialità interna agli edifici è retta dalle stesse leggi che regolano l'esperienza urbana della città. Quest'ultima è costituita da stanze (le piazze, i parchi e le strade), definite da muri (gli edifici), in un sistema compositivo che trascende la funzione e la scala.[5]

La composizione non lineare degli *Studentenheime*, così com'era stata pensata sulla carta, permetteva la definizione di spazi verdi pertinenziali irregolari, delimitati direttamente dai volumi costruiti, ove inserire luoghi di sosta e socializzazione, spazi gioco e zone d'ombra. Si considera il verde ed i luoghi comuni come negativi, perché in grado di accogliere l'elemento costruito, la cui articolazione va a scardinare l'unitarietà formale dell'elemento verde, ma allo stesso tempo l'ambiente ingloba ed avvolge il costruito che può così beneficiare di un diretto contatto con esso. L'intento di questo legame è di raggiungere un progetto che sia strettamente interconnesso tra le sue parti ed identitario. Il sistema è di fatto scalabile dalla più piccola unità costruttiva fino alla città stessa, passando ovviamente per i complessi residenziali e di residenze universitarie. Ungers si riferisce all'urbanità della sua costruzione e alla varietà spaziale, che deve avvicinarsi all'"esperienza spaziale tridimensionale di una piccola città interiore" e vuole contribuire, nelle sue scuole, attraverso la disposizione spaziale del sistema, all'educazione e alla formazione della coscienza individuale: in contrasto con un "allineamento spaziale" additivo, a cui attribuisce un'azione "anonimizzante", egli spera di riuscire, tramite la "composizione spaziale" della sua costruzione, a far conoscere allo studente "la vitalità di una comunità scolastica" e di poter pretendere da lui qualcosa di "personale e individuale". [Cepl, 2007]

Figura 6. Confronto dimensionale. Sinistra: Erzbischöfliches Gymnasium. Destra in alto: Staatliches Institut zur Erlangung der Hochschulreife, seconda fase progettuale. Destra in basso: Schmalenbachhaus. Ridisegno: © Gilda Giancipoli.

---

[5] Ungers scrive a proposito del progetto Neue Stadt: «La città è dominata dalle stesse leggi fondative della singola casa, dalla cui somma essa si compone. La struttura della casa somiglia alla struttura della città – solo le dimensioni sono differenti. Al posto dei muri, colonne, pilastri e cubi di cui si compone la casa, compaiono nella città file chiuse di case, corpi abitativi isolati e blocchi abitativi attigui. Ciò che cambia nel passaggio dalla casa alla città, è solamente la dimensione. La struttura principale rimane per entrambe la stessa.» [Ungers, 1963]

Nel parallelismo con la contemporaneità e nell'ottica del ragionamento sul progetto architettonico, bisogna inoltre considerare la grande varietà di esigenze degli attuali luoghi di permanenza per gli studenti, a cui si unisce l'intento di favorire questa permanenza, realizzando situazioni cariche di vivacità e di senso comunitario. I principali temi evidenziabili mediante la sperimentazione di Ungers, sono: la *scala umana* delle parti private, la *varietà tipologica*, la *differente connotazione dimensionale ed altimetrica dei vani*, tra studio e interazione sociale, la *differente connotazione degli ambiti esterni*, tra ambienti ufficiali e di riposo e la ricerca della *connessione da tra esterno ed interno*.

Di conseguenza, diventa evidente il problema dei confini tra privato e pubblico nell'architettura, dove il favorire la socializzazione deve necessariamente fare i conti con l'esigenza di ambiti privati esclusivi. Sempre nell'ottica della varietà di soluzioni, i prototipi ungersiani considerano anche l'eventualità di aree, semi pubbliche, o per meglio intendere, ad uso di una comunità più ristretta rispetto a tutto il complesso, ma allargata rispetto al singolo utente, declinando appunto i vari livelli di collettività.

Uno dei punti di forza dei casi studio precedentemente esplorati e costituenti un obbiettivo per l'architettura contemporanea è anche la multifunzionalità e versatilità degli spazi di servizio, che per la minore connotazione formale possono essere facilmente resi intercambiabili, le grandi invarianti rimangono i moduli abitativi. La preponderante componente verde dei progetti, contribuisce alla creazione di spazi di vita di qualità agevolando anche l'identificazione della giovane utenza con il luogo: maggiore è il comfort sociale e più ci si allontana dalle criticità tipiche del "dormitorio".

È evidente, però, che l'approccio dell'architetto sia di tipo prevalentemente morfologico, nel bene e nel male, e questo aspetto permette di ragionare sulla trasversalità della disciplina compositiva sulle tematiche dell'architettura. Sono innegabili le ricadute di alcune scelte formali sull'approccio che poi gli utenti avranno nei confronti dell'architettura ospitante: ciò che viene conformato come chiuso e solidamente delimitato trasmette inevitabilmente la percezione di essere privato, quindi inaccessibile da altri provenienti dall'esterno, viceversa gli ambiti visivamente trasparenti o semi aperti favoriscono l'introspezione e l'intromissione in senso positivo.

Certamente nei quasi sessant'anni, tra questi progetti e lo stato attuale del tema, l'evoluzione della società e delle problematiche ad essa connesse induce a non poterli considerare come riferimenti costruttivi. Rimane però possibile la considerazione a livello di masterplan costruttivo, dal quale trarre nuove forme ed esteriorità, dai passati nessi formali.

Se si considerano i prototipi di Oswald Mathias Ungers non più come momenti costruttivi incardinati in un particolare periodo storico-politico, luogo, materiale da costruzione ecc., ma come schematizzazioni compositive, è possibile elaborare nuovi sistemi a partire proprio dai suoi principi dispositivi. In quest'ottica, al di là dell'effettivo sviluppo costruttivo che i progetti hanno avuto, sembra possibile la riproposizione di un modello per la definizione dello spazio a dimensione umana e dalla forte connotazione di collettività. L'obiettivo di questi casi di studio è quello di consentire e promuovere l'interazione sociale attraverso relazione formale tra luoghi. Con questo punto di vista, al di là degli attuali sviluppi tecnologici e costruttivi, che l'architettura ha potuto realizzare, sembra comunque possibile un ripensamento di tali tipologie, per la definizione di spazio di vita a misura d'uomo e di forte identità per la comunità universitaria.

**Riferimenti bibliografici**
Biscogli, L. [1965], "Germania di oggi: O. M. Ungers", *Casabella-continuità*, Gianni Mazzocchi, n. 305, pp. 36-59.
Biscogli, L. [1965], "I protagonisti dell'architettura contemporanea: 1. O.M. Ungers", *Rassegna dell'Istituto di Architettura e Urbanistica,* Istituto di Architettura e Urbanistica della Facoltà dd'Ingegneria dell'Università di Roma, n. 3, pp. 59-97.

Bauer, H. [1955]. "Man sollte ein Haus bauen können...Von der Baukunst, der Bildung und dem Vierten Zeitalter", *Baukunst und Werkform*, Verlag der Frankfurter Hefte, n. 3, pp. 153-157.

Cepl, J. [2007]. *Oswald Mathias Ungers. Eine intellektuelle Biographie*, König, Köln.

Conrads, U. [1962]. "FOCUS: Oswald Mathias Ungers", *Zodiac*, Edizioni di Comunità, n. 9, pp. 173-181.

Gieselmann, R. [1960]. "Ein Werkstattbericht"(Heft 8/1960), *Bauwelt*, Ullstein Verlag, n. 14, p. 369.

Hurtienne, G. [1993]. "Geschichte und Entwicklung 1953-1993", pp. 30-43, in *Oberhausen-Kolleg 1953-1993, Festschrift*, Privatdruck des Oberhausen-Kollegs, Oberhausen.

Klotz, H. [1977]. "Oswald Mathias Ungers", pp. 263-316, in *Architektur in der Bundesrepublik, Gespräche mit Günter Behnisch, Wolfgang Döring, Helmut Heinrich, Hans Kammerer, Frei Otto, Oswald Mathias Ungers*, Ullstein, Marburg.

Klotz, H. (a cura di) [1985]. O.M. Ungers, 1951-1984 *Bauten und Projekte*, Friedrich Vieweg & Sohn, Braunschweig/Wiesbaden.

Koenig, G. K., Borsi F. [1967]. *Architettura dell'Espressionismo*, Vitali e Ghianda, Genova.

N.[1961]. "Moderne Architektur und der Historiker, oder: Die Wiederkehr des Historizismus", *Deutsche Bauzeitung*, Deutsche Verlags-Anstalt, n. 10, pp. 757-764.

Pevsner, N.[1961]. "Modern Architecture and the Historian or the Return of Historicism", *Journal of the Royal Institute of British Architects*, Royal Institute of British Architects, n. 6, pp. 230-240. Edizione tedesca: Pevsner,

Schmitt, K. W. [1962]. "Im Schnittpunkt von Kraftlinien", *Bauwelt*, Ullstein Verlag, n. 28/29, pp. 803-804.

Rossi A. [1960]. "Un giovane architetto tedesco: Oswald Mathias Ungers", *Casabella-continuità*, Gianni Mazzocchi, n. 244, pp. 22-35.

Ungers, O. M. [1955]. "Entwurf für den Neubau des ‚Oberhausener Instituts'", *Baukunst und Werkform*, Verlag der Frankfurter Hefte, n. 3, pp. 158-161.

Ungers O. M. [1963], "Zum Projekt Neue Stadt in Köln", *Werk*, Buchdruckerei Winterthur, n. 7, pp. 281-284.

Schmalscheidt, H. [1973]. *Entwurf und planung. Studentenheime*, Verlag Georg D. W. Callwey, München.

Ungers, O. M. [1982]. "Prinzipien der Raumgestaltung – Berufungsvortrag TUB 1963", Arch+, Klenkes Druck und Verlag, n. 65, pp. 41-48.

[1961]. "Institut d'enseignement Oberhausen, Allemagne", *Architecture d'aujour d'hui*, n. 94, pp. 14-15.

[1961]. "New German Schools", *Architectural Review*, n. 773, pp. 8-9.

# SOCIAL HOUSING: NUOVA RESIDENZA PER STUDENTI PER L'EX OSPIZIO DI BENEFICENZA GIACHERY

**Nazli Gamze Aksöz**
Università degli Studi di Palermo, Dipartimento di Architettura
**Giovanni Marco Pollaci**
Università degli Studi di Palermo, Dipartimento di Architettura

---

**Parole chiave**
Social Housing, recupero, centro storico

*Abstract*
*The aim of this paper is to reveal a general information of a proposal project of a new student housing in Palermo, to recovery the Ex Ospizio di Beneficenza Giachery built in 1854.*
*This building is located in the Historical Center, not far from the Teatro Politeama Garibaldi which is one of the city symbols. Wide area of the block was abandoned to the degradation, while other parts have been restored with partial and precarious reconstructions; some parts of the block have been reused for improper purposes.*
*The design of a new student house was designated for a particular purpose which is giving the right value to a building that is lost in a negligence and to create a reference point for students, while positioning their residence in the city center in the framework of the future strategic urban plan.*
*The aim of the project is to create a new multi-structured urban area which provides a complex system of 30 accommodations and subordinated services, for a total of 45 university students. The project, also, contains a public cafeteria and a library available to the students and the city dwellers.*
*Beside constitution of a necessary residential infrastructure, creation of a place which includes free and open spaces to perform various activities for social gatherings for wide range of users was intended.*
*In accordance with these main objectives, there is also the requirement to interpenetrate the new created spaces with the urban fabric, using filter buildings and green areas.*
*The largest phase of the study was to redefine the relationship between the different parts that make up the complex of the Ex Ospizio. The detailed analysis of the building, using new measurements and historical information, have not intended to a restoration project of the original structure of the building, none the less the conservation of existing elements and integration with new interconnection elements was provided.*

## Le vicende storiche del Reale Ospizio di Beneficenza

Progettato da Carlo Giachery nel 1854, il "Reale Ospizio di Beneficenza" è ubicato nella Città di Palermo, all'interno della VII Circoscrizione, nelle adiacenze del Teatro Politeama Garibaldi.

Con i suoi ampliamenti e menomazioni, il complesso edilizio è oggi delimitato dalle vie Paolo Paternostro, Nicolò Garzilli, Dante Alighieri e Principe Di Villafranca.

Attualmente l'intera struttura è di proprietà dell'Istituto di Pubblica Assistenza "Principe di Palagonia e Conte di Ventimiglia", ma è in gran parte inutilizzata perché non agibile.

L'area scelta per la costruzione dell'Ospizio ricadeva in quella porzione di città in espansione verso nord, sorpassando il tracciato delle antiche cinte murarie. Si trattava di un grande appezzamento di terreno dalla forma trapezoidale, situato nella parte occidentale del Piano Sant'Oliva e adiacente a nord con la tenuta del Firriato di Villafranca dove, nel 1891, si sarebbe tenuta l'Esposizione Nazionale. Destinata ad accogliere, assistere e provvedere all'educazione professionale degli orfani, per volere di Federico II di Borbone la struttura vede l'inizio dei lavori l'8 gennaio 1854 con una maestosa cerimonia, dove una schiera di soldati percorreva idealmente il perimetro dell'edificio.

Nonostante un esordio così importante, figlio di un'ampia politica filantropica dell'amministrazione borbonica, la fabbrica è stata caratterizzata da una serie di sfortunati eventi tra i quali i saccheggi e le devastazioni durante la rivolta del 1866, il cambio di destinazione in Istituto Militare e i bombardamenti della seconda guerra mondiale, a seguito dei quali era stata decisa la totale demolizione della struttura edilizia per far spazio alla nuova sede della Regione Sicilia.

La mancata realizzazione di tale progetto, ha comportato l'utilizzo delle parti integre a piano terra per negozi, botteghe, auto officina e parcheggio in uno dei cortili, oltre alla concessione in uso del corpo centrale su Via Dante Alighieri e di un'ampia porzione del primo piano all'Istituto di Studi sui Sistemi Intelligenti per l'Automazione (I.S.S.I.A. - C.N.R.) e all'Accademia Internazionale del Musical.

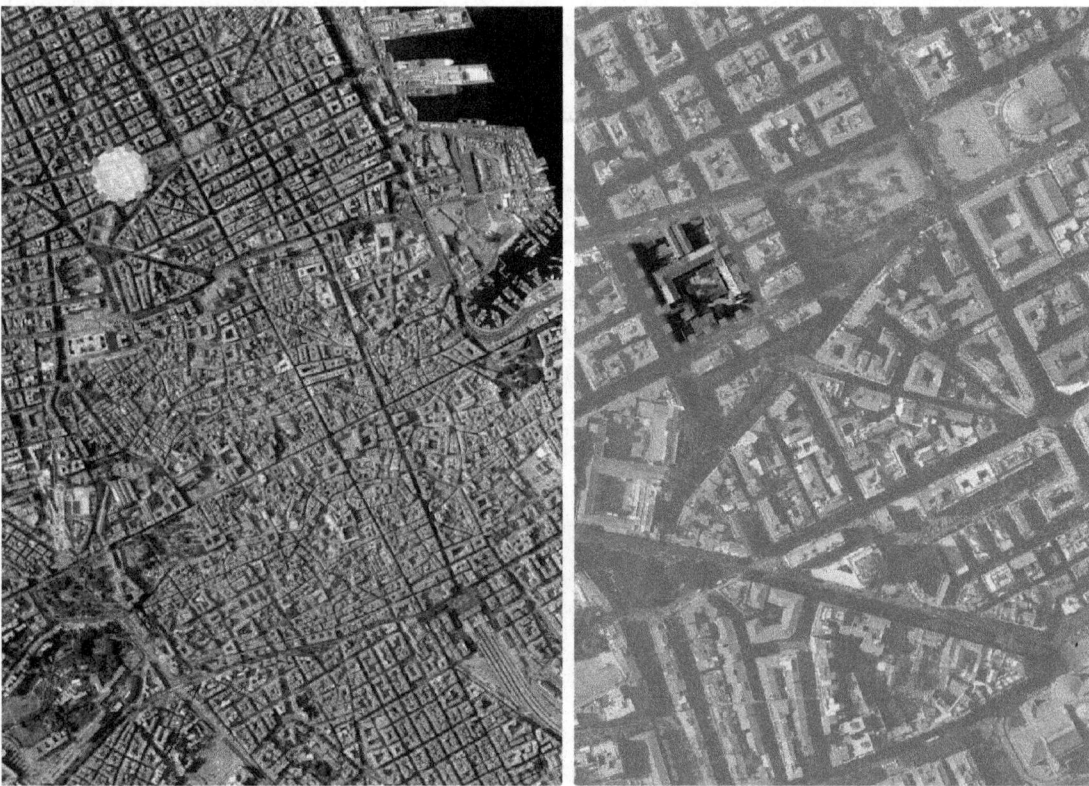

Figura 1. Ortofoto area di progetto.

## L'originaria configurazione

L'Ospizio inizialmente comprendeva vari locali adibiti all'istruzione, una scuola di musica ed una sala da concerto, la falegnameria, la fonderia, il refettorio, i dormitori oltre a vari magazzini. Il vestibolo a piano terra fungeva anche da cappella. La restante parte dell'area era stata lasciata libera.

L'edificio originario era caratterizzato da una fortissima unitarietà e chiarezza delle distribuzioni interne e dei prospetti. Il suo impianto planimetrico, articolato attorno ad un ampio cortile interno porticato, era scandito da regolari campate doppie coperte da volte a crociera che ripartivano lo spazio interno, rendendolo perfettamente scomponibile.

I prospetti erano caratterizzati da un'estrema sobrietà. I vani finestra, arcuati al piano terra e squadrati al primo piano, venivano semplicemente ripartiti orizzontalmente da un cordone marcapiano ed una cornice d'attico, che correva lungo tutto l'edificio.

Gli elementi decorativi venivano messi in risalto grazie alla bicromia tra il color ocra di fondo dell'intonaco bugnato, con la loro tinta più chiara.

La costruzione subì rallentamenti e interruzioni protrattesi per circa dieci anni. Una prima interruzione si ebbe nel gennaio del 1858 e quindi dopo il 1860, a causa delle modifiche richieste dalla sua nuova destinazione a "Collegio Militare Garibaldi".

Le ultime fasi di costruzione sono state condizionate e ritardate a causa delle polemiche che erano sorte circa i costi dell'opera, pregiudicandone anche la sua stessa realizzazione, alla luce dell'insorgere di alcune lesioni nell'edificio. Di questa lunga polemica si trovano ampi resoconti negli scritti dell'epoca, con dettagli sulla natura dei materiali, delle tecniche costruttive e dell'impianto dell'edificio che rappresentano le uniche testimonianze oggi disponibili per un'analisi dell'edificio, in quanto il progetto originale è andato perso.

Tornato a destinazione "sociale" nel 1869, la cronica mancanza di fondi e il passaggio alla pertinenza provinciale segnò da subito il crescente declino dell'edificio.

Il Consiglio di Amministrazione dell'Ospizio cominciò un'operazione atta a recuperare fondi necessari al sostentamento degli ospiti, con l'espediente di dare in affitto i locali terrani del quadrilatero e, quando questi non risultarono più sufficienti, con l'edificare botteghe ad esso adiacenti; in questo modo l'organismo architettonico andava perdendo la sua originaria funzionalità, e si andava sempre più modificando. La prima sostanziale modifica fu in seguito all'impianto dell'Esposizione Nazionale.

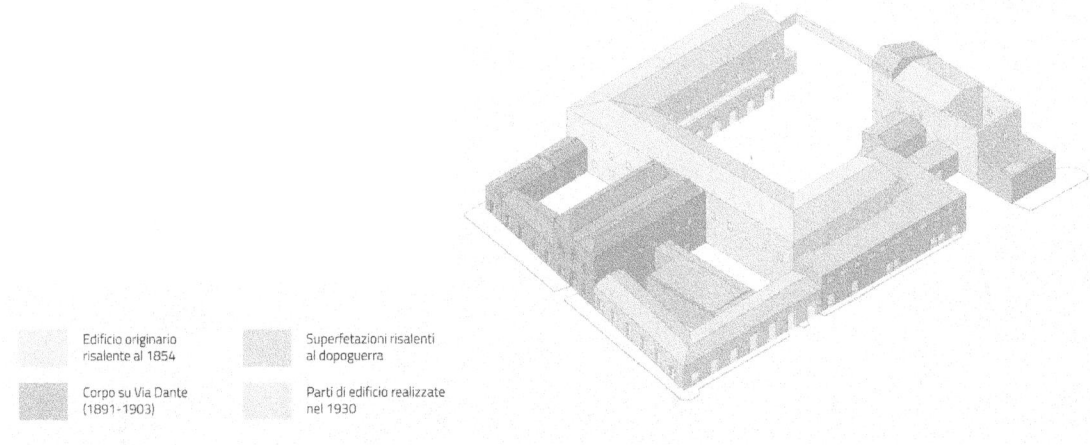

Figura 2. Evoluzione storica.

Fra il 1890 e il 1904 per consentire l'allineamento con la nuova viabilità fu aggiunto un corpo di fabbrica, ceduto poi al Comune e destinato a scuola.

Altre costruzioni ad una sola elevazione furono realizzate nelle aree dei cortili esterni, destinandole ad una serie variegata di botteghe e attività commerciali da affittare per alleviare le precarie condizioni economiche in cui versava l'Ospizio, che permangono sulle odierne vie Dante Alighieri e Principe di Villafranca. Un avancorpo contenente le scale secondarie dell'edificio fu realizzato su due elevazioni tra i lavori per l'Esposizione Nazionale e il 1903, fino a raggiungere Via Dante Alighieri, dando l'illusione che l'accesso principale fosse proprio questo e non, in direzione opposta, sull'attuale Via Paternostro. Del 1929 è il progetto dell'Ing. Santangelo per la sopraelevazione del fronte su via della Giostra che, sebbene inattuato, dà alcune indicazioni sul prospetto principale dell'edificio, riconfigurato, del quale il disegno è l'unica testimonianza che si possiede. Nel 1937 l'Ospizio assume il nome di "Istituto di Assistenza e Beneficenza Principe di Palagonia e Conte Ventimiglia".

Probabilmente era questa la destinazione d'uso quando nel 1943 fu colpito e quasi totalmente distrutto dai bombardamenti. Del 1954 è il Concorso Nazionale per destinare l'area alla nuova sede della Regione Sicilia, destinando così l'edificio alla demolizione. Nonostante l'assegnazione del premio, non ne seguì mai la realizzazione a causa delle resistenze e delle polemiche dimostrate da parte di tecnici, urbanisti e cittadini. Il volume complessivo previsto era di 300.000 m3, un edificio alto per uffici e un corpo per la Presidenza della Regione. Bruno Zevi attaccò duramente il progetto su diversi fronti: "un edificio di 33 piani avrebbe schiacciato le costruzioni circostanti ed il Teatro Politeama; l'aumento di traffico cui assisteva la città in quegli anni sarebbe divenuto insostenibile per la zona; infine la realizzazione di un edificio così accentratore, avrebbe suggellato lo spostamento del centro verso nord, contribuendo all'ulteriore svuotamento della città murata".

Figura 3. Via Dante / Via Principe di Villafranca.

Figura 4. Via Principe di Villafranca / Via Paternostro.

Da allora e fino ai giorni nostri, l'edificio è abbandonato nelle parti maggiormente degradate, mentre altre sono state riprese impropriamente, con ricostruzioni parziali, precarie ed incongrue, con destinazioni d'uso improprie.

Per questo motivo, l'osservazione diretta, seppur utile, rappresenta tuttavia una visione d'insieme ed un'analisi falsata, oltre che per danni dei bombardamenti dell'ultima guerra e l'incuria, anche per le incontrollate modifiche subite dall'edificio tra la il XIX e il XX secolo.

**Fasi progettuali**

Il progetto è iniziato con lo studio dei vari tipi edilizi di residenza universitaria, attingendo ad esempi nazionali ed europei, approfondendo questioni quali, l'evoluzione storica, la conformazione architettonica, la distribuzione degli spazi. Lo studio è proseguito analizzando le esigenze della città, i caratteri del contesto e le potenzialità dell'edificio.

Questo bagaglio conoscitivo è stato poi utilizzato per ipotizzare l'inserimento di una nuova destinazione d'uso, compatibile e congruente con l'esistente.

L'obiettivo seguente è stato quello di ridefinire il rapporto esistente tra le diverse parti che compongono il complesso dell'ex Ospizio. La dettagliata analisi dell'edificio, tramite nuovi rilievi e d'archivio, non ha portato a un progetto di ripristino dell'originale articolazione dell'edificio, ma bensì la conservazione degli elementi esistenti e l'integrazione con nuovi elementi d'interconnessione. Il primo passo del progetto è stato la decisione di liberare il complesso edilizio da tutte le superfetazioni che, in quasi tutte le sue parti, soffocano e mortificano l'organismo architettonico.

La definizione progettuale avanzata propone la conservazione e l'integrazione dei volumi esistenti. La loro rigida disposizione planimetrica è stata sfruttata per inserire all'interno una struttura ricettiva residenziale universitaria dimensionata per un massimo di settantacinque studenti e caratterizzata da due tipologie e tagli diversi al fine di soddisfare le esigenze dei fruitori. Le parti risultanti vuote dall'operazione di rimozione delle superfetazioni, sono state occupate da un edificio contenente la caffetteria e spazi ricreativi; e una biblioteca.

Il progetto dei nuovi edifici, e degli alloggi, è stato studiato nel rispetto dei requisiti dimensionali, distributivi e tecnici imposti dalle norme vigenti in natura di residenze residenziali universitarie.

**La Residenza e i servizi**

Figura 5. Panoramica cortile interno.

Il progetto prevede la realizzazione di trenta mini alloggi distribuiti in egual misura tra il piano terra e il primo piano. La residenza sarà in grado di accogliere quarantacinque utenti di cui trenta in sistemazione doppia e quindici in singola. Attenzione è stata posta anche ad utenti particolari, quelli in "mobilità", come visiting professors, ricercatori, personale universitario ecc., garantendo loro tre alloggi con una posizione privilegiata e con una maggiore libertà di movimento, all'interno e all'esterno della struttura, rispetto agli altri.

Programma funzionale piano terra:
- Amministrazione
- Accettazione
- Reception
- Sala lettura
- Spazi ricreativi
- 11 unità abitative per due persone - ca. 52.6 m$^2$
- Alloggio custode
- 3 Alloggi ospiti esterni
- Caffetteria
- Lavanderia
- Servizi igienici
- Depositi

Programma funzionale piano primo:
- 15 unità abitative per una persona - ca. 30 m$^2$
- Spazi ricreativi
- Sala lettura
- Servizi igienici
- Depositi

Il progetto della residenza ha privilegiato la facilità di spostamento dell'utente dentro e fuori l'edificio e la sua consapevolezza dello stesso. La mancanza di una reception tradizionale, seguendo gli esempi europei, da la sensazione all'utente di trovarsi in un normale edificio residenziale per appartamenti, piuttosto che in una classica residenza universitaria simile ad una struttura alberghiera.

Il movimento all'interno dell'edificio è garantito da dei "vicoli" privati che si articolano al piano terra in un ballatoio coperto, al primo piano in un corridoio interno e nel ballatoio scoperto.

Figura 6. Render alloggio tipo.  Figura 7. Render vista interna biblioteca.

Ogni alloggio è totalmente indipendente, avendo al suo interno tutti i servizi, angolo cucina e bagno privato. Gli alloggi sono distribuiti intorno alla grande corte centrale.

Questo spazio aperto pavimentato a verde, diviso da organici percorsi interni e da diverse zone d'ombra, rappresenta il punto d'incontro degli studenti dove socializzare e passare il tempo libero all'aria aperta. Il cortile rappresenta un collegamento con il tessuto urbano e i cittadini, garantito dall'apertura di tre passaggi nella rigida cortina perimetrale dell'edificio.

L'obiettivo perseguito è stato quindi quello di creare non soltanto una necessaria infrastruttura residenziale di tipo specialistico, ma anche un luogo di aggregazione sociale, con spazi fruibili nei quali si possano svolgere attività di vario genere e non esclusivamente studentesche. A tali obiettivi principali, si affianca anche la necessità di far compenetrare i nuovi spazi creati con il tessuto urbano, sfruttando edifici filtro e zone adibite a verde.

Il nuovo corpo della biblioteca, oltre che colmare il vuoto del complesso originario, svolge funzione sia privata che pubblica. La biblioteca diventa così parte integrante della residenza, grazie alla ritmicità dei prospetti e al suo sviluppo in altezza che si raccorda con quello dei fronti preesistenti.

L'ingresso, volutamente nascosto nel prospetto su strada, serve a dare maggiore senso di appartenenza agli studenti e contemporaneamente spinge i cittadini, provenienti dall'esterno, in un percorso forzato penetrante all'interno del sistema residenziale.

Il volume stereometrico esterno è invece bucato al suo interno da una corte vetrata che favorisce l'illuminazione naturale delle sale di lettura poste al piano terra e al primo piano. Questo contribuisce ad assicurare un maggiore isolamento dall'esterno, creando un ambiente tranquillo particolarmente idoneo alla lettura e allo studio.

**Stato di progetto**

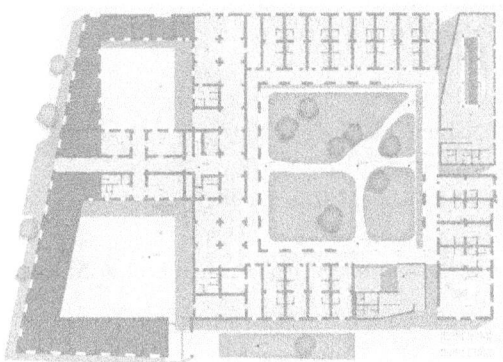

Figura 8. Pianta piano terra.

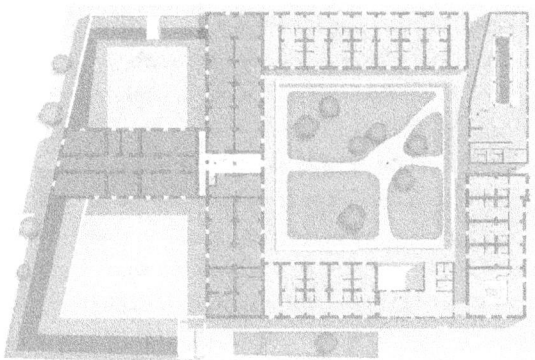

Figura 9. Pianta primo piano.

Figura 10. Sezione trasversale.

**Riferimenti Bibliografici**
Allen J., Barlow J., Leal J., Maloutas T., Padovani L., *Housing and Welfare in Southern Europe*, Blackwell Publishing, Oxford 2004.
Bellafiore G., *Guida alla città e ai dintorni*, Palermo 1995.
Bellini O. E., Bellintani S., Ciaramella A., Del Gatto M. L., *Learning and living – Abitare lo Student Housing*, Franco Angeli, Milano 2015.
Bertorotta S., *Colmare un vuoto: l'ex ospizio di Beneficenza*, Palermo 2009.
Dassori E., Morbiducci R., *Costruire l'Architettura. Tecniche e tecnologie per il progetto*, Tecniche Nuove, Milano 2010.
De Giovanni G., *Architettura dettagliata. Note per una progettazione esecutiva*, Il Prato, Saonara (PD) 2005.
De Giovanni G., *UP3_Social Housing per la terza età*, Aracne Editrice, Ariccia (RM) 2014.
Del Brocco B., *Housing sociale: nuove strategie per l'abitare*, Digital Library Università IUAV di Venezia, Venezia 2012.
Delere A., *Ri-Pensare l'abitare. Politiche, progetti e tecnologie verso l'housing sociale*, Hoepli Editore, Milano 2009.
De Matteis M., *Rigenerazione urbana e social housing: un confronto tra Venezia e Seoul in un'esperienza formativa*, Università IUAV di Venezia, Venezia 2012.
Di Sivo M., Schiavone E., Tambasco M., *Barriere architettoniche. Guida al progetto di accessibilità e sicurezza dell'ambiente costruito*, ed. Alinea, Firenze 2005.
Catalano G., *Una casa per il Diritto allo Studio. Residenze universitarie: qualità a confronto*, Forum Europeo sul diritto allo studio, Padova ottobre 2010.
Chirco A., *Palermo guida della città per itinerari storici*, Palermo 1997.
Chirco A., *Palermo la città ritrovata – itinerari fuori le mura, dalla Conca d'Oro ai Colli a Mondello*, Dario Flaccovio Editore, Palermo 2006.
CECODHAS Housing Europe, "Housing Europe Review – The nuts and bolts of european social housing systems", CECODHAS Housing Europe's Observatory, Bruxelles 2012.
Ciaramella A., Del Gatto M. L., "Housing universitario di iniziativa privata: scenari di sviluppo e fattori critici di successo", *Techne*, Firenze 2011.
Corbellini G., *Housing is back in town*, Lettere Ventidue, Siracusa 2012.
Ellin N., *Good Urbanism: six steps to creating prosperous places*, Island Press, 2012.
La Duca R., *da Panormos a Palermo, la città ieri e oggi*, Sigma Edizioni, Palermo 2006.
Mc Leod V., *Dettagli di architettura residenziale contemporanea*, ed. Logos, Modena 2007.
Mor G., *La nuova progettazione esecutiva*, Utet Scienze Tecniche, Torino 2010.
Rogers R., *Città per un piccolo pianeta*, Edizioni rivista italiana d'architettura, Roma 2000.
Rovero L., Lanzu S., *Il disegno architettonico esecutivo*, EPC Editore, Roma 2012.
Sposito A., Sposito C., *Architettura sistemica. Materiali ed elementi costruttivi*, Collana Politecnica, Maggioli Editore, Santarcangelo di Romagna (RN) 2008.
Zevi L., *Il nuovissimo manuale dell'architetto*, Mancuso Editore, Roma 2003.

# LA CORTE E LE STANZE. L'AMPLIAMENTO DELL'ACCADEMIA CATTOLICA A STOCCARDA DI ARNO LEDERER

**Nicola Panzini**
Politecnico di Bari, Dipartimento di Scienze dell'Ingegneria Civile e dell'Architettura

**Parole chiave**
Edifici di servizio, spazi interni, spazi aperti, progettazione edilizia, città contemporanea

*Abstract*
*The Catholic Academy is located in a triangular-shaped site between two busy streets, right across from the Botanical Gardens, outside from the Stuttgart's city center. Lederer + Ragnarsdóttir + Oei decided to establish a residential extension of it in continuity with the previous building, adding an S-shaped curving wing and a diagonal hall to the south-facing side. They created a hortus conclusus, an enclosed garden with an apple tree, separated from the Paracelsusstrasse by a wall made of broken brick. The S-shaped hall on the ground floor leads, past alcoves with views of the garden, to the chapel. Small floor-height windows make tangible the volume of its wall.*
*Both of the upper floors, accommodating people rooms (students and visitors), are accessible via a long single flight of stairs which follow the curve of the building volume. Twenty-four individual rooms are lined along the two floors of the "serpentine". While materiality prevails in the common spaces, mint green and apricot are the accents which dominate the atmosphere of these otherwise minimalistic rooms.*
*Wicker railings characterize the balconies of the rooms, completely different from the white raw plastered surface of the volume. The opposition between the S-shape volume and the brick wall, with the trilithic structure of the public room façade, is the explanation of the space design and the construction of the urban block. As a matter of fact, the inner space has the civil architecture as boundaries, where common place is closed to the "houses" of the people; the exterior space has the "simple" and traditional brick wall as element of order. The human dimension of the wall offers the recognizable aspect to the public space of the street, like the other historical houses along the both side, and protects the private and collective space of the courtyard. In this way, the houses for students belong to the city's structure and the garden is the usual presence inside the "palace" unique block. The face of this architecture demonstrates the ancient proportional approach to the existing things and answers to the modern function and spatial organization as "a part" of complex organism.*

*"Le scuole sono cominciate con un uomo sotto a un albero, che non sapeva di essere un maestro, e che esponeva ciò che aveva compreso ad alcuni altri, che non sapevano di essere degli studenti. Gli studenti riflettevano sugli scambi di idee che avvenivano tra loro e pensavano che era bello trovarsi alla presenza di quell'uomo. Si auguravano che anche i loro figli ascoltassero un uomo simile. Presto si eressero gli spazi necessari e apparvero le prime scuole" [Norberg-Schulz 1980, p. 70].*

Louis Kahn

### La nuova cittadella

Il nucleo originario dell'Accademia Cattolica di Stoccarda-Hohenheim è un blocco quadrato degli anni Sessanta, collocato sul margine a nord di un lungo isolato di forma triangolare, che si affaccia sulla Paracelsusstrasse e lambisce il grande giardino botanico e i suoi alti fusti di castagni e tigli.

Nel 1996 fu dato incarico allo studio Lederer + Ragnarsdóttir + Oei[1] di progettarne l'ampliamento, in continuità con la preesistenza e con un programma funzionale molto ricco, che potesse offrire una crescita delle volumetrie, in termini di residenze e servizi per gli studenti della scuola, e nuove opportunità di lavoro e ricerca.

Il complesso si articola in virtù di due elementi, lo spazio delle stanze e la traccia fisica del muro, e reinterpreta magistralmente la condizione del lotto e le relazioni tra l'edificio amministrativo e il contesto urbano circostante [Jaeger 2007, pp. 42-47]. Il nuovo organismo si sviluppa parallelo alla strada e si attesta sul ciglio dello spazio pubblico, dal quale è diviso per mezzo di una "linea" costruita, rappresentata da un alto muro in mattoni. Il muro è il vero elemento ordinatore, poiché richiude l'intero manufatto e gli conferisce l'aspetto di unitarietà; si allinea al sedime delle case adiacenti, risalenti all'Ottocento con tetto a padiglione, e termina a sud nei pressi di un vicolo stretto, lì dove è consentito l'accesso all'Accademia.

Esso, difatti, risolve la distanza incerta tra l'edificio amministrativo e la Paracelsusstrasse, definendo due ambiti di approdo al complesso (pedonale e carrabile) nella forma di due "atri" scoperti, superando un taglio nel paramento e poi un portico con colonne, che conferiscono un'inappariscente monumentalità alla facciata diafana della scatola per uffici. Sul muro si attesta la sala multifunzione, come fosse una sua escrescenza, che si colloca trasversalmente tra l'edificio amministrativo ed il lungo corpo a "serpentina" dei 24 alloggi per studenti e ospiti.

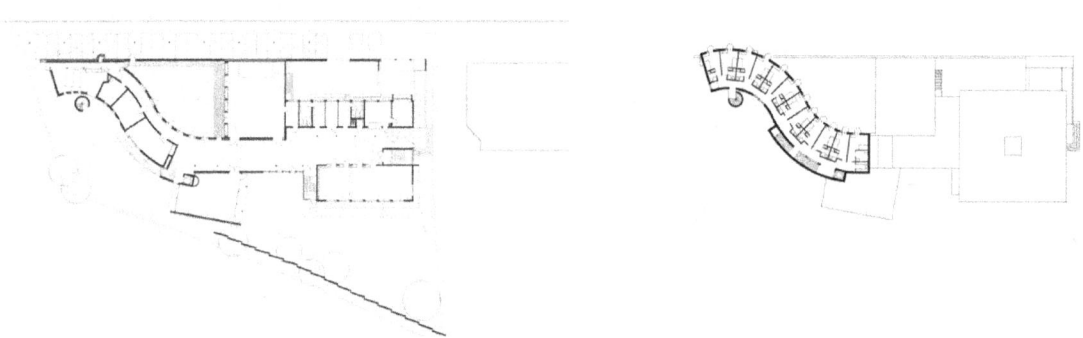

Figura 1. Planimetrie piano terra e secondo livello [Fonte: www.archlro.de].

---

[1] Lo studio LRO Architekten è stato fondato da Arno Lederer (1979) a cui si aggiungono prima Jórunn Ragnarsdóttir (1985) e successivamente Marc Oei (1992). Ha sede a Stoccarda, consta di circa 35 professionisti e si occupa di interventi di edilizia pubblica e residenziale privata. Arno Lederer, dopo aver studiato all'Università di Stoccarda e al Politecnico di Vienna, lavora prima a Zurigo nello studio di Ernst Gisel e poi a Tübingen da Berger Hausen Oed. Jórunn Ragnarsdóttir si diploma a Reykjavik e tre anni dopo la laurea in architettura all'Università di Stoccarda, diventa socia di Lederer. Marc Oei nasce in una famiglia di architetti, studia al Politecnico di Stoccarda, dopo tre anni di collaborazione ne diventa socio.

La sala è un vero e proprio spazio "cerniera", con il fronte corto privo di aperture e la facciata trilitica completamente rivolta alla corte interna, uno spazio circoscritto e intimo delimitato dai corpi di fabbrica e dalla dimessa bellezza del muro in mattoni.

Nel punto di passaggio tra le parti vecchie e quelle nuove si raddoppiano i luoghi collettivi e sul retro si attesta un'altra sala riunioni, che assume la giacitura ruotata della Filderhauptstrasse. Il versante occidentale è, dunque, caratterizzato dalla figura sinuosa del corpo a serpentina e da questa sala "passante", più bassa e con le pareti completamente vetrate che consentono una totale permeabilità tra l'interno e l'esterno e pure dividono il grande giardino in due luoghi distinti.

La misura dei corpi di fabbrica stabilisce rapporti differenti con lo spazio esterno, caratterizzando gli ambiti privati da quelli propriamente pubblici e dichiarando una gerarchia tra le parti: oltre il limite del muro, si erge la figura severa delle sede amministrativa, che domina il profilo dell'intero complesso; il corpo ricurvo, che accoglie le stanze, si sviluppa su due livelli fuori terra mentre la sala collettiva intermedia si innesta al muro ed è l'elemento più basso, così come la sala riunioni, e definiscono i luoghi del raduno all'aperto, quello della piccola corte e del giardino retrostante.

La sede conserva la sua autonomia e il corpo ricurvo dichiara la sua appartenenza alle architetture civili circostanti; le stanze, spazi minuti e individuali superano la soglia urbana del muro per traguardare le fronde degli alberi del parco prospiciente e stabilire un rapporto diretto con un pezzo di natura.

È interessante notare come l'articolazione dei vani interni sia rispondente alle necessità della scuola e abbia in qualche modo rifondato il senso di questa istituzione. L'accesso è collocato sul fianco a sud, ortogonale rispetto alla strada principale e anticipato da una serie di gradini. All'interno, la hall della sede amministrativa è munita di stanze e servizi a piano terra; il passaggio al corpo curvilineo avviene superando una lama di luce, prodotta da un lucernaio in copertura; la serpentina è un "muro a spessore" con una serie di aule di dimensioni diverse, addossate sul filo posteriore e in collegamento diretto con il giardino, tra cui la maggiore presenta una apertura orizzontale mentre le altre finestre ridotte. In testata, è presente la cappella, uno spazio di preghiera e silenzio, le cui sedute dolcemente degradano verso l'altare, disposto ad una quota più bassa e con una luce soffusa proveniente da una finestra verticale che ritaglia una porzione di giardino, mentre il fonte battesimale è ricavato in una leggera protuberanza del muro e visibile dall'esterno del complesso. Le camere al livello superiore sono raggiungibili tramite un'elegante scala a vocazione "urbana", un percorso in quota con alzata in legno chiaro e pedata in marmo grigio, che segna lo spostamento dai luoghi dell'apprendimento e della conoscenza a quelli dello studio e del riposo. La scala è contenuta nell'involucro continuo delle sue pareti, si protende sul giardino retrostante rispetto al filo facciata e prende luce dall'alto grazie ad una serie di fori circolari aperti nella struttura in cemento grezzo. Le stanze sono accoppiate e disposte in infilata; esso sono munite di bagno e cabina-armadio e di letto e scrivania e ognuna conquista l'esterno per mezzo di un esile balcone tondeggiante, con parapetto in legno intrecciato a mo' di vimini.

**Il significato della scuola**

Gli spazi che si aggregano nella forma nuova dell'Accademia Cattolica stabiliscono un'offerta alla vita della scuola, per l'incontro tra studenti e professori, e costituiscono il campo prediletto in cui è bello imparare e in cui si chiariscono le circostanze e le ragioni degli accadimenti.

Alvar Aalto, tra il 1946 e il 1949, realizza la residenza per studenti del MIT a Cambridge.

Le soluzioni adottate, seppur nella diversità di scala, sono comparabili con i principi compositivi assunti nell'Accademia Cattolica e, in qualche modo, si aprono ad una riflessione più ampia e generale[2].

---

[2] Gli stessi Lederer, Ragnarsdóttir e Oei considerano Alvar Aalto un loro preciso riferimento, verso il quale avvertono una "maggiore vicinanza di intenti e una grande ammirazione" [Baratta 2014]. A riguardo dell'edificio del MIT, si veda Reed 1998, pp. 222-227.

Sono due i temi dell'intervento: il rapporto che il corpo di fabbrica determina con un elemento naturale, le rive del fiume Charles, e la disposizione sapiente degli spazi per gli studenti e i servizi, concatenati tra loro. Su un lotto di forma rettangolare, si adagia il corpo sinuoso degli alloggi, con finestre in asse, munito di stanze singole, doppie e triple; tutti gli alloggi sono orientati a sud e si affacciano sul fiume; nelle testate Aalto colloca le stanze di dimensioni maggiori, specializzando la parte iniziale e terminale del volume; sul retro sono dislocate le aule studio e lettura, direttamente connesse agli spazi individuali, mentre un volume basso sul prospetto contiene la sala comune, la mensa e il bar.

I piani sono collegati da due grandi scale-galleria divergenti, che si protendono oltre il paramento di facciata, rivolte alla città e alla aree per lo sport e il tempo libero. La forma a serpentina dell'edificio genera, nell'attacco al suolo e rispetto al ciglio della strada, una serie di ambiti collettivi, aperti e protetti dalla imponenza della parete in mattoni, e si mostra la risposta più efficace alla domanda di spazi per gli studenti, con caratteri e funzionalità differenti.

Il senso profondo della scuola risiede, dunque, nella possibilità di fondare i luoghi della comunanza, verso i quali convergono le "celle" isolate dell'individuo. Nell'ampliamento dell'Accademia Cattolica, Lederer + Ragnarsdóttir + Oei si affidano a tre incavi o *cellule dello spazio*, tre tipologie di collegamento tra i pieni delle parti abitate: la strada, la corte, il giardino. Esiste un'analogia tra questi luoghi, che richiamano l'immagine antica dell'adunanza di persone nella piazza e rinsaldano l'appartenenza di questa architettura all'architettura della città. La strada è lo spazio pubblico esterno, su cui si affaccia l'intero complesso; la corte è uno spazio esterno/interno, ricavato tra le masse edilizie; il giardino è uno spazio interno privato, pur essendo completamente aperto al cielo.

La loro alternanza e la loro presenza, la sequenza di ambiti compressi e dilatati, richiusi e sfrangiati, costruiscono la forma dell'isolato.

La strada preme sul perimetro del lotto e la corte ne diviene una sua estensione, un luogo che è pubblico ma con la destinazione specifica conferitagli dalla scuola: essere il luogo di ritrovo dei ragazzi. La strada, in realtà, si dilata anche nei cortili pavimentati, che fungono da atrio. Il giardino esprime il rapporto con il suolo ed occupa la parte retrostante del complesso; tuttavia, costituisce un allentamento sul versante del tessuto compatto e uno spazio libero in cui leggere e stare seduti sul prato avendo la scena fissa del corpo a serpentina e dei volumi stereometrici delle scale, che aggettano come sculture isolate e conferiscono plasticità alla facciata "monolitica".

La scuola, infine, assume un rapporto a scala maggiore poiché diviene un frammento del recinto del parco botanico, il giardino della città.

Figura 2. Vista dalla Paracelsusstrasse [Fonte: Jaeger 2007].

La progressione dei suoi elementi – il muro in mattoni, la corte, il muro intonacato delle stanze – conquista la relazione con il parco attraverso una crescita e una stratificazione delle parti, che con appropriatezza divengono punti molteplici di osservazione sulla città e sulla natura e rafforzano il carattere estroverso di quest'architettura, che custodisce e conserva l'interno e s'innalza e si apre all'esterno – "la separazione e la transizione tra spazio privato e spazio pubblico deve essere un elemento centrale nell'architettura" [Baratta 2014].

L'altro spazio elementare su cui ruota l'intero organismo è la stanza. La stanza si sottrae dallo spazio esterno, è circoscritta all'interno da muri e si copre oppure "sta" nella dimensione del muro e si pone come tramite tra interno ed esterno. Si scorgono così due differenti tipologie, riconducibili a due modalità del vivere.

A piano terra, lo spessore del muro alloggia dei luoghi di sosta, grandi finestre quadrate la cui struttura in legno nero prevede due sedute che si fronteggiano a ridosso del vetro, da dove è possibile partecipare della corte esterna; qui il vano della finestra è una "stanza privata" entro la stanza del corridoio-galleria, che è un passaggio privato tra la hall, le aule didattiche e la cappella. Le aule presentano una varietà di dimensioni e superfici: piccole per conversazioni, seminari e lavori personali, grandi per eseguire lavori di gruppo e compiti a grande scala.

La cappella è la stanza sacra, raggiungibile al termine di un percorso processionale che supera i valichi delle aule e dei giacigli sulla corte – i luoghi dei tumulti, del vociare e del confronto – e si disvela nella sua celata segretezza – il luogo del raccoglimento e della meditazione. La mutata destinazione della stanza è immediatamente riconoscibile dalla presenza di un pilastro in legno, collocato sulla porta d'ingresso e ruotato rispetto all'andamento curvilineo della parete, munito di una teca in vetro che contiene simbolicamente una candela.

Le camere disposte ai livelli superiori, invece, evocano la disposizione delle case nella città, lo stare l'una accanto all'altra nella forma più semplice dell'ordine sociale. La stanza dove dormire e riflettere, nei momenti più intimi della giornata, è uno spazio in cui è bello vivere.

Figura 3. La corte interna [Foto dell'autore 2012].

## I materiali, la luce e i colori

Alla delicata ricerca sullo spazio, che copre tutto l'arco della produzione architettonica di Lederer + Ragnarsdóttir + Oei, si associa la raffinata selezione dei materiali da costruzione, che si adeguano allo scopo dell'edificio, la calibrazione delle aperture, quei varchi fondamentali per la luce e l'ombra, e la colorazione delle superfici dei vani abitabili, in cui si sovrappone il linguaggio della struttura al linguaggio delle immagini visive, riconducibili agli usi umani e alla felice memoria dei luoghi.

Già dal 1915, Bruno Taut sviluppava le sue sperimentazioni architettoniche a partire dalle combinazioni tra i materiali e gli intonaci colorati, che venivano impiegati negli ambienti domestici in relazione alle funzioni specifiche e al grado di illuminazione che ricevevano[3].

La luce e i colori venivano considerati materiali da costruzione, un assunto che Taut aveva acquisito lavorando presso lo studio di Theodor Fischer, le cui origini si facevano risalire all'arte popolare più povera e semplice, estranea agli abusi della modernità. Nelle *siedlungen* di Berlino, nella città-giardino di Falkenberg, nell'edilizia residenziale privata fino all'edilizia scolastica di Ankara viene assegnata notevole importanza all'involucro abitativo, quale catalizzatore dei comportamenti dell'uomo, e agli spazi e ad ogni elemento della composizione, caratterizzati da un cromatismo intenso: le pareti e i soffitti erano rivestiti di intonaco liscio, poi dipinti di rosso (soggiorno), verde (camere da letto), blu (camere più piccole) e giallo (disimpegni e servizi); i telai delle finestre erano bianchi mentre le porte d'ingresso avevano due tonalità molto vivaci, oppure erano bianche con cassettoni; gli arredamenti mostravano il legno a vista (acero, quercia), levigato, verniciato e opacizzato oppure dipinto in colorazioni chiare e prendevano forma negli armadi a muro, che dividevano le stanze e articolavano lo spazio, nei mobili a incasso, nelle sedute e nelle lampade. Taut, in questo, confermò le sue abilità artigianali, mettendo in pratica tutte le possibilità offerte dai materiali e dai colori nella progettazione di planimetrie adeguate alla vita e oggetti quotidiani in grado di soddisfare le "buone usanze".

Figura 4. L'affaccio da una camera, le sedute della galleria, il corridoio al primo piano [Fonte: Jaeger 2007].

---

[3] A tal proposito, Taut afferma: "L'architettura è un'arte, poiché consegue scopi umani con la leggerezza di un gioco ... Il suo effetto sull'anima dell'uomo è molto più profondo di quanto comunemente si creda. Una bella città riempie gli animi dei suoi abitanti fin dalla loro giovinezza con una speciale armonia, con una musica sua propria. [...] Ciò che oggi manca rispetto all'impressione antica, originaria, è il colore, di cui ci si può fare un'idea dai pochi frammenti rimasti. Nelle molte ridipinture fino ai nostri giorni l'antica sensibilità naturalmente è andata perduta, e così, al posto degli antichi toni cromatici, puri e forti, ecco stendersi le indefinibili mescolanze dei vari grigi" [Nerdinger e Speidel 2001, pp. 231-251].

La lezione di Taut pare assunta in maniera emblematica da Lederer + Ragnarsdóttir + Oei, secondo un atteggiamento di continuità ed evoluzione della tradizione abitativa tedesca.

Nell'Accademia, i materiali restituiscono l'identità alle parti. Il corpo a serpentina è ricoperto di intonaco bianco, tenuto allo stato grezzo, la cui scabrosità si accentua con la miriade di piccole ombre che ne costellano la superficie. Il trattamento dell'involucro esterno, che emerge dalla terra ininterrottamente, si contrappone al volume della sede amministrativa, con intonaco grigio e finestre a filo; la facciata sulla corte presenta una fascia di intonaco liscio, un semplice apparato ornamentale che si alterna alle finestre quadrate e rimarca lo zoccolo del basamento.

La sala collettiva ha la facciata trilitica rivestita di intonaco bianco liscio, che enfatizza la precisione e la singolarità degli elementi del telaio e lo spessore del solaio di copertura è ricoperto da una lamiera zincata che ne nobilita l'attacco al cielo. Il muro perimetrale ha la solida tessitura dei mattoni in laterizio, con filari di elementi disposti di costa e fughe di malta grigia, e dichiara la sua invalicabilità grazie alla espressione ordinaria del materiale di cui è costituito – un materiale dalla tettonica primitiva e che porta "con l'invecchiamento lo splendore dell'eternità" [Jaeger 2014].

Gli infissi presentano un telaio in legno di quercia, che incornicia la parte a vetro, la cui larghezza si accresce per le bucature dislocate sulla facciata urbana.

I tagli compiuti sulla parete provengono dalla logica distributiva interna e grande valore è attribuito alla luce naturale. La hall di accesso alla sede amministrativa è uno spazio ampio che prende luce prima dal giardino e poi dalla sequenza di finestre quadrate lungo il corridoio-galleria, che ritmicamente conducono alle aule e alla cappella.

Le sale collettive sono inondate di luce, proveniente dal giardino e dalla corte interna; i corridoi di collegamento alle camere superiori sono luoghi compressi e bui e la condizione percettiva si ribalta all'interno, dove l'infisso è costituito da una portafinestra arretrata rispetto al filo del muro e da una finestrella adiacente, una scatola in vetro con un piccolo piano di appoggio, che circoscrive lo sguardo sull'esterno e protegge la scrivania sottostante dall'eccessiva insolazione. Il fronte con gli alloggi, difatti, è orientato a sud-est ed era necessario elaborare un espediente che permettesse alla luce e all'aria di entrare in maniera filtrata, rischiarando le camere nella prima parte della giornata. Così facendo, la luce consente di cogliere la imprevedibile bellezza del mondo esterno e rende ariose le stanze e autentica e confortevole l'esperienza del soggiornare, seppure in maniera temporanea.

La relazione sottile con la luce e la possibilità dell'ombra di raffrescare gli spazi – ciò accade per il versante esposto a nord della sala collettiva – produce una "economia" generale della fabbrica edilizia, a cui si associa un adeguato apparato tecnologico per le parti nuove e quelle preesistenti (un tetto giardino sul corpo a serpentina e un sistema a pannelli solari installato sulla copertura della sede amministrativa, che ne adegua i consumi agli standard attuali).

Il trattamento cromatico delle superfici interne testimonia della grande attenzione riposta sul dettaglio, di stampo architettonico e ambientale – "agli uomini il colore dona, in genere, grande diletto [...] e l'esperienza insegna che ogni singolo colore dona un particolare stato d'animo" [Troncon 1979, pp. 189-190]. A piano terra le pareti presentano un cemento grigio a vista, che richiama il tavolato verticale dei casseri; la stessa cosa accade per la struttura della scala e dei parapetti dei piani superiori. A questo colore neutro di sfondo si contrappongono l'intonaco bianco per le aule, il completo rivestimento in legno di acero della cappella (una scatola con le superfici orizzontali e verticali in legno, sedute nere e altare in marmo grigio), le strutture nere delle finestre quadrate incassate nel muro e soprattutto gli intonaci colorati delle pareti delle camere e dei corridoi.

Al primo livello è stato adottato un giallo-rosso o arancio che "dà all'occhio una sensazione di calore e diletto, rappresentando sia il colore della brace ardente che il riflesso, senz'altro più moderato, del sole al tramonto"; al secondo livello, invece, è stato utilizzato il verde: "in esso il nostro occhio trova un autentico appagamento e se ambedue i colori-madre [giallo e azzurro] si equilibrano perfettamente nel composto, occhio e animo riposano su questo composto come se si trattasse di qualcosa di semplice" [Troncon 1979, p. 192 e p. 196].

La vita all'interno dell'Accademia, che restituisce qualità scenica alla vita urbana, segue dei rituali a cui gli spazi si conformano; all'interno di essi l'incontro diventa una rappresentazione. L'intonaco grezzo è una declinazione della domesticità delle stanze e si allaccia alla tradizione della casa sveva; i colori delle superfici interne rivestono gli ambiti della vita, richiamando simbolicamente equilibrio e armonia; all'esterno, il muro disadorno richiude la piccola corte con il suo albero di mele, attorno a cui si celebra incessantemente l'atto amichevole dell'incontro tra il maestro e i suoi allievi.

**Riferimenti bibliografici**
Baratta, A. [2014]. "Lederer + Ragnarsdóttir + Oei. Passione e rigore", *Costruire in Laterizio*, Milano, n. 157, pp. 50-51.
Jaeger, F. [2007]. *Lederer + Ragnarsdóttir + Oei, jovis Verlag*, Berlino.
Jaeger, F. [2014]. "Lode al mattone", *Costruire in Laterizio*, Milano, n. 157, pp. 16-17.
Nerdinger, W., Speidel, M. (a cura di) [2001]. *Bruno Taut 1880-1938*, Electa, Milano.
Norberg-Schulz, C. (a cura di) [1980]. *Louis I. Kahn idea e immagine*, Officine Edizioni, Roma.
Reed, P. (a cura di) [1998]. *Alvar Aalto 1898-1976*, Electa, Milano.
Troncon, R. (a cura di) [1979]. *J. W. von Goethe. La teoria dei colori*, il Saggiatore, Milano.
www.archlro.de

Residenze e servizi per studenti universitari

## Comitato Scientifico

*Adolfo F. L. Baratta*
    Professore Associato di Tecnologia dell'Architettura, Dipartimento di Architettura, Università degli Studi Roma Tre.

*Roberto Bologna*
    Professore Ordinario di Tecnologia dell'Architettura, Dipartimento di Architettura, Università degli Studi di Firenze.

*Ruzica Bozovic Stamenovic*
    Professore Associato di Progettazione, Facoltà di Architettura, Università di Belgrado e Università di Singapore.

*Giuseppe Catalano*
    Professore Ordinario di Ingegneria Economico-Gestionale, Facoltà di Ingegneria dell'Informazione, Informatica e Statistica, Sapienza Università di Roma, membro Commissione ministeriale alloggi e residenze per studenti universitari Legge 338/2000.

*Romano Del Nord*
    Professore Ordinario di Tecnologia dell'Architettura, Dipartimento di Architettura, Università degli Studi di Firenze, Direttore del centro TESIS, già Presidente Commissione ministeriale alloggi e residenze per studenti universitari Legge 338/2000 dal 2001 al 2014.

*Marino Folin*
    Già Rettore, Professore Ordinario di Analisi dei sistemi Urbani/Urbanistica, Università IUAV di Venezia, già membro Commissione ministeriale alloggi e residenze per studenti universitari Legge 338/2000.

*Mario Panizza*
    Rettore, Professore Ordinario di Composizione Architettonica e Urbana, Dipartimento di Architettura, Università degli Studi Roma Tre, membro Commissione ministeriale alloggi e residenze per studenti universitari Legge 338/2000.

*Nicola Sartor*
    Rettore, Professore Ordinario di Scienza delle finanze, Università degli Studi di Verona, Presidente Commissione ministeriale alloggi e residenze per studenti universitari Legge 338/2000 dal 2015.

*Enrico Sicignano*
    Professore Ordinario di Architettura Tecnica, Dipartimento di Ingegneria Civile, Università degli Studi di Salerno.

## Comitato Organizzatore

*Coordinamento Romano Del Nord*

*Sandra Carlini, Gianluca Darvo, Mario Di Benedetto, Maria Grazia Giardinelli, Claudio Piferi, Matteo Randazzo, Valentina Santi, Andrea Sichi, Alessia Spirito.*
Centro Interuniversitario di Ricerca TESIS "Sistemi e Tecnologie per le Strutture Sanitarie, Sociali e della Formazione" Dipartimento di Architettura, Università degli Studi di Firenze.

## Curatori

*Romano Del Nord*

Professore Ordinario di Tecnologia dell'Architettura presso il Dipartimento di Architettura (DIDA) dell'Università degli Studi di Firenze. Dal 1991 è Direttore del Centro Interuniversitario di Ricerca sui Sistemi e Tecnologie per le Strutture Sanitarie, Sociali e della Formazione TESIS a cui afferiscono le Università di Firenze e Roma "La Sapienza". Ha ricoperto, per tre mandati, l'incarico di Prorettore all'edilizia dell'Università degli Studi di Firenze. Collabora con il Ministero dell'Istruzione, dell'Università e della Ricerca per la definizione di standard normativi e di modelli per il calcolo del fabbisogno di edilizia universitaria e scolastica. Ha svolto attività di ricerca come componente dell'Osservatorio Nazionale Edilizia Scolastica, responsabile del gruppo di elaborazione delle norme tecniche, consulente esperto per l'Osservatorio Centrale dei Lavori Pubblici e coordinatore del Gruppo di definizione dei "costi standardizzati per l'edilizia ospedaliera" per l'Autorità di Vigilanza dei Lavori Pubblici. Dal 2001 al 2014 è Presidente della Commissione Ministeriale (MIUR) per l'attuazione degli interventi di edilizia residenziale universitaria ai sensi della Legge 338/2000. È responsabile scientifico della ricerca sui "criteri di progettazione per l'umanizzazione delle strutture ospedaliere", svolta per conto del Ministero della Salute e responsabile scientifico nazionale e locale di vari progetti di rilevante interesse nazionale (PRIN), finanziati dal MIUR: "Le nuove dimensioni strategiche delle strutture sanitarie per l'assistenza, la formazione e la ricerca scientifica di eccellenza: criteri di concezione e modelli di organizzazione dell'ospedale universitario ad elevata intensità di cura"; "Controllo dello stress e della promozione della qualità della vita e di operatività in ambienti sanitari"; "Sistemi, strutture e tecnologie di ausilio al disagio fisico, psichico e sensoriale".

*Adolfo F. L. Baratta*

Architetto (1997), Borsista (2001), Dottore di Ricerca (2002), Assegnista (2003 e 2011), Ricercatore a tempo determinato (2005-2011), Ricercatore a tempo indeterminato (2012-2014), dal 2014 è Professore Associato in Tecnologia dell'Architettura presso l'Università degli Studi Roma Tre, dove svolge attività di didattica e ricerca. Quest'ultima è rivolta all'approfondimento delle conoscenze di base e all'acquisizione di strumenti metodologici relativi alla disciplina delle Tecnologie dell'Architettura, con particolare attenzione all'innovazione dei prodotti e dei processi della produzione edilizia, alla qualità ambientale e prestazionale dell'ambiente costruito, alla valutazione del processo e del progetto. Relativamente a quest'ultimo ambito di ricerca, dal 2002 è membro del "Gruppo di Supporto Tecnico" della Commissione paritetica alloggi e residenze per studenti universitari (Legge n. 338/2000) del Ministero dell'Istruzione, dell'Università e della Ricerca. È autore di oltre centocinquanta pubblicazioni, tra cui contributi in monografie, articoli e numeri monografici per riviste specializzate sul tema delle residenze universitarie.

*Claudio Piferi*

Architetto, Dottore di Ricerca, Professore Associato in Tecnologia dell'Architettura presso il Dipartimento di Architettura (DIDA) dell'Università degli Studi di Firenze. Svolge attività di didattica e di ricerca nell'ambito delle Tecnologie dell'Architettura, sia di matrice progettuale, che metodologico-procedurale. Svolge ricerche di campo sulle strategie di intervento sul patrimonio edilizio esistente, partecipando anche ad esperienze progettuali nelle quali cura, in particolar modo, proprio gli aspetti procedurali e tecnologici. Dal 2001 è membro del Gruppo di supporto tecnico alla Commissione paritetica alloggi e residenze per studenti universitari (Legge 338/2000) del Ministero dell'Istruzione, dell'Università e della Ricerca. È autore di numerose pubblicazioni scientifiche, privilegiando come campi di interesse, i materiali e le tecnologie tradizionali e innovative, la sostenibilità ambientale, oltre che lo studio dei sistemi informativi finalizzati a rilevamento, elaborazione, gestione e controllo del progetto e della costruzione.

**Ringraziamenti**

L'organizzazione della call, l'elaborazione e raccolta dei paper e la preparazione della Giornata di Studi sono attività che per circa un anno hanno richiesto l'impegno di molte persone senza le quali questo progetto non avrebbe visto la luce. A tutti loro va il nostro doveroso ringraziamento.
Si ringrazia il Dipartimento di Architettura DIDA dell'Università degli Studi di Firenze, in particolare il suo direttore prof. Saverio Mecca per il sostegno e la fiducia accordata.
Si ringraziano i membri del Comitato Scientifico che hanno arricchito questa esperienza con contributi originali, suggerimenti preziosi e stimoli costanti.
Si ringraziano il Ministero dell'Istruzione, dell'Università e della Ricerca e la Commissione paritetica alloggi e residenze per studenti universitari (Legge 338/2000) dello stesso MIUR per aver supportato questa iniziativa e la Cassa Depositi e Prestiti S.p.A. per l'apporto fornito.
Si ringrazia il cluster *Servizi per la Collettività* della Società di Tecnologia per il contributo fornito.
Si ringraziano i membri del Comitato Organizzativo.
Si ringrazia la dott.ssa Valentina Luperto per il progetto grafico ed il prezioso lavoro di impaginazione.
Infine, si ringraziano gli autori che hanno aderito numerosi alla call.